JN426080

제4판

변호사시험 기출문제 포함

핵심 민법판례와 사례

양형우

정독
DEEP READING

변호사시험 기출문제 포함

핵심 민법판례와 사례

제4판 머리말

2024년 8월에 제3판을 낸 후 1년 만에 다시 개정판을 낸다. 그만큼 분에 넘치는 사랑을 받았다는 점에 독자 여러분께 깊이 감사드리며, 이 책으로 강의하신 교수님들께도 무한한 감사의 말씀을 드린다.

『핵심민법판례와 사례』가 변호사시험뿐만 아니라 각종 국가시험 수험서로 활용된다는 점을 감안하여, 그 내용을 충실히 하기 위해 개정판에는 다음의 것을 반영하였다.

첫째, 내용을 정비하였다. 판례의 정확한 이해를 위해 필요한 범위 내에서 해당 판결 밑에 내용을 추가하였고, 대법원 전원합의체 판결에 의해 변경된 내용을 반영하여 사례해설과 변호사기출문제 해설을 수정·보완하였다.

둘째, 2025. 7. 15. 법원공보(제710호)에 수록된 판결과 대법원 2025. 6. 26.까지 선고된 판결 가운데 변호사시험 사례 문제로 출제될 가능성이 있는 판례 25개를 추가하였다. 또한 분량을 고려하여 중요도가 낮은 판례를 삭제하였다.

셋째, 2025년도 시행 제14회 변호사시험 민법 사례뿐만 아니라, 지난 1년간의 대법원 중요 판결의 사실관계와 쟁점을 기초로 한 사례 6개를 추가하였다. 즉 공동상속인 중 1인이 상속재산분할 전 재산세 납부시 다른 상속인 상대로 구상권 행사할 수 있는지 여부에 관한 대법원 2024.8.1. 선고 2023다318857 판결; 전세목적물의 일부 지분에 관한 양도계약 체결 후 합의해제에 대한 사해행위취소 및 원상회복청구에서 가액배상의 범위에 관한 대법원 2025.4.15. 선고 2024다312566 판결; 주택임차인의 점유 상실 후 마쳐진 임차권등기의 대항력에 관한 대법원 2025.4.15. 선고 2024다326398 판결; 부동산의 매매로 인한 소유권이전등기청구권의 양수인 앞으로 마쳐진 가등기 이전의 부기등기 및 가등기에 기한 본등기의 효력에 관한 대법원 2025.4.24. 선고 2024다248290 판결; 부속물 매매대금 채권을 수동채권으로 한 임대인의 상계 의사표시 이전 임차인의 목적물 점유가 불법점유인지 여부에 관한 대법원 2025.5.15. 선고 2024다317332, 317349 판결; 사술을 써서 대리행위의 표시를 하지 아니하고 마치 본인인 것처럼 기망하여 본인 명의로 직접 법률행위를 한 경우, 민법 제126조의 표현대리 법리가 유추적용되는지 여부에 관한 대법원 2025.6.5. 선고 2023다232526 판결에 관한 사례 각 1문제씩 추가하였다.

끝으로 이 자리를 빌어서 본서의 오류 부분과 수정·보완할 부분을 알려주신 영남대학교 법학전문대학원 김수민 교수님, 경북대학교 법학전문대학원 엄복현 교수님께 머리 숙여 감사드린다. 또한 이 책의 원고를 세심하게 읽고 수정·보완이 필요한 부분을 알려준 사랑스런 홍익대 제자들에게 고마움을 표한다. 아울러 김중용 사장님, 심성보 편집이사님, 김인숙 과장님을 비롯한 도서출판 정독 관계자 여러분의 노고에 대해 감사의 말씀을 드린다.

2025. 8.
홍문관 연구실에서
양형우

제3판 머리말

독자 여러분의 성원 덕분에 『핵심민법판례와 사례』가 어느덧 제3판에 이르게 되었다. 독자 여러분께 머리 숙여 감사드린다.

『핵심민법판례와 사례』가 변호사시험뿐만 아니라 각종 국가시험 수험서로 활용된다는 점을 감안하여, 그 내용을 충실히 하기 위해 개정판에는 다음의 것을 반영하였다.

첫째, 내용을 정비하였다. 판례의 정확한 이해를 위해 필요한 범위 내에서 해당 판결 밑에 내용을 추가하였고, 사례해설을 수정·보완하였다.

둘째, 2024. 7. 1. 법원공보(제865호)에 수록된 판결뿐만 아니라 대법원 2024. 6. 27. 선고 중요판결까지 반영하였다. 즉 채권자가 채무자의 제3채무자에 대한 채권을 가압류할 당시 피압류채권이 부존재하는 경우, 가압류집행으로써 집행채권의 소멸시효가 중단되는지에 관한 대법원 2023. 12. 14. 선고 2022다210093 판결, 고객이 숙박계약에 따라 객실을 사용·수익하던 중 발생 원인이 밝혀지지 않은 화재가 발생한 경우, 그로 인하여 객실에 발생한 손해가 숙박업자의 부담으로 귀속되는지에 관한 대법원 2023. 11. 2. 선고 2023다244895 판결, 채무자가 제3채무자에게 채권의 양도를 구할 수 있는 권리를 가지고 있고 채권자가 채무자의 위 권리를 대위행사하는 경우, 채권자가 직접 자신에게 채권양도절차를 이행하도록 청구할 수 있는지에 관한 대법원 2024. 3. 12. 선고 2023다301682 판결, 수익자가 사해행위 취소 소송의 확정판결에 따른 원상회복으로 대체물 인도의무를 이행하지 않은 경우, 취소채권자가 수익자를 상대로 민법 제395조에 따라 이행지체로 인한 전보배상을 구할 수 있는지에 관한 대법원 2024. 2. 15. 선고 2019다238640 판결, 계약에서 정한 매매대금의 이행기가 매도인을 위해서도 기한의 이익을 부여하는 것이라고 볼 수 있는 경우, 채무자가 이행기 전에 이행에 착수할 수 없는 특별한 사정이 있는 경우에 해당하는지에 관한 대법원 2024. 1. 4. 선고 2022다256624 판결, 상가건물 임대차보호법이 적용되는 상가건물의 임차인이 임대차 종료 이후 보증금을 반환받기 전에 임차 목적물을 점유하고 있는 경우, 임차인에게 차임 상당의 부당이득이 성립하는지에 관한 대법원 2023. 11. 9. 선고 2023다257600 판결, 임차인이 주택임대차보호법 제6조의3 제1항에 따라 임대차계약의 갱신을 요구한 경우에 갱신의 효력이 발생하는 시점과 제6조의2 제1항에 따라 한 계약해지의 통지가 갱신된 임대차계약

기간이 개시되기 전에 임대인에게 도달한 경우에 그 효력이 발생하는 시점에 관한 대법원 2024. 1. 11. 선고 2023다258672 판결, 계약명의신탁에서 명의신탁자가 명의신탁약정에 따라 부동산을 점유하는 경우 소유의 의사로 점유한다는 자주점유의 추정이 깨어지는지에 관한 대법원 2024. 4. 4. 선고 2023다304650 판결, 부동산 임의경매절차에서 채권자의 질권자가 직접청구권을 행사하여 배당금을 수령하였는데 배당이 잘못된 경우 부당이득반환의무자가 누구인지에 관한 대법원 2024. 4. 12. 선고 2023다315155 판결, 혼인관계가 이혼으로 해소된 후 혼인관계의 무효 확인을 구할 수 있는지에 관한 대법원 2024. 5. 23. 선고 2020므15896 전원합의체 판결을 비롯한 대법원 중요판결 50여개를 엄선하여 추가하였다.

셋째, 2024년도 시행 제13회 변호사시험 민법사례, 지난 1년간의 대법원 중요판결의 사실관계와 쟁점을 기초로 한 사례 13개를 추가하였다. 즉 무권리자의 처분행위, 소멸시효의 중단, 이행불능, 채권자대위권의 행사, 채권자취소권 행사의 효과, 권한없는 자에 대한 변제, 변제의 충당, 해약금, 주택임대차 갱신요구과 해지, 상가임대차, 계약명의신탁과 취득시효, 질권, 혼인무효 등에 관한 사례 각 1문제씩 추가하였다.

끝으로 이 자리를 빌어서 본서의 오류 부분과 수정·보완할 부분을 알려주신 영남대학교 법학전문대학원 김수민 교수님께 머리 숙여 감사드린다. 또한 이 책의 원고를 세심하게 읽고 수정·보완이 필요한 부분을 알려준 사랑스런 제자 오현준 군, 남궁백 군에게 고마움을 표한다. 아울러 김중용 사장님, 심성보 편집이사님, 김인숙 과장님을 비롯한 도서출판 정독 관계자 여러분의 노고에 대해 감사의 말씀을 드린다.

2024. 8.

홍문관 연구실에서

양형우

제2판 머리말

여러 법학전문대학원에서 민법특강을 할 때마다 학생들이 판례요지는 잘 알고 있는데, 그 판례의 법리를 물어보는 사례에 대한 해결능력이 부족하다는 것을 느꼈다. 마침 사랑스런 딸이 법학전문대학원에 진학하였고, 다른 학생과 마찬가지로 사례해결에 어려움을 느낄 것으로 생각되었다. 그래서 법학의 기초인 민법의 법리를 활용하여 사례 해결능력을 키우고, 동시에 변호사시험 대비에 도움이 될 교재 집필을 결심·준비하여, 사랑스런 딸이 3학년이던 2022년 8월에 출간하였던 『핵심민법판례와 사례』를 1년 만에 다시 개정판을 낸다. 이는 독자 여러분의 과분한 사랑 덕분이다. 상투적인 인사처럼 들릴는지 몰라도 여러분께 진심으로 고마움을 표시하고 싶다.

『핵심민법판례와 사례』가 변호사시험뿐만 아니라 각종 국가시험 수험서로 활용된다는 점을 감안하여, 그 내용을 충실히 하기 위해 개정판에는 다음의 것을 반영하였다.

첫째, 내용을 정비하였다. 판례의 정확히 이해를 위해 필요한 범위 내에서 해당 판례 밑에 내용을 추가하였고, 사례해설을 수정·보완하였다.

둘째, 2023. 7. 1. 법원공보(제661호)에 수록된 판결뿐만 아니라 대법원 2023. 6. 30. 선고 중요판결까지 반영하였다. 이 책은 최신 10개년 민사판례 중에서 사례문제로 출제될 만한 대법원 판결을 익히도록 하기 위한 것인 점을 고려하여, 피상속인의 배우자와 자녀 중 자녀 전부가 상속을 포기한 경우, 배우자가 단독상속인이 되는지 여부에 관한 대법원 2023. 3. 23.자 2020그42 전원합의체 결정, 이미 소멸한 근저당권에 기하여 임의경매가 개시되고 매각이 이루어진 경우, 그 경매의 효력 및 민사집행법 제267조는 경매개시결정이 있은 뒤에 담보권이 소멸하였음에도 경매가 계속 진행되어 매각된 경우에만 적용되는지 여부에 관한 대법원 2022. 8. 25. 선고 2018다205209 전원합의체 판결, 동일인 소유이던 토지와 지상 건물이 매매 등으로 각각 소유자를 달리하게 되었을 때 건물 철거 특약이 없는 한 건물 소유자가 법정지상권을 취득한다는 관습법이 현재에도 여전히 법적 규범으로서 효력을 유지하고 있는지 여부에 관한 대법원 2022. 7. 21. 선고 2017다236749 전원합의체 판결 등을 비롯한 대법원 중요판결 53개를 엄선하여 추가하였다.

셋째, 2023년도 시행 제12회 변호사시험 민법사례, 지난 1년간의 대법원 중요판결의 사실관계를 기초로 한 사례 22개를 추가하였다. 즉 소멸시효의 중단, 채권자취소권, 상계, 법정지상권, 유치권 등에 관한 사례 각 2개, 채권자대위권, 부진정연대채무, 동시이행의 항변권, 계약의 해제, 착오송금과 부당이득, 중간생략등기, 무효등기의 유용, 취득시효, 3자간 명의신탁, 상속재산분할, 상속회복청구, 유류분 등에 관한 사례 각 1문제씩 추가하였다.

끝으로 이 자리를 빌어서 본서의 오류 부분과 수정·보완할 내용을 알려주신 전남대학교 법학전문대학원 서창원 교수님께 머리 숙여 감사드린다. 아울러 김중용 사장님, 심성보 편집이사님, 김인숙 과장님을 비롯한 도서출판 정독 관계자 여러분의 노고에 대해 감사의 말씀을 드린다.

2023. 8.

홍문관 연구실에서

양형우

머리말

변호사시험을 비롯한 모든 국가시험에서 판례를 중심으로 문제가 출제되는 현실을 고려할 때, 핵심적인 민사판례에 대하여 깊이 있게 학습하는 것이 무엇보다 중요하다. 그러한 판례는 그것 자체가 매우 중요할 뿐만 아니라 해당 부분의 기본적인 법리를 형성하고 있는 경우가 대부분이기 때문이다. 특히 법학전문대학원의 초청으로 민법특강을 하면서 학생들이 판례요지는 알고 있지만, 그 법리를 적용하여 사례문제를 해결하는 것을 힘들어한다는 사실을 알게 되었다. 그래서 최신 10개년 민사판례 중에서 핵심적인 것을 골라 철저하게 익히게 하고, 변호사시험 사례문제 대비에 도움이 될 새로운 판례교재 집필을 결심하게 되었다.

민법에 대한 학생들의 체계적인 이해를 도모하고, 법률적 사고능력을 배양하여 변호사시험에서 경쟁력을 갖출 수 있도록 하기 위해, 이 책은 다음과 같은 서술방식을 따르고 있다.

(1) 각 '절'별로 시험에 출제될 만한 최신 10개년 판례와 더불어 사례문제를 구성하였다. 해당 판례와 비교할 필요가 있는 경우에는 비교판례를 함께 소개하였고, 판례의 법리를 확실히 이해하고 익힐 수 있도록 간략히 해설을 덧붙이기도 하였다.

(2) 사례문제는 대상판결의 사실관계를 기초로 작성하였다. 변호사시험 민법사례는 현실의 분쟁사례 그 자체이거나 연관되어 있기 때문이다. 다만 판결의 쟁점과 관련 있는 부분으로 한정하여 사실관계를 정리하였고, 나머지 사실관계는 생략하였다. 추상적으로 설명된 판례의 법리를 정확히 이해할 수 있고, 판례를 통하여 민법이 어떻게 적용되는지를 확인하는 것이 중요하기 때문이다. 결국 판례를 학습할 때는 판례요지만 달랑 기억할 것이 아니라 사안과 함께 쟁점을 정리하는 훈련을 하여야 한다.

(3) 이 책은 변호사시험의 사례문제 대비용이므로, 사례문제는 변호사시험의 출제유형에 맞게 기술하였고, '절'별로 해당 부분에 대한 변호사시험 기출문제(1회~11회)를 함께 수록하였다. 민법은 사인간의 법률관계를 규율한다. 그러나 사인의 생활관계는 서로의 이해가 충돌하여 필연적으로 다툼을 야기한다. 이러한 법률적인 분쟁에 대하여 타당하게 해결하는 것이 법조인의 사명이고 일상적인 직무이므로, 다양한 사례학습을 통해 쟁점파악과 분쟁해

결 능력을 키워야 할 것이다.

(4) 공간된 최신 판례 중에서 주요판례를 가능한 한 빠짐없이 소개하려고 노력하였다. 변호사시험은 6월 30일 판례까지 출제된다는 점을 고려하여, 2022. 7. 1. 법원공보(제637호)와 대법원 2022. 6. 30. 선고 주요판결까지 반영하였다. 참고로 시험에 출제될 만한 최신 10개년 판례에 대한 사례문제는 판례민법강의(제4판)에 수록된 문제 중에서 대부분 발췌하여 일부 수정 보완하였고, 2022년도 주요판례와 가족법 판례에 대한 문제는 새롭게 만들었음을 밝힌다.

이 책이 나오는 데에는 무엇보다 도서출판 정독 김중용 사장님, 심성보 편집이사님, 김인숙 과장님의 공이 크다. 김 사장님은 책 출간의 허락과 지원을 아끼지 않았고, 심 이사님과 김 과장님은 짧은 시간에 책을 훌륭하게 만들어 주셨다. 이분들께 고마움을 전한다.

끝으로 이 책을 읽는 학생들이 민법을 잘 이해하여 모두 변호사시험에 합격하기를 발원하며, 부족한 부분은 앞으로 보완해 나갈 것이다.

2022. 7.
홍문관 연구실에서
양 형 우

차 례

제2장 채권총론

제4장 물권법

민사사례해결

Ⅰ. 일 반

1. 민사소송에서는 권리의 발생·소멸이라는 법률효과의 판단에 직접 필요한 요건사실은 당사자의 주장을 통하여 소송에 드러나야 법원이 이를 재판의 기초로 삼을 수 있다. 따라서 민사사례는 사실관계가 ① 권리발생근거규정의 요건을 충족하는지 여부를 살핀 다음, ② 권리발생장애·권리소멸·권리저지규정의 요건을 검토하여야 한다. 사실관계가 권리발생근거규정의 요건을 모두 충족하고, 권리의 성립(발생)을 방해하거나 아니면 성립한 권리를 소멸시키거나 그 행사를 저지하는 항변사유가 존재하지 않는 경우, 권리의 성립이나 행사가 인정된다.

2. 민사소송절차와 관련하여 볼 때, 민사사례는 수험생이 판사의 입장과 변호사의 입장에서 접근하여야 하는 경우로 나눌 수 있고, 이런 점에서 '쟁점 제시형'은 전자에, '논점 추출형'은 후자에 해당한다. 따라서 쟁점 제시형에 대해서는 다른 청구권을 검토할 필요가 없으며, 논점 추출형은 사실관계로부터 여러 청구권의 성립 여부를 살펴보아야 한다.

Ⅱ. 쟁점과 직접 관련된 적용법규를 탐지하여 청구권의 근거를 검토할 것

1. 청구권의 기초를 면밀히 검토할 것

구소송물이론에서는 실체법상 권리 또는 법률관계를 소송물로 보므로, 사실관계를 토대로 권리발생근거규정의 요건을 충족하는지 여부를 살펴보아야 한다. 즉 민법상의 권리관계의 중심에는 소송물인 청구권(예: 이행청구권, 목적물 반환청구권, 부당이득반환청구권, 손해배상청구권 등)이 있고, 물권변동이나 형성권의 행사 등은 청구권발생의 전제로서 기능을 하는 경우가 대부분이다. 따라서 청구권의 발생을 법률효과로 규정하고 있는 민법규정, 즉 소송물에 해당하는 청구권의 기초를 충족하는지를 검토하여야 한다. 가령 甲의 대리인 乙이 그 권한을 넘어 丙에게 甲 소유의 X부동산을 매도한 경우에 丙은 甲에 대하여 소유권이전등기를 청구할 수 있는가?라는 문제의 경우, 그 청구권의 기초 내지 소송물인 민법 제568조와 그 전제로 甲과 丙 사이에 매매계약이 성립하였는지를 살펴본 다음 제126조의 표현대리 성립 여부를 검토하여야 한다.

2. 청구권의 기초가 다수일 경우의 검토순서

동일한 취지의 청구권을 발생시키는 근거규정이 여러 개 존재하는 경우, 먼저 출제자가 각각의 청구권에 대하여 개별적으로 질문하고 있다면 출제자가 묻고 있는 순서에 따라 검토하는 것이 바람직하다. 보통 먼저의 질문에 대한 답이 뒤의 질문에 대한 답에 영향을 미치는 경우가 많기 때문이다. 반면에 출제자가 질문의 순서를 정하지 않는 경우에는 ① 계약상의 청구권, ② 계약유사관계에 근거한 청구권, ③ 사무관리에 의한 청구권, ④ 물권적 청구권, ⑤ 부당이득반환청구권 내지 불법행위로 인한 손해배상청구권의 순서로 문제를 검토하는 것이 합목적성의 관점에서 바람직하다.

즉 ① 계약상의 청구권과 계약유사관계에 근거한 청구권은 다른 청구권의 발생과 범위에 직접 영향을 주기 때문에 가장 먼저 검토해야 한다. 예컨대 위임계약이 존재하는 경우에는 사무관리가 성립할 수 없으며(민법 제734조), 계약관계는 제213조 단서의 점유할 권리에 해당하여 소유물반환청구를 거절할 수 있다. 또한 계약상의 청구권은 제741조의 법률상 원인이거나 불법행위의 위법성 조각사유에 해당한다. ② 사무관리는 점유할 권리의 근거가 되거나 법률상 원인 또는 위법성 조각사유로 기능하기 때문에 사무관리를 다른 청구권보다 먼저 검토할 필요가 있다. ③ 회복자의 점유자에 대한 물권적 청구권(제202조 이하)이 불법행위 또는 부당이득을 원인으로 한 청구권의 특칙이기 때문에 물권적 청구권을 부당이득반환청구권 등에 앞서 검토할 실익이 있다.

Ⅲ. 권리발생(성립)의 장애사유를 검토할 것

권리발생근거규정의 요건을 검토한 후에는 소송법상 본안의 항변 중 권리장애사실을 검토하여야 한다. 권리장애사유는 권리발생의 소극적 요건으로서 권리의 성립 여부와 관련이 있기 때문이다. 따라서 사실관계가 권리장애사유의 요건을 충족하지 않으면 법률효과인 권리의 성립이 인정될 수 있다.

Ⅳ. 권리소멸과 권리행사저지의 사유를 검토할 것

권리발생(성립)이 인정되면 권리소멸과 권리행사저지의 사유를 검토하여야 한다. 주의할 것은 권리행사저지의 사유(예: 동시이행의 항변권, 최고·검색의 항변권 등)는 실체법상의 권리로서 권리발생장애나 권리소멸의 사유와는 달리 권리자만이 소송상 주장할 수 있다. 또한 권리행사의 구체적 내용이 확정되었다면, 그 확정된 법률효과에 대한 상대방의 항변사유도 살펴보아야 하는 경우도 있다. 가령 손해배상의 청구와 관련해서는, 과실상계(제396조), 손익상계, 손해배상액의 예정(제398조) 등은 그러한 법률효과에 대한 항변사유에 해당한다.

Ⅴ. 유의사항

1. 사례문제의 사실관계는 실제 사건과 달리 당사자 사이에 다툼이 없어서 증명을 통한 확정을 필요로 하지 않는다. 따라서 사실관계를 자의적으로 바꾸거나 언급되지 않은 사실을 마치 주어진 것으로 임의적으로 이해해서는 안 되며, 법관이 원고의 청구에 대해서만 판단을 해야 하는 것처럼 수험생은 출제자가 묻는 것에 대해서만 답을 해야 한다.

2. 논리적 사고에 따르면, 어느 요건을 다른 요건보다 필수적으로 먼저 검토해야 하는 경우도 있다. 가령 채무불이행을 이유로 손해배상을 청구하기 위해서는 먼저 당사자 사이에 채권관계가 성립하는지를 검토하여야 하고, 매도인의 담보책임 책임을 묻기 위해서는 하자의 존재 여부를 검토하기 전에 당사자 사이에 매매계약이 성립하였는지 여부를 살펴보아야 한다. 또한 사용자책임의 성립 여부를 검토하기 전에 피용자의 불법행위가 성립하였는지를 검토하여야 한다. 피용자의 불법행위(제750조)가 인정되지 않으면 사용자책임(제756조)이 성립하지 않기 때문이다.

3. 후순위로 검토해야 하는 요건의 충족이 부정될 것이 명백한 경우에는 먼저 검토해야 하는 요건의 검토를 생략한 채 바로 그 결정적인 요건만을 검토하는 것이 시험시간을 절약할 수 있다. 가령 제750조는 고의나 과실을 위법행위보다 먼저 서술하고 있지만, 위법성 조각사유가 존재하는 경우에는 고의나 과실을 검토할 필요가 없다. 또한 손해배상청구권이 인정되기 위해서는 손해가 발생하여야 하므로, 손해가 없으면 채무불이행·부당이득·불법행위의 성립요건을 검토할 필요가 없다.

4. 특별법(특별규정)우선의 원칙에 따라 사실관계가 특별법이나 특별규정의 요건에 해당하는지를 살펴보고, 이를 충족하지 않을 경우에 일반법(일반규정)을 검토하여야 한다. 예컨대 택시를 타고 가다가 운전수의 부주의로 사고가 발생하여 중상을 입은 승객이 주장할 수 있는 손해배상청구권의 기초는 자동차손해배상보장법상의 손해배상책임, 민법 제390조에 의한 채무불이행책임(적극적 채권침해) 또는 민법 제750조에 의한 불법행위책임이 고려될 수 있다. 이때 자동차사고에 의한 손해배상에 관하여는 자동차손해배상보장법이 민법에 우선하여 적용된다. 다만 자동차손해배상보장법은 자동차운행으로 인한 인적 손해에 한하고 또한 그 배상액이 한정되어 있으므로 동법에 의하여 보호받지 못한 부분은 민법규정에 의한 책임을 주장하여 피해자는 보호받을 수 있을 것이다.

제1장

민법총칙

Chapter 01

민법총칙

제1절 법인의 불법행위능력

Ⅰ. 법인의 불법행위책임과 사용자책임

❒ 학교법인의 **피용자**가 업무집행에 관하여 이사회의 결의와 감독청의 허가 없이 타인에게서 금원을 차용하거나 의무부담행위를 함으로써 타인에게 손해를 가한 경우에 학교법인은 사용자로서 손해배상책임을 질 수 있다(대법원 2016.6.9. 선고 2014다64752 판결).

[비교] 학교법인의 **대표자**였던 자에 의한 차금행위가 불법행위가 된다면 이는 민법상 사용자의 배상책임이 아니고 제35조에 의한 법인 자체의 불법행위가 되어 배상책임이 있다(대법원 1978.3.14. 선고 78다132 판결).

→ 제35조 1항은 '대표기관의 행위'에 대한 법인 자체의 책임이고, 제756조는 '피용자의 행위'에 대한 책임이라는 점에서 성립요건을 달리하므로, 대표기관의 행위에 대해서는 사용자책임은 성립하지 않는다.

Ⅱ. 민법 제35조의 불법행위능력

❒ 법인의 대표자가 직무에 관하여 타인에게 손해를 가한 경우 그 법인은 민법 제35조 제1항에 의하여 그 손해를 배상할 책임이 있고, 대표자의 행위가 대표자 개인의 사리를 도모하

기 위한 것이었거나 혹은 법령의 규정에 위반된 것이었다고 하더라도 외관상 객관적으로 직무에 관한 행위라고 인정할 수 있는 것이라면 제35조 제1항의 직무에 관한 행위에 해당한다. 한편 그 대표자의 행위가 직무에 관한 행위에 해당하지 아니함을 피해자 자신이 알았거나 또는 중대한 과실로 인하여 알지 못한 경우에는 법인에게 손해배상책임을 물을 수 없다(대법원 2024.7.25. 2024다229343 판결).

❒ 학교법인의 재산의 취득·처분과 관리에 관한 사항은 이사회의 심의·의결사항이고(사립학교법 제16조 제1항), 학교법인이 의무의 부담을 하고자 할 때에는 관할청의 허가를 받아야 한다(제28조 제1항). 학교법인이 제16조 제1항에 따른 이사회의 심의·의결 없이 학교법인 재산의 취득·처분행위를 하거나 제28조 제1항에 따른 관할청의 허가 없이 의무부담행위를 한 경우에 행위는 효력이 없고, 학교법인이 나중에 의무부담행위를 추인하더라도 효력이 생기지 아니한다(대법원 2016.6.9. 선고 2014다64752 판결).

❒ 학교법인의 재산의 취득·처분과 관리에 관한 사립학교법 규정은 강행규정으로 이를 위반한 법률행위는 절대적 무효이므로, 계약상대방이 선의·무과실이더라도 민법 제107조의 비진의표시의 법리 또는 표현대리 법리가 적용될 여지는 없다(대법원 2016.5.12. 선고 2013다49381 판결).

→ 대표기관의 행위가 법률이 요구하는 절차를 위반하여 무효로 되는 경우, 상대방은 법률행위의 유효를 전제로 한 이행책임을 물을 수는 없지만, 민법 제35조 1항에 의하여 법인의 불법행위책임을 물을 수 있다(대법원 2004.2.27. 선고 2003다15280 판결).

Ⅲ. 대표이사의 손해배상책임

❒ 주식회사의 대표이사가 업무집행을 하면서 고의 또는 과실에 의한 위법행위로 타인에게 손해를 가한 경우, 주식회사는 상법 제389조 제3항, 제210조에 의하여 제3자에게 손해배상책임을 부담하게 되고, 대표이사도 민법 제750조 또는 상법 제389조 제3항, 제210조에 의하여 주식회사와 연대하여 불법행위책임을 부담하게 된다. 따라서 주식회사의 대표이사가 업무집행과 관련하여 정당한 권한 없이 직원으로 하여금 타인의 부동산을 지배·관리하게 하는 등으로 소유자의 사용수익권을 침해하고 있는 경우, 부동산의 점유자는 **회사**일 뿐이고 대표이사 개인은 독자적인 점유자는 아니기 때문에 부동산에 대한 인도청구 등의 상대방은 될 수 없다고 하더라도, 고의 또는 과실로 부동산에 대한 불법적인 점유상태를 형

성·유지한 위법행위로 인한 손해배상책임은 회사와 별도로 부담한다고 보아야 한다. 대표이사 개인이 부동산에 대한 점유자가 아니라는 것과 업무집행으로 인하여 회사의 불법점유 상태를 야기하는 등으로 직접 불법행위를 한 행위자로서 손해배상책임을 지는 것은 별개라고 보아야 하기 때문이다(대법원 2013.6.27. 선고 2011다50165 판결).

→ 법인의 대표기관의 행위가 법인의 행위로 되고, 직원은 점유보조자에 불과하기 때문에(제195조) 부동산의 점유자는 '회사'이다. 따라서 부동산에 대한 인도청구의 상대방은 회사이다.

제2절 반사회적 법률행위

Ⅰ. 일 반

❐ 거래상대방이 배임행위를 유인·교사하거나 배임행위의 전 과정에 관여하는 등 배임행위에 적극 가담하는 경우에는 실행행위자와 체결한 계약이 반사회적 법률행위에 해당하여 무효로 될 수 있고, 선량한 풍속 기타 사회질서에 위반한 사항을 내용으로 하는 법률행위의 무효는 이를 주장할 이익이 있는 자는 누구든지 무효를 주장할 수 있다. 따라서 반사회질서 법률행위를 원인으로 하여 부동산에 관한 소유권이전등기를 마쳤더라도 그 등기는 원인무효로서 말소될 운명에 있으므로 등기명의자가 소유권에 기한 물권적 청구권을 행사하는 경우, 권리행사의 상대방은 법률행위의 무효를 항변으로서 주장할 수 있다(대법원 2016.3.24. 선고 2015다11281 판결).

문제 乙은 甲소유의 X상가건물을 임대차계약에 따라 현재 점유하고 있지만, 상가건물임대차보호법상의 대항요건을 갖추지 않았다. 丙은 X상가건물을 저렴하게 매수하기 위하여 부동산신탁회사의 공매업무를 담당하는 丁에게 사례금의 교부를 약속하면서 부정한 청탁을 하였다. 丁은 丙과의 공모에 따라 X상가건물의 공매 과정에서 업무상 임무에 위배하는 방법으로 공개 경쟁입찰을 제한한 후 수의계약을 통해 丙에게 저렴한 가격에 매도한 다음 丙명의로 소유권이전등기를 마쳐 주었다.

1. 丙은 X상가건물에 대한 소유권을 취득하는가?

→ 거래상대방이 배임행위를 유인·교사하거나 배임행위의 전 과정에 관여하는 등 배임행위에 적극 가담하는 경우에는 실행행위자와 체결한 계약은 반사회적 법률행위로서 무효이다(대

판 2016.3.24, 2015다11281). 설문에서 丙이 丁의 배임행위에 적극 가담하여 X상가건물을 매수하였으므로 丙의 매수행위는 반사회적 법률행위로서 무효이다(민법 제103조). 따라서 丙은 X상가건물에 대한 소유권을 취득할 수 없다.

2. 丙은 X상가건물의 소유권에 의하여 乙을 상대로 그 반환을 청구한다. 이에 대하여 乙은 법률행위의 무효를 이유로 그 반환을 거절하고 있다. 丙의 청구는 인용될 수 있는가?

➜ 선량한 풍속 기타 사회질서에 위반한 사항을 내용으로 하는 법률행위의 무효는 이를 주장할 이익이 있는 자는 누구든지 무효를 주장할 수 있다. 따라서 반사회질서 법률행위를 원인으로 하여 부동산에 관한 소유권이전등기를 마쳤더라도 그 등기는 원인무효로서 말소될 운명에 있으므로, 등기명의자가 소유권에 기한 물권적 청구권을 행사하는 경우, 권리 행사의 상대방은 법률행위의 무효를 항변으로서 주장할 수 있다(대판 2016.3.24, 2015다11281). 설문에서 乙은 丙의 청구에 대하여 丙의 소유권취득이 반사회질서인 법률행위로 무효라고 주장할 수 있으므로, 丙의 청구는 인용될 수 없다.

Ⅱ. 불공정한 법률행위

❒ 민법 제104조에 규정한 불공정한 법률행위는 객관적으로 급부와 반대급부 사이에 현저한 불균형이 존재하고, 주관적으로 그와 같이 균형을 잃은 거래가 피해 당사자의 궁박, 경솔 또는 무경험을 이용하여 이루어진 경우에 성립하는 것으로서, 약자적 지위에 있는 자의 궁박, 경솔 또는 무경험을 이용한 폭리행위를 규제하려는 데에 그 목적이 있다. 여기에서 급부와 반대급부는 해당 법률행위에서 정한 급부와 반대급부를 의미하므로, 궁박 때문에 법률행위를 하였다고 주장하는 당사자가 그 법률행위의 결과 제3자와의 계약관계에서 입었을 불이익을 면하게 되었더라도, 특별한 사정이 없는 한 이러한 불이익의 면제를 곧바로 해당 법률행위에서 정한 상대방의 급부로 평가해서는 안 된다. 이를 상대방의 급부로 평가한다면, 당사자가 그 불이익을 입는 것보다 해당 법률행위에서 정한 반대급부를 이행하는 것이 경제적으로 유리하다고 보아 그 법률행위를 한 대부분의 경우에 그 불이익을 포함한 급부의 객관적 가치가 반대급부의 객관적 가치를 초과하여, 그 이유만으로 당사자의 궁박 여부와 관계없이 법률행위의 불공정성이 부정되는 부당한 결과가 발생할 수 있기 때문이다. 이러한 불이익은 급부와 반대급부 사이의 객관적 가치 차이가 사회통념상 현저하게 균형을 잃은 정도에 이르렀는지, 또는 당사자가 궁박한 상태에 있었는지를 판단할 때 고려할 수 있을 뿐이다(대법원 2024.3.12. 선고 2023다301712 판결).

❐ 궁박이라 함은 급박한 곤궁을 의미하는 것으로서 경제적 원인에 기인할 수도 있고 정신적 또는 심리적 원인에 기인할 수도 있으며, 당사자가 궁박한 상태에 있었는지 여부는 그의 나이와 직업, 교육 및 사회경험의 정도, 재산 상태 및 그가 처한 상황의 절박성의 정도 등 여러 사정을 종합하여 구체적으로 판단하여야 한다. 한편 당사자가 계약을 지키지 않는 경우 얻을 이익이 이로 인해 입을 불이익보다 크다고 판단하여, 그 불이익의 발생을 예측하면서도 이를 감수할 생각으로 계약에 반하는 행위를 함으로써 계약 상대방과의 관계에서 그가 주장하는 급박한 곤궁 상태에 이르렀다면, 이와 같이 그가 자초한 상태를 민법 제104조의 궁박이라고 인정하는 것은 엄격하고 신중하게 이루어져야 한다(대법원 2024.3.12. 선고 2023다301712 판결).

제3절 의사와 표시의 불일치

Ⅰ. 통정한 허위표시

❐ 상대방과 통정한 허위의 의사표시는 무효이고 누구든지 그 무효를 주장할 수 있는 것이 원칙이나, 허위표시의 당사자와 포괄승계인 이외의 자로서 **허위표시에 의하여 외형상 형성된 법률관계를 토대로 실질적으로 새로운 법률상 이해관계**를 맺은 선의의 제3자에 대하여는 허위표시의 당사자뿐만 아니라 그 누구도 허위표시의 무효를 대항하지 못하는 것인데, 허위표시를 선의의 제3자에게 대항하지 못하게 한 취지는 이를 기초로 하여 별개의 법률원인에 의하여 고유한 법률상의 이익을 갖는 법률관계에 들어간 자를 보호하기 위한 것이므로 제3자의 범위는 권리관계에 기초하여 형식적으로만 파악할 것이 아니라 허위표시행위를 기초로 하여 새로운 법률상 이해관계를 맺었는지 여부에 따라 실질적으로 파악하여야 한다(대법원 2020.1.30. 선고 2019다280375 판결).

❐ 상대방과 통정한 허위의 의사표시는 무효이고 누구든지 그 무효를 주장할 수 있는 것이 원칙이나, 허위표시의 당사자 및 포괄승계인 이외의 자로서 허위표시에 의하여 외형상 형성된 법률관계를 토대로 실질적으로 새로운 법률상 이해관계를 맺은 선의의 제3자에 대하여는 허위표시의 당사자뿐만 아니라 그 누구도 허위표시의 무효를 대항하지 못하고, 따라서 선의의 제3자에 대한 관계에 있어서는 허위표시도 그 표시된 대로 효력이 있다(대법원

1996.4.26. 선고 94다12074 판결).

→ 통정 허위표시를 원인으로 한 부동산에 관한 가등기 및 그 가등기에 기한 본등기로 인하여 甲의 소유권이전등기가 말소된 후 다시 그 본등기에 터잡아 乙이 부동산을 양수하여 소유권이전등기를 마친 경우, 乙이 통정 허위표시자로부터 실질적으로 부동산을 양수하고 또 이를 양수함에 있어 통정 허위표시자 명의의 각 가등기 및 이에 기한 본등기의 원인이 된 각 의사표시가 허위표시임을 알지 못하였다면, 甲은 선의의 제3자인 乙에 대하여는 각 가등기 및 본등기의 원인이 된 각 허위표시가 무효임을 주장할 수 없고, 따라서 乙에 대한 관계에서는 그 각 허위표시가 유효한 것이 되므로 각 허위표시를 원인으로 한 각 가등기 및 본등기와 이를 바탕으로 그 후에 이루어진 乙 명의의 소유권이전등기도 유효하다.

문제 〈기초적 사실관계〉

甲은 X부동산을 도피 또는 은닉할 목적으로 乙과 통정하여 乙에게 매매예약을 등기원인으로 하여 소유권이전등기청구권 가등기를 마쳐주었다.

〈추가적 사실관계〉

丙은 甲으로부터 X부동산을 매수하고, 매매를 원인으로 하여 X부동산에 관하여 자신의 명의로 소유권이전등기를 마쳤다. 그 후 X부동산에 관하여 乙명의의 위 가등기에 기하여 매매를 원인으로 한 소유권이전의 본등기가 마쳐졌고, 이로 인하여 가등기 이후에 마쳐져 있던 X부동산에 관한 丙명의의 소유권이전등기는 직권으로 말소되었다. 丁은 甲과 乙 사이의 매매가 허위표시임을 알지 못하고 乙로부터 X부동산을 매수하여 자신의 명의로 소유권이전등기를 마쳤다. 이에 대해 丙은 甲·乙 사이의 매매는 통정허위표시로서 원인무효임에도 자신의 소유권이전등기가 부당하게 말소되어 여전히 소유권이 있음을 이유로 丁을 상대로 丁명의의 소유권이전등기의 말소를 청구하였고, 丁은 자신이 선의의 제3자이므로 허위표시의 무효로써 자신에게 대항할 수 없는 것이라고 주장한다.

1. 법원의 판단은?

→ **(1) 丙에게 X부동산에 관한 소유권이 존재하는지 여부**

가등기를 하였더라도 그것이 가등기의무자의 처분권을 제한하는 것은 아니다. 설문에서 丙이 乙명의로 가등기가 마쳐진 甲소유의 X부동산을 매수하여 소유권이전등기를 마쳤으므로, 丙은 X부동산에 관한 소유권을 취득하였다(민법 제186조). 따라서 X부동산에 관하여 乙명의로 마쳐진 가등기 및 그에 기한 본등기는 甲과 乙 사이의 허위표시를 원인으로 하여 이루어진 것으로 원인무효의 등기이다. 乙명의의 가등기 및 그에 기한 본등기가 무효라면, 丙명의의 소유권이전등기의 말소등기도 실체관계에 합치하지 않는 것이고, 등기는 물권의 효력발생요건일 뿐 그 존속요건은 아니므로(대판 2019.8.30, 2019다206742), 말소회복등기가 되기 전이라도 丙은 X부동산에 관한 소유권을 그대로 보유한다.

(2) 민법 제108조 2항에 의하여 丁이 丙에게 X부동산의 소유권을 주장할 수 있는지 여부

(가) 丁이 제108조 2항의 제3자에 해당하는지 여부

허위표시의 무효는 선의의 제3자에게 대항하지 못한다(제108조 2항). 여기서 제3자는 허위표시에 의하여 외형상 형성된 법률관계를 토대로 실질적으로 새로운 법률상 이해관계를 맺은 자를 말한다. 설문에서 乙명의의 가등기 및 그에 기한 본등기는 甲과 乙 사이의 허위표시에 의하여 형성된 외관이며, 丁은 이러한 외관을 신뢰하고 매매계약을 원인으로 소유권이전등기를 마쳤다. 따라서 새로운 이해관계를 맺은 제3자에 해당한다.

(나) 허위표시의 선의의 제3자에 대한 효력

선의의 제3자에 대하여는 허위표시의 당사자뿐만 아니라 그 누구도 허위표시의 무효를 대항하지 못하고, 따라서 선의의 제3자에 대한 관계에서는 허위표시도 그 표시된 대로 효력이 있다(대판 1996.4.26, 94다12074). 따라서 丙은 선의의 제3자인 丁에 대하여는 甲과 乙의 가등기 및 본등기의 원인이 된 허위표시가 무효임을 주장할 수 없으며, 丁에 대한 관계에서 乙명의의 가등기와 본등기가 유효하다. 결국 丙명의의 소유권이전등기는 乙명의의 가등기가 가지고 있는 본등기 순위보전의 효력에 의하여 그 효력을 잃으며(부동산등기법 제91조), 따라서 丙은 丁에 대하여 X부동산의 소유권이 자신에게 있음을 주장할 수 없다(대판 1996.4.26, 94다12074).

(3) 결론

법원은 丙의 청구를 기각해야 한다.

〈변경된 사실관계〉

乙은 甲이 외국에 머무는 것을 알고 甲을 상대로 가등기에 기한 본등기의 이행을 구하는 소를 제기하였고, 그 소송이 공시송달로 진행된 결과 乙의 승소판결이 선고되어 외형상 확정되었다. 그 후 이 사실을 알게 된 甲이 추완항소를 제기하여 가등기의 등기원인인 매매예약이 甲과 乙의 허위표시에 의한 것으로 무효라는 이유로 제1심판결을 취소하고 乙의 청구를 기각하는 판결이 선고·확정되었다. 그런데 X부동산에 관하여 乙이 甲의 추완항소 이전에 발급받았던 송달증명원 및 확정증명원을 가지고 확정판결을 원인으로 소유권이전등기를 마쳤고, 乙은 선의의 丙에게 X부동산에 관하여 매매를 원인으로 소유권이전등기를 마쳐주었다.

2. 甲은 丙을 상대로 X부동산에 관한 소유권이전등기의 말소를 청구할 수 있는가?

➜ 甲이 丙을 상대로 X부동산에 관한 소유권이전등기의 말소를 청구할 수 있기 위해서는, 甲에게 X부동산에 관한 소유권이 존재하여야 한다(민법 제214조).

(1) 乙명의의 본등기와 丙명의의 소유권이전등기는 유효하는지 여부

가등기 및 그에 기한 본등기는 등기의 일반원칙에 따라 공동신청을 하여야 하며, 등기의무자의 협력이 없는 경우는 의사진술을 명하는 판결을 받아 등기권리자 단독으로 신청할 수 있다(부동산등기법 제23조 1항, 4항). 여기서 판결은 확정판결만을 의미한다. 설문에서 X부동산에 관한 乙명의의 본등기는 가등기와 달리 허위표시 자체에 기한 것이 아니라, 허위표시가 철회된 이후에 乙이 항소심판결에 의해 취소·확정되어 소급적으로 무효가 된 제1심판결에 기초하여 일방적으로 마친 것으로 원인무효의 등기이다. 상대방과 통정한 허위의 의사표시는 무효이고(민법 제108조 1항), 등기의 공신력은 인정되지 않으므로, 乙명의의 본등기를 비롯하여 丙명의로 마쳐진 소유권이전등기는 무효이다.

(2) 丙이 민법 제108조 2항의 제3자에 해당하는지 여부

허위표시의 무효는 허위표시에 의하여 외형상 형성된 법률관계를 토대로 실질적으로 새로운 법률상 이해관계를 맺은 선의의 제3자에 대하여는 대항하지 못한다(제108조 2항). 또한 가등기의 설정행위와 본등기의 설정행위는 구분된다. 설문에서 甲이 乙과 통정하여 乙명의로 가등기를 마쳐주었으므로, 乙명의의 가등기는 허위표시에 의하여 형성된 외관에 해당하지만, 乙명의의 본등기는 무효인 제1심판결에 기초하여 乙이 임의로 마친 것이어서 허위표시에 의하여 형성된 외관에 해당하지 않는다. 따라서 丙은 허위표시에 의하여 형성된 乙명의의 본등기를 기초로 하여 새로운 법률상 이해관계를 맺은 제3자의 지위에 있다고 볼 수 없다(대판 2020.1.30, 2019다280375).

(3) 결론

乙명의의 본등기를 비롯하여 丙명의의 소유권이전등기는 무효이므로, X부동산에 관한 소유권은 甲에게 존재하고, 丙명의의 소유권이전등기는 甲의 소유권 행사에 대한 방해이며, 그 방해는 위법하다(제214조). 따라서 甲은 丙을 상대로 X부동산에 관한 소유권이전등기 말소를 청구할 수 있다.

Ⅱ. 착오에 의한 의사표시

❐ 민법 제109조 제1항 단서는 의사표시의 착오가 표의자의 중대한 과실로 인한 때에는 그 의사표시를 취소하지 못한다고 규정하고 있는데, 위 단서 규정은 표의자의 상대방의 이익을 보호하기 위한 것이므로, **상대방이 표의자의 착오를 알고 이를 이용한 경우**에는 착오가 표의자의 중대한 과실로 인한 것이라고 하더라도 표의자는 의사표시를 취소할 수 있다(대

법원 2014.11.27. 선고 2013다49794 판결).

❐ 착오로 인한 취소 제도와 매도인의 하자담보책임 제도는 그 취지가 서로 다르고, 그 요건과 효과도 구별된다. 따라서 매매계약 내용의 중요 부분에 착오가 있는 경우 매수인은 매도인의 하자담보책임이 성립하는지와 상관없이 착오를 이유로 그 매매계약을 취소할 수 있다(대법원 2018.9.13. 선고 2015다78703 판결).

→ 가령 甲이 乙로부터 매수한 그림이 위작인 경우, 甲이 위작인 그림을 진품으로 알고 과실 없이 매수한 것은 법률행위 내용의 중요 부분에 착오에 해당하므로 甲은 乙과의 매매계약을 착오를 이유로 취소할 수 있다.

❐ 의사표시는 법률행위 내용의 중요부분에 착오가 있는 때에는 취소할 수 있다. 법률행위 중요부분의 착오란 표의자가 그러한 착오가 없었더라면 그 의사표시를 하지 않았으리라고 생각될 정도로 중요한 것이어야 하고 보통 일반인도 표의자의 처지에 있었더라면 그러한 의사표시를 하지 않았으리라고 생각될 정도로 중요한 것이어야 한다(대법원 2020.3.26. 선고 2019다288232 판결).

→ 가령 토지의 현황과 경계에 착오가 있어 계약을 체결하기 전에 이를 알았다면 계약의 목적을 달성할 수 없음이 명백하여 계약을 체결하지 않았을 것으로 평가할 수 있을 경우에 계약의 중요부분에 관한 착오가 인정된다.

❐ 법률행위 내용의 중요부분에 착오가 있는 때에는 그 의사표시를 취소할 수 있으나 그 착오가 표의자의 중대한 과실로 인한 때에는 취소하지 못한다. 여기서 중대한 과실이란 표의자의 직업, 행위의 종류, 목적 등에 비추어 보통 요구되는 주의를 현저히 게을리한 것을 의미한다. 토지매매에서 특별한 사정이 없는 한 매수인에게 측량을 하거나 지적도와 대조하는 등의 방법으로 매매목적물이 지적도상의 그것과 정확히 일치하는지 여부를 미리 확인하여야 할 주의의무가 있다고 볼 수 없다(대법원 2020.3.26. 선고 2019다288232 판결).

→ 가령 甲이 乙로부터 토지를 매수하는 계약을 체결하면서 '토지에 인접한 매실나무 밭 바로 앞부분 약 80평이 포함되고 인접한 도로 부분 약 40평이 포함되지 않는다'고 잘못 알고 있었는데, 乙도 甲과 같이 토지의 경계를 잘못 인식하고 있어 매매계약 당시 甲에게 토지의 경계에 대하여 정확한 설명을 하지 않은 경우, 甲이 잘못 인식한 부분의 면적이 토지면적의 상당한 부분을 차지하므로, 甲은 매매계약의 목적물의 경계에 대하여 착오를 하였고, 그 착오는 중요한 부분에 해당하며, 乙측의 잘못된 설명으로 甲의 착오가 유발되었으므로, 甲의 착오에는 중대한 과실이 있다고 보기 어렵다.

❐ 민법 제109조에 따라 의사표시에 착오가 있다고 하려면 법률행위를 할 당시에 실제로 없

는 사실을 있는 사실로 잘못 깨닫거나 아니면 실제로 있는 사실을 없는 것으로 잘못 생각하듯이 의사표시자의 인식과 그러한 사실이 어긋나는 경우라야 한다. 의사표시자가 행위를 할 당시 장래에 있을 어떤 사항의 발생을 예측한 데 지나지 않는 경우는 의사표시자의 심리상태에 인식과 대조사실의 불일치가 있다고 할 수 없어 이를 착오로 다룰 수 없다(대법원 2020.5.14. 선고 2016다12175 판결). 다만 어떠한 인식이 장래에 있을 어떤 사항에 대한 단순한 예측이나 기대에 머무르는 것이 아니라 그 예측이나 기대의 근거가 되는 현재 사정에 대한 인식을 포함하고 있고 그 인식이 실제로 있는 사실과 일치하지 않는다면 이를 착오로 다룰 수 있다(대법원 2024.8.1. 선고 2024다206760 판결).

변호사시험 기출문제

문제 1 건강기능식품 판매점을 운영하는 甲은 친환경 농법으로 재배된 수삼을 원료로 하여 만든 홍삼 진액을 구입하려고 한다. 그런데 甲의 경쟁업자인 乙은 자신이 홍삼 도매상 丙을 통하여 친환경 인증을 받은 홍삼 진액을 구입하였는데 아주 좋은 제품이라고 甲에게 소개하면서 丙으로부터 홍삼 진액을 구입하라고 적극적으로 권유하였다. 그러나 乙은 丙으로부터 홍삼 제품을 구입한 사실도 없을 뿐만 아니라 丙이 판매하는 홍삼 진액이 친환경 인증을 받은 바도 없었음에도 불구하고, 乙이 거짓말을 한 것이다.

하지만 甲은 위와 같은 乙의 말을 그대로 믿고 2014. 12. 1. 丙과 G-200 홍삼 진액 30상자를 상자당 50만원씩 구입하되 같은 해 12. 10. 오전 10시에 甲의 점포에 배달하는 것을 내용으로 하는 매매계약을 체결하였다. 이에 따라 丙은 2014. 12. 10. 오전 10시 자신의 배달차량에 홍삼 진액 30상자를 싣고 甲의 점포에 도착하였으나, 문이 잠겨 있어서 위 제품을 인도하지 못하였다. 당시 甲은 丙과의 약속을 깜박 잊고서 점포 문을 닫고 외출한 상태였다.

한편 丙은 甲의 점포 앞에서 1시간여 동안 甲을 기다리다가 甲이 끝내 나타나지 않고 전화도 받지 않자 홍삼 진액 30상자를 배달차량에 그대로 싣고 되돌아와 자기가 관리하는 창고 앞에 위 차량을 주차해 놓았다. 그런데 2014. 12. 11. 아침에 丙이 고용한 직원 丁의 경미한 실수로 창고에 화재가 발생하였고, 그 불이 창고 앞에 주차되어 있던 배달차량에 옮겨 붙어 차량이 전소함으로써 그 홍삼 진액 30상자는 모두 소실되었다.

丙은 甲과의 계약내용에 따라 2014. 12. 10. 오전 10시에 홍삼 진액 30상자를 甲의 점포로 가지고 가서 계약내용에 따른 이행의 제공을 하였는데 甲이 외출하는 바람에 인도하지 못한 것일 뿐이라고 주장하면서 甲을 상대로 홍삼 진액 30상자에 대한 1,500만원의 지급을 구하는 물품대금지급청구소송을 제기하였다. 이에 대하여 甲은 다음과 같은 주장을 하면서 위 물품대금의 지급을 거절하는 답변서를 제출하였다. 甲이 제기한 각 주장에 대하여 가능한 논거를 설명하고 그 각 주장에 관한 결론을 도출하시오. (제4회 변호사시험, 2015)

1. 이 사건 계약은 착오 내지 사기를 원인으로 하여 체결된 것이므로 구매에 관한 의사표시를 취소한다. 따라서 위 물품대금을 지급할 의무가 없다. (15점)

➜ **(1) 착오를 이유로 매매계약을 취소할 수 있는지 여부**

甲은 乙의 거짓말에 속아 丙이 판매하는 홍삼 진액이 친환경 인증을 받은 아주 좋은 제품이라고 생각하였고, 이것이 매매계약을 체결한 동기에 해당하므로, 甲의 착오는 동기의 착오에 해당한다. 판례에 의하면 동기의 착오를 이유로 의사표시를 취소하기 위해서는 그 동기가 상대방에게 표시되고 의사표시 내용의 중요부분의 착오로 인정되는 경우이어야 한다(대판 2009.11.12, 2009다42635). 다만 동기가 표시되지 않았더라도 상대방에 의하여 제공되거나 유발된 경우에는 동기의 착오로 취소할 수 있다(대판 1996.7.26, 94다25964). 설문에서 甲의 동기가 丙에게 표시되지 않았고, 丙에 의해 유발되거나 제공되지 않았으므로, 甲은 착오를 이유로 丙과의 매매계약을 취소할 수 없다(민법 제109조).

(2) 사기를 이유로 매매계약을 취소할 수 있는지 여부

甲이 제3자 乙의 기망행위에 의해 丙과 매매계약을 체결하였지만, 사기를 이유로 취소할 수 있기 위해서는 丙이 그 사실을 알았거나 알 수 있었어야 한다(제110조 2항). 설문에는 丙이 乙의 기망행위가 있었음을 알았거나 알 수 있었다고 볼 수 있는 사유가 존재하지 않는다. 따라서 甲은 사기를 이유로 丙과의 매매계약을 취소할 수 없다.

2. 丙이 새로운 홍삼 진액 30상자를 인도한다면 그와 동시에 물품대금을 지급하겠다. (15점)

➜ **(1) 매매목적물이 특정되었는지 여부**

丙이 甲과의 매매계약에 따라 홍삼 진액 30상자를 인도할 채무는 종류채무에 해당한다. 종류채무는 채무자가 이행에 필요한 행위를 완료한 때에 특정이 있는데, 종류채무는 지참채무이므로 채무자가 채권자의 주소에서 변제의 제공을 함으로써 특정이 된다(민법 제375조 2항, 제467조 2항). 설문에서 甲과 丙은 홍삼 진액 30상자를 甲의 점포에 배달하기로 합의하였으므로, 丙의 채무는 지참채무이다. 丙이 변제기인 2014.12.10. 오전 10시에 甲의 점포에서 홍삼 진액 30상자를 현실의 제공을 하였으며, 이때 그 종류채권은 특정되었다.

(2) 丙은 홍삼 진액 30상자의 인도의무를 면하는지 여부

목적물의 특정으로 급부의 위험이 채권자에게 이전된다. 설문에서 종류채권이 특정이 된 이후에 그 홍삼 진액 30상자가 멸실되었으므로, 丙은 다시 같은 종류물을 인도할 의무를 면한다. 따라서 甲은 새로운 홍삼 진액 30상자와 동시에 물품대금지급채무를 이행할 것을 주장할 수 없다.

3. 또는 丙이 홍삼 진액 30상자를 인도하지 않음으로써 발생한 손해배상금을 지급한다면 그와 동시에 물품대금을 지급하겠다. (15점)

→ 丙이 변제기인 2014.12.10. 오전 10시에 계약 내용에 따른 이행의 제공하였으나 채권자 甲이 외출하는 바람에 이를 수령하지 않은 것은 채권자지체에 해당한다(민법 제400조). 채권자지체에 채권자의 귀책사유가 필요한지에 대해서는 학설이 나누어져 있으나 설문에서는 甲에게 귀책사유가 인정되어, 어느 견해에 의하든 채권자지체가 성립한다. 채권자지체 중에는 채무자는 고의나 중과실에 의한 경우에만 불이행으로 인한 책임을 부담한다(제401조). 설문에서 피용자 丁의 경과실로 매매목적물인 홍삼 진액이 소실되었으므로, 丁의 경과실은 채무자의 경과실로 된다(제391조). 따라서 丙은 홍삼 진액의 불능으로 인한 손해배상책임을 지지 않는다.

4. 丙의 홍삼 진액 30상자에 대한 인도의무는 이행이 불가능하게 되었으므로 물품대금을 지급할 의무가 없다. (20점)

→ **(1) 민법 제537조에 따라 甲은 물품대금의 지급을 거절할 수 있는지 여부**

쌍무계약의 당사자 일방의 채무가 당사자 쌍방의 책임 없는 사유로 이행할 수 없게 된 때에는 채무자는 상대방의 이행을 청구할 수 없다(제537조). 설문에서 甲은 이행기에 외출하여 수령하지 못한 매매목적물을 丙이 창고에 보관하던 중에 소실되었고, 이는 丙의 피용자 丁에 의한 것이며, 丁의 고의·과실은 丙의 고의·과실로 본다(제391조). 따라서 채무자의 과실로 이행불능이 되었으므로, 제537조가 적용되지 않는다.

(2) 민법 제538조에 따라 丙은 물품대금의 지급을 청구할 수 있는지 여부

채권자의 수령지체 중에 당사자 쌍방의 책임 없는 사유로 이행할 수 없게 된 때에는 채무자는 상대방의 이행을 청구할 수 있다(제538조 1항 후문). 설문에서 채권자지체 중 채무자 丙의 경과실로(제391조) 목적물이 멸실되었다. 이 경우 제538조 1항 후문의 '당사자 쌍방의 책임 없는 사유'에 해당하는지에 관하여, 다수설은 채권자지체가 성립하면 채무자는 고의 또는 중과실이 없으면 책임을 면한다(제401조)는 이유로, 채무자의 경과실은 여기의 책임 없는 사유에 해당한다고 한다. 따라서 丙은 홍삼 진액 30상자의 인도의무를 면하면서도 甲에 대해 그 매매대금 1,500만원을 청구할 수 있다. 결국 물품대금지급의무가 없다는 甲의 주장은 부당하다.

문제 2 **〈기초적 사실관계〉**

甲은 자기 소유인 X토지에 대하여 A은행 앞으로 근저당권을 설정한 후, 乙에게 지상권을 설정해 주었다. 乙은 2015. 10.경 X토지 위에 Y다세대주택을 신축하여 분양하는 사업을 하게 되었다. 그 후 신축공사가 절반 정도 진행된 상태에서 乙은 자금사정 악화로 공사를 계속하기 어려워졌고, 乙에게 건축자재를 납품해 오던 丙은 연체된 대금을 받으려는 의도로 丁에게 Y다세대주택이 최고급 건축자재로 지어지고 있고, 역세권에 있어서 투자가치가 높으며, 이미 준공검사 신청까지 접수해 놓은 상태여서 이를 담보로 은행대출도 가능하다고 이야기하면서 분양받을 것을 제의하였다. 이에 丁은 2016. 1. 10. 乙과 Y다세대주택 중 1세대(이하 '이 사건 주택'이라고 함)에 대한 분양계약을 체결하고, 계약 당일 계약금 3,000만원, 같은 해 2. 10. 중도금 1억원을 乙에게 각 지급하였다.
한편 분양계약 체결 당시에 Y다세대주택은 절반밖에 완성되지 않은 상태였다. 그런데 乙은 丁이 丙에게서 Y다세대주택이 준공검사 신청까지 접수되어 은행대출도 가능한 좋은 물건이라고 소개받았다는 말을 듣고 이상하다고 생각하면서도 자금이 급한 나머지 그대로 분양계약을 체결하였다. 이후 乙은 2016. 4. 20. Y다세대주택의 내부공사만 남겨둔 상태에서 지급불능 상태에 빠졌다.
이 사건 주택의 소유권을 취득하지 못하게 된 丁은 乙과 丙을 상대로 소를 제기하였는바, 乙에 대하여서는 기망을 이유로 분양계약의 취소와 기지급한 계약금과 중도금 합계액에 대한 부당이득반환을 청구하고, 丙에 대하여서는 불법행위에 기한 손해배상을 청구하였다. (제7회 변호사시험, 2018)

1. 丁의 청구에 대하여 乙은, ① 丁을 기망한 것은 자신이 아닌 丙이므로 丙의 기망을 이유로 이 사건 주택에 관한 분양계약을 취소할 수 없고, ② 동일한 금액에 대하여 丙을 상대로 불법행위에 기한 손해배상을 청구하는 이상 자신에 대한 부당이득반환청구는 허용될 수 없다고 주장한다. 丁의 乙에 대한 분양계약 취소 및 부당이득반환 청구는 인용될 수 있는가? (25점)

→ **(1) 丁의 乙에 대한 분양계약 취소 인정 여부**

상대방 있는 의사표시에 관하여 제3자가 사기나 강박을 행한 경우, 상대방이 그 사실을 알았거나 알 수 있었을 경우에 한하여 그 의사표시를 취소할 수 있다(민법 제110조 2항). 설문에서 丙은 연체된 대금을 받으려는 의도로 Y다세대주택에 관하여 丁에게 준공검사 신청까지 접수해 놓은 상태여서 이를 담보로 은행대출도 가능하다고 기망하였고, 丁은 丙의 기망행위로 인해 그 사실을 알고 있는 乙과 분양계약을 체결하였으므로, 丙의 기망행위와 丁의 분양계약에 관한 의사표시 사이에는 인과관계가 인정된다. 또한 丙의 기망행위는 위법하다. 따라서 丁은 제110조 2항에 의하여 乙과의 분양계약을 취소할 수 있다.

(2) 丁의 乙에 대한 부당이득반환 청구 인정 여부

(가) 乙의 丁에 부당이득반환채무와 丙의 丁에 대한 불법행위채무의 관계

丁이 사기에 의한 의사표시를 이유로 乙과의 분양계약을 취소하면, 분양계약은 소급하여 무효로 되고(제141조), 따라서 丁은 乙을 상대로 제741조에 의하여 乙에게 지급한 계약금과 중도금의 반환을 청구할 수 있다. 한편 丙의 사기행위는 위법하므로, 丁은 丙을 상대로 제750조에 의하여 불법행위로 인한 손해배상을 청구할 수 있다. 이러한 乙의 丁에 부당이득반환채무와 丙의 丁에 대한 불법행위채무는 부진정연대채무의 관계에 있다.

(나) 결어

부진정연대채무에는 연대채무의 효력에 관한 제414조가 유추적용된다. 따라서 채권자 丁은 乙이나 丙에 대하여 채무의 전부나 일부의 이행을 청구하거나 乙과 丙에 대하여 동시에 또는 순차로 채무의 전부나 일부의 이행을 청구할 수 있다. 설문에서 丁의 乙에 대한 분양계약은 취소되었으므로, 丁의 乙에 대한 부당이득반환청구는 인용될 수 있다.

〈추가적 사실관계〉

그 후 乙은 자금을 차용하여 Y다세대주택을 준공하고 소유권보존등기를 마쳤으나, 분양사업의 부진으로 甲에게 X토지에 대한 지료를 지급하지 못하였다. 이에 甲은 2년 이상의 지료미납을 이유로 지상권 소멸을 청구하였고, 甲은 乙로부터 Y다세대주택을 매수한 후 소유권이전등기를 마쳤다.

한편 甲이 A은행에 대한 대출금 채무를 연체하자 A은행은 X토지에 대한 근저당권에 기하여 X토지와 함께 Y다세대주택에 대한 일괄경매를 신청하였고, 戊가 이를 모두 경락받았다. 그러자 甲은 乙이 Y다세대주택을 건축하였고 그 주택을 자신이 매수한 것이므로 Y다세대주택은 일괄경매의 대상이 될 수 없다고 주장하면서 戊를 상대로 Y다세대주택에 대한 소유권이전등기의 말소를 청구하는 소를 제기하였다.

2. 甲의 戊에 대한 소유권이전등기의 말소등기 청구는 인용될 수 있는가? (15점)

→ **(1) A은행이 X토지와 함께 Y주택에 대해 일괄경매를 청구할 수 있는지 여부**

일괄경매청구권은 저당권설정자가 건물을 축조한 경우뿐만 아니라 설정자로부터 저당토지에 대한 용익권을 설정받은 자에 의하여 축조된 건물의 소유권을 설정자가 취득한 경우에도 허용된다(대판 2003.4.11, 2003다3850). 설문에서 甲이 X토지에 관하여 A명의로 근저당권을 설정한 후 X토지의 지상권자 乙이 Y주택을 신축하였으므로, 근저당권설정 당시 X토지에 건물이 없었고, A은행의 경매신청 전에 甲이 Y주택의 소유권을 취득하였으므로, A은행은 X토지와 함께 Y주택에 대해 일괄경매를 청구할 수 있다(민법 제365조).

(2) 甲의 戊에 대한 소유권이전등기의 말소청구 인정 여부

甲이 Y주택에 대하여 戊를 상대로 소유권이전등기말소를 청구할 수 있기 위해서는, 甲에게 Y주택의 소유권이 존재하여야 한다(제214조). 설문에서 Y주택이 X토지와 함께 일괄경매되어 戊가 소유권을 취득하였으므로, 甲의 戊에 대한 소유권이전등기의 말소청구는 인용될 수 없다.

제4절 법률행위의 대리

Ⅰ. 대리권의 제한

❐ 민법 제921조의 이해상반행위란 행위의 객관적 성질상 친권자와 그 자녀 사이 또는 친권에 복종하는 수인의 자 사이에 이해의 대립이 생길 우려가 있는 행위를 가리키고, 친권자의 의도나 그 행위의 결과 실제로 이해의 대립이 생겼는지의 여부는 묻지 않는다. 공유물분할에 관한 절차는 그 절차의 객관적 성질상 공유자들 사이에 이해의 대립이 생길 우려가 있다. 따라서 미성년자 여럿과 그 친권자가 공유물분할의 소의 당사자가 된 경우에는 미성년자마다 특별대리인을 선임하여 그 특별대리인이 미성년자를 대리하여 소송행위를 하여야 한다. 만약 친권자가 미성년자 여럿의 법정대리인으로서 소송행위를 하였다면 이는 제921조에 위반되어 미성년자들의 적법한 추인이 없는 한 무효이다(대법원 2024.7.11. 선고 2023다301941 판결).

❐ 민사소송법 제59조 전단과 제60조는 소송능력·법정대리권 또는 소송행위에 필요한 권한의 수여에 흠이 있는 경우에는 법원은 기간을 정하여 이를 보정하도록 명하여야 하고, 소송능력·법정대리권 또는 소송행위에 필요한 권한의 수여에 흠이 있는 사람이 소송행위를 한 뒤에 보정된 당사자나 법정대리인이 이를 추인한 경우에는 그 소송행위는 이를 한 때에 소급하여 효력이 생긴다고 규정하고 있다. 그러므로 미성년자의 법정대리인에게 법정대리권이 흠결된 경우 법원은 그 흠을 보정할 수 없음이 명백한 때가 아닌 한 기간을 정하여 보정을 명하여야 할 의무가 있고, 법정대리권의 보정은 항소심에서도 가능하다(대법원 2024.7.11. 선고 2023다301941 판결; 대법원 2024.4.12. 선고 2023다313241 판결).

Ⅱ. 대리권의 남용

❐ 법정대리인인 친권자의 대리행위가 객관적으로 볼 때 미성년자 본인에게는 경제적인 손실만을 초래하는 반면, 친권자나 제3자에게는 경제적인 이익을 가져오는 행위이고 행위의 상대방이 이러한 사실을 알았거나 알 수 있었을 때에는 민법 제107조 제1항 단서의 규정을 유추적용하여 행위의 효과가 자(子)에게는 미치지 않는다고 해석함이 타당하나, 그에 따라 외형상 형성된 법률관계를 기초로 하여 새로운 법률상 이해관계를 맺은 선의의 제3자에 대

하여는 같은 조 제2항의 규정을 유추적용하여 누구도 그와 같은 사정을 들어 대항할 수 없으며, 제3자가 악의라는 사실에 관한 주장·증명책임은 무효를 주장하는 자에게 있다(대법원 2018.4.26. 선고 2016다3201 판결).

문제 미성년자 甲의 친권자 乙은 자신의 채무를 상환할 목적으로 甲을 대리하여 2011. 6. 30. 甲소유의 X부동산에 관하여 丙과 매매계약을 체결하고, 丙 앞으로 소유권이전등기를 마쳐주었다. 이러한 사실을 알게 된 甲은 2012.5.18. 위 매매계약은 이해상반행위 내지 대리권남용에 해당하여 무효라고 주장하며 丙을 상대로 丙명의의 소유권이전등기의 말소를 구하는 소를 제기하였다. 법원은 2015. 1. 23. 위 매매계약이 乙의 대리권 남용에 의해 체결된 것이어서 그 효과가 甲에게 미치지 않으므로, 丙이 소유권이전등기를 말소할 의무가 있다고 보아 甲의 승소판결을 선고하였고, 판결은 확정되었다. 한편 2013. 8. 22. 丙은 위와 같은 사실을 숨긴 채 X부동산을 丁에게 매도하고, 丁명의로 소유권이전등기를 마쳐주었는데, 이에 甲은 丙명의의 소유권이전등기가 원인무효이므로, 이에 터 잡은 丁명의의 소유권이전등기 역시 원인무효라고 주장하면서 그 말소를 구하는 소를 제기하였다. 丁은 답변서에서 '원고의 이 사건 청구원인 주장내용은 피고로서는 전혀 알지 못하는 사실입니다'라고 답변하였다. 위 사실관계의 내용 및 당사자의 주장사실이 모두 사실로 증명되고, 이 사건과 관련하여 다른 주장이 없다면, 甲의 청구에 대한 결론을 그 논거(丙명의의 소유권이전등기 효력을 포함하여)와 함께 서술하시오.

→ **1. 결론**

법원은 甲의 丁에 대한 청구를 기각한다는 판결을 하여야 한다.

2. 논거

甲이 丁에게 민법 제214조에 따라 丁명의의 소유권이전등기말소를 청구할 수 있기 위해서는, 甲에게 소유권이 존재하고 丁명의의 소유권이전등기가 甲의 소유권행사에 방해가 되어야 하며, 그 방해가 위법하여야 한다.

(1) 丙명의로 마친 소유권이전등기가 무효인지 여부

(가) 乙의 대리행위가 이해상반행위인지 여부

친권에 따르는 자녀와 친권자 사이에 이해가 상반되는 경우에는 친권자는 특별대리인을 선임해야 하며(제921조 1항), 특별대리인 선임 없이 이루어진 대리행위는 무권대리로서 그 대리행위는 무효가 된다(대판 2002.1.11, 2001다65960). 여기서 이해상반행위는 행위의 객관적 성질상 친권자와 그 자녀 사이 또는 친권에 따르는 여러 자녀 사이에 이해의 대립이 생길 우려가 있는 행위를 의미하며, 이해상반되는 행위이냐의 여부는 그 행위 자체를 객관적으로 관찰하여 판단해야 하고(형식적 판단설), 그 행위의 동기나 연유를 고려해서는 안 된다(대판 1994.9.9, 94다6680). 설문에서 친권자 乙이 자신의 채무를 상환할 목적을 가지고 있다는 점에서 의도 자체는 甲과 乙 사이의 이해대립을 인정할 수 있지만, 乙이 甲을 대리하여 丙과 매매계약을 체결하였다. 따라서 乙의 대리행위는 형식적으로 이해상반행위로 볼 수 없다.

(나) 乙의 대리행위가 유효인지 여부

대리인이 본인의 이익이 아니라 자신의 이익을 꾀하기 위하여 대리행위를 하였더라도 대리의사는 존재하므로, 그 행위는 대리행위로서 유효하게 성립한다. 다만 대리행위가 객관적으로 볼 때 본인에게는 경제적인 손실만을 초래하는 반면, 대리인이나 제3자에게는 경제적인 이익을 가져오는 행위이고 행위의 상대방이 이러한 사실을 알았거나 알 수 있었을 때에는 제107조 1항 단서를 유추적용하여 행위의 효과가 본인에게 미치지 않는다(대판 2011.12.22, 2011다64669). 설문에서 乙의 대리행위가 대리권 남용에 해당하여 그 효과는 甲에게 미치지 않는다. 따라서 매매계약을 원인으로 한 丙명의의 소유권이전등기는 원인무효의 등기에 해당한다.

(2) 甲이 丁에게 丙명의의 소유권이전등기가 무효임을 주장할 수 있는지 여부

진의 아닌 의사표시의 무효는 선의의 제3자에게 대항하지 못한다(제107조 2항). 여기서 제3자는 진의 아닌 의사표시에 따라 외형상 형성된 법률관계를 기초로 하여 새로운 법률상 이해관계를 맺은 자를 의미한다. 설문에서 丁은 乙의 대리권 남용에 의해 마쳐진 丙명의의 소유권이전등기를 기초로 하여 丙과 매매계약을 체결하고 소유권이전등기를 마쳤으므로, 제107조 2항을 유추적용하여 제3자에 해당한다(대판 2018.4.26, 2016다3201).

또한 제107조 2항의 제3자가 악의라는 사실에 관한 주장·증명책임은 무효를 주장하는 자에게 있다(대판 2018.4.26, 2016다3201). 설문에서 丁명의의 소유권이전등기말소를 주장하는 甲이 丁이 악의임을 주장·증명하여야 하는데, 이를 주장하지 않았으므로 선의로 추정된다. 따라서 甲은 선의의 제3자인 丁에 대하여 제107조 2항을 유추적용하여 乙의 대리권 남용으로 인해 마쳐진 丙명의의 소유권이전등기가 원인무효임을 들어 대항할 수 없다.

Ⅲ. 대표기관이 법인의 거래상대방인 제3자에 대하여 채무불이행책임을 지는지 여부

- 법인이 대표기관을 통하여 법률행위를 한 때에는 대리에 관한 규정이 준용된다(민법 제59조 제2항). 따라서 적법한 대표권을 가진 자와 맺은 법률행위의 효과는 대표자 개인이 아니라 본인인 법인에 귀속하고, 마찬가지로 그러한 법률행위상의 의무를 위반하여 발생한 채무불이행으로 인한 손해배상책임도 대표기관 개인이 아닌 법인만이 책임의 귀속주체가

되는 것이 원칙이다. 또한 민법 제391조는 법정대리인 또는 이행보조자의 고의·과실을 채무자 자신의 고의·과실로 간주함으로써 채무불이행책임을 채무자 본인에게 귀속시키고 있는데, 법인의 경우도 법률행위에 관하여 대표기관의 고의·과실에 따른 채무불이행책임의 주체는 법인으로 한정된다.

따라서 법인의 적법한 대표권을 가진 자가 하는 법률행위는 성립상 효과뿐만 아니라 위반의 효과인 채무불이행책임까지 법인에 귀속될 뿐이고, 다른 법령에서 정하는 등의 특별한 사정이 없는 한 법인이 당사자인 법률행위에 관하여 대표기관 개인이 손해배상책임을 지려면 민법 제750조에 따른 불법행위책임 등이 별도로 성립하여야 한다. 이때 법인의 대표기관이 법인과 계약을 체결한 거래상대방인 제3자에 대하여 자연인으로서 제750조에 기한 불법행위책임을 진다고 보기 위해서는, 대표기관의 행위로 인해 법인에 귀속되는 효과가 대외적으로 제3자에 대한 채무불이행의 결과를 야기한다는 점만으로는 부족하고, 법인의 내부행위를 벗어나 제3자에 대한 관계에서 사회상규에 반하는 위법한 행위라고 인정될 수 있는 정도에 이르러야 한다(대법원 2019.5.30. 선고 2017다53265 판결).

문제 甲법인의 대표기관 乙은 주택재개발정비사업을 수행하기 위해, 丙이 주택재개발정비사업에 관한 업무를 위탁받아 수행하는 내용의 용역계약을 丙회사와 적법하게 체결하였다. 이후 乙은 정관의 규정에 따라 주민총회의 의결을 거쳐 丙이 위 용역계약에서 규정한 계약이행보증금을 약정한 시기까지 甲법인의 통장에 입금하지 않았다는 이유로 계약해지를 丙에게 통보하였다. 하지만 위 해지통보는 용역계약에서 규정한 사유를 충족하지 않아 그 효력이 없었다. 그런데도 甲법인은 해지통보를 한 이후 丙을 용역 업무에서 일방적으로 배제시킨 채 다른 업체와 계약을 체결하였고, 이로 인해 丙에게 손해가 발생하였다. 한편 용역계약서 제○○조 제1항 제2호는 "甲이 용역대행 업무를 제3자로 대체하거나 甲의 귀책사유로 용역계약이 해제 또는 해지됨으로써 乙이 입은 손해를 입게 하였을 경우 그 손해를 배상하여야 한다"고 규정하고 있다. 이 경우 丙은 甲과 乙에게 각각 손해배상을 청구할 수 있는가?

→ 1. 丙의 甲에 대한 손해배상청구권

(1) 민법 제35조에 의한 손해배상청구권

법인의 대표자가 그 직무에 관하여 타인에게 손해를 입힌 경우, 법인이 불법행위책임을 진다(제35조 1항). 그런데 법인의 불법행위가 성립하려면, 불법행위에 관한 일반요건을 갖추어야 한다. 즉 대표기관에게 고의 또는 과실이 있고, 가해행위가 위법해야 하며, 손해가 발생해야 한다. 설문의 경우, 乙이 甲법인의 정관에 따라 주민총회의 의결을 거쳐 丙에게 해지통고를 하였으므로, 그 해지통고가 위법하다고 볼 수 없다. 따라서 丙은 제35조에 따라 甲에게 불법행위로 인한 손해배상을 청구할 수 없다.

(2) 민법 제59조 2항, 제114조에 의한 손해배상청구권

법인이 대표기관을 통하여 법률행위를 한 때에는 대리에 관한 규정이 준용된다(제59조 2항). 따라서 적법한 대표권을 가진 자와 맺은 법률행위의 효과는 대표자 개인이 아니라 본인인 법인에 귀속하고, 마찬가지로 그러한 법률행위상의 의무를 위반하여 발생한 채무불이행으로 인한 손해배상책임도 대표기관 개인이 아닌 법인만이 책임의 귀속주체가 된다(대판 2019.5.30, 2017다53265). 설문에서 甲법인의 해지통보는 용역계약에서 규정한 사유를 충족하지 않아 무효인데, 甲법인은 丙을 용역 업무에서 배제시킨 채 다른 업체와 계약을 체결한 것은, 용역계약서 제○○조 제1항 2호에 해당한다. 따라서 丙은 甲에게 제59조 2항, 제114조에 따라 손해배상을 청구할 수 있다.

2. 丙의 乙에 대한 손해배상청구권

제391조는 법정대리인 또는 이행보조자의 고의·과실을 채무자 자신의 고의·과실로 간주함으로써 채무불이행책임을 채무자 본인에게 귀속시키고 있는데, 법인의 경우도 법률행위에 관하여 대표기관의 고의·과실에 따른 채무불이행책임의 주체는 법인으로 한정된다. 따라서 법인의 적법한 대표권을 가진 자가 하는 법률행위는 성립상 효과뿐만 아니라 위반의 효과인 채무불이행책임까지 법인에 귀속될 뿐이고, 다른 법령에서 정하는 등의 특별한 사정이 없는 한 법인이 당사자인 법률행위에 관하여 대표기관 개인이 손해배상책임을 지려면 제750조에 따른 불법행위책임 등이 별도로 성립해야 한다(대판 2019.5.30, 2017다53265). 설문의 경우, 乙의 위법행위를 인정할 만한 사유가 존재하지 않는다. 따라서 丙은 乙에게 제750조에 따라 불법행위책임을 물을 수 없다.

Ⅳ. 표현대리와 협의의 무권대리

1. 표현대리

❐ 민법 제126조의 표현대리는 대리인이 본인을 위한다는 의사를 명시적 또는 묵시적으로 표시하거나 대리의사를 가지고 권한 외의 행위를 하는 경우에 성립한다. 그 외에 사술을 써서 위와 같은 대리행위의 표시를 하지 아니하고 단지 본인의 성명을 모용하여 자기가 마치 본인인 것처럼 기망하여 본인 명의로 직접 법률행위를 한 경우에는, 본인을 모용한 사람에게 본인을 대리할 기본대리권이 있었고, 상대방으로서는 위 모용자가 본인 자신으로서 본인의 권한을 행사하는 것으로 믿은 데 정당한 사유가 있었던 사정이 있는 경우에 한하여 민법 제126조의 표현대리 법리가 유추적용된다(대법원 2025.6.5. 선고 2023다232526

판결; 대법원 2014.5.29. 선고 2012다66303 판결).

문제 원고 甲은 여신전문금융회사이고, A회사는 여신업무 접수대행업 등을 영위하는 법인이다. 원고는 2018. 5. 17. A회사와, 원고의 임대차보증금 담보대출과 관련하여 대출신청인의 자필서명 확인, 대출구비서류의 접수·확인, 임대차조사 등의 업무를 A회사에 위탁하는 대출모집업무 위탁계약(이하 '이 사건 위탁계약'이라고 한다)을 체결하였다.

피고 乙은 2019. 8. 22. F회사와 사이에 F소유의 주택에 대해 임대차보증금 2억 2,000만원, 임대차기간 2019. 8. 22.부터 2021. 8. 21.까지로 정하여 임차하는 내용의 임대차계약(이하 '이 사건 임대차계약'이라고 한다)을 체결하였다. 이 사건 임대차계약 체결 직후 피고는 A회사의 직원인 B에게 E회사로부터 임대차보증금 담보대출을 받기 위하여 필요한 서류 작성을 위임하면서 인감증명서, 주민등록초본 및 등본, 피고 명의의 예금통장 사본, 피고 명의로 개통한 휴대전화 등을 교부하였다. 2019. 8. 22. 피고의 위임에 따라 B와 A회사의 다른 직원인 C(이하 'B 등'이라고 한다)가 E회사에 대출에 필요한 서류를 제출하여 피고에 대한 대출이 실행되었고, 피고는 그 대출금을 F에 지급함으로써 이 사건 임대차계약에 따른 임대차보증금을 전액 지급하였다.

한편 B 등은 원고가 A회사를 통해 대출신청이 접수되면 서류심사만으로 대출을 실행하는 점을 이용하여 원고를 상대로 동일한 임대차보증금 반환채권을 담보로 하여 이중의 대출을 받는 사기범행을 공모하였다. 이에 따라 B 등은 2019. 8. 29. 피고로부터 교부받은 인감증명서 등을 이용하여 피고 명의로 임차보증금 담보대출계약서 등 대출에 필요한 서류(이하 '이 사건 대출약정서 등'이라고 한다)를 작성한 다음 이를 원고에게 제출하였다. 이에 원고는 피고가 B에게 교부한 전화번호로 전화하여 피고 본인 여부 등에 관하여 형식적으로 확인한 다음, 피고에게 2억 900만원을 약정이율 연 4.5%에 대출기간을 2019. 8. 29.부터 2021. 8. 21.까지로 정하여 대출할 것을 승인(이하 '이 사건 대출계약'이라고 한다)한 후, 2019. 8. 29. 2억 900만원을 피고의 계좌로 송금하였다.

허위 또는 위·변조문서에 의해 이 사건 대출계약이 체결된 사실을 알게 된 원고는 피고에 대하여 대출금 2억 900만원과 이자 등의 지급을 구하는 소를 제기하였다. 원고는 ① 피고는 B 등에게 이 사건 대출계약을 포함하여 피고 명의의 담보대출계약 체결에 관한 포괄적인 대리권을 부여하였고, 그에 따라 이 사건 대출계약은 B 등이 피고를 적법하게 대리하여 체결한 것으로서 유효하다. ② 설령 B 등에게 피고를 대리하여 이 사건 대출계약을 체결할 권한이 없었더라도, 피고는 B 등에게 E와의 담보대출계약을 체결할 기본대리권을 수여하였고, 원고는 B 등을 통해 이 사건 대출계약 체결 및 본인확인에 필요한 제반 서류를 교부받아 확인하는 등 B 등이 피고로부터 이 사건 대출계약에 관한 대리권을 수여받았다고 믿을 만한 정당한 사유가 있었으므로, 피고에게는 민법 제126조의 표현대리책임이 성립한다고 주장한다. 이에 대해 피고는 B 등에게 E와의 담보대출계약 체결에 관한 대리권 외에 원고와 이 사건 대출계약을 체결할 권한까지 수여한 사실이 없으며, B 등은 본인인 피고를 위한다는 대리의사를 표시하지 않고 단지 피고의 성명을 모용하여 마치 자신이 피고 본인인 것처럼 기망하여 원고와 이 사건 대출계약을 체결하였으므로, 민법 제126조의 표현대리가 적용될 여지가 없다고 주장한다. 법원의 판단은?

→ **1. 민법 제114조의 유권대리 성립 여부**

대리인이 그 권한 내에서 본인을 위한 것임을 표시한 의사표시는 직접 본인에 대하여 효력이 생긴다(민법 제114조 1항). 설문의 경우, 피고는 B 등에게 이 사건 임대차계약에 따른 임대차보증금 납부를 위해 E와의 대출계약 체결에 관한 대리권을 수여하였을 뿐, 이 사건 대출계약을 체결할 대리권까지 수여하였다고 보기 어렵고, 달리 피고가 B 등에게 이 사건 대출계약 체결에 관한 대리권을 수여한 사실을 인정할 증거가 없다. 따라서 이 사건 대출계약은 B 등이 적법한 대리권 없이 이 사건 대출약정서 등을 임의로 작성하여 체결한 것에 불과하므로, 원고의 유권대리 주장은 이유 없다.

2. 민법 제126조의 표현대리 성립 여부

(1) 제126조의 표현대리가 성립하기 위해서는, ① 대리인이 상대방과 법률행위를 하여야 하고, ② 대리인이 본인을 위한 것임을 표시하여야 한다. 사술을 써서 대리행위의 표시를 하지 않고 단지 본인의 성명을 모용하여 자기가 마치 본인인 것처럼 기망하여 본인 명의로 직접 법률행위를 한 경우, 본인을 모용한 사람에게 본인을 대리할 기본대리권이 있었고, 상대방으로서는 위 모용자가 본인 자신으로서 본인의 권한을 행사하는 것으로 믿은 데 정당한 사유가 있었던 사정이 있는 경우에 한하여 제126조의 표현대리 법리가 유추적용된다(대판 2025.6.5, 2023다232526; 대판 2014.5.29, 2012다66303). ③ 기본대리권이 존재하여야 하고, ④ 권한을 넘은 대리행위를 하여야 하며, ⑤ 상대방이 대리인에게 권한이 있다고 믿을 만한 정당한 이유가 있어야 한다.

(2) 설문의 경우, B 등은 대출신청서 및 대출계약서 등을 위조하여 '피고 명의'로 작성하고, 이를 원고에게 제출하여 이 사건 대출계약이 체결하였다. 이는 B 등이 피고의 성명을 모용하여 자기가 마치 피고 본인인 것처럼 기망하여 피고 명의로 직접 법률행위를 한 것으로 볼 수 있다. 피고가 B 등에게 이 사건 임대차계약에 따른 임대차보증금 납부를 위한 E와의 대출계약 체결을 목적으로 하는 대리권을 수여하였으므로 기본대리권이 존재하며, B 등이 원고와 체결한 이 사건 대출계약은 권한을 넘은 대리행위에 해당한다.

한편 원고는 여신전문금융회사이므로, 대출신청의 대상이 된 임대차계약의 진정성과 필요성을 확인하여 임대차보증금 대출 실행에 대한 관리·감독을 철저히 하여야 할 금융기관으로서의 주의의무를 부담한다. 하지만 원고는 피고가 B에게 교부한 전화번호로 전화하여 피고 본인 여부 등에 관하여 형식적으로 확인한 다음 피고에 대하여 대출을 승인하였으므로, 이러한 주의의무를 위반하였다. 또한 원고는 대출신청인의 자필서명 확인 등을 A회사를 통하여 간접적으로 수행하였으므로, 그로 인한 불이익이나 위험도 원고가 부담하여야 한다.

따라서 이 사건 대출계약 당시 B 등에게 피고를 대리할 기본대리권이 있었다고 하더라도 원고에게 B 등이 피고 자신으로서 본인의 권한을 행사하여 이 사건 대출을 신청한 것이라고 믿을 만한 정당한 사유가 있었다고 볼 수 없다.

3. 결론

B 등이 피고 명의로 원고와 체결한 대리행위는 무권대리이고, 제126조의 표현대리가 인정되지 않으므로 이 사건 대출계약은 무효이다. 따라서 법원은 원고의 청구를 기각해야 한다.

2. 협의의 무권대리

❐ 다른 자의 대리인으로서 계약을 맺은 자가 그 대리권을 증명하지 못하고 또 본인의 추인을 받지 못한 경우에는 그는 상대방의 선택에 따라 계약을 이행할 책임 또는 손해를 배상할 책임이 있다(민법 제135조 1항). 이때 상대방이 계약의 이행을 선택한 경우 무권대리인은 계약이 본인에게 효력이 발생하였더라면 본인이 상대방에게 부담하였을 것과 같은 내용의 채무를 이행할 책임이 있다. 무권대리인은 마치 자신이 계약의 당사자가 된 것처럼 계약에서 정한 채무를 이행할 책임을 지는 것이다. 무권대리인이 계약에서 정한 채무를 이행하지 않으면 상대방에게 채무불이행에 따른 손해를 배상할 책임을 진다. 위 계약에서 채무불이행에 대비하여 손해배상액의 예정에 관한 조항을 둔 때에는 특별한 사정이 없는 한 무권대리인은 조항에서 정한 바에 따라 산정한 손해액을 지급하여야 한다. 이 경우에도 손해배상액의 예정에 관한 제398조가 적용됨은 물론이다(대법원 2018.6.28. 선고 2018다210775 판결).

문제 乙은 2016. 6. 19. 丙에게 자신을 甲의 대리인으로 소개하면서 丙소유의 X부동산을 매매대금 30억원에 매수하기로 하였는데, 같은 날 丙에게 계약금 3억원 중 3,000만원을 지급하고, 2억 7,000만원은 2016. 6. 24.까지 지급하며, 중도금 7억원은 2016. 7. 25., 잔금 20억원은 2016. 8. 8. 지급하기로 하였다. 매매계약서에는 "매도인 또는 매수인이 매매계약의 내용에 대하여 불이행이 있을 경우, 상대방은 불이행한 자에 대하여 서면으로 최고하고 계약을 해제할 수 있다. 계약당사자는 계약해제에 따른 손해배상을 상대방에게 청구할 수 있으며, 손해배상에 대하여 별도의 약정이 없는 한 계약금을 손해배상의 기준으로 본다"고 정하고 있다.

丙은 2016. 6. 24. 지나도 나머지 계약금 2억 7,000만원을 받지 못하게 되자 2016. 6. 27. "甲과 乙에게 나머지 계약금을 지급할 것을 요구하면서 7일 이내에 이를 지급하지 않을 경우, 위약금 약정에 따라 3억원과 기타 손해배상을 청구하겠다"고 통지하였다. 이에 甲은 2016. 7. 8. 丙에게 "자신은 매매계약을 체결한 적이 없고, 乙에게 매매계약을 체결할 권한을 부여하지도 않았다"고 답변하였다. 그 후 乙은 자신이 甲으로부터 대리권을 수여받지 못하여 매매계약이 무효라는 이유로 丙을 상대로 이미 지급한 3,000만원의 반환을 요구하는 소를 제기하였다. 위 사실관계의 내용 및 당사자의 주장사실이 모두 사실로 증명되었고, 乙이 제출한 증거만으로는 丙이 매매계약 체결 당시 乙에게 대리권이 없음을 알았거나 이를 알 수 있었다고 볼 수 없고, 달리 이를 인정할 증거가 없다. 이 경우 乙의 청구는 인용될 수 있는지와 그 논거에 대하여 서술하시오?

➜ 1. 결론

乙의 丙에 대한 부당이득반환청구는 인용될 수 없다.

2. 논거

乙이 丙을 상대로 계약금 일부로 지급한 3,000만원을 부당이득을 이유로 그 반환을 청구할 수 있기 위해서는 법률상 원인이 없어야 한다(제741조).

(1) 민법 제135조에 의한 乙의 丙에 대한 손해배상책임

무권대리인이 본인의 추인을 얻지 못하고 상대방이 무권대리인에게 대리권 없음을 알지 못하고 알지 못한데 과실이 없는 경우, 무권대리인은 상대방의 선택에 따라 계약의 이행 또는 손해배상의 책임을 진다(제135조). 상대방의 악의·과실에 대한 주장·증명책임은 무권대리인에게 있다(대판 2018.6.28, 2018다210775). 설문에서 乙은 甲으로부터 대리권을 수여받은 적이 없는데도 甲을 대리하여 매매계약을 체결하였고, 甲의 추인을 얻지 못하였으며, 丙의 악의·과실을 증명하지 못하였다. 따라서 乙은 丙에게 민법 제135조에 따른 책임을 진다. 그런데 乙이 丙에게 매매계약의 무효임을 이유로 이미 지급한 일부 계약금의 반환을 요구한다. 이는 대금지급의무의 이행을 거절하는 의사표시를 명백히 한 것이므로, 丙은 乙의 채무불이행을 이유로 손해배상을 청구할 수 있다(대판 2018.6.28, 2018다210775).

(2) 민법 제398조에 의하여 손해배상액을 감액할 수 있는지 여부

매매계약서에는 계약금 3억원을 손해배상액의 기준으로 정하고 있는데, 계약체결의 경과 등에 비추어 손해배상액의 예정액이 과다하므로, 법원은 제398조에 의하여 그중 약 10%에 해당하는 3,000만원으로 감액할 수 있다(대판 2018.6.28, 2018다210775).

(3) 丙이 법률상 원인 없이 3,000만원의 이득을 얻었는지 여부

乙은 丙에게 제135조에 의하여 3,000만원을 지급할 의무가 있는데, 丙이 위약금 약정에 따라 계약금 일부로 지급된 3,000만원을 손해배상으로 몰취하였다. 따라서 丙이 乙이 지급한 3,000만원을 법률상 원인 없이 부당이득한 것으로 볼 수 없다(제741조).

변호사시험 기출문제

문제 1 甲은 2018. 3. 1. 乙에 대해 1억원의 대여금채권을 가지고 있다. 평소 甲과 알고 지내던 丙은 甲으로부터 어떠한 권한도 부여받은 적 없이 甲의 대리인이라고 칭하면서 2018. 4. 1. 위 채권을 丁에게 양도하는 계약을 체결하였고, 丁은 2018. 5. 1. 乙로부터 확정일자 있는 증서로써 채권양도의 승낙을 받았다. 이러한 사실을 알지 못한 甲은 2018. 5. 1. 자신의 채권자 戊에게 위 채권을 양도하고, 이러한 사실을 乙에게 내용증명우편으로 통지하여 2018. 5. 3. 위 통지가 도달하였다. 이에 乙은 甲에게 연락하여 이미 한 달 전에 위 채권이 丙을 통해 丁에게 양도되었으며 자신이 이를 승낙하였다고 설명하였다. 그간의 경위를 알게 된 甲은 丙과의 관계를 고려해서 2018. 5. 10. 丁에게 연락하여 丙과 체결한 위 채권양도계약을 추인하였다. 위 채권을 두고 丁과 戊는 乙에게 각자 자신에게 채무를 이행하여야 한다고 주장하고 있다. 이러한 경우에 누구의 주장이 타당한지를 설명하시오. (15점) [※ 제시된 일자는 공휴일이 아닌 것으로 간주함]
(제8회 변호사시험, 2019)

→ **1. 戊가 乙에게 양수금의 지급을 청구할 수 있는지 여부**

지명채권은 양도인과 양수인 사이의 양도계약이 있으면 그 동일성을 잃지 않고 양수인에게 이전된다(대판 2005.11.10, 2005다41818). 설문에서 甲이 乙에 대한 1억원의 대여금채권을 戊에게 양도하는 계약을 체결하였고, 채무자 乙에게 내용증명우편으로 이를 통지하여 2018. 5. 3. 도달되어 대항요건을 갖추었다(민법 제450조 2항). 따라서 戊는 대여금채권의 양수를 채무자 乙뿐만 아니라 제3자에 대하여 대항할 수 있다.

2. 丙의 대리행위와 甲의 추인은 효력이 있는지 여부

(1) 丙이 대리인이라고 칭하면서 甲의 乙에 대한 대여금채권을 丁에게 양도하는 계약을 체결하고, 丁은 2018. 5. 1. 채무자 乙로부터 확정일자 있는 증서로 채권양도의 승낙을 받았지만, 丙에게 대리권이 존재하지 않는다. 따라서 무권대리인 丙의 채권양도행위는 본인 甲이 추인하지 않으면 甲에게 효력이 없다(민법 제130조).

(2) 무권대리행위의 추인은 다른 의사표시가 없는 때에는 계약시에 소급하여 그 효력이 생기지만, 제3자의 권리를 해하지 못한다(제133조). 즉 제3자의 권리를 해치는 한도에서는 추인의 소급효는 배제된다(대판 1963.4.18, 62다223). 설문에서 2018. 5. 10. 丙의 무권대리행위에 대한 甲의 추인에 관하여 그 소급효를 인정하게 되면, 양수인 丙은 대항요건을 갖춘 2018. 5. 1.부터 제3자에게 대항할 수 있게 된다. 이로 인해 2018. 5. 3. 대항요건을 갖춘 양수인 戊의 권리를 해하게 되므로, 甲의 추인은 효력이 없다.

3. 결론

戊는 甲의 乙에 대한 대출금채권을 적법하게 양수하고 대항요건을 갖추었으므로, 戊의 주장이 타당하다.

문제 2 〈기초적 사실관계〉

甲(남편)과 乙(부인)은 2020. 1.경 혼인신고를 마친 부부이다. 乙은 2022. 4. 1. 甲을 대리하여 丙으로부터 丙 소유의 X토지를 매매대금 3억원에 매수하면서, 잔금 지급과 토지인도 및 소유권이전등기 소요서류의 교부는 2022. 6. 30. 동시에 이행하기로 약정하였다(이하 '제1매매계약'이라 한다).

이후 乙은 2022. 8. 1. 甲을 대리하여 丁에게 X토지를 매매대금 3억 5,000만원에 매도하면서, 잔금 지급과 토지인도 및 소유권이전등기 소요서류의 교부는 2022. 10. 31. 동시에 이행하기로 약정하였다(이하 '제2매매계약'이라 한다). [※ 이하의 추가적 사실관계 1, 2는 각각 독립적인 별개의 사실관계임] (제12회 변호사시험, 2023)

〈추가적 사실관계 1〉

제1, 2매매계약은 적법하게 체결되었고 그 이행기도 모두 경과하였으나, 위 각 매매계약에 따른 잔금 지급과 소유권이전등기는 이루어지지 않고 있었다. 그러던 중 甲, 丙, 丁 3인은 '丙은 甲을 거치지 아니하고 곧바로 丁에게 X토지에 관한 소유권이전등기를 마쳐 주기로 한다'는 내용의 합의서를 작성하였다. 그러나 위 합의에도 불구하고 丙이 소유권이전등기를 계속 미루자 丁은 丙을 상대로 X토지에 관하여 직접 소유권이전등기를 구하는 소를 제기하였다. 위 소송에서 丙은 '위 합의서 작성 이후 甲과 사이에 제1매매계약에 따른 미지급 잔대금 2억원을 2억 3,000만원으로 증액하기로 약정하였으므로, 위 2억 3,000만원을 지급받을 때까지는 丁의 청구에 응할 수 없다'고 항변하였다.

1. 법원은 어떠한 판단을 하여야 하는지 ① 결론(소 각하/청구 기각/청구 인용/청구 일부 인용 - 일부 인용의 경우 인용 범위를 특정할 것)과 ② 논거를 서술하시오. (10점)

➜ (1) 결론

법원은 丙은 甲으로부터 2억 3,000만원을 지급받음과 동시에 丁에게 X토지에 관하여 소유권이전등기절차를 이행하라는 일부 인용 판결을 해야 한다.

(2) 논거

(가) 중간생략등기의 합의는 부동산이 전전 매도된 경우 각 매매계약이 유효하게 성립함을 전제로 그 이행의 편의상 최초의 매도인으로부터 최종의 매수인 앞으로 소유권이전등기를 경료하기로 한다는 당사자 사이의 합의에 불과하다. 따라서 이러한 합의가 있은 후에 최초 매도인과 중간 매수인 간에 매매대금을 인상하는 약정을 한 경우, 최초 매도인은 인상된 매매대금이 지급되지 않았음을 이유로 최종 매수인 명의로의 소유권이전등기의무의 이행을 거절할 수 있다(대판 2005.4.29, 2003다66431). 설문의 경우 甲·丙·丁의 중간생략등기합의에 따라 丁은 丙에게 직접 소유권이전등기를 청구할 수 있다. 하지만 甲과 丙사이의 매매대금 인상약정은 유효하고, 잔대금 지급과 소유권이전등기의무 사이에는 동시이행관계가 있다. 그러므로 丙은 甲에게 대항할 수 있는 동시이행의 항변으로 丁에게 대항할 수 있다.

(나) 동시이행항변이 이유 있는 때에는 법원은 상환급부판결을 해야 한다.

〈추가적 사실관계 2〉

제1매매계약은 乙이 부동산 매매를 통한 시세차익을 얻기 위해 타지에 출장 중인 甲과 상의 없이 집에 보관 중이던 甲의 인감도장을 사용하여 체결한 것으로, 乙은 제1매매계약에 따른 매매대금을 지급하고 2022. 6. 30. X토지에 관하여 甲 명의로 소유권이전등기를 마쳤다. 甲은 2022. 7. 중순경 乙로부터 X토지의 소유권취득 경위를 듣게 되었으나 이에 대해 별다른 이의를 제기하지 않았다.

이후 X토지의 시세가 하락할 것이라는 소문이 돌자, 乙은 甲에게 알리지 않고 甲의 인감도장을 사용하여 甲 명의의 위임장을 작성한 다음, 2022. 8. 1. 甲을 대리하여 丁에게 X토지를 매도하는 제2매매계약을 체결하였다. 丁은 위 계약체결 당시 乙과 부동산중개인을 만나 '乙은 甲의 배우자로 출장 중인 남편 甲을 대리하여 X토지를 매수하였다가 바로 전매하는 것이다. 甲이 매매계약을 체결하라고 인감도장과 서류도 乙에게 맡기고 갔다'는 설명을 들었고, 乙이 甲의 인감도장과 X토지의 등기필정보를 소지하고 있음을 확인하였다.

출장에서 돌아온 甲은 2022. 8. 중순경 乙로부터 제2매매계약의 체결 사실을 듣고 X토지의 시세를 확인해 보니, 소문과 달리 X토지의 시세가 상승한 것을 확인하였다. 이에 甲은 즉시 丁에게 '제2매매계약은 乙이 무단으로 체결한 것이므로 무효'라고 주장하며 丁에 대한 소유권이전등기절차를 이행하지 아니할 의사를 밝혔다.

2. 丁은 ① 乙이 甲의 배우자로서 X토지의 처분에 관한 대리권이 있었고, 그렇지 않다 하더라도 ② 丁으로서는 乙에게 그러한 대리권이 있는 것으로 믿을 수밖에 없었으므로, 甲은 丁에게 제2매매계약에 따른 소유권이전등기의무가 있다고 주장한다. 丁의 주장은 타당한가? (25점)

➜ **(1) X토지의 처분에 관한 대리권이 乙에게 존재하는지 여부**

丁이 甲에 대해 X토지에 관하여 소유권이전등기를 청구할 수 있기 위해서는 甲과 丁사이의 매매계약이 대리권이 있는 대리인에 의해 체결되어야 한다(민법 제563조, 제568조, 제114조). 부부는 일상가사에 관하여 서로 대리권이 있다(민법 제827조). 여기서 일상가사는 부부의 혼인공동생활에 필요한 보통의 사무를 말한다(대판 2009.4.23, 2008다95861). 설문에서 乙은 甲의 배우자로서 일상가사에 대하여 대리권이 있지만, 부동산을 처분하는 행위는 일상가사에 속한다고 할 수 없다. 따라서 X토지의 처분에 관한 대리권이 乙에게 존재하지 않는다. 또한 乙과 丙이 체결한 제1매매계약은 무권대리이고, 본인 甲이 乙의 무권대리행위를 알고 별다른 이의를 제기하지 않아 甲의 묵시적 추인을 인정할 수 있지만(제132조), 그렇다고 하여 甲이 乙에게 X토지의 처분에 관한 대리권을 수여하였다고 볼 수 없다.

(2) 乙과 丁이 체결한 제2매매계약의 효력

乙이 특별한 수권 없이 甲을 대리하여 상대방 丁과 체결한 제2매매계약이 민법 제126조의 표현대리가 성립하기 위해서는, 丁이 乙에게 X토지의 처분에 관한 대리권이 있었다고 믿을 만한 정당화한 이유가 존재해야 한다(대판 2009.4.23, 2008다95861; 대판 1998.7.10, 98다18988). 설문에서 乙이 배우자 甲의 대리인으로서 甲명의로 된 X토지를 처분하는 것은 이례에 속하기 때문에, 丁은 甲의 의사를 확인해야 할 의무가 있다. 비록 乙이 甲의 인감증명과 등기필정보를 소지하고 있더라도 부부간에는 외관작출이 용이할 뿐만 아니라 甲의 해외체류 등의 사유로 甲의 의사를 확인하기 곤란한 사정도 존재하지 않는다. 따라서 丁은 甲에게 제126조의 표현대리를 주장할 수 없으며, 甲이 매매의 효력을 부인하고 있으므로 제2매매계약은 확정적으로 무효이다.

(3) 결론

丁의 주장은 부당하다.

문제 3 〈기초적 사실관계〉

甲은 자기 소유인 X토지의 매도를 乙에게 부탁하고 일이 성사되면 그에 대한 대가를 지급하기로 하는 위임계약을 乙과 체결하였다. 그 과정에서 甲은 乙에게 대리권을 수여하는 의사표시를 하지 않았으나 X토지의 매매계약 체결과 그 이행에 관한 대리권을 추단할 수 있는 직함의 사용은 허락하였다. 이에 乙은 甲으로부터 받은 직함을 사용하여 甲의 이름으로 丙과 X토지에 관한 매매계약을 체결하였다. 그런데 乙은 평소 丙의 도움을 받던 터라 X토지의 시가가 2억원 상당임에도 그에 비하여 턱없이 낮은 1억원의 매매대금을 제시하였다. 매매계약 당시 丙은 乙이 丙을 위하여 현저히 저렴한 가격으로 X토지를 처분하려는 의도가 있음을 알았으나 乙에게 甲을 대리할 권한이 있다고 믿고 이에 응하였다.

乙은 丙 명의의 소유권이전등기를 마쳐주면서, 丙으로부터 약정한 매매대금 1억원을 받은 후 甲에게 전달하지 않고 자신의 채권자인 戊에게 채무변제를 위하여 이를 지급하였다. 이 과정에서 戊는 乙이 丙으로부터 받은 매매대금을 甲에게 넘겨주어야 함에도 그 대금을 자신에게 지급한다는 사실을 알고 있었다. 그 후 丙은 X토지에 대한 분쟁이 발생할 것을 우려하여 이전의 사정을 전혀 알지 못하는 丁과 X토지에 대한 매매계약을 체결하고 매매대금 2억원을 지급받음과 동시에 丁 명의로 소유권이전등기를 마쳐주었다.

이러한 사실을 알게 된 甲은 X토지의 소유권을 회복하거나 최소한 乙이 丙으로부터 받은 매매대금 상당액이라도 받기를 원한다. 이에 甲은 우선 丙과 丁을 피고로 하여 甲과 丙 사이의 매매계약이 무효임을 이유로 X토지에 관한 그 명의의 각 소유권이전등기의 말소를 구하는 소를 제기하였다.

甲의 각 소유권이전등기말소 청구에 대하여, 丙과 丁은 ① '甲이 乙에게 대리권을 수여함을 표시하였으므로 각 매매계약과 丙·丁 명의의 각 등기는 모두 유효하다.', ② '丁은 乙이 丙의 이익을 위해 매매계약을 체결한다는 사실을 알 수 없었으므로 丁 명의의 등기는 유효하다.'고 하면서 甲의 청구는 이유 없다고 주장하였다.

소송과정에서 甲은 乙에게 대리권을 수여하지 않았으나, 丙이 乙에게 대리권이 있다고 믿은 점에 대한 과실은 없었고, 각 매매계약 체결 당시 乙이 丙의 이익을 위해 매매계약을 체결한다는 사실에 대하여 丙은 이를 알았으나 丁은 이를 알 수 없었음이 밝혀졌다. [※ 아래 각 설문은 서로 독립적임] (제14회 변호사시험, 2025)

1. 甲의 각 소유권이전등기말소 청구에 대하여 법원은 어떠한 판단을 하여야 하는지 서술하시오. (25점)

➜ X토지 소유자인 甲이 민법 제214조에 의하여 丙과 丁을 상대로 소유권이전등기의 말소를 각 청구할 수 있기 위해서는 丙과 丁명의의 소유권이전등기가 무효이어야 한다.

(1) 丙과 丁의 ①주장의 타당성 여부

(가) 제125조의 표현대리 성립 여부

乙이 甲의 이름으로 丙과 X토지에 관하여 체결한 매매계약이 유효하기 위해서는 乙에게 대리권이 존재하여야 하는데(제114조), 甲은 乙에게 대리권을 수여하지 않았으므로 위 매매계약은 무효이다. 하지만 甲은 乙에게 대리권을 수여하지 않았지만 대리권을 추단할 수 있는 직함의 사용을 허락하였다. 이는 대리권 수여표시로 볼 수 있다(대판 1998.6.12, 97다53762). 또한 乙은 위 직함을 사용하여 丙과 매매계약을 체결하여 대리행위를 하였으며, 丙은 乙에게 甲을 대리할 권한이 있다고 믿었다. 따라서 제125조의 대리권 수여표시에 의한 표현대리가 성립한다. 표현대리는 상대방이 주장하지 않는 한 본인 쪽에서 주장할 수 없는데, 설문의 경우 상대방 丙이 본인 甲에 대해 매매계약의 유효를 주장하므로, X토지에 관한 매매계약의 효력이 甲에게 미친다.

(나) X토지에 관한 매매계약 유효성 여부 – 대리권 남용 여부

대리인이 본인의 이익이 아니라 자기 또는 제3자의 이익을 꾀하기 위하여 대리행위를 하였더라도 대리의사는 존재하므로 그 행위는 대리행위로서 유효하게 성립한다. 하지만 대리인의 배임적 의도를 상대방이 알았거나 알 수 있었을 경우에는 민법 제107조 1항 단서의 유추해석상 그 대리인의 행위에 대하여 본인은 책임을 지지 않는다(대판 2007.4.12, 2004다51542). 설문의 경우, 매매계약 당시 상대방 丙은 대리인 乙이 丙을 위하여 현저히 저렴한 가격으로 X토지를 처분하려는 의도가 있음을 알았다. 따라서 X토지에 관한 매매계약은 무효이므로, 이를 원인으로 하여 마쳐진 丙·丁명의의 각 등기는 무효이다.

(2) 丁의 ②주장 타당성 여부

대리인이 대리권을 남용한 경우, 그 대리행위는 민법 제107조 1항 단서를 유추적용하여 행위의 효과가 본인에게는 미치지 않지만, 그에 따라 외형상 형성된 법률관계를 기초로 하여 새로운 법률상 이해관계를 맺은 선의의 제3자에 대하여는 제107조 2항을 유추적용하여 누구도 그와 같은 사정을 들어 대항할 수 없다(대판 2018.4.26, 2016다3201). 설문의 경우, 매매계약 체결 당시 乙이 丙의 이익을 위해 매매계약을 체결한다는 사실에 대하여 丙은 이를 알았으나 丁은 이를 알 수 없었음이 밝혀졌다. 따라서 甲은 매매계약의 무효를 선의의 丁에

게 주장할 수 없으므로, 甲의 丁에 대한 청구는 이유 없다. 결국 丁의 ②주장은 타당하다.

(3) 결론

법원은 甲의 丙에 대한 청구를 인용하고, 丁에 대한 청구는 기각하는 판결을 해야 한다.

2. 위 〈기초적 사실관계〉와 달리 乙이 丙의 이익을 위해 매매계약을 체결한다는 사실에 대하여 丙이 과실 없이 알지 못한 경우, 甲이 乙과 戊를 상대로 금전지급을 청구할 수 있는 모든 권원과 그 근거를 서술하시오. (20점)

➜ (1) 甲의 乙에 대한 청구

(가) 민법 제684조에 의한 취득물인도청구권

위임계약이 성립한 경우, 수임인은 위임사무의 처리로 인하여 받은 금전 등을 위임인에게 인도하여야 한다(제684조 1항). 乙이 丙의 이익을 위해 매매계약을 체결한다는 사실에 대하여 丙이 과실 없이 알지 못한 경우, 제125조의 표현대리가 성립하고 丙은 매매계약의 유효를 주장하므로, 乙이 甲의 이름으로 체결한 X토지에 관한 매매계약은 유효하다. 또한 甲은 乙에게 자신의 X토지의 매매를 부탁하였으므로, 甲과 乙사이에 위임계약이 존재한다. 따라서 甲은 제684조 1항에 의하여 乙에게 丙으로부터 받은 매매대금 1억원의 반환을 청구할 수 있다.

(나) 민법 제685조에 의한 손해배상청구권

수임인이 위임인에게 인도할 금전 또는 위임인의 이익을 위하여 사용할 금전을 자기를 위하여 소비한 때에는 소비한 날 이후의 이자를 지급하여야 하며 그 외의 손해가 있으면 배상하여야 한다(제685조). 설문의 경우, 수임인 乙은 丙으로부터 지급받은 매매대금 1억원을 자신의 채권자 戊에게 채무변제를 위하여 이를 지급하였다. 따라서 甲은 제685조에 의하여 乙에게 매매대금 1억원에 대한 이자의 지급을 청구할 수 있고, 또한 손해가 있으면 그 배상을 청구할 수 있다.

(다) 민법 제390조에 의한 손해배상청구권

수임인은 선량한 관리자의 주의로써 위임사무를 처리하여야 한다(제681조). 또한 제684조 1항에 의한 수임인의 취득물 인도시기는 특별한 사정이 없는 한 위임계약이 종료한 때이다(대판 2016.6.28, 2016다11295). 설문의 경우, 乙이 丙과 매매계약을 체결하고 매매대금을 수령하여 위임사무가 종료되어 그 매매대금의 인도시기가 도래하였지만, 乙은 매매대금 상당액을 甲에게 지급하지 않고 있다. 따라서 甲은 乙에게 제390조에 의하여 손해배상을 청구할 수 있다.

(2) 甲의 戊에 대한 청구

법률상 원인 없이 타인의 재산 또는 노무로 인하여 이익을 얻고 이로 인하여 타인에게 손해를 가한 자는 그 이익을 반환하여야 한다(민법 제741조). 채무자가 횡령한 금전을 자신의 채권자에 대한 채무변제에 사용하는 경우, 채권자가 그 변제를 수령할 때 그 사실에 대하여 악의 또는 중대한 과실이 있는 때에는 그 변제가 법률상 원인이 없는 것으로 되어 제741조의 부당이득이 인정된다(대판 2024.6.27, 2024다216187). 설문의 경우, 戊가 채무자 乙로부터 1억원을 변제받을 때, 그 금전은 乙이 횡령한 것이라는 사실을 알았으므로 그 변제는 법률상 원인 없고, 戊는 1억원의 이익을 얻었다. 반면에 甲은 丙이 X토지에 관한 소유권을 적법하게 취득함으로써 X토지의 소유권을 상실하였으며(제114조, 제563조, 제568조, 제186조), 그밖에 부당이득반환을 배제할 사유(제742조 이하)는 존재하지 않는다. 따라서 甲은 戊에게 제741조에 의하여 변제받은 1억원의 반환을 청구할 수 있다.

제5절 법률행위의 무효

Ⅰ. 유동적 무효

- 학교법인이 기본재산에 대한 용도변경 등을 하거나 의무를 부담하려는 경우에는 관할청의 허가를 받아야 하고(사립학교법 제28조 제1항 본문), 관할청의 허가 없이 이러한 행위를 하면 효력이 없다(대법원 2021.2.4. 선고 2017다207932 판결). 위 규정은 학교법인의 용도변경 등 자체를 규제하려는 것이 아니라 사립학교를 설치·운영하는 학교법인의 재산을 유지·보전하기 위하여 관할청의 허가 없이 용도를 변경하거나 의무를 부담하는 것 등을 규제하려는 것이다. 따라서 학교법인이 용도변경이나 의무부담을 내용으로 하는 계약을 체결한 경우 반드시 계약 전에 관할청의 허가를 받아야만 하는 것은 아니고 계약 후라도 관할청의 허가를 받으면 유효하게 될 수 있다. 이러한 계약은 관할청의 불허가 처분이 있는 경우뿐만 아니라 당사자가 허가신청을 하지 않을 의사를 명백히 표시하거나 계약을 이행할 의사를 철회한 경우 또는 그 밖에 관할청의 허가를 받는 것이 사실상 불가능하게 된 경우 무효로 확정된다(대법원 2022.1.27. 선고 2019다289815 판결).
- 토지거래계약 허가구역 내의 토지에 관하여 허가를 배제하거나 잠탈하는 내용으로 매매계약이 체결된 경우에는 부동산거래신고법 제11조 제6항에 따라 그 계약은 체결된 때부터 확정적으로 무효이다. 다만 그 후 해당 토지가 토지거래계약 허가구역의 지정에서 해제되

고, 매매계약 당사자들이 기존 매매계약이 무효임을 알면서 이를 추인하였다면 민법 제139조 단서에 따라 무효였던 기존 매매계약은 추인한 때로부터 새로운 법률행위로서 유효하게 된다고 보아야 한다(대법원 2024.10.31. 선고 2024다255328 판결).

Ⅱ. 무권리자의 처분행위

❐ 적법한 원인 없이 타인 소유 부동산에 관하여 소유권보존등기를 마친 무권리자가 그 부동산을 제3자에게 매도하고 소유권이전등기를 마쳐주었더라도, 그러한 소유권보존등기와 소유권이전등기는 실체관계에 부합한다는 등의 특별한 사정이 없는 한 모두 무효이다. 따라서 이 경우 원소유자가 소유권을 상실하지 아니하고, 또 무권리자가 제3자와 체결한 매매계약의 효력이 원소유자에게 미치는 것도 아니므로, 무권리자가 받은 매매대금이 부당이득에 해당하여 이를 원소유자에게 반환하여야 한다고 볼 수는 없다.

한편 무권리자로부터 부동산을 매수한 제3자나 그 후행 등기명의인이 과실 없이 점유를 개시한 후 소유권이전등기가 말소되지 않은 상태에서 소유의 의사로 평온, 공연하게 선의로 점유를 계속하여 10년이 경과한 때에는 민법 제245조 제2항에 따라 바로 그 부동산에 대한 소유권을 취득하고, 이때 원소유자는 소급하여 소유권을 상실함으로써 손해를 입게 된다. 그러나 이는 **제245조 제2항에 따른 물권변동의 효과일 뿐 무권리자와 제3자가 체결한 매매계약의 효력과는 직접 관계가 없으므로,** 무권리자가 제3자와의 매매계약에 따라 대금을 받음으로써 이익을 얻었더라도 이로 인하여 원소유자에게 손해를 가한 것이라고 볼 수 없다(대법원 2022.12.29. 선고 2019다272275 판결).

[비교] 무권리자가 타인의 권리를 제3자에게 처분하였으나 선의의 제3자 보호규정에 의하여 원래 권리자가 권리를 상실하는 경우, 권리자는 무권리자를 상대로 제3자에게서 처분의 대가로 수령한 것을 이른바 침해부당이득으로 보아 반환청구할 수 있다(대법원 2011.6.10. 선고 2010다40239 판결).

→ 무권리자가 타인의 권리를 제3자에게 처분하였으나 '선의의 제3자 보호규정'(제107조~109조 2항, 제110조 3항, 제548조 1항, 부동산실명법 제4조 3항 등)에 의하여 원래 권리자가 권리를 상실하는 경우, 권리자는 무권리자를 상대로 제3자와 계약으로 수령한 대금의 반환청구할 수 있다. 하지만 무권리자로부터 부동산을 매수한 제3자나 그

> 후행 등기명의인의 등기부취득시효가 완성되어 원소유자가 소급하여 소유권을 상실한 경우에는 무권리자가 수령한 대금의 반환을 청구할 수 없다.

문제 **〈기초적 사실관계〉**

乙은 1986. 12. 19. 甲소유의 미등기 X토지에 관하여 소유권보존등기를 마친 후 1997. 12. 1. 丙에게 이를 1억원에 매도하고 1998. 1. 5. 소유권이전등기를 마쳐주었다. 甲은 2017. 4. 21. 乙과 丙을 상대로 X토지에 관하여 소유권보존등기와 소유권이전등기의 말소를 구하는 등의 소를 제기하였다(이하 '선행소송'이라고 한다).

선행소송 제1심법원은 2017. 12. 8. 甲의 乙에 대한 소유권보존등기말소청구는 인용하되 丙에 대한 소유권이전등기말소청구는 민법 제245조 제2항에 따른 등기부취득시효가 완성되었음을 이유로 기각하는 판결을 선고하였고, 위 판결은 2018. 1. 4. 그대로 확정되었다.

1. 甲은 2018. 1. 15. 다시금 乙을 상대로 乙이 받은 매매대금 1억원에 대해 부당이득반환을 청구하였다. 법원의 판단은?

→ **(1) 무권리자 乙의 처분행위가 무효인 경우, 乙이 받은 매매대금이 부당이득인지 여부**

법률상 원인 없이 타인의 재산 또는 노무로 인하여 이익을 얻고 이로 인하여 타인에게 손해를 가한 자는 그 이익을 반환하여야 한다(민법 제741조). 무권리자의 처분행위는 무효이다. 따라서 적법한 원인 없이 타인 소유 부동산에 관하여 소유권보존등기를 마친 무권리자가 그 부동산을 제3자에게 매도하고 소유권이전등기를 마쳐주었더라도, 그러한 소유권보존등기와 소유권이전등기는 실체관계에 부합한다는 등의 특별한 사정이 없는 한 모두 무효이다(대판 2022.12.29, 2019다272275). 설문의 경우, 甲과 乙 사이에 법률상 원인이 존재하지 않으므로, 즉 乙에게 X토지를 처분할 권한이 존재하지 않으므로 乙명의의 소유권보존등기와 이를 기초로 한 丙명의의 소유권이전등기는 무효이다. 따라서 甲은 X토지의 소유권을 상실하지 않으며, 무권리자 乙이 丙과 체결한 매매계약의 효력이 甲에게 미치지 않는다(제569조). 결국 乙이 받은 매매대금은 이익에 해당하지만, 甲에게 손해가 발생하지 않아서 이를 甲에게 반환하여야 한다고 볼 수 없다.

(2) 丙의 등기부취득시효가 완성되어 甲이 소유권을 상실한 경우, 乙이 받은 매매대금이 부당이득인지 여부

무권리자 乙의 처분행위는 무효이므로, 甲은 X토지의 소유권을 상실하지 않는데, 선행소송에서 甲의 丙에 대한 소유권이전등기말소청구가 등기부취득시효완성을 이유로 기각되어 그 판결이 확정되었다. 즉 丙은 1998. 1. 5. 소유권이전등기를 마친 X토지에 대하여 2008. 1. 5. 제245조 2항에 따라 등기부취득시효가 완성되어 소유권을 취득하였고, 이때 甲은 소급하여 X토지에 대한 소유권을 상실함으로써 손해를 입게 되었다. 그러나 이는 제245조 2항에 따른 물권변동의 효과일 뿐 무권리자와 제3자가 체결한 매매계약의 효력과는 직접 관계가 없다. 따라서 乙이 丙과의 계약에 따라 매매대금을 받음으로써 이익을 얻었더라도 이로 인하여 甲에게 손해를 가한 것이라고 볼 수 없다(대판 2022.12.29, 2019다272275).

(3) **결론**

법원은 甲의 부당이득반환 청구를 기각해야 한다.

〈변경된 사실관계〉

X토지에 관하여 丙의 민법 제245조 제2항에 따른 등기부취득시효가 완성된 이후에 甲은 乙의 처분행위를 추인하였다.

2. 甲은 乙을 상대로 乙이 받은 매매대금 1억원에 대해 부당이득반환을 청구할 수 있는가?

➜ 무권리자의 처분행위는 무효이지만, 권리자가 그 처분행위를 추인하면 유효하게 되고, 무권리자에 대하여 무권리자가 처분행위로 인하여 얻은 이득의 반환을 청구할 수 있다(대판 2022.6.30, 2020다210686,210693). 그런데 설문의 경우, 丙이 X토지에 대해 등기부시효취득을 하였으므로, 추인 당시 甲은 X토지의 권리자가 아니다. 설사 甲의 추인이 인정된다고 하더라도 추인권은 형성권으로 추인 당시 이미 제척기간 10년이 경과하였다. 따라서 甲은 乙을 상대로 매매대금 1억원에 대해 부당이득반환을 청구할 수 없다.

❐ 무권리자가 타인의 권리를 자기의 이름으로 또는 자기의 권리로 처분한 경우, 권리자는 후일 이를 추인함으로써 그 처분행위를 인정할 수 있고, 이러한 경우 특별한 사정이 없는 한 권리자 본인에게 위 처분행위의 효력이 발생함은 사적 자치의 원칙에 비추어 당연하다 할 것이고, 이 경우 추인은 명시적으로뿐만 아니라 묵시적인 방법으로도 가능하다. 권리자가 무권리자의 처분행위를 추인한 경우, 권리자는 무권리자에 대하여 무권리자가 그 처분행위로 인하여 얻은 이득의 반환을 구할 수 있다(대법원 2001.11.9. 선고 2001다44291 판결).

→ 권리자의 추인으로 무권리자가 권리자로 되는 것은 아니다. 따라서 타인 물건을 무권리자가 처분하는 행위는 위법한 권리침해행위로서 권리자가 처분행위를 추인했더라도 무권리자에게 불법행위로 인한 손해배상이나 부당이득의 반환을 청구할 수 있다. 가령 甲이 자신의 X임야의 지분에 대한 A시의 협의취득이 유효함을 전제로 乙이 수령한 손실보상금 중 甲의 지분에 상당한 금액의 반환을 구하고 있다면, 이는 甲이 무권리자인 乙의 위 처분행위를 묵시적으로 추인한 것이라고 봄이 상당하고 A시는 X임야 중 甲의 지분에 대하여도 소유권을 적법하게 취득하게 되었다. 따라서 乙은 甲에게 협의취득으

로 수령한 손실보상금 중 甲의 지분 상당액을 부당이득으로서 반환할 의무가 있다.

❐ 법률행위에 따라 권리가 이전되려면 권리자 또는 처분권한이 있는 자의 처분행위가 있어야 한다. 무권리자가 타인의 권리를 처분한 경우에는 특별한 사정이 없는 한 권리가 이전되지 않는다. 그러나 이러한 경우에 권리자가 무권리자의 처분을 추인하는 것도 자신의 법률관계를 스스로의 의사에 따라 형성할 수 있다는 사적 자치의 원칙에 따라 허용된다. 이러한 추인은 무권리자의 처분이 있음을 알고 해야 하고, 명시적으로 또는 묵시적으로 할 수 있으며, 그 의사표시는 무권리자나 그 상대방 어느 쪽에 해도 무방하다. 권리자가 무권리자의 처분을 추인하면 무권대리에 대해 본인이 추인을 한 경우와 당사자들 사이의 이익상황이 유사하므로, 무권대리의 추인에 관한 민법 제130조, 제133조 등을 무권리자의 추인에 유추 적용할 수 있다. 따라서 무권리자의 처분이 계약으로 이루어진 경우에 권리자가 이를 추인하면 원칙적으로 계약의 효과가 계약을 체결했을 때에 소급하여 권리자에게 귀속된다(대법원 2017.6.8. 선고 2017다3499 판결).

문제 甲은 乙의 모친으로서 X토지의 소유자이다. 乙은 丙은행의 지점장 丁과 공모하여 甲명의의 대출거래약정서, 근저당권설정계약서 등을 위조하고 이를 행사해서 X토지에 관하여 2012. 5. 18. 丙명의로 채무자 甲, 채권최고액 3억 2,200만원인 근저당권설정등기(이하 '제1근저당권설정등기'라 한다)를 하고 2억 3,000만원을 대출받았다. 제1근저당권설정등기가 된 후 2012. 5. 21. 관련 법규에 따라 그 설정자인 甲에게 등기완료통지가 되었다. 丙은 제1근저당권설정등기의 담보대출금 2억 3,000만원의 이자 납입이 연체되자, 甲에게 대출금 이자납입을 독촉하고 2012. 11. 16. 제1근저당권설정등기에 기한 임의경매 실행예정 통지를 하였으며, 甲은 2012. 11. 19. 이를 직접 수령하였다. 甲은 2012. 12. 31. 직접 丙은행을 방문하여 관련 서류(대출거래약정서, 근저당권설정계약서)에 자필 서명한 다음 X토지에 관하여 丙명의로 채무자 甲, 채권최고액 1,680만원인 근저당권설정등기(이하 '제2근저당권설정등기'라 한다)를 하고 1,400만원을 대출받아 그중 1,320만원을 제1근저당권설정등기의 피담보대출금의 이자로 납부하였다.

1. 丙은 제1근저당권설정등기와 담보대출의 효력을 甲에게 주장할 수 있는가?

→ **(1) 甲이 무권리자인 乙과 丁의 처분행위를 추인할 수 있는지 여부**

법률행위에 따라 권리가 이전되려면 권리자 또는 처분권한이 있는 자의 처분행위가 있어야 한다. 무권리자가 타인의 권리를 처분한 경우에는 권리가 이전되지 않지만, 권리자는 무권리자의 처분을 추인할 수 있다(대판 2017.6.8, 2017다3499). 설문에서 乙과 丁이 甲명의의 대출거래약정서, 근저당권설정계약서 등을 위조하여 제1근저당권설정등기를 마쳤으므로 대출계약 등과 제1근저당권은 무효이다. 하지만 그 사실을 알게 된 甲이 X토지에 관하여 丙명의로 제2근저당권설정등기를 하고 1,400만원을 대출받아 그 대부분을 제1근저당권의 담보대출금 이자로 납부하였다. 따라서 이는 제1근저당권설정등기와 담보대출의 효과를 甲에게 유효하게 귀속됨을 묵시적으로 인정한 것으로 볼 수 있다.

(2) 甲이 추인하면 계약의 효과가 甲에 귀속되는지 여부

권리자가 무권리자의 처분을 추인하면 무권대리에 대해 본인이 추인을 한 경우와 당사자들 사이의 이익상황이 유사하므로, 무권대리의 추인에 관한 민법 제130조, 제133조 등을 무권리자의 추인에 유추적용할 수 있다(대판 2017.6.8, 2017다3499). 따라서 무권리자의 처분이 계약으로 이루어진 경우에 권리자가 이를 추인하면 원칙적으로 계약의 효과가 계약을 체결했을 때에 소급하여 권리자에게 귀속된다. 설문에서 甲이 무권리자인 乙과 丁의 처분을 추인하였으므로, 제1근저당권설정등기와 담보대출의 효력은 소급하여 甲에게 귀속된다.

2. 甲은 丁의 사문서위조 등의 불법행위로 인해 대출금 2억 3,000만원의 손해를 입었고, 그 사용자인 丙은 이를 배상할 책임이 있어 제1근저당권설정등기의 피담보채무는 전액 소멸되어 제1근저당권설정등기가 말소되어야 한다고 주장한다. 이에 대해 丙은 甲의 추인으로 제1근저당권을 설정한 행위가 더 이상 불법행위를 구성하지 않는다고 주장한다. 甲의 청구는 인용될 수 있는가?

→ 甲은 乙과 丁의 사문서위조 등으로 인해 손해를 입었으므로, 乙과 丁에 대하여 불법행위로 인한 손해배상을 청구할 수 있고(민법 제750조), 丙에게는 사용자책임에 기한 손해배상을 청구할 수 있다(제756조). 甲이 무권리자의 처분에 대한 추인을 통해서 제1근저당권설정등기와 담보대출의 효력이 자신에게 미친다고 하더라도 乙과 丁에 대한 불법행위에 기한 손해배상청구권 또는 丙에 대한 사용자책임에 기한 손해배상청구권을 포기한 것으로 볼 수 없다(대판 2017.6.8, 2017다3499). 이러한 甲에 대한 丙의 채무와 乙·丁의 채무는 부진정연대채무에 해당하므로, 甲은 丙에 대한 손해배상채권을 자동채권으로 하여 丙에 대한 피담보채무 전액에 대하여 상계할 수 있다(제492조). 따라서 甲의 상계로 인해 피담보채무 2억 3,000만원이 소멸되어 제1근저당권도 소멸하므로(제369조), 甲의 청구는 인용되어야 한다.

❐ 공유물분할청구소송은 분할을 청구하는 공유자가 원고가 되어 다른 공유자 전부를 공동피고로 삼아야 하는 고유필수적 공동소송이다. 따라서 소송계속 중 원심 변론종결일 전에 공유자의 지분이 이전된 경우에는 원심 변론종결 시까지 민사소송법 제81조에서 정한 승계참가나 민사소송법 제82조에서 정한 소송인수 등의 방식으로 그 일부 지분권을 이전받은 자가 소송당사자가 되어야 한다. 그렇지 못할 경우에는 소송 전부가 부적법하게 된다(대법원 2014.1.29. 선고 2013다78556 판결). 한편 무권리자에 의한 처분행위를 권리자가 추인한 경우에 권리자는 무권리자에 대하여 무권리자가 처분행위로 인하여 얻은 이득의 반환을 청구할 수 있다(대법원 2022.6.30. 선고 2020다210686,210693 판결).

문제 X부동산에 관하여 甲은 10/15 지분을, 乙은 3/15 지분을, 丙은 2/15 지분을 소유하고 있었다. X부동산에 관한 공유물분할협의가 이루어지지 않자 甲은 乙과 丙을 상대로 공유물분할의 소를 제기하였다. 제1심 법원은 피고들에 대하여 공시송달 방법으로 소장 부본 등을 송달한 다음, X부동산에 대한 시가감정을 하여 2018. 7. 5.을 기준으로 한 X부동산의 가액을 합계 4,500만원으로 인정하고, 2018. 10. 17. "원고에게, 피고 乙은 원고로부터 900만원을 지급받음과 동시에 X부동산 중 3/15 지분에 관하여, 丙은 원고로부터 600만원을 지급받음과 동시에 X부동산 중 2/15 지분에 관하여 각 이 판결 확정일자 공유물분할을 원인으로 한 소유권이전등기절차를 이행하라"는 판결을 선고하였다.
원고 甲은 2019. 1. 28. 丁에게 X부동산을 2억원에 매도하였다. 甲은 제1심 판결에서 원고가 피고들에게 지급할 금액으로 정한 금액을 공탁하고, 2019. 1. 29. 제1심 판결에 따라 X부동산 중 피고들 지분에 관한 소유권이전등기를 마친 다음, 丁명의로 X부동산에 관한 소유권이전등기를 해주었다.
피고 乙과 丙은 2019. 2. 22. 제1심 판결에 대하여 추완항소를 제기하면서 현재 원고가 X부동산을 처분하였으므로, 본소인 공유물분할청구는 더 이상 유지될 수 없다고 다투고, 그와 동시에 2019. 8. 26. 원고에 대하여 X부동산의 매매대금 2억원 중 피고들 지분에 상응하는 금액에서 원고가 피고들을 위하여 공탁한 금액을 공제한 나머지 금액의 반환을 구하는 반소를 제기하였다. 법원의 판단은?

➜ **1. 본소(공유물분할청구의 소)의 적법 여부**

공유물분할청구소송은 분할을 청구하는 공유자가 원고가 되어 다른 공유자 전부를 공동피고로 삼아야 하는 고유필수적 공동소송이다. 따라서 소송계속 중 원심 변론종결일 전에 공유자의 지분이 이전된 경우에는 원심 변론종결 시까지 민사소송법 제81조에서 정한 승계참가나 제82조에서 정한 소송인수 등의 방식으로 그 일부 지분권을 이전받은 자가 소송당사자가 되어야 한다. 그렇지 못할 경우에는 소송 전부가 부적법하게 된다(대판 2022.6.30, 2020다210686,210693). 설문에서 제1심 판결이 취소되더라도 원고 甲이 X부동산 중 자신의 지분을 丁에게 처분한 것은 유효하고, 乙과 丙의 지분을 처분한 것은 무권리자가 타인의 권리를 처분한 경우로서 무효라고 볼 여지가 있다. 그러나 피고들은 甲의 피고들 지분에 대한 처분행위가 유효함을 전제로 甲이 수령한 X부동산 매매대금 중 피고들의 지분에 해당하는 금액의 반환을 구하고 있어 피고들이 甲의 처분행위를 묵시적으로 추인한 것이라고 볼 수 있다. 그렇다면 제1심 판결의 취소 여부와 상관없이 X부동산의 처분행위는 유효하고, 항소심 변론종결 시를 기준으로 원고와 피고들은 X부동산의 지분을 소유하고 있지 않다. 따라서 본소(공유물분할청구의 소)는 당사자적격을 갖추지 못한 것이어서 부적법하므로 각하해야 한다.

2. 반소 부분

무권리자에 의한 처분행위를 권리자가 추인한 경우에 권리자는 무권리자에 대하여 무권리자가 처분행위로 인하여 얻은 이득의 반환을 청구할 수 있다(대판 2022.6.30, 2020다210686,210693). 설문의 경우 X부동산 중 피고들의 지분에 대하여 권리자인 피고들이 무권리자인 원고의 처분행위를 추인하였으므로, 원고 甲은 처분행위로 얻은 이득을 피고 乙과 丙에게 반환할 의무가 있다. 甲이 乙과 丙의 지분을 처분하고 얻은 이익은 甲이 X부동산을 丁에게 매도하고 丁으로부터 받은 매매대금 중 乙과 丙의 지분에 상응하는 금액이다. 따라서 법원은 乙과 丙의 반소를 인용해야 한다.

변호사시험 기출문제

문제 1 **〈기초적 사실관계〉**

甲은 경기도 가평군 소재 X토지의 소유권자인데, X토지는 부동산거래신고 등에 관한 법률에 따른 토지거래허가구역으로 지정되어 있다. 甲은 2010. 10. 10. 乙과 X토지에 관하여 매매대금을 1억원으로 하는 부동산매매계약을 체결하고 계약 당일 계약금으로 1,000만원을 받았으며, 나머지 잔금은 토지거래허가를 받은 날로부터 1개월 이내에 지급하기로 약정하였다. 그런데 甲은 X토지의 급격한 지가상승이 예상되자 토지거래허가를 위한 협력의무를 이행하지 않았으며, 이에 따라 乙은 甲을 피고로 X토지에 관한 토지거래허가 협력의무의 이행을 구하는 소를 제기하여 1심에서 승소하였고, 위 판결에 대하여 甲이 항소하였다. 甲은 위 항소심 재판 도중에 민법 제565조 제1항에 따라 X토지에 관한 계약금 1,000만원의 배액인 2,000만원을 적법하게 공탁한 다음, 乙에게 위 매매계약을 해제한다는 내용증명우편을 보냈다. 이에 대하여 乙은 이미 X토지에 관하여 토지거래허가 협력의무의 이행을 구하는 소를 제기하여 1심에서 승소하였고, 이는 위 매매계약에 대한 이행의 착수가 있었다고 할 것이므로, 민법 제565조에 따른 해제는 할 수 없다고 주장하고 있다. (제6회 변호사시험, 2017)

1. 甲과 乙의 주장은 타당한가? (15점)

→ **(1) 유동적 무효 상태인 매매계약을 민법 제565조 1항에 의하여 해제할 수 있는지 여부**

당사자 일방이 계약 당시 상대방에게 계약금을 교부한 경우 당사자 사이에 다른 약정이 없는 한 당사자 일방이 계약 이행에 착수할 때까지 계약금 교부자는 이를 포기하고 계약을 해제할 수 있다(제565조 1항). 따라서 당사자 일방이 계약 이행에 착수할 때까지 매도인 甲은 계약금의 배액인 2,000만원을 매수인 乙에게 상환하고 토지거래허가를 받지 않아 유동적 무효 상태인 매매계약을 해제할 수 있다(대판 1997.6.27, 97다9369).

(2) 매수인이 토지거래허가 협력의무 이행의 소를 제기한 것이 제565조 1항의 이행에 착수한 것으로 볼 수 있는지 여부

매수인이 매도인의 의무이행을 촉구하였거나 매도인이 그 의무 이행을 거절함에 대하여 의무이행을 구하는 소송을 제기하여 1심에서 승소판결을 받은 것만으로는 매수인이 그 계약의 이행에 착수하였다고 할 수 없다(대판 1997.6.27, 97다9369).

(3) 결론

매도인 甲이 계약금 배액인 2,000만원을 적법하게 공탁하였고, 당사자 사이에 이행의 착수가 없었다. 따라서 甲의 해제는 적법하므로 乙의 주장은 부당하다.

〈변형된 사실관계〉

甲은 2010. 10. 10. 乙과 토지거래허가구역으로 지정되어 있는 X토지에 관하여 매매대금을 1억원으로 한 부동산매매계약을 체결하고 계약 당일 계약금으로 1,000만원을 받았으며, 2011. 3. 15. 잔금 9,000만원을 각 지급받았다. 한편 乙은 위 토지에 대한 매매대금을 모두 지급하였으나, 토지거래허가를 받지 않은 상태에서 2012. 4. 8. 丙과 위 토지에 관하여 매매대금을 1억 2,000만원으로 하는 매매계약을 체결하고, 당일 계약금으로 2,000만원을, 같은 해 6. 20. 잔금 1억원을 각 지급받았다. 甲, 乙, 丙은 위와 같이 X토지에 관하여 순차로 매매계약을 체결하면서, 최초 매도인 甲이 최종 매수인 丙에게 직접 토지거래허가 신청절차를 이행하고, 소유권이전등기를 마쳐주기로 3자 간 합의를 하였다. 甲은 위와 같은 3자 간 합의에 따라 관할관청으로부터 X토지의 매도인을 甲으로, 매수인을 丙으로 하는 토지거래허가를 받은 다음, X토지에 관하여 丙 명의의 소유권이전등기를 마쳐주었다.

2. X토지에 대하여 최초 매도인 甲으로부터 최종 매수인 丙 명의로 경료된 소유권이전등기는 유효한가? (15점)

➜ (1) 토지거래허가구역 내의 토지에 대한 매매계약의 효력

토지거래허가구역 내에 있는 토지에 관한 매매계약은 허가를 받기 전까지는 유동적 무효이다(대판 1997.7.25, 97다4357,4364). 따라서 토지거래허가 없이 토지가 소유자인 최초 매도인으로부터 중간 매수인에게, 다시 중간 매수인으로부터 최종 매수인에게 순차로 매도되었다면 각 매매계약의 당사자는 각각의 매매계약에 관하여 토지거래허가를 받아야 한다(대판 1997.11.11, 97다33218).

(2) 최초 매도인 甲과 최종 매수인 丙을 당사자로 하는 토지거래허가를 받아 甲으로부터 丙명의로 마쳐진 소유권이전등기의 효력

중간생략등기의 합의란 부동산이 전전 매도된 경우 각 매매계약이 유효하게 성립함을 전제로 그 이행의 편의상 최초의 매도인으로부터 최종의 매수인 앞으로 소유권이전등기를 마치기로 하는 당사자 사이의 합의에 불과할 뿐, 그러한 합의가 있었다고 하여 최초의 매도인과 최종의 매수인 사이에 매매계약이 체결되었다는 것을 의미하는 것은 아니므로 최초의 매도인과 최종 매수인 사이에 매매계약이 체결되었다고 볼 수 없다. 따라서 甲과 乙 사이의 매매계약에 대하여 토지거래허가를 받지 않았으므로, 최초 매도인 甲과 최종 매수인 丙을 매매 당사자로 하는 토지거래허가를 받아 丙명의로 소유권이전등기를 마쳤더라도 이는 적법한 토지거래허가 없이 마쳐진 등기로서 무효이다(대판 1997.11.11, 97다33218).

문제 2 甲은 1998. 1. 5. X토지에 관하여 매매를 원인으로 한 소유권이전등기를 마쳤다. 乙은 2002. 2. 5. 甲 명의의 위임장 및 매매계약서 등을 위조하여 무단으로 X토지에 대한 소유권이전등기를 마쳤다. 그 후 丙은 2004. 5. 8. 乙로부터 X토지를 1억원에 매수한 후 소유권이전등기를 마쳤다. 丙은 乙로부터 X토지를 매수할 당시 등기명의자인 乙이 무권리자임을 알지 못했고, 현재까지 소유의 의사로 평온, 공연하게 점유를 계속하여 왔다. 甲은 2020. 4. 23. X토지가 乙, 丙에게 차례로 이전된 사실을 알게 되었다. 甲은 丙의 등기부취득시효가 완성되어 X토지의 소유권을 반환받기 어렵다고 판단하고, 2024. 1. 3. 乙이 丙으로부터 받은 매매대금 1억원에 대하여 부당이득반환을 청구하는 소를 제기하였다. 법원은 위 소송에서 어떠한 판단을 하여야 하는지 1) 결론(소 각하/청구 기각/청구 인용/청구 일부 인용 - 일부 인용의 경우 인용 범위를 특정할 것)과 2) 논거를 서술하시오. (15점) (제13회 변호사시험, 2024)

→ **1. 결론**

법원은 甲의 乙에 대한 부당이득반환청구를 기각해야 한다.

2. 논거

(1) 乙이 丙으로부터 받은 매매대금이 부당이득에 해당하는지 여부

법률상 원인 없이 타인의 재산 또는 노무로 인하여 이익을 얻고 이로 인하여 타인에게 손해를 가한 자는 그 이익을 반환하여야 한다(민법 제741조). 설문의 경우, 甲과 乙사이에 법률상 원인이 존재하지 않으므로, 즉 乙에게 X토지를 처분할 권한이 존재하지 않으므로, 乙명의의 소유권이전등기와 이를 기초로 한 丙명의의 소유권이전등기는 무효이다. 따라서 甲이 X토지의 소유권을 상실하지 않고, 또 무권리자 乙이 丙과 체결한 매매계약의 효력이 甲에게 미치지 않으므로, 甲은 乙이 받은 매매대금에 대해 부당이득반환을 청구할 수 없다(대판 2022.12.29, 2019다272275).

(2) 丙의 X토지에 대한 등기부취득시효로 인해 소유권을 상실한 경우, 부당이득반환청구 인정 여부

설문의 경우, 무권리자 乙로부터 X토지를 매수하여 2004. 5. 8. 소유권이전등기를 마친 丙이 과실 없이 현재까지 소유의 의사로 평온, 공연하게 선의로 점유를 계속하여 제245조 2항에 따라 2014. 5. 8. X토지에 대한 소유권을 취득하였고, 이때 甲은 소급하여 소유권을 상실함으로써 손해를 입게 된다. 그러나 이는 제245조 2항에 따른 물권변동의 효과일 뿐 무권리자 乙과 제3자 丙이 체결한 매매계약의 효력과는 직접 관계가 없으므로, 乙이 매매계약에 따라 丙으로부터 매매대금 1억원을 받음으로써 이익을 얻었더라도 이로 인하여 원소유자 甲에게 손해를 가한 것이라고 볼 수 없다(대판 2022.12.29, 2019다272275).

제6절 소멸시효

Ⅰ. 소멸시효의 요건

- ❒ 공익사업을 위한 토지 등의 취득 및 보상에 관한 법률에 따라 공공사업의 시행자가 토지를 **협의취득**하는 행위는 **사법상의 법률행위**로 일방 당사자의 채무불이행에 대하여 민법에 따른 손해배상 또는 하자담보책임을 물을 수 있다. 이 경우 매도인에 대한 하자담보에 기한 손해배상청구권에 대하여는 민법 제162조 1항의 채권 소멸시효의 규정이 적용되고, 매수인이 매매의 목적물을 인도받은 때부터 소멸시효가 진행한다(대법원 2020.5.28. 선고 2017다265389 판결).
- ❒ 민법 제166조 제1항에 따르면 소멸시효는 객관적으로 권리가 발생하고 그 권리를 행사할 수 있는 때로부터 진행하고, 그 권리를 행사할 수 없는 동안에는 진행하지 아니한다. 여기서 권리를 행사할 수 없다고 함은 그 권리행사에 법률상 장애사유, 예컨대 기간 미도래나 조건불성취 등이 있는 경우를 말하고, 사실상 그 권리의 존부나 권리행사의 가능성을 알지 못하였거나 알지 못함에 과실이 없다고 하여도 이러한 사유는 법률상 장애사유에 해당한다고 할 수 없다(대법원 2023.2.2. 선고 2022다276307 판결). 따라서 매매계약의 무효를 원인으로 한 매매대금 상당의 **부당이득반환청구권**은 특별한 사정이 없는 한 매매대금을 지급한 때에 성립하고 **그 성립과 동시에 권리를 행사할 수 있으므로 그때부터 소멸시효가 진행한다**(대법원 2024.6.27. 선고 2023다302920 판결).
- ❒ 제척기간은 일반적으로 권리자로 하여금 자신의 권리를 신속하게 행사하도록 함으로써 법률관계를 조속히 확정하려는 데 그 제도의 취지가 있고, 그 제척기간의 경과로 권리가 소멸한다. 따라서 제척기간은 적어도 권리가 발생하였음을 전제하는 것이고, 아직 발생하지 않은 권리에까지 그 제척기간에 관한 규정을 적용하여 권리가 소멸하였다고 볼 수는 없다(대법원 2022.12.1. 선고 2020다280685 판결).
- ❒ 부당이득반환청구권이라도 그것이 상행위인 계약에 기초하여 이루어진 **급부자체의 반환**을 구하는 것으로서, 그 채권의 발생 경위나 원인, 당사자의 지위와 관계 등에 비추어 그 법률관계를 상거래 관계와 같은 정도로 **신속하게 해결할 필요성**이 있는 경우 등에는 5년의 소멸시효를 정한 상법 제64조가 적용된다. 그러나 이와 달리 부당이득반환청구권의 내용이 급부 자체의 반환을 구하는 것이 아니거나, 위와 같은 신속한 해결 필요성이 인정되지 않

는 경우라면 특별한 사정이 없는 한 상법 제64조는 적용되지 않고 10년의 민사소멸시효기간이 적용된다(대법원 2021.6.24. 선고 2020다208621 판결).

❒ 소멸시효가 완성되기 위해서는 권리의 불행사라는 사실상태가 일정한 기간 동안 계속되어야 한다. 채권을 일정한 기간 행사하지 않으면 소멸시효가 완성하지만(민법 제162조, 제163조, 제164조), 채권을 계속 행사하고 있다고 볼 수 있다면 소멸시효가 진행하지 않는다. 나아가 채권을 행사하는 방법에는 채무자에 대한 직접적인 이행청구 외에도 변제의 수령이나 상계, 소송상 청구 및 항변으로 채권을 주장하는 경우 등 채권이 가지는 다른 여러 가지 권능을 행사하는 것도 포함된다. 따라서 채권을 행사하여 실현하려는 행위를 하거나 이에 준하는 것으로 평가할 수 있는 객관적 행위 모습이 있으면 권리를 행사한다고 보는 것이 소멸시효 제도의 취지에 부합한다(대법원 2020.7.9. 선고 2016다244224,244231 판결).

❒ 채권을 계속 행사하고 있다고 볼 수 있다면 동시이행의 항변권이 붙은 채권이더라도 소멸시효가 진행하지 않는다. 즉 ① 부동산에 대한 매매대금 채권과 소유권이전등기청구권이 동시이행의 관계에 있더라도 소유권이전등기청구권은 채권적 청구권이므로 10년의 소멸시효에 걸리지만, 매수인이 매매목적물인 부동산을 인도받아 점유하고 있는 이상 매매대금의 지급 여부와는 관계없이 그 소멸시효가 진행되지 않는다(대법원 1991.3.22. 선고 90다9797 판결). ② 임대차가 종료함에 따라 발생한 임차인의 목적물반환의무와 임대인의 보증금반환의무는 동시이행관계에 있다. 임차인이 임대차 종료 후 동시이행항변권을 근거로 임차목적물을 계속 점유하는 것은 임대인에 대한 보증금반환채권에 기초한 권능을 행사한 것으로서 보증금을 반환받으려는 계속적인 권리행사의 모습이 분명하게 표시되었다고 볼 수 있다. 따라서 임대차 종료 후 임차인이 보증금을 반환받기 위해 목적물을 점유하는 경우 보증금반환채권에 대한 권리를 행사하는 것으로 보아야 하고, 임차인이 임대인에 대하여 직접적인 이행청구를 하지 않았다고 해서 권리의 불행사라는 상태가 계속되고 있다고 볼 수 없다.
임차인의 보증금반환채권과 동시이행관계에 있는 임대인의 목적물인도청구권은 소유권 등 물권에 기초하는 경우가 많으므로, 임대인이 적극적으로 권리를 행사하는지와 관계없이 권리가 시효로 소멸하는 경우는 거의 발생하지 않는다. 만일 임차인이 임대차 종료 후 보증금을 반환받기 위해 목적물을 점유하여 적극적인 권리행사의 모습이 계속되고 있는데도 보증금반환채권이 시효로 소멸한다고 보면, 임차인은 목적물반환의무를 그대로 부담하면서 임대인에 대한 보증금반환채권만 상실하게 된다. 이는 보증금반환채무를 이행하지 않은 임대인이 목적물에 대한 자신의 권리는 그대로 유지하면서 보증금반환채무만을 면할 수 있게 하는 결과가 되어 부당하다. 나아가 이러한 소멸시효 진행의 예외는 어디까지나 임차인이 임대차 종료 후 목적물을 적법하게 점유하는 기간으로 한정되고, 임차인이 목적물을 점유하지 않거나 동시이행항변권을 상실하여 정당한 점유권원을 갖지 않는 경우에 대해서까지 인정되는 것은 아니다. 따라서 임대차 종료 후 보증금을 반환받기 위해 목적물을 점유하는 임차인의 보증금반환채권에 대하여 소멸시효가 진행하지 않는다고 보더라도 그 채권에 관계되는 당사자 사이의 이익 균형에 반하지 않는다(대법원 2020.7.9. 선고 2016다244224,244231 판결).

문제 甲은 1998. 5. 31. 자신의 주택 중 102호를 乙에게 임대하였다. 乙은 그 무렵 甲에게 임대차보증금 2,500만원을 지급하고 102호에 입주하였지만 주민등록은 마치지 않았다. 임대차계약에 따른 임대차기간이 끝날 무렵 甲은 乙에게 102호를 인도해 달라고 요구하였으나 乙은 보증금의 반환을 요구하면서 인도를 거부하였고, 임대차기간이 만료된 2000. 5. 30. 이후에도 102호에 계속 거주하였다. 乙은 2006. 6. 10. 결혼을 하면서 102호에 기본적인 가재도구를 남겨둔 채 2013년 무렵까지 우편물 정리와 집기류 확인 등을 위해 乙의 부모로 하여금 102호에 출입하게 하면서 점유하였다. 2017. 8. 22. 乙은 甲을 상대로 보증금반환청구의 소를 제기하면서 102호를 甲에게 인도하였다. 이에 甲은 乙의 보증금반환채권이 시효로 소멸하였다고 주장하면서, 2017. 9. 10. 乙에게 2000. 5. 30.부터 2017. 8. 21.까지의 임대료 상당의 차임에 해당하는 부당이득반환을 청구하였다. 이에 대해 乙은 甲의 청구는 부당하다고 주장하였다. 법원의 판단은?

➔ **1. 乙의 甲에 대한 보증금반환채권이 시효로 소멸하였는지 여부**

채권을 일정한 기간 행사하지 않으면 소멸시효가 완성하지만, 채권을 계속 행사하고 있다고 볼 수 있다면 소멸시효가 진행하지 않는다. 임대차 종료 후 임차인이 보증금을 반환받기 위해 목적물을 점유하는 경우, 보증금반환채권에 대한 권리를 행사하는 것으로 보아야 하고, 임차인이 임대인에 대하여 직접적인 이행청구를 하지 않았다고 해서 권리의 불행사라는 상태가 계속되고 있다고 볼 수 없다(대판 2020.7.9, 2016다244224,244231). 설문에서 임대차가 종료함에 따라 발생한 임차인 乙의 목적물 반환의무와 임대인 甲의 보증금 반환의무는 동시이행관계에 있으며, 乙이 보증금을 반환받기 위하여 102호를 점유하였으므로 그 기간 동안에는 乙의 甲에 대한 보증금반환채권의 소멸시효가 진행하지 않는다. 따라서 乙의 보증금반환채권은 시효로 소멸하지 않았다.

2. 甲의 乙에 대한 부당이득반환청구가 인정되는지 여부

(1) 2000. 5. 31.부터 2006. 6. 10.까지의 부당이득반환채권이 시효로 소멸하였는지 여부

甲이 乙을 상대로 부당이득반환을 청구할 수 있기 위해서는 법률상 원인 없이 乙이 이득을 얻어야 한다(제741조). 설문에서 임대차계약이 2000. 5. 30. 기간만료의 사유로 종료하였는

데, 乙이 2006. 6. 10.까지 102호에 거주하였으므로, 乙은 법률상 원인 없이 임대료 상당의 이득을 얻었다. 하지만 甲의 부당이득반환청구권은 10년의 소멸시효에 걸린다(제162조). 따라서 2000. 5. 31.부터 2006. 6. 10.까지의 부당이득반환채권은 甲이 2017. 9. 10. 이를 행사하기 이전에 시효로 소멸하였다.

(2) 2006. 6. 11.부터 2017. 8. 21.까지의 부당이득반환채권 성립 여부
임차인이 임대차계약 종료 이후에도 동시이행의 항변권을 행사하는 방법으로 목적물의 반환을 거부하기 위하여 임차건물 부분을 계속 점유하기는 하였으나 이를 본래의 임대차계약상의 목적에 따라 사용·수익하지 아니하여 실질적인 이득을 얻은 바 없는 경우에는 임차인의 부당이득반환의무는 성립되지 않는다(대판 2017.6.29, 2017다213838). 설문에서 乙은 2006. 6. 10. 결혼을 하면서 102호에 기본적인 가재도구를 남겨두었을 뿐이고, 이를 사용·수익하면서 실질적인 이득을 얻지 않았다. 따라서 이 기간 동안 乙의 점유에 대하여 甲은 부당이득반환을 청구할 수 없다.

3. 결론

법원은 乙의 청구를 인용하고, 甲의 청구를 기각하여야 한다.

- 변호사는 상법상 당연상인으로 볼 수 없고, 변호사의 영리추구 활동을 엄격히 제한하고 그 직무에 관하여 고도의 공공성과 윤리성을 강조하는 변호사법의 여러 규정과 제반 사정을 참작하여 볼 때, 변호사를 상법 제5조 제1항이 규정하는 **상인적 방법에 의하여 영업을 하는 자**라고도 볼 수 없어 위 조항에서 정하는 의제상인에 해당하지 아니하며, 이는 법무법인도 마찬가지이다.
  한편 상법 제5조 제2항은 회사는 상행위를 하지 아니하더라도 상인으로 본다고 규정하고, 상법 제169조는 회사는 상행위나 그 밖의 영리를 목적으로 하여 설립한 법인을 말한다고 하고 있다. 그런데 법무법인은 변호사가 그 직무를 조직적·전문적으로 수행하기 위하여 변호사법에 따라 설립하는 것으로서 변호사법과 다른 법률에 따른 변호사의 직무를 업무로서 수행할 수 있다(변호사법 제40조, 제49조). 변호사법은 법무법인에 관하여 변호사법에 정한 것 외에는 상법 중 합명회사에 관한 규정을 준용하도록 하고 있을 뿐(제58조) 이를 상법상 회사로 인정하고 있지 않으므로 법무법인이 상법 제5조 제2항에서 정하는 의제상인에 해당한다고 볼 수도 없다. 따라서 변호사가 소속 법무법인에 대하여 갖는 급여채권은 상사채권에 해당한다고 할 수 없다(대법원 2023.7.27. 선고 2023다227418 판결).
- 소멸시효는 객관적으로 권리가 발생하고 그 권리를 행사할 수 있는 때부터 진행하고, 그

권리를 행사할 수 없는 동안에는 진행하지 아니한다. 여기서 '권리를 행사할 수 없다'라고 함은 그 권리행사에 법률상의 장애사유, 예컨대 기간의 미도래나 조건불성취 등이 있는 경우를 말하는 것이고, 사실상 그 권리의 존부나 권리행사의 가능성을 알지 못하였거나 알지 못함에 과실이 없다고 하여도 이러한 사유는 법률상 장애사유에 해당한다고 할 수 없다. 따라서 부동산경매절차에서 채무자에 대한 송달이 공시송달의 방법으로 이루어짐으로써 채무자가 경매진행 사실 및 잉여금의 존재에 관하여 사실상 알지 못하였다고 하더라도 소멸시효기간이 진행한다(대법원 2024.4.30. 자 2023그887 결정).

한편 어떤 권리의 소멸시효기간이 얼마나 되는지에 관한 주장은 단순한 법률상의 주장에 불과하여 변론주의의 적용대상이 되지 않으므로 법원이 직권으로 판단할 수 있다(대법원 2023.12.14. 선고 2023다248903 판결).

❒ 민법 제163조 5호의 직무에 관한 채권은 직무의 내용이 아닌 직무를 수행하는 주체의 관점에서 보아야 하는 점, 제163조 제5호에서 정하고 있는 자격사 외의 다른 자격사의 직무에 관한 채권에도 단기 소멸시효 규정이 유추적용된다고 해석한다면 어떤 채권이 그 적용대상이 되는지 불명확하게 되어 법적 안정성을 해하게 되는 점 등을 종합적으로 고려하면, 제163조 제5호에서 정하고 있는 변호사, 변리사, 공증인, 공인회계사 및 법무사의 직무에 관한 채권에만 3년의 단기 소멸시효가 적용되고, 세무사와 같이 그들의 직무와 유사한 직무를 수행하는 다른 자격사의 직무에 관한 채권에 대하여는 제163조 제5호가 유추적용된다고 볼 수 없다. 그리고 세무사의 직무와 관련하여 형성된 법률관계에 대하여는 상인의 영업활동 및 그로 인해 형성된 법률관계와 동일하게 상법을 적용하여야 할 특별한 사회경제적 필요 내지 요청이 있다고 볼 수도 없다. 따라서 세무사를 상법 제4조 또는 제5조 제1항이 규정하는 상인이라고 볼 수 없고, 세무사의 직무에 관한 채권이 상사채권에 해당한다고 볼 수 없으므로, **세무사의 직무에 관한 채권**에 대하여는 민법 제162조 제1항에 따라 10년의 소멸시효가 적용된다(대법원 2022.8.25. 선고 2021다311111 판결).

❒ 민법 제684조 제2항은 수임인이 위임인을 위하여 자기의 명의로 취득한 권리는 위임인에게 이전하여야 한다고 규정하고 있는데, 이때 그 이전 시기는 당사자 간에 특약이 있거나 위임의 본뜻에 반하는 경우 등과 같은 특별한 사정이 없는 한 위임계약이 종료된 때이다(대법원 2016.6.28. 선고 2016다11295 판결). 따라서 위임사무로 수임인 명의로 취득한 권리에 관한 위임인의 이전청구권의 소멸시효는 위임계약이 종료된 때부터 진행하게 된다(대법원 2022.9.7. 선고 2022다217117 판결).

❒ 민법 제686조 제2항에 의하면 수임인은 위임사무를 완료하여야 보수를 청구할 수 있다.

따라서 소송위임계약으로 성공보수를 약정하였을 경우 심급대리의 원칙에 따라 수임한 소송사무가 종료하는 시기인 해당 심급의 판결을 송달받은 때로부터 그 소멸시효기간이 진행되나(대법원 2016.7.7. 선고 2014다1447 판결), 당사자 사이에 보수금의 지급시기에 관한 특약이 있다면 그에 따라 보수채권을 행사할 수 있는 때로부터 소멸시효가 진행한다고 보아야 한다(대법원 2023.2.2. 선고 2022다276307 판결).

Ⅱ. 소멸시효의 중단

1. 재판상의 청구

- 민법 제168조 제1호, 제170조 제1항에서 시효중단 사유의 하나로 규정하고 있는 재판상의 청구는, 권리자가 시효를 주장하는 자를 상대로 소로써 권리를 주장하는 경우뿐 아니라, 시효를 주장하는 자가 원고가 되어 소를 제기한 데 대하여 피고로서 응소하여 그 소송에서 적극적으로 권리를 주장하고 그것이 받아들여진 경우도 포함한다. 권리자인 피고가 응소하여 권리를 주장하였으나 그 소가 각하되거나 취하되는 등의 사유로 본안에서 그 권리 주장에 관한 판단 없이 소송이 종료된 경우에도 제170조 제2항을 유추적용하여 그때부터 6개월 이내에 재판상의 청구 등 다른 시효중단 조치를 취하면 **응소 시**에 소급하여 시효중단의 효력이 인정된다(대법원 2010.8.26. 선고 2008다42416,42423 판결).

  한편 민법 제174조가 시효중단 사유로 규정하고 있는 최고를 여러 번 거듭하다가 재판상 청구 등을 한 경우에 시효중단의 효력은 항상 최초의 최고 시에 발생하는 것이 아니라 재판상 청구 등을 한 시점을 기준으로 하여 이로부터 소급하여 6월 이내에 한 최고 시에 발생하고, 제170조의 해석상 재판상의 청구는 그 소송이 취하된 경우에는 그로부터 6월 내에 다시 재판상의 청구를 하지 않는 한 시효중단의 효력이 없고, 다만 재판 외의 최고의 효력만을 갖게 된다. 이러한 법리는 그 소가 각하된 경우에도 마찬가지로 적용된다(대법원 2019.3.14. 선고 2018두56435 판결).
- 민법 제170조의 해석에 의하면, 재판상의 청구는 그 소송이 각하, 기각 또는 취하된 경우에는 그로부터 6월 내에 다시 재판상의 청구 등을 하지 않는 한 시효중단의 효력이 없고, 다만 **최고의 효력**이 있게 된다. 그런데 이와 같이 채권자가 소 제기를 통하여 채무자에게 권리를 행사한다는 의사를 표시한 경우, 그 소송이 계속되는 동안에는 최고에 의하여 권리를 행사하고 있는 상태가 지속되고 있다고 보아야 하고, 최고에 의한 권리행사가 지속되고

있는 해당 소송 기간 중에 채권자가 제174조에 규정된 재판상 청구, 압류 또는 가압류, 가처분 등의 조치를 취한 이상, 그 시효중단의 효력은 **당초의 소 제기시**부터 계속 유지되고 있다(대법원 2022.4.28. 선고 2020다251403 판결).

→ 가령 甲은 乙을 상대로 지급명령을 신청하여 2007. 7. 26. 확정되었다(이하 '지급명령으로 확정된 채권'이라 한다). 甲은 지급명령으로 확정된 채권의 소멸시효 중단을 위해 2017. 7. 17. 乙을 상대로 지급명령을 신청하였고, 乙이 2017. 8. 4. 지급명령에 대한 적법한 이의신청을 하였다. 법원은 조정을 신청한 때에 소가 제기된 것으로 간주하여 2017. 11. 7. 甲에게 부족한 인지액과 송달료의 보정을 명하였다. 甲은 2018. 1. 23. 채무자를 乙, 제3채무자를 丙으로 한 채권압류 및 추심명령을 신청하여, 2018. 2. 2. 법원으로부터 채권압류 및 추심명령을 받았다. 법원은 甲이 보정기한 내에 위 보정명령을 이행하지 않자 2018. 4. 16. 甲에 대하여 소장 각하명령을 하였다. 이 경우 甲이 2017. 7. 17. 시효중단을 위한 지급명령신청을 함으로써 乙에게 권리를 행사한다는 의사를 표시하였으므로, 그 소송절차가 계속되는 동안에는 최고에 의하여 권리를 행사하고 있는 상태가 지속되고 있다고 보아야 하고, 이와 같이 최고에 의한 권리행사가 지속되고 있는 해당 소송절차 기간 중에 甲이 압류 조치를 취한 이상, 그 시효중단의 효력은 2017. 7. 17. 지급명령신청을 한 때부터 계속 유지되고 있다고 할 것이므로, 지급명령으로 확정된 채권은 소멸시효가 완성되지 않았다.

❒ 시효중단 사유로서 재판상의 청구에는 소멸시효 대상인 그 권리 자체의 이행청구나 확인청구를 하는 경우만이 아니라, 그 권리가 발생한 기본적 법률관계를 기초로 하여 재판의 형식으로 주장하는 경우 또는 그 권리를 기초로 하거나 그것을 포함하여 형성된 후속 법률관계에 관한 청구를 하는 경우에도 그로써 권리 실행의 의사를 표명한 것으로 볼 수 있을 때에는 이에 포함된다.

채무자에게 파산원인이 있는 경우 채권자는 채무자회생법 제294조에 따라 채무자에 대한 파산신청을 할 수 있다. 이는 파산채무자의 재산을 보전하여 공평하게 채권의 변제를 받는 재판절차를 실시하여 달라는 것으로서 채무자회생법 제32조에서 규정하고 있는 파산채권 신고 등에 의한 파산절차참가와 유사한 재판상 권리 실행방법에 해당한다. 따라서 채무자회생법 제294조에 따른 **채권자의 파산신청**은 민법 제168조 제1호에서 정한 시효중단 사유인 재판상의 청구에 해당한다고 보아야 한다(대법원 2023.11.9.자 2023마6582 결정).

❒ 채무자의 제3채무자에 대한 금전채권에 대하여 압류 및 추심명령이 있더라도, 이는 추심채권자에게 피압류채권을 추심할 권능만을 부여하는 것이고, 이로 인하여 채무자가 제3채무자에게 가지는 채권이 추심채권자에게 이전되거나 귀속되는 것은 아니다. 따라서 채무자가

제3채무자를 상대로 금전채권의 이행을 구하는 소를 제기한 후 채권자가 위 금전채권에 대하여 압류 및 추심명령을 받아 제3채무자를 상대로 추심의 소를 제기한 경우, 채무자가 권리주체의 지위에서 한 시효중단의 효력은 집행법원의 수권에 따라 피압류채권에 대한 추심권능을 부여받아 일종의 추심기관으로서 그 채권을 추심하는 추심채권자에게도 미친다(대법원 2019.7.25. 선고 2019다212945 판결).

❒ 재판상의 청구는 소송의 각하, 기각 또는 취하의 경우에는 시효중단의 효력이 없지만, 그 경우 6개월 내에 재판상의 청구, 파산절차참가, 압류 또는 가압류, 가처분을 한 때에는 시효는 최초의 재판상 청구로 인하여 중단된 것으로 본다(민법 제170조). 그러므로 채무자가 제3채무자를 상대로 제기한 금전채권의 이행소송이 압류 및 추심명령으로 인한 당사자적격의 상실로 각하되더라도, 위 이행소송의 계속 중에 피압류채권에 대하여 채무자에 갈음하여 당사자적격을 취득한 추심채권자가 위 **각하판결이 확정된 날로부터** 6개월 내에 제3채무자를 상대로 추심의 소를 제기하였다면, 채무자가 제기한 재판상 청구로 인하여 발생한 시효중단의 효력은 추심채권자의 추심소송에서도 그대로 유지된다(대법원 2019.7.25. 선고 2019다212945 판결).

문제 2015. 1. 21. 甲은 자기 소유의 X주택을 임대차보증금 2억원, 임대차기간 2015. 2. 1.부터 2019. 1. 31.까지 임대하는 내용의 임대차계약(이하 '이 사건 임대차'라 한다)을 임차인 A와 체결하였다(차임은 매달 말일에 500만원을 지급하기로 하였다). 2015. 2. 1. A는 임대차보증금 2억원을 지급한 후, X주택을 인도받아 당일 전입신고를 하고 이 사건 임대차 계약서에 확정일자를 받았다.
2018. 1. 13. 甲은 A를 상대로 연체한 차임 2015. 2월분의 임대료(이하 '차임채권')의 지급을구하는 소(이하 '선행소송')를 제기하였고, 소장부본은 2018. 2. 23. A에게 송달되었다. 한편 B는 선행사건 소송계속 중인 2018. 1. 25. 위 차임채권에 대하여 甲을 채무자, A를 제3채무자로 하는 채권압류 및 추심명령을 받았고, 이는 2018. 2. 25. A에게 송달되었고 2018. 3. 15. 확정되었다. 2018. 5. 24. 甲의 선행소송은 각하되었고 그 무렵 확정되었다. 2018. 9. 3. B는 위 추심명령을 근거로 제3채무자인 A를 상대로 추심의 소를 제기하자, A는 추심의 소가 제기되기 이전에 위 차임채권은 시효완성으로 소멸하였다고 항변하였다. 이에 대해 B는 "① 주위적으로 B가 이미 차임채권에 대해 압류 및 추심명령을 받았으므로 차임채권의 소멸시효는 중단되었고, ② 예비적으로 위 선행소송이 각하된 날 때부터 6개월 이내에 B가 소를 제기하였으므로 甲이 선행사건의 소를 제기한 것에 의해 차임채권의 소멸시효는 중단되었다"고 재항변하였다. 법원의 판단은?

➜ **1. 차임채권의 시효기간과 시효완성 여부**

1년 이내의 기간으로 정한 금전 또는 물건의 지급을 목적으로 하는 채권은 3년간 행사하지 않으면 소멸시효가 완성한다(제163조 1호). 여기서 1년 이내의 기간으로 정한 채권이란 1년 이내의 정기로 지급되는 채권을 말한다(대판 2018.2.28, 2016다45779). 설문에서 차임은 매달 말일 지급하기로 하였으므로, 甲의 2015. 2월분의 임대료(차임채권)은 1년 이내의 기간으로 정한 처권으로 소멸시효기간은 3년이다. 소멸시효는 권리를 행사할 수 있는 때부터 진행한다(제166조 1항). 따라서 甲의 차임채권은 2015. 3. 1.부터 시효가 진행되며 2018. 2. 28. 3년의 소멸시효가 완성된다.

2. 차임채권에 대한 압류 및 추심명령과 시효중단의 효력

채권자가 채무자의 제3채무자에 대한 채권을 압류 또는 가압류한 경우에 채무자에 대한 채권자의 채권에 관하여 시효중단의 효력이 생기지만, 채무자의 제3채무자에 대한 채권에 대하여는 제168조 2호의 소멸시효 중단사유에 준하는 확정적인 시효중단의 효력이 생기지 않는다. 다만 채권자가 채무자의 제3채무자에 대한 채권에 관하여 압류 및 추심명령을 받아 그 결정이 제3채무자에게 송달이 되었다면 이는 소멸시효 중단사유인 최고의 효력이 있다(대판 2003.5.13, 2003다16238). 설문에서 B가 차임채권에 대한 압류 및 추심명령을 받았더라도 甲의 차임채권의 소멸시효는 중단되지 않고, 다만 최고의 효력이 인정된다.

3. 甲의 재판상 청구에 따른 시효중단의 효력이 추심채권자 B에게 미치는지 여부

재판상의 청구는 소송의 각하, 기각 또는 취하의 경우에는 시효중단의 효력이 없지만, 그 경우 6개월 내에 재판상의 청구 등을 한 때에는 시효는 최초의 재판상 청구로 인하여 중단된 것으로 본다(제170조). 따라서 채무자가 제3채무자를 상대로 제기한 금전채권의 이행소송이 압류 및 추심명령으로 인한 당사자적격의 상실로 각하되더라도, 이행소송의 계속 중에 피압류채권에 대하여 채무자에 갈음하여 당사자적격을 취득한 추심채권자가 각하판결이 확정된 날로부터 6개월 내에 제3채무자를 상대로 추심의 소를 제기하였다면, 채무자가 제기한 재판상 청구로 인하여 발생한 시효중단의 효력은 추심채권자의 추심소송에서도 그대로 유지된다(대판 2019.7.25, 2019다212945). 설문의 경우 2018. 1. 13. 甲이 A를 상대로 제기한 선행소송이 2018. 5. 24. 각하되었고, 추심채권자 B가 6개월 이내인 2018. 9. 3. A를 상대로 추심의 소를 제기하였으므로, 재판상 청구에 따른 시효중단의 효력은 추심채권자 B의 추심소송에서도 그대로 유지된다. 따라서 소제기시인 2018. 1. 13. 차임채권의 시효가 중단되었으므로(민사소송법 제265조), 시효가 완성되지 않았다.

4. 결론

법원은 B의 A에 대한 추심청구를 인용해야 한다.

2. 일부청구

❒ 하나의 채권 중 일부에 관하여만 판결을 구한다는 취지를 명백히 하여 소송을 제기한 경우에는 소제기에 의한 소멸시효중단의 효력이 그 일부에 관하여만 발생하고, 나머지 부분에는 발생하지 아니하나, 소장에서 청구의 대상으로 삼은 채권 중 일부만을 청구하면서 소송의 진행경과에 따라 장차 청구금액을 확장할 뜻을 표시하고 당해 소송이 종료될 때까지 실제로 청구금액을 확장한 경우에는 소제기 당시부터 채권 전부에 관하여 판결을 구한 것으로 해석되므로, 이러한 경우에는 소제기 당시부터 채권 전부에 관하여 재판상 청구로 인한 시효중단의 효력이 발생한다(대법원 2020.2.6. 선고 2019다223723 판결).

❒ 소장에서 청구의 대상으로 삼은 채권 중 일부만을 청구하면서 소송의 진행경과에 따라 장차 청구금액을 확장할 뜻을 표시하였으나 당해 소송이 종료될 때까지 실제로 청구금액을 확장하지 않은 경우에는 소송의 경과에 비추어 볼 때 채권 전부에 관하여 판결을 구한 것으로 볼 수 없으므로, 나머지 부분에 대하여는 재판상 청구로 인한 시효중단의 효력이 발생하지 아니한다. 그러나 이와 같은 경우에도 소를 제기하면서 장차 청구금액을 확장할 뜻을 표시한 채권자로서는 장래에 나머지 부분을 청구할 의사를 가지고 있는 것이 일반적이라고 할 것이므로, 다른 특별한 사정이 없는 한 당해 소송이 계속 중인 동안에는 나머지 부분에 대하여 권리를 행사하겠다는 의사가 표명되어 최고에 의해 권리를 행사하고 있는 상태가 지속되고 있는 것으로 보아야 하고, 채권자는 당해 소송이 종료된 때부터 6개월 내에 민법 제174조에서 정한 조치를 취함으로써 나머지 부분에 대한 소멸시효를 중단시킬 수 있다(대법원 2020.2.6. 선고 2019다223723 판결).

→ 청구취지 확장을 전제로 한 일부청구의 경우에는 소송계속 중에는 잔부청구에 대하여도 '그 이행을 구하고 있다'고 볼 수 있고, 따라서 일부청구 후 청구취지를 확장하지 않았다면 잔부청구에 대하여 최고를 한 것이 되고 그 최고는 소송종료시까지 계속된다.

문제 건축자재 등을 판매업으로 하는 甲은 乙에게 2015. 4. 10. 철근 100톤을 대금 1억원에 매도하면서 2015. 5. 31. 물품대금을 지급받기로 약정하였다. 甲은 乙과의 위 계약에 따라 철근을 모두 인도하였으나, 乙은 甲으로부터 인도받은 철근은 70톤이라고 주장하면서 물품대금지급기일이 지났는데도 대금을 지급하지 않고 있었다. 甲은 2017. 9. 5. 乙을 상대로 물품대금의 지급을 청구하는 소를 제기하였다(이하 '선행소송'이라 한다). 선행소송의 소장에는 '일부청구'라는 제목 하에 "원고는 피고에게 1억원의 물품대금채권을 가지고 있으나 정확한 금액은 추후 관련 자료를 확인하여 계산하도록 하고, 우선 이 중 일부인 7,000만원에 대하여만 청구하게 되었습니다"라고 기재되어 있다. (다음 각 문항은 독립적임)

1. 甲이 선행소송이 종료될 때까지 청구금액을 확장하였다면 나머지 부분에 대해서도 시효중단의 효력이 발생하는가?

→ 재판상 청구가 있으면 소멸시효는 중단된다(민법 제168조 1호). 하나의 채권 중 일부에 관하여만 판결을 구한다는 취지를 명백히 하여 소송을 제기한 경우, 소멸시효중단의 효력은 그 일부에 관하여만 발생하고 나머지 부분에는 발생하지 않는다. 그러나 그 취지로 보아 채권 전부에 관하여 판결을 구하는 것으로 해석된다면 그 청구액을 소송물인 채권의 전부로 보아야 하고, 이러한 경우에는 그 채권의 동일성의 범위 내에서 그 전부에 관하여 시효중단의 효력이 발생한다(대판 1992.4.10, 91다43695). 설문에서 甲이 청구의 대상으로 삼은 채권 중 일부만을 청구하면서 장차 청구금액을 확장할 뜻을 표시하고 소송이 종료될 때까지 실제로 청구금액을 확장한 경우, 소제기 당시부터 채권 전부에 관하여 판결을 구한 것이므로, 소제기 당시부터 채권 전부에 관하여 재판상 청구로 인한 시효중단의 효력이 발생한다(대판 2020.2.6, 2019다223723).

2. 甲은 선행소송이 종료될 때까지 청구금액을 확장하지 않았고, 법원은 2018. 4. 12. '피고는 원고에게 금 7,000만원 및 이에 대한 지연손해금을 지급하라'는 판결을 선고하였고, 위 판결은 2018. 4. 28. 확정되었다. 위 판결이 확정된 이후 甲은 乙이 '2015. 4. 11. 철근 100톤을 모두 수령하였음'을 확인하는 내용으로 작성한 서류를 발견하였다. 甲은 2018. 9. 20. 乙을 상대로 나머지 물품대금 3,000만원 및 이에 대한 지연손해금을 지급하라는 소를 제기하였다(이하 '후행소송'이라 한다). 이에 대해 乙은 위 물품대금채권 3,000만원은 시효로 소멸하였다고 항변하였다. 법원의 판단은?

→ **(1) 甲의 물품대금채권의 소멸시효 기간**

甲의 물품대금채권은 상인이 판매한 상품의 대가에 해당하며 3년의 단기 소멸시효에 걸린다(민법 제163조 6호). 따라서 甲의 물품대금채권은 변제기의 다음 날인 2015. 6. 1.부터 3년의 소멸시효가 진행된다.

(2) 명시적 일부청구와 시효중단의 효력

(가) 재판상 청구로 인한 시효중단 – 일부청구 부분

소장에서 청구의 대상으로 삼은 채권 중 일부만을 청구하면서 소송의 진행경과에 따라 장차 청구금액을 확장할 뜻을 표시하였으나 당해 소송이 종료될 때까지 실제로 청구금액을 확장하지 않은 경우, 나머지 부분에 대하여 재판상 청구로 인한 시효중단의 효력이 발생하지 않는다(대판 2020.2.6, 2019다223723). 설문의 경우 甲이 乙을 상대로 제기한 선행소송과 관련하여, 소장에서 청구의 대상으로 삼은 물품대금 중 일부(7,000만원)에 대해서는 2017. 9. 5. 재판상 청구로 인한 시효중단의 효력이 발생한다. 그러나 甲은 장차 청구금액을 확장할 뜻을 표시하였으나 당해 소송이 종료될 때까지 실제로 청구금액을 확장하지 않았으므로, 채권 전부에 관하여 판결을 구한 것으로 볼 수 없어 나머지 부분(3,000만원)에 대해서는 2017. 9. 5. 재판상 청구로 인한 시효중단의 효력이 발생하지 않는다.

(나) 나머지 부분(3,000만원)에 대한 소멸시효를 중단시킬 수 있는지 여부

최고는 6개월 내에 재판상의 청구를 하면 시효중단의 효력이 있다(제174조). 소를 제기하면서 장차 청구금액을 확장할 뜻을 표시한 채권자로서는 장래에 나머지 부분을 청구할 의사를 가지고 있는 것이 일반적이라고 할 것이다. 따라서 선행소송이 계속 중인 동안에는 나머지 부분에 대하여 권리를 행사하겠다는 의사가 표명되어 최고에 의해 권리를 행사하고 있는 상태가 지속되고 있는 것으로 보아야 하고, 채권자는 선행소송이 종료된 때부터 6월 내에 민법 제174조에서 정한 조치를 취함으로써 나머지 부분에 대한 소멸시효를 중단시킬 수 있다(대판 2020.2.6, 2019다223723). 설문에서 甲은 선행소송이 종료된 2018. 4. 28.부터 6개월 내에 재판상 청구, 압류, 가압류 등의 시효중단 조치를 취함으로써 나머지 부분에 대한 소멸시효를 중단시킬 수 있다.

(3) **결론**

甲은 선행소송이 종료된 2018. 4. 28.부터 6개월 내인 2018. 9. 20. 乙을 상대로 나머지 부분인 3,000만원의 후행소송을 제기하였으므로, 선행소송의 소제기 시점인 2017. 9. 5. 나머지 부분에 대한 소멸시효가 중단되었다. 따라서 乙의 소멸시효 항변은 부당하므로, 법원은 원고의 청구를 인용해야 한다.

❐ 소장에서 청구의 대상으로 삼은 채권 중 일부만을 청구하면서 소송의 진행경과에 따라 장차 청구금액을 확장할 뜻을 표시하고 해당 소송이 종료될 때까지 실제로 청구금액을 확장한 경우에는 소 제기 당시부터 채권 전부에 관하여 재판상 청구로 인한 시효중단의 효력이 발생하나, 소장에서 청구의 대상으로 삼은 채권 중 일부만을 청구하면서 소송의 진행경과에 따라 장차 청구금액을 확장할 뜻을 표시하였더라도 그 후 **채권의 특정 부분을 청구범위에서 명시적으로 제외**하였다면, 그 부분에 대하여는 애초부터 소의 제기가 없었던 것과 마찬가지이므로 재판상 청구로 인한 시효중단의 효력이 발생하지 않는다(대법원 2021.6.10. 선고 2018다44114 판결).

→ 일부만을 청구하면서 소송의 진행경과에 따라 장차 청구금액을 확장할 뜻을 표시하였으나 소송이 종료될 때까지 실제로 청구금액을 확장하지 않은 경우(대법원 2020.2.6. 선고 2019다223723 판결)와 달리 당사자가 소송에서 명시적으로 잔부청구를 제외하였다면 잔부청구에 대한 이행을 청구하는 의사가 처음부터 없었다고 볼 수 있고, 따라서 잔부청구를 소송 중 청구에서 제외하였다면 그 후 다시 청구취지를 확장하였더라도 소 제기 당시부터 '최고'가 없었던 것으로 된다.

문제 피고는 원고주택조합과의 공사계약을 체결하고 아파트 신축공사를 완료하였다. 원고는 2011. 4. 26. 피고를 상대로 하자보수에 갈음한 손해배상금을 구하는 소를 제기하면서 '추후 감정을 통하여 청구금액을 확장할 것을 전제로 일부청구를 구한다'고 하였다. 원고는 2013. 7. 10. 감정인으로부터 감정서가 제출되자 2014. 11. 12.자 청구취지 및 청구원인변경신청서를 제출하면서 '청구범위에서 부가가치세 상당액은 모두 제외하겠다'는 의사를 표시하였다. 이에 1심 법원은 하자보수에 갈음한 손해배상금에서 부가가치세를 공제한 손해배상금을 인정하는 판결을 선고하였다. 원고는 항소심 재판 중 2017. 9. 13. 부가가치세 공제에 관한 종전 주장을 철회하면서 국민주택 규모 이하 세대분에 해당하는 부가가치세를 추가하는 청구취지 변경신청서를 제출하였다. 이에 대하여 피고는 부가가치세 상당 손해배상채권은 소 제기 시점으로부터 5년이 지나 소멸시효가 완성되었다고 주장하였다. 피고의 주장은 타당한가?

➜ 소장에서 청구의 대상으로 삼은 채권 중 일부만을 청구하면서 소송의 진행경과에 따라 장차 청구금액을 확장할 뜻을 표시하였더라도 그 후 채권의 특정 부분을 청구범위에서 명시적으로 제외하였다면, 그 부분에 대하여는 애초부터 소의 제기가 없었던 것과 마찬가지이므로 재판상 청구로 인한 시효중단의 효력이 발생하지 않는다(대판 2021.6.10, 2018다44114). 설문에서 원고가 일부청구를 하면서 소송의 진행경과에 따라 장차 청구금액을 확장할 뜻을 표시하였지만, 2014. 11. 12.자 청구취지 및 청구원인 변경신청서를 제출하면서 부가가치세 상당액의 손해배상채권을 청구범위에서 제외함에 따라 소멸시효 중단의 효과는 소급하여 소멸하였다. 부가가치세 상당액의 손해배상채권은 그 소멸시효 기산점을 소 제기일인 2011. 4. 26.로 보더라도 그로부터 5년의 시효기간은 중단 없이 진행하여 2016. 4. 26.이 경과함으로써 완성하였다. 따라서 피고의 주장은 타당하다.

3. 최 고

❒ 민법 제174조에 의하면 최고는 6월 내에 재판상의 청구, 파산절차참가, 화해를 위한 소환, 임의출석, 압류 또는 가압류, 가처분을 하지 아니하면 시효중단의 효력이 없다. 위 규정은 채권자가 최고 후 6개월 내에 확정적으로 시효를 중단시키기 위해 취할 보완조치에 채무의 승인을 포함하고 있지는 않지만, 최고 후 6개월 내에 **채무자의 승인**이 있는 경우에도 위 규정을 유추 적용하여 시효중단의 효력이 발생한다(대법원 2022.7.28. 선고 2020다46663 판결).

→ 민법 제174조가 최고에 잠정적인 시효중단의 효력을 부여하는 취지는, 시효기간 완성이 임박하여 재판상의 청구 등 다른 확정적인 시효중단조치를 취할 시간적 여유가 없는 경우에 채권자가 시효완성을 일시적으로 저지할 수 있도록 하는 데에 있다. 그런데 채무자가 채무이행의 최고를 받고 채무를 승인하는 경우에도 확정적인 시효중단을 위해서는 채권자가 그와 별도로 최고 후 6개월 내에 재판상의 청구나 압류 등의 조치를

> 취해야 한다고 해석하는 것은, 위와 같은 제174조의 취지나 제168조에서 승인을 재판상의 청구나 압류 등과 나란히 확정적인 시효중단사유의 하나로 정하고 있는 취지에 부합하지 않기 때문이다. 따라서 채권자가 주채무자에 대하여 이행을 최고한 후 주채무자가 6개월 내에 채무를 승인한 경우 최고가 주채무자에게 도달한 때 시효중단의 효력이 발생한다고 보는 이상, 그 중단의 효력은 제440조에 따라 보증인에게도 미친다. 제433조 제2항에 따라 주채무자가 시효완성 후 시효이익을 포기한 경우 보증인에게는 효력이 없다고 보는 것은 이 부분 해석에 영향을 미치지 않는다.

문제 甲은행은 대출금 채무의 주채무자인 乙과 연대보증인 丙을 상대로 금전지급청구의 소를 제기하여 승소판결을 선고받았고, 그 판결은 1999. 2. 12. 확정되었다(이하 '선행판결'이라고 한다). 甲은행은 2008. 12. 10. 丁자산관리회사에게 선행판결에서 지급을 명한 금전채권(이하 '이 사건 채권'이라고 한다)을 양도하였고, 그 채권양도통지서가 2008. 12. 30. 乙에게 발송되어 그 무렵 도달하였다. 채권양도통지서에는 "본 채권양도통지 이후에는 채권상환과 관련하여 문의할 사항이 있으실 경우 丁회사에 연락하여 주시기 바랍니다."라는 문구가 기재되었다.
乙은 이 사건 채무에 대하여 채무조정신청 및 분할상환약정을 하고, 소멸시효기간이 경과한 이후인 2009. 5. 19. 丁에게 일부 채무금을 변제하였다.
丁회사가 2017. 11. 17. 연대보증인 丙을 상대로 이 사건 채권의 지급을 구하는 이 사건 소를 제기하자, 丙이 소멸시효 항변을 하였고, 이에 丁은 양도인의 채권양도통지가 최고에 해당하고, 그로부터 6개월 내에 주채무자의 승인이 있었으므로 소멸시효가 중단되었다고 재항변하였다. 이 소송에서 법원은 어떠한 판결을 선고하여야 하는가에 관한 결론(각하, 청구기각, 청구일부인용, 청구전부인용)과 근거를 설명하시오.

➜ **1. 결론**

법원은 丁의 丙에 대한 청구를 전부 인용해야 한다.

2. 근거

(1) 丁에게 이전된 이 사건 채권의 소멸시효기간

채권양도에 의해 채권은 그 동일성을 유지하면서 양수인에게 이전되며, 주채무자에 대한 채권이 이전되면 보증인에 대한 채권도 함께 이전된다(대판 2002.9.10, 2002다21509). 또한 판결에 의하여 확정된 채권은 단기의 소멸시효에 해당한 것이라도 그 소멸시효기간은 10년이다(민법 제165조 1항). 따라서 丁에게 이전된 이 사건 채권은 선행판결이 확정된 1999. 2. 12. 다음 날인 1999. 2. 13.부터 10년(2009. 2. 12)의 소멸시효가 진행된다.

(2) 채권양도통지의 최고 효력 인정 여부

양도인 甲의 채권양도 통지에는 단순히 채권양도 사실을 알리는 것 이외에 '채권상환과 관련하여 문의할 사항'과 같이 이행을 청구하는 뜻이 별도로 덧붙여져 있으므로, 채권양도통지에 소멸시효를 중단시키는 최고의 효력을 인정할 수 있다. 따라서 소멸시효 완성 전인 2008. 12. 30. 무렵 이루어진 甲의 채권양도 통지는 乙에 대한 최고에 해당한다.

(3) 최고 후 6개월 내에 채무자의 승인이 있으면 중단의 효력이 보증인에게 미치는지 여부
최고 후 6개월 내에 채무자의 승인이 있는 경우에 제174조를 유추적용하여 시효중단의 효력이 발생한다(대판 2022.7.28, 2020다46663). 주채무자에 대한 시효의 중단은 보증인에 대하여 그 효력이 있다(제440조). 설문의 경우 2008. 12. 30. 무렵 이루어진 양도인 甲의 채권양도 통지는 최고에 해당하며, 주채무자 乙이 그로부터 6개월 내인 2009. 5. 19. 丁에 대하여 채무조정신청 및 분할상환약정에 기한 변제를 한 것은 채무의 승인에 해당하고, 시효완성 후 시효이익 포기에 해당하지 않는다. 따라서 최고가 乙에게 도달한 때 시효중단의 효력이 발생한다고 보는 이상, 그 중단의 효력은 제440조에 따라 보증인 丙에게 미치므로, 이 사건 채권은 2008. 12. 30. 시효가 중단되었고, 그에 따라 丙에 대한 보증채권의 소멸시효도 중단되었다.

4. 압류·가압류·가처분

❐ 채권자가 채무자의 제3채무자에 대한 채권을 압류 또는 가압류한 경우에 채무자에 대한 채권자의 채권에 관하여 시효중단의 효력이 생기지만, 압류 또는 가압류된 **채무자의 제3채무자에 대한 채권**에 대하여는 소멸시효 중단사유인 **최고**로서의 효력이 인정된다(대법원 2003.5.13. 선고 2003다16238 판결).

→ 채무자의 제3채무자에 대한 채권에 관한 압류 또는 가압류명령은 제3채무자와 채무자에게 송달하여야 하고, 제3채무자에게 송달되면 압류의 효력이 생긴다(민사집행법 제227조, 제291조). 민법 제174조의 최고는 채무자에 대하여 채무이행을 구한다는 채권자의 의사통지(준법률행위)이므로, 압류 또는 가압류결정이 제3채무자에게 송달이 되었다면 거기에 소멸시효 중단사유인 최고의 효력이 인정된다.

❐ 주택임대차보호법 제3조의3에서 정한 임차권등기명령에 따른 임차권등기는 특정 목적물에 대한 구체적 집행행위나 보전처분의 실행을 내용으로 하는 압류 또는 가압류, 가처분과 달리 어디까지나 주택임차인이 주택임대차보호법에 따른 대항력이나 우선변제권을 취득하거나 이미 취득한 대항력이나 우선변제권을 유지하도록 해 주는 담보적 기능을 주목적으로 한다. 비록 주택임대차보호법이 임차권등기명령의 신청에 대한 재판절차와 임차권등기명령의 집행 등에 관하여 민사집행법상 가압류에 관한 절차규정을 일부 준용하고 있지만 이

는 일방 당사자의 신청에 따라 법원이 심리·결정한 다음 그 등기를 촉탁하는 일련의 절차가 서로 비슷한 데서 비롯된 것일 뿐 이를 이유로 임차권등기명령에 따른 임차권등기가 본래의 담보적 기능을 넘어서 채무자의 일반재산에 대한 강제집행을 보전하기 위한 처분의 성질을 가진다고 볼 수는 없다. 그렇다면 임차권등기명령에 따른 임차권등기에는 민법 제168조 제2호에서 정하는 소멸시효 중단사유인 압류 또는 가압류, 가처분에 준하는 효력이 있다고 볼 수 없다(대법원 2019.5.16. 선고 2017다226629 판결).

❒ 저당권으로서 첫 경매개시결정등기 전에 등기되었고 매각으로 소멸하는 것을 가진 채권자는 담보권을 실행하기 위한 경매신청을 할 수 있을뿐더러 다른 채권자의 신청에 의하여 개시된 경매절차에서 배당요구를 하지 않아도 당연히 배당에 참가할 수 있는데, 이러한 채권자가 채권의 유무, 그 원인 및 액수를 법원에 신고하여 권리를 행사하였다면 그 **채권신고는 민법 제168조 제2호의 압류에 준하는 것**으로서 신고된 채권에 관하여 소멸시효를 중단하는 효력이 생긴다. 그러나 민법 제175조에 압류, 가압류 및 가처분은 권리자의 청구에 의하여 또는 법률의 규정에 따르지 아니함으로 인하여 취소된 때에는 시효중단의 효력이 없다고 규정하고, 민사집행법 제93조 제1항에 경매신청이 취하되면 압류의 효력은 소멸된다고 규정하고 있으므로 **경매신청이 취하**되면 특별한 사정이 없는 한 압류로 인한 소멸시효 중단의 효력이 소멸하는 것과 마찬가지로 위와 같이 첫 경매개시결정등기 전에 등기되었고 매각으로 소멸하는 저당권을 가진 채권자의 채권신고로 인한 소멸시효 중단의 효력도 소멸한다(대법원 2010.9.9. 선고 2010다28031 판결).

→ **경매신청이 취하**된 경우에는 특별한 사정이 없는 한 압류로 인한 소멸시효 중단의 효력은 물론, 첫 경매개시결정등기 전에 등기되었고 매각으로 소멸하는 저당권을 가진 채권자의 채권신고로 인한 소멸시효 중단의 효력도 소멸하지만, 이와 달리 민사집행법 제102조 제2항에 따라 **경매절차가 취소된 경우**에는 압류로 인한 소멸시효 중단의 효력이 소멸하지 않고, 마찬가지로 첫 경매개시결정등기 전에 등기되었고 매각으로 소멸하는 저당권을 가진 채권자의 채권신고로 인한 소멸시효 중단의 효력도 소멸하지 않는다(대법원 2015.2.26. 선고 2014다228778 판결). 즉 민사집행법 제102조 제2항에 따른 경매절차의 취소와 달리, 경매신청이 취하되면 압류의 효력은 소급하여 소멸하기 때문에(민사집행법 제93조 제1항) 채권자의 채권신고로 인한 소멸시효 중단의 효력도 소멸한다.

❒ 채권자가 배당요구의 방법으로 권리를 행사하여 경매절차에 참가하였다면 그 **배당요구는 민법 제168조 제2호의 압류에 준하는 것**으로서 배당요구에 관련된 채권에 관하여 소멸시효를 중단하는 효력이 생긴다(대법원 2009.3.26. 선고 2008다89880 판결). 배당을 받아야 할

채권자 중 가압류채권자가 있어 그에 대한 배당액이 공탁된 경우 공탁된 배당금이 가압류채권자에게 지급될 때까지 배당절차가 종료되었다고 단정할 수 없다. 따라서 가압류채권자에 대한 배당액을 공탁한 뒤 그 공탁금을 가압류채권자에게 전액 지급할 수 없어서 추가배당이 실시됨에 따라 배당표가 변경되는 경우에는 **추가배당표가 확정되는 시점**까지 배당요구에 의한 권리행사가 계속된다고 볼 수 있으므로, 그 권리행사로 인한 소멸시효 중단의 효력은 추가배당표가 확정될 때까지 계속된다(대법원 2022.5.12. 선고 2021다280026 판결).

→ 채무자 겸 소유자인 원고가 피고의 임대차보증금반환채권은 추가배당 전에 이미 시효로 소멸하였다고 주장하면서 피고에 대한 추가배당에 관하여 배당이의를 구하는 소를 제기하였고, 가압류채권자에 대한 배당액을 공탁한 뒤 그 공탁금을 가압류채권자에게 전액 지급할 수 없어서 추가배당이 실시됨에 따라 배당표가 변경되는 경우, 추가배당표가 확정되는 시점까지 종전 배당절차에서의 배당요구에 의한 권리행사가 계속된다고 볼 수 있으므로, 그 권리행사로 인한 소멸시효 중단의 효력은 추가배당표가 확정될 때까지 계속된다.

문제 주택 신축 및 판매업 등을 하는 원고 甲은 주택을 신축하여 분양하였고, 미분양된 X주택에 대하여 乙과 보증금 2억원, 임대차기간 2008. 3. 10.부터 2010. 3. 9.까지로 하는 임대차계약을 체결하였다. 乙은 주택임대차보호법상의 대항요건과 확정일자를 갖추었는데, 甲소유의 X주택에 대하여 선순위담보권자의 신청으로 2008. 5. 15. 임의경매절차가 개시되었다. 피고 乙은 X주택의 임차인으로 임의경매절차에서 2억원의 임대차보증금반환채권으로 배당요구를 적법하게 하였고, 2011. 5. 12. 乙에 대하여 1억 2,000만원을 배당한다는 배당표가 확정되어 집행법원은 乙에게 배당금 1억 2,000만원을 지급하였고, X주택의 가압류채권자인 丙에 대한 배당액 1억원을 공탁하였다.
한편 가압류채권자 丙이 공탁금을 전액 지급받을 수 없게 되자 집행법원은 추가배당을 실시하여 배당표를 바꾸어야 하였고, 그에 따라 2019. 6. 4. 피고 乙에게 8,000만원을, 채무자 겸 소유자인 원고에게 2,000만원을 추가로 배당하는 배당표(이하 '추가배당표'라 한다)가 작성되었다. 이에 대해 甲은 乙이 배당금 1억 2,000만원을 지급받고 남은 임대차보증금반환채권은 종전 배당표가 확정된 다음 날인 2011. 5. 13.부터 다시 소멸시효가 진행되어 시효완성으로 소멸하였다면서 추가배당표 중 乙에 대한 배당액 8,000만원을 삭제하고 甲에 대한 배당액 2,000만원을 1억원으로 경정할 것을 구하는 배당이의의 소를 제기하였다. 이에 대하여 乙은 배당요구에 의한 시효중단이 추가배당표 확정시까지 계속된다고 주장하였다. 법원의 판단은?

→ **1. 乙의 보증금반환채권의 소멸시효기간**

주택 신축 및 판매업 등을 하는 상인인 원고 甲이 피고 乙에게 X주택을 임대하였으므로, 이는 상행위로 인한 채권이다. 따라서 상행위로 인한 乙의 임대보증금반환채권에는 상사시효가 적용되고, 그 기간은 5년이다(상법 제64조).

2. 乙의 배당요구로 소멸시효가 중단되었는지 여부

채권자가 배당요구의 방법으로 권리를 행사하여 경매절차에 참가하였다면 그 배당요구는 민법 제168조 2호의 압류에 준하는 것으로서 배당요구에 관련된 채권에 관하여 소멸시효를 중단하는 효력이 생긴다(대판 2022.5.12, 2021다280026). 따라서 乙의 임대보증금반환채권에 대하여 진행되고 있던 소멸시효는 乙의 배당요구로 중단되었다.

3. 가압류채권자에 대한 배당액 공탁금에 대한 추가배당이 실시된 경우, 乙이 종전배당에서 배당받지 못한 부분에 대한 소멸시효 중단의 효력이 종료되는 시기

배당을 받아야 할 채권자 중 가압류채권자가 있어 그에 대한 배당액이 공탁된 경우 공탁된 배당금이 가압류채권자에게 지급될 때까지 배당절차가 종료되지 않는다. 따라서 가압류채권자에 대한 배당액을 공탁한 뒤 그 공탁금을 가압류채권자에게 전액 지급할 수 없어서 추가배당이 실시됨에 따라 배당표가 변경되는 경우에는 '추가배당표가 확정되는 시점'까지 배당요구에 의한 권리행사가 계속된다고 볼 수 있으므로, 그 권리행사로 인한 소멸시효 중단의 효력은 추가배당표가 확정될 때까지 계속된다(대판 2022.5.12, 2021다280026). 설문에서 가압류채권자 丙에 대한 배당액을 공탁한 뒤 그 공탁금을 가압류채권자에게 전액 지급할 수 없어서 추가배당이 실시됨에 따라 배당표가 변경되었으므로, 추가배당표가 확정된 2019. 6. 4.까지 종전 배당절차에서의 배당요구에 의한 乙의 권리행사가 계속된다. 따라서 피고 乙의 나머지 보증금반환채권이 시효로 소멸하였다는 원고 甲의 주장은 부당하다.

4. 법원의 판단

법원은 원고의 배당이의청구를 기각해야 한다.

- ❐ (가)압류명령의 송달 이후에 채무자의 계좌에 입금될 예금채권도 그 발생의 기초가 되는 법률관계가 존재하여 현재 그 권리의 특정이 가능하고 가까운 장래에 예금채권이 발생할 것이 상당한 정도로 기대된다고 볼 만한 예금계좌가 개설되어 있는 경우 등에는 (가)압류의 대상이 될 수 있다(대법원 2023.12.14. 선고 2022다210093 판결). 그러나 장래의 예금채권에 대한 (가)압류명령 정본이 제3채무자에게 송달되었을 때 채무자의 제3채무자에 대한 예금계좌가 개설되어 있지 않는 등 그 피압류채권 발생의 기초가 되는 법률관계가 없거나, 예금계좌가 개설되어 있다 하더라도 가까운 장래에 예금채권이 발생할 것이 상당한 정도로 기대된다고 보기 어려운 경우에는 그러한 채권(가)압류는 효력이 없다(대법원 2023.12.14. 선고 2022다210093 판결).

❒ 채권자가 채무자의 제3채무자에 대한 채권을 (가)압류할 당시 그 피압류채권이 부존재하는 경우에도 집행채권에 대한 권리행사로 볼 수 있으므로 특별한 사정이 없는 한 (가)압류집행으로써 그 집행채권의 소멸시효는 중단된다. 다만 (가)압류명령 정본이 제3채무자에게 송달될 당시 피압류채권 발생의 기초가 되는 법률관계가 없어 피압류채권이 존재하지 않는 경우에는 (가)압류의 효력이 없으므로, 특별한 사정이 없는 한 (가)압류명령의 송달로써 개시된 집행절차는 곧바로 종료되고, 이로써 시효중단사유도 종료되어 집행채권의 소멸시효는 그때부터 새로이 진행한다(대법원 2023.12.14. 선고 2022다210093 판결; 대법원 2020.11.26. 선고 2020다239601 판결). 이는 가까운 장래에 피압류채권이 발생할 것이 상당한 정도로 기대된다고 보기 어려워 장래의 채권에 대한 (가)압류가 효력이 없는 경우에도 마찬가지이다(대법원 2025.5.15. 선고 2024다310980 판결).

문제 甲은 乙에게 2억원을 빌려주고, 변제기 2011. 2. 17.로 하는 차용증서를 乙로부터 받았다. 甲은 2012. 11. 28. 위 차용증서에 기한 대여금 채권을 피보전채권으로 하여 乙이 제3채무자인 丙은행에 대하여 가지는 현재 예치된 예금 및 장래 입금될 예금을 포함한 예금채권에 대하여 채권가압류를 신청하여 2012. 12. 8. 가압류결정을 받았고, 그 가압류결정이 2012. 12. 13. 제3채무자 丙에게 송달되었다. 그러나 乙은 가압류결정이 송달될 당시 丙에 대하여 예금계좌를 가지고 있지 않았다.
甲은 2022. 12. 26. 위 대여금 채권의 이행을 구하는 소를 제기하였다. 이에 대해 乙은 가압류결정이 丙에게 송달될 당시 丙에 대하여 예금계좌를 가지고 있지 않아 실제 집행이 되지 못하였으므로 그로 인한 소멸시효 중단의 효력이 없다고 주장하였다. 법원은 위 소송에서 어떠한 판단을 하여야 하는지 결론과 논거를 서술하시오.

➜ **1. 결론**

법원은 甲의 청구를 기각해야 한다.

2. 논거

(1) 甲의 대여금채권 소멸시효 기간

甲의 대여금채권은 10년의 소멸시효에 걸린다(민법 제162조 1항). 따라서 甲의 대여금채권은 변제기의 다음 날인 2011. 2. 18.부터 10년의 소멸시효가 진행된다.

(2) 甲의 가압류와 시효중단의 효력

(가) 장래 예금채권이 가압류의 대상이 될 수 있는지 여부

1) 가압류명령의 송달 이후에 채무자의 계좌에 입금될 예금채권도 그 발생의 기초가 되는 법률관계가 존재하여 현재 그 권리의 특정이 가능하고 가까운 장래에 예금채권이 발생할 것이 상당한 정도로 기대된다고 볼 만한 예금계좌가 개설되어 있는 경우 등에는 가압류의

대상이 될 수 있다. 그러나 장래의 예금채권에 대한 가압류결정 정본이 제3채무자에게 송달되었을 때에 채무자의 제3채무자에 대한 예금계좌가 개설되어 있지 않는 등 피압류채권 발생의 기초가 되는 법률관계가 없는 경우, 그러한 채권가압류는 피압류채권이 존재하지 않으므로 가압류로서 집행보전의 효력이 없다(대판 2023.12.14, 2022다210093).

2) 설문의 경우, 가압류결정이 제3채무자 丙에게 송달될 당시 乙은 丙에 대하여 예금계좌를 가지고 있지 않았다. 따라서 가압류결정은 그 피압류채권이 부존재하여 가압류로서 집행보전의 효력이 없다(민사집행법 제276조 1항).

(나) 甲이 乙의 丙에 대한 예금채권을 가압류할 당시 피압류채권이 부존재하는 경우, 가압류집행으로 대여금채권의 소멸시효가 중단되는지 여부

1) 소멸시효는 가압류로 인하여 중단된다(민법 제168조 2호). 채권자가 채무자의 제3채무자에 대한 채권을 가압류할 당시 그 피압류채권이 부존재하는 경우에도 '집행채권에 대한 권리 행사'로 볼 수 있어 가압류집행으로써 그 집행채권의 소멸시효는 중단된다. 다만 가압류결정 정본이 제3채무자에게 송달될 당시 피압류채권 발생의 기초가 되는 법률관계가 없어 가압류의 대상이 되는 피압류채권이 존재하지 않는 경우에는 가압류의 집행보전 효력이 없으므로, 가압류결정의 송달로써 개시된 집행절차는 곧바로 종료되고, 이로써 시효중단사유도 종료되어 집행채권의 소멸시효는 그때부터 새로이 진행한다(대판 2023.12.14, 2022다210093).

2) 설문의 경우, 甲이 乙의 丙에 대한 예금채권을 가압류할 당시 甲의 대여금채권의 소멸시효는 중단되었지만, 가압류결정이 2012. 12. 13. 제3채무자 丙에게 송달될 당시 피압류채권의 부존재로 인해 가압류결정에 따른 집행절차가 곧바로 종료되고 이로써 시효중단사유도 종료된다. 따라서 소멸시효는 그때부터 새로이 진행되므로(민법 제178조), 그로부터 10년의 소멸시효 기간이 경과한 2022. 12. 13. 甲의 대여금채권의 소멸시효는 완성되었다.

5. 소송고지 등

❐ 소송고지의 요건이 갖추어진 경우에 그 소송고지서에 고지자가 피고지자에 대하여 채무의 이행을 청구하는 의사가 표명되어 있으면 민법 제174조에 정한 시효중단사유로서의 **최고**의 효력이 인정된다(대법원 2015.5.14. 선고 2014다16494 판결). 즉 보통의 최고와는 달리 법원의 행위를 통해 이루어지는 **소송고지로 인한 최고에 대하여는 소송이 계속 중인 동안 최고에 의해 권리를 행사하고 있는 상태가 지속되는 것**으로 보아 소송이 종료된 때부터 6개월 내에 민법 제174조에 정한 조치를 취함으로써 소멸시효를 중단시킬 수 있다

(대법원 2009.7.9. 선고 2009다14340 판결).

❒ 채권자가 동일한 목적을 달성하기 위하여 복수의 채권을 갖고 있는 경우, 채권자로서는 그 선택에 따라 권리를 행사할 수 있되, 그중 어느 하나의 청구를 한 것만으로는 다른 채권 그 자체를 행사한 것으로 볼 수는 없으므로, 특별한 사정이 없는 한 다른 채권에 대한 소멸시효 중단의 효력은 없다(대법원 2020.3.26. 선고 2018다221867 판결).

❒ 동일한 채권자와 채무자 사이에 다수의 채권이 존재하는 경우 채무자가 변제를 충당하여야 할 채무를 지정하지 않고 모든 채무를 변제하기에 부족한 금액을 변제한 때에는 특별한 사정이 없는 한 그 변제는 모든 채무에 대한 승인으로서 소멸시효를 중단하는 효력을 가진다. 채무자는 자신이 계약당사자로 있는 다수의 계약에 기초를 둔 채무들이 존재한다는 사실을 인식하고 있는 것이 통상적이므로, 변제 시에 충당할 채무를 지정하지 않고 변제를 하였으면 특별한 사정이 없는 한 다수의 채무 전부에 대하여 그 존재를 알고 있다는 것을 표시했다고 볼 수 있기 때문이다(대법원 2021.9.30. 선고 2021다239745 판결).

❒ 소멸시효 중단사유로서의 채무의 승인은 시효이익을 받을 당사자인 채무자가 소멸시효의 완성으로 권리를 상실하게 될 자에 대하여 그 권리가 존재함을 인식하고 있다는 뜻을 표시함으로써 성립하고, 그 표시의 방법은 아무런 형식을 요구하지 아니하며, 또 그 표시가 반드시 명시적일 것을 요하지 않고 묵시적인 방법으로도 가능하지만, 그 묵시적인 승인의 표시는 적어도 채무자가 그 채무의 존재 및 액수에 대하여 인식하고 있음을 전제로 하여 그 표시를 대하는 상대방으로 하여금 채무자가 그 채무를 인식하고 있음을 그 표시를 통해 추단하게 할 수 있는 방법으로 행해져야 한다. 한편 시효완성 전에 채무의 일부를 변제한 경우에는 그 수액에 관하여 다툼이 없는 한 채무승인으로서의 효력이 있어 채무 전부에 관하여 시효중단의 효력이 발생하고, 이는 채무자가 시효완성 전에 **채무의 일부를 상계한 경우**에도 마찬가지로 볼 수 있다(대법원 2022.5.26. 선고 2021다271732 판결).

Ⅲ. 소멸시효의 효과

❒ 채무불이행으로 인한 손해배상채권은 본래의 채권이 확장된 것이거나 본래의 채권의 내용이 변경된 것이므로 본래의 채권과 동일성을 가진다. 따라서 본래의 채권이 시효로 소멸한 때에는 손해배상채권도 함께 소멸한다. 한편 어떠한 계약상의 채무를 채무자가 이행하지 않았다고 하더라도 채권자는 여전히 해당 계약에서 정한 채권을 보유하고 있으므로, 특별

한 사정이 없는 한 채무자가 그 채무를 이행하지 않고 있다고 하여 채무자가 법률상 원인 없이 이득을 얻었다고 할 수는 없고, 설령 그 채권이 시효로 소멸하게 되었다 하더라도 달리 볼 수 없다(대법원 2018.2.28. 선고 2016다45779 판결).

❒ 소멸시효 이익의 포기는 상대적 효과가 있을 뿐이어서 다른 사람에게는 영향을 미치지 아니함이 원칙이나, 소멸시효 이익의 포기 당시에는 권리의 소멸에 의하여 직접 이익을 받을 수 있는 이해관계를 맺은 적이 없다가 나중에 시효이익을 이미 포기한 자와의 법률관계를 통하여 비로소 시효이익을 원용할 이해관계를 형성한 자는 이미 이루어진 시효이익 포기의 효력을 부정할 수 없다(대법원 2015.6.11. 선고 2015다200227 판결).

→ 시효이익의 포기에 대하여 상대적인 효과만을 부여하는 이유는 포기 당시에 시효이익을 원용할 다수의 이해관계인이 존재하는 경우 그들의 의사와는 무관하게 채무자 등 어느 일방의 포기 의사만으로 시효이익을 원용할 권리를 박탈당하게 되는 부당한 결과의 발생을 막으려는 데 있다.

[비교] 주채무가 시효로 소멸한 때에는 보증인도 그 시효소멸을 원용할 수 있으며, 주채무자가 시효의 이익을 포기하더라도 보증인에게는 그 효력이 없다(대법원 1991.1.29. 선고 89다카1114 판결).

문제 甲은 1992. 8. 25. 乙로부터 5,000만원을 변제기를 정하지 않고 차용하였으며, 그 담보로 같은 날 乙 앞으로 X부동산에 관하여 제1근저당권을 설정해 주었다. 甲은 2004. 4. 16. 乙과 사이에 차용금채무 5,000만원과는 별도로 그때까지의 미지급이자 등을 3,000만원으로 확정하고 이를 담보하기 위하여 2004. 4. 20. 乙 앞으로 X부동산에 관하여 제2근저당권을 설정해 주었다. 그 후 丙은 2013. 12. 6. 甲으로부터 X부동산을 매수하여 소유권을 취득하였다. 이 경우 丙은 근저당권자인 乙을 상대로 피담보채권의 소멸시효 완성을 주장하며 근저당권설정등기의 말소를 청구할 수 있는가?

→ **1. 甲이 乙에게 한 제2근저당권설정행위가 시효이익의 포기에 해당하는지 여부**

시효이익을 받을 채무자는 소멸시효가 완성된 후 시효이익을 포기할 수 있다(대판 2017.7.11, 2014다32458). 설문에서 乙의 甲에 대한 5,000만원의 대여금채권은 2002. 8. 25. 소멸시효가 완성되었는데, 甲이 乙에게 2004. 4. 20. X부동산에 관하여 제2근저당권을 설정해 주었다. 이는 차용금채무의 소멸시효 완성의 이익을 포기한 것으로 볼 수 있다.

2. 甲의 시효이익 포기는 X부동산의 제3취득자에게 미치는지 여부

민법 제214조 제369조에 의하여, X부동산의 소유자인 丙이 乙에 대해 근저당권설정등기의 말소를 청구할 수 있기 위해서는, 乙의 피담보채권이 시효완성으로 소멸하여야 하고, 甲의 시효이익 포기의 효력이 제3취득자 丙에게 미치지 않아야 한다. 소멸시효 이익의 포기는 상대적 효과가 있을 뿐이어서 다른 사람에게는 영향을 미치지 않는다. 하지만 소멸시효 이익의 포기 당시에는 그 권리의 소멸에 의하여 직접 이익을 받을 수 있는 이해관계를 맺은 적이 없다가 나중에 시효이익을 이미 포기한 자와의 법률관계를 통하여 비로소 시효이익을 원용할 이해관계를 형성한 자는 이미 이루어진 시효이익 포기의 효력을 부정할 수 없다(대판 2015.6.11, 2015다200227). 설문에서 甲이 소멸시효 완성의 이익을 포기한 후에 그로부터 X부동산을 매수한 丙은 甲이 한 시효이익 포기의 효력을 전제로 하여 근저당권의 제한을 받는 소유권을 취득하였으므로, 甲이 한 시효이익 포기의 효력을 부정할 수 없다.

3. 결론

丙은 乙을 상대로 피담보채권의 소멸시효 완성을 주장하며 근저당권설정등기의 말소를 청구할 수 없다.

- ❐ 소멸시효가 완성된 경우 이를 주장할 수 있는 사람은 시효로 채무가 소멸되는 결과 직접적인 이익을 받는 사람에 한정된다. 후순위 담보권자는 선순위 담보권의 피담보채권이 소멸하면 담보권의 순위가 상승하고 이에 따라 피담보채권에 대한 배당액이 증가할 수 있지만, 이러한 배당액 증가에 대한 기대는 담보권의 순위 상승에 따른 반사적 이익에 지나지 않는다. 후순위 담보권자는 선순위 담보권의 피담보채권 소멸로 직접 이익을 받는 자에 해당하지 않아 선순위 담보권의 피담보채권에 관한 소멸시효가 완성되었다고 주장할 수 없다고 보아야 한다(대법원 2021.2.25. 선고 2016다232597 판결).
- ❐ 타인의 채무를 담보하기 위하여 자기의 물건에 담보권을 설정한 물상보증인은 채권자에 대하여 물적 유한책임을 지고 있어 그 피담보채권의 소멸에 의하여 직접 이익을 받는 관계에 있으므로 소멸시효의 완성을 주장할 수 있고, 소멸시효 이익의 포기는 상대적 효과가 있을 뿐이어서 채무자가 시효이익을 포기하더라도 물상보증인에게는 효력이 없다(대법원 2018.11.9. 선고 2018다38782 판결).

변호사시험 기출문제

문제 1 의류도매업자 甲은 2007. 1. 5. 乙에게 의류 1,000벌을 1억원에 매도하였다. 乙은 2007. 3. 5.까지 의류대금을 지급하기로 약속하고, 甲에게서 의류 1,000벌을 인수하였다. 당시 甲이 乙의 대금지급 능력에 대하여 의문을 표시하자, 乙의 친구 丙은 2007. 3. 7. 乙의 甲에 대한 의류대금채무를 연대보증하였고, 乙의 다른 친구 丁은 2007. 3. 10. 자기 소유 X 주택에 채권최고액을 1억 2,000만원으로 하는 근저당권을 甲에게 설정해 주었다. 그 주택에는 戊가 거주하고 있었는데, 戊는 丁과 임차보증금 8,000만원으로 하는 임대차계약을 체결하고 2007. 3. 10. 전입신고를 하고, 같은 날 임대차계약서에 확정일자를 받았다.

乙은 2007. 1. 5. 甲에게 위 의류대금의 지급을 위하여 액면금 1억원, 지급기일 2007. 3. 5. 발행지 및 지급지 서울, 지급장소 주식회사 대안은행 서초동 지점, 발행일 2007. 1. 5. 수취인 백지로 된 약속어음 1장을 발행하였다. 甲은 2010. 1. 5. 위 약속어음금채권을 피보전채권으로 하여 乙 소유의 Y토지에 관하여 청구금액 1억원으로 한 가압류를 신청하여 2010. 1. 7. 그 가압류등기가 마쳐졌다. 한편 乙은 2013. 1. 11. 위 가압류에 대한 이의신청을 제기하여 법원은 2013. 3. 30. 甲의 가압류신청을 기각하고, 위 가압류를 취소하는 결정을 하였고, 위 결정은 2013. 4. 10. 확정되었다. 甲은 2013. 10. 5. 丙을 상대로 하여 위 연대보증금 1억원 및 이에 대한 2007. 3. 6.부터 다 갚는 날까지 연 5%의 비율에 의한 지연손해금의 지급을 구하는 소를 제기하였다.

소송에서 丙은 "乙의 의류대금채무는 3년의 소멸시효기간이 지났으므로 소멸하였고, 그에 따라 丙의 보증채무도 역시 소멸하였다"라고 주장하였고, 이에 대하여 甲은 "의류대금채무는 甲이 2010. 1. 5. 乙 소유의 Y토지에 가압류를 신청하여 2010. 1. 7. 집행됨으로써 그 시효가 중단되었다"라고 주장하였다.

丙은 이에 대하여 "甲의 가압류는 이 사건 의류대금채권의 집행을 보전하기 위한 것이 아니라, 그 지급을 위하여 발행된 어음채권의 집행을 보전하기 위한 것이므로 이 사건 의류대금채권의 시효를 중단시키는 효력이 없고, 가사 그 효력이 있다고 하더라도 甲은 수취인란을 보충하지 않은 상태에서 가압류를 신청하였으므로 역시 그 가압류는 시효중단의 효력이 없다. 또한 위 가압류는 乙의 이의신청에 의하여 취소되었으므로 시효중단의 효력이 소급적으로 소멸하였다"라고 주장하였다.

이에 대하여 甲은 "이 사건 소송을 제기한 직후 丙으로부터 '지금은 사정이 어려우니 조금만 기다려 주면 조금씩이라도 변제하도록 하겠으니, 소를 취하해 달라'라는 취지의 부탁을 들은 적이 있는데, 이와 같은 丙의 태도는 소멸시효의 중단사유인 승인에 해당하거나, 시효이익을 포기하는 것에 해당하므로, 丙의 소멸시효 항변은 받아들일 수 없다"라고 주장하였는데, 丙이 甲에게 같은 취지의 말을 하였다는 사실은 증명되었다.

이 소송에서 법원은 어떠한 판결을 선고하여야 하는가에 관한 결론[각하, 청구기각, 청구일부인용(일부인용의 경우 그 구체적인 금액과 내용을 기재할 것), 청구전부인용] 및 각 당사자의 주장의 당부에 관한 판단이 포함된 근거를 쓰시오. (20점) (제3회 변호사시험, 2014)

➔ 1. 결론

법원은 甲의 丙에 대한 청구를 전부 인용하여야 한다.

2. 근거

(1) 甲의 가압류로 시효중단의 효력이 있는지 여부

상행위로 인한 채권은 5년의 소멸시효에 걸리지만, 상법 제64조 단서, 민법 제163조 6호에 의하여 의류도매업자 甲의 乙에 대한 의류대금채권의 소멸시효기간은 3년이다. 따라서 2010.3.5. 소멸시효가 완성된다. 한편 원인채권의 지급을 확보하기 위한 방법으로 어음이 수수된 경우, 원인채권의 행사가 어음채권의 소멸시효를 중단시키는 효력이 없지만, 어음채권의 행사는 원인채권의 소멸시효를 중단시키는 효력이 있다(대판 1999.6.11, 99다16378). 설문에서 甲은 시효완성 전인 2010.1.5. 약속어음채권을 피보전채권으로 하여 乙소유의 Y토지에 가압류 신청을 하여 2010.1.7. 가압류등기가 되었으므로, 어음채권의 행사로 원인채권인 의류대금채권의 소멸시효가 중단된다. 따라서 가압류신청시인 2010.1.5. 시효가 중단되었다는 甲의 주장은 타당하다.

(2) 가압류취소로 소멸시효 중단이 소급적으로 소멸하는지 여부
가압류가 권리자의 청구에 의하여 또는 법률규정에 따르지 아니함으로 인하여 취소된 때에는 시효중단의 효력이 없다(민법 제175조). 여기서 '권리자의 청구에 의하여 취소된 때'라고 함은 권리자가 압류, 가압류 및 가처분의 신청을 취하한 경우를 말한다(대판 2014.11.13, 2010다63591). 설문에서 가압류결정이 권리자 甲의 청구가 아니라 주채무자 乙의 이의신청에 의해 취소되었으므로, 가압류에 의한 시효중단의 효력은 가압류의 집행보전의 효력이 존속하는 동안 계속된다(대판 2011.1.13, 2010다88019). 따라서 乙소유의 Y토지에 대한 가압류로 중단되었던 甲의 乙에 대한 원인채권(의류대금채권)과 어음채권의 소멸시효는 2013.4.11부터 새로이 진행한다(제178조).

(3) 주채무자 乙에 대한 시효중단이 보증인 丙에게 미치는지 여부
주채무자에 대한 시효의 중단은 보증인에 대하여 그 효력이 있다(민법 제440조). 설문의 경우 甲이 주채무자 乙소유의 Y토지에 대해 가압류신청을 하여 甲의 어음채권과 원인채권의 소멸시효가 중단되었고, 그 효력은 원인채권인 의류대금채권에 대한 丙의 보증채무에 미치며, 법원의 가압류결정 취소시부터 다시 새로이 시효가 진행한다. 또한 설문에서 丙이 甲에게 조금만 기다려주면 조금씩이라도 변제하도록 하겠으니 소를 취하해 달라고 한 것은 보증채무의 승인에 해당하여, 소멸시효가 중단된다. 따라서 甲의 소제기 당시 丙의 보증채무는 소멸시효가 완성되지 않았다.

문제 2 〈기초적 사실관계〉

甲은행은 2009. 12. 1. 乙에게 1억원을 이자 월 1%(매월 말일 지급), 변제기 2010. 10. 31.로 정하여 대여하였고, 丙은 같은 날 乙의 甲은행에 대한 위 차용금 채무를 연대보증하였다. 甲은행은 2013. 5. 1. 乙에 대한 위 대여금 및 이에 대한 이자, 지연손해금(이하 '대여금 등'이라 한다) 채권을 丁에게 양도하였으나, 乙에게 위 채권양도 사실을 통지하지 않았다. 甲은행은 위 채권양도에도 불구하고, 2013. 12. 20. 乙을 상대로 위 대여금 등 채무의 이행을 구하는 소(이하 '전소'라 한다)를 제기하였는데, 전소에서 乙은

위 대여금 등 채권이 丁에게 양도되었으므로 甲은행의 청구는 기각되어야 한다고 주장하였고, 전소 법원은 이러한 주장을 받아들여 2015. 11. 30. 甲은행의 청구를 기각하였다.
한편 丁은 2016. 1. 4. 乙을 상대로 '1억원 및 이에 대한 2009. 12. 1.부터 다 갚는 날까지 월 1%의 비율로 계산한 이자와 지연손해금'의 지급을 구하는 양수금 청구의 소를 제기하였다(이하 '이 사건 소'라 한다).
乙은 위 채무의 원금 및 이에 대한 이자, 지연손해금을 전혀 변제하지 않고 있다. (제5회 변호사시험, 2016)

1. 甲은행의 청구에 대한 전소 법원의 판단 근거를 설명하시오. (10점)

→ 전소 법원이 甲은행의 청구에 기각판결을 하였는데, 전소 판결이 타당하기 위해서는 甲은행의 청구권원이 없어야 한다. 설문에서 甲은행이 2013. 5. 1. 乙에 대한 대여금 등 채권을 丁에게 양도하였고, 乙에게 채권양도 사실을 통지하지 않아 대항요건을 갖추지 않았다. 채권은 양도행위에 의하여 그 동일성을 유지하면서 양도인으로부터 양수인에게 이전하며, 권리이전의 효과는 양도인과 양수인 사이의 채권양도계약만으로 발생하고, 채무자에 대한 통지 등은 채무자를 보호하기 위한 대항요건에 불과하다(대판 2012.8.30, 2011다32785,32792). 따라서 전소법원은 대항요건을 갖추지 않았더라도 채무자 乙은 채권양도사실을 주장할 수 있다는 점을 근거로, 甲은행의 청구에 대하여 기각판결을 한 것이다.

2. 乙이 이 사건 소에서 소멸시효 항변을 하는 경우, 법원은 어떠한 판단을 하여야 하는지와 그 근거를 설명하시오. (15점)

→ (1) **법원의 판단**

법원은 대여금의 이자부분에 대한 乙의 소멸시효 항변을 인용하여야 한다.

(2) **근거**

(가) 대여금과 지연손해금 채권에 대한 소멸시효 항변의 타당성 여부

甲은행의 대여금채권은 상인의 상행위로 인한 채권이고, 은행이 영업행위로서 한 대출금에 대한 변제기 이후의 지연손해금은 그 원본채권과 마찬가지로 상행위로 인한 채권으로서 5년의 소멸시효를 규정한 상법 제64조가 적용된다(대판 2008.3.14, 2006다2940). 따라서 甲의 대여금채권은 2015. 10. 30. 소멸시효가 완성되며, 그로 인해 지연손해금채권도 소멸하게 된다(민법 제183조). 하지만 채권양도의 대항요건을 갖추기 전에 양도인이 채무자를 상대로 제기한 재판상 청구가 소송 중에 채무자가 채권양도의 효력을 인정하는 등의 사정으로 기각되고, 그 후 6개월 내에 양수인이 재판상 청구 등을 한 경우, 민법 제169조, 제170조 2항에 의하여 양도인의 최초의 재판상 청구로 인하여 시효가 중단된다(대판 2009.2.12, 2008두20109). 설문에서 양수인 乙이 양도인 甲의 전소가 기각된 2015. 11. 30.로부터 6개월 내인 2016. 1. 4. 이 사건 소를 제기하였으므로, 대여금과 지연손해금의 소멸시효는 甲의 전소로 인하여 시효중단되었다. 따라서 법원은 이 부분에 대한 乙의 소멸시효 항변을 배척하여야 한다.

(나) 이자채권에 대한 소멸시효 항변의 타당성 여부

이자는 매월 말일 지급하기로 하였으므로, 이자채권은 1년 이내의 기간으로 정한 채권으로 3년의 소멸시효에 걸린다(민법 제163조 1호). 따라서 2009. 12. 1.부터 2010. 10. 31.까지의 이자는 甲이 乙을 상대로 소를 제기한 2013. 12. 20. 이전에 3년의 소멸시효기간이 경과하였으므로, 법원은 대여금의 이자부분에 대한 乙의 소멸시효 항변을 인용하여야 한다.

〈추가적 사실관계〉

甲은행은 2010. 2. 1. 乙에게 8,000만원을 변제기 2010. 10. 31.로 정하여 대여하였고, A는 같은 날 乙의 甲은행에 대한 위 차용금 채무를 연대보증하였다. 甲은행은 2013. 5. 1. 乙에 대한 위 대여금 채권을 B에게 양도하였다.

3. 甲은행은 2013. 2. 1. 위 대여금 채권의 보전을 위하여 A가 C에 대하여 가지고 있는 1,000만원의 공사대금 채권에 관하여 채권가압류신청을 하였고, 법원으로부터 가압류 결정을 받아 위 결정 정본이 2013. 2. 10. C에게 송달되었다. B가 乙을 상대로 2016. 1. 2. '8,000만원을 지급하라'는 양수금 청구의 소를 제기하였고, 乙의 소멸시효 주장에 대하여 B가 위 가압류 사실을 들어 시효 중단 주장을 하는 경우, 법원은 B의 주장에 대하여 어떠한 판단을 해야 하는지와 그 근거를 설명하시오. (10점)

➜ 甲이 대여금채권을 보전하기 위해 연대보증인 A의 C에 대한 공사대금채권 1,000만원을 가압류하였고, 이로 인해 A의 연대보증채무는 소멸시효가 중단되었다(민법 제168조). 시효중단은 당사자 및 승계인 사이에 효력이 생긴다(제169조). 하지만 연대보증채무에 대한 소멸시효가 중단되었다고 하더라도 이로써 주채무에 대한 소멸시효가 중단되는 것은 아니고, 주채무가 소멸시효 완성으로 소멸된 경우에는 연대보증채무도 그 채무 자체의 시효중단에 불구하고 부종성에 따라 당연히 소멸한다(대판 2012.1.12, 2011다78606). 설문의 경우, 甲은행의 대여금채권은 5년의 소멸시효에 걸리며(상법 제64조), 2015.10.30. 소멸시효가 완성되었고, 이로 인해 A의 연대보증채무도 소멸한다(보증채무의 부종성). 따라서 법원은 B의 주장을 배척하여야 한다.

4. 乙은 2015. 12. 1. B에 대하여 위 양수금의 변제를 약속하였다. A는 B에 대하여 위 연대보증채무를 이행할 의무가 있는지와 그 근거를 설명하시오. (5점)

➜ B의 양수금채권은 2015. 10. 30. 소멸시효가 완성되었으므로, 乙이 2015. 12. 1. B에게 한 양수금의 변제약속은 시효이익의 포기이다. 보증인은 주채무자의 항변으로 채권자에게 대항할 수 있고, 주채무자의 항변포기는 보증인에게 효력이 없다(민법 제433조). 즉 주채무가 시효로 소멸한 때에는 보증인도 그 시효소멸을 원용할 수 있으며, 주채무자가 시효의 이익을 포기하더라도 보증인에게는 그 효력이 없다(대판 1991.1.29, 89다카1114). 따라서 A는 B에 대하여 연대보증채무를 이행할 의무가 없다.

문제 3 중고차매매업을 하는 甲과 乙은 영업장 확보를 위하여 2012. 1. 6. 丙의 보증 아래 A은행으로부터 3억원을 연이율 7%, 변제기 1년으로 하여 차용하였고, 甲은 A은행에 집행력 있는 공정증서의 형식으로 차용증을 따로 작성해 주었다. 한편 甲과 乙은 변제기인 2013. 1. 5.까지의 이자는 모두 지급하였으나 그 이후로 아무런 변제를 못하고 있다.
A은행이 2018. 11. 1. 甲을 상대로 위 대출금의 지급을 구하는 소를 제기하자, 甲은 이 소송에서 위 대출금채무의 소멸시효가 완성되었다고 주장한다. 이에 A은행은 2018. 1. 4. 위 공정증서에 기하여 甲 소유의 유체동산에 대한 가압류를 신청하여 2018. 1. 8. 그 결정을 받았으므로 시효가 중단되었다고 주장한다.
이에 甲은 다시 ① 위 가압류결정이 이미 시효가 완성된 후에 이루어졌고, 또한 ② 가압류결정에 기한 집행이 이루어지지 않았으므로, 시효가 중단되지 않았다고 주장한다. 사실 A은행은 위 가압류결정을 받은 후 甲에게 가치 있는 유체동산이 없다는 판단하에 집행절차를 밟지 않았다. 甲의 위 ①, ② 주장은 이유 있는가? (20점) (제8회 변호사시험, 2019)

➔ **1. 甲의 ①주장이 타당한지 여부**

소멸시효는 가압류에 의하여 중단되며(민법 제168조 2호), 시효중단의 효력은 가압류신청을 한 때에 소급한다(대판 2017.4.7, 2016다35451). 설문에서 甲과 乙의 대출금채무는 이행기인 2013. 1. 5. 다음 날부터 5년이 지난 2018. 1. 5. 소멸시효가 완성된다(상법 제64조, 민법 제157조, 제160조 2항). 하지만 A은행은 甲소유의 유체동산에 대해 2018. 1. 4. 가압류를 신청하여 2018. 1. 18. 결정을 받았으므로, 甲의 대출금채무는 가압류에 의하여 2018. 1. 4. 소멸시효가 중단된다. 따라서 甲의 ①주장은 이유 없다.

2. 甲의 ②주장이 타당한지 여부

가압류에 의한 시효중단의 효력은 가압류 집행보전의 효력이 존속하는 동안은 계속된다(대판 2013.11.14, 2013다18622,18639). 따라서 유체동산에 대한 가압류결정을 집행한 경우, 시효중단 효력은 가압류 집행보전의 효력이 존속하는 동안 계속된다. 그러나 유체동산에 대한 가압류 집행절차에 착수하지 않은 경우에는 시효중단 효력이 없고, 집행절차를 개시하였으나 가압류할 동산이 없기 때문에 집행불능이 된 경우에는 집행절차가 종료된 때로부터 시효가 새로이 진행된다(대판 2011.5.13, 2011다10044). 유체동산에 대한 가압류는 집행관의 목적물의 점유로 하기 때문이다(민사집행법 제296조 1항, 제189조 1항). 설문에서 A은행은 甲에게 가치 있는 유체동산이 없다고 판단하여 집행절차를 밟지 않았으므로 시효중단의 효력이 없다. 따라서 甲의 ②주장은 이유 있다.

문제 4 대부업자 甲은 2013. 5. 21. 乙에게 2억원을 변제기 2014. 5. 20.로 정하여 대여하였다. 甲은 2019. 5. 1. 乙을 상대로 위 대여금 2억원의 지급을 구하는 소를 제기하였다. 그런데 甲에 대해 1억원의 채권을 보유하고 있는 丙은 甲을 채무자, 乙을 제3채무자로 하여 위 대여금 채권 중 1억원에 대해 압류 및 추심 명령을 받았고, 위 명령은 2019. 6. 1. 乙에게 송달되었다.
甲의 乙에 대한 대여금청구소송에서, "丙이 압류 및 추심 명령을 받은 부분에 대해서는 甲에게 당사자적격이 없음을 확인하고, 乙은 甲에게 1억원을 지급한다"라는 내용의 화해권고결정이 2019. 11. 1. 확정되었다. 그 후 丙은 2020. 1. 10. 乙을 상대로 1억원의 추심금 지급을 구하는 소를 제기하였다. 乙은 甲의 위 대여금 채권이 시효로 소멸하였다고 주장한다. 乙의 주장은 타당한가? (20점) (제11회 변호사시험, 2022)

➜ **1. 甲의 乙에 대한 대여금채권의 소멸시효기간**

대부업자인 甲의 乙에 대한 대여금채권은 甲의 금융거래로 인하여 발생한 것이다(상법 제46조 8호). 따라서 甲의 대여금채권의 소멸시효기간은 제64조에 의하여 5년이다.

2. 확정된 화해권고결정의 시효중단 효력

확정된 화해권고결정은 확정판결과 같은 효력이 있고(민사소송법 제231조, 제220조), 각하된 재판상의 청구는 6개월 내에 재판상 청구 등을 하면 시효는 최초의 재판상 청구로 인하여 중단된 것으로 본다(민법 제170조). 설문에서 당사자적격이 없다고 확인한 甲의 청구부분에 대한 화해권고결정에 대하여 6개월 내에 재판상 청구를 하면, 甲이 2019. 5. 1. 소를 제기한 시점에 소멸시효가 중단된 것으로 볼 수 있다.

3. 甲의 재판상 청구에 따른 시효중단의 효력이 丙의 추심소송에서 그대로 유지되는지 여부

채무자가 제3채무자를 상대로 제기한 금전채권의 이행소송이 압류 및 추심명령으로 인한 당사자적격의 상실로 각하되더라도, 이행소송 계속 중에 피압류채권에 대하여 채무자에 갈음하여 당사자적격을 취득한 추심채권자가 각하판결이 확정된 날로부터 6개월 내에 제3채무자를 상대로 추심의 소를 제기하였다면, 채무자가 제기한 재판상 청구로 인하여 발생한 시효중단의 효력은 추심채권자의 추심소송에서도 그대로 유지된다(대판 2019.7.25, 2019다212945). 설문의 경우, 丙은 화해권고결정이 확정된 2019. 11. 1.부터 6개월이 경과하지 않은 2020. 1. 10. 乙을 상대로 추심금 청구의 소를 제기하였다. 따라서 甲이 乙을 상대로 2019. 5. 1. 제기한 재판상 청구로 인하여 발생한 시효중단의 효력은 추심채권자 丙에게 미친다.

4. 결론

甲의 대여금 채권이 시효로 소멸하였다는 乙의 주장은 부당하다.

문제 5 甲은 2018. 2. 1. 乙로부터 주택 건축 공사를 도급받았다. 위 계약 시 甲은 乙과 공사대금은 4억원으로 정하고 계약금 1억원은 계약 당일에, 잔금 3억원은 주택을 완공하여 인도 시에 지급받기로 합의하였고 계약금으로 1억원을 지급받았다. 甲은 위 계약에 따라 주택 공사를 시작하여 2019. 1. 31. 완공하고 같은 날 乙에게 주택을 인도하였다.
甲은 乙에게 위와 같이 주택을 인도하였음에도 계약금 1억원 외에 나머지 공사대금을 지급받지 못하자 2021. 11. 1. 乙을 상대로 공사잔대금 3억원의 지급을 구하는 소를 제기하였고 그 소장 부본은 2021. 11. 10. 乙에게 송달되었다.
그런데 甲은 성급하게 소를 제기한 것 같다는 생각에 일단은 조금 더 기다려 보기로 하고 乙이 답변서를 내기 전인 2021. 11. 25. 법원에 소취하서를 제출하였다. 소취하서는 2021. 12. 5. 乙에게 송달되었다. 이후 甲은 乙로부터 소제기에 관한 항의를 받고 화가 나 2022. 5. 28. 乙을 상대로 다시 공사잔대금 3억원의 지급을 구하는 소(이하 '이 사건 소송'이라 한다)를 제기하였다. 이 사건 소송에서 乙은 공사잔대금 채권이 시효로 소멸하였다고 주장하였고 이에 대하여 甲은 시효가 중단되었다며 반박하였다. 甲과 乙의 주장의 당부를 판단하고 근거를 서술하시오. (기간 등과 관련하여 기재된 날짜가 공휴일인지는 고려하지 말 것). (15점) (제12회 변호사시험, 2023)

➜ **1. 甲과 乙의 주장의 당부**

甲의 이 사건 소 제기 이전에 공사대금채권의 소멸시효가 완성되었다. 따라서 乙의 소멸시효 주장은 타당하고, 시효가 중단되었다는 甲의 주장은 부당하다.

2. 근거

(1) 甲의 공사대금채권 소멸시효기간

甲의 공사대금채권의 소멸시효기간은 3년이다(민법 제163조 3호). 소멸시효는 권리를 행사할 수 있는 때부터 진행하므로(제166조 1항), 甲이 주택을 완공하여 乙에게 주택을 인도한 2019. 1. 31.부터 3년이 경과하는 2022. 1. 31. 소멸시효가 완성된다.

(2) 재판상 청구로 인한 소멸시효 중단 여부

2021. 11. 1. 甲의 乙에 대한 소제기로 인하여 甲의 공사대금채권의 소멸시효는 중단된다(민법 제168조 1호). 재판상의 청구는 소송의 각하, 기각 또는 취하의 경우에는 시효중단의 효력이 없다(제170조 1항). 설문에서 甲은 피고 乙이 답변서를 제출하기 전에 소취하서를 제출하였으므로 乙의 동의를 받을 필요가 없고(민사소송법 제266조 1항, 2항), 甲이 소취하서를 제출한 2021. 11. 25. 소송은 종료된다. 따라서 甲의 소취하로 인해 공사대금채권 시효중단의 효력은 소급하여 소멸한다.

(3) 소취하 후에 다시 소제기를 한 경우에 시효중단의 효력이 유지되는지 여부

소송의 각하, 기각 또는 취하의 경우, 6개월 내에 재판상의 청구 등을 한 때에는 시효는 최초의 재판상 청구로 인하여 중단된 것으로 본다(민법 제170조 2항). 설문의 경우 2022. 5. 28. 甲의 乙에 대한 이 사건 소송은 2021. 11. 1. 甲이 제기한 소가 취하로 종료된 2021. 11. 25.부터 6개월이 경과한 후에 제기된 것이므로, 2021. 11. 1. 소제기로 인한 시효중단의 효력은 유지되지 않는다.

문제 6 甲은 건물신축을 위해 2012. 3. 15. 乙로부터 X토지를 6억원에 매수하여, 같은 해 4. 30. 토지를 인도받고 같은 날 소유권이전등기를 마쳤다.

甲은 자금 등 상황이 여의치 않아 건물신축을 미루고 있던 중, 2022. 9. 30. 건물을 신축하기 위한 건축허가를 받고, 토지의 굴착공사를 개시하였다. 그런데 굴착공사가 진행되던 2023. 8. 초순경, 토지 1~4m 깊이에 건설폐토석, 비닐, 폐유와 폐자재 등 각종 쓰레기가 매립되어 있다는 사실, 해당 쓰레기들은 1995. 5.경 당시 X토지의 소유자인 乙에 의해서 매립된 것인데 그 사이 오염물질과 토양이 뒤섞여 혼합된 상태이고 주변 토양도 검게 오염되어 있다는 사실, 신축건물의 지하주차장 마련을 위해 해당 토지가 정화 처리되어야 한다는 사실이 밝혀졌다.

甲은 2023. 9. 1. 乙에게 내용증명우편을 보내어 매립된 쓰레기를 발견하였다고 통지하였는데, 乙은 甲에게 '매립 혹은 인도한 때로부터 오랜 시간이 경과하여 책임이 없다'는 취지의 내용증명우편을 발송하였다. 甲은 2024. 1. 중에는 乙에게 소를 제기할 계획이다.

甲은 乙에게 ① 소유권에 기한 방해배제를 구하는 방안, ② 하자담보책임이나 불법행위책임을 물어 손해배상을 구하는 방안을 고민하면서, 변호사인 귀하에게 의견을 묻고 있다. 乙의 항변을 고려하여 위 각 구제수단의 인용가능성에 관하여 검토하시오. [※ 토양환경보전법 등 특별법은 고려하지 말 것] (30점) (제13회 변호사시험. 2024)

➔ **1. 甲의 乙에 대한 소유권에 기한 방해배제청구권**

X토지의 소유자인 甲이 乙을 상대로 제214조에 의하여 방해배제를 청구할 수 있기 위해서는, 乙이 현재 소유권을 방해하고 있어야 한다. 설문의 경우, X토지 지하에 매립된 각종 쓰레기는 매립된 후 상당한 기간이 경과하였고, 그 사이 각종 쓰레기가 주변 토양과 뒤섞여 토양을 오염시키고 토양과 사실상 분리하기 어려울 정도로 혼재되어 있다. 이러한 상태는 과거 乙의 위법한 쓰레기매립행위로 인하여 생긴 결과로서 토지소유자인 甲이 입은 손해에 불과할 뿐, 각종 쓰레기가 현재 甲의 소유권에 대하여 별도의 침해를 지속하고 있다고 볼 수 없다(대판 2019.7.10, 2016다205540). 따라서 甲은 소유권에 기한 방해배제청구를 할 수 없다.

2. 甲의 乙에 대한 하자담보책임이나 불법행위책임으로 인한 손해배상청구권

(1) 乙의 甲에 대한 하자담보책임

매매목적물인 X토지에 각종 쓰레기가 매립되었다는 것은 통상 갖추어야 할 성질을 갖춘 것이라고 볼 수 없어 하자에 해당하므로, 매수인 甲은 乙에 대해 민법 제580조의 하자담보책임을 주장할 수 있다. 매수인은 목적물에 하자가 있음을 안 날부터 6개월 이내에 하자담보에 기한 손해배상을 청구하여야 한다(제582조).

한편 매도인에 대한 하자담보에 기한 손해배상청구권에 대하여는 제162조 1항의 채권 소멸시효의 규정이 적용되고, 매수인이 매매의 목적물을 인도받은 때부터 소멸시효가 진행한다(대판 2020.5.28, 2017다265389). 설문의 경우, 甲이 2023. 8초순경 쓰레기가 매립된 사실을 알고 2024. 1. 소를 제기하는 경우 제척기간은 문제되지 않는다. 그러나 甲의 하자담보책임에 기한 손해배상청구권은 甲이 乙로부터 X토지를 인도받은 2012. 4. 30.부터 10년의 소멸시효가 완성되었다. 따라서 甲은 하자담보책임에 기한 손해배상청구를 할 수 없다.

(2) 乙의 甲에 대한 불법행위책임

(가) 甲의 乙에 대한 불법행위로 인한 손해배상청구권

토지소유자가 토지에 폐기물을 불법으로 매립하였음에도 처리하지 않은 상태에서 토지를 거래에 제공하는 등으로 유통되게 하였다면, 이는 거래의 상대방 및 토지를 전전 취득한 현재의 토지소유자에 대한 위법행위로서 불법행위가 성립할 수 있다(대판 2016.5.19, 2009다66549). 설문의 경우, 乙이 매매목적물인 X토지에 각종 쓰레기를 매립하고, 이를 처리하지 않은 상태에서 甲에게 매도하고 소유권이전등기를 마쳐주었으므로, 甲이 폐기물을 처리하기 위해 비용이 발생한다면 甲은 그 비용에 대해 불법행위로 인한 손해배상을 청구할 수 있다(민법 제750조).

(나) 소멸시효 완성 여부

불법행위에 의한 손해배상채권의 경우에 민법 제766조 2항에서 정한 소멸시효의 기산점이 되는 '불법행위를 한 날'은 가해행위가 있었던 날이 아니라 현실적으로 손해의 결과가 발생된 날을 의미한다(대판 2016.5.19, 2009다66549). 설문의 경우, 甲의 X토지에 대한 정화비용 및 처리비용 지출이라는 손해가 현실화된 것은 甲이 건물신축의 굴착공사를 진행하던 2023.8. 초순경 각종 쓰레기가 X토지에 乙에 의해 매립되었고, 신축건물의 지하주차장을 마련을 위해 X토지가 정화 처리되어야 한다는 사실을 안 이후이다. 따라서 불법행위로 인한 甲의 손해배상채권에 관하여 제766조 2항에서 정한 불법행위를 한 날부터 10년의 소멸시효가 완성되었다는 乙의 주장은 부당하다.

3. 결론

甲의 乙에 대한 소유권에 기한 방해배제청구권은 인정되지 않고, 하자담보로 인한 손해배상청구권은 성립하지만 乙의 시효항변에 의해 인용될 수 없다. 따라서 甲이 乙을 상대로 민법 제750조에 의해 불법행위로 인한 손해배상을 청구하면 인용될 수 있을 것이다.

문제 7 甲은 친구 乙의 2020. 5. 1. 01:00경 폭행행위로 인하여 적극적 손해 500만원, 소극적 손해 300만원, 정신적 손해 100만원, 합계 900만원의 손해를 입었다. 이후 甲은 2022. 4. 1. 乙을 상대로 불법행위를 원인으로 한 손해배상으로서, 乙과의 친분을 고려하여 위 900만원의 손해 중 일부에 관하여만 판결을 구한다는 취지를 명백히 하여, 적극적 손해 500만원, 소극적 손해 100만원, 합계 600만원의 지급을 구하는 소를 제기하였다(이하 '이 사건 소송'이라 한다). 甲이 乙의 폭행행위로 인하여 합계 900

만원의 각 손해를 입은 사실에 관하여는 다툼이 없다.
이 사건 소송 진행 중 甲은 자신의 가족까지 비방하는 乙의 태도에 입장을 바꾸어 2024. 6. 1. 기존에 지급을 구한 합계 600만원을 제외한 나머지 손해 중 소극적 손해 200만원의 지급을 추가로 구하는 청구취지 및 청구원인 변경 신청서를 제출하였고, 이에 대하여 乙의 소멸시효 완성의 항변과 甲의 소멸시효 중단의 재항변이 이어졌다. 위 추가 청구를 포함한 甲의 청구에 대하여 법원은 어떠한 판단을 하여야 하는지 서술하시오. (25점) (2025년도 시행 제14회 변호사시험)

➜ **1. 청구취지의 확장이 청구의 변경인지 여부**

금전채권의 일부청구에서 나머지 부분까지 확장하는 것은 청구의 양적 확장으로서 소의 추가적 변경에 해당한다(대판 1997.4.11, 96다50520). 설문의 경우, 甲은 乙을 상대로 기존의 600만원 청구를 그대로 유지하면서 나머지 손해 중 소극적 손해 200만원의 지급청구를 추가로 제기하였으므로, 추가적 변경에 해당한다(민사소송법 제262조).

2. 하나의 채권 중 일부만을 청구한 경우, 소멸시효 중단의 효력발생 범위

(1) 소멸시효의 기간

불법행위로 인한 손해배상청구권은 피해자나 그 법정대리인이 그 손해 및 가해자를 안 날로부터 3년간 이를 행사하지 않거나, 불법행위를 한 날부터 10년이 경과하면 시효로 인하여 소멸한다(민법 제766조 1항, 2항). 설문의 경우, 甲은 2020. 5. 1. 乙의 폭행행위로 인하여 900만원의 손해를 입었으므로, 2023. 5. 1. 甲의 乙에 대한 손해배상채권은 시효로 소멸한다.

(2) 일부청구와 소멸시효 중단의 효력발생 범위

하나의 채권 중 일부에 관하여만 판결을 구한다는 취지를 명백히 하여 소송을 제기한 경우에는 소 제기에 의한 소멸시효중단의 효력이 그 일부에 관하여만 발생하고, 나머지 부분에는 발생하지 않는다(대판 2022.5.26, 2020다206625). 설문의 경우, 2022. 4. 1. 甲은 乙에 대한 900만원의 손해 중 일부에 관하여만 판결을 구한다는 취지를 명백히 하여 소송을 제기하였으므로, 종전 600만원의 청구는 2022. 4. 1. 소멸시효가 중단되었다(민사소송법 제265조). 반면에 2024. 6. 1. 제기한 소극적 손해 200만원의 추가적 청구는 2023. 5. 1. 시효가 완성되었으므로(민법 제766조 1항), 乙의 소멸시효 완성의 항변은 타당하고 甲의 소멸시효 중단의 재항변은 부당하다.

3. 결론

甲의 乙에 대한 종전 청구와 추가적 청구는 그 전부에 대하여 병렬적으로 심판을 구하는 것으로, 단순병합에 해당한다(민사소송법 제253조). 따라서 법원은 甲의 乙에 대한 종전 청구를 인용하고, 추가적 청구는 기각해야 한다.

제2장

채권총론

Chapter

02 채권총론

제1절 이자채권

❒ 금전을 대여한 채권자가 고의 또는 과실로 이자제한법을 위반하여 최고이자율을 초과하는 이자를 받아 채무자에게 손해를 입힌 경우에는 특별한 사정이 없는 한 민법 제750조에 따라 불법행위가 성립한다고 보아야 한다. 최고이자율을 초과하여 지급된 이자는 이자제한법 제2조 제4항에 따라 원본에 충당되므로, 이와 같이 충당하여 원본이 소멸하고도 남아 있는 초과 지급액은 이자제한법 위반 행위로 인한 손해라고 볼 수 있다. 부당이득반환청구권과 불법행위로 인한 손해배상청구권은 서로 별개의 청구권으로서, 제한 초과이자에 대하여 부당이득반환청구권이 있다고 해서 그것만으로 불법행위의 성립이 방해되지 않는다.
나아가 채권자와 공동으로 위와 같은 이자제한법 위반행위를 하였거나 이에 가담한 사람도 민법 제760조에 따라 연대하여 손해를 배상할 책임이 있다(대법원 2021.2.25. 선고 2020다230239 판결).

문제 乙은 甲으로부터 4억원을 대여해 달라는 부탁을 받자 자신과 금전거래를 하여 오던 丙과 丁에게 甲에게 돈을 대여할 것을 권유하였다. 乙은 丙과 丁에게 “4억원을 대여하면 6개월 후에 7억원을 변제받을 수 있다”고 약속하였다. 이에 丙과 丁은 2015. 12. 23. 甲에게 각각 2억원을 대여하면서 변제기인 2016. 6. 30. 연이율 약 150%에 해당하는 이자를 포함한 3억 5,000만원을 각각 변제받기로 약정하였고, 그 과정에서 乙은 금전거래 중개수수료를 丙과 丁으로부터 받았다.
한편 甲은 丙에게 2016. 9. 2.부터 2016. 9. 13.까지 합계 3억 4,000만원을, 丁에게 2016. 9. 6.부터 2016. 12. 28.까지 합계 4억 3,500만원을 변제하였다. 이 경우 甲은 이자제한법이 정한 제한이자율을 초과하여 변제한 이자 내지 지연손해금에 관하여 乙·丙·丁에 대하여 부당이득반환 내지 불법행위로 인한 손해배상을 청구할 수 있는가?

→ **1. 甲은 乙·丙·丁에 대하여 부당이득반환을 청구할 수 있는지 여부**

금전대차에 관한 계약상의 이자가 대통령령에서 정한 최고이자율을 초과하는 경우, 그 초과하는 부분은 무효이다(이자제한법 제2조 3항). 채무자가 최고이자율을 초과하는 이자를 임의로 지급한 경우에는 초과 지급된 이자 상당금액은 원본에 충당되고, 원본이 소멸한 때에는 그 반환을 청구할 수 있다(제2조 4항). 설문에서 丙과 丁은 제한이율을 초과하는 이자를 받았으므로, 甲에게 부당이득으로 반환할 의무가 있다. 반면에 乙은 甲으로부터 이자를 받지 않았으므로, 甲은 乙에 대해 부당이득반환을 청구할 수 없다.

2. 甲은 乙·丙·丁에 대하여 공동불법행위로 인한 손해배상을 청구할 수 있는지 여부

(1) 민법 제750조의 불법행위

공동불법행위가 성립하기 위해서는 각자의 행위는 각각 독립해서 불법행위요건을 갖추고 동시에 각 행위자 간에 행위의 관련공동성이 있어야 한다. 이자제한법은 금전대차에 관한 계약상의 최고이자율을 제한하고 있고(제2조 1항), 제8조 1항은 최고이자율을 초과하여 이자를 받은 사람을 1년 이하의 징역 또는 1천만원 이하의 벌금에 처하도록 규정하고 있다. 설문에서 丙과 丁은 이자제한법의 최고이자율을 초과하여 甲으로부터 이자를 받았고, 乙은 이에 적극 가담하였으므로, 귀책사유와 위법성이 인정된다. 또한 최고이자율을 초과하여 지급된 이자는 이자제한법 제2조 4항에 따라 원본에 충당되므로, 이와 같이 충당하여 원본이 소멸하고도 남아 있는 초과 지급액은 이자제한법 위반행위로 인한 손해라고 볼 수 있다. 따라서 민법 제750조의 불법행위가 성립한다.

(2) 행위의 관련 공동성

민법상 공동불법행위는 객관적으로 관련공동성이 있는 수인의 행위로 타인에게 손해를 가하면 성립하고, 행위자 상호 간에 공모는 물론 의사의 공통이나 공동의 인식을 필요로 하는 것이 아니다(대판 2016.4.12, 2013다31137). 설문에서 丙과 丁은 공동으로 이자제한법 위반행위를 하였고, 乙은 단순한 중개에 그치지 않고 丙과 丁의 불법행위와 경합하여 甲에게 이자제한법 제한이자율을 초과한 이자 지급액 상당의 손해를 입게 하였으므로, 공동불법행위가 성립한다.

(3) 소결

乙·丙·丁은 甲에 대하여 민법 제760조에 따라 연대하여 손해를 배상할 책임이 있다.

3. 결론

부당이득반환청구권과 불법행위로 인한 손해배상청구권은 서로 별개의 청구권으로서, 제한 초과이자에 대하여 부당이득반환청구권이 있다고 해서 그것만으로 불법행위의 성립이 방해되지 않는다(대판 2021.2.25, 2020다230239). 따라서 이자제한법이 정한 제한이자율을 초과하여 변제한 이자 내지 지연손해금에 관하여, 甲은 乙에 대해 불법행위로 인한 손해배상을 청구할 수 있고, 丙과 丁에 대해 부당이득반환 또는 불법행위로 인한 손해배상을 청구할 수 있으며, 이러한 甲의 丙과 丁에 대한 청구권은 경합한다.

제2절 채무불이행

Ⅰ. 채무불이행책임과 불법행위책임의 관계

❒ 채무불이행책임과 불법행위책임은 각각 요건과 효과를 달리하는 별개의 법률관계에서 발생하는 것이므로 하나의 행위가 계약상 채무불이행의 요건을 충족함과 동시에 불법행위의 요건도 충족하는 경우에는 두 개의 손해배상청구권이 경합하여 발생하고, 권리자는 위 두 개의 손해배상청구권 중 어느 것이든 선택하여 행사할 수 있다. 다만 동일한 사실관계에서 발생한 손해의 배상을 목적으로 하는 경우에도 채무불이행을 원인으로 하는 배상청구와 불법행위를 원인으로 한 배상청구는 청구원인을 달리하는 별개의 소송물이므로, 법원은 원고가 행사하는 청구권에 관하여 다른 청구권과는 별개로 그 성립요건과 법률효과의 인정 여부를 판단하여야 한다. 계약 위반으로 인한 채무불이행이 성립한다고 하여 그것만으로 바로 불법행위가 성립하는 것은 아니다(대법원 2021.6.24. 선고 2016다210474 판결).

Ⅱ. 이행불능

❒ 본래 채권의 소멸시효가 완성된 경우 그 채무의 이행불능을 이유로 채권자가 법정해제권 등을 행사할 수 없다(대법원 2023.5.18. 선고 2020다8432 판결).

→ 가령 甲회사가 乙로부터 乙소유의 X부동산을 매수하는 매매계약을 체결하고, 乙에게 계약금을 지급하였는데, 강제경매로 매매목적물인 X부동산의 소유권이 제3자에게 이전되었다. 甲회사의 채권자인 丙은, 甲회사를 채무자로, 乙을 제3채무자로 하여, 乙의 채무불이행에 따른 매매계약의 해제로 인하여 甲회사가 乙에 대하여 가지는 계약금

등 반환채권에 대하여 압류·추심명령을 받은 다음, 乙을 상대로 추심금 청구 소송을 제기하고, 이에 대하여 피고 乙은 원고 丙의 청구는 이미 시효로 인하여 소멸한 채권에 기한 청구라는 내용의 항변을 하였다. 이처럼 채무불이행에 따른 해제의 의사표시 당시 이미 채무불이행의 대상이 되는 본래 채권이 시효가 완성되어 소멸하였다면, 해제권 및 이에 기한 원상회복 청구권도 더 이상 행사할 수 없거나 소멸된다.

❒ 임대차 목적물이 화재 등으로 인하여 소멸됨으로써 임차인의 목적물 반환의무가 이행불능이 된 경우에, 임차인은 이행불능이 자기가 책임질 수 없는 사유로 인한 것이라는 증명을 다하지 못하면 목적물 반환의무의 이행불능으로 인한 손해를 배상할 책임을 지고, 그 화재 등의 구체적인 발생 원인이 밝혀지지 아니한 때에도 마찬가지이다. 이러한 법리는 임대차 종료 당시 임대차 목적물 반환의무가 이행불능 상태는 아니지만 반환된 임차 건물이 화재로 인하여 훼손되었음을 이유로 손해배상을 구하는 경우에도 동일하게 적용된다(대법원 2023.11.2. 선고 2023다244895 판결).

❒ 임대인은 임대차계약에 따라 임차인에게 목적물을 인도하여야 한다(민법 제623조). 임차인은 목적물의 점유를 취득하여 이를 사용·수익하면서 선량한 관리자의 주의를 다하여 목적물을 보존하고, 임대차가 종료되면 목적물을 원상에 회복하여 반환하여야 한다(민법 제374조, 제654조, 제615조). 임차인은 목적물을 인도받아 이를 사용·수익하는 동안 목적물을 직접 지배한다고 추단된다. 그러므로 목적물에 화재가 발생한 경우 화재가 임대인의 귀책사유로 인한 것이거나 임대인의 지배영역에서 발생하였다는 등의 사정이 없는 한 화재로 인한 목적물 반환의무의 이행불능으로 인한 손해는 임차인의 부담으로 귀속된다.
숙박업자와 고객의 관계는 통상적인 임대인과 임차인의 관계와는 다르다. 숙박업자는 고객에게 객실을 사용·수익하게 하는 것을 넘어서서 고객이 안전하고 편리하게 숙박할 수 있도록 시설 및 서비스를 제공하고 고객의 안전을 배려할 보호의무를 부담한다. 숙박업자에게는 숙박시설이나 설비를 위생적이고 안전하게 관리할 공법적 의무도 부과된다(공중위생관리법 제4조 제1항). 숙박업자는 고객에게 객실을 제공한 이후에도 필요한 경우 객실에 출입하며 고객의 안전 배려 또는 객실 관리를 위한 조치를 취하기도 한다. 숙박업자가 고객에게 객실을 제공하여 일시적으로 이를 사용·수익하게 하더라도 객실을 비롯한 숙박시설에 대한 점유는 그대로 유지하는 것이 일반적이다. 그러므로 객실을 비롯한 숙박시설은 특별한 사정이 없는 한 숙박기간 중에도 고객이 아닌 숙박업자의 지배 아래 놓여 있다고 보아야 한다. 그렇다면 임차인이 임대차기간 중 목적물을 직접 지배함을 전제로 한 임대차 목적물 반환의무 이행불능에 관한 법리는 이와 전제를 달리하는 숙박계약에 그대로 적용될

> 수 없다. 고객이 숙박계약에 따라 객실을 사용·수익하던 중 발생 원인이 밝혀지지 않은 화재로 인하여 객실에 발생한 손해는 특별한 사정이 없는 한 숙박업자의 부담으로 귀속된다고 보아야 한다(대법원 2023.11.2. 선고 2023다244895 판결).

문제 甲은 X건물을 소유하고 있다. 乙이 계약에 따라 X건물을 사용·수익하던 중 2024. 2. 20. X건물에 화재가 발생하여 전부 소멸되었다. 甲은 乙을 상대로 이행불능으로 인한 손해배상을 청구하였다. 이에 대해 乙은 화재 발생에 대해 아무런 책임이 없다고 주장하였다. 소방서의 조사결과, 화재의 구체적인 발생 원인이 밝혀지지 않았다. (아래 문항은 각 독립적임)

1. 乙이 임대차기간 2023. 3. 15.부터 2025. 3. 14까지, 월차임 100만원으로 각 정하여 임차한 경우, 乙 주장의 당부를 판단하고 근거를 서술하시오.

➜ **(1) 판단**

乙의 주장은 부당하다.

(2) 근거

(가) 임대차 목적물이 화재 등으로 인하여 소멸됨으로써 임차인의 목적물 반환의무가 이행불능이 된 경우, 임차인은 이행불능이 자기가 책임질 수 없는 사유로 인한 것이라는 증명을 다하지 못하면 목적물 반환의무의 이행불능으로 인한 손해를 배상할 책임을 지고, 그 화재 등의 구체적인 발생 원인이 밝혀지지 아니한 때에도 마찬가지이다(대판 2023.11.2, 2023다244895).

(나) 설문의 경우, 임대차계약에 따라 X건물의 점유·사용하고 있는 임차인 乙은 선량한 관리자의 주의를 다하여 X건물을 보존하고 임대차기간이 만료하면 甲에게 반환하여야 하는데(민법 제374조, 제654조, 제615조), X건물의 화재로 인하여 乙의 목적물 반환의무가 이행불능으로 되었다. 乙은 이러한 이행불능이 자신의 책임 없는 사유로 발생하였음을 증명하여야 하는데, 구체적인 화재 발생원인이 밝혀지지 않았다는 점에서 乙이 이를 증명하였다고 볼 수 없다. 따라서 乙은 甲에 대해 민법 제390조에 의하여 이행불능으로 인한 손해배상 책임을 부담한다.

2. 숙박업자 甲은 여행객 乙에게 X건물의 객실에 대해 요금 1일 10만원으로 하여 3일간 빌려주는 숙박계약을 체결한 경우, 乙 주장의 당부를 판단하고 근거를 서술하시오.

➜ **(1) 판단**

乙의 주장은 타당하다.

(2) 근거

(가) 숙박업자와 고객의 관계는 통상적인 임대인과 임차인의 관계와는 다르다. 숙박업자는

고객에게 객실을 사용·수익하게 하는 것을 넘어서서 고객이 안전하고 편리하게 숙박할 수 있도록 시설 및 서비스를 제공하고 고객의 안전을 배려할 보호의무를 부담한다. 숙박업자에게는 숙박시설이나 설비를 위생적이고 안전하게 관리할 공법적 의무도 부과된다(공중위생관리법 제4조 1항). 따라서 객실을 비롯한 숙박시설은 특별한 사정이 없는 한 숙박기간 중에도 고객이 아닌 숙박업자의 지배 아래 놓여 있다고 보아야 하므로, 고객이 숙박계약에 따라 객실을 사용·수익하던 중 발생 원인이 밝혀지지 않은 화재로 인하여 객실에 발생한 손해는 특별한 사정이 없는 한 숙박업자의 부담으로 귀속된다(대판 2023.11.2, 2023다244895).

(나) 설문의 경우, 甲이 숙박계약에 따라 X건물의 객실을 사용·수익하던 乙을 상대로 이행불능으로 인한 손해배상을 청구할 수 있기 위해서는, X건물의 화재가 고객 乙의 귀책사유로 인한 것임을 증명하여야 하는데, 화재의 발생원인이 밝혀지지 않았다. 따라서 甲은 乙에게 채무불이행에 따른 손해배상책임을 물을 수 없다(민법 제390조).

Ⅲ. 이행지체

- ❐ 지연손해금은 금전채무의 이행지체에 따른 손해배상으로서 기한이 없는 채무에 해당하므로, 확정된 지연손해금에 대하여 채권자가 이행청구를 하면 채무자는 그에 대한 지체책임을 부담하게 된다(대법원 2021.5.7. 선고 2018다259213 판결). 원본채권이 상행위로 인한 채권일 경우 그 지연손해금도 상행위로 인한 채권이고, 판결에 의해 권리의 실체적인 내용이 바뀌는 것은 아니며 이행판결이 확정된 지연손해금에 대해서도 채권자의 이행청구에 의해 지체책임이 생긴다(대법원 2022.3.11. 선고 2021다232331 판결). 따라서 상행위로 인한 원본채권 및 그에 대한 지연손해금 지급을 명하는 이행판결이 확정된 경우 확정판결에서 지급을 명한 지연손해금도 상행위로 인한 채권이므로, 지연손해금에 대한 채권자의 이행청구에 의해 채무자가 지체책임을 지는 경우 그 지연손해금에 대하여는 상법 제54조에 정한 상사법정이율인 연 6%의 비율을 적용하여야 한다(대법원 2022.12.1. 선고 2022다258248 판결).
- ❐ 소송촉진법 제3조의 입법 취지는, 금전채무의 이행을 구하는 소가 제기되었는데도 정당한 이유 없이 이행하지 않는 채무자에게 가중된 법정이율에 따른 지연손해금을 물림으로써 채무불이행 상태가 계속되거나 소송이 불필요하게 지연되는 것을 막고자 하는 데 있다. 소송촉진법 제3조의 문언을 보아도, **금전채무의 이행을 명하는 판결을 선고할 경우**에 **그 금전채무의 이행을 구하는 소장이 송달된 다음 날**부터 지체책임에 관하여 가중된 법정이

율을 적용하되, 그 이행의무가 있음을 선언하는 사실심 판결이 선고되기 전까지 채무자가 그 이행의무에 관하여 항쟁하는 것이 타당한 범위에서 위 법정이율을 적용하지 않을 수 있다고 되어 있으므로, 금전채무 원본의 이행청구가 소송물일 때 그 이행을 명하면서 동시에 그에 덧붙는 지연손해금에 관하여 적용되는 규정임을 알 수 있다. 그러므로 당해 사건에서 **지연손해금 발생의 원인이 된 원본에 관하여 이행판결을 선고하지 않는 경우에는 소송촉진법 제3조에 따른 법정이율을 적용할 수 없다**(대법원 2022.3.11. 선고 2021다232331 판결).

문제 甲회사는 乙을 상대로 용역대금 등을 청구하는 소를 제기하여 52억원에 대하여 2011. 8. 8.부터 각 2013. 5. 2.까지 연 6%, 그다음 날부터 다 갚는 날까지 연 20%의 비율로 계산한 돈을 지급하라'는 판결을 받았다. 甲은 2020. 5. 21. 丙에게 위 판결에서 지급을 명한 돈 중 확정된 지연손해금의 일부인 2억 3,000만원(이하 '이 사건 양수금'이라고 한다)에 대한 채권을 양도하였고, 그에 관한 통지가 2020. 5. 26. 乙에게 도달하였다.
원고 丙은 피고 乙을 상대로 이 사건 양수금과 그에 대한 지연손해금을 구하는 지급명령을 신청하였다. 피고 乙이 2020. 6. 4. 지급명령을 송달받고 이의를 신청하여 이 사건 소송으로 이행되었다. 丙은 이 사건 양수금 원본 2억 3,000만원은 청구에서 제외하고, 그 돈에 대하여 2020. 6. 4.부터 다 갚는 날까지 소송촉진 등에 관한 특례법에 따른 연 12%의 비율로 계산한 지연손해금만을 청구하는 것으로 청구취지를 변경하였다. 이 경우 법원은 어떠한 판결을 선고해야 하는가?

➜ **1. 양수금에 대하여 지연손해금이 발생하는지 여부**

지연손해금은 금전채무의 이행지체에 따른 손해배상으로서 기한이 없는 채무에 해당하므로, 확정된 지연손해금에 대하여 채권자가 이행청구를 하면 채무자는 그에 대한 지체책임을 부담하게 된다(대판 2021.5.7, 2018다259213). 판결에 의해 권리의 실체적인 내용이 바뀌는 것은 아니므로, 이행판결이 확정된 지연손해금의 경우에도 채권자의 이행청구에 의해 지체책임이 생긴다(대판 2022.3.11, 2021다232331).

설문에서 丙은 乙이 甲에게 용역대금 등의 지급을 지체함에 따라 이미 발생한 지연손해금의 일부인 2억 3,000만원을 양수한 다음 지급명령의 송달을 통해 乙에게 이행을 청구하였다. 따라서 乙은 지급명령신청서가 송달된 다음 날인 2020. 6. 5.부터 이 사건 양수금에 대한 지체책임이 발생한다.

2. 양수금 채무에 적용될 지연손해금 비율

소송촉진 등에 관한 특례법 제3조는 '금전채무의 이행을 명하는 판결을 선고할 경우'에 있어서 금전채무불이행으로 인한 손해배상액 산정의 기준이 되는 법정이율에 대하여 정하고 있으므로, 지연손해금 발생의 원인이 된 '원본'에 관하여 이행판결을 선고하지 않는 경우에는 제3조에 따른 법정이율이 적용되지 않는다(대판 2022.3.11, 2021다232331). 설문에서 丙이 이 사건 양수금 원본에 대하여는 소를 취하하고, 그에 대한 지연손해금만 청구하는 이상 제3조에 따른 법정이율이 적용될 수 없다.

3. 법원은 어떠한 판결을 해야 하는지 여부

법원은 "피고는 원고에게 이 사건 양수금에 대하여 그 채무의 이행을 청구하는 지급명령신청서가 송달된 다음 날인 2020. 6. 5.부터 다 갚는 날까지 민법에 정한 연 5%의 비율로 계산한 지연손해금을 지급할 의무가 있다. 원고의 청구는 위 인정 범위 내에서 이유 있으므로 인용하고, 나머지 청구는 이유 없으므로 기각한다"고 판결해야 한다.

❐ 금전채무의 지연손해금채무는 금전채무의 이행지체로 인한 손해배상채무로서 이행기의 정함이 없는 채무에 해당하므로, 채무자는 확정된 지연손해금채무에 대하여 채권자로부터 이행청구를 받은 때부터 지체책임을 부담하게 된다(대법원 2021.5.7. 선고 2018다259213 판결). 한편 원금채권과 금전채무불이행의 경우에 발생하는 지연손해금채권은 별개의 소송물이다.
따라서 판결이 확정된 채권자가 시효중단을 위한 신소를 제기하면서 확정판결에 따른 원금과 함께 원금에 대한 확정 지연손해금 및 이에 대한 지연손해금을 청구하는 경우, 확정 지연손해금에 대한 지연손해금채권은 채권자가 신소로써 확정 지연손해금을 청구함에 따라 비로소 발생하는 채권으로서 전소의 소송물인 원금채권이나 확정 지연손해금채권과는 별개의 소송물이므로, 채무자는 확정 지연손해금에 대하여도 이행청구를 받은 다음 날부터 지연손해금을 별도로 지급하여야 하되 그 이율은 신소에 적용되는 법률이 정한 이율을 적용하여야 한다(대법원 2022.4.14. 선고 2020다268760 판결).

Ⅳ. 손해배상

❐ 불법행위 등이 채권자 또는 피해자에게 손해를 생기게 하는 동시에 이익을 가져다 준 경우에는 공평의 관념상 그 이익은 당사자의 주장을 기다리지 아니하고 손해를 산정할 때에 공제하여야 한다(대법원 2023.11.30. 선고 2019다224238 판결). 손해배상액 산정에서 손익상계가 허용되기 위해서는 손해배상책임의 원인이 되는 행위로 인하여 피해자가 새로운

이득을 얻었고, 그 이득과 손해배상책임의 원인행위 사이에 상당인과관계가 있어야 하며, 그 이득은 배상의무자가 배상하여야 할 손해의 범위에 대응하는 것이어야 한다.

회사는 기업활동을 하면서 범죄를 수단으로 하여서는 아니되므로, 이사가 회사의 업무를 집행하면서 고의·과실로 법령을 위반한 경우에 설령 그 법령 위반 행위로 인하여 회사에게 어떠한 이득이 발생하였더라도, 이러한 이득을 손익상계의 대상으로 삼는 것은 이사의 법령 위반 행위로 인한 회사의 위법한 이득 보유를 그대로 승인하고 그 범위 내에서 이사의 손해배상책임을 부정함으로써 오히려 이사의 법령 위반 행위와 회사의 범죄를 조장하고 손해배상 제도의 근본적인 취지에도 반하는 결과가 되므로 허용될 수 없다(대법원 2025.6.12. 선고 2021다256696,256702 판결). 이는 회사의 이사가 다른 이사들의 업무집행을 감시할 의무를 위반함으로써 회사의 범죄를 조장하는 결과를 가져온 경우에도 마찬가지라 할 것이다(대법원 2025.6.26. 선고 2024다316391 판결).

→ 회사의 대표이사인 피고가 제품의 가격담합행위를 하여 회사가 과징금 부과처분을 받고 벌금형을 선고받았는데, 회사의 주주인 원고들이 회사가 손해를 입었음을 이유로 피고를 상대로 손해배상청구를 하자 피고가 위 가격담합행위로 인하여 회사가 이득을 얻었음을 이유로 손익상계를 주장한 경우, 가격담합행위로 인하여 회사가 이득을 얻었다고 보기 어렵고, 그 이득이 회사의 과징금 및 벌금 상당액 지출의 손해에 직접 전보된다고 할 수 없으며, 설령 이득의 발생이 인정되더라도 이를 손해액에서 공제하는 것은 위법행위 억제 취지가 몰각될 수 있으므로 손익상계를 할 수 없다.

❒ 민법 제398조 제1항은 "당사자는 채무불이행에 관한 손해배상액을 예정할 수 있다"라고 정하고, 제3항은 "손해배상액의 예정은 이행의 청구나 계약의 해제에 영향을 미치지 아니한다"라고 정한다. 제555조는 "계약의 해지 또는 해제는 손해배상의 청구에 영향을 미치지 아니한다"라고 정한다. 이러한 규정의 문언·내용과 계약당사자의 일반적인 의사 등을 고려하면, 계약당사자가 채무불이행으로 인한 전보배상에 관하여 손해배상액을 예정한 경우에 채권자가 채무불이행을 이유로 계약을 해제하거나 해지하더라도 원칙적으로 손해배상액의 예정은 실효되지 않고, 전보배상에 관하여 특별한 사정이 없는 한 손해배상액의 예정에 따라 그 배상액을 정해야 한다. 다만 위와 같은 손해배상액의 예정이 계약의 유지를 전제로 정해진 약정이라는 등의 사정이 있는 경우에 채무불이행을 이유로 계약을 해제하거나 해지하면 손해배상액의 예정도 실효될 수 있다(대법원 2022.4.14. 선고 2019다292736,292743 판결).

제3절 채권자지체

❐ 민법 제400조는 채권자지체에 관하여 “채권자가 이행을 받을 수 없거나 받지 아니한 때에는 이행의 제공 있는 때로부터 지체책임이 있다”라고 정하고 있다. 채무의 내용인 급부가 실현되기 위하여 채권자의 수령 그 밖의 협력행위가 필요한 경우에, 채무자가 채무의 내용에 따른 이행제공을 하였는데도 채권자가 수령 그 밖의 협력을 할 수 없거나 하지 않아 급부가 실현되지 않는 상태에 놓이면 채권자지체가 성립한다. **채권자지체의 성립에 채권자의 귀책사유는 요구되지 않는다.** 민법은 채권자지체의 효과로서 채권자지체 중에는 채무자는 고의 또는 중대한 과실이 없으면 불이행으로 인한 모든 책임이 없고(제401조), 이자 있는 채권이라도 채무자는 이자를 지급할 의무가 없으며(제402조), 채권자지체로 인하여 그 목적물의 보관 또는 변제의 비용이 증가된 때에는 그 증가액은 채권자가 부담하는 것으로 정한다(제403조). 나아가 채권자의 수령지체 중에 당사자 쌍방의 책임 없는 사유로 채무를 이행할 수 없게 된 때에는 채무자는 상대방의 이행을 청구할 수 있다(제538조 제1항).

이와 같은 규정 내용과 체계에 비추어 보면, 채권자지체가 성립하는 경우 그 효과로서 원칙적으로 채권자에게 민법 규정에 따른 일정한 책임이 인정되는 것 외에, 채무자가 채권자에 대하여 일반적인 채무불이행책임과 마찬가지로 손해배상이나 계약 해제를 주장할 수는 없다. 그러나 계약 당사자가 명시적·묵시적으로 채권자에게 급부를 수령할 의무 또는 채무자의 급부 이행에 협력할 의무가 있다고 약정한 경우, 또는 구체적 사안에서 신의칙상 채권자에게 위와 같은 수령의무나 협력의무가 있다고 볼 특별한 사정이 있다고 인정되는 경우에는 그러한 의무 위반에 대한 책임이 발생할 수 있다. 이와 같이 채권자에게 계약상 의무로서 수령의무나 협력의무가 인정되는 경우, 그 수령의무나 협력의무가 이행되지 않으면 계약 목적을 달성할 수 없거나 채무자에게 계약의 유지를 더 이상 기대할 수 없다고 볼 수 있는 때에는 **채무자는 수령의무나 협력의무 위반을 이유로 계약을 해제할 수 있다**(대법원 2021.10.28. 선고 2019다293036 판결).

제4절 채권자대위권

Ⅰ. 피보전권리

❒ 채권자대위권을 행사하는 경우, 채권자가 채무자를 상대로 보전되는 청구권에 기한 이행청구의 소를 제기하여 승소판결을 선고받고 판결이 확정되었다면, 특별한 사정이 없는 한 그 청구권의 발생원인이 되는 사실관계가 제3채무자에 대한 관계에서도 증명되었다고 볼 수 있다. 그러나 그 청구권의 취득이, 채권자로 하여금 채무자를 대신하여 소송행위를 하게 하는 것을 주목적으로 이루어진 경우와 같이, **강행법규에 위반되어 무효라고 볼 수 있는 경우** 등에는 위 확정판결에도 불구하고 채권자대위소송의 제3채무자에 대한 관계에서는 피보전권리가 존재하지 아니한다고 보아야 한다. 이는 위 확정판결 또는 그와 같은 효력이 있는 재판상 화해조서 등이 재심이나 준재심으로 취소되지 아니하여 채권자와 채무자 사이에서는 그 판결이나 화해가 무효라는 주장을 할 수 없는 경우라 하더라도 마찬가지이다(대법원 2019.1.31. 선고 2017다228618 판결).

❒ 부동산거래신고법에서 정한 토지거래계약 허가구역 내 토지에 관하여 허가를 배제하거나 잠탈하는 내용으로 매매계약이 체결된 경우에는, 강행법규인 같은 법 제11조 제6항에 따라 계약은 체결된 때부터 확정적으로 무효이다. 계약체결 후 허가구역 지정이 해제되거나 허가구역 지정기간 만료 이후 재지정을 하지 아니한 경우라 하더라도 이미 확정적으로 무효로 된 계약이 유효로 되는 것이 아니다(대법원 2019.1.31. 선고 2017다228618 판결).

문제 甲은 2003. 4. 2. 乙로부터 토지거래허가구역 내에 있던 X토지를 매수하는 계약(이하 '제1매매계약'이라 한다)을 체결하였다. 하지만 이는 토지거래허가를 배제하거나 잠탈하는 것으로 무효이어서 甲은 자신의 명의로 소유권이전등기를 마치지 못하였다. 그러자 甲의 요청에 따라 丙은 2003. 11. 29. 乙과 사이에 X토지를 매수하는 내용의 매매계약서를 작성하였고(이하 '제2매매계약'이라 한다), 같은 날 토지거래허가를 받은 다음, 丙 앞으로 이전등기를 마쳤다. 그 후 X토지는 토지거래허가구역에서 해제되었고, 丁은 X토지를 丙으로부터 취득하였다. 甲은 2012년 丙에 대하여는 X토지에 관한 소유권이전등기 말소등기절차의 이행을 구하고, 乙에 대하여는 X토지에 관한 소유권이전등기절차의 이행을 구하는 소를 제기하였다. 이 소송에서 2014. 11. 13. 제1매매계약은 확정적으로 무효이고, X부동산에 관한 丙명의의 소유권이전등기는 무효인 제1매매계약에 기초하여 마쳐진 것으로써 무효이어서, "원고 甲에게, 乙은 X토지에 관하여 2014년 11월 13일자 매매를 원인으로 한 소유권이전등기절차를 이행하라"는 내용의 화해가 성립되었고, 丙에 대하여는 甲의 청구가 인용되어 확정되었다.

甲은 乙을 대위하여, 무효인 丙명의의 소유권이전등기에 기초하여 마쳐진 丁명의의 소유권이전등기는 무효라고 주장하며, 丁을 상대로 소유권이전등기의 말소를 청구하는 소를 제기하였다. 甲의 대위소송은 적법한가?

➔ **1. 甲의 乙에 대한 피보전채권이 존재하는지 여부**

甲이 乙을 대위하여 丁을 상대로 소유권이전등기의 말소를 주장할 수 있기 위해서는 甲은 乙에 대해 채권이 존재해야 한다. 설문에서 "원고 甲에게, 乙은 X토지에 관하여 2014년 11월 13일자 매매를 원인으로 한 소유권이전등기절차를 이행하라"는 내용의 화해가 성립되었으므로, 피보존채권인 소유권이전등기청구권이 존재한다.

2. 丁이 甲의 피보전채권의 존재를 다툴 수 있는지 여부

채권자대위권을 행사하는 경우, 채권자가 채무자를 상대로 그 보전되는 청구권에 기한 이행청구의 소를 제기하여 승소판결을 선고받고 판결이 확정되면 제3채무자는 청구권의 존재를 다툴 수 없다. 하지만 그 청구권의 취득이, '채권자로 하여금 채무자를 대신하여 소송행위를 하게 하는 것을 주목적으로 이루어진 경우'와 같이, 강행법규에 위반되어 무효라고 볼 수 있는 경우 등에는 위 확정판결에도 불구하고 채권자대위소송의 제3채무자에 대한 관계에서는 피보전권리가 존재하지 않는다고 보아야 한다.

이는 확정판결 또는 그와 같은 효력이 있는 재판상 화해조서 등이 재심이나 준재심으로 취소되지 아니하여 채권자와 채무자 사이에서는 그 판결이나 화해가 무효라는 주장을 할 수 없는 경우이더라도 마찬가지이다(대판 2019.1.31, 2017다228618). 설문에서 화해는 강행법규 위반으로 확정적으로 무효가 된 제1매매계약에 따른 법률효과를 발생시키려는 목적에서 단지 재판상 화해의 형식을 취하여 매매계약의 이행을 약정한 것에 불과하다. 따라서 화해의 당사자가 아닌 丁에 대한 관계에서 甲의 乙에 대한 소유권이전등기청구권이 존재한다고 볼 수 없다.

3. 결론

甲의 소는 채권자대위소송의 피보전권리가 존재하지 아니하므로, 당사자적격이 없는 자에 의하여 제기된 소로써 부적법하다.

❒ 채권자는 자기의 채권을 보전하기 위하여, 일신에 전속한 권리가 아닌 한 채무자의 권리를 행사할 수 있다(제404조 제1항). 공유물분할청구권은 공유관계에서 수반되는 형성권으로서 공유자의 일반재산을 구성하는 재산권의 일종이다. 공유물분할청구권의 행사가 오로지 공유자의 자유로운 의사에 맡겨져 있어 공유자 본인만 행사할 수 있는 권리라고 볼 수는 없다. 따라서 공유물분할청구권도 채권자대위권의 목적이 될 수 있다(대법원 2020.5.21.

선고 2018다879 판결).

❒ 채권자대위소송에서 대위에 의하여 보전될 채권자의 채무자에 대한 권리가 인정되지 아니할 경우에는 채권자가 스스로 원고가 되어 채무자의 제3채무자에 대한 권리를 행사할 당사자적격이 없게 되므로 그 대위소송은 부적법하여 각하할 것인바, 피대위자인 채무자가 실존인물이 아니거나 사망한 사람인 경우 역시 피보전채권인 채권자의 채무자에 대한 권리를 인정할 수 없는 경우에 해당하므로 그러한 채권자대위소송은 당사자적격이 없어 부적법하다(대법원 2021.7.21. 선고 2020다300893 판결).

Ⅱ. 보존의 필요성

❒ **채권자가 자신의 금전채권을 보전하기 위하여 채무자를 대위하여 부동산에 관한 공유물분할청구권을 행사**하는 것은, 책임재산의 보전과 직접적인 관련이 없어 채권의 현실적 이행을 유효·적절하게 확보하기 위하여 필요하다고 보기 어렵고 채무자의 자유로운 재산관리 행위에 대한 부당한 간섭이 되므로 보전의 필요성을 인정할 수 없다. 또한 특정 분할 방법을 전제하고 있지 않는 공유물분할청구권의 성격 등에 비추어 볼 때 그 대위행사를 허용하면 여러 법적 문제들이 발생한다. 따라서 극히 예외적인 경우가 아니라면 금전채권자는 부동산에 관한 공유물분할청구권을 대위행사할 수 없다고 보아야 한다.

이는 채무자의 공유지분이 다른 공유자들의 공유지분과 함께 근저당권을 공동으로 담보하고 있고, 근저당권의 피담보채권이 채무자의 공유지분 가치를 초과하여 채무자의 공유지분만을 경매하면 남을 가망이 없어 민사집행법 제102조에 따라 경매절차가 취소될 수밖에 없는 반면, 공유물분할의 방법으로 공유부동산 전부를 경매하면 민법 제368조 제1항에 따라 각 공유지분의 경매대가에 비례해서 공동근저당권의 피담보채권을 분담하게 되어 채무자의 공유지분 경매대가에서 근저당권의 피담보채권 분담액을 변제하고 남을 가망이 있는 경우에도 마찬가지이다(대법원 2020.5.21. 선고 2018다879 판결).

문제 甲과 乙은 각 1/5, 4/5의 지분으로 X아파트를 공유하고 있다. 甲과 乙은 각 지분에 관하여, 丙의 A은행에 대한 2억원의 대여금채무를 담보하기 위해 A명의로 채무자 丙, 채권최고액 2억 4,000만원인 근저당권설정등기를 마쳐주었다. 한편 B는 C로부터 甲에 대한 금전채권 5,000만원을 양수한 채권자이다.

1. A은행이 각 지분에 관하여 근저당권 실행을 위한 경매를 신청하여 D에게 甲의 지분 8,000만원, 乙의 지분 3억 2,000만원에 각 매각되었다. B가 가압류결정을 받은 다음 적법하게 배당요구를 한 경우에 배당을 받을 수 있는 금액은? (단, A은행의 이자, 경매비용 등은 고려하지 않음)

→ 공동저당의 목적물 전부를 경매하여 그 경매대가를 동시에 배당하는 때에는 각 부동산의 경매대가에 비례하여 그 채권의 분담을 정한다(제368조 1항). 설문에서 甲의 지분과 乙의 지분이 동시에 경매가 진행되어 동시배당이 행해지면, 경매대가의 비율은 1:4이다. 따라서 A은행은 甲의 지분매각대금 4,000만원(=1/5×2억원), 乙의 지분매각대금 1억 6,000만원(=4/5×2억원)을 배당받게 되고, 그 결과 배당요구한 가압류채권자 B는 甲의 지분매각대금 8,000만원 중 A은행에 배당하고 남은 4,000만원을 배당받을 수 있다.

2. 甲의 채권자 E가 甲의 공유지분에 대한 강제경매를 신청하여 경매절차가 개시되었지만, 경매법원은 '공유지분의 최저매각가격이 공유지분에 설정된 근저당권 등 압류채권자 E의 채권에 우선하는 부담에 미치지 못한다'는 이유로 민사집행법 제102조에 따라 경매절차를 취소하였다. 이에 B는 채무초과 상태인 甲을 대위하여 乙을 상대로 X아파트에 관한 공유물분할을 청구하는 소송을 제기했다. 법원의 판단은?

→ 공유물분할청구권은 공유관계에서 수반되는 형성권으로서 공유자의 일반재산을 구성하는 재산권의 일종이므로, 채권자대위권의 목적이 될 수 있다. 그러나 금전채권자가 부동산에 관한 공유물분할청구권을 대위행사할 수 없다(대판 2020.5.21, 2018다879). 설문과 같이 채무자 甲의 공유지분이 다른 공유자 乙의 공유지분과 함께 근저당권을 공동으로 담보하고 있고, 공동저당권자인 A은행의 피담보채권이 甲의 공유지분 가치를 초과하여 甲의 공유지분만을 경매하면 남을 가망이 없어 민사집행법 제102조에 따라 경매절차가 취소될 수밖에 없는 반면, 공유물분할의 방법으로 공유부동산 전부를 경매하면 민법 제368조 1항에 따라 甲의 공유지분 경매대가에서 근저당권의 피담보채권 분담액을 변제하고 남을 가망이 있는 경우에도 금전채권자 B는 공유물분할청구권을 대위행사할 수 없다. 따라서 법원은 B의 청구를 각하해야 한다.

Ⅲ. 피대위권리

❐ 소멸시효가 완성된 경우 채무자에 대한 일반채권자는 채권자의 지위에서 독자적으로 소멸시효의 주장을 할 수는 없지만, 자기의 채권을 보전하기 위하여 필요한 한도 내에서 채무자를 대위하여 소멸시효 주장을 할 수 있다(대법원 2023.8.18. 선고 2023다234102 판결).

→ 배당요구 채권자인 원고는 피고가 집행력 있는 집행권원의 정본을 가지고 있는지 여부에 상관없이 피고를 상대로 배당이의의 소를 제기하여야 하고, 그 소송의 공격방어방

법으로서 채무자를 대위하여 피고 채권의 소멸시효가 완성되었다는 등의 주장을 할 수 있다.

❐ 이혼으로 인한 재산분할청구권은 이혼을 한 당사자의 일방이 다른 일방에 대하여 재산분할을 청구할 수 있는 권리로서 청구인의 재산에 영향을 미치지만, 순전한 재산법적 행위와 같이 볼 수는 없다. 또한 재산분할청구권은 협의 또는 심판에 의하여 구체적 내용이 형성되기까지는 그 범위 및 내용이 불명확·불확정하기 때문에 구체적으로 권리가 발생하였다고 할 수 없어 채무자의 책임재산에 해당한다고 보기 어렵고, 채권자의 입장에서는 채무자의 재산분할청구권 불행사가 그의 기대를 저버리는 측면이 있다고 하더라도 채무자의 재산을 현재의 상태보다 악화시키지 아니한다. 이러한 사정을 종합하면, 이혼으로 인한 재산분할청구권은 그 행사 여부가 청구인의 인격적 이익을 위하여 그의 자유로운 의사결정에 전적으로 맡겨진 권리로서 행사상의 일신전속성을 가지므로, 채권자대위권의 목적이 될 수 없고 파산재단에도 속하지 않는다(대법원 2023.7.14.자 2023마5758 결정).

Ⅳ. 권리불행사

❐ 채권자대위권은 채무자가 스스로 제3채무자에 대한 권리를 행사하지 아니하는 경우에 한하여 채권자가 자기의 채권을 보전하기 위하여 행사할 수 있는 것이어서, 채권자가 대위권을 행사할 당시에 이미 채무자가 그 권리를 재판상 행사하였을 때에는 채권자는 채무자를 대위하여 채무자의 권리를 행사할 수 없다. 그런데 비법인사단이 사원총회의 결의 없이 제기한 소는 소제기에 관한 특별수권을 결하여 부적법하고, 그 경우 소제기에 관한 비법인사단의 의사결정이 있었다고 할 수 없다. 따라서 비법인사단인 채무자 명의로 제3채무자를 상대로 한 소가 제기되었으나 사원총회의 결의 없이 총유재산에 관한 소가 제기되었다는 이유로 각하판결을 받고 그 판결이 확정된 경우에는 채무자가 스스로 제3채무자에 대한 권리를 행사한 것으로 볼 수 없다(대법원 2018.10.25. 선고 2018다210539 판결).

[비교] 비법인사단이 총유재산에 관한 소를 제기할 때에는 정관에 다른 정함이 있는 등의 특별한 사정이 없는 한 사원총회의 결의를 거쳐야 하지만, 이는 비법인사단의 대표자가 비법인사단 명의로 총유재산에 관한 소를 제기하는 경우에 비법인사단의 의사결정과 특별수권을 위하여 필요한 내부적인 절차이다. 채권자대위권은 채무자가 스스로 자기의 권리를 행사하지 아니하는 때에 채권자가 채무자에 대한 채권을 보전하기 위하여 채무자의 의사와는 상관없이 채무

자의 권리를 대위하여 행사할 수 있는 권리로서 그 권리행사에 채무자의 동의를 필요로 하는 것은 아니므로, 비법인사단이 총유재산에 관한 권리를 행사하지 아니하고 있어 비법인사단의 **채권자가 채권자대위권에 기하여 비법인사단의 총유재산에 관한 권리를 대위행사하는 경우**에는 사원총회의 결의 등 비법인사단의 내부적인 의사결정절차를 거칠 필요가 없다(대법원 2014.9.25. 선고 2014다211336 판결).

V. 채권자대위권의 행사

1. 행사의 방법과 범위

❐ 채권자대위권은 채권자의 고유권리이기는 하지만 채무자가 제3채무자에 대하여 가지고 있는 권리를 대위행사하는 것이므로, 채권자가 대위권을 행사한 경우에 제3채무자에 대하여 채무자에게 일정한 급부행위를 하라고 청구하는 것이 원칙이다. 다만 금전의 지급이나 물건의 인도 등과 같이 급부의 수령이 필요한 경우나 말소등기절차의 이행을 구하는 경우 등에는 채권자에게도 급부의 수령권한이 있을 뿐만 아니라, 채권자에게 행한 급부행위의 효과가 채무자에게 귀속되므로 예외적으로 채권자가 제3채무자에 대하여 직접 **자신에게** 급부행위를 하도록 청구할 수 있는 것이다.

그러나 채무자가 제3채무자에게 채권의 양도를 구할 수 있는 권리를 가지고 있고, 채권자가 채무자의 위 권리를 대위행사하는 경우에는 채권자의 직접 청구를 인정할 예외적인 사유가 없으므로, 원칙으로 돌아가 채권자는 제3채무자에 대하여 **채무자에게** 채권양도절차를 이행하도록 청구하여야 하고, 직접 자신에게 채권양도절차를 이행하도록 청구할 수 없다. 제3채무자에 대하여 채무자에게 채권을 양도하는 절차를 이행하도록 하면 그 채권이 바로 채무자에게 귀속하게 되어 별도로 급부의 수령이 필요하지 않을 뿐만 아니라, 만약 제3채무자가 직접 채권자에게 채권을 양도하는 절차를 이행하도록 하면 그 채권은 채권자에게 이전된다고 볼 수밖에 없어 대위행사의 효과가 채무자가 아닌 채권자에게 귀속하게 되기 때문이다(대법원 2024.3.12. 선고 2023다301682 판결).

❐ 채권자대위권은 채무자의 제3채무자에 대한 권리를 행사하는 것이므로, 제3채무자는 채무자에 대하여 가지는 모든 항변사유로써 채권자에게 대항할 수 있으나, 채권자는 채무자 자신이 주장할 수 있는 사유의 범위 내에서 주장할 수 있을 뿐, 자기와 제3채무자 사이의 독자적인 사정에 기한 사유를 주장할 수는 없다(대법원 2020.7.9. 선고 2020다223781 판결).

문제 〈기초적 사실관계〉

甲은 乙에 대하여 2억 5,000만원의 대여금 채권이 있고, 위 대여금 채권에 대하여 승소확정판결을 받았다. 乙은 甲에 대한 채무변제 책임 등을 회피하기 위하여 丙·丁과 공모하여 자신의 유일한 재산인 X부동산에 관하여 매매를 원인으로 2017. 10. 5. 丙명의로 소유권이전등기를 마쳐주었고, 丙은 다시 丁명의로 2018. 3. 10. 소유권이전등기를 마쳐주었다.

1. 甲은 통정허위표시를 이유로 乙을 대위하여 丙과 丁을 상대로 각 소유권이전등기 말소청구의 소를 제기하였다. 법원의 심리결과, 채권자대위권 행사요건을 전부 갖춘 것으로 인정된다. 이 경우 법원의 판결 주문은?

➜ 채권자가 대위권을 행사한 경우에 제3채무자에 대하여 채무자에게 일정한 급부행위를 하라고 청구하는 것이 원칙이다. 다만 금전의 지급이나 물건의 인도 등과 같이 급부의 수령이 필요한 경우나 말소등기절차의 이행을 구하는 경우 등에는 채권자에게도 급부의 수령권한이 있을 뿐만 아니라, 채권자에게 행한 급부행위의 효과가 채무자에게 귀속되므로 예외적으로 채권자가 제3채무자에 대하여 직접 자신에게 급부행위를 하도록 청구할 수 있는 것이다(대판 2024.3.12, 2023다301682). 따라서 법원은 "甲에게 丁과 丙은 X부동산에 관하여 마쳐진 소유권이전등기에 관한 각 말소등기절차를 이행하라"는 판결을 하여야 한다.

〈추가적 사실관계〉

A은행은 2018. 5. 18. 丁에게 5억원을 대출해 주었고, 위 대출금 채무를 담보하기 위해 X부동산에 관하여 채무자 丁, 채권최고액 6억원으로 된 근저당권설정등기를 마쳤다. A은행은 丁이 대출금 이자 등을 연체하자, 2021. 3. 27. X부동산에 대하여 임의경매신청을 하였고, X부동산은 B에게 매각되었다. 丙은 위 경매사건에서 금전소비대차계약 공정증서를 제출하여 권리신고 및 배당요구를 하였으며, 경매법원은 丙에게 2억 6,000만원을 배당하는 내용으로 배당표를 작성하였다.

甲은 2021. 5. 13. 丙의 배당금출급청구채권 중 2억 5,000만원에 대하여 채권가압류를 신청하여 가압류 인용결정을 받았고, 집행법원은 甲의 위 채권가압류를 이유로 丙에 대한 배당금 2억 6,000만원을 공탁하였다.

2. 甲은 乙에 대한 대여금채권을 피보전채권으로 무자력인 乙을 대위하여 丙을 상대로 丙의 배당금출급청구채권의 양도를 구하는 소를 제기하였다. 甲은 丙의 공정증서는 무효인 X부동산매매에 터잡은 허위의 가공채권에 대한 것이므로 무효이고, 乙 앞으로 그 소유권이 회복되기 전 X부동산에 관하여 임의경매가 개시됨에 따라 소유권이전등기 말소가 이행불능됨으로써 丙은 경매절차에서 부당하게 배당금출급청구채권을 갖게 되었다고 주장한다. 법원의 심리결과, 甲의 주장이 전부 인정된다. 법원은 '丙은 甲에게 배당금출급청구채권을 양도하라'는 판결을 할 수 있는가?

➜ 채무자가 제3채무자에게 채권의 양도를 구할 수 있는 권리를 가지고 있고, 채권자가 채무

자의 위 권리를 대위행사하는 경우, 채권자는 제3채무자에 대하여 채무자에게 채권양도절차를 이행하도록 청구하여야 하고, 직접 자신에게 채권양도절차를 이행하도록 청구할 수 없다(대판 2024.3.12, 2023다301682). 제3채무자에 대하여 채무자에게 채권을 양도하는 절차를 이행하도록 하면 그 채권이 바로 채무자에게 귀속하게 되어 별도로 급부의 수령이 필요하지 않을 뿐만 아니라, 만약 제3채무자가 직접 채권자에게 채권을 양도하는 절차를 이행하도록 하면 그 채권은 채권자에게 이전된다고 볼 수밖에 없어 대위행사의 효과가 채무자가 아닌 채권자에게 귀속하게 되기 때문이다. 설문의 경우, 乙과 丙사이의 X부동산에 관한 매매계약이 통정허위표시로 무효이고, 丙은 X부동산의 경매절차에서 허위의 가공채권에 의해 부당하게 배당금출급청구채권을 갖게 되었으므로, 乙은 丙에 대하여 위 채권의 양도를 구할 수 있다(민법 제741조). 따라서 법원은 '丙은 乙에게 배당금출급청구채권을 양도하라'는 판결을 해야 한다.

2. 채권자대위권 행사의 통지

- ❐ 채권자가 자기의 금전채권을 보전하기 위하여 채무자의 금전채권을 대위행사하는 경우 제3채무자로 하여금 채무자에게 지급의무를 이행하도록 청구할 수도 있지만, 직접 대위채권자 자신에게 이행하도록 청구할 수도 있다. 그런데 채권자대위소송에서 제3채무자로 하여금 직접 대위채권자에게 금전의 지급을 명하는 판결이 확정되더라도, 대위의 목적인 권리, 즉 채무자의 제3채무자에 대한 피대위채권이 판결의 집행채권으로서 존재하고 대위채권자는 채무자를 대위하여 피대위채권에 대한 변제를 수령하게 될 뿐 자신의 채권에 대한 변제로서 수령하게 되는 것이 아니므로, **피대위채권이 변제 등으로 소멸하기 전**이라면 채무자의 다른 채권자는 이를 압류·가압류할 수 있다(대법원 2016.8.29. 선고 2015다236547 판결).
- ❐ 채권자대위소송이 제기되고 대위채권자가 채무자에게 대위권 행사사실을 통지하거나 채무자가 이를 알게 되면 민법 제405조 제2항에 따라 채무자는 피대위채권을 양도하거나 포기하는 등 채권자의 대위권 행사를 방해하는 처분행위를 할 수 없게 되고 이러한 효력은 제3채무자에게도 그대로 미치는데, 그럼에도 그 이후 대위채권자와 평등한 지위를 가지는 채무자의 다른 채권자가 피대위채권에 대하여 전부명령을 받는 것도 가능하다고 하면, 채권자대위소송의 제기가 채권자의 적법한 권리행사방법 중 하나이고 채무자에게 속한 채권을 추심한다는 점에서 추심소송과 공통점도 있음에도 그것이 무익한 절차에 불과하게 될 뿐만 아니라, 대위채권자가 압류·가압류나 배당요구의 방법을 통하여 채권배당절차에 참여할 기회조차 가지지 못하게 한 채 전부명령을 받은 채권자가 대위채권자를 배제하고 전속적인 만

족을 얻는 결과가 되어, 채권자대위권의 실질적 효과를 확보하고자 하는 민법 제405조 제2항의 취지에 반하게 된다. 따라서 채권자대위소송이 제기되고 대위채권자가 채무자에게 대위권 행사사실을 통지하거나 채무자가 이를 알게 된 이후에는 민사집행법 제229조 제5항이 유추적용되어 피대위채권에 대한 전부명령은, 우선권 있는 채권에 기초한 것이라는 등의 특별한 사정이 없는 한 무효이다(대법원 2016.8.29. 선고 2015다236547 판결).

❒ 자기의 금전채권을 보전하기 위하여 채무자의 금전채권을 대위행사하는 대위채권자는 제3채무자로 하여금 직접 대위채권자 자신에게 지급의무를 이행하도록 청구할 수 있고 제3채무자로부터 변제를 수령할 수도 있으나, 이로 인하여 채무자의 제3채무자에 대한 피대위채권이 대위채권자에게 이전되거나 귀속되는 것이 아니므로, **대위채권자의 제3채무자에 대한 추심권능 내지 변제수령권능**은 자체로서 독립적으로 처분하여 환가할 수 있는 것이 아니어서 압류할 수 없는 성질의 것이고, 따라서 추심권능 내지 변제수령권능에 대한 압류명령 등은 무효이다. 그리고 채권자대위소송에서 제3채무자로 하여금 직접 대위채권자에게 금전의 지급을 명하는 판결이 확정되었더라도 판결에 기초하여 금전을 지급받는 것 역시 대위채권자의 제3채무자에 대한 추심권능 내지 변제수령권능에 속하므로, 채권자대위소송에서 확정된 판결에 따라 대위채권자가 제3채무자로부터 지급받을 채권에 대한 압류명령 등도 무효이다(대법원 2016.8.29. 선고 2015다236547 판결).

→ 참고로 금전채권에 대한 압류·추심명령이 있더라도 압류채권자에게 채무자의 제3채무자에 대한 채권이 이전되거나 귀속되는 것이 아니라 채권을 추심할 권능만 부여될 뿐이고 이러한 추심권능은 압류의 대상이 될 수 없다. 즉 추심권능은 대위채권자의 책임재산이 아니므로, 따라서 대위채권자의 추심권능에 대한 압류명령은 무효이다(대법원 2019.12.12. 선고 2019다256471 판결).

변호사시험 기출문제

문제 1 〈기초적 사실관계〉

B는 2002. 1. 1. 주택을 신축할 목적으로 C로부터 X토지를 매매대금 10억원에 매수하면서, 소유권이전등기는 추후 B가 요구하는 때에 마쳐주기로 하였다. B는 2002. 4. 5. 매매대금 전액을 지급하고 C로부터 X토지를 인도받았다.

B는 그 무렵 이후 C에게 X토지에 관한 소유권이전등기절차의 이행을 요구하였는데, C는 X토지를 매도할 당시보다 시가가 2배 이상 상승하였다고 주장하면서 매매대금으로 10억원을 더 주지 않으면 B에게

소유권이전등기를 마쳐줄 수 없다고 하였다. B는 C에게 수차례 소유권이전등기절차의 이행을 구하다가 2009. 12. 4. A에게 X토지를 25억원에 매도하였다. (제4회 변호사시험, 2015)

〈추가적 사실관계〉

A는 2011. 5. 8. 법원에 C를 상대로 B에 대한 X토지에 관한 소유권이전등기청구권을 보전하기 위하여 B를 대위하여 2002. 1. 1.자 매매를 원인으로 한 소유권이전등기절차 이행을 구하는 소를 제기하였다.

1. 재판과정에서, A가 2010. 9. 10. B를 상대로 X토지에 관하여 2009. 12. 4.자 매매를 원인으로 한 소유권이전등기청구의 소를 제기하였다가 그 매매계약이 적법하게 해제되었다는 이유로 패소판결을 선고받아 그 판결이 2010. 12. 30. 확정된 사실이 밝혀졌다. 이 경우 법원은 어떠한 판단을 하여야 하며, 그 이유는 무엇인가? (10점)

➜ 채권자가 채무자를 상대로 소를 제기하였으나 패소의 확정판결을 받은 종전 소유권이전등기절차 이행 소송의 청구원인이 채권자대위소송에 있어 피보전권리의 권원과 동일하다면 채권자는 종전 확정판결의 기판력으로 말미암아 더 이상 채무자에 대하여 확정판결과 동일한 청구원인으로 소유권이전등기청구를 할 수 없다(대판 2012.8.30, 2010다39918). 따라서 A가 B를 상대로 한 매매를 원인으로 한 소유권이전등기청구소송에서 패소판결을 받고 판결이 확정되어 그 소유권이전등기청구권을 보전할 필요가 없게 된 이상, 대위소송은 부적법하여 각하하여야 한다.

〈추가적 사실관계〉

한편 X토지 바로 옆에 있는 Y토지에서 중고차매매업을 하던 E는, 위와 같이 C가 B에게 X토지를 매도하였다는 사실을 잘 알면서도 C의 배임적 처분행위에 적극 가담하여 2012. 3. 5. C와 X토지를 매수하는 계약을 체결하고, 그 매매계약서를 근거로 2012. 7. 28. C를 상대로 법원에 X토지에 관하여 2012. 3. 5. 자 매매를 원인으로 한 소유권이전등기절차 이행을 구하는 소를 제기하여 2012. 9. 1. 무변론 승소판결을 선고받고 위 판결이 확정되자, 위 판결에 기하여 2012. 11. 25. X토지에 관하여 E 명의로 소유권이전등기를 마쳤다.

그 후 E는 2013. 9. 8. X토지 위에 컨테이너를 설치하여 이를 사무실로 사용하는 한편, X토지 전부를 위 컨테이너 부지 및 주차장 용도로 사용하고 있다.

A는 2014. 7. 10. X토지에 관한 소유권이전등기청구권을 보전하기 위하여 법원에 E를 상대로 B와 C를 대위하여, ① E 앞으로 마쳐진 2012. 11. 25.자 소유권이전등기가 반사회적인 법률행위에 기한 원인 무효의 등기라는 이유로 말소를 구하는 한편, ② E가 무단으로 X토지 위에 설치한 컨테이너의 철거와 X토지의 인도를 구하는 소를 제기하였다.

재판과정에서, E는 확정판결에 따라 적법하게 X토지에 관한 소유권이전등기를 마쳤으므로 A의 청구는 모두 부당하다고 주장하였다.

2. 이 경우 법원은 어떠한 판단을 하여야 하며, 그 이유는 무엇인가? (30점)

→ **(1) C와 E 사이의 매매계약의 유효성 여부**

E는 B와 C 사이의 X토지에 대한 매매계약이 있음을 알면서 C의 배임행위에 적극가담하여 2012.3.5. C와 X토지에 대하여 매매계약을 체결하였다. 따라서 C와 E 사이의 매매계약은 반사회적 법률행위로서 무효이다(민법 제103조).

(2) A가 E를 상대로 B와 C의 권리를 대위행사할 수 있는지 여부

(가) B의 채권자대위권 존재 여부

부동산이중매매에 관하여, 판례는 제1매수인은 소유자가 아니므로 자신이 직접 제2매수인에 대해 소유권이전등기의 말소를 청구할 수 없고, 자기의 소유권이전등기청구권을 보전하기 위하여 매도인을 대위하여 제2매수인에 대해 등기의 말소를 청구할 수 있다고 한다(대판 1983.4.26, 83다카57). 따라서 C와 E 사이의 매매가 반사회적 법률행위로서 무효이고, 그 결과 E명의의 소유권이전등기는 불법원인급여에 해당하지만(민법 제746조), B는 C에 대한 소유권이전등기청구권을 보전하기 위해 C의 권리를 대위행사할 수 있다.

(나) A는 B의 채권자대위권을 대위행사할 수 있는지 여부

채권자는 채무자의 채권자대위권도 대위행사할 수 있다(대판 1968.1.23, 67다2440). 따라서 A는 2009. 12. 4. 매매를 원인으로 한 B에 대한 소유권이전등기청구권을 보전하기 위하여 B의 채권자대위권을 대위행사할 수 있다.

(다) A의 채권자대위권 행사가 기판력에 저촉되는지 여부

1) A의 E에 대한 소유권이전등기말소청구

판례는 제3자가 이미 확정판결에 의하여 소유권이전등기를 마친 경우, 그 확정판결이 당연무효이거나 재심의 소에 의하여 취소되지 않는 한, 다른 소유권이전등기청구권자가 종전의 소유자를 대위하여 제3자 명의의 소유권이전등기가 원인무효임을 내세워 그 등기의 말소를 구하는 것은 확정판결의 기판력에 저촉되므로 허용될 수 없다고 한다(대판 1999.2.24, 97다46955). 설문에서 E의 C에 대한 소유권이전등기절차 이행의 소가 2012. 9. 1. 무변론 원고승소판결(민사소송법 제257조 1항)이 선고되어 확정되었으므로, C가 E에 대하여 말소등기청구권을 행사하는 것은 기판력 있는 판단과 모순되는 주장이어서 허용되지 않으며, 결국 B의 채권자대위권의 피대위채권인 C의 E에 대한 말소등기청구권을 주장하는 것은 확정판결의 기판력에 저촉되어 허용되지 않는다. 따라서 A의 소유권이전등기청구는 기각되어야 한다.

2) A의 E에 대한 철거 및 토지인도청구

부동산에 대한 소유권이전등기절차나 그 등기의 말소절차의 이행을 구하는 소송에서의 확정판결의 기판력은 그 각 청구의 소송물이었던 그 각 등기청구권의 존부에만 미치는 것이

고, 그 부동산의 소유권 자체에까지 미치는 것이 아니다(대판 1979.9.25, 79다1218). 설문에서 전소의 소송물은 소유권이전등기청구권이고, 후소의 소송물은 철거 및 인도청구권이므로 A의 대위청구는 기판력에 저촉되지 않는다. 하지만 철거 및 토지인도청구가 인정되기 위해서는 C에게 소유권이 존재하여야 하는데(민법 제213조, 제214조), 전소 확정판결에 의해 C는 E에게 X토지에 대한 소유권을 주장할 수 없다. 따라서 법원은 A의 컨테이너 철거청구와 토지인도청구 모두 기각해야 한다.

문제 2 상인인 甲은 乙에 대하여 상품 판매로 인한 4억원의 물품대금채권을 가지고 있다. 甲에게 2억원의 대여금채권을 갖고 있는 丙은 甲을 대위하여 乙에 대해 물품대금 중 2억원을 丙에게 지급할 것을 청구하는 소를 제기하였다. 丙이 乙을 상대로 제기한 대위소송에서 2017. 8. 12. "乙은 丙에게 2억원을 지급하라"라는 판결(이하 '이 사건 판결'이라 한다)이 선고되었고, 2017. 9. 3. 이 사건 판결이 그대로 확정되었다. 丙의 채권자인 丁은 丙에 대한 집행력 있는 지급명령 정본에 기초하여 2018. 1. 11. 이 사건 판결에 따라 乙이 丙에게 지급해야 하는 2억원에 대하여 채권압류 및 전부명령을 받아 그 전부명령이 확정되었고, 丁은 2018. 4. 25. 乙을 상대로 전부금의 지급을 청구하는 소를 제기하였다. 丁의 乙에 대한 소송에서 법원은 어떠한 판단을 하여야 하는지 (1) 결론(소 각하/청구 기각/청구 인용/청구 일부 인용 – 일부 인용의 경우에는 인용 범위를 특정할 것)과 (2) 논거를 기재하시오. (20점) (제9회 변호사시험, 2020)

➜ **1. 결론**

법원은 丁의 乙에 대한 전부금청구를 기각해야 한다.

2. 논거

(1) 전부명령이 확정된 경우에는 전부명령이 제3채무자에게 송달된 때에 채무자가 채무를 변제한 것으로 본다. 다만 이전된 채권이 존재하지 않은 때에는 그렇지 않는다(민사집행법 제231조). 제3채무자가 전부명령에 따른 이행을 하지 않은 경우, 전부채권자는 제3채무자를 상대로 전부금청구소송을 제기할 수 있다. 그러나 압류채권의 부존재 등으로 전부명령이 무효인 경우에는 제3채무자는 전부금청구소송에서 무효를 항변할 수 있다(대판 2000.7.4, 2000다21048).

(2) 채권자대위소송에서 제3채무자로 하여금 직접 대위채권자에게 금전의 지급을 명하는 판결이 확정되었더라도 판결에 기초하여 금전을 지급받는 것은 대위채권자의 제3채무자에 대한 추심권능 내지 변제수령권능에 속하고, 독립적으로 처분하여 환가할 수 없어 압류할 수 없다. 따라서 이 사건 판결에 따라 丙이 乙로부터 지급받을 채권 2억원을 피압류채권으로 한 丁의 압류 및 전부명령은 무효이므로, 압류 및 전부명령에 기한 乙의 丁에 대한 채무는 존재하지 않는다(대판 2016.8.29, 2015다236547).

문제 3 〈기초적 사실관계〉

甲은 乙에게서 1억원을 차용하고 그 일부를 담보하기 위해 甲 소유인 X토지에 관하여 乙에게 채권최고액 5,000만원인 근저당권설정등기를 마쳐 주었다. (아래 각 문제는 독립적임) (제10회 변호사시험, 2021)

1. 그 후 甲은 채무초과상태에서 이런 사실을 잘 아는 丙에게 유일한 재산인 시가 2억원인 X토지를 1억원에 매도하고 소유권이전등기를 마쳐 주었다. 丙은 민법 제364조에 따라 乙에게 5,000만원을 제공하면서 근저당권설정등기의 말소를 요구했으나 乙이 이에 응하지 아니하자 그 금액을 변제공탁한 후 乙을 상대로 근저당권설정등기의 말소를 구하는 소를 제기하였다. 乙이 위 소송에서 승소할 수 있는 전략은 무엇인가? (15점)

→ **(1) 민법 제364조에 의해 乙명의의 근저당권이 소멸하였는지 여부**

근저당부동산에 대하여 제364조에 의한 권리를 취득한 제3자는 피담보채무가 확정된 이후에 채권최고액의 범위 내에서 그 확정된 피담보채무를 변제하고 근저당권의 소멸을 청구할 수 있다(대판 2006.4.28, 2005다74108). 그런데 설문에는 甲의 피담보채무가 확정되었다고 인정할 사유(예: 결산기의 도래, 설정계약의 해제·해지 등)가 존재하지 않는다. 근저당권은 피담보채무가 확정될 때까지 채무의 변제 등으로 영향을 받지 않는다(제357조). 따라서 乙은 제3취득자 丙의 5,000만원 변제공탁으로 인해 X토지에 대한 근저당권이 소멸하지 않았음을 항변할 수 있다.

(2) 乙이 丙의 본소청구를 다투면서 사해행위의 취소 및 원상회복을 구하는 반소를 제기할 수 있는지 여부

반소청구는 본소의 청구 또는 본소의 방어방법과 서로 관련성이 있어야 한다(민사소송법 제269조 1항). 채무자 소유 부동산에 담보권이 설정되어 있는 경우, 피담보채권액을 공제한 나머지 부분은 일반채권자의 공동담보로 제공되는 책임재산이 된다(대판 1997.9.9, 97다10864). 설문에서 X토지에 대한 乙명의의 근저당권은 甲의 乙에 대한 채무 가운데 일부(채권최고액 5,000만원)를 담보하는 것이어서, 乙은 담보되지 않은 나머지 금액에 대해서는 일반채권자이다. 그런데 채무초과상태에 있는 甲이 丙에게 유일한 재산인 X토지를 매도하고 소유권이전등기를 해 주었다. 이처럼 채무자가 자기의 유일한 재산인 부동산을 매각하여 소비하기 쉬운 금전으로 바꾸는 행위는 원칙적으로 사해행위가 되며(대판 2015.12.23, 2013다40063), 사해행위 당시 丙은 甲의 채무초과상태를 잘 알고 있었기 때문에 악의가 인정된다. 그러므로 乙은 丙을 상대로 사해행위취소 및 원상회복을 청구할 수 있다(민법 제406조). 이러한 乙의 청구는 丙의 본소에 대한 방어방법과 서로 관련성이 있고, 본소절차를 현저히 지연시키지 않으며, 丙의 본소가 사실심에 계속 중이다. 따라서 乙은 원고 丙의 본소청구를 다투면서 丙을 상대로 사해행위의 취소 및 원상회복을 구하는 반소를 제기할 수 있다.

2. 甲은 乙에게 위 차용금 채무 1억원을 모두 변제하였으나 근저당권설정등기를 말소하지 않고 있던 중 甲의 채권자 丁이 X토지를 가압류하였다. 그 후 甲은 戊에게서 다시 5,000만원을 차용하고 甲, 乙, 戊의 합의에 따라, 乙 명의의 근저당권설정등기가 말소되지 않은 데에 착안하여, 근저당권을 戊에게 이전하는 형식의 부기등기를 마침으로써 戊에게 담보를 제공하였다. 丁은 戊를 피고로 삼아 근저당권설정등기의 말소를 구하는 소를 제기하였다. 그 소에서 丁은 '(1) 戊는 근저당권 이전의 부기등기가 마쳐지기 전에 이해관계를 가진 丁에게 대항할 수 없으므로 丁에게는 戊 명의 근저당권설정등기에 대한 말소청구권이 있고, (2) 만약 丁에게 근저당권설정등기의 말소청구권이 없다면 丁은 X토지의 소유자인 甲을 대위하여 말소를 구한다'고 주장한다. 甲은 채무초과상태이다. 丁은 승소할 수 있는가? (20점)

→ **(1) 丁이 戊를 상대로 戊명의의 근저당권설정등기말소를 청구할 수 있는지 여부**

(가) 戊명의의 근저당권 이전이 유효한지 여부

실질관계의 소멸로 무효로 된 등기의 유용은 그 등기를 유용하기로 하는 합의가 이루어지기 전에 등기상 이해관계가 있는 제3자가 생기지 않은 경우에는 허용된다(대판 2009.2.26, 2006다72802). 설문에서 피담보채무 변제로 소멸한 乙의 근저당권이 甲·乙·戊 사이의 무효등기 유용합의에 따라 戊명의로 근저당권 이전의 부기등기가 마쳐지기 전에 甲의 채권자 丁이 근저당부동산인 X토지를 가압류하였다. 따라서 戊는 丁에 대하여 근저당권의 유효를 주장할 수 없다.

(나) 丁의 戊에 대한 근저당권설정등기말소청구 인정 여부

丁이 민법 제214조에 의하여 戊명의의 근저당권설정등기의 말소를 청구할 수 있기 위해서는, X토지의 소유자이어야 한다. 하지만 丁은 X토지에 대한 소유권이 존재하지 않으므로, 제214조에 의하여 戊를 상대로 근저당권설정등기의 말소를 청구할 수 없다.

한편 채무초과 상태에 있는 채무자가 그 소유의 부동산을 채권자 중의 어느 한 사람에게 채권담보로 제공하는 행위는 다른 채권자에 대한 관계에서 사해행위에 해당한다(대판 2018.12.28, 2018다272261). 하지만 설문의 경우, 무효등기 유용의 합의로 근저당권 이전의 부기등기를 마친 戊는 가압류채권자 丁에 대하여 근저당권의 유효를 주장할 수 없다. 따라서 丁은 채무자의 근저당권설정행위로 인하여 아무런 불이익을 입지 않으므로, 사해행위의 취소로 인한 원상회복 방법으로 戊명의의 등기말소를 청구할 수 없다.

(2) 丁이 甲을 대위하여 戊명의의 근저당권설정등기말소를 청구할 수 있는지 여부

채권자대위권은 채무자의 제3채무자에 대한 권리를 행사하는 것이므로, 제3채무자는 채무자에 대하여 가지는 모든 항변사유로써 채권자에게 대항할 수 있으나, 채권자는 제3채무자에 대하여 채무자가 주장할 수 있는 사유의 범위 내에서 주장할 수 있을 뿐, 자기와 제3채무자 사이의 독자적인 사정에 기한 사유를 주장할 수 없다(대판 2020.7.9, 2020다223781). 설문의 경우, 甲·乙·戊 사이의 근저당권등기 유용의 합의에 따라 戊명의로 근저당권 이전

의 부기등기가 마쳐졌다. 따라서 戊는 X토지의 소유자 甲에 대하여 그 등기 유용의 합의를 주장하여 근저당권설정등기의 말소청구에 대항할 수 있고(대판 1998.3.24, 97다56242), 甲을 대위하여 근저당권설정등기의 말소를 구하는 丁에게도 대항할 수 있다. 丁이 戊명의의 부기등기 전에 X토지를 가압류한 사실을 주장하는 것은 채무자 甲이 아닌 丁 자신이 제3채무자 戊에 대하여 가지는 사유에 관한 것이어서 허용되지 않기 때문이다(대판 2009.5.28, 2009다4787).

(3) 결론

따라서 丁은 승소할 수 없다.

문제 4 乙은 2023. 4. 5. 甲으로부터 甲 소유의 X건물을 매매대금 10억원에 매수하되, 계약금 1억원은 계약 당일, 중도금 3억원은 2023. 5. 10.에 각 지급하고, 잔금 6억원은 2023. 10. 31. 소유권이전에 필요한 서류를 제공받음과 동시에 지급하기로 하는 내용의 매매계약(이하 '이 사건 매매계약'이라 한다)을 체결한 후 계약금과 중도금을 모두 지급하였다.
乙의 대여금 채권자 丙은 2023. 9. 11. 乙을 대위하여 甲을 상대로 X건물에 대한 처분금지가처분을 신청하여 인용결정을 받았고, 2023. 9. 14. 乙에게 위 결정문이 송달되었다. 甲은 乙이 이 사건 매매계약에 따른 잔금을 지급하지 아니하자 乙에게 2024. 1. 5.까지 잔금의 지급을 최고하면서 위 기한까지 잔금을 지급하지 아니할 경우 이 사건 매매계약을 해제한다는 의사표시를 하였다. 그런데 乙이 위 기한까지 잔금을 지급하지 아니하자 甲은 이 사건 매매계약을 해제하고자 2024. 2. 28. 원상회복의무의 이행을 원인으로 하여 계약금을 제외한 중도금 상당액만 공탁하였고, 乙은 아무런 이의 없이 공탁의 취지에 따라 공탁금을 수령하였다. 다만 甲이 소유권이전에 필요한 서류를 제공하거나, 수령하여 갈 것을 최고한 적은 없다.
丙이 乙을 대위하여 2024. 4. 5. 甲을 상대로 X건물에 대하여 이 사건 매매계약에 기한 소유권이전등기절차의 이행 및 인도를 구하는 소를 제기하자, 甲은 '이 사건 매매계약은 乙이 공탁금을 공탁의 취지에 따라 수령함으로써 적법하게 해제되었으므로, X건물에 대한 소유권이전등기절차 및 인도의무의 이행을 청구할 수 없다'고 주장하였다. 甲의 주장이 타당한지 판단하고 그 근거를 서술하시오. (채권자대위권 행사를 위한 다른 요건들은 고려하지 말 것) (10점) (제14회 변호사시험, 2025)

➜ 1. 결론

甲은 乙을 대위하여 매매계약에 따른 소유권이전등기 및 인도를 구하는 丙에게 계약해제로써 대항할 수 없으므로, 甲의 주장은 부당하다.

2. 근거

채무자가 채권자대위권행사의 통지를 받은 후에는 그 권리를 처분하여도 이로써 채권자에게 대항하지 못한다(민법 제405조 2항).

(1) 법정해제는 채무자의 객관적 채무불이행에 대한 제3채무자의 정당한 법적 대응이므로,

채무자가 자신의 채무불이행을 이유로 매매계약을 해제하는 것은 제405조 2항의 처분에 해당하지 않는다(대판 2012.5.17, 2011다87235). 설문의 경우, 乙의 잔금 6억원은 2023. 10. 31. 소유권이전에 필요한 서류를 제공받음과 동시에 지급하기로 하였으므로, 즉 동시이행관계에 있으므로 乙의 채무의 이행기가 도래하더라도 甲의 이행제공이 있을 때까지는 乙이 잔금을 지급하지 않아도 이행지체의 책임을 지지 않는다(대판 2023.4.27, 2022다302497,302503). 따라서 甲이 乙과의 매매계약을 이행지체를 이유로 해제하기 위해서는 언제든지 현실로 이행을 할 수 있는 준비를 완료하고 그 뜻을 상대방에게 통지하여 그 수령을 최고하여야 하는데, 甲은 乙에게 아무런 최고를 하지 않았으므로, 甲은 계약을 해제할 수 없다.

(2) 채권자가 채무자와 제3채무자 사이의 부동산매매계약에 기한 소유권이전등기청구권을 보전하기 위해 채무자를 대위하여 제3채무자의 부동산에 대한 처분금지가처분결정을 받은 경우, 채무자가 그러한 채권자대위권 행사 사실을 알게 된 후에 그 매매계약을 합의해제한 것으로 채무자나 제3채무자가 채권자에게 대항할 수 없다(대판 2007.6.28, 2006다85921). 설문의 경우, 甲은 이행지체를 이유로 乙과의 계약을 해제할 수 없지만, 乙은 甲이 계약해제에 따른 원상회복의 방법으로 공탁한 중도금 상당액을 아무런 이의 없이 수령하였으므로, 甲과 乙사이의 계약은 합의해제되었다고 볼 수 있다. 이처럼 甲과 乙이 매매계약을 합의해제하여 피보전권리인 乙의 甲에 대한 소유권이전등기청구권을 소멸시켰더라도 이로써 대위채권자 丙에게 대항할 수 없다.

제5절 채권자취소권

Ⅰ. 사해행위

❐ 채권자가 채무의 변제를 요구하는 것은 그의 당연한 권리행사로서 다른 채권자가 존재한다는 이유로 이것이 방해받아서는 아니 되고, 채무자도 다른 채권자가 있다는 이유로 채무이행을 거절할 수는 없는 것이므로, 채무자가 채권자의 요구에 따라 채권자에 대한 기존채무의 변제를 위하여 소비대차계약을 체결하고 강제집행을 승낙하는 취지가 기재된 공정증서를 작성하여 주어 전체적으로 채무자의 책임재산이 감소하지 않는 경우, 그와 같은 행위로 인해 채무자의 책임재산을 특정 채권자에게 실질적으로 양도한 것과 다를 바 없는 것으로 볼 수 있는 특별한 사정이 있는 경우에 해당하지 않는 한, 다른 채권자를 해하는 사해행위

가 된다고 볼 수 없다(대법원 2015.10.29. 선고 2012다14975 판결).

- ❐ 채무자의 부동산에 관한 매매계약 등의 유상행위가 사해행위라는 이유로 취소되고 원상회복이 이루어짐으로써 수익자에 대하여 부당이득반환채무를 부담하게 된 채무자가 부당이득반환채무의 변제를 위하여 수익자와 소비대차계약을 체결하고 강제집행을 승낙하는 취지가 기재된 공정증서를 작성하여 준 경우, 다른 채권자를 해하는 새로운 사해행위가 된다고 볼 수 없다. 또한 이러한 수익자의 채무자에 대한 채권은 당초의 사해행위 이후에 취득한 채권에 불과하므로 수익자는 원상회복된 재산에 대한 강제경매절차에서 배당을 요구할 권리가 없다(대법원 2015.10.29. 선고 2012다14975 판결).
- ❐ 부부간의 명의신탁약정은 특별한 사정이 없는 한 유효하고(부동산실명법 제8조), 이때 명의신탁자는 명의수탁자에 대하여 신탁해지를 하고 신탁관계의 종료 그것만을 이유로 하여 소유 명의의 이전등기절차의 이행을 청구할 수 있음은 물론, 신탁해지를 원인으로 하고 소유권에 기해서도 그와 같은 청구를 할 수 있는데, 이와 같이 명의신탁관계가 종료된 경우 신탁자의 수탁자에 대한 소유권이전등기청구권은 신탁자의 일반채권자들에게 공동담보로 제공되는 책임재산이 된다.

  그런데 신탁자가 유효한 명의신탁약정을 해지함을 전제로 신탁된 부동산을 제3자에게 직접 처분하면서 수탁자 및 제3자와의 합의 아래 중간등기를 생략하고 수탁자에게서 곧바로 제3자 앞으로 소유권이전등기를 마쳐 준 경우 이로 인하여 신탁자의 책임재산인 수탁자에 대한 소유권이전등기청구권이 소멸하게 되므로, 이로써 신탁자의 소극재산이 적극재산을 초과하게 되거나 채무초과상태가 더 나빠지게 되고 신탁자도 그러한 사실을 인식하고 있었다면 이러한 신탁자의 법률행위는 신탁자의 일반채권자들을 해하는 행위로서 사해행위에 해당한다(대법원 2016.7.29. 선고 2015다56086 판결).
- ❐ 채무자가 양도한 부동산에 제3자의 채무를 담보하기 위한 근저당권이 설정되어 있는 경우, 그 부동산에서 일반 채권자들의 공동담보로 되는 책임재산은 채권최고액을 한도로 실제 부담하고 있는 피담보채권액을 뺀 나머지 부분이다. 따라서 근저당권의 피담보채권액과 채권최고액이 모두 부동산 가격을 초과하는 때에는 일반 채권자들의 공동담보로 되는 책임재산이 없으므로 부동산의 양도가 사해행위에 해당하지 않는다. 가령 채무자가 근저당권이 설정된 부동산을 처분하면서 매매대금으로 그 부동산에 대해서 다른 채권자에 우선하여 변제를 받을 수 있는 지위에 있는 근저당권자의 피담보채권액 중 일부를 변제하고 근저당권을 말소한 경우라면 특별한 사정이 없는 한 부동산 처분행위를 사해행위로 볼 수 없다(대법원 2018.4.24. 선고 2017다287891 판결). 그러나 저당권의 피담보채권액이 목적물의 가액을 초과하였더라도 채

무자가 목적물을 양도하기에 앞서 자신의 출재로 피담보채무의 일부를 변제하여 잔존 피담보채권액이 목적물의 가액을 초과하지 않게 되었다면 목적물의 양도로 목적물의 가액에서 잔존 피담보채권액을 공제한 잔액의 범위 내에서 사해행위가 성립하고, 이는 채무자의 출재에 의한 피담보채무의 일부 변제가 양도계약 체결 후 이에 따른 소유권이전등기 등이 마쳐지는 과정에서 이루어진 경우에도 마찬가지이다(대법원 2017.1.12. 선고 2016다208792 판결).

❒ 주채무자 또는 제3자 소유의 부동산에 관하여 채권자 앞으로 근저당권이 설정되어 있고, 부동산의 가액 및 채권최고액이 당해 채무액을 초과하여 채무 전액에 대하여 채권자에게 우선변제권이 확보되어 있다면 그 범위 내에서는 채무자의 재산처분 행위가 채권자를 해하지 아니하므로, 채무자가 비록 재산을 처분하는 법률행위를 하더라도 채권자에 대하여 사해행위가 성립하지 않고, 채무액이 부동산의 가액 및 채권최고액을 초과하는 경우에는 **그 담보물로부터 우선변제받을 금액**을 공제한 나머지 채권액에 대하여만 채권자취소권이 인정된다. 이때 취소채권자가 **담보물로부터 우선변제받을 금액**은 사해행위 당시를 기준으로 담보물의 가액에서 취소채권자에 앞서는 선순위 담보물권자가 변제받을 금액을 먼저 공제한 다음 산정하여야 한다(대법원 2021.11.25. 선고 2016다263355 판결).

❒ 채권자취소권에 의하여 보호될 수 있는 채권은 원칙적으로 사해행위라고 볼 수 있는 행위가 행하여지기 전에 발생된 것임을 요하지만, 사해행위 당시에 이미 채권 성립의 기초가 되는 법률관계가 발생되어 있고, 가까운 장래에 그 법률관계에 터 잡아 채권이 성립되리라는 점에 대한 고도의 개연성이 있으며, 실제로 가까운 장래에 개연성이 현실화되어 채권이 성립된 경우에는, 그 채권도 채권자취소권의 피보전채권이 될 수 있다.
계속적인 물품공급계약에서 대상이 되는 물품의 구체적인 수량, 거래단가, 거래시기 등에 관하여까지 구체적으로 미리 정하고 있다거나, 일정한 한도에서 공급자가 외상으로 물품을 공급할 의무를 규정하고 있지 않은 이상, 계속적 물품공급계약 그 자체에 기하여 거래당사자의 채권이 바로 성립하지는 아니하며, 주문자가 상대방에게 구체적으로 물품의 공급을 의뢰하고 그에 따라 상대방이 물품을 공급하는 별개의 법률관계가 성립하여야만 채권이 성립한다. 따라서 특별한 사정이 없는 한 사해행위 당시 계속적인 물품거래관계가 존재하였다는 사정만으로 채권 성립의 기초가 되는 법률관계가 발생하여 있었다고 할 수 없다(대법원 2023.3.16. 선고 2022다272046 판결).

❒ 수 개의 부동산에 공동저당권이 설정되어 있는 경우 책임재산을 산정함에 있어 각 부동산이 부담하는 피담보채권액은 특별한 사정이 없는 한 민법 제368조의 규정 취지에 비추어 공동저당권의 목적으로 된 각 부동산의 가액에 비례하여 공동저당권의 피담보채권액을 안

분한 금액이라고 보아야 한다. 그러나 그 수 개의 부동산 중 일부는 채무자의 소유이고 다른 일부는 물상보증인의 소유인 경우에는, 물상보증인이 민법 제481조, 제482조의 규정에 따른 변제자대위에 의하여 채무자 소유의 부동산에 대하여 저당권을 행사할 수 있는 지위에 있는 점 등을 고려할 때, 그 물상보증인이 채무자에 대하여 구상권을 행사할 수 없는 특별한 사정이 없는 한 **채무자 소유의 부동산**에 관한 피담보채권액은 공동저당권의 피담보채권액 전액으로 봄이 상당하다. 이러한 법리는 하나의 공유부동산 중 일부 지분이 채무자의 소유이고, 다른 일부 지분이 물상보증인의 소유인 경우에도 마찬가지로 적용된다(대법원 2016.8.18. 선고 2013다90402 판결).

→ 채무자 소유의 X부동산(시가 6,000만원)과 물상보증인 소유의 Y부동산(시가 4,000만원)에 대해 피담보채권액 6,000만원으로 공동저당권이 설정되었는데, 채무자의 X부동산에 대한 매매계약이 사해행위로 취소될 경우, 시가 6,000만원에서 피담보채권액 6,000만원을 공제하면 남는 금액이 없으므로, X부동산에 대한 양도행위는 일반채권자에 대한 사해행위가 되지 않는다.

문제 〈기초적 사실관계〉

甲은 2010. 2. 5. A와 보증원금 1억원, 보증기간 2015. 2. 4.까지로 정하여 신용보증약정을 체결하고 위와 같은 내용의 신용보증서를 발급하였다. A는 2010. 2. 8. B은행에 위 신용보증서를 제출하고 1억원을 대출받았다. 乙은 위 신용보증약정 당시 A의 甲에 대한 구상금채무를 연대보증하였다. 甲은 2013. 11. 9. A의 분할상환 연체로 말미암은 신용보증사고가 발생하자 2014. 2. 25. B은행에 4,000만원을 대위변제하여, 甲의 A에 대한 구상금채권이 발생하였다.

한편 乙소유의 X부동산(시가 4억 5,000만원)과 丙소유의 Y부동산(시가 3억원)에는 乙의 丁은행에 대한 5억원의 대출금채무를 담보하기 위하여 채권최고액 6억 5,000만원, 채무자 乙, 근저당권자 丁은행으로 된 공동근저당권이 설정되어 있었다.

〈추가된 사실관계〉

채무초과 상태에 있는 乙은 2013. 9. 17. 戊와 X부동산에 관하여 매매대금 3억 3,000만원에 매도하는 매매계약을 체결하였다.

1. 甲은 乙과 戊 사이의 매매계약에 관하여 사해행위로 취소할 수 있는가?

→ (1) **채권자취소권의 성립 여부**

(가) 甲의 乙에 대한 피보전채권이 존재하는지 여부

사해행위가 성립하려면 피보전채권은 사해행위 이전에 발생된 것이어야 하지만, 사해행위 당시에 이미 채권 성립의 기초가 되는 법률관계가 성립되어 있고, 가까운 장래에 그 법률관계에

터 잡아 채권이 발생하리라는 점에 대한 고도의 개연성이 있으며, 실제로 가까운 장래에 그 개연성이 현실화되어 채권이 발생한 경우에는 그 채권도 채권자취소권의 피보전채권이 될 수 있다(대판 2012.1.12, 2010다64792). 설문에서 乙과 戊 사이의 매매계약이 체결된 2013. 9. 17.에는 甲의 乙에 대하여 구상금채권이 발생하지 않았지만, 그 당시 구상금채권 발생의 기초가 되는 연대보증약정이 체결되어 있었고, 매매계약일부터 얼마 지나지 않은 2013. 11. 9. 신용보증사고로 인해 甲이 B은행에 대위변제함으로써 甲의 乙에 대한 구상금채권 발생의 개연성이 현실화되었으므로, 甲의 乙에 대한 구상금채권은 채권자취소권의 피보전채권이 될 수 있다.

(나) 乙과 戊 사이의 매매계약이 사해행위에 해당하는지 여부
공동저당권이 설정된 수 개의 부동산 중 일부가 처분된 경우의 그 피담보채권액은 공동저당권의 목적으로 된 각 부동산의 가액에 비례하여 공동저당권의 피담보채권액을 안분한 금액이다. 다만 수 개의 부동산 중 일부는 채무자의 소유이고 일부는 물상보증인의 소유인 경우에는 물상보증인이 민법 제481조, 제482조에 의한 변제자대위에 의하여 채무자 소유의 부동산에 대하여 담보권을 행사할 수 있는 지위에 있는 점 등을 고려할 때, 채무자 소유의 부동산에 관한 피담보채권액은 공동저당권의 피담보채권액 전액이다(대판 2016.8.18, 2013다90402). 설문에서 乙의 丁은행에 대한 채무를 담보하기 위해 乙소유의 X부동산과 丙소유의 Y부동산에 공동근저당권이 설정되어 있지만, 乙소유의 X부동산에 관한 피담보채권액은 丁은행의 채권액 전부이고, 이 금액이 X부동산의 가격을 초과하고 있다. 따라서 乙과 戊 사이의 매매계약은 사해행위에 해당하지 않는다.

(2) 결론

甲은 乙과 戊 사이의 매매계약을 사해행위를 이유로 취소할 수 없다.

〈변경된 사실관계〉

乙은 2013. 9. 17. 戊와 시가 4억 5,000만원의 X부동산에 관하여, 매매대금 3억 3,000만원에 매도하는 매매계약을 체결하면서 매매대금 중 3억원의 지급은 戊가 공동근저당권의 피담보채무를 인수하는 것으로 갈음하기로 약정하였다. 乙은 매매계약 당일 丁은행에 대한 공동근저당권의 피담보채무 중 원금 2억원과 그 이자를 변제하였다. 戊는 같은 날 乙에게 3,000만원을 지급한 후 공동근저당권의 나머지 피담보채무 3억원을 인수하였고, 乙은 戊에게 대구지방법원 2013. 9. 17. 접수 제82204호로 매매를 원인으로 한 소유권이전등기를 마쳐 주었다.

2. 甲이 戊를 상대로 사해행위취소의 소를 제기하였고, 법원의 심리결과 2013. 9. 17.부터 변론종결 시까지 채무초과 상태였으며, 戊가 사해행위임을 몰랐다는 사실은 밝혀지지 않았다. 甲의 戊에 대한 청구의 결론[각하, 청구전부인용, 청구일부인용, 청구기각]을 그 논거와 함께 설명하시오.

→ (1) 결론

법원은 "戊와 乙 사이의 X부동산에 관하여 2013. 9. 17. 체결된 매매계약을 취소한다. 戊는 乙에게 X부동산에 관하여 대구지방법원 2013. 9. 17. 접수 제82204호로 마친 소유권이전등기의 말소등기절차를 이행하라"고 판시하여, 원고의 청구를 인용하여야 한다.

(2) 논거

(가) 甲의 乙에 대한 피담보채권이 존재하는지 여부

전술한 바와 같이 甲의 乙에 대한 구상금채권은 채권자취소권의 피보전채권이 될 수 있다.

(나) 乙과 戊 사이의 매매계약이 사해행위에 해당하는지 여부

채무자가 수익자에게 양도한 목적물에 저당권이 설정되어 있는 경우, 목적물 중에서 일반채권자의 공동담보에 제공되는 책임재산은 피담보채권액을 공제한 나머지 부분이므로, 피담보채권액이 목적물의 가액을 초과할 때의 목적물 양도는 사해행위에 해당하지 않는다. 그러나 저당권의 피담보채권액이 목적물의 가액을 초과하더라도 채무자가 목적물을 양도하기에 앞서 자신의 출재로 피담보채무의 일부를 변제하여 잔존 피담보채권액이 목적물의 가액을 초과하지 않게 되었다면 목적물의 양도로 목적물의 가액에서 잔존 피담보채권액을 공제한 잔액의 범위 내에서 사해행위가 성립하고, 이는 채무자의 피담보채무 일부 변제가 양도계약 체결 후 이에 따른 소유권이전등기 등이 마쳐지는 과정에서 이루어진 경우에도 마찬가지이다(대판 2017.1.12, 2016다208792). 설문에서 乙과 戊 사이의 매매계약이 체결 당시 공동근저당권의 피담보채권액이 X부동산의 가액을 초과하였지만, 乙이 丁에 대한 피담보채무 중 2억원과 그 이자를 변제하여 공동근저당권의 잔존 피담보채권액 3억원이 X부동산의 가액을 초과하지 않게 되었다. 채무초과 상태에 있는 乙이 시가보다 훨씬 저렴한 가격으로 매도한 것은 甲을 비롯한 일반채권자의 공동담보를 감소시킨 행위로서 사해행위가 되고 사해의사도 추정된다. 따라서 X부동산의 시가 4억 5,000만원에서 丁의 피담보채권 3억원을 공제한 범위 내에서 사해행위가 성립한다.

(다) 戊의 사해의사가 존재하는지 여부

선의에 관한 증명책임은 수익자에게 있다. 설문에서 戊가 사해행위임을 몰랐다는 사실은 밝혀지지 않았으므로, 戊의 사해의사는 추정된다.

❒ 민법 제666조는 "부동산공사의 수급인은 보수에 관한 채권을 담보하기 위하여 그 부동산을 목적으로 한 저당권의 설정을 청구할 수 있다"라고 규정하고 있는바, 이는 부동산공사에서 그 목적물이 보통 수급인의 자재와 노력으로 완성되는 점을 감안하여 그 목적물의 소유권이 원시적으로 도급인에게 귀속되는 경우 수급인에게 목적물에 대한 저당권설정청구

> 권을 부여함으로써 수급인이 사실상 목적물로부터 공사대금을 우선적으로 변제받을 수 있도록 하는 데 그 취지가 있고, 이러한 수급인의 지위가 목적물에 대하여 유치권을 행사하는 지위보다 더 강화되는 것은 아니어서 도급인의 일반 채권자들에게 부당하게 불리해지는 것도 아닌 점 등에 비추어, 신축건물의 도급인이 민법 제666조가 정한 수급인의 저당권설정청구권의 행사에 따라 공사대금채무의 담보로 그 건물에 저당권을 설정하는 행위는 특별한 사정이 없는 한 사해행위에 해당하지 않는다.
> 민법 제666조에서 정한 수급인의 저당권설정청구권은 공사대금채권을 담보하기 위하여 인정되는 채권적 청구권으로서 공사대금채권에 부수하여 인정되는 권리이므로, 당사자 사이에 공사대금채권만을 양도하고 저당권설정청구권은 이와 함께 양도하지 않기로 약정하였다는 등의 특별한 사정이 없는 한, **공사대금채권이 양도되는 경우 저당권설정청구권도 이에 수반하여 함께 이전된다**고 봄이 타당하다. 따라서 신축건물의 수급인으로부터 공사대금채권을 양수받은 자의 저당권설정청구에 의하여 신축건물의 도급인이 그 건물에 저당권을 설정하는 행위 역시 다른 특별한 사정이 없는 한 사해행위에 해당하지 않는다(대법원 2018.11.29. 선고 2015다19827 판결).

문제 甲건설회사는 2005. 1. 20. 乙회사와의 사이에 乙소유의 X토지에 Y건물을 공사대금 100억원에 신축하기로 하는 내용의 도급계약을 체결하고 공사를 진행하여 2008. 6. 30. Y건물을 완공하였다. 甲은 2010. 7. 20. Y건물의 공사대금채권 전부를 丙에게 양도하기로 하는 내용의 채권양도양수 합의서를 작성하고, 같은 날 乙에게 채권양도사실을 통지하였다.
丙은 2012. 12. 21. 乙을 상대로 甲으로부터 양수한 공사대금채권의 지급을 구하는 소송을 제기하여 2013. 6. 26. '乙은 丙에게 100억원과 그에 대한 지연손해금을 지급하라'는 취지의 승소판결을 받았고, 위 판결은 그 무렵 확정되었다. 그 당시 채무초과상태에 빠졌음에도 乙은 2013. 10. 22. Y건물에 대해 소유권보존등기를 마친 다음 같은 달 30일 丙과의 사이에 Y건물에 관하여 근저당권자 丙, 채권최고액 120억원으로 하는 근저당권설정계약을 체결하고, 같은 날 근저당권설정등기를 마쳤다.
이에 乙의 채권자 丁은 丙을 상대로 '乙과 丙 사이에 Y건물에 관하여 2013. 10. 30. 체결된 근저당권설정계약을 취소하고, 丙은 乙에게 Y건물에 관하여 마친 근저당권설정등기의 말소등기절차를 이행하라'는 소를 제기하였다. 이에 대하여 丙은 민법 제666조의 수급인의 저당권설정청구권에 기하여 乙과의 사이에 Y건물에 관하여 근저당권설정계약을 체결한 것이므로, 근저당권 설정계약은 사해행위에 해당하지 않는다고 주장한다. 법원은 丁의 청구를 인용해야 하는가?

→ 1. 乙과 丙 사이의 근저당설정계약이 사해행위에 해당하는지 여부

(1) 수급인의 저당권설정청구권 행사에 따라 도급인이 저당권을 설정하는 행위가 사해행위

에 해당하는지 여부

신규자금의 융통 없이 단지 기존채무의 이행을 유예받기 위하여 자신의 채권자 중 한 사람에게 담보를 제공하는 행위는 다른 특별한 사정이 없는 한 다른 채권자들에 대한 관계에서는 사해행위에 해당한다(대판 2010.4.29, 2009다104564). 하지만 신축건물의 도급인이 민법 제666조가 정한 수급인의 저당권설정청구권의 행사에 따라 공사대금채무의 담보로 그 건물에 저당권을 설정하는 행위는 사해행위에 해당하지 않는다(대판 2018.11.29, 2015다19827).

(2) 甲의 乙에 대한 저당권설정청구권이 丙에게 이전되는지 여부

민법 제666조에서 정한 수급인의 저당권설정청구권은 공사대금채권을 담보하기 위하여 인정되는 채권적 청구권으로서 공사대금채권에 부수하여 인정되는 권리이므로, 특별한 사정이 없는 한 공사대금채권이 양도되는 경우 저당권설정청구권도 이에 수반하여 함께 이전된다(대판 2018.11.29, 2015다19827). 설문에서 甲이 乙에 대한 공사대금채권 전부를 丙에게 양도하고, 乙에게 양도통지를 하여 丙은 대항요건을 갖추었다(제450조). 이로써 甲의 공사대금채권뿐만 아니라 이를 담보하기 위하여 甲이 乙에게 가지는 저당권설정청구권도 공사대금채권에 수반하여 丙에게 이전되었다.

2. 결론

乙과 丙과 사이에 체결한 근저당권설정계약은 공사대금채권을 담보하기 위한 것으로, 저당권설정청구권의 행사에 따른 것으로서 사해행위에 해당하지 않는다. 따라서 법원은 丁의 청구를 기각해야 한다.

Ⅱ. 채권자취소권의 행사

❐ 甲이 乙을 상대로 제기한 사해행위취소소송에서 원물반환으로 근저당권설정등기의 말소를 구하여 승소판결이 확정되었는데, 그 후 해당 부동산이 관련 경매사건에서 담보권 실행을 위한 경매절차를 통하여 제3자에게 매각된 경우, 위와 같이 부동산이 담보권 실행을 위한 경매절차에 의하여 매각됨으로써 확정판결에 기한 乙의 근저당권설정등기 말소등기절차의 무가 이행불능된 경우, 甲은 **대상청구권 행사**로서 乙이 말소될 근저당권설정등기에 기한 근저당권자로서 지급받은 배당금의 반환을 청구할 수 있다(대법원 2012.6.28. 선고 2010다71431 판결).

→ 채권자가 사해행위취소 및 원상회복으로 원물반환 청구를 하여 승소판결이 확정된 후에 원물반환의 목적을 달성할 수 없게 된 경우에 채권자는 다시 대상청구권을 행사할 수 있다.

[비교] 사해행위로 부동산 소유권이 이전된 후 그 부동산에 관하여 제3자가 저당권이나 지상권 등의 권리를 취득한 경우에는 수익자가 부동산을 저당권 등의 제한이 없는 상태로 회복하여 채무자에게 이전하여 줄 수 있다는 등의 특별한 사정이 없는 한 채권자는 수익자를 상대로 원물반환 대신 가액 상당의 배상을 구할 수 있지만, 그렇다고 하여 채권자가 스스로 위험이나 불이익을 감수하면서 원물반환을 구하는 것까지 허용되지 않는 것은 아니다. 채권자는 원상회복 방법으로 가액배상 대신 수익자 명의 등기의 말소를 구하거나 수익자를 상대로 채무자 앞으로 직접 소유권이전등기절차를 이행할 것을 구할 수도 있다. 이 경우 원상회복청구권은 사실심 변론종결 당시 채권자의 선택에 따라 원물반환과 가액배상 중 어느 하나로 확정된다. 채권자가 일단 사해행위취소 및 원상회복으로서 수익자 명의 등기의 말소를 청구하여 승소판결이 확정되었다면, 어떠한 사유로 수익자 명의 등기를 말소하는 것이 불가능하게 되었다고 하더라도 다시 수익자를 상대로 원상회복청구권을 행사하여 가액배상을 청구하거나 원물반환으로서 채무자 앞으로 직접 소유권이전등기절차를 이행할 것을 청구할 수는 없으므로, 그러한 청구는 권리보호의 이익이 없어 허용되지 않는다(대법원 2018.12.28. 선고 2017다265815 판결).

→ 채권자가 사해행위취소 및 원상회복으로서 수익자 명의 등기의 말소를 청구하여 승소판결이 확정된 경우, 수익자 명의 등기를 말소하는 것이 불가능하게 되었다고 하여 다시 수익자를 상대로 원상회복청구권을 행사하여 가액배상을 청구하거나 원물반환으로서 채무자 앞으로 직접 소유권이전등기절차를 이행할 것을 청구할 수 없다. 이를 인정하게 되면 기판력에 저촉되기 때문이다(민사소송법 제216조).

❐ 사해행위의 취소는 취소소송의 당사자 사이에서 상대적으로 취소의 효력이 있는 것으로 당사자 이외의 제3자는 다른 특별한 사정이 없는 이상 취소로 인하여 그 법률관계에 영향을 받지 아니한다. 저당권설정행위 등이 사해행위에 해당하여 채권자가 저당권자를 상대로 제기한 사해행위 취소소송에서 채권자의 청구를 인용하는 판결이 선고되었다고 하더라도 이러한 사해행위 취소판결의 효력은 해당 부동산의 소유권을 이전받은 자에게 미치지 아니하므로, 저당권이 설정되어 있는 부동산이 사해행위로 양도된 경우 부동산의 가액에서 저당권의 피담보채무액을 공제한 잔액의 한도에서 양도행위를 사해행위로 취소하고 가액의 배상을 구할 수 있다는 법리는 저당권설정행위 등이 사해행위로 인정되어 취소된 때에도 마찬가지로 적용된다(대법원 2018.6.28. 선고 2018다214319 판결).

→ 甲소유의 X부동산에 관하여 乙명의의 근저당권이 설정되었는데, 丙이 甲으로부터 재산분할협의를 원인으로 X부동산의 소유권을 취득한 다음 이를 제3자인 丁에게 매도하

였고, 매매계약이 이행되는 과정에서 乙명의의 근저당권설정등기가 말소된 경우, 비록 취소채권자 戊가 乙을 상대로 X부동산에 관하여 체결된 근저당권설정계약의 취소를 구하는 사해행위 취소소송에서 그 청구가 인용되는 판결이 선고되었더라도, 그 근저당권설정등기가 마쳐진 이후 丙이 재산분할협의를 원인으로 X부동산의 소유권을 이전받은 이상 X부동산의 가액에서 乙명의로 된 근저당권의 피담보채무액을 공제한 잔액의 범위 내에서만 재산분할협의를 취소하고 그 가액의 배상을 구할 수 있다.

❒ 공동저당권이 설정된 수개의 부동산 전부의 매매계약이 사해행위에 해당하고 사해행위의 목적 부동산 전부가 하나의 계약으로 동일인에게 일괄 양도된 경우에는 특별한 사정이 없는 한 취소에 따른 배상액의 산정은 목적 부동산 전체의 가액에서 공동저당권의 피담보채권 총액을 공제하는 방식으로 하고, 사해행위인 매매계약의 목적물 중 일부 목적물만을 사해행위로 취소하는 경우 일부 목적물의 사실심 변론종결 당시 가액에서 공제되어야 할 피담보채권액은 공동저당권의 피담보채권총액을 사실심 변론종결 당시를 기준으로 한 **공동저당 목적물의 가액에 비례**하여 안분한 금액이다(대법원 2014.6.26. 선고 2012다77891 판결).

→ 채무자 소유의 X부동산(시가 6,000만원), Y부동산(시가 4,000만원)에 대해 피담보채권액 6,000만원으로 공동저당권이 설정되었는데, X부동산에 대한 매매계약이 사해행위로 취소된 경우 시가 6,000만원에서 X부동산의 안분액 3,600만원을 공제한 2,400만원 범위 내에서 일반채권자에 대한 사해행위가 되고, Y부동산에 대한 매매계약이 사해행위로 취소된 경우 시가 4,000만원에서 Y부동산의 안분액 2,400만원을 공제한 1,600만원 범위 내에서 일반채권자에 대한 사해행위가 된다.

❒ 채무자의 수익자에 대한 채권양도가 사해행위로 취소되는 경우, 수익자가 제3채무자에게서 아직 채권을 추심하지 아니한 때에는, 채권자는 사해행위취소에 따른 원상회복으로서 수익자가 제3채무자에게 채권양도가 취소되었다는 취지의 통지를 하도록 청구할 수 있다. 그런데 사해행위의 취소는 채권자와 수익자의 관계에서 상대적으로 채무자와 수익자 사이의 법률행위를 무효로 하는 데에 그치고, 채무자와 수익자 사이의 법률관계에는 영향을 미치지 아니한다. 따라서 채무자의 수익자에 대한 채권양도가 사해행위로 취소되고, 그에 따른 원상회복으로서 제3채무자에게 채권양도가 취소되었다는 취지의 통지가 이루어지더라도, 채권자와 수익자의 관계에서 채권이 채무자의 책임재산으로 취급될 뿐, 채무자가 직접 채권을 취득하여 권리자로 되는 것은 아니므로, 채권자는 채무자를 대위하여 제3채무자에게 채권에 관한 지급을 청구할 수 없다(대법원 2015.11.17. 선고 2012다2743 판결).

→ 이 경우 취소채권자는 원상회복된 채권에 대하여 압류 및 추심명령 또는 전부명령을

받아 집행할 수 있다(민사집행법 제227조, 제229조). 원상회복된 채권은 채권자와 수익자의 관계에서 채무자의 책임재산으로 취급되기 때문이다.

문제 甲은 乙을 상대로 금전채권을 가지고 있다. 한편 이와 별개로 乙은 丙을 상대로 정산금 채권을 가지고 있는데, 이 채권을 丁에게 양도하였다. 그런데 甲은 이 채권양도가 사해행위라고 주장하며 '채권양도 취소 및 원상회복으로서 丙에게 채권양도가 취소되었다는 취지의 통지를 할 것'을 청구하였고, 이것이 인용되었다. 그 후 甲은 자신의 금전채권을 보전하기 위하여 乙을 대위하여 丙에게 채권자대위의 소를 제기하려고 한다. 이러한 소송이 가능한가?

➜ 사해행위의 취소는 채권자와 수익자의 관계에서 상대적으로 채무자와 수익자 사이의 법률행위를 무효로 하는 데에 그치고, 채무자와 수익자 사이의 법률관계에는 영향을 미치지 않는다(대판 2015.11.17, 2012다2743). 설문에서 채무자 乙의 수익자 丁에 대한 채권양도가 사해행위로 취소되었고, 그에 따른 원상회복으로서 丙에게 채권양도가 취소되었다는 취지의 통지가 이루어졌다. 그러나 사해행위 취소와 원상회복의 효과는 채권자 甲과 수익자 丁의 관계에서 채권이 乙의 책임재산으로 취급되는 것을 의미한다. 즉 채무자 乙이 양도한 정산금채권을 취득하여 그 권리자가 되는 것은 아니다. 채권자대위권이 인정되려면, 乙의 丙에 대한 채권이 존재하여야 하므로, 甲이 乙을 대위하여 丙에게 채권에 관한 지급을 청구할 수 없다(대판 2015.11.17, 2012다2743).

- ❒ 근저당권설정계약을 사해행위로 취소하는 경우 경매절차가 진행되어 타인이 소유권을 취득하고 근저당권설정등기가 말소되었다면 원물반환이 불가능하므로 가액배상의 방법으로 원상회복을 명한다. 이때 배당표가 확정되었으나 배당금지급금지가처분 등으로 인하여 수익자가 배당금을 현실적으로 지급받지 못한 경우, 수익자의 배당금청구권을 사해행위를 한 **채무자에게** 반환하는 방법으로 원상회복이 이루어져야 하고, 이는 배당금채권을 사해행위를 한 채무자에게 양도하고 **채권양도의 통지를 배당금채권의 채무자에게** 할 것을 명하는 형태가 된다(대법원 2023.11.16. 선고 2023다254519 판결; 대법원 2018.4.10. 선고 2016다272311 판결).
- ❒ 채권자취소권의 행사에 따른 가액배상은 사해행위 당시 채무자의 일반 채권자들의 공동담보로 되어 있어 사해행위가 성립하는 범위 내의 부동산 가액 전부의 배상을 명하는 것으로, 저당권이 설정된 부동산에 관하여 사해행위가 이루어진 경우 부동산의 가액에서 그 저당권의 피담보채권액을 공제한 잔액의 범위 내에서만 사해행위가 성립하므로, 사실심 변론종결

시 기준의 부동산 가액에서 저당권의 피담보채권액을 공제한 잔액의 한도에서 사해행위를 취소하고 가액의 배상을 구할 수 있다.

따라서 **사해행위 이후** 그 부동산에 관하여 제3자가 저당권을 취득한 경우, 그 피담보채권액은 사해행위 당시 일반 채권자들의 공동담보였던 부분에 속하므로 채권자취소권의 행사에 따른 원상회복의 범위에서 이를 공제할 수 없고, 이를 포함한 전부가 가액배상 등 원상회복의 범위에 포함된다 할 것인데, 이는 채무자의 부동산에 관하여 증여 등 사해행위로 수익자에게 그 소유권이 이전된 후 경매의 실행으로 배당절차가 진행된 경우에도 마찬가지로, 그 부동산 가액 중 수익자의 채권자가 배당절차에 참여하여 취득한 배당액 상당은 사해행위 당시 채무자의 일반 채권자들의 공동담보였으므로 가액배상 등 원상회복의 범위에서 공제하여 산정할 것은 아니고, 수익자의 채권자가 채무자의 일반채권자에 해당하는 지위를 겸하고 있다고 하여 달리 볼 것도 아니다(대법원 2023.6.29. 선고 2022다244928 판결).

→ 채권자취소권에 의하여 보호될 수 있는 채권은 원칙적으로 사해행위라고 볼 수 있는 행위가 행하여지기 전에 발생하여야 한다.

[비교] 저당권이 설정되어 있는 부동산에 관하여 사해행위 후 변제 등으로 저당권설정등기가 말소되어 사해행위 취소와 함께 가액반환을 명하는 경우, 부동산 가액에서 저당권의 피담보채권액을 공제한 한도에서 가액반환을 하여야 한다. 그런데 그 부동산에 위와 같은 저당권 이외에 우선변제권 있는 임차인이 있는 경우에는 임대차계약의 체결시기 등에 따라 임차보증금 공제 여부가 달라질 수 있다. 가령 사해행위 이전에 임대차계약이 체결되었고 임차인에게 임차보증금에 대해 우선변제권이 있다면, 부동산 가액 중 임차보증금에 해당하는 부분이 일반 채권자의 공동담보에 제공되었다고 볼 수 없으므로 수익자가 반환할 부동산 가액에서 우선변제권 있는 임차보증금 반환채권액을 공제하여야 한다. 그러나 부동산에 관한 **사해행위 이후**에 비로소 채무자가 부동산을 임대한 경우에는 그 임차보증금을 가액반환의 범위에서 공제할 이유가 없다. 이러한 경우에는 부동산 가액 중 임차보증금에 해당하는 부분도 일반 채권자의 공동담보에 제공되어 있음이 분명하기 때문이다(대법원 2018.9.13. 선고 2018다215756 판결).

→ 채무자 甲이 근저당권이 설정되어 있는 X주택을 乙에게 매도하는 계약을 체결한 다음 피담보채무를 변제한 뒤 근저당권을 말소하고, X주택을 丙에게 임대한 후 乙에게 소유권을 이전한 경우, 사해행위취소에 따른 가액반환 범위는 X주택 시가에서 피담보채무액을 뺀 나머지이며, 사해행위 이후 이루어진 임대차계약에 따른 임차보증금 반환채권액은 공동담보 가액에서 공제될 수 없다.

❐ 원고의 본소 청구에 대하여 피고가 본소 청구를 다투면서 사해행위의 취소 및 원상회복을 구하는 반소를 적법하게 제기한 경우, 그 사해행위의 취소 여부는 반소의 청구원인임과 동시에 본소 청구에 대한 방어방법이자, 본소 청구 인용여부의 선결문제가 될 수 있다. 그 경우 법원이 반소 청구가 이유 있다고 판단하여, 사해행위의 취소 및 원상회복을 명하는 판결을 선고하는 경우, 비록 그 반소 청구에 대한 판결이 확정되지 않았다고 하더라도, 원고의 소유권 취득의 원인이 된 법률행위가 취소되었음을 전제로 원고의 본소청구를 심리하여 판단할 수 있다. 그때에는 반소 사해행위취소 판결의 확정을 기다리지 않고, 반소 사해행위취소 판결을 이유로 원고의 본소 청구를 기각할 수 있다. 본소와 반소가 같은 소송절차 내에서 함께 심리, 판단되는 이상, 반소 사해행위취소 판결의 확정 여부가 본소 청구 판단시 불확실한 상황이라고 보기 어렵고, 그로 인해 원고에게 소송상 지나친 부담을 지운다거나, 원고의 소송상 지위가 불안정해진다고 볼 수도 없다. 오히려 이로써 반소 사해행위취소소송의 심리를 무위로 만들지 않고, 소송경제를 도모하며, 본소 청구에 대한 판결과 반소 청구에 대한 판결의 모순 저촉을 피할 수 있다(대법원 2019.3.14. 선고 2018다277785,277792 판결).

문제 甲은 2020. 1. 20. 乙에게 2억 1,000만원을 이자 연 4%, 원금을 36개월에 걸쳐 상환하는 것으로 정하여 빌려주었고, 위 대출금 중 일부를 담보하기 위하여 乙소유의 X부동산에 관하여 채권최고액 1억원의 근저당권설정등기를 마쳤다. 乙은 甲으로부터 금전을 빌린 후 2020. 7. 20.부터 원리금 상환을 연체하기 시작하였고, 2020. 8. 17. 현재 甲에게 지급하여야 할 채무액은 2억원이다.
한편 丙은 2020. 3. 3. 채무초과상태에 빠진 乙로부터 X부동산을 3억원에 매수하는 계약을 체결하고, 같은 해 4. 29. X부동산에 관하여 소유권이전등기를 마쳤다. 丙은 X부동산의 소유권을 취득한 제3자로서 근저당권자인 甲을 피공탁자로 하여 피담보채무 1억원을 공탁한 다음, 丙은 甲을 상대로 'X부동산에 관하여 甲명의의 근저당권설정등기의 말소등기절차를 이행하라'는 소를 제기하였다. 이에 甲은 丙의 청구를 다투면서, 丙을 상대로 '丙과 乙 사이에 X부동산에 관하여 2020. 3. 3. 체결된 매매계약을 취소하고, 丙은 乙에게 X부동산에 관하여 2020. 4. 29. 마친 소유권이전등기의 말소등기절차를 이행하라'는 반소를 제기하였다.
甲의 반소 청구원인에 대하여, 丙은 X부동산 매매계약이 사해행위에 해당하지 않는다고 주장하였다. 또한 사해행위 취소소송 중 취소부분은 형성의 소로서 그 판결이 확정되어야 권리변동의 효력이 발생하므로, 제1심법원이 乙과 丙 사이의 부동산 매매계약을 사해행위로 판단하여 취소하는지 여부와는 관계없이 丙의 본소 청구는 인용되어야 한다고 주장하였다. 이 경우 제1심법원은 위 본소와 반소 각 청구에 대하여 어떤 판결을 해야 하는가?

→ 1. 피고 甲의 원고 丙에 대한 반소의 타당성 여부

반소청구는 본소의 청구 또는 본소의 방어방법과 서로 관련성이 있어야 한다(민사소송법 제269조 1항). 설문에서 피고 甲의 반소청구는 원고 丙의 소유권 취득의 원인이 된 매매계약이 사해행위로서 취소되어야 한다고 다투는 것으로 본소의 방어방법에 해당한다(대판 2019.3.14, 2018다277785,277792). 설문에서 甲이 丙의 본소청구를 다투면서 丙을 상대로 반소를 제기하였으므로, 甲의 반소 제기는 적법하다.

2. 乙과 丙 사이의 매매계약이 사해행위에 해당하는지 여부

주채무자 또는 제3자 소유의 부동산에 관하여 채권자 앞으로 근저당권이 설정되어 있고, 부동산의 가액 및 채권최고액이 채무액을 초과하여 채무 전액에 대하여 채권자에게 우선변제권이 확보되어 있다면 그 범위 내에서는 채무자의 재산처분 행위는 채권자에 대하여 사해행위가 성립하지 않지만, 채무액이 부동산의 가액 및 채권최고액을 초과하는 경우에는 '그 담보물로부터 우선변제받을 금액'을 공제한 나머지 채권액에 대하여만 채권자취소권이 인정된다(대판 2021.11.25, 2016다263355). 설문에서 甲의 원금 및 이자채권 중 1억원에 대해서만 X부동산에 근저당권이 설정되어 있으므로, 이를 공제한 나머지 부분은 甲을 포함한 乙의 일반채권자들의 공동담보로 제공되는 책임재산이 된다. 따라서 채무초과 상태에 빠진 乙이 丙과 체결한 매매계약은 일반채권자들의 공동담보가 되는 책임재산을 감소시키는 행위, 즉 사해행위에 해당하고, 乙은 계약체결 당시 그 행위가 사해행위에 해당한다는 것을 알았다고 할 것이며, 이에 따라 사해행위의 수익자인 원고 丙의 악의는 추정된다.

3. 甲의 반소청구에 대한 판결이 확정되지 않았는데 취소되었음을 전제로 丙의 본소청구를 판단할 수 있는지 여부

원고 丙의 본소청구에 대하여 피고 甲이 본소청구를 다투면서 사해행위의 취소 및 원상회복을 구하는 반소를 적법하게 제기하였다. 이때 사해행위의 취소 여부는 반소의 청구원인임과 동시에 본소청구에 대한 방어방법이자, 본소청구 인용 여부의 선결문제가 될 수 있다. 이 경우 법원은 반소청구가 이유 있다고 판단하여, 사해행위의 취소 및 원상회복을 명하는 판결을 선고하는 경우, 비록 반소청구에 대한 판결이 확정되지 않았더라도, 원고의 소유권 취득의 원인이 된 법률행위가 취소되었음을 전제로 원고의 본소청구를 심리하여 판단할 수 있다(대판 2019.3.14, 2018다277785,277792). 따라서 법원은 반소 사해행위취소 판결의 확정을 기다리지 않고, 반소 사해행위취소 판결을 이유로 원고 丙의 본소청구를 기각할 수 있다.

4. 결론

제1심법원은 반소청구를 받아들여 위 매매계약을 취소하고 원상회복으로서 丙명의의 소유권이전등기말소를 명해야 한다. 반면 丙의 본소청구는 소유권에 기한 방해배제청구권이므로, 반소청구를 받아들여 丙명의의 소유권이전등기말소를 명하는 이상 丙의 청구를 기각해야 한다.

❐ 채권자가 수익자와 전득자를 공동피고로 삼아 채권자취소의 소를 제기하면서 청구취지로 **채무자와 수익자 사이의 사해행위취소 청구**를 구하는 취지임을 명시한 경우 전득자에 대한 관계에서 채무자와 수익자 사이의 사해행위를 취소하면서 채권자취소권을 행사한 것으로 보아야 한다. 사해행위 취소를 구하는 취지를 수익자에 대한 청구취지와 전득자에 대한 청구취지로 분리하여 각각 기재하지 않았다고 하더라도 취소를 구하는 취지가 수익자에 대한 청구에 한정된 것이라고 볼 수는 없다(대법원 2021.2.4. 선고 2018다271909 판결).

❐ 사해행위취소의 소에서 수익자가 원상회복으로서 채권자취소권을 행사하는 채권자에게 가액배상을 할 경우, 수익자 자신이 사해행위취소소송의 채무자에 대한 채권자라는 이유로 채무자에 대하여 가지는 자기의 채권과 상계하거나 채무자에게 가액배상금 명목의 돈을 지급하였다는 점을 들어 채권자취소권을 행사하는 채권자에 대해 이를 가액배상에서 공제할 것을 주장할 수 없다. 그러나 **수익자가 채권자취소권을 행사하는 채권자에 대해 가지는 별개의 다른 채권을 집행하기 위하여 그에 대한 집행권원을 가지고 채권자의 수익자에 대한 가액배상채권을 압류하고 전부명령을 받는 것은 허용**된다(대법원 2017.8.21.자 2017마499 결정).

→ 이는 수익자의 채무자에 대한 채권을 기초로 한 상계나 임의적인 공제와는 내용과 성질이 다르다. 또한 채권자가 채무자의 제3채무자에 대한 채권을 압류하는 경우 제3채무자가 채권자 자신인 경우에도 이를 압류하는 것이 금지되지 않기 때문이다. 따라서 단지 채권자와 제3채무자가 같다고 하여 채권압류 및 전부명령이 위법하다고 볼 수 없다.

❐ 채권자취소권의 요건을 갖춘 각 채권자는 **고유의 권리**로서 채무자의 재산처분 행위를 취소하고 원상회복을 구할 수 있다. 그러므로 여러 채권자가 동시에 또는 시기를 달리하여 사해행위취소 및 원상회복청구의 소를 제기한 경우, 어느 한 채권자가 동일한 사해행위에 관하여 사해행위취소 및 원상회복청구를 하여 승소판결을 받아 그 판결이 확정되었다는 것만으로는 그 후에 제기된 다른 채권자의 동일한 청구가 권리보호의 이익이 없게 되는 것은 아니고, 그에 기하여 재산이나 가액의 회복을 마친 경우에 비로소 다른 채권자의 사해행위취소 및 원상회복청구가 그와 중첩되는 범위 내에서 권리보호의 이익이 없게 된다. 따라서 여러 채권자가 사해행위취소 및 원상회복청구의 소를 제기하여 여러 개의 소송이 계속 중인 경우에는 각 소송에서 채권자의 청구에 따라 사해행위의 취소 및 원상회복을 명하는 판결을 선고하여야 하고, 수익자가 가액배상을 하여야 할 경우에도 **수익자가 반환하여야 할 가액 범위 내에서 각 채권자의 피보전채권액 전액의 반환**을 명하여야 한다.
이와 같이 여러 개의 사해행위취소소송에서 각 가액배상을 명하는 판결이 선고되어 확정된

> 경우, 각 채권자의 피보전채권액을 합한 금액이 사해행위 목적물의 가액에서 일반채권자들의 공동담보로 되어 있지 않은 부분을 공제한 잔액(이하 공동담보가액)을 초과한다면 수익자가 채권자들에게 반환하여야 할 가액은 공동담보가액이 될 것인데, 그럼에도 수익자는 공동담보가액을 초과하여 반환하게 되는 범위 내에서 이중으로 가액을 반환하게 될 위험에 처할 수 있다. 이때 각 사해행위취소 판결에서 산정한 공동담보가액의 액수가 서로 달라 수익자에게 이중지급의 위험이 발생하는지를 판단하는 기준이 되는 공동담보가액은, 그 중 다액(多額)의 공동담보가액이 이를 산정한 사해행위취소소송의 사실심 변론종결 당시의 객관적인 사실관계와 명백히 다르고 해당 소송에서의 공동담보가액의 산정 경위 등에 비추어 그 가액을 그대로 인정하는 것이 심히 부당하다고 보이는 등의 특별한 사정이 없는 한 그 다액에 해당하는 금액이라고 보는 것이 채권자취소권의 취지 및 채권자취소소송에서 변론주의 원칙 등에 부합한다. 따라서 수익자가 어느 채권자에게 자신이 배상할 가액의 일부 또는 전부를 반환한 때에는 다른 채권자에 대하여 각 사해행위취소 판결에서 **가장 다액으로 산정된 공동담보가액**에서 **자신이 반환한 가액을 공제한 금액**을 초과하는 범위에서 청구이의의 방법으로 집행권원의 집행력의 배제를 구할 수 있을 뿐이다(대법원 2022.8.11. 선고 2018다202774 판결).

문제 **〈기초적 사실관계〉**

채무자 乙은 2014. 12. 5. 丙과 사이에 자신의 X부동산에 관하여 매매계약을 체결하고, 丙명의로 소유권이전등기를 마쳐 주었다. 乙의 채권자 甲은 丙을 상대로 위 매매계약이 사해행위라고 주장하면서 그 취소 및 원상회복을 구하는 소를 제기하였다. 법원은 2016. 5. 20. X부동산의 공동담보가액을 9,500만원(X부동산의 가액 3억 3,000만원에서 선순위근저당권의 피담보채무액 합계 2억 3,500만원을 공제한 돈)으로 산정한 다음, 甲의 채권액보다 적은 9,500만원 범위 내에서 위 매매계약을 취소하고, 丙은 甲에게 가액배상으로 9,500만원을 지급하라는 판결을 선고하였고, 위 판결을 그대로 확정되었다(이하 '제1선행판결'이라 한다).
乙의 다른 채권자 丁이 丙을 상대로 위 매매계약을 취소하고 원상회복을 구하는 소를 제기하였다. 위 소송에서 법원은 2016. 7. 21. X부동산의 공동담보가액을 5,500만원(X부동산의 가액 3억 4,000만원에서 선순위근저당권의 채권최고액 합계 2억 8,500만원을 공제한 돈)으로 산정한 다음, 법원은 판결을 선고하였고 그 판결은 확정되었다(이하 '제2선행판결'이라 한다).

1. 丁이 제기한 소는 적법하는지와 丁의 청구에 대한 법원의 판결주문은?

→ **(1) 丁의 소제기 적법성 여부**

채권자취소권의 요건을 갖춘 각 채권자는 고유의 권리로서 채무자의 재산처분 행위를 취소하고 원상회복을 구할 수 있다. 그러므로 여러 채권자가 동시에 또는 시기를 달리하여 사해행위취소 및 원상회복청구의 소를 제기한 경우, 어느 한 채권자가 동일한 사해행위에 관하여 사해행위취소 및 원상회복청구를 하여 승소판결을 받아 그 판결이 확정되었다는 것만으로는 그 후에 제기된 다른 채권자의 동일한 청구가 권리보호의 이익이 없게 되는 것은 아니고, 그에 기하여 재산이나 가액의 회복을 마친 경우에 비로소 다른 채권자의 사해행위취소 및 원상회복청구가 그와 중첩되는 범위 내에서 권리보호의 이익이 없게 된다(대판 2022.8.11, 2018다202774). 설문에서 甲이 제1선행판결에 기하여 가액의 회복을 마치지 않아서 丁의 소는 권리보호의 이익이 있다. 따라서 적법하다.

(2) 丁의 청구에 대한 법원의 판결주문

(가) 여러 채권자가 사해행위취소 및 원상회복청구의 소를 제기하여 여러 개의 소송이 계속 중인 경우, 각 소송에서 채권자의 청구에 따라 사해행위의 취소 및 원상회복을 명하는 판결을 선고하여야 하고, 수익자가 가액배상을 하여야 할 경우에도 수익자가 반환하여야 할 가액 범위 내에서 각 채권자의 피보전채권액 전액의 반환을 명하여야 한다(대판 2022.8.11, 2018다202774).

(나) 가액배상의무는 사해행위의 취소를 명하는 판결이 확정된 때에 비로소 발생하므로, 그 판결이 확정된 다음 날부터 이행지체 책임을 지게 되고, 따라서 소송촉진 등에 관한 특례법 소정의 이율은 적용되지 않고 민법 소정의 법정이율이 적용된다(대판 2009.1.15, 2007다61618).

(다) 따라서 법원은 "乙과 丙사이의 매매계약을 취소한다. 丙은 丁에게 5,500만원 및 이에 대하여 판결확정일 다음 날부터 다 갚는 날까지 연 5%의 비율에 의한 돈을 지급하라"는 내용의 판결을 선고하여야 한다.

〈추가된 사실관계〉

丙은 2016. 8. 19. 甲에게 6,000만원을 지급하였고, 甲은 丙에게 더 이상 제1선행판결을 집행권원으로 하여 강제집행을 하지 않기로 합의하였다. 그 후 제2선행판결의 취소채권자인 丁의 강제집행에 대하여, 丙은 丁을 상대로 자신이 乙의 채권자 중 하나인 甲에게 6,000만원을 지급하였으므로, 이미 제2선행판결에 기한 가액배상금 5,500만원을 초과하여 변제가 이루어졌다는 이유로 제2선행판결의 집행력이 배제되어야 한다고 주장하면서 청구이의의 소를 제기하였다.

2. 丙의 청구는 인용될 수 있는가?

→ 여러 개의 사해행위취소소송에서 각 가액배상을 명하는 판결이 선고되어 확정된 경우, 수익자는 이중으로 가액을 반환하게 될 위험에 처할 수 있다. 따라서 수익자가 어느 채권자에게 자신이 배상할 가액의 일부 또는 전부를 반환한 때에는 다른 채권자에 대하여 각 사해행위취소 판결에서 '가장 다액으로 산정된 공동담보가액'에서 자신이 반환한 가액을 공제한

금액을 초과하는 범위에서 청구이의의 방법으로 집행권원의 집행력의 배제를 구할 수 있다(대판 2022.8.11, 2018다202774). 설문에서 丙이 지급한 가액배상액(6,000만원)은 가장 다액의 공동담보액인 9,500만원에서 공제되므로, 나머지 3,500만원을 초과하는 범위에서만 이중지급의 위험이 있다. 채권자 甲이 丙과의 사이에 강제집행을 하지 않겠다고 합의하였다는 사정은 공동담보가액의 산정 및 그에 기한 이중지급의 위험 범위에 영향을 미치지 못한다. 따라서 丙은 제2선행판결에 기한 가액배상금 5,500만원 중 나머지 공동담보가액 3,500만원을 초과한 2,000만원의 범위 내에서 이중지급의 위험이 있음을 이유로 그 집행력의 배제를 구할 수 있으므로, 법원은 일부 인용판결을 해야 한다.

Ⅲ. 채권자취소권 행사의 효과

❒ 사해행위 취소의 효력은 채무자와 수익자의 법률관계에 영향을 미치지 아니하고, 사해행위 취소로 인한 원상회복 판결의 효력도 소송의 당사자인 채권자와 수익자 또는 전득자에게만 미칠 뿐 채무자나 다른 채권자에게 미치지 아니하므로, 어느 채권자가 수익자를 상대로 사해행위 취소 및 원상회복으로 소유권이전등기의 말소를 명하는 판결을 받았으나 말소등기를 마치지 아니한 상태라면 소송의 당사자가 아닌 다른 채권자는 위 판결에 기하여 채무자를 대위하여 말소등기를 신청할 수 없다. 그럼에도 불구하고 다른 채권자의 등기신청으로 말소등기가 마쳐졌다면 등기에는 절차상의 흠이 존재한다.
그러나 채권자가 사해행위 취소의 소를 제기하여 승소한 경우 취소의 효력은 민법 제407조에 따라 모든 채권자의 이익을 위하여 미치므로 수익자는 채무자의 다른 채권자에 대하여도 사해행위의 취소로 인한 소유권이전등기의 말소등기의무를 부담하는 점, 등기절차상의 흠을 이유로 말소된 소유권이전등기가 회복되더라도 다른 채권자가 사해행위취소판결에 따라 사해행위가 취소되었다는 사정을 들어 수익자를 상대로 다시 소유권이전등기의 말소를 청구하면 수익자는 말소등기를 해 줄 수밖에 없어서 결국 말소된 소유권이전등기가 회복되기 전의 상태로 돌아가는데 이와 같은 불필요한 절차를 거치게 할 필요가 없는 점 등에 비추어 보면, 사해행위 취소 및 원상회복으로 소유권이전등기의 말소를 명한 판결의 소송당사자가 아닌 다른 채권자가 위 판결에 기하여 채무자를 대위하여 마친 말소등기는 등기절차상의 흠에도 불구하고 실체관계에 부합하는 등기로서 유효하다(대법원 2015.11.17. 선고 2013다84995 판결).

❒ 사해행위의 취소는 채권자와 수익자의 관계에서 상대적으로 채무자와 수익자 사이의 법률행위를 무효로 하는 데에 그치고 채무자와 수익자 사이의 법률관계에는 영향을 미치지 아

니하므로, 채무자와 수익자 사이의 부동산매매계약이 사해행위로 취소되고 그에 따른 원상회복으로 수익자 명의의 소유권이전등기가 말소되어 채무자의 등기명의가 회복되더라도, 그 부동산은 취소채권자나 민법 제407조에 따라 사해행위 취소와 원상회복의 효력을 받는 채권자와 수익자 사이에서 채무자의 책임재산으로 취급될 뿐, 채무자가 직접 그 부동산을 취득하여 권리자가 되는 것은 아니다(대법원 2015.11.17. 선고 2012다2743 판결).

따라서 채무자가 사해행위 취소로 그 등기명의를 회복한 부동산을 제3자에게 처분하더라도 이는 무권리자의 처분에 불과하여 효력이 없으므로, 채무자로부터 제3자에게 마쳐진 소유권이전등기나 이에 기초하여 순차로 마쳐진 소유권이전등기 등은 모두 원인무효의 등기로서 말소되어야 한다. 이 경우 취소채권자나 민법 제407조에 따라 사해행위 취소와 원상회복의 효력을 받는 채권자는 채무자의 책임재산으로 취급되는 그 부동산에 대한 강제집행을 위하여 위와 같은 원인무효 등기의 명의인을 상대로 그 등기의 말소를 청구할 수 있다고 보아야 한다(대법원 2017.3.9. 선고 2015다217980 판결).

❐ 채권자가 사해행위의 취소와 함께 수익자 또는 전득자로부터 책임재산의 회복을 명하는 사해행위취소의 판결을 받은 경우, 취소의 효과는 채권자와 수익자 또는 전득자 사이에만 미치므로, 수익자 또는 전득자가 채권자에 대하여 사해행위의 취소로 인한 원상회복 의무를 부담하게 될 뿐, 채권자와 채무자 사이에서 취소로 인한 법률관계가 형성되거나 취소의 효력이 소급하여 채무자의 책임재산으로 복구되는 것은 아니다.

이러한 사해행위취소의 상대적 효력에 의하면, 원고의 피고에 대한 청구의 원인행위가 사해행위라는 이유로 원고에 대하여 사해행위취소를 청구하면서 독립당사자참가신청을 하는 경우, 독립당사자참가인의 청구가 그대로 받아들여진다 하더라도 원고와 피고 사이의 법률관계에는 아무런 영향이 없고, 따라서 그러한 참가신청은 사해방지참가의 목적을 달성할 수 없으므로 부적법하다(대법원 2014.6.12. 선고 2012다47548,47555 판결).

❐ 민법 제395조에 따르면, 채무자가 채무의 이행을 지체한 경우에 채권자가 상당한 기간을 정하여 이행을 최고하여도 그 기간 내에 이행하지 않은 경우 채권자는 이행에 갈음한 손해배상청구를 할 수 있다. 이는 대체물 인도의무를 이행하지 않는 경우에도 마찬가지이다. 그러나 수익자가 사해행위취소 소송의 확정판결에 따른 원상회복으로 대체물 인도의무를 이행하지 않았다는 이유만으로 취소채권자가 수익자를 상대로 민법 제395조에 따라 이행지체로 인한 전보배상을 구할 수는 없다. 다만 수익자의 대체물 인도의무에 대한 강제집행이 불가능하거나 현저히 곤란하다고 평가할 수 있는 경우에는 전보배상을 구할 수 있다(대

법원 2024.2.15. 선고 2019다238640 판결).

→ 사해행위취소에 따른 원상회복은 원칙적으로 취소채권자가 아닌 채무자에게 이루어지고, 이러한 취소와 원상회복은 모든 채권자의 이익을 위하여 그 효력이 있으므로(민법 제407조), 수익자의 원상회복의무 불이행이 취소채권자에게 가지는 의미는 일반적인 채무불이행이 채권자에게 가지는 의미와 같지 않기 때문이다.

문제 채무초과 상태에 있는 乙회사는 2015. 8. 18. 丙회사에게 코스닥 시장에서 활발하게 거래되고 있는 丁회사 발행 주식 190만 주(이하 '이 사건 주식'이라 한다)를 매각하였다. 이에 乙의 채권자인 甲은 丙을 상대로 이 사건 주식에 대한 매매계약의 취소 및 그 원상회복을 구하는 사해행위취소의 소를 제기하였다.

丙은 선행 사건의 변론종결 당시 이 사건 주식을 이미 戊회사에 처분하여 보유하고 있지 않았다. 하지만 법원은 2016. 11. 17. '이 사건 주식에 대한 매매계약을 16억원의 범위 내에서 취소하고, 丙은 乙에게 16억원 상당의 丁회사 기명식 보통주를 양도하라'는 내용의 판결(이하 '선행 판결'이라 하고, 위 사건을 '선행 사건'이라 한다)을 선고하였고, 이 판결은 그대로 확정되었다.

1. 丙에 대해 원물반환을 선고한 법원의 선행판결은 타당한가?

→ 사해행위의 취소에 따른 원상회복은 원칙적으로 목적물 자체의 반환으로 해야 하고, 그것이 불가능하거나 현저히 곤란한 경우에 한하여 예외적으로 가액반환으로 해야 한다(대판 2018.12.27, 2017다290057). 설문의 경우, 丙이 선행 사건의 변론종결 당시 이 사건 주식을 이미 戊회사에 처분하여 보유하지 않고 있지만, 丁회사 발행 주식이 코스닥 시장에서 활발하게 거래되고 있는 대체물로서 丙이 이를 다시 취득하여 인도하는 방식으로 원물반환을 할 수 있다. 따라서 丙에 대해 원물반환을 선고한 법원의 선행판결은 타당하다.

〈추가적 사실관계〉

甲은 선행 판결이 확정된 뒤 丙에게 채무자인 乙회사에게 16억원 상당의 丁회사 발행 주식을 양도하라고 최고하였으나, 丙은 주식을 보유하고 있지 않으며 자력이 부족하다는 이유로 주식양도의무를 이행하지 않고 있다.

2. 甲은 丙을 상대로 원물반환의 방법으로 사해행위취소 소송이 확정된 후 그 원물반환의무의 이행지체를 이유로 한 전보배상청구의 소를 제기하였다. 법원은 위 소송에서 어떠한 판단을 하여야 하는지 결론과 논거를 서술하시오.

→ (1) **결론**

법원은 甲의 전보배상청구를 인용해야 한다.

(2) 논거

수익자가 사해행위취소 소송의 확정판결에 따른 원상회복으로 대체물 인도의무를 이행하지 않았다는 이유만으로 취소채권자가 수익자를 상대로 민법 제395조에 따라 이행지체로 인한 전보배상을 구할 수는 없다. 다만 수익자의 대체물 인도의무에 대한 강제집행이 불가능하거나 현저히 곤란하다고 평가할 수 있는 경우에는 전보배상을 구할 수 있다(대판 2024.2.15, 2019다238640). 사해행위취소에 따른 원상회복은 원칙적으로 취소채권자가 아닌 채무자에게 이루어지고, 이러한 취소와 원상회복은 모든 채권자의 이익을 위하여 그 효력이 있기 때문이다(민법 제407조). 설문의 경우, 선행 판결에 따른 주식양도의무의 이행지체로 인한 전보배상이 일반적으로 허용되지 않지만, 丙은 주식을 보유하고 있지 않고 자력이 부족하다는 이유로 주식양도의무를 임의로 이행하지 않고 있으며, 丙이 조달하여 인도하여야 하는 주식의 총수 및 가액 등에 비추어 볼 때, 丙의 주식양도의무에 대한 강제집행이 불가능하거나 현저히 곤란하다고 평가할 수 있다.

Ⅳ. 채권자취소권의 소멸

❐ 가등기에 기하여 본등기가 마쳐진 경우 가등기의 원인인 법률행위와 본등기의 원인인 법률행위가 다르지 않다면 사해행위 요건의 구비 여부는 가등기의 원인인 법률행위를 기준으로 하여 판단해야 한다(대법원 2006.12.21. 선고 2004다24960 판결). 그러나 **가등기와 본등기의 원인인 법률행위가 다르다면** 사해행위 요건의 구비 여부는 본등기의 원인인 법률행위를 기준으로 판단해야 하고 제척기간의 기산일도 본등기의 원인인 법률행위가 사해행위임을 안 때라고 보아야 한다. 채무자가 유일한 재산인 부동산에 관하여 가등기의 효력이 소멸한 상태에서 새로 매매계약을 체결하고 말소되어야 할 가등기를 기초로 하여 본등기를 한 행위는 가등기의 원인인 법률행위와 별개로 일반채권자의 공동담보를 감소시키는 것으로 특별한 사정이 없는 한 채권자취소권의 대상인 사해행위이고, 이때 본등기의 원인인 새로운 매매계약을 기준으로 사해행위 여부나 제척기간의 준수 여부를 판단해야 한다(대법원 2021.9.30. 선고 2019다266409 판결).

→ 원고의 채무자인 甲이 자신 소유인 부동산에 관해 제3자와 매매예약을 체결하고 소유권이전등기청구권 보전을 위한 가등기를 했으나 매매예약 완결권의 제척기간이 지난 후 피고 乙과 새로운 매매계약을 체결하면서 종전 가등기를 유용하기로 합의하고 가등기에 기해 본등기를 한 경우, 본등기의 원인인 매매계약과 가등기의 원인인 매매예약이 다르므로 새로운 매매계약을 기준으로 사해행위 요건과 제척기간을 판단해야 한다.

> ❒ 채권자가 수익자를 상대로 사해행위취소를 구하는 소를 제기하여 채무자와 수익자 사이의 법률행위를 취소하는 내용의 판결이 선고되어 확정되었더라도 판결의 효력은 그 소송의 피고가 아닌 전득자에게는 미치지 아니하므로, 채권자가 전득자에 대하여 채권자취소권을 행사하여 원상회복을 구하기 위하여는 민법 제406조 제2항에서 정한 기간 안에 별도로 전득자에 대한 관계에서 채무자와 수익자 사이의 사해행위를 취소하는 청구를 하여야 한다. 이는 기존 전득자 명의의 등기가 말소된 후 다시 새로운 전득자 명의의 등기가 경료되어 새로운 전득자에 대한 관계에서 채무자와 수익자 사이의 사해행위를 취소하는 청구를 하는 경우에도 마찬가지이다(대법원 2014.2.13. 선고 2012다204013 판결).

변호사시험 기출문제

문제 1 甲과 甲의 동생인 A는 2010. 9.경 甲이 제공한 매수자금으로 A를 매수인, B를 매도인으로 하여 B 소유의 X부동산에 대한 매매계약을 체결하고 A 명의로 소유권이전등기를 경료하기로 하는 명의신탁약정을 체결하였다. A와 B는 2010. 10. 12. X부동산에 관한 매매계약을 체결하고 A 명의로 소유권이전등기를 마쳤다. B는 甲과 A 사이의 명의신탁약정에 대하여는 전혀 알지 못하였다.

甲은 A가 X부동산을 매수한 이래 현재까지 X부동산을 무상으로 사무실로 사용하고 있으며, 2010. 12.경 X부동산을 개량하기 위하여 5,000만원 상당의 유익비를 지출하였다. 한편 A는 2011. 6. 3. C로부터 금 2억원을 변제기 2012. 6. 3.로 정하여 차용하면서 甲이 모르게 X부동산에 C명의로 근저당권(채권최고액 2억 5,000만원)을 설정해 주었다.

A는 2011. 8. 1. 자신의 사업 자금을 조달하기 위하여, 丁으로부터 2억원을 빌렸다. 그러나 A의 사업은 경기침체로 인하여 더 어려워졌고, 결국 평소 A의 재무 상황을 잘 파악하고 있는 丙에게 "내가 급히 사업자금이 필요하여 나의 유일한 재산인 X부동산을 급하게 매각해야 하니까, 매수해 달라"라고 요청하여, 이를 승낙한 丙에게 2011. 9. 1. X부동산을 당시 시가인 5억원에 매도하고, 같은 날 丙은 자기 명의로 소유권이전등기까지 마쳤다.

2012. 6. 3. 丙은 X부동산에 이미 설정되어 있던 근저당권의 피담보채무 전액 2억원을 C에게 변제하고 근저당권을 말소하였다. 그 이후, 丙은 2012. 7. 1. A가 D은행으로부터 1억원을 대출받을 때 X부동산을 담보로 제공하고 D은행 명의로 채권최고액 1억 5,000만원의 근저당권설정등기를 경료했다.

丁은 A가 X부동산을 丙에게 매도한 사실을 2012. 9. 15.에 비로소 알게 되었고, 2012. 10. 1. 丙을 상대로 '1. 피고와 소외 A 사이에 X부동산에 관하여 2011. 9. 1.에 체결된 매매계약을 2억원의 범위 내에서 취소한다. 2. 피고는 원고에게 2억원 및 이에 대하여 판결 확정 다음 날부터 다 갚는 날까지 연 5%의 비율에 의한 돈을 지급하라'라는 소를 제기하였다.

丁의 청구에 대해서 丙은 ① 丙이 X부동산의 소유권을 취득한 날부터 1년이 경과한 후 丁이 소를 제기하였으므로 丁의 청구는 부적법하고, ② X부동산을 시가 5억원에 매매하였기 때문에 A의 책임재산에 변동이 없으므로 사해행위가 성립할 수 없으며, ③ 丙이 아직 등기부상 소유자이므로 원물반환을 청구할 수 있을 뿐이며 가액반환을 청구할 수는 없고, ④ 설사 백보를 양보하여 사해행위가 성립하더라도, C에게 이미 설정된 근저당권의 채권최고액 2억 5,000만원 및 丙이 D은행에 대하여 물상보증인으로서 설정한 근저당권의 채권최고액 1억 5,000만원을 모두 공제한 후 가액배상을 해야 한다고 항변한다.
법원의 심리 결과, A는 2011. 9. 1.부터 변론종결 시까지 채무초과상태였다. 또한 2012년 부동산경기 침체 때문에 변론종결 당시 X부동산의 시가는 3억 5,000만원이며, C의 피담보채권액은 2억원으로 근저당권 설정 당시부터 丙이 변제할 때까지 변동이 없다고 밝혀졌다.
丙에 대한 丁의 청구에 대한 결론[각하, 청구전부인용, 청구일부인용(일부 인용되는 경우 그 구체적인 금액 또는 내용을 기재할 것), 청구기각]을 그 논거와 함께 서술하시오. (30점) (제2회 변호사시험, 2013)

➜ **1. 결론**

수익자 丙과 채무자 A 사이에 X부동산에 관하여 2011. 9. 1.에 체결된 매매계약은 1억 5,000만원의 범위 내에서 취소되어야 한다. 따라서 법원은 "1. 피고와 소외 A 사이에 X부동산에 관하여 2011. 9. 1. 체결된 매매계약을 1억 5,000만원의 범위 내에서 취소한다. 2. 피고는 원고에게 1억 5,000만원 및 이에 대하여 판결확정 다음 날로부터 다 갚는 날까지 연 5%의 비율에 의한 돈을 지급하라"고 판시하여, 원고의 청구를 일부 인용하여야 한다.

2. 논거

(1) 丁의 사해행위취소소송은 적법한지 여부

채권자취소소송은 채권자가 취소원인을 안 날로부터 1년 또는 법률행위 있은 날로부터 5년 이내에 제기하여야 한다(제406조 2항). 설문에서 丁은 2012. 9. 15. A와 丙의 매매사실을 알게 되었고, 그로부터 1년 내인 2012. 10. 1. 소를 제기하였으므로 제척기간을 준수하였으며, 채권자취소소송의 피고는 수익자 또는 전득자이므로 수익자 丙을 피고로 하여 소를 제기한 丁의 청구는 적법하다.

(2) A의 X부동산 매도행위가 사해행위인지 여부

채무자가 유일한 재산인 부동산을 매각하여 소비하기 쉬운 금전으로 바꾸는 행위는 원칙적으로 사해행위가 된다(대판 2015.10.29, 2013다83992). 설문에서 A가 자신의 유일한 소유인 X부동산을 시가 상당액으로 丙에게 매도하였으므로, 사해행위에 해당한다.

(3) 丁의 가액반환 청구 인정 여부와 가액배상의 범위

(가) 채권자취소소송에 따른 원상회복은 원물반환이 원칙이지만, 원물반환이 불가능하거나 현저히 곤란한 경우에는 가액배상이 허용된다(대판 2001.6.12, 99다20612). 설문과 같이 저당권이 설정되어 있는 부동산에 대해 사해행위가 이루어진 경우, 사해행위를 취소하고 부

동산 자체의 회복을 명하는 것은 당초 일반채권자의 공동담보로 되어 있지 아니한 부분까지 회복시키는 것이 되어 부당하다. 이 경우에는 그 부동산의 가액에서 저당권의 피담보채권액을 공제한 잔액의 한도에서 사해행위를 일부취소하고 그 가액의 배상을 명할 수 있다(대판 2001.12.11, 2001다64547). 따라서 丁의 가액반환 청구는 타당하다.

(나) 가액배상의 범위는 사실심 변론종결시를 기준으로(대판 2008.8.21, 2008다26360) 당시의 취소채권자의 채권액의 범위 내에서 당시의 목적물의 가액에서 일반채권자들의 공동담보에 제공되지 아니한 부분의 가액을 공제한 금액이다. 설문에서 사실심 변론종결 당시 채권자 丁의 채권액은 2억원이고 당시 X부동산의 시가는 3억 5,000만원이며 일반채권자들의 공동담보에 제공되지 아니한 부분은 사해행위 이전에 설정된 C의 근저당권 피담보채권액 2억원이다(C의 근저당권이 사해행위 이후 말소되었는지 여부는 묻지 않는다). 따라서 수익자 丙이 반환해야 할 가액배상의 범위는 사실심 변론종결 당시 부동산의 가액 3억 5,000만원에서 C명의의 근저당권의 실제 피담보채권액 2억원을 공제한 1억 5,000만원이다.

문제 2 甲은 2005. 1. 4. A에게 1억 5천만원을 이자 월 2%, 변제기 2005. 3. 4.로 정하여 대여하였다. 2007. 11. 26. A의 유일한 재산인 X건물에 관하여 2007. 4. 10.자 매매를 원인으로 하여 A의 여동생 B 명의의 소유권이전등기가 경료되었고, 2007. 12. 11. 乙을 권리자로 하여 2007. 12. 10.자 매매예약을 원인으로 한 소유권이전청구권 가등기가 경료되었다. 甲은 2008. 6. 2. B를 상대로, A와 B 사이에 체결된 2007. 4. 10.자 매매계약이 사해행위임을 이유로 위 매매계약의 취소 및 X건물에 관하여 B 명의로 경료된 소유권이전등기의 말소 소송을 제기하여, 2008. 12. 30.에 원고 전부 승소 판결이 선고되었으며 제1심 판결이 2009. 1. 20. 확정되었다. 위 2007. 4. 10.자 매매는 A가 사해의사를 가지고 한 사해행위임이 명백하고, B와 乙도 위 2007. 4. 10.자 매매가 사해행위임을 알고 있었다. 이러한 사실들을 甲은 2008. 5. 25.에야 비로소 알게 되었다. 甲이 원상회복의 차원에서 2009. 10. 30.에 乙을 상대로 소유권이전청구권가등기 말소청구소송을 제기한 경우, 법원은 어떤 판단을 하여야 하는지와 그 근거를 서술하시오. (20점) (제3회 변호사시험, 2014)

→ **1. 법원의 판단**

채권자 甲은 2008. 5. 25. 취소원인을 알고서 1년이 지난 2009. 10. 30.에 전득자 乙을 상대로 가등기 말소청구소송을 제기하였으므로, 법원은 이 소를 각하해야 한다.

2. 근거

(1) 채권자취소권의 제척기간

사해행위취소소송은 채권자가 취소원인을 안 날로부터 1년, 법률행위가 있은 날로부터 5년 내에 제기하여야 한다(민법 제406조 2항). 취소원인을 안 날이란 채권자가 채권자취소권의 요건을 안 날, 즉 채무자가 채권자를 해함을 알면서 사해행위를 하였다는 사실을 알게 된 날을 의미한다(대판 2005.6.9, 2004다17535). 제406조의 제척기간이 경과된 이후에 제기된 채권자취소소송에 대해 법원은 부적법한 것으로 각하하여야 한다.

(2) B에 대한 사해행위 취소소송과는 별도로 乙에 대해 제척기간 내에 사해행위 취소소송을 제기하여야 하는지 여부

채권자취소소송에서 피고는 수익자 또는 전득자이며, 수익자를 피고로 한 취소소송에서 승소판결이 확정되었더라도 판결의 효력은 전득자에게는 미치지 않는다. 따라서 채권자가 전득자에 대하여 채권자취소권을 행사하여 원상회복을 구하기 위하여는 제406조 2항의 제척기간 내에 별도의 채권자취소소송을 제기하여야 한다(대판 2014.2.13, 2012다204013). 설문에서 채권자 甲은 2008. 5. 25. 취소원인을 알고서 1년이 지난 2009. 10. 30.에 전득자 乙을 상대로 가등기 말소청구소송을 제기하였다.

문제 3 〈기초적 사실관계〉

B는 A로부터 2005. 2. 17.부터 2008. 6. 30.까지 사이에 합계 4억 3,000만원을 차용하였다. B는 2008. 7. 28. D와 매매대금 2억원에 D 소유의 X부동산에 대한 매매계약을 체결하고, 자신의 아들인 C와 합의 아래 C에게 위 매매를 원인으로 한 소유권이전등기를 마쳤다. C 명의로 위 소유권이전등기가 마쳐질 무렵, B의 채무는 A에 대한 4억 3,000만원과 그 외 금융기관에 대한 1억원의 대출금 채무가 있었던 반면, B의 재산으로는 시가 1억원 상당의 주택 외에, 현금 2억원이 있었는데 그 돈은 X부동산의 매수대금으로 사용되었다. A는 2009. 5. 10. C를 상대로 하여 B와 C 사이의 명의신탁이 채권자를 해하는 행위라는 이유로 채권자취소소송을 제기하였다. (제4회 변호사시험, 2015)

〈추가적 사실관계〉

B가 D와 사이에 X부동산에 관한 매매계약을 체결할 때 매매계약서상의 매수인 명의를 B와 D의 합의로 B의 아들인 C로 하였다. B는 X부동산을 매수하는 계약을 체결한 후, 이를 계속 점유·사용하였다. 매도인 D는 매매계약서에 당사자로 표시된 C를 한 번도 만난 적이 없고, 매매계약과 관련된 협상과 거래는 모두 B를 상대로 하였다고 증언하였다. C는 당시 대학생(25세)으로서 X부동산을 직접 매수할 만한 자력이 있었다는 자료도 없다.

1. 위 채권자취소소송에서 C는 자신이 X부동산 매매계약의 당사자이므로 명의신탁이 아니라고 주장하였다. 매매계약의 당사자 확정에 관한 원칙에 대하여 설명하고, 이를 이 사안에 구체적으로 적용한 결과를 서술하시오. (10점)

➜ 타인의 명의로 계약을 체결한 경우, 법률행위의 해석을 통해 계약당사자가 누구인지를 확정하여야 한다(대판 2001.5.29, 2000다3897). 설문의 경우 D는 C를 한 번도 만난 적이 없고, 매매계약과 관련된 협상과 거래는 모두 B를 상대로 하였으며, B가 C를 위한 것임을 현명하

지도 않았으므로, 매매계약서에 매수인이 C로 되어 있더라도 매매계약의 당사자는 매수인 B와 매도인 D이다(자연적 해석). 따라서 B와 D의 합의하에 D에서 C의 이름으로 소유권이전등기를 마친 것은, B와 C 사이에서는 명의신탁약정이 있는 것으로 추정할 수 있으므로, 3자간 등기명의신탁(중간생략등기형 명의신탁)에 해당하며, C는 명의수탁자가 된다.

2. C는 자신의 명의로 경료된 등기가 명의신탁으로 인한 것이어서 무효라 하더라도 그와 같은 명의신탁은 사해행위에 해당하지 않는다고 주장하였다. C의 주장에 대한 타당성과 그 이유를 설명하시오. (15점)

➜ 채무자가 채권자를 해함을 알고 재산권을 목적으로 하는 법률행위를 한 때에는 채권자는 사해행위를 취소할 수 있다(민법 제406조 1항). 설문에서 채무자 B의 명의신탁은 재산권을 목적으로 하는 법률행위이다. 명의신탁약정은 무효이지만(부동산실명법 제4조 1항), 무효인 법률행위도 채권자취소권의 대상이 된다(대판 1998.2.27, 97다50985). 또한 명의신탁 당시 채무초과상태에 있는 채무자 B가 매수한 부동산의 등기명의를 아들 C에게 신탁하고 이에 따라 소유권이전등기를 마친 것은, 그 등기가 무효이더라도(동법 제4조 2항) C가 제3자에게 양도하면 그 제3자는 유효하게 소유권을 취득하게 될 위험이 있으므로, 채권자를 해함을 알고서 한 사해행위에 해당한다(대판 2004.3.25, 2002다69358). 따라서 명의신탁은 사해행위가 아니라는 C의 주장은 부당하다.

〈추가적 사실관계〉

C는 2008. 8. 1. E에게 X부동산에 관하여 소유권이전등기청구권 보전을 위하여 가등기를 설정하여 주었는데, E는 2008. 9. 1. 위 가등기를 F에게 이전하여 주고 가등기이전의 부기등기를 마쳤다. A는 2009. 6. 10. E와 F를 공동피고로 하여 ① E와 F에 대하여는 B와 C 사이의 사해행위의 취소를, ② E에 대하여는 X부동산에 대한 E명의 가등기의 말소를, ③ F에 대하여는 E명의의 가등기와 F명의의 가등기이전 부기등기의 말소를 각 구하였다. 재판과정에서 E와 F는 X부동산에 관하여 C명의의 등기가 경료된 경위를 전혀 알지 못하였다고 주장하였으나, 그에 관한 구체적인 증명은 없었다.

3. B와 C 사이의 명의신탁이 사해행위로 취소된다는 전제 아래, 법원의 E와 F에 대한 원상회복에 관한 판단과 그 이유를 설명하시오. (15점)

➜ A가 C를 상대로 사해행위를 취소하고 원상회복으로서 수익자 C명의의 소유권이전등기의 말소를 구한다 하더라도 전득자 명의의 가등기는 남게 된다. 한편 수익자를 피고로 한 소는 전득자에게는 미치지 않으므로 따로 전득자를 피고로 하여 채무자와 수익자 사이의 법률행위의 취소를 구하면서 원상회복으로서 전득자명의의 가등기의 말소를 구하여야 한다(대판 2005.6.9, 2004다17535).

(1) A의 E에 대한 E명의의 가등기말소청구 타당성 여부

가등기이전에 의한 부기등기는 기존의 가등기에 의한 권리의 승계관계를 등기부상에 명시

하는 것뿐으로 그 등기에 의하여 새로운 권리가 생기는 것이 아닌 만큼 가등기의 말소등기청구는 양수인만을 상대로 하면 족하고, 양도인은 그 말소등기청구에서 피고적격이 없다(대판 1994.10.21, 94다17109). 따라서 양도인 E에 대한 소 중 가등기말소등기청구 부분은 피고적격 흠결로서 소를 각하하여야 한다.

(2) A의 F에 대한 E명의의 가등기와 F명의의 가등기이전 부기등기의 말소청구 타당성 여부
가등기이전의 부기등기는 기존의 주등기인 가등기에 종속되어 주등기와 일체를 이루는 것이어서 주등기의 말소에 따라 직권으로 말소된다(대판 1994.10.21, 94다17109). 따라서 A의 F에 대한 가등기이전의 부기등기 말소를 구하는 청구는 소의 이익이 없으므로, 법원은 각하하여야 하고, 가등기의 말소를 구하는 청구는 양수인 F에 대하여 하여야 하므로, A의 F에 대한 가등기말소등기청구는 인용하여야 한다.

문제 4 甲은 2011. 8. 1. 丙과 丁의 연대보증 아래 乙에게 3억원을 변제기 2012. 7. 31., 이율 연 12%(변제기에 지급)로 정하여 대여(이하 '이 사건 대여'라 한다)하였다. 丁은 무자력 상태에서 2015. 10. 1. 자신의 유일한 재산인 시가 4억원 상당의 X토지를 戊에게 1억원에 매도(이하 '이 사건 매매계약'이라 한다)하고 같은 달 10. 소유권이전등기(이하 '이 사건 소유권이전등기'라 한다)를 마쳐주었다. 丁에 대해 변제기가 2014. 11. 30.인 2억원의 물품대금채권을 가지고 있던 K는 戊를 상대로 2016. 9. 1. 이 사건 매매계약의 취소와 소유권이전등기의 말소를 구하는 사해행위취소의 소를 제기하였다.
K의 사해행위취소의 소가 법원에 계속 중인 2016. 9. 30. 甲이 丁에 대한 연대보증채권을 피보전채권으로 하여 K와 동일한 청구취지의 사해행위취소의 소를 같은 법원에 제기하였고, 법원이 두 사건을 병합하여 2017. 5. 1. 판결을 선고하는 경우 甲과 K의 청구의 결론[각하, 기각, 인용, 일부인용]과 논거를 서술하시오. (20점) (제7회 변호사시험, 2018)

→ **1. 결론**
법원은 甲과 K의 청구를 각각 인용하는 판결을 하여야 한다.

2. 논거
(1) 丁과 戊 사이의 매매계약이 甲과 K에 대하여 사해행위인지 여부
甲과 K는 丁이 X토지에 대하여 戊와 매매계약을 체결하기 전에 피보전채권을 가지고 있고, 丁이 무자력 상태에서 유일한 재산인 X토지를 매각하여 소비하기 쉬운 금전으로 바꾸는 행위는 사해행위에 해당하므로(대판 2015.10.29, 2013다83992), 특별한 사정이 없는 한 채무자의 사해의사가 추정되고 수익자 戊의 악의도 추정된다(대판 2010.4.29, 2009다104564). 따라서 丁이 시가 4억원 상당의 X토지를 戊에게 1억원에 매도한 행위는 甲과 K에 대하여 사해행위에 해당한다(민법 제406조).

(2) K의 사해행위취소의 소가 법원에 계속 중에 甲이 戊를 상대로 제기한 사해행위취소의

소는 중복제소에 해당하는지 여부

채권자취소권의 요건을 갖춘 각 채권자는 고유의 권리로서 채무자의 재산처분 행위를 취소하고 그 원상회복을 구할 수 있는 것이므로, 여러 명의 채권자가 동시에 또는 시기를 달리하여 사해행위취소 및 원상회복청구의 소를 제기한 경우, 이들 소가 중복제소에 해당하지 않는다(대판 2008.4.24, 2007다84352). 설문에서 甲은 K의 사해행위취소의 소가 법원에 계속 중에 동일한 사해행위취소의 소를 제기하였지만 중복제소에 해당하지 않는다.

(3) 여러 개의 채권자취소소송이 계속 중인 경우, 법원은 각 소송별로 사해행위취소 및 원상회복을 명하여야 하는지 여부

여러 명의 채권자가 사해행위취소 및 원상회복청구의 소를 제기하여 여러 개의 소송이 계속중인 경우, 각 소송에서 채권자의 청구에 따라 사해행위의 취소 및 원상회복을 명하는 판결을 선고하여야 하고, 수익자가 가액배상을 하여야 할 경우에도 수익자가 반환하여야 할 가액 범위 내에서 각 채권자의 피보전채권액 전액의 반환을 명하여야 한다(대판 2008.4.24, 2007다84352). 따라서 법원은 甲과 K의 청구에 대하여 戊에게 丁과 戊 사이의 매매계약취소 및 소유권이전등기말소를 명하는 판결을 하여야 한다.

문제 5 〈기초적 사실관계〉

甲은 2017. 2. 3. 乙에게 1억원을 이자 연 5%, 변제기 2018. 1. 2.로 정하여 대여하였다. 乙은 유일한 재산으로 X아파트를 소유하고 있다. [※ 추가된 사실관계는 각각 별개이고, 제시된 일자는 공휴일이 아닌 것으로 간주함] (제8회 변호사시험, 2019)

〈추가적 사실관계 1〉

乙은 2017. 6. 2. 친구인 丙과 X아파트에 관하여 명의신탁 약정을 체결하고, 같은 날 丙에게 X아파트에 관한 소유권이전등기를 마쳤다. 乙은 2017. 8. 5. 丁에게 X아파트를 매도하기로 하고, 乙 자신을 매도인으로, 丁을 매수인으로 하는 매매계약을 체결하였다. 乙은 같은 날 丙의 협조를 받아 X아파트에 관하여 丙에서 丁으로 소유권이전등기를 마쳤다.

甲은 2018. 6. 5. 丁을 상대로, 채무자인 乙이 丁에게 X아파트를 매도한 행위는 사해행위에 해당하므로, 위 매매계약의 취소와 소유권이전등기의 말소를 구하는 소를 제기하였다. 이에 丁은 X아파트를 乙로부터 매수한 것은 사실이나, 乙이 매도한 것은 丙명의로 소유권이전등기가 마쳐진 X아파트이므로 乙의 채권자인 甲이 사해행위 취소를 구할 수 없다고 주장한다. 심리 결과 乙의 재산 상태는 위 매매계약 당시부터 변론종결 당시까지 채무초과임이 인정된다.

1. 법원은 어떠한 판단을 하여야 하는지 (1) 결론(소각하/청구기각/청구인용/청구일부인용-일부 인용의 경우에는 인용범위를 특정할 것)과 (2) 논거를 기재하시오. (15점)

→ (1) 결론

법원은 원고 甲의 청구를 인용하여, "1. 피고 丁과 소외 乙 사이에 X아파트에 관하여 2017. 8. 5. 체결된 매매계약을 취소한다. 2. 피고 丁은 X아파트에 관하여 2017. 8. 5. 마친 소유권이전등기의 말소등기절차를 이행하라"는 판결을 하여야 한다.

(2) 논거

(가) X아파트가 乙의 책임재산인지 여부

채권자취소권은 사해행위에 의해 일탈된 채무자의 책임재산을 총채권자를 위하여 채무자에게 복귀시키기 위한 것이다(대판 2010.5.27, 2007다40802). 명의신탁약정은 무효이고, 그 약정에 따른 등기로 이루어진 부동산에 관한 물권변동도 무효이다(부동산실명법 제4조). 설문에서 乙은 X아파트에 관하여 丙과 X아파트에 관하여 명의신탁약정을 체결하고, 丙에게 X아파트에 관한 소유권이전등기를 마쳤다. 따라서 乙과 丙 사이의 X아파트에 대한 명의신탁은 무효이므로, X아파트는 乙의 소유이고 乙의 채권자를 위한 책임재산에 해당한다(대판 2012.10.25, 2011다107382).

(나) 乙과 丁 사이의 매매계약이 사해행위인지 여부

채권자취소권을 행사할 수 있기 위해서는, 채무자가 채권자를 해하는 사해행위를 하여야 하고, 채무자와 수익자가 채권자를 해침을 알았어야 한다(민법 제406조). 설문에서 甲은 乙에 대한 1억원 대여금채권을 乙의 매매계약 이전인 2017. 2. 3. 취득하였고, 乙이 X아파트를 丁에게 매매할 당시 채무초과상태이고 변론종결시까지 유지되고 있으므로 乙의 매매행위는 사해행위에 해당한다. 또한 乙은 자신의 유일한 X아파트를 처분하였으므로 乙의 사해의사는 추정되고, 이에 따라 수익자 丁의 악의도 추정되며(대판 2005.10.14, 2003다60891), 丁은 자신의 선의를 증명하지 못했다. 따라서 甲은 乙의 사해행위를 취소하고 원상회복을 법원에 청구할 수 있다.

〈추가적 사실관계 2〉

乙은 2017. 3. 3. 丙에게 X아파트를 매도하고 X아파트에 관하여 소유권이전등기를 마쳐 주었다. 乙의 채권자 丁은 2017. 6. 5. 丙을 상대로 乙과 丙 사이의 위 매매계약이 사해행위라고 주장하면서, 위 매매계약의 취소와 丙명의의 소유권이전등기의 말소를 구하였다(이하 '이 사건 전소'라 함). 丁은 2018. 1. 25. 이 사건 전소에서 전부 승소하였고, 丙이 항소하지 않아 이 사건 전소가 확정되었다. 丙은 2018. 2. 25. 乙에게 X아파트에 관한 소유권이전등기를 말소하여 주었다.

乙은 2018. 3. 4. X아파트에 관하여 소유권이전등기가 회복된 것을 기화로 戊에게 X아파트를 매도하고 다음 날 X아파트에 관하여 戊에게 소유권이전등기를 마쳐주었다. 이에 甲은 2018. 6. 5. 戊를 상대로 戊명의의 소유권이전등기가 원인무효임을 주장하며 소유권이전등기 말소청구의 소를 제기하였다. 이에 戊는 ① 채무자인 乙은 X아파트를 처분할 권한이 있고, ② 甲은 이 사건 전소의 취소채권자가 아니고, 채무자의 재산에 강제집행 절차를 통해 배당을 받을 수 있는 일반채권자일 뿐 등기말소청구권을 행사할 권리가 없다고 주장한다.

2. 법원은 어떠한 판단을 하여야 하는지 (1) 결론(소각하/청구기각/청구인용/청구일부인용-일부인용의 경우에는 인용범위를 특정할 것)과 (2) 논거를 기재하시오. (20점)

→ (1) 결론

법원은 甲의 청구를 인용하는 판결을 하여야 한다.

(2) 논거

(가) 戊의 ①주장이 타당한지 여부

사해행위의 취소는 채권자와 수익자의 관계에서 상대적으로 채무자와 수익자 사이의 법률행위를 무효로 하는 데에 그치고, 채무자와 수익자 사이의 법률관계에는 영향을 미치지 않는다. 따라서 채무자와 수익자 사이의 부동산매매계약이 사해행위로 취소되고 그에 따른 원상회복으로 수익자 명의의 소유권이전등기가 말소되어 채무자의 등기명의가 회복되더라도 채무자가 직접 그 부동산을 취득하여 권리자로 되는 것은 아니다(대판 2017.9.21, 2016다8923). 설문에서 乙의 채권자 丁이 丙을 상대로 이 사건 전소를 제기하여 확정된 판결에 따라 丙이 乙에게 소유권이전등기를 말소하였어도 취소판결의 상대효로 인해 X아파트의 소유권은 丙에게 있다. 결국 채무자 乙이 사해행위의 취소로 그 등기명의를 회복한 X아파트를 제3자 戊에게 처분한 것은 무권리자의 처분행위로서 무효이므로(대판 2017.9.21, 2016다8923), 戊의 ①주장은 부당하다.

(나) 戊의 ②주장이 타당한지 여부

채무자가 사해행위 취소로 등기명의를 회복한 부동산을 제3자에게 처분하더라도 이는 무권리자의 처분에 불과하여 효력이 없으므로, 채무자로부터 제3자에게 마쳐진 소유권이전등기 등은 원인무효의 등기로서 말소되어야 한다. 이 경우 취소채권자나 민법 제407조에 따라 사해행위 취소와 원상회복의 효력을 받는 채권자는 채무자의 책임재산으로 취급되는 부동산에 대한 강제집행을 위하여 원인무효등기의 명의인을 상대로 등기의 말소를 청구할 수 있다(대판 2017.3.9, 2015다217980). 설문에서 戊명의의 소유권이전등기는 무효이고, 甲은 제407조에 따라 사해행위 취소와 원상회복의 효력을 받는 채권자이다. 따라서 甲은 X아파트에 대한 강제집행을 위하여 戊명의의 소유권이전등기의 말소를 청구할 수 있으므로, 戊의 ②주장은 부당하다.

문제 6 상인인 甲은 乙에 대하여 상품 판매로 인한 4억원의 물품대금채권을 가지고 있다. 甲이 乙에 대해 갖고 있는 물품대금채권의 변제기는 2015. 4. 1.이었으나, 甲과 乙은 위 물품대금채권의 소멸시효 기간을 5년으로 약정하였다. 乙은 경제적으로 형편이 어려워져 2015. 4. 1.에 甲에게 물품대금을 변제해 주지 못하였다. 甲이 물품대금채권을 회수하기 위하여 강제집행을 하려고 하자 2018. 12. 1. 乙은 자신의 유일한 재산인 X토지를 丙에게 매도하였고, 같은 날 丙 명의로 소유권이전등기를 마쳐 주었다. 乙이 丙에게 X토지를 매도한 사실을 알게 된 甲은 2019. 5. 1. 丙을 상대로 乙과 丙이 체결한 매매계약을 취소하고, 丙 명의의 소유권이전등기의 말소를 구하는 사해행위 취소의 소를 제기하였다.

甲의 위 청구에 대하여 丙은 甲의 물품대금채권의 소멸시효가 완성되었다는 주장을 하였다. 丙의 주장에 대하여 甲은 물품대금채권의 소멸시효 기간이 5년이므로 물품대금채권의 소멸시효가 완성되지 않았고, 설령 소멸시효가 완성되었더라도 물품대금채권의 채무자가 아닌 丙이 소멸시효가 완성되었다는 항변을 할 수 없다고 주장하였다.

甲의 丙에 대한 소송에서 법원은 어떠한 판단을 하여야 하는지 (1) 결론(소 각하/청구 기각/청구 인용/청구 일부 인용－일부 인용의 경우에는 인용 범위를 특정할 것)과 (2) 논거를 기재하시오. (15점) (제9회 변호사시험, 2020)

➜ **1. 결론**

甲의 물품대금채권의 소멸시효가 완성되었음을 이유로, 법원은 甲의 丙에 대한 소송을 기각 판결해야 한다.

2. 논거

(1) 甲의 물품대금채권이 시효소멸하였는지 여부

상인이 판매한 생산물 및 상품의 대가는 3년간 행사하지 않으면 소멸시효가 완성된다(민법 제163조 6호). 소멸시효는 법률행위에 의하여 이를 배제, 연장 또는 가중할 수 없다(제184조 2항). 설문에서 甲과 乙 사이에 물품대금채권의 소멸시효 기간을 5년으로 약정하였더라도 이는 무효이다. 따라서 甲의 물품대금채권은 변제기 2015. 4. 1. 다음 날부터 3년이 경과한 2018. 4. 1. 시효가 완성되었다(제160조 2항, 제163조 6호).

(2) 수익자 丙이 취소채권자 甲의 채권에 대하여 시효소멸을 주장할 수 있는지 여부

甲이 채권자취소권을 행사하기 위해서는 乙에 대해 채권이 존재해야 한다. 사해행위의 수익자는 사해행위가 취소되면 사해행위에 의하여 얻은 이익을 상실하고 사해행위취소권을 행사하는 채권자의 채권이 소멸하면 그와 같은 이익의 상실을 면하는 지위에 있으므로, 그 채권의 소멸에 의하여 직접 이익을 받는 자에 해당한다(대판 2007.11.29, 2007다54849). 따라서 丙은 甲의 채권이 2018. 4. 1. 시효완성으로 소멸하였음을 주장할 수 있다.

문제 7 〈사실관계〉

甲은 2018. 3. 5. 乙에게 1억원을 이자의 정함 없이 변제기 2020. 3. 4.로 하여 대여하였다. 한편 乙은 2020. 1. 1. 丙에게 곰돌이인형 100개를 납품하였고, 2020. 1. 15.까지 丙으로부터 그 대금 5,000만원을 지급받기로 하였다.

乙은 채무초과 상태에 이르자 친구인 丁과 2020. 2. 1. 丙에 대한 위 물품대금채권 5,000만원을 양도하기로 하는 채권양도계약을 체결하였고, 그 무렵 乙의 채권양도통지가 丙에게 도달하였다. 丁은 丙으로부터 아직 물품대금을 지급받지 못하였다. 甲은 위와 같이 乙이 丁에게 물품대금채권을 양도한 것이 사해행위에 해당한다는 이유로 丁을 피고로 하여 乙과 丁 사이의 채권양도계약을 취소하고, 원상회복을 구하는 소를 제기하려고 한다. (제10회 변호사시험, 2021)

1. 甲은 어떠한 방법으로 원상회복청구를 하여야 하는가? (10점)

➜ 채무자의 수익자에 대한 채권양도가 사해행위로 취소되는 경우, 수익자가 제3채무자에게서 아직 채권을 추심하지 않은 때에는, 채권자는 사해행위취소에 따른 원상회복으로서 수익자가 제3채무자에게 채권양도가 취소되었다는 취지의 통지를 하도록 청구할 수 있다(대판 2015.11.17, 2012다2743). 설문에서 수익자 丁이 양수금채권을 추심하지 않았기 때문에, 채권자 甲은 원상회복으로서 丁이 제3채무자 丙에게 채권양도가 취소되었다는 취지의 통지를 하도록 청구해야 한다.

2. 甲이 丁을 상대로 한 사해행위취소 및 원상회복청구소송에서 승소판결을 받고 그 판결이 확정된 후, 甲이 乙을 대위하여 丙에게 물품대금 지급청구의 소를 제기할 경우, 법원은 어떠한 판단을 하여야 하는가?(소 각하/청구 인용/청구 기각) (15점)

➜ **(1) 甲이 乙을 대위하여 丙에게 물품대금지급을 청구할 수 있는지 여부**

채무자의 수익자에 대한 채권양도가 사해행위로 취소되는 경우, 채권자와 수익자의 관계에서 채권이 채무자의 책임재산으로 취급될 뿐, 채무자가 직접 채권을 취득하여 권리자로 되는 것은 아니므로, 채권자는 채무자를 대위하여 제3채무자에게 채권에 관한 지급을 청구할 수 없다(대판 2015.11.17, 2012다2743). 설문에서 乙의 丙에 대한 물품대금채권의 양도가 사해행위로 취소되고 그에 따른 원상회복이 이루어지더라도, 乙이 직접 물품대금채권을 취득하는 것은 아니어서 피대위채권이 존재한다고 할 수 없다. 따라서 甲은 乙을 대위하여 丙에게 물품대금채권의 지급을 구할 수 없다.

(2) 법원의 판단

甲이 乙을 대위하여 丙에게 물품대금채권의 지급을 청구할 수 있기 위해서는 피대위채권이 존재하여야 하는데, 설문의 경우에는 피대위채권이 존재하지 않는다. 따라서 甲의 청구를 기각해야 한다.

문제 8 〈기초적 사실관계〉

대부업자 甲은 2013. 5. 21. 乙에게 2억원을 변제기 2014. 5. 20.로 정하여 대여하였다. [※ 추가적 사실관계는 각각 별개임] (제11회 변호사시험, 2022)

〈추가적 사실관계 1〉

乙은 2015. 8. 14. 그의 유일한 재산인 시가 1억원 상당의 X토지를 친구 丙에게 대금 5천만원에 매도하는 매매예약을 체결하고 2015. 8. 20. 소유권이전등기청구권 보전을 위한 가등기를 마쳐 주었다. 그 후 2015. 10. 20. 위 매매예약과 동일한 매매를 원인으로 가등기에 기한 본등기를 마쳐 주었다. 丙은 매매예약 당시부터 乙이 채무초과라는 사실을 잘 알고 있었다. 한편 甲은 2019. 9. 15. 乙과 丙의 위와 같은 사해행위 사실을 비로소 알게 되었다.

1. 甲은 2019. 10. 1. 丙을 상대로 매매예약 취소 및 가등기 말소, 본등기의 원인인 법률행위 취소 및 본등기 말소 청구의 소를 제기하였다. 소송계속 중인 2019. 11. 1. 丙은 위 사해행위 사실을 알고 있는 丁에게 X토지를 매도하고 같은 날 丁에게 소유권이전등기를 마쳐 주었다. 2020. 9. 1. 이를 알게 된 甲은 2020. 10. 1. 丁을 상대로 사해행위취소 및 원상회복으로 X토지에 관하여 丁 명의 등기의 말소를 구하는 별소를 제기하였다. 甲의 丁을 피고로 한 소 제기는 적법한가? (피보전채권의 소멸시효완성 여부는 고려하지 말 것) (15점)

➜ **(1) 채권자 甲이 별도로 전득자 丁을 상대로 사해행위취소의 소를 제기해야 하는지**

채권자가 수익자를 상대로 제기한 사해행위취소소송 판결의 효력은 피고가 아닌 전득자에게 미치지 않는다. 따라서 채권자 甲이 수익자 乙에 대한 사해행위취소소송과는 별도로 전득자 丁에 대하여 채권자취소권을 행사하여 원상회복을 구하기 위해서는 민법 제406조 2항에서 정한 기간 안에 별도로 丁을 상대로 소를 제기해야 한다(대판 2014.2.13, 2012다204013).

(2) 丁에 대한 사해행위취소의 소에서의 제척기간

사해행위취소의 소는 법률행위 있은 날로부터 5년 내에 제기하여야 하며(제406조 2항), 여기에서 법률행위 있는 날은 사해행위에 해당하는 법률행위가 실제로 이루어진 날을 의미한다(대판 2001.2.27, 2000다44348). 설문의 경우, 채무초과 상태에 빠진 乙이 X토지에 관하여 2015. 8. 14. 매매예약을 원인으로 하여 丙명의로 가등기와 본등기를 마쳐 주었으므로, 5년의 제척기간 기산점은 2015. 8. 14.이다.

(3) 결론

甲이 丙을 상대로 2019. 10. 1. 제기한 소는 가등기의 원인행위인 매매예약을 체결한 2015. 8. 14.부터 5년이 경과하지 않았지만, 전득자 丁을 상대로 2020. 10. 1. 제기한 소는 5년이 경과하였다. 따라서 甲이 丁을 피고로 한 소 제기는 부적법하다.

〈추가적 사실관계 2〉

乙은 2018. 5. 1. 채무초과 상태에서 丙에게 자신의 Y토지를 매도하고 같은 날 소유권이전등기를 마쳐 주었다. Y토지에는 2013. 2. 1. 근저당권자 丁, 채권최고액 5천만원의 근저당권설정등기, 2018. 3. 1. 乙의 채권자 戊, 청구금액 3천만원의 가압류등기가 각 마쳐져 있었다. 丙이 Y토지의 소유권을 이전받은

後에 丁에 대한 피담보채무 전액 5천만원과 戊의 가압류 청구금액 3천만원을 각 변제함으로써 丁 명의의 근저당권설정등기와 戊 명의의 가압류등기가 모두 말소되었다. 한편 2019. 1. 1. 이를 알게 된 甲은 2019. 3. 1. 丙을 상대로 乙과 丙 간의 위 매매계약을 사해행위로 전부 취소하고 원상회복으로 Y토지에 관하여 丙 명의로 된 소유권이전등기의 말소를 구하는 소를 제기하였다.

2. 丙은 위 소송에서 ① 자신이 사해행위 사실에 대해 선의이고, ② 설령 위 매매계약이 사해행위로서 취소된다 하더라도 甲이 매매계약의 전부취소 및 원물반환을 구하는 것은 부당하다는 취지로 항변하였으나, 甲은 변론종결 시까지 종전의 청구취지를 그대로 유지하였다. 법원의 심리 결과, 甲의 주장사실 중 수익자인 丙의 악의 여부를 제외한 사해행위의 실체적 요건이 모두 인정되었고, 丙의 악의 여부는 증명되지 않았으며, 사해행위 당시와 사실심 변론종결 당시 Y토지의 가액은 1억원임이 확인된 경우, 법원은 어떠한 판단을 하여야 하는지 결론(소 각하/청구 기각/청구 인용/청구 일부 인용, 일부 인용 시 인용 범위를 특정할 것)과 논거를 기재하시오(대여금채권의 이자 내지 지연손해금은 고려하지 말 것). (25점)

➜ **(1) 결론**

법원은 사실심 변론종결 당시 Y토지의 시가 1억원에서 근저당권의 피담보채무 5,000만원을 공제한 나머지 5,000만원에 관하여 乙과 丙 사이의 매매계약을 취소하고, 가액배상을 명하는 일부인용 판결을 해야 한다.

(2) 논거

(가) Y토지에 대한 매매계약이 사해행위에 해당하는지 여부

저당권이 설정되어 있는 부동산에 관하여 사해행위가 이루어진 경우, 사해행위는 부동산의 가액에서 저당권의 피담보채권액을 공제한 잔액의 범위 내에서 성립한다(대판 2017.1.12, 2016다208792; 대판 2006.4.13, 2005다70090). 반면에 사해행위 당시 부동산이 가압류되어 있다는 사정은 채권자 평등의 원칙상 채권자의 공동담보로서 부동산의 가치에 아무런 영향을 미치지 아니하므로, 부동산 전부에 대하여 사해행위가 성립한다(대판 2003.2.11, 2002다37474). 설문에서 Y토지의 사실심변론종결 당시 시가인 1억원에서 근저당권의 피담보채무 5,000만원을 공제한 나머지 부분은 일반채권자들의 공동담보로 되는 책임재산에 해당한다. 따라서 Y토지의 양도는 사해행위에 해당한다.

(나) 수익자 丙의 악의에 대한 증명책임

사해행위취소소송에서 수익자의 악의는 추정되므로 해당 법률행위 당시에 채권자를 해함을 알지 못하였다는 점은 수익자가 증명해야 한다(대판 2018.4.10, 2016다272311). 설문에서 丙은 자신의 선의를 증명하지 못하였다. 따라서 사해행위 사실에 대해 선의라는 丙의 항변은 부당하다.

(다) 채권자 甲이 채권자취소권을 행사하면서 원상회복만을 구하는 경우에도 가액배상을

명할 수 있는지 여부

사해행위를 전부 취소하고 원상회복을 구하는 채권자의 주장 속에는 사해행위를 일부 취소하고 가액의 배상을 구하는 취지도 포함되어 있으므로, 채권자가 원상회복만을 구하는 경우에도 법원은 가액의 배상을 명할 수 있다(대판 2001.9.4, 2000다66416). 한편 저당권이 설정되어 있는 부동산에 관하여 사해행위 후 변제 등으로 저당권설정등기가 말소되어 사해행위 취소와 함께 가액반환을 명하는 경우, 부동산 가액에서 저당권의 피담보채권액을 공제한 한도에서 가액반환을 하여야 한다(대판 2018.9.13, 2018다215756). 따라서 Y토지에 대한 근저당권이 丙의 변제로 말소된 이상, 법원은 Y토지의 시가에서 피담보채무액을 공제한 나머지 5,000만원에 대하여 가액배상을 명하여야 한다.

제6절 다수당사자의 채권관계

Ⅰ. 불가분채권·채무

❐ 수인의 채권자에게 금전채권이 불가분적으로 귀속되는 경우, 불가분채권자들 중 1인을 집행채무자로 한 압류 및 전부명령이 이루어지면 그 불가분채권자의 채권은 전부채권자에게 이전되지만, 그 압류 및 전부명령은 집행채무자가 아닌 다른 불가분채권자에게 효력이 없으므로, 다른 불가분채권자의 채권의 귀속에 변경이 생기는 것은 아니다. 따라서 다른 불가분채권자는 모든 채권자를 위하여 채무자에게 불가분채권 전부의 이행을 청구할 수 있고, 채무자는 모든 채권자를 위하여 다른 불가분채권자에게 전부를 이행할 수 있다(민법 제409조). 이러한 법리는 불가분채권의 목적이 금전채권인 경우 그 일부에 대하여만 압류 및 전부명령이 이루어진 경우에도 마찬가지이다(대법원 2023.3.30. 선고 2021다264253 판결).

→ 가령 甲·乙·丙은 丁으로부터 건물을 공동으로 임차하였는데, 임대차계약이 합의해지로 종료되자 甲과 乙은 丁을 상대로 임대차보증금의 반환을 구하는 소를 제기하였고, 한편 丙의 채권자인 戊는 丙의 丁에 대한 임대차보증금반환채권 중 일부에 대하여 압류 및 전부명령을 받아 그대로 확정되었다. 이 경우 甲·乙에게는 위 압류 및 전부명령의 효력이 미치지 않으므로 甲·乙은 위 압류 및 전부명령에 관계없이 임대차보증금반환채권의 이행을 구할 수 있고, 따라서 甲·乙이 반환받을 임대차보증금의 액수가 戊에게 전부된 금액만큼 줄어들지 않는다.

❐ 상속에 따라 임차건물의 소유권을 취득한 자도 주택임대차보호법 제3조 4항, 상가건물임대차보호법 제3조 2항에서 말하는 임차건물의 양수인에 해당하고, 임대인 지위를 공동으로 승계한 공동임대인들의 임차보증금 반환채무는 성질상 불가분채무에 해당한다(대법원 2021.1.28. 선고 2015다59801 판결). 불가분채무자가 변제 등으로 공동면책을 얻은 때에는 다른 채무자의 부담부분에 대하여 구상할 수 있다. 공동상속인은 각자의 상속분에 응하여 피상속인의 권리·의무를 승계한다는 제1007조에서 '상속분'은 법정상속분을 의미한다. 따라서 임대인 지위를 공동으로 승계한 상속인 중 1인이 변제 등으로 공동면책을 얻은 때에는 다른 공동상속인들을 상대로 법정상속분에 따라 구상할 수 있다(대법원 2024.8.1. 선고 2023다318857 판결).

❐ [1] 전세권이 성립한 후 전세목적물의 소유권이 이전된 경우 전세권은 전세권자와 목적물의 소유권을 취득한 신 소유자 사이에서 계속 동일한 내용으로 존속하게 되므로 목적물의 신 소유자는 구 소유자와 전세권자 사이에 성립한 전세권의 내용에 따른 권리의무의 직접적인 당사자가 되어 전세권이 소멸하는 때에 전세권자에 대하여 전세권설정자의 지위에서 전세금 반환의무를 부담한다. 한편 전세권이 성립한 후 전세목적물의 소유권 중 일부 지분을 이전받은 새로운 공유자도 전세권자에 대하여 공동 전세권설정자의 지위에서 전세금 반환의무를 부담한다.

[2] 건물의 공유자가 공동으로 건물을 임대하고 임차보증금을 수령한 경우 특별한 사정이 없는 한 그 임대는 각자 공유지분을 임대한 것이 아니라 임대목적물을 다수 당사자로서 공동으로 임대한 것이고 그 임차보증금 반환채무는 성질상 불가분채무에 해당한다. 임대인 지위를 공동으로 승계한 공동임대인들의 임차보증금 반환채무 역시 성질상 불가분채무이고(대법원 2024.8.1. 선고 2023다318857 판결), 이는 임대목적물의 소유권 중 일부 지분을 이전받은 새로운 공유자가 임대인 지위를 승계하여 기존 임대인과 함께 임차보증금 반환의무를 부담하게 되는 경우에도 마찬가지이다(대법원 2025.4.15. 선고 2024다312566 판결).

[3] 한편 사해행위를 이유로 채권자취소권을 행사하는 경우 행위를 하지 않았다면 있었을 책임재산을 회복하도록 하여야 하고, 그보다 더 많은 책임재산을 회복하는 결과를 초래하는 것은 허용되지 않는다. 따라서 일반채권자들의 공동담보에 제공되지 않은 책임재산은 취소의 범위에서 제외되어야 한다. 공유물인 주택에 주택임대차보호법에 따라 임차보증금을 우선적으로 변제받을 권리를 가진 임차인이 있고 그 주택의 공유자들이 불가분채무인

> 임차보증금 반환의무를 부담하는 경우, 공유자 중 1인인 채무자가 처분한 지분 중에서 일반채권자들의 공동담보에 제공되는 책임재산은 우선변제권이 있는 임차보증금 반환채권 전액을 공제한 나머지 부분이다(대법원 2024.12.12. 선고 2024다239401 판결). 이러한 법리는 전세목적물의 소유권 중 일부 지분이 이전되어 전세목적물의 공유자들이 불가분채무인 전세금 반환의무를 부담하게 된 이후 그 공유자 중 1인이 자신의 지분을 처분함으로써 사해행위가 문제되는 경우에도 마찬가지로 적용된다(대법원 2025.4.15. 선고 2024다312566 판결).

문제 원고인 국민건강보험공단은 2020. 5. 2. B에게, 약사자격증이 없는 A가 타인의 명의를 빌려 Y건물의 1층에 B약국을 개설하여 2009. 1. 23.부터 2020. 3. 13.까지 운영하면서 원고로부터 부당하게 지급받은 요양급여비용 등 합계 125억을 환수할 예정임을 통보하고, 2020. 6. 2. 이에 대한 환수결정을 통보하였다. A는 원고를 기망하여 원고로부터 요양급여비용을 지급받았다는 약사법위반의 범죄사실을 유죄로 인정되어 징역형을 선고받았다.
한편 피고(A의 형)와 A는 각 1/2의 지분으로 X토지를 공유하고 있으며, 피고는 A의 동의를 얻고 X토지에 Y건물을 신축하여 2009. 1. 14. 피고 앞으로 그 소유권보존등기를 마쳤다. A는 2019. 7. 23. 피고로부터 Y건물 중 2분의 1 지분을 매수하고, 같은 날 소유권이전등기를 마쳤다(이하 '이 사건 매매계약'이라 함). 이 사건 매매계약을 원인으로 A에게 이전되었던 Y건물 중 2분의 1 지분에 관하여 2020. 5. 25. 합의해제를 원인으로 소유권이전등기의 말소등기가 마쳐졌다. 합의해제 무렵 및 변론종결일 당시 X토지의 시가는 30억원이고, Y건물의 시가는 32억원이며, 이 사건 매매계약 체결 전부터 Y건물에 대하여 C명의의 전세권설정등기가 존재하고, 전세금은 10억원이다.
원고는 2020. 7. 10. 피고를 상대로 피고와 A 사이의 합의해제는 사해행위에 해당하므로 이를 취소하고, 원상회복으로서 Y건물 중 2분의 1 지분 가운데 공동담보에 바쳐진 부분을 한도로 가액배상을 구한다는 소를 제기하였다. 이에 대해 피고는 위 합의해제는 사해행위에 해당하지 않으며, 설사 사해행위라고 하더라도 A가 Y건물의 전세권설정계약 당사자가 아니라는 이유로, Y건물의 공유지분의 가액에서 C의 전세금 반환채권 10억원에 해당하는 금액은 공제되어야 한다고 주장한다. 법원은 어떠한 판단을 하여야 하는가? (B는 위 지분 이외에 다른 재산이 없다)

→ **1. 사해행위의 성립 여부**

(1) 민법 제406조의 채권자취소권의 대상인 '사해행위'는 채무자가 적극재산을 감소시키거나 소극재산을 증가시킴으로써 채무초과상태에 이르거나 이미 채무초과상태에 있는 것을 심화시킴으로써 채권자를 해하는 행위를 말하고, 사해행위취소의 소에서 채무자가 그와 같이 채무초과상태에 있는지는 사해행위 당시를 기준으로 판단하여야 한다(대판

2017.10.26, 2015다254675). 채무자가 자기의 유일한 재산인 부동산을 매각하여 소비하기 쉬운 금전으로 바꾸는 행위는 특별한 사정이 없는 한 채권자에 대하여 사해행위가 된다고 볼 것이므로, 채무자의 사해의사는 추정된다(대판 2001.4.24, 2000다41875).

(2) 설문의 경우, 원고는 채무자 A에 대하여 125억원의 환수채권을 가지고 있으며, 합의해제 당시 X토지(시가 30억원) 및 Y건물(시가 32억원)에 관한 각 2분의 1 지분이 사실상 A의 유일한 재산이므로, A는 합의해제 당시 채무초과상태에 있었다. 합의해제는 계약당사자 쌍방이 합의에 의하여 기존 계약의 효력을 소멸시켜 당초부터 계약이 체결되지 아니하였던 것과 같은 상태로 복귀시킬 것을 내용으로 하는 새로운 계약이므로(대판 2009.2.12, 2008다71926), 당연히 재산처분행위의 성질을 갖는다. 결국 위 합의해제는 일반채권자를 해하는 재산처분행위로서 사해행위가 된다. 나아가 위 합의해제가 사해행위에 해당하는 이상 채무자인 A의 사해의사는 추정되고, 합의해제 당시 수익자인 피고가 선의였음을 인정할 증거가 없다.

(3) 따라서 채무초과상태에 있던 A가 합의해제를 원인으로 사실상 유일한 재산인 Y건물 중 2분의 1 지분에 관하여 피고 앞으로 소유권이 복귀되게 한 것은 사해행위에 해당하므로 이를 취소할 수 있다.

2. 원상회복으로서 가액배상

(1) 원상회복의 방법

채권자의 사해행위취소 및 원상회복청구가 인정되면, 수익자는 원상회복으로서 사해행위의 목적물을 채무자에게 반환할 의무를 진다. 만일 원물반환이 불가능하거나 현저히 곤란한 경우에는 원상회복의무 이행으로서 사해행위 목적물의 가액 상당을 배상하여야 한다(대판 2018.12.28, 2017다265815).

앞서 본 바와 같이 위 합의해제는 사해행위에 해당하고, 원고는 소로써 합의해제를 취소하였으므로, 피고는 원고에게 원상회복의무를 부담한다. 설문의 경우, 합의해제 이후 Y건물에 C명의의 전세권이 존재하므로 합의해제의 목적물인 Y건물 중 2분의 1 지분에 관하여는 원물반환이 현저히 곤란하다. 따라서 원고는 피고에게 원상회복으로서 가액배상을 구할 수 있다.

(2) 가액배상의 범위

(가) 전세권이 성립한 후 전세목적물의 소유권 중 일부 지분을 이전받은 새로운 공유자도 전세권자에 대하여 공동 전세권설정자의 지위에서 전세금 반환의무를 부담하며, 이러한 전세금 반환채무는 성질상 불가분채무에 해당한다(대판 2025.4.15, 2024다312566). 한편 채권자취소권은 책임재산을 보전하기 위한 것이므로, 일반채권자의 공동담보에 제

공되지 않은 책임재산은 취소의 범위에서 제외되어야 한다. 따라서 전세목적물의 소유권 중 일부 지분이 이전되어 전세목적물의 공유자들이 불가분채무인 전세금 반환의무를 부담하게 된 이후 그 공유자 중 1인이 자신의 지분을 처분한 것이 사해행위인 경우, 공유자 중 1인인 채무자가 처분한 지분 중에서 일반채권자의 공동담보에 제공되는 책임재산은 우선변제권이 있는 전세금 반환채권 전액을 공제한 나머지 부분이다(대판 2025.4.15, 2024다312566).

(나) 설문의 경우, 변론 종결시를 기준으로 Y건물의 가액이 32억이며, C의 전세금 반환채권액은 10억원이다. 따라서 피고는 원고에게 Y건물의 가액에서 C의 전세금 반환채권 10억원을 공제한 나머지 22억원을 지급할 의무가 있다.

3. 결론

법원은 피고에 대하여, “1. 피고와 A 사이에 2020. 5. 25. 체결된 Y건물 중 2분의 1 지분에 관한 2019. 7. 23.자 매매계약에 대한 합의해제를 22억원의 범위에서 취소한다. 2. 피고는 원고에게 22억원과 이에 대하여 판결확정 다음 날부터 다 갊는 날까지 연 5%로 계산한 돈을 지급하라.”라는 판결을 해야 한다.

Ⅱ. 연대채무

❒ 민법 제419조는 “어느 연대채무자에 대한 채무면제는 그 채무자의 부담부분에 한하여 다른 연대채무자의 이익을 위하여 효력이 있다”라고 정하여 면제의 절대적 효력을 인정한다. 이는 당사자들 사이에 구상의 순환을 피하여 구상에 관한 법률관계를 간략히 하려는 데 취지가 있는바, 채권자가 연대채무자 중 1인에 대하여 채무를 일부 면제하는 경우에도 그와 같은 취지는 존중되어야 한다. 따라서 연대채무자 중 1인에 대한 채무의 일부 면제에 상대적 효력만 있다고 볼 특별한 사정이 없는 한 일부 면제의 경우에도 면제된 부담부분에 한하여 면제의 절대적 효력이 인정된다고 보아야 한다.

구체적으로 연대채무자 중 1인이 **채무 일부를 면제받는 경우**에 그 연대채무자가 지급해야 할 잔존 채무액이 부담부분을 초과하는 경우에는 그 연대채무자의 부담부분이 감소한 것은 아니므로 다른 연대채무자의 채무에도 영향을 주지 않아 다른 연대채무자는 채무 전액을 부담하여야 한다. 반대로 일부 면제에 의한 **피면제자의 잔존 채무액이 부담부분보다 적은 경우**에는 차액(부담부분−잔존 채무액)만큼 피면제자의 부담부분이 감소하였으므로, 차액의 범위에서 면제의 절대적 효력이 발생하여 다른 연대채무자의 채무도 차액만큼 감소한다

(대법원 2019.8.14. 선고 2019다216435 판결).

❒ 민법 제425조 제1항은 어느 연대채무자가 변제 기타 자기의 출재로 공동면책이 된 때에는 다른 연대채무자의 부담부분에 대하여 구상권을 행사할 수 있다고 정하고 있다. 조합채무는 모든 조합원에게 합유적으로 귀속되므로, 조합원 중 1인이 조합채무를 면책시킨 경우 그 조합원은 다른 조합원에 대하여 민법 제425조 제1항에 따라 구상권을 행사할 수 있다. 이러한 구상권은 조합의 해산이나 청산 시에 손실을 부담하는 것과 별개의 문제이므로 반드시 잔여재산분배 절차에서 행사해야 하는 것은 아니다(대법원 2022.5.26. 선고 2022다211416 판결).

문제 분양회사 甲은 X아파트 신축공사에 관하여 乙회사 및 丙회사로 구성된 공동수급체(공동이행방식)와 공사도급계약을 체결하였고(출자비율은 乙이 70%, 丙이 30%임), 丁은 위 공동수급체의 甲에 대한 공사도급계약상의 의무를 연대보증하였다. 甲은 완공된 X아파트에 하자가 존재하여 하자보수에 갈음하여 손해배상금 10억원을 입주자대표회의에 지급하였다. 한편 甲은 丙으로부터 위 배상금 일부인 1억 5,000만원을 지급받은 다음, "甲은 丙에 대한 나머지 청구를 포기하고 소송도 제기하지 않기로 한다"는 합의서를 작성하여 丙에게 송부하였다. 이후 甲은 丁을 상대로 보증채무의 이행을 구하는 소를 제기하였고, 법원은 공사하자에 따른 甲의 乙과 丙에 대한 10억원의 손해배상채권 중 6억원의 채권이 소멸시효가 완성된 점을 고려하여 丁에 대하여 연대보증채무의 이행으로서 4억원의 지급을 명하는 판결을 선고하였다. 丁은 위 금액을 甲에게 지급한 다음 丙에 대해 구상금의 지급을 구하는 소를 제기하였다. 이에 피고 丙은 "甲이 도급공사에 관한 손해배상채무 중 내부적 분담부분인 1억 5,000만원의 지급만을 청구하였고, 이를 모두 변제하자 丙에 대한 나머지 손해배상채권을 포기하고 소송도 제기하지 않기로 하는 합의를 함으로써 丙에 대한 위 채무에 관하여 분별의 이익을 인정하고, 연대를 면제하는 의사표시를 하였다. 따라서 원고 丁이 甲에게 보증채무를 이행하였더라도 이는 분할채무인 乙의 甲에 대한 손해배상채무를 변제한 것일 뿐, 이를 초과하여 이미 소멸한 丙의 부담부분에 대해서까지 변제하였다고 할 수 없다"고 하면서 丁에 대한 구상의무가 존재하지 않는다고 주장한다. 丁의 청구는 인용될 수 있는가? (단, 丁의 변제액 4억원을 제외한 면책된 날 이후의 법정이자, 피할 수 없는 비용, 乙과 丙의 甲에 대한 지연손해금 등은 고려하지 말 것)

➜ **1. 丙의 丁에 대한 구상의무의 발생 여부**

공동이행방식의 공동수급체는 민법상 조합의 성질을 가지고, 조합채무가 조합원 전원을 위하여 상행위가 되는 행위로 인하여 부담하게 된 것이라면 상법 제57조 1항에 따라 조합원들의 연대책임을 인정함이 상당하고(대판 2015.3.26, 2012다25432), 연대채무자가 여럿인 경우에 이들 모두를 위한 연대보증인은 보증채무의 이행으로 한 출연액 전부에 대하여 어느 연대채무자에게나 구상권을 가진다(대판 1992.5.12, 91다3062). 설문에서 乙과 丙이 공동이행방식의 공동수급체를 구성하여 甲과 체결한 공사도급계약에 따라 甲에 대하여 부담하는 손해배상채무는 구성원 전원의 상행위에 의하여 부담한 채무로서 연대채무 관계에 있고, 丁은 乙과 丙 모두를 위하여 연대보증을 하였다. 또한 丁은 보증채무의 이행으로서 손해배상금을 甲에게 지급함으로써 乙과 丙 모두의 주채무(연대채무)가 소멸되었다. 따라서 연대채무 관계에 있는 주채무자 중 1인인 피고 丙은 원고 丁에게 丁이 보증채무의 이행으로 한 출연액 전부에 대하여 구상의무를 부담한다.

2. 연대의 면제로 丙의 연대채무가 분할채무로 전환되었는지 여부

연대의 면제는 채권자가 어느 연대채무자의 채무액을 그의 부담부분의 한도로 줄여주는 의사표시로서, 이 경우 피면제자의 채무는 분할채무로 바뀌고 구상에서의 무자력 위험은 채권자가 부담하게 된다(제427조 2항). 설문에는 甲은 丙에 대한 나머지 청구를 포기하고 소송도 제기하지 않기로 하는 내용의 합의가 존재한다. 하지만 연대의 면제는 구상에서의 무자력 위험을 채권자가 부담하게 되어 채권자에게 매우 불리한 것이어서 채권자의 의사표시가 연대의 면제에 해당하는지는 엄격하게 해석해야 한다. 설사 甲이 '연대 면제'의 의사표시를 하였더라도 보증계약 체결 후 채권자와 주채무자 사이에 일방적으로 이루어진 연대의 면제로 인하여 보증인이 불이익을 받는 것은 부당하므로, 보증인이 여럿의 주채무자 전원을 위하여 보증을 한 경우에는 연대의 면제가 있더라도 주채무자들은 여전히 구상채무를 연대하여 변제할 책임이 있다. 따라서 乙과 丙의 丁에 대한 구상채무가 분할채무로 전환되었다고 볼 수 없다.

3. 채무의 일부면제에 따라 丙이 丁에 대한 구상채무의 전부 또는 일부를 면할 수 있는지 여부

어느 연대채무자에 대한 채무면제는 그 채무자의 부담부분에 한하여 다른 연대채무자의 이익을 위하여 효력이 있고(제419조), 보증채무는 부종성이 있어 주채무가 소멸하는 경우 보증채무도 그 범위 내에서 소멸한다. 하지만 채무의 일부면제의 경우에는 면제받은 채무자가 지급해야 할 잔액이 그 채무자의 부담부분을 초과하는 때에는 그 채무자의 부담부분은 감소하지 않고, 따라서 다른 연대채무자의 채무에도 영향을 주지 않으며, 일부면제에 의한 잔액이 피면제자의 부담부분보다 적은 경우에는 그 차액만큼 부담액을 감소시켜 다른 연대채무자의 채무액도 그 범위에서 감소한다(대판 2019.8.14, 2019다216435). 설문에서 丙은 甲과의 합의를 통해 1억 5,000만원을 지급하고 나머지 채무를 면제받았고, 위 변제부분을 고려하지 않은 乙과 丙의 甲에 대한 채무액은 4억원이므로, 丙이 면제받은 금액은 2억 5,000만원(4억−1억 5,000만원)으로 볼 수 있는데, 면제되고 남은 피고 丙의 채무, 즉 丙이 甲에게 지급한 1억 5,000만원은 피고 丙의 부담부분 1억 2,000만원(4억원×丙의 출자비율 30%)을 초과한다. 따라서 위 일부 채무면제는 다른 연대채무자인 乙의 채무에 영향을 미치지 않으므로, 보증인 丁의 甲에 대한 보증채무의 범위 및 그 보증채무를 이행한 丁의 구상권의 범위에도 영향을 미칠 수 없다. 참고로 丙은 자신의 부담부분을 초과하여 변제한 부분에 대하여 乙에게 구상권을 행사할 수 있다.

4. 결론

따라서 丙의 주장은 부당하므로, 丁의 청구는 인용되어야 한다.

Ⅲ. 부진정연대채무

- 부진정연대채무자 중 **소액 채무자가 자신의 채무 중 일부를 변제한 경우**, 변제된 금액은 **소액 채무자가 다액 채무자와 공동으로 부담하는 부분**에 관하여 민법의 변제충당 일반원칙에 따라 지연손해금, 원본의 순서로 변제에 충당되고 이로써 공동 부담 부분의 채무 중 지연손해금과 일부 원금채무가 변제로 소멸하게 된다. 그리고 부진정연대채무자 상호 간에 채권의 목적을 달성시키는 변제와 같은 사유는 채무자 전원에게 절대적 효력이 있으므로, 이로써 다액 채무자의 채무도 지연손해금과 원금이 같은 범위에서 소멸하게 된다(대법원 2024.3.12. 선고 2019다29013,29020 판결; 대법원 2012.2.9. 선고 2009다72094 판결).
- 금액이 다른 채무가 서로 부진정연대 관계에 있을 때 **다액채무자가 일부 변제를 하는 경우** 그 변제로 인하여 먼저 소멸하는 부분은 당사자의 의사와 채무 전액의 지급을 확실히 확보하려는 부진정연대채무 제도의 취지에 비추어 볼 때 **다액채무자가 단독으로 채무를 부담하는 부분**으로 보아야 한다. 이러한 법리는 사용자의 손해배상액의 범위가 피해자의 과실을 참작하여 과실상계를 한 결과 타인에게 직접 손해를 가한 피용자 자신의 손해배상액과 달라졌는데 다액채무자인 피용자가 손해배상액의 일부를 변제한 경우에 적용되고, 공동불법행위자들의 피해자에 대한 과실비율이 달라 손해배상액의 범위가 달라졌는데 다액채무자인 공동불법행위자가 손해배상액의 일부를 변제한 경우에도 적용된다. 또한 중개보조원을 고용한 개업공인중개사의 공인중개사법 제30조 제1항에 따른 손해배상액의 범위가 과실상계를 한 결과 거래당사자에게 직접 손해를 가한 중개보조원 자신의 손해배상액과 달라졌는데 다액채무자인 중개보조원이 손해배상액의 일부를 변제한 경우에도 마찬가지이다(대법원 2018.3.22. 선고 2012다74236 판결).

문제 甲회사의 직원 乙은 甲회사의 명의의 근보증서 등을 위조하여 마치 丙회사가 대출을 받는데 甲회사가 보증을 한 것처럼 丁은행을 기망하였다. 丁은행은 甲회사가 보증을 서는 것으로 믿고 丙회사에 40

억원을 대출해 주었고, 이후 丙회사는 대출금 채무 중 20억원을 변제하였으며, 甲회사와의 관계에서 丁은행의 과실은 30%로 인정되었다. 丙회사의 일부변제(20억원)로 인해 丁은행에 부담하게 되는 丙회사와 甲회사의 나머지 채무는 얼마인가?

➜ 금액이 다른 채무가 서로 부진정연대의 관계에 있을 때 금액이 많은 채무의 일부가 변제 등으로 소멸하는 경우에 그중 먼저 소멸하는 부분은, 채무 전액의 지급을 확실히 확보하려는 부진정연대채무제도의 취지에 비추어, 다른 채무자와 공동으로 채무를 부담하는 부분이 아니라 단독으로 채무를 부담하는 부분이다(대판 2018.3.27, 2015다70822). 설문에서 甲회사의 사용자책임으로 인한 손해배상채무와 丙회사의 대출금채무는 서로 별개의 원인으로 발생한 독립된 채무이나 동일한 경제적 목적을 가진 채무로서 서로 중첩되는 부분에 관하여는 일방의 채무가 변제 등으로 소멸하면 타방의 채무도 소멸하는 부진정연대의 관계에 있으며, 丙회사의 대출금채무는 40억원, 甲회사의 사용자책임으로 인한 손해배상채무는 28억원(40억원×0.7)이다. 따라서 丙이 20억원을 일부 변제한 경우, 먼저 丙이 단독으로 부담하는 부분 12억원(40억−28억)이 우선 소멸하고, 나머지 8억원은 甲과 丙이 공동으로 부담하는 부분이 소멸하므로(28억−8억), 丁은행에 부담하게 되는 丙과 甲의 나머지 채무는 각각 20억원이다.

> ❐ 부진정연대채무에서 채무자 1인에 대한 재판상 청구 또는 채무자 1인이 행한 채무의 승인 등 소멸시효의 중단사유나 시효이익의 포기는 다른 채무자에게 효력을 미치지 않는다(대법원 2017.9.12. 선고2017다865 판결).

문제 甲·乙·丙은 공동불법행위로 인해 균등한 비율로 丁에 대하여 3억원의 부진정연대채무를 부담한다. 丁은 불법행위가 발생한 후 3년이 지날 때 甲과 乙을 상대로 가압류결정을 받아 甲과 乙의 공동소유인 X부동산에 가압류등기를 마쳤으나 丙에게는 10년이 지날 때까지 어떠한 법적 권리를 행사하지 않았다. 그 후 丁이 甲에게 3억원의 이행을 청구하였다.

1. 丁의 청구에 대하여, 甲은 丙의 부담부분이 소멸시효가 완성되어 그만큼 자기의 의무도 면하게 되었다고 항변한다. 이에 丁은 甲과 乙의 공동소유인 X부동산에 가압류를 하였으므로, 丙의 채무도 소멸시효가 중단되어 甲이 3억원 전액에 대해 변제할 책임이 있다고 재항변한다. 이 경우 甲의 주장이나 丁의 주장이 타당한가?

➜ **(1) 丁의 재항변의 타당성 여부**

부진정연대채무에서 채무자 1인에 대한 재판상 청구 또는 채무자 1인이 행한 채무의 승인 등 소멸시효의 중단사유나 시효이익의 포기는 다른 채무자에게 효력을 미치지 않는다(대판 2017.9.12, 2017다865). 따라서 丙의 채무에 대한 소멸시효의 중단을 주장한 丁의 재항변은 부당하다.

(2) 甲의 항변의 타당성 여부

연대채무에서 소멸시효의 절대적 효력에 관한 민법 제421조는 공동불법행위자 상호간의 부진정연대채무에 대하여는 그 적용되지 않는다(대판 1997.12.23, 97다42830). 따라서 甲의 항변은 부당하므로, 丁은 甲에게 3억원 전액의 이행을 청구할 수 있다(제760조).

2. 丁의 청구에 따라 甲은 丁에게 손해배상금의 일부인 1억 8,000만원을 배상하였다. 이 경우 甲은 丙에게 구상권을 행사할 수 있는가?

→ 공동불법행위자 중 1인의 손해배상채무가 시효로 소멸한 후에 다른 공동불법행위자 1인이 피해자에게 자기의 부담부분을 넘는 손해를 배상하였을 경우, 그 공동불법행위자는 다른 공동불법행위자에게 구상권을 행사할 수 있다(대판 2010.12.23, 2010다52225). 설문에서 丁의 丙에 대한 손해배상채권이 소멸시효가 완성되었지만, 甲이 丁에게 자기의 부담부분 1억원을 넘는 금액을 배상하여 취득한 乙과 丙에 대한 구상권은 丁의 乙·丙에 대한 손해배상채권과는 그 발생원인 및 성질을 달리하는 별개의 권리이다(대판 1997.12.23, 97다42830). 따라서 甲은 자신의 부담부분의 비율을 초과한 부분에 대하여 다른 공동불법행위자인 丙에게 그 부담부분의 비율에 따라 구상권을 행사할 수 있다.

❒ 공동불법행위책임은 가해자 각 개인의 행위에 대하여 개별적으로 그로 인한 손해를 구하는 것이 아니라 그 가해자들이 공동으로 가한 불법행위에 대하여 그 책임을 추궁하는 것으로, 법원이 피해자의 과실을 들어 과실상계를 함에 있어서는 피해자의 공동불법행위자 각인에 대한 과실비율이 서로 다르더라도 피해자의 과실을 공동불법행위자 각인에 대한 과실로 개별적으로 평가하지 않고 그들 전원에 대한 과실로 전체적으로 평가하는 것이 원칙이다(대법원 2020.2.27. 선고 2019다223747 판결). 그런데 공동불법행위자의 관계는 아니지만 서로 별개의 원인으로 발생한 독립된 채무가 동일한 경제적 목적을 가지고 있고 서로 중첩되는 부분에 관하여 한 쪽의 채무가 변제 등으로 소멸하면 다른 쪽의 채무도 소멸하는 관계에 있기 때문에 부진정연대채무 관계가 인정되는 경우가 있다. 이러한 경우까지 과실상계를 할 때 반드시 채권자의 과실을 채무자 전원에 대하여 전체적으로 평가하여야 하는 것은 아니다. 그리고 손해배상사건에서 과실상계나 손해부담의 공평을 기하기 위한 책임제한에 관한 사실인정이나 그 비율을 정하는 것은 그것이 형평의 원칙에 비추어 현저하게 불합리하다고 인정되지 않는 한 사실심의 전권사항에 속한다(대법원 2022.7.28. 선고 2017다16747,16754 판결).

문제 甲은 乙로부터 공급받아 丙에게 임대한 부두용 크레인의 붐(boom)이 붕괴하여 사고가 발생하자, 乙의 크레인 제작상의 과실과 丙의 크레인 관리·운용상의 과실이 함께 원인이 되었고 주장하면서 연대하여 손해배상을 구하는 소를 제기하였다. 법원의 심리결과 이러한 甲의 주장은 사실로 판명되었고, 甲은 크레인의 운용·관리에 관여하지 않았다는 사실도 확인되었다. 그런데 법원은 원고 甲의 손해에 관하여 피고 乙의 배상책임은 별도로 제한하지 않고, 피고 丙의 손해 방지를 위한 예방조치를 강구할 주의의무를 위반한 과실이 있는 점 등을 참작하여 丙의 배상책임만 과실상계를 통하여 70%로 제한하는 판결을 하였다. 법원의 판단은 타당한가?

→ **1. 甲에 대한 乙의 채무와 丙의 채무 관계**

乙은 제작물공급계약상의 채무불이행책임 또는 민법 제580조에 따른 하자담보책임으로서 甲이 입은 손해를 배상할 채무가 있고, 丙은 불법행위책임 또는 임대차계약상의 채무불이행책임으로서 甲이 입은 손해를 배상할 채무가 있으며, 두 채무는 부진정연대의 관계에 있다.

2. 과실상계를 할 때 채권자의 과실을 채무자 전원에 대하여 평가해야 하는지 여부

乙은 丙에 대하여 원고 甲의 이행보조자에 해당하지 않고, 크레인 임차인인 丙은 乙에 대하여 甲의 이행보조자에 해당하지 않는다. 따라서 어느 피고의 과실을 다른 피고에 대한 원고의 과실로 참작하여 과실상계를 할 수는 없다. 즉 공동불법행위를 원인으로 하지 않은 부진정연대채무의 경우에는 공동불법행위를 이유로 부진정연대채무가 성립하는 경우처럼 채권자의 과실을 채무자 전원에 대하여 전체적으로 평가하여 과실상계를 할 수 없다(대판 2022.7.28, 2017다16747,16754).

3. 결론

손해배상사건에서 과실상계나 손해부담의 공평을 기하기 위한 책임제한에 관한 사실인정이나 그 비율을 정하는 것은 그것이 형평의 원칙에 비추어 현저하게 불합리하다고 인정되지 않는 한 사실심의 전권사항에 속한다(대판 2022.7.28, 2017다16747,16754). 따라서 법원이 피고 乙의 손해배상책임을 별도로 제한하지 않고, 피고 丙의 손해배상책임만 과실상계를 통하여 70%로 제한하는 것은 타당하다.

Ⅳ. 보증채무

❒ 보증채무에 대한 소멸시효가 중단되는 등의 사유로 완성되지 아니하였더라도 주채무에 대한 소멸시효가 완성된 경우에는 시효완성 사실로써 주채무가 당연히 소멸되므로 보증채무의 부종성에 따라 보증채무 역시 당연히 소멸된다(대법원 2018.5.15. 선고 2016다211620 판

결). 따라서 ① 주채무에 대한 소멸시효가 완성되어 보증채무가 소멸된 상태에서 보증인이 보증채무를 이행하거나 승인하였다고 하더라도, 주채무자가 아닌 보증인의 행위에 의하여 주채무에 대한 소멸시효 이익의 포기 효과가 발생된다고 할 수 없으며, 주채무의 시효소멸에도 불구하고 보증채무를 이행하겠다는 의사를 표시한 경우 등과 같이 부종성을 부정하여야 할 다른 특별한 사정이 없는 한 보증인은 여전히 주채무의 시효소멸을 이유로 보증채무의 소멸을 주장할 수 있다(대법원 2012.7.12. 선고 2010다51192 판결). 가령 甲이 주채무자 乙의 채권자 丙에 대한 채무를 연대보증하였는데, 乙의 주채무가 소멸시효 완성으로 소멸한 상태에서 丙이 甲의 보증채무에 기초하여 甲소유 부동산에 관한 강제경매를 신청하여 배당금을 수령하는 것에 대하여 甲이 아무런 이의를 제기하지 않은 경우에도 甲이 여전히 보증채무의 부종성에 따라 주채무의 소멸시효 완성을 주장할 수 있다. 반면에 ② 보증채무의 부종성을 부정하여야 할 특별한 사정이 있는 경우에는 예외적으로 보증인은 주채무의 시효소멸을 이유로 보증채무의 소멸을 주장할 수 없으나, 특별한 사정을 인정하여 보증채무의 본질적인 속성에 해당하는 부종성을 부정하려면 보증인이 주채무의 시효소멸에도 불구하고 보증채무를 이행하겠다는 의사를 표시하거나 채권자와 그러한 내용의 약정을 하였어야 하고, 단지 보증인이 주채무의 **시효소멸에 원인을 제공**하였다는 것만으로는 보증채무의 부종성을 부정할 수 없다(대법원 2018.5.15. 선고 2016다211620 판결).

❐ 주채무자의 부탁으로 보증인이 된 자가 과실 없이 변제 기타의 출재로 주채무를 소멸하게 한 때에는 주채무자에 대하여 구상권이 있다(제441조). 이는 주채무자의 부탁으로 물상보증인이 된 경우에도 마찬가지이다(제341조, 제370조). 이러한 수탁보증인의 사후구상권이 발생하기 위해서는 수탁보증인이 변제 기타 출재로 주채무를 소멸하게 하여야 하는데, 이 때 수탁보증인이 반드시 주채무의 변제기가 도래한 후에 변제 등의 면책행위를 할 것이 요구되지 않는다. 오히려 당사자의 특별한 의사표시가 없으면 변제기 전이라도 채무자는 변제할 수 있으므로(제468조), 주채무에 관하여 이해관계 있는 제3자인 수탁보증인도 변제기 전에 변제할 수 있다고 보아야 한다(제469조). 다만 그 경우 수탁보증인으로서는 주채무의 변제기가 도래할 때까지 주채무자에 대하여 사후구상권을 행사할 수 없을 뿐이다. 또한 수탁보증인의 출재에 과실이 없어야 하는데 만약 출재에 과실이 존재한다면 그와 인과관계가 있는 범위에서는 구상권이 발생하지 않는다(대법원 2024.10.25. 선고 2024다252305 판결).

→ 수탁보증인이 **변제기 전에** 주채무를 변제한 경우 사후구상권이 발생하지만, 주채무의 변제기 전에는 사후구상권을 행사할 수 없다.

❐ **수탁보증인의 사전구상권과 사후구상권은** 종국적 목적과 사회적 효용을 같이하는 공통성을 가지고 있으나, 사후구상권은 보증인이 채무자에 갈음하여 변제 등 자신의 출연으로 채무를 소멸시켰다고 하는 사실에 의하여 발생하는 것이고, 이에 대하여 사전구상권은 그 외의 민법 제442조 제1항 소정의 사유나 약정으로 정한 일정한 사실에 의하여 발생하는 등 발생원인을 달리하고 법적 성질도 달리하는 **별개의 독립된 권리**이므로, 사후구상권이 발생한 이후에도 사전구상권은 소멸하지 아니하고 병존하며, 다만 목적 달성으로 일방이 소멸하면 타방도 소멸하는 관계에 있을 뿐이다(대법원 2019.2.14. 선고 2017다274703 판결).

❐ 민법 제443조 전단은 전조의 규정에 의하여 주채무자가 보증인에게 배상하는 경우에 주채무자는 자기에게 담보를 제공할 것을 보증인에게 청구할 수 있다고 정한다. 따라서 주채무자는 수탁보증인이 제442조에 정한 바에 따라 주채무자에게 사전구상의무 이행을 구하면 제433조 전단을 근거로 수탁보증인에게 담보의 제공을 구할 수 있고, 그러한 담보제공이 있을 때까지 사전구상의무 이행을 거절할 수 있다(대법원 2019.2.14. 선고 2017다274703 판결). 만약 수탁보증인이 주채무자의 담보제공청구에 응하여 구상금액에 상당한 담보를 특정하여 제공할 의사를 표시한다면 법원은 주채무자가 수탁보증인으로부터 그 특정한 담보를 제공받음과 동시에 사전구상의무를 이행하여야 한다고 판결하여야 하지만, 수탁보증인이 주채무자의 담보제공청구를 거절하거나 구상금액에 상당한 담보를 제공하려는 의사를 표시하지 않는다면 법원은 수탁보증인의 사전구상금 청구를 기각하는 판결을 하여야 한다(대법원 2023.2.2. 선고 2020다283578 판결).

변호사시험 기출문제

문제 1 A주식회사 대표이사 B는 매매계약에 따른 중도금을 지급하기 위하여 C에게 돈을 빌려줄 것을 부탁하였고, 이에 C는 연대보증인 2인을 구해 오면 1억원을 빌려주겠다고 하였다. B는 우선 당시 A주식회사의 이사로 있던 D에게 위와 같은 사정을 설명하고 연대보증을 허락받았고, 다른 한 명의 연대보증인은 연대보증의 의미나 효과에 대해서 전혀 알지 못하는 등록된 지적장애인인 자신의 조카 E(남, 38세)에게 부탁하였다. C는 B, D, E를 직접 만나서 2009. 3. 1.경 D와 E의 연대보증 아래 A주식회사에게 1억원을 변제기 2010. 3. 1. 이율 월 2%로 정하여 대여하였고, 계약 체결 당시 B는 E가 조카여서 연대보증을 해 주는 것이라 설명하여, C는 E의 지적장애 상태를 알지 못한 채 위 계약을 체결하였다.
A주식회사 대표이사 B는 위 차용금 채무의 변제기가 다가오자 C를 찾아가 몇 개월만 더 변제기를 연장해 달라고 부탁하여, 2010. 2. 1. C와 사이에서 위 채무의 변제기를 2010. 10. 1.까지 연장하기로 합의

하였다.

한편 D는 2010. 1. 10. A주식회사의 이사직을 사임한 후 퇴직하였고, 그 직후인 2010. 1. 12. C에게 A주식회사 이사직을 사임하였으므로 위 연대보증계약을 해지한다고 내용증명우편으로 통보하여, 위 통보가 2010. 1. 18. C에게 도달되었다.

C는 A주식회사 측에 위 대여금의 지급을 촉구하였으나 지급받지 못하자 C1 변호사에게 소송을 의뢰하였고, C1은 C의 소송대리인이 되어 2012. 8. 1. D 및 E를 상대로 연대보증채무의 이행을 구하는 소송을 제기하였다.

D는 C의 소장을 송달받은 후 변호사 D1을 소송대리인으로 선임하면서 ① 일체의 소송행위, ② 반소의 제기 및 응소, 상소의 제기 및 취하, ③ 소의 취하, 화해, 청구의 포기 및 인낙 등의 권한을 위임하였다.

E는 2012. 11. 3. 성년후견개시심판을 받았는데, 아버지 E1이 후견인으로 선임된 후 후견감독인의 동의를 얻어 E의 법정대리인으로서 C의 본소에 대하여 답변하는 한편, 반소로서 위 연대보증채무(C가 E에게 청구한 본소청구 금액 전부)가 존재하지 아니한다는 내용의 채무부존재확인의 소를 제기하였다. (제2회 변호사시험, 2013년)

1. D의 소송대리인 D1은 'D는 회사의 이사 지위에서 부득이하게 연대보증을 선 것이어서 이사 사임 직후 위 연대보증계약을 해지한 이상 연대보증채무를 부담하는 것은 부당하며, 나아가 연대보증인의 동의 없이 주채무의 기한을 연장한 이상 그 후에 확정된 대출금 채무를 연대보증인에게 청구하는 것은 부당하다'는 취지로 주장하였다. 위 각 주장이 받아들여질 수 있는지 여부를 논거와 함께 서술하시오(보증인 보호를 위한 특별법은 고려하지 말 것). (10점)

➜ **(1) 연대보증계약이 해지되었는지 여부**

계속적 계약관계와 관련하여, 판례는 불확정채무의 보증인에게는 사정변경에 의한 보증계약 해지권을 긍정한다(대판 2000.3.10, 99다61750). 반면에 회사의 이사가 채무액과 변제기가 특정되어 있는 회사 채무에 대하여 보증계약을 체결한 경우에는 계속적 보증이나 포괄근보증의 경우와는 달리 이사직 사임이라는 사정변경을 이유로 보증인인 이사가 일방적으로 보증계약을 해지할 수 없다고 한다(대판 1999.12.28, 99다25938). 설문에서 D가 연대보증을 한 대여금 채무는 1억원의 확정채무이므로, D는 이사 사임을 이유로 연대보증계약을 해지할 수 없다. 따라서 이사 사임 직후 연대보증계약을 해지하였으므로 연대보증채무를 부담하는 것이 부당하다는 D의 주장은 부당하다.

(2) 연대보증인의 동의 없이 피보증채무 이행기가 연장된 경우에도 보증채무를 부담하는지 여부

보증계약 체결 후 채권자가 보증인의 승낙 없이 주채무자에 대하여 변제기를 연장하여 준 경우, 그것이 반드시 보증인의 책임을 가중하는 것이라고는 할 수 없으므로 원칙적으로 보증채무에 대하여도 그 효력이 미친다(대판 1996.2.23, 95다49141). 설문에서 확정채무인 대여금 채무의 변제기를 연대보증인 D의 동의 없이 채권자 C와 채무자 A회사의 대표이사 B가 연장하였더라도 그 효력은 D의 연대보증채무에도 미친다(대판 2011.12.8, 2011다78958). 따라서 연대보증인의 동의 없이 주채무의 기한을 연장한 이상 그 후에 확정된 대출금채무를 연대보증인에게 청구하는 것은 부당하다는 D의 주장은 타당하지 않다.

2. 만약 위 소송에서 피고 D가 소송계속 중 상속인으로 처와 아들 1명을 남기고 사망하였으나, 법원이 이를 알지 못한 채 피고를 D로 표시한 판결을 선고하였고, 그 판결문이 소송대리인 D1에게 송달되었다면 위 판결의 효력이 상속인들에게 미치는지 여부와 상소기간이 진행되는지 여부를 각 논거와 함께 서술하시오. (20점)

→ **(1) 판결의 효력이 상속인들에게 미치는지 여부**

상속될 수 있는 법률관계에서 상속인이 있으면 당사자가 죽은 때에 소송절차는 중단된다. 이 경우 상속인, 그 밖에 법률에 의해 소송을 계속 수행할 사람이 절차를 수계하여야 한다(민사소송법 제233조). 다만 죽은 자에게 이미 소송대리인이 있는 경우에는 소송절차가 중단되지 아니하고(동법 제238조), 그 소송대리인은 상속인들 전원을 위하여 소송을 수행하게 되어 그 사건의 판결은 상속인들 전원에 대하여 효력이 있다(대판 2011.4.28, 2010다103048). 설문에서 피고 D가 선임한 소송대리인 D1이 있으므로, 소송계속 중 피고 D가 사망하였더라도 소송절차는 중단되지 않으며(동법 제238조), D1의 소송대리권은 소멸하지 않는다(동법 제95조 1호). 따라서 판결의 효력은 상속인들에게 미친다.

(2) 상소기간이 진행되는지 여부

당사자가 사망하였으나 그를 위한 소송대리인이 있는 경우에는 소송절차는 중단되지 않고 그 판결은 상속인들 전원에게 효력이 있지만, 심급대리의 원칙상 그 판결정본이 소송대리인에게 송달된 때에는 소송절차가 중단된다(대판 1996.2.9, 94다61649). 그런데 망인의 소송대리인에게 상소제기에 관한 특별수권이 부여되어 있는 경우에는, 그에게 판결이 송달되더라도 소송절차가 중단되지 아니하고 상소기간은 진행하는 것이므로 상소제기 없이 상소기간이 지나가면 그 판결은 확정된다(대판 2010.12.23, 2007다22859). 설문에서 망인 피고 D의 소송대리인 D1에게 상소의 제기에 관한 특별수권이 부여되어 있으므로, 그에게 판결이 송달되더라도 소송절차는 중단되지 않고 상소기간은 진행한다. 물론 망인의 소송대리인이나 상속인 또는 상대방 당사자에 의하여 적법하게 상소가 제기되면 그 판결이 확정되지 않는다(대판 2010.12.23, 2007다22859).

3. E측은 본소에 대한 항변 및 반소청구원인으로 C와 E 사이의 연대보증계약은 주위적으로 폭리행위여서 무효라고 주장하고, 예비적으로 의사무능력자의 행위여서 무효라고 주장하였다. E측의 위 각 주장이 받아들여질 수 있는지 여부를 논거와 함께 서술하고, C의 본소와 E의 반소의 각 결론[각하, 청구전부인

용, 청구일부인용(일부 인용되는 경우 그 구체적인 금액 또는 내용을 기재할 것), 청구기각]을 그 논거와 함께 서술하시오. (30점)

→ **(1) 주위적 항변이 인용될 수 있는지 여부**

민법 제104조의 불공정한 법률행위가 성립하기 위해서는, 급부와 반대급부 사이에 현저한 불균형이 존재하여야 하고, 당사자의 궁박이나 경솔 또는 무경험이 있어야 하며, 폭리자는 피해자가 궁박·경솔·무경험의 상태에 있는 것을 알고서 이용하여야 한다(대판 2008.3.14, 2007다11996). 그런데 설문에서 C는 E의 지적장애 상태를 알지 못한 채 연대보증계약을 체결하였으므로, C와 E 사이의 연대보증계약은 불공정한 법률행위에 해당하지 않는다(제104조). 따라서 E측의 주위적 항변은 인정되지 않는다.

(2) 예비적 항변이 인용될 수 있는지 여부

연대보증계약을 체결한 당시 성년후견개시심판을 받지 않았으므로, E측은 제한능력자임을 이유로 C와 E 사이의 연대보증계약을 취소할 수 없다(민법 제10조). 한편 사적자치의 원칙상 의사능력이 없는 상태에서 한 의사표시는 의사표시자의 자기결정으로 볼 수 없으므로, 의사무능력자의 법률행위는 무효이다(대판 2002.10.11, 2001다10113). 특히 어떤 법률행위에 특별한 법률적 의미나 효과가 부여되어 있는 경우, 의사능력이 인정되기 위하여 그 행위의 법률적 의미나 효과를 이해할 수 있어야 한다(대판 2009.1.15, 2008다58367). 설문에서 E는 연대보증의 의미나 효과에 대하여 전혀 알지 못하는 등록된 지적장애인이므로 의사무능력자에 해당한다. 따라서 C와 E 사이의 연대보증계약은 무효이므로, E측의 예비적 항변은 인정된다.

(3) E의 반소청구에 대한 판단

청구취지가 다르지만 소송물의 기초를 이루는 권리관계가 동일한 경우, 심리의 중복과 판결의 모순·저촉을 방지하기 위하여 중복된 소제기의 금지원칙의 적용여부가 문제된다(민사소송법 제259조). 단일한 청구에 대한 이행청구와 확인청구가 경합된 경우, 판례에 의하면 이행의 소가 선행한 경우 별소로 제기된 확인의 소는 소의 이익이 없어 각하하여야 하고(대판 2001.7.24, 2001다22246), 확인의 소가 선행한 경우 별소로 제기된 이행의 소는 전소인 확인의 소의 확인의 이익이 소멸하여 후소인 이행의 소가 적법하다(대판 2010.7.15, 2010다2428). 설문에서 C는 본소로서 연대보증채무의 이행을 구하는 소송을 제기하였고, 이에 대하여 E는 반소로서 채무부존재 확인소송을 제기하였으므로, E의 확인의 소는 소의 이익이 없다. 따라서 법원은 반소를 각하하여야 한다.

문제 2 중고차매매업을 하는 甲과 乙은 영업장 확보를 위하여 2012. 1. 6. 丙의 보증 아래 A은행으로부터 3억원을 연이율 7%, 변제기 1년으로 하여 차용하였고, 甲은 A은행에 집행력 있는 공정증서의 형식으로 차용증을 따로 작성해 주었다. 한편 甲과 乙은 변제기인 2013. 1. 5.까지의 이자는 모두 지급하였으나 그 이후로 아무런 변제를 못하고 있다.
A은행이 甲·乙·丙의 재산을 찾아보았더니, 甲은 B은행에 9,000만원의 정기예금을, 丙은 A은행에 1억 2,000만원의 정기예금을 가지고 있었다. 이에 A은행은 2013. 5. 2. 丙에게 위 대출금채권 중 원금 1억 2,000만원을 2013. 1. 5. 만기인 위 1억 2,000만원의 정기예금채무와 상계한다는 통지를 보냈고, 이는 2013. 5. 3. 丙에게 도달하였다.
그리고 A은행은 甲을 상대로 위 공정증서에 기한 강제집행에 착수하여, 2015. 1. 6. 甲의 B은행에 대한 정기예금채권에 채권압류 및 전부명령이 있었고, 이는 다음 날 甲과 B은행에 송달된 후 확정되었다. 그런데 甲의 B은행에 대한 위 정기예금채권에는 2014. 12. 3. 甲에 대한 다른 채권자인 C가 甲에 대한 1억원의 대여금채권을 청구채권으로 하여 신청한 채권가압류가 있었고, 이는 다음 날 甲과 B은행에 송달된 사실이 있었다. 한편 乙은 2018. 11. 9. A은행에 남은 대출금 채무를 전액 변제하겠다는 확약서를 제출하였다. 이 경우 현재 A은행은 甲·乙·丙에 대하여 각 얼마의 대출금 지급을 구할 수 있는가? (금액은 원금에 한하고, 다수 채무자 간의 중첩적 채무관계는 별도로 표시할 필요 없음) (30점) (제8회 변호사시험, 2019)

→ **1. 甲·乙·丙의 A은행에 대한 채무의 법적 성질**

중고차매매업을 하는 甲·乙의 영업장 확보를 위한 A은행에 대한 대출행위는 영업을 위한 행위로서 상행위에 해당한다(상법 제47조 1항). 여럿이 상행위로 인하여 채무를 부담하는 때에는 연대하여 변제할 책임이 있고, 이러한 상행위로 인한 채무를 보증한 丙은 주채무자 甲·乙과 연대하여 변제할 책임이 있다(상법 제57조).

2. 乙의 A은행에 대한 대출금의 지급의무

(1) A은행의 丙에 대한 상계의 효력이 乙에게 미치는지 여부

어느 연대채무자가 채권자에 대하여 채권을 가지고 있는 경우, 상계로 인한 채무소멸의 효력은 소멸한 채무 전액에 관하여 다른 연대채무자에게 미친다(민법 제418조 1항). 설문의 경우, A은행의 대출금채권 3억원과 丙의 정기예금채권 1억 2,000만원은 동종의 금전채권으로 모두 2013. 1. 5. 변제기가 도래하여 대립하고 있고, A은행의 상계의 의사표시가 2013. 5. 3. 丙에게 도달하였으며, 특별히 양 채권의 상계를 금지할 만한 사유가 존재하지 않는다. 따라서 A은행의 대출금채권은 상계 적상시인 2013. 1. 5. 소급하여 1억 2,000만원의 범위에서 소멸하며(제493조 2항), 이는 주채무자인 甲, 乙에게도 효력이 미친다.

(2) 乙의 나머지 1억 8,000만원 대출금채무가 시효완성으로 소멸하는지 여부

乙의 A은행에 대한 대출금채무는 상행위로 인한 채무로서 5년의 소멸시효에 걸린다(상법 제64조). 시효완성 후의 시효이익은 포기할 수 있다(민법 제184조 1항 반대해석). 설문에서 乙의 나머지 1억 8,000만원 대출금채무는 이행기인 2013. 1. 5. 다음 날부터 5년이 지난 2018. 1. 5. 소멸시효가 완성되었다(민법 제157조, 제160조 2항). 하지만 乙은 시효가 완성된 대출금채무에 대하여 2018. 11. 9. A은행에 남은 대출금채무를 전액 변제하겠다는 확약서를

제출하였고, 이는 시효이익의 포기에 해당한다. 따라서 A은행은 乙에 대하여 남은 대출금채무 1억 8,000만원의 지급을 청구할 수 있다.

3. 甲의 A은행에 대한 대출금의 지급의무

(1) 상계와 소멸시효완성의 효력이 甲에게 미치는지 여부

전술한 바와 같이 상계의 의사표시로 인해 A은행의 대출금채권은 상계 적상시인 2013. 1. 5. 소급하여 1억 2,000만원의 범위에서 소멸하였고(민법 제493조 2항), 이는 주채무자인 甲에게 효력이 미친다(제418조 1항). 또한 어느 연대채무자에 대하여 소멸시효가 완성된 경우, 그의 부담부분에 한하여 다른 채무자도 의무를 면한다(제421조). 설문의 경우, 乙의 A은행에 대한 남은 대출금채무는 시효가 완성되었고, 乙이 시효이익을 포기하였지만 시효이익의 포기는 포기한 사람에 대한 관계에서만 상대적으로 효력이 생긴다(제423조). 따라서 甲의 남은 대출금채무는 1억 8,000만원 중에 乙의 부담부분인 9,000만원의 범위 내에서 소멸한다.

(2) A은행의 압류 및 전부명령으로 甲의 대출금채무가 소멸하는지 여부

(가) A은행의 압류에 의한 소멸시효 중단 여부

압류에 의하여 소멸시효는 중단된다(민법 제168조 2호). 압류명령은 제3채무자에게 송달된 때에 압류의 효력이 발생하지만(민사집행법 제227조 3항), (가)압류에 의한 시효중단의 효력은 가압류신청을 한 때에 소급한다(대판 2017.4.7, 2016다35451). 설문에서 2015. 1. 6. 甲의 B은행에 대한 정기예금채권에 채권압류가 있었고, 다음 날 甲과 B은행에 송달된 후 확정되었으므로, 甲에 대한 남은 9,000만원 대출금채무의 시효는 압류의 효력이 발생한 2015. 1. 7. 이전에 중단되었고, 시효중단의 효력은 다른 연대채무자 乙에게 미치지 않지만(민법 제423조) 연대보증인 丙에게는 미친다(제440조).

(나) A은행의 전부명령에 따른 甲의 대출금채무 소멸 여부

전부명령이 있는 때에는 압류된 채권은 지급에 갈음하여 압류채권자에게 이전되고, 전부명령이 제3채무자에게 송달된 때에 채무자가 채무를 변제한 것으로 본다(민사집행법 제229조 3항, 제231조). 그러나 전부명령이 제3채무자에게 송달될 때까지 그 금전채권에 관하여 다른 채권자가 압류·가압류 등을 한 경우에는 전부명령은 효력을 가지지 않는다(민사집행법 제229조 5항). 설문에서 A은행의 전부명령이 2015. 1. 7. 제3채무자인 B은행에 송달된 후 확정되었으나 피압류채권인 정기예금 9,000만원에 대하여 甲의 다른 채권자 C의 가압류결정이 B은행에 2014. 12. 4. 송달되어 효력이 발생하였다. 따라서 A은행의 전부명령은 무효이므로, 남은 9,000만원의 대출금채무는 소멸하지 않는다. 하지만 A은행의 채권압류에 의하여 9,000만원 대출금채권의 소멸시효가 중단되었으므로(민법 제168조 2호), A은행은 甲에게 9,000만원의 지급을 청구할 수 있다.

4. 丙의 A은행에 대한 보증채무

전술한 바와 같이 A은행의 상계에 의해 丙의 보증채무는 1억 2,000만원 범위에서 소멸하였다(민법 제492조). 주채무자에 대한 시효의 중단은 보증인에 대하여 그 효력이 있다(제440조). 설문에서 甲의 B은행에 대한 정기예금채권에 관한 A은행의 압류로 인하여 甲의 남은 대출금채무(1억 8,000만원)는 2015. 1. 7. 이전에 소멸시효가 중단되었으므로(제168조 2호), 연대보증인 丙의 보증채무도 소멸시효가 중단된다. 하지만 주채무가 소멸시효 완성으로 소멸된 경우에는 연대보증채무도 그 채무 자체의 시효중단에 불구하고 부종성에 따라 당연히 소멸한다(대판 2012.1.12, 2011다78606). 또한 주채무자의 항변포기는 보증인에게 효력이 없으므로(제433조 2항), 주채무자가 시효이익을 포기하더라도 보증인에게 그 효력이 없다(대판 1991.1.29, 89다카1114). 설문에서 乙이 2018. 1. 5. 시효완성된 남은 대출금채무에 대하여 시효이익을 포기하였지만, 甲의 남은 대출금채무는 1억 8,000만원 중 乙의 부담부분 9,000만원의 범위에서 소멸하므로(제421조), 丙의 보증채무도 부종성에 따라 그 범위에서 소멸한다. 따라서 A은행은 丙에 대하여 보증채무 9,000만원의 이행을 청구할 수 있다.

제7절 채권양도

Ⅰ. 지명채권의 양도

1. 채권의 성질에 의한 제한—소유권이전등기청구권

❒ 부동산매매계약에서 매도인과 매수인은 서로 동시이행관계에 있는 일정한 의무를 부담하므로 이행과정에 신뢰관계가 따른다. 특히 매도인으로서는 매매대금 지급을 위한 매수인의 자력, 신용 등 매수인이 누구인지에 따라 계약유지 여부를 달리 생각할 여지가 있다. 이러한 이유로 **매매로 인한 소유권이전등기청구권**의 양도는 특별한 사정이 없는 이상 양도가 제한되고 양도에 채무자의 승낙이나 동의를 요한다고 할 것이므로 통상의 채권양도와 달리 양도인의 채무자에 대한 통지만으로는 채무자에 대한 대항력이 생기지 않으며 반드시 채무자의 동의나 승낙을 받아야 대항력이 생긴다.

그러나 **취득시효완성으로 인한 소유권이전등기청구권**은 채권자와 채무자 사이에 아무런 계약관계나 신뢰관계가 없고, 그에 따라 채권자가 채무자에게 반대급부로 부담하여야 하는 의무도 없다. 따라서 취득시효완성으로 인한 소유권이전등기청구권의 양도의 경우에는 매매로 인한 소유권이전등기청구권에 관한 양도제한의 법리가 적용되지 않는다(대법원 2018.7.12. 선고 2015다36167 판결).

❒ 부동산이 전전 양도된 경우에 중간생략등기의 합의가 없는 한 최종 양수인은 최초 양도인에 대하여 직접 자기 명의로의 소유권이전등기를 청구할 수 없다. 그러므로 비록 최종 양수인이 중간자로부터 소유권이전등기청구권을 양도받았다 하더라도 최초 양도인이 양도에 대하여 동의하지 않고 있다면 최종 양수인은 최초 양도인에 대하여 채권양도를 원인으로 하여 소유권이전등기절차 이행을 청구할 수 없다. 이와 같은 법리는 명의신탁자가 부동산에 관한 유효한 명의신탁약정을 해지한 후 이를 원인으로 한 소유권이전등기청구권을 양도한 경우에도 적용된다. 따라서 비록 부동산 명의신탁자가 명의신탁약정을 해지한 다음 제3자에게 **명의신탁 해지를 원인으로 한 소유권이전등기청구권**을 양도하였다고 하더라도 **명의수탁자가 양도에 대하여 동의하거나 승낙하지 않고 있다면** 양수인은 위와 같은 소유권이전등기청구권을 양수하였다는 이유로 명의수탁자에 대하여 직접 소유권이전등기청구를 할 수 없다(대법원 2021.6.3. 선고 2018다280316 판결).

❒ 등기가 실체관계에 부합한다고 하는 것은 그 등기절차에 어떤 하자가 있다고 하더라도 진실한 권리관계와 합치하는 것, 즉 소유권이전에서 등기이전절차만이 위법하고 그 외의 다른 법률행위는 적법·유효한 상태로 소유권이전등기청구권을 가지고 있는 경우를 말한다(대법원 2002.9.24. 선고 2001다33017 판결). 따라서 소유권이전등기청구권을 매수인으로부터 양도받은 양수인이 소유권이전청구권 가등기 이전의 부기등기를 마치고 가등기에 기한 본등기까지 마쳤으나 당초의 소유자 겸 매도인이 그 양도에 대하여 동의하거나 승낙하지 않고 있다면 양수인은 매도인과 아무런 법률관계가 없어 매도인에 대하여 소유권이전등기절차의 이행을 청구하는 등의 권리행사를 할 수 없으므로, 그 가등기 이전의 부기등기 및 가등기에 기한 본등기는 이에 부합하는 양수인과 매도인 간의 적법·유효한 실체관계가 존재하지 아니하여 원인무효의 등기가 된다(대법원 2025.4.24. 선고 2024다248290 판결).

문제 원고 甲은 자신의 X부동산에 관하여 A와 매매예약을 체결하고 A 앞으로 소유권이전청구권가등기를 마쳐주었는데(이하 '이 사건 가등기'라 한다), A는 B 앞으로 소유권이전등기청구권 양도를 원인으로 하는 이 사건 가등기 이전의 부기등기를 마쳐주었고, B는 이와 별도로 원고 甲과 X부동산에 관하여 매매계약을 체결하였다. 그 후 B에서 C를 거쳐 피고 乙에게로 매매로 인한 소유권이전등기청구권 양도를 원인으로 하는 이 사건 가등기 이전의 부기등기가 순차로 마쳐졌으나, 甲은 B가 C에게, C가 피고 乙에게 각각 소유권이전등기청구권을 양도하는 것에 대하여 동의하거나 승낙하지 않았다. 乙은 관련사건의 항소심 계속 중 해당 사건의 제1심 공시송달 판결에 터 잡아 이 사건 가등기에 기하여 자신의 명의로 소유권이전등기의 본등기를 마쳤고(이하 '이 사건 본등기'), 위 제1심 판결은 항소심에서의 소 취하로 실효되었다. 이에 원고 甲은 피고 乙을 상대로 이 사건 가등기 이전의 부기등기 및 이 사건 본등기의 말소를 청구한다. 법원의 판단은?

➜ **1. B의 甲에 대한 소유권이전등기청구권 양도성 여부**

부동산의 매매로 인한 소유권이전등기청구권은 특별한 사정이 없는 이상 그 권리의 성질상 양도가 제한되고 그 양도에 채무자의 승낙이나 동의를 요하므로, 채무자의 승낙이나 동의가 없는 채권양도는 원칙적으로 효력이 없다(대판 2019.12.19, 2016다24284). 따라서 통상의 채권양도와 달리 양도인의 채무자에 대한 통지만으로는 채무자에 대한 대항력이 생기지 않으며 반드시 채무자의 동의나 승낙을 받아야 대항력이 생긴다. 설문의 경우, 원고 甲은 B가 C에게, C가 피고 乙에게 소유권이전등기청구권을 양도하는 것에 대하여 동의하거나 승낙하지 않았으므로, 乙은 소유권이전등기청구권의 양수를 甲에게 주장할 수 없다.

2. 피고 乙명의의 가등기 및 본등기 유효성 여부

등기절차에 하자가 있더라도 그 등기가 실체관계에 부합하면 유효하다. 여기서 등기가 실체관계에 부합한다고 하는 것은 등기절차에 어떤 하자가 있더라도 진실한 권리관계와 합치하는 것, 즉 소유권이전에서 등기이전절차만이 위법하고 그 외의 다른 법률행위는 적법·유효한 상태로 소유권이전등기청구권을 가지고 있는 경우를 말한다(대판 2025.4.24, 2024다248290).

설문의 경우, 전술한 바와 같이 X부동산의 소유자 겸 매도인인 원고 甲의 동의나 승낙 없이 이루어진 소유권이전등기청구권의 양도는 甲에게 효력이 없다. 따라서 피고 乙 앞으로 마쳐진 소유권이전청구권 가등기 이전의 부기등기와 이에 기하여 마쳐진 소유권이전의 본등기는 실체관계에 부합하는 등기로 볼 수 없다.

3. 결론

이 사건 가등기 이전의 부기등기 및 가등기에 기한 본등기는 이에 부합하는 피고 乙과 매도인인 원고 甲 사이에 적법·유효한 실체관계가 존재하지 아니하여 원인무효의 등기이다. 따라서 법원은 원고 甲의 청구를 인용해야 한다.

2. 당사자의 의사표시에 의한 제한

❒ 채권은 양도할 수 있다. 그러나 당사자가 양도를 반대하는 의사를 표시(이하 '양도금지특약'

이라고 한다)한 경우 채권은 양도성을 상실한다. 양도금지특약을 위반하여 채권을 제3자에게 양도한 경우에 채권양수인이 양도금지특약이 있음을 알았거나 중대한 과실로 알지 못하였다면 채권 이전의 효과가 생기지 아니한다. 반대로 양수인이 중대한 과실 없이 양도금지특약의 존재를 알지 못하였다면 채권양도는 유효하게 되어 채무자는 양수인에게 양도금지특약을 가지고 채무 이행을 거절할 수 없다. 채권양수인의 악의 내지 중과실은 양도금지특약으로 양수인에게 대항하려는 자가 주장·증명하여야 한다(대법원 2019.12.19. 선고 2016다24284 판결).

❐ 민법 제449조 제2항 단서는 채권양도금지 특약으로써 대항할 수 없는 자를 **선의의 제3자**라고만 규정하고 있어 채권자로부터 직접 양수한 자만을 가리키는 것으로 해석할 이유는 없으므로, 악의의 양수인으로부터 다시 선의로 양수한 전득자도 위 조항에서의 선의의 제3자에 해당한다. 또한 선의의 양수인을 보호하고자 하는 위 조항의 입법 취지에 비추어 볼 때, 이러한 선의의 양수인으로부터 다시 채권을 양수한 전득자는 선의·악의를 불문하고 채권을 유효하게 취득한다(대법원 2015.4.9. 선고 2012다118020 판결).

문제 甲은 乙에게 1억원을 빌려주면서 이를 담보하기 위해 乙의 丙에 대한 공사대금채권 1억원을 양도받았다. 乙은 丙에게 그 사실을 내용증명우편으로 통지하였다. (다음 각 문항은 독립적임)

1. 甲은 乙의 공사대금채권 1억원을 양수한 후 丙으로부터 乙의 공사대금채권에 대하여 乙과 丙 사이에 양도할 수 없다는 특약이 있었다는 사실을 듣게 되었다. 이 경우 丙은 양도금지특약을 이유로 甲에게 공사대금의 지급을 거절할 수 있는가?

→ 채권은 당사자가 반대의 의사를 표시한 경우에는 양도하지 못하지만, 그 의사표시는 선의의 제3자에게 대항하지 못한다(민법 제449조 2항). 즉 채무자는 제3자가 채권자로부터 채권을 양수한 경우, 채권양도금지 특약의 존재를 알고 있는 양수인이나 그 특약의 존재를 알지 못함에 중대한 과실이 있는 양수인에게 그 특약으로써 대항할 수 있다(대판 2014.1.23, 2011다102066). 제3자의 악의 내지 중과실은 채권양도금지 특약으로 양수인에게 대항하려는 자가 이를 주장·증명하여야 한다(대판 2015.4.9, 2012다118020). 설문에서 甲이 공사대금채권을 양도받은 후에 양도금지특약의 존재를 알게 되었다. 따라서 丙이 甲의 중과실을 증명하지 못하는 한 금지특약을 이유로 甲에게 공사대금의 지급을 거절할 수 없다.

2. 乙이 丙과의 양도금지특약이 있다는 사실을 알고 있는 甲에게 공사대금채권을 양도하였고, 甲은 양도금지특약의 존재를 모르는 丁에게 다시 乙의 丙에 대한 공사대금채권을 양도하였다. 이 경우 丙은 乙과의 양도금지특약을 이유로 丁에게 공사대금의 지급을 거절할 수 있는가?

➜ 채권은 당사자가 반대의 의사를 표시한 경우에는 양도하지 못하지만, 선의의 제3자에게 대항하지 못한다(민법 제449조 2항). 제449조 2항은 선의의 양수인을 보호하기 위한 규정이므로, 악의의 양수인으로부터 다시 선의로 양수한 전득자도 선의의 제3자에 해당하며, 선의의 양수인으로부터 다시 채권을 양수한 전득자는 선의·악의를 불문하고 채권을 유효하게 취득한다(대판 2015.4.9, 2012다118020). 설문에서 丁은 악의의 甲으로부터 전득한 자로서 양도금지특약의 존재를 알지 못하였다. 따라서 丙이 丁의 중과실을 증명하지 못하면 양도금지특약을 이유로 丁에게 공사대금의 지급을 거절할 수 없다.

Ⅱ. 채권양도의 대항요건

1. 대항요건

❒ 지명채권의 양도란 채권의 귀속주체가 법률행위에 의하여 변경되는 것으로서 이른바 준물권행위 내지 처분행위의 성질을 가지므로, 그것이 유효하기 위하여는 양도인이 그 채권을 처분할 수 있는 권한을 가지고 있어야 한다. 처분권한 없는 자가 지명채권을 양도한 경우 특별한 사정이 없는 한 채권양도로서 효력을 가질 수 없으므로 양수인은 그 채권을 취득하지 못한다. 양도인이 지명채권을 제1양수인에게 1차로 양도한 다음 제1양수인이 그에 따라 확정일자 있는 증서에 의한 대항요건을 적법하게 갖추었다면 이로써 채권이 제1양수인에게 이전하고 양도인은 그 채권에 대한 처분권한을 상실한다고 할 것이므로, 그 후 양도인이 동일한 채권을 제2양수인에게 양도하였더라도 제2양수인은 그 채권을 취득할 수 없다. 이 경우 양도인이 다른 채무를 담보하기 위하여 제1차 양도계약을 한 것이더라도 대외적으로 채권이 제1양수인에게 이전되어 제1양수인이 채권을 취득하게 되므로 그 후에 이루어진 제2차 양도계약에 의하여 제2양수인이 채권을 취득하지 못하게 됨은 마찬가지이다.
또한 제2차 양도계약 후 양도인과 제1양수인이 제1차 양도계약을 합의해지한 다음 제1양수인이 그 사실을 채무자에게 통지함으로써 채권이 다시 양도인에게 귀속하게 되었더라도 특별한 사정이 없는 한 양도인이 처분권한 없이 한 제2차 양도계약이 채권양도로서 유효하게 될 수는 없으므로, 그로 인하여 제2양수인이 당연히 그 채권을 취득하게 된다고 볼 수는 없다(대법원 2016.7.14. 선고 2015다46119 판결).

문제 甲은 乙에 대한 대여금 채권을 丙에게 양도한 후 이러한 사실을 확정일자 있는 증서에 의해 乙에게 통지하였다. 그 후 甲은 다시 丁에게 乙에 대한 대여금 채권을 양도한 후 그 사실을 확정일자 있는 증서로 乙에게 통지하였다. 그런데 甲과 丙 사이의 채권양도계약이 합의해지되었다. 이 경우 丁은 乙에게 양수한 채권의 지급을 구할 수 있는가?

➜ 지명채권의 양도가 유효하기 위해서는 양도인이 채권을 처분할 수 있는 권한을 가지고 있어야 한다. 처분권한 없는 자가 지명채권을 양도한 경우, 채권양도의 효력이 없으므로 양수인은 채권을 취득하지 못한다(대판 2016.7.14, 2015다46119). 설문에서 甲이 丙에게 대여금 채권을 양도한 후 이를 확정일자 있는 증서로 乙에게 통지함으로써 甲은 대여금 채권에 대한 처분권한을 상실하므로, 그 후 동일한 채권을 丁에게 양도하였더라도 丁은 채권을 취득할 수 없다. 또한 甲과 丙 사이의 양도계약이 합의해지되어 채권이 다시 甲에게 귀속하게 되더라도 甲이 처분권한 없이 한 丁과의 양도계약이 채권양도로서 유효하게 될 수는 없으므로, 이로 인하여 丁이 당연히 채권을 취득하게 된다고 볼 수 없다. 따라서 丁은 乙에 대하여 양수금채권의 지급을 구할 수 없다.

❐ 임대차보증금 반환채권을 양도하는 경우에 확정일자 있는 증서로 이를 채무자에게 통지하거나 채무자가 확정일자 있는 증서로 이를 승낙하지 아니한 이상 양도로써 채무자 이외의 제3자에게 대항할 수 없으며(민법 제450조), 이러한 법리는 임대차계약상의 지위를 양도하는 등 임대차계약상의 권리의무를 포괄적으로 양도하는 경우에 권리의무의 내용을 이루고 있는 임대차보증금 반환채권의 양도 부분에 관하여도 마찬가지로 적용된다. 따라서 위 경우에 기존 임차인과 새로운 임차인 및 임대인 사이에 임대차계약상의 지위 양도 등 권리의무의 포괄적 양도에 관한 계약이 확정일자 있는 증서에 의하여 체결되거나, 임대차보증금 반환채권의 양도에 대한 통지·승낙이 확정일자 있는 증서에 의하여 이루어지는 등의 절차를 거치지 아니하는 한, 기존의 임대차계약에 따른 임대차보증금 반환채권에 대하여 채권가압류명령, 채권압류 및 추심명령 등을 받은 채권자 등 임대차보증금 반환채권에 관하여 양수인의 지위와 양립할 수 없는 법률상의 지위를 취득한 제3자에 대하여는 임대차계약상의 지위 양도 등 권리의무의 포괄적 양도에 포함된 임대차보증금 반환채권의 양도로써 대항할 수 없다(대법원 2017.1.25. 선고 2014다52933 판결).

[비교] 채권이 이중으로 양도된 경우 양수인 상호 간의 우열은 확정일자 있는 양도통지가 채무자에게 도달한 일시 또는 확정일자 있는 승낙의 일시의 선후에 의하여 결정하여야 하고, 확정일자 있는 증서에 의하지 아니한 통지나 승낙이 있는 채권양도의 양수인은 확정일자 있는 증서에 의한 통지나 승낙이 있는 채권양도의 양수인에게 대항할 수 없다(대법원 2013.6.28. 선고 2011다83110 판결).

- ❐ 민법 제450조 제2항이 정하는 지명채권 양도의 제3자에 대한 대항요건은 양도된 채권이 존속하는 동안에 채권에 관하여 양수인의 지위와 양립할 수 없는 법률상의 지위를 취득한 제3자가 있는 경우에 적용되므로, 임대차보증금 반환채권이 양도되거나 임대차보증금 반환채권에 대하여 채권가압류명령, 채권압류 및 추심명령 등(이하 '채권가압류명령 등'이라 한다)이 이루어지기에 앞서 임대차계약의 종료 등을 원인으로 한 변제, 상계, 정산합의 등에 의하여 임대차보증금 반환채권이 이미 소멸하였다면, 채권 양도나 채권가압류명령 등은 모두 존재하지 아니하는 채권에 대한 것으로서 효력이 없고, 대항요건의 문제는 발생할 여지가 없다(대법원 2017.1.25. 선고 2014다52933 판결).
- ❐ 채권양도는 양도인과 양수인 사이에 채권을 그 동일성을 유지하면서 전자로부터 후자에게로 이전시킬 것을 목적으로 하는 계약을 말한다. 채권양도에 의하여 채권은 그 동일성을 잃지 않고 양도인으로부터 양수인에게 이전되는데, 이는 채권양도의 대항요건을 갖추지 못하였다고 하더라도 마찬가지이다. 이와 같은 채권의 귀속주체 변경의 효과는 원칙적으로 채권양도에 따른 처분행위 시 발생하는바, 지명채권 양수인이 **양도되는 채권의 채무자**인 경우에는 채권양도에 따른 처분행위 시 채권과 채무가 동일한 주체에 귀속한 때에 해당하므로 민법 제507조 본문에 따라 채권이 혼동에 의하여 소멸한다.

  한편 제450조 제2항에서 정한 지명채권양도의 제3자에 대한 대항요건은 양도된 채권이 존속하는 동안에 그 채권에 관하여 양수인의 지위와 양립할 수 없는 법률상의 지위를 취득한 제3자가 있는 경우에 적용된다. 따라서 지명채권 양수인이 **양도되는 채권의 채무자**여서 양도된 채권이 위와 같이 혼동에 의하여 소멸한 경우에는 그 후에 그 채권에 관한 압류 또는 가압류결정이 제3채무자에게 송달되더라도 그 채권압류 또는 가압류결정은 존재하지 아니하는 채권에 대한 것으로서 무효이고, 그 압류 또는 가압류채권자는 제450조 제2항에서 정한 제3자에 해당하지 아니한다(대법원 2022.1.13. 선고 2019다272855 판결).

문제 甲은 乙과의 사이에 X부동산을 매도하는 계약을 체결하였고, 2022. 1. 10. 乙은 甲에 대한 공사대금채무에 갈음하여 매매계약에 따른 X부동산의 소유권이전등기청구권을 甲에게 양도하기로 하는 대물변제계약을 체결하였다. 그런데 양도인 乙은 확정일자 있는 증서에 의하여 甲에게 이를 통지하지 않았고, 甲 역시 확정일자 있는 증서에 의하여 승낙하지 않았다. 한편 2022. 1. 10. 乙의 채권자 丙은 위 乙의 甲에 대한 소유권이전등기청구권에 대하여 가압류결정을 받았고, 위 결정은 2022. 1. 15. 乙과 제3채무자 甲에게 각각 송달되었다. 이 경우 가압류의 효력은?

→ 1. 양수인 甲이 '양도되는 채권의 채무자'인 경우, 채권양도의 대항요건을 갖추지 못하였더라도 채권이 혼동으로 소멸하는지 여부

채권양도에 의하여 채권은 그 동일성을 잃지 않고 양도인으로부터 양수인에게 이전되는데, 이는 채권양도의 대항요건을 갖추지 못하였더라도 마찬가지이다(대판 2005.11.10, 2005다41818). 이와 같은 채권의 귀속주체 변경의 효과는 원칙적으로 채권양도에 따른 처분행위 시 발생하며, 지명채권 양수인이 '양도되는 채권의 채무자'인 경우에는 채권양도에 따른 처분행위 시 채권과 채무가 동일한 주체에 귀속한 때에 해당하므로, 민법 제507조 본문에 따라 채권이 혼동에 의하여 소멸한다(대판 2022.1.13, 2019다272855). 설문에서 乙이 X부동산에 대한 소유권이전등기청구권을 채무자 甲에게 양도하였고, 그 결과 X부동산에 대한 소유권이전등기청구권은 채권과 채무가 모두 동일인인 甲에게 귀속됨으로써 혼동으로 소멸하였다(제507조).

2. 채권이 혼동에 의하여 소멸한 후 그 채권에 관한 가압류결정이 제3채무자 甲에게 송달된 경우의 가압류의 효력

제450조 2항에서 정한 지명채권양도의 제3자에 대한 대항요건은 양도된 채권이 존속하는 동안에 그 채권에 관하여 양수인의 지위와 양립할 수 없는 법률상의 지위를 취득한 제3자가 있는 경우에 적용된다. 따라서 지명채권 양수인이 '양도되는 채권의 채무자'여서 양도된 채권이 혼동에 의하여 소멸한 경우에는 그 후에 그 채권에 관한 압류 또는 가압류결정이 제3채무자에게 송달되더라도 압류 또는 가압류결정은 존재하지 않는 채권에 대한 것으로서 무효이고, 그 압류 또는 가압류채권자는 제450조 2항에서 정한 제3자에 해당하지 아니한다(대판 2022.1.13, 2019다272855). 설문에서 乙의 甲에 대한 소유권이전등기청구권은 양도로 인하여 甲에게 귀속됨으로써 가압류결정이 甲에게 송달되기 전에 혼동으로 이미 소멸하였다. 따라서 존재하지 않은 채권에 대한 丙의 가압류는 무효이다.

❒ 채권가압류취소결정의 집행으로서 집행법원이 제3채무자에게 가압류집행취소통지서를 송달한 경우 그 효력은 확정적이므로, 채권가압류결정이 제3채무자에게 송달된 상태에서 그 채권을 양수하여 확정일자 있는 통지 등에 의한 대항요건을 갖춘 채권양수인은 위와 같이 가압류집행취소통지서가 제3채무자에게 송달된 이후에는 더 이상 처분금지효의 제한을 받지 않고 아무런 부담이 없는 채권 취득의 효력을 가압류채권자에게 대항할 수 있게 된다. 위와 같이 가압류취소결정의 집행이 완료된 이상 이후 항고심에서 가압류취소결정을 취소하여 가압류결정을 인가하였다고 하더라도, 이미 취소된 가압류집행이 소급하여 부활하는 것은 아니므로, 채권양수인이 아무런 부담이 없는 채권 취득의 효력을 가압류채권자에게

대항할 수 있음은 마찬가지이다(대법원 2022.1.27. 선고 2017다256378 판결).

❒ 채권압류의 효력발생 전에 채무자가 채권을 처분한 경우에는 그보다 먼저 압류한 채권자가 있어 그 채권자에게는 대항할 수 없는 사정이 있더라도 처분 후에 집행에 참가하는 채권자에 대하여는 처분의 효력을 대항할 수 있는 것이므로, 채무자가 압류 또는 가압류의 대상인 채권을 양도하고 확정일자 있는 통지 등에 의한 채권양도의 대항요건을 갖추었다면, 그 후 채무자의 다른 채권자가 양도된 채권에 대하여 압류 또는 가압류를 하더라도 압류 또는 가압류 당시에 피압류채권은 이미 존재하지 않는 것과 같아 압류 또는 가압류로서의 효력이 없다(대법원 2022.1.27. 선고 2017다256378 판결).

❒ [1] 채무자가 압류 또는 가압류의 대상인 채권을 양도하고 확정일자 있는 통지 등에 의한 채권양도의 대항요건을 갖추었다면, 그 후 채무자의 다른 채권자가 그 양도된 채권에 대하여 압류 또는 가압류를 하더라도 그 압류 또는 가압류 당시에 피압류채권은 이미 존재하지 않는 것과 같아 압류 또는 가압류로서의 효력이 없고, 그에 기한 추심명령 또한 무효이므로, 그 다른 채권자는 압류 등에 따른 집행절차에 참여할 수 없다. 또한 압류된 금전채권에 대한 전부명령이 절차상 적법하게 발부되어 확정되었다고 하더라도 전부명령이 제3채무자에게 송달될 때에 피압류채권이 존재하지 않으면 전부명령도 무효이므로, 피압류채권이 전부채권자에게 이전되거나 집행채권이 변제되어 소멸하는 효과는 발생할 수 없다(대법원 2023.7.27. 선고 2023다228107 판결; 대법원 2022.12.1. 선고 2022다247521 판결).

→ 강제집행의 대상이 되는 것은 집행개시 당시의 '채무자에 속하는 모든 재산'이며, 이를 책임재산이라 한다. 제3자에게 대항할 수 없는 경우(민법 제107조~제109조 2항, 제110조 3항, 제548조 1항 단서 등)를 제외하고는 책임재산이 아닌 재산에 대한 집행은 무효이다.

[2] 채권자가 사해행위의 취소와 함께 수익자 또는 전득자로부터 책임재산의 회복을 명하는 사해행위취소의 판결을 받은 경우 그 취소의 효과는 채권자와 수익자 또는 전득자 사이에만 미치므로, 수익자 또는 전득자가 채권자에 대하여 사해행위의 취소로 인한 원상회복 의무를 부담하게 될 뿐, 채무자와 사이에서 그 취소로 인한 법률관계가 형성되거나 취소의 효력이 소급하여 채무자의 책임재산으로 회복되는 것은 아니다. 따라서 채권압류명령 등 당시 피압류채권이 이미 제3자에 대한 대항요건을 갖추어 양도되어 그 명령이 효력이 없는 것이 되었다면, 그 후의 사해행위취소소송에서 위 채권양도계약이 취소되어 채권이 원채권자에게 복귀하였다고 하더라도 이미 무효로 된 채권압류명령 등이 다시 유효로 되는 것은 아니다(대법원 2022.12.1. 선고 2022다247521 판결).

→ 가령 채권이 피고들의 채권압류명령 등 송달 당시에 제3자에게 양도되어 대항요건까

지 갖추었다면 위 채권압류명령 등은 집행채무자의 책임재산으로 존재하지 않는 채권에 대한 것으로 모두 무효이고, 그 후의 사해행위취소소송에서 채권양도계약이 취소되고 그 채권의 복귀를 명하는 판결이 확정되었더라도 위 채권이 소급하여 집행채무자의 책임재산으로 복귀하거나 이미 무효로 된 채권압류명령 등이 다시 유효하게 되는 것은 아니며, 피고들이 채권압류명령 등을 받을 당시 채무자의 책임재산이 아닌 상태로서 이미 존재하고 있는 이 사건 채권을 압류명령 등이 가능한 장래 발생할 채권이라고 볼 수도 없다.

2. 통지 또는 승낙의 효력과 채무자의 상계항변

❐ 지명채권의 양도는 양도인이 채무자에게 통지하거나 채무자가 승낙하지 않으면 채무자에게 대항하지 못한다(민법 제450조 제1항). 채무자가 채권양도 통지를 받은 경우 채무자는 그때까지 양도인에 대하여 생긴 사유로써 양수인에게 대항할 수 있고(제451조 제2항), **당시 이미 상계할 수 있는 원인이 있었던 경우**에는 아직 상계적상에 있지 않더라도 **그 후에 상계적상에 이르면** 채무자는 양수인에 대하여 상계로 대항할 수 있다(대법원 2019.6.27. 선고 2017다222962 판결).

❐ 채무자가 양도인에게 이의를 보류하지 않고 승낙을 하였다는 사정이 없거나 또는 이의를 보류하지 않고 승낙을 하였더라도 양수인이 악의 또는 중과실의 경우에 해당하는 한, 채무자의 승낙 당시까지 양도인에 대하여 생긴 사유로써 양수인에게 대항할 수 있다고 할 것인데, **승낙 당시 이미 상계를 할 수 있는 원인이 있었던 경우**에는 아직 상계적상에 있지 않았더라도 그 후에 상계적상이 생기면 채무자는 양수인에 대하여 상계로 대항할 수 있다(대법원 1999.8.20. 선고 99다18039 판결).

❐ 채권양도에 의하여 채권은 그 동일성을 유지하면서 양수인에게 이전되고, 채무자는 양도통지를 받은 때까지 양도인에 대하여 생긴 사유로써 양수인에게 대항할 수 있다(민법 제451조 제2항). 따라서 **채무자의 채권양도인에 대한 자동채권이 발생하는 기초가 되는 원인이 양도 전에 이미 성립하여 존재하고 자동채권이 수동채권인 양도채권과 동시이행의 관계에 있는 경우**, 양도통지가 채무자에게 도달하여 채권양도의 대항요건이 갖추어진 후에 자동채권이 발생하였다고 하더라도 채무자는 동시이행의 항변권을 주장할 수 있고, 따라서 그 채권에 의한 상계로 양수인에게 대항할 수 있다(대법원 2015.4.9. 선고 2014다80945 판결).

❐ 민법 제452조는 채권양도가 해제 또는 합의해제되어 소급적으로 무효가 되는 경우에도 유

추적용할 수 있다고 할 것이므로, 지명채권의 양도통지를 한 후 양도계약이 해제 또는 합의해제된 경우에 채권양도인이 해제 등을 이유로 다시 원래의 채무자에 대하여 양도채권으로 대항하려면 채권양도인이 채권양수인의 동의를 받거나 채권양수인이 채무자에게 위와 같은 해제 등 사실을 통지하여야 한다. 이 경우 위와 같은 대항요건이 갖추어질 때까지 양도계약의 해제 등을 알지 못한 선의인 채무자는 해제 등의 통지가 있은 다음에도 채권양수인에 대한 반대채권에 의한 상계로써 채권양도인에게 대항할 수 있다(대법원 2012.11.29. 선고 2011다17953 판결).

변호사시험 기출문제

문제 1 甲은 2009. 3. 1. 乙로부터 서울 강남구 소재 대한빌딩 중 1, 2층을 임대보증금 1억원, 월 차임 400만원, 임대차기간 2년으로 약정하여 임차하였다. 甲은 乙에게 위 임대보증금 1억원을 지급한 후 위 건물에서 '육고기뷔페'라는 상호로 음식점을 경영하고 있다. 甲은 도축업자인 丙에게서 돼지고기를 구입하여 왔는데, '육고기뷔페'의 경영 악화로 적자가 계속되어 丙에게 돼지고기 구입대금을 제때에 지급하지 못하여 2010. 12.경에는 丙에 대한 외상대금이 1억원을 넘게 되었다. 이에 丙이 甲에게 위 외상대금을 갚을 것을 여러 차례 독촉하자 甲은 부득이 乙에 대한 위 임대보증금반환채권을 丙에게 2011. 1. 17. 양도하게 되었고, 甲은 2011. 1. 20. 乙에게 내용증명 우편으로 위 채권양도 사실을 통지하여 다음 날 乙이 위 내용증명 우편을 직접 수령하였다. 한편 甲에 대하여 3,000만원의 대여금채권을 가지고 있는 A는 위 채권을 보전하기 위하여 甲의 乙에 대한 위 임대보증금반환채권에 대하여 채권자를 A로, 채무자를 甲으로, 제3채무자를 乙로 하여 법원에 채권가압류신청을 하였고 위 신청에 대한 가압류결정이 고지되어 가압류결정 정본이 2011. 1. 22. 제3채무자인 乙에게 송달되었다. 甲과 乙은 2011. 2. 28. 위 임대차기간을 2년 연장하기로 합의(묵시의 갱신은 문제되지 아니하는 것을 전제로 함)하였다. 임대차기간이 연장된 것을 전혀 모르는 丙이 乙에게 임대보증금의 지급을 요구하자 乙은 위 임대차기간이 연장되었음을 이유로 丙에게 임대보증금의 반환을 거절하였다. (제1회 변호사시험, 2012)

1. 乙이 甲과의 위 임대차기간 연장 합의를 이유로 丙에게 임대보증금의 지급을 거절한 것에 관하여 丙은 乙에 대하여 어떠한 법률상 주장을 할 수 있는가? (10점)

➜ 채권양도에 의하여 채권은 그 동일성을 유지하면서 양도인으로부터 양수인에게 이전되며, 채무자는 그 통지를 받은 때까지 양도인에게 대하여 생긴 사유로써 양수인에게 대항할 수 있다(민법 제451조 2항). 반면에 통지 이후에 양도인에 대하여 생긴 사유를 가지고 채무자는 양수인에게 대항할 수 없다. 따라서 임대차보증금반환채권의 양도통지 후 임대차계약의

갱신이나 연장에 관한 합의는 양수인에게 그 효력이 없다(대판 1989.4.25, 88다카4253,4260). 설문에서 채권양도의 통지는 채무자 乙에게 2011. 1. 21. 도달하였다. 반면에 乙은 2011. 2. 28. 甲과의 임대차기간 연장의 합의를 하였고, 이는 채권양도의 통지가 도달된 이후에 새로 이루어진 것으로, 양수인 丙에게 효력이 없다. 따라서 丙은 乙에 대하여 양도인 甲과의 임대차계약의 연장의 효과가 자신에게 미치지 않는다고 주장할 수 있다.

2. 丙은 변호사 丁을 찾아가서 임대보증금의 반환을 받는 방법에 대해 자문하였다. 현재 乙은 甲에게서 임대목적물을 인도받지 않았기 때문에 임대보증금을 반환할 수 없다는 입장이고, 甲 역시 자신이 점유 중인 임대목적물을 임의로 乙에게 인도할 생각이 전혀 없다. 변호사 丁으로서는 丙이 실질적으로 위 임대보증금을 반환받을 수 있도록 하려면 누구를 상대로 어떤 소송을 제기해야 한다고 답변하는 것이 적절한가? (이 경우 공동소송의 요건은 충족된 것으로 봄) (30점)

➜ **(1) 丙은 민법 제449조에 의하여 乙에 대해 임대보증금반환을 청구할 수 있는지 여부**

임차보증금은 임차인이 임차부동산을 실제로 명도할 때까지의 임대인의 채권을 담보하고, 명도시까지 청산하고 남은 보증금을 반환할 의무와 임차인의 건물명도의무는 서로 동시이행의 관계에 있다(대판 1987.6.23, 87다카98). 설문에서 양수인 丙의 청구에 대해 乙은 제451조 2항에 따라 동시이행항변권을 행사하고 있으므로, 乙의 항변은 정당하다. 따라서 甲이 乙에게 건물을 인도하지 않으면 제449조에 따라 보증금반환을 청구할 수 없다.

(2) 민법 제404조에 따라 乙을 대위하여 甲에게 건물인도청구를 할 수 있는지 여부

제404조에 따라 乙을 대위하여 甲에게 건물인도청구할 수 있기 위해서는, 먼저 丙이 甲으로부터 양수한 乙에 대한 임대보증금반환채권(피보전채권)을 보전할 필요성이 있어야 한다. 피보전채권이 금전채권이면 원칙적으로 채무자가 무자력이어야 한다. 하지만 임대차보증금반환채권의 양수인이 임대인의 임차인에 대한 임차건물 명도청구권을 대위행사하는 경우에는 임대인의 무자력을 요건으로 하지 않는다(대판 1989.4.25, 88다카4253,4260). 또한 甲과 乙 사이의 임대차계약의 기간연장의 합의는 丙에게 주장할 수 없으므로 丙의 채권은 이행기가 도래하였고, 그 밖의 채권자대위권의 요건을 갖추었다. 따라서 乙이 무자력이 아니더라도 丙은 乙에 대해 갖고 있는 보증금반환채권을 보전하기 위해 乙을 대위하여 甲에게 임차목적물의 인도를 청구할 수 있다.

(3) 변호사의 답변

변호사 丁은 丙에게 "甲과 乙을 공동피고로 하여 통상의 공동소송의 형태로 우선 甲에게는 乙을 '대위'하여 건물을 乙에게 명도할 것을 청구하고, 乙에게는 건물을 인도받음과 동시에 자신에게 임차보증금을 반환할 것을 청구할 수 있다"고 답변하는 것이 적절하다.

3. 위 임대보증금반환청구권과 관련하여 A가 받은 채권가압류결정과 丙이 받은 채권양도 중 어느 것이

우선하는가? (10점)

→ 채권양수인과 동일채권에 대하여 가압류명령을 집행한 자 사이의 우열은 확정일자 있는 채권양도통지와 가압류결정정본의 제3채무자(채권양도의 경우 채무자)에 대한 도달의 선후에 의하여 결정하여야 한다(대판 1994.4.26, 93다24223). 설문에서 丙이 보낸 내용증명 우편은 2011. 1. 21.에 乙에게 도달되었고, A가 신청한 가압류결정 정본은 2011. 1. 22. 乙에게 송달되었으므로, 丙이 우선한다.

문제 2 甲과 乙은 2010. 3. 1. 甲이 乙에게 나대지인 X토지를 매매대금 3억원에 매도하되, 계약금 3,000만원은 계약 당일 지급받고, 중도금 1억원은 2010. 3. 31.까지 지급받되 미지급 시 그 다음 날부터 월 1%의 비율에 의한 지연손해금을 가산하여 지급받으며, 잔대금 1억 7,000만원은 2010. 9. 30. 소유권이전등기에 필요한 서류의 교부와 동시에 지급받기로 하는 내용의 매매계약(이하 '이 사건 매매계약'이라 한다)을 체결하고, 그에 따라 같은 날 乙로부터 계약금 3,000만원을 지급받았다.

甲은 2010. 3. 10. 丙에게 이 사건 매매계약의 내용을 설명하면서 위 중도금 1억원 및 그에 대한 지연손해금 채권을 양도하였고, 乙은 같은 날 위 채권양도에 대하여 이의를 유보하지 아니한 채 승낙을 하였다.

한편 乙은 丁에 대한 서울고등법원 2009나22967호 약정금 청구사건의 집행력 있는 조정조서 정본에 기초하여 2010. 4. 20. 서울중앙지방법원 2010타채5036호로 丁의 甲에 대한 1억 5,000만원의 대여금 채권(변제기는 2010. 2. 28.임)에 대하여 채권압류 및 전부명령을 받았고, 그 명령은 2010. 5. 20. 甲에게 송달되어 그 무렵 확정되었다.

戊는 乙에 대한 5억원의 대여금 채권을 보전하기 위하여 2010. 7. 15. 乙의 甲에 대한 X토지에 관한 위 매매를 원인으로 한 소유권이전등기청구권을 가압류하였고, 그 가압류 결정은 2010. 7. 22. 甲에게 송달되었다.

甲과 丙은 2011. 2. 10. 乙을 상대로, '乙은 甲에게 위 잔대금 1억 7,000만원 및 이에 대한 이 사건 소장부본 송달일 다음 날부터 다 갚는 날까지 연 20%의 비율에 의한 소송촉진 등에 관한 특례법에 정해진 지연손해금을, 乙은 丙에게 위 양수금 1억원 및 이에 대한 2010. 4. 1.부터 이 사건 소장부본 송달일까지는 월 1%의 비율에 의한 약정 지연손해금을, 그 다음 날부터 다 갚는 날까지는 연 20%의 비율에 의한 위 특례법상의 지연손해금을 각 지급하라'는 내용의 소를 제기하였다.

그러자 乙은 제1차 변론기일(2011. 6. 20.)에서, 甲으로부터 X토지에 관한 소유권이전등기를 넘겨받기 전에는 丙의 청구에 응할 의무가 없고, 가사 그렇지 않다 하더라도 乙은 위 전부명령에 의하여 甲에 대하여 1억 5,000만원의 채권을 취득하였으므로 이를 자동채권으로 하여 丙의 위 양수금 채권과 대등액에서 상계하면 丙의 채권은 소멸하였다고 주장하였다.

이에 대하여 丙은, 중도금의 지급은 잔대금의 지급의무와는 달리 선이행 의무이고, 또한 乙이 위 채권양도에 관하여 이의 유보 없는 승낙을 하였기 때문에 甲에 대한 동시이행의 항변권을 원용할 수 없을 뿐 아니라, 甲에 대한 위 전부금 채권으로 丙의 위 양수금 채권과는 상계할 수 없다고 주장하였다.

乙은 다시, 丙이 이 사건 매매계약의 내용을 알고 있었고, 乙로서는 위 채권양도 당시에는 전부금 채권을 취득하지 아니하였기 때문에 이의 유보 없는 승낙을 하였으나, 그 후 취득한 전부금 채권의 변제기가 수동채권의 변제기보다 먼저 도래할 뿐만 아니라, 현재 양 채권 모두 변제기가 도래하여 상계적상에 있으므로 상계할 수 있다고 반박하였다.
그 후 乙은 甲에게 잔대금 1억 7,000만원을 지급할 테니 X토지에 관한 소유권이전등기절차를 이행해 달라고 요구하였으나 甲이 이를 거절하자, 2011. 7. 25. 甲을 피공탁자로 하여 위 잔대금 1억 7,000만원을 변제공탁한 다음, 같은 날 甲을 상대로 X토지에 관하여 위 매매를 원인으로 한 소유권이전등기절차의 이행을 구하는 반소를 제기하였다.
甲은 제2차 변론기일(2011. 8. 1.)에서, 戊가 乙의 甲에 대한 위 소유권이전등기청구권에 관하여 가압류하였으므로 乙의 반소청구에 응할 수 없다고 주장하는 한편, 乙에 대한 잔대금지급 청구의 소를 취하하였고, 乙은 甲의 소취하에 대하여 동의하였다.
심리 결과, 위 사실관계의 내용 및 당사자의 주장사실은 모두 사실로 입증되었고, 이 사건과 관련하여 위에서 주장된 내용 이외에는 특별한 주장과 입증이 없는 상태에서 2011. 8. 1. 변론이 종결되고, 2011. 8. 16. 이 판결 선고기일로 지정되었다.
소송의 경과에서 제기된 당사자들의 주장 내용을 토대로, 丙의 乙에 대한 청구 및 乙의 甲에 대한 반소청구에 대한 각 결론[청구전부인용, 청구일부인용(일부 인용되는 경우 그 구체적인 금액 또는 내용을 기재할 것), 청구기각]을 그 논거와 함께 서술하시오. (50점) (제1회 변호사시험, 2012)

➜ **1. 丙의 乙에 대한 청구**

(1) 甲의 乙에 대한 중도금채권이 丙에게 이전되었는지 여부

甲의 乙에 대한 중도금채권에 관하여, 甲과 丙 사이에 양도의 합의가 존재하고, 甲의 중도금채권은 지명채권으로 성질상 양도가 허용된다. 따라서 甲의 丙에 대한 채권양도는 유효하고(제449조), 채무자 乙이 이를 승낙하였으므로, 丙은 乙에 대한 중도금의 지급을 청구할 수 있다(제450조).

(2) 乙의 동시이행항변권 행사의 타당성 여부

(가) 매수인이 선이행하여야 할 중도금지급을 하지 아니한 채 잔대금지급일을 경과한 경우에는 매수인의 중도금 및 이에 대한 지급일 다음 날부터 잔대금지급일까지의 지연손해금과 잔대금의 지급채무는 매도인의 소유권이전등기의무와 동시이행관계에 있다(대판 1991.3.27, 90다19930). 설문에서 잔대금지급기일이 도래하여 甲에게 소유권이전의무가 발생하였으며, 채권양도는 채권의 동일성이 유지되므로, 채무자 乙은 양도인 甲에 대한 동시이행항변사유로 양수인 丙에게 대항할 수 있다.

(나) 그런데 채무자가 이의를 보류하지 않은 승낙을 한 경우에는 채무자는 양도인에게 대항할 수 있는 사유로 양수인에게 대항할 수 없다(제451조 1항). 하지만 양수인이 악의 또는 중과실인 경우에는 채무자는 채권양도의 승낙 당시까지 양도인에게 대항할 수 있는 사유로

양수인에게 대항할 수 있다(대판 2002.3.29, 2000다13887). 설문에서 丙은 이 사건 매매계약의 내용을 알고 있었으므로, 乙의 동시이행항변권을 알았다고 볼 수 있다. 따라서 채무자 乙은 양도인 甲에 대한 동시이행의 항변권으로 양수인 丙에게 대항할 수 있다.

(3) 乙의 상계항변의 타당성 여부
(가) 설문에서 乙의 전부금 채권과 丙의 양수금 채권은 금전채권으로서, 서로 대립하는 동종의 채권에 해당하고, 자동채권인 전부금 채권의 변제기가 2010.2.28.이므로 현재 변제기가 도달하였으며, 성질상 상계가 허용된다(제492조). 하지만 채무자 乙이 이의를 보류하지 않은 승낙을 하였고(2010. 3. 10.), 그 이후에 丁의 채권이 압류 및 전부명령에 따라 제3채무자 甲에게 송달되었으므로(2010. 5. 20.), 乙의 甲에 대한 반대채권(전부금 채권)이 있다(민사집행법 제229조 3항)는 사실에 대해 丙에게 악의나 중과실이 있다고 볼 수 없다. 따라서 乙은 상계항변으로 양수인 丙에게 대항할 수 없다.

(나) 채무자가 채권양도에 대하여 이의의 보류 없이 승낙하였더라도 양수인에게 악의 또는 중과실이 있는 경우, 승낙 당시 이미 상계를 할 수 있는 원인이 있었고 그 후 상계적상이 생기면 채무자는 양수인에 대하여 상계로 대항할 수 있다(대판 1999.8.20, 99다18039). 이처럼 승낙 당시 이미 상계를 할 수 있는 원인이 있어야 하므로, 자동채권의 변제기가 수동채권의 변제기보다 나중에 도래하는 경우에는 채무자의 상계항변이 허용되지 않는다(대판 1984.9.11, 83다카2288). 설문에서 자동채권인 전부금 채권의 변제기(2010.2.28.)가 수동채권인 양수금 채권의 변제기(2010. 3. 31.)보다 먼저 도래하였지만, 자동채권의 전부명령의 효력은 2010. 5. 20.에 발생하였고(민사집행법 제227조 3항, 제231조), 이는 乙이 이의를 유보하지 않은 승낙을 한 2010. 3. 10. 이후이다. 따라서 乙은 변제기 선도래를 이유로 한 상계항변으로 양수인 丙에게 대항할 수 없다.

(4) 소결
丙의 乙에 대한 청구는 1억 600만원의 범위에서 일부 인용되어야 한다. 따라서 법원은 乙은 甲으로부터 X토지에 관하여 2010. 3. 1. 매매를 원인으로 한 소유권이전등기절차의 이행을 받음과 동시에 丙에게 1억 600만원을 지급하라고 판결해야 한다.

2. 乙의 甲에 대한 반소청구

(1) 반소의 적법요건을 갖추었는지 여부
반소란 소송계속 중에 피고가 그 소송절차를 이용하여 원고에 대하여 제기하는 소이다(민사소송법 제269조). 반소가 적법하려면, 본소의 청구 또는 방어의 방법과 서로 관련이 있어야 하고, 본소의 소송절차를 현저히 지연시키지 않아야 하며, 본소가 사실심에 계속되고 변론종결 전이어야 하고, 본소와 동종의 소송절차에 의하여야 하며(동종절차), 반소가 다른 법원의 관할에 전속되지 않아야 한다(공통관할). 설문에는 특별히 반소청구를 부정할 만한 사유가 존재하지 않으며, 반소가 적법히 제기된 이상 그 후 본소가 취하되더라도 반소의 소송계속에는 아무런 영향이 없다(대판 1970.9.22, 69다446).

(2) 반소청구를 인용하여야 하는지 여부
소유권이전등기청구권의 압류나 가압류는 등기청구권의 목적물인 부동산 자체의 처분을 금지하는 대물적 효력은 없고, 채무자가 제3채무자로부터 현실로 급부를 추심하는 것만을 금지하는 것이므로 채무자는 제3채무자를 상대로 이행을 구하는 소송을 제기할 수 있지만, 압류나 가압류의 해제를 조건으로 하여서만 소유권이전등기절차의 이행을 명할 수 있다(대판 2011.8.18, 2009다60077). 따라서 설문의 경우, 가압류를 해제할 것을 조건으로 乙의 청구를 전부 인용하여야 한다. 결국 법원은, 甲은 X토지에 대한 가압류 결정을 해제 받음과 동시에 乙에게 위 토지에 대한 소유권이전등기절차를 이행하라고 판결하여야 한다.

문제 3 A가 B에 대하여 가지는 1억원의 대여금 채권을 A가 C에게 2012. 2. 9.에 채권양도하고 A가 2012. 4. 9. B에게 내용증명 우편으로 채권양도통지를 하여 2012. 4. 11.에 위 내용증명 우편이 B에게 송달되었다. 위 대여금 채권에 대하여 A의 채권자인 D가 제주지방법원에 채권가압류신청을 하여 위 법원이 2012. 3. 15. 채권자 D, 채무자 A, 제3채무자 B, 청구금액 5천만원으로 된 채권가압류 결정을 발한 다음 위 결정이 2012. 3. 17.에 B에게 송달되었다. C는 위 양수금 채권 1억원(지연손해금은 청구하지 아니한다)의 지급을 구하는 소송을 B를 상대로 2013. 1. 3.에 제기하였다. C가 위 양수금 청구 소송을 제기하기 전인 2012. 4. 2. 제주지방법원에서 채권자 D는 청구채권 원금 5천만원과 이자 및 지연손해금 800만원 등 합계 5,800만원으로 하여 위 채권가압류결정에 기하여 본압류로 전이하는 채권압류 및 전부명령을 발령받아 그 결정은 2012. 4. 4.에 D, A, B에게 각 동시에 송달되었고, 위 채권압류 및 전부명령이 2012. 4. 12.에 확정되었다. (제3회 변호사시험, 2014)

1. 위 양수금 소송에서 피고 B는 위 압류 및 전부명령으로 인하여 C는 원고 적격이 없다고 주장하는데 이에 대하여 법원은 어떤 판단을 하여야 하는지와 그 근거를 서술하시오. (10점)

→ 전부명령이 확정되면 피압류채권은 제3채무자에게 송달된 때에 소급하여 집행채권의 범위 안에서 당연히 전부채권자에게 이전하고 그와 동시에 채무자는 채무를 변제한 것으로 본다(민사집행법 제229조 3항, 제231조). 한편 이행의 소는 이행청구권이 있는지 여부를 불문하고 원고라고 주장하는 자에게 당사자적격이 있다. 따라서 압류 및 전부명령으로 C의 원고적격이 상실하지 않으므로, 법원은 본안판단을 하여야 한다.

2. 위 양수금 소송은 2013. 6. 10.에 변론종결되었고, D가 법원으로부터 받은 위 압류 및 전부명령은 유효하다. 위 양수금 소송에서 법원은 어떤 판결 주문(소송비용부담과 가집행 관련 주문은 제외한다)으로 선고하여야 하는지와 그 근거를 서술하시오. (15점)

→ (1) 법원의 판단

법원은 "피고는 원고에게 4,200만원을 지급하라. 원고의 나머지 청구를 기각한다"는 일부인용 판결을 해야 한다.

(2) 근거

(가) 가압류명령과 채권양도 사이의 우열관계

채권양수인과 동일 채권에 대하여 가압류명령을 집행한 자 사이의 우열은 확정일자 있는 채권양도 통지와 가압류결정 정본의 제3채무자(채권양도의 경우는 채무자)에 대한 도달의 선후에 의하여 그 우열을 결정하여야 한다(대판 1994.4.26, 93다24223). 한편 채권양도에 의하여 채권은 그 동일성을 잃지 않고 양도인으로부터 양수인에게 이전된다. 따라서 가압류된 채권도 이를 양도하는데 아무런 제한이 없다. 다만 가압류된 채권을 양수받은 양수인은 그러한 가압류에 의하여 권리가 제한된 상태의 채권을 양수받는다(대판 2002.4.26, 2001다59033). 설문에서 D의 가압류결정이 2012. 3. 17. B에게 송달되어 2012. 4. 11. 대항요건을 갖춘 C의 채권양수보다 우선하므로, C는 가압류결정에 의해 권리가 제한된 채권을 양수받은 것으로 된다.

(나) 채권양도의 범위

원금과 이에 대한 변제일까지의 부대채권을 집행채권으로 한 전부명령이 확정된 경우, 집행채권의 원금의 변제일은 전부명령이 제3채무자에게 송달된 때가 되어 결국 집행채권액은 원금과 제3채무자에 대한 전부명령 송달시까지의 부대채권액을 합한 금액이 되므로 피압류채권은 그 금액 범위 안에서 전부채권자에게 이전한다(대판 1999.12.10, 99다36860). 설문에서 채권압류 및 전부명령의 집행채권액은 그 원금·이자·지연손해금에 대한 전부명령이 제3채무자인 B에게 송달된 때인 2012.4.4.까지의 합한 5,800만원이며, 전부명령이 확정되어 B에게 송달된 때에 소급하여 그 금액이 D에게 이전되었다.

문제 4 A는 자신의 소유인 X건물이 낡아 2012. 5. 20. 평소 친분이 있던 D에게 X건물에 대한 리모델링 공사를 맡겨 2012. 8. 20. 공사가 완료되었는데, 총 공사비는 5,000만원이 소요되었다. 그런데 A는 공사대금 지급기일인 2012. 8. 30.에 D에게 위 공사대금을 지급하지 않았다. D는 2012. 9. 10. E에게 위 공사대금 채권 일체를 양도하였고, 내용증명우편으로 A에게 위 채권양도사실을 통지하여 위 내용증명우편이 2012. 9. 11. A에게 도달하였다.
한편 A는 2012. 3. 1. D에게 3,000만원을 변제기 2012. 11. 1.로 하여 대여하였다. E는 2012. 9. 20. A를 상대로 법원에 5,000만원의 양수금 청구의 소를 제기하였고, 위 소송에서 A는 D에 대한 위 대여금 채권을 자동채권으로 하여 상계항변을 하였으며, 2012. 12. 30. 변론이 종결되었다. 이 경우 A의 상계항변은 받아들여질 수 있는가(각 채권의 지연손해금은 고려하지 말 것)? (10점) (제4회 변호사시험, 2015)

→ 채권양도는 채권이 그 동일성을 유지하면서 양도인으로부터 양수인에게 이전되는 것이므

로, 통지 당시에 채무자가 양도인에 대해 상계적상에 있는 반대채권을 가지고 있는 때에는 양수인에 대하여 상계로써 대항할 수 있다(민법 제451조 2항). A가 3,000만원의 반대채권을 가지고 상계할 수 있기 위해서는 상계할 당시 변제기가 도래하여야 한다. 하지만 A의 자동채권의 변제기는 2012. 11. 1.이고 수동채권의 변제기는 2012.8.30.이다. 이처럼 채권양도 통지 후 자동채권의 변제기가 도래한 경우, 판례는 채무자는 반대채권을 '통지 전'에 취득한 때에는 민법 제451조 2항에 의하여 상계로써 양수인에게 대항할 수 있다고 한다(대판 2019.6.27, 2017다222962). 따라서 A가 소송에서 상계주장을 한 변론종결(2012. 12. 30.) 당시에는 A의 D에 대한 자동채권의 변제기(2012. 11. 1.)가 도래한 상태이므로, A의 상계항변은 인용될 것이다.

문제 5 甲은 2018. 3. 1. 乙에 대해 1억원의 대여금채권을 가지고 있다. 丙은 2018. 8. 1. 乙로부터 기계를 1억원에 매수하는 계약을 체결하면서 乙로부터 2018. 8. 5.까지 기계를 인도받기로 하였다. 계약당일 乙과 丙은 기계매수대금 지급에 갈음하여 乙이 甲에게 부담하는 위 채무 전액을 丙이 면책적으로 인수하는 약정을 체결하였으나, 甲의 승낙은 받지 않았다. 이후 이러한 사실을 알게 된 甲은 丙이 乙보다 경제적 자력이 낫다고 판단하여, 2018. 12. 1. 丙에게 乙이 부담하던 위 채무 전액의 이행을 청구하였다. 한편 乙은 현재까지 丙에게 기계를 인도하지 않고 있다.
이에 대해 丙은 ① 乙과 丙 사이의 채무인수계약에 대해 甲의 승낙이 없었기 때문에 甲은 丙에게 채무의 이행을 청구할 권리가 없고, ② 丙은 乙로부터 기계를 인도받기로 하여 동시이행항변권을 행사할 수 있는데, 아직 기계를 인도받지 못한 상황에서는 甲의 이행청구에 응할 수 없다고 항변한다.
이 경우 甲의 청구는 정당한 것인지에 대해 설명하시오. (15점) [※ 제시된 일자는 공휴일이 아닌 것으로 간주함]
(제8회 변호사시험, 2019)

→ **1. 丙의 ①주장이 타당한지 여부**

채무인수는 채무자와 인수인 사이의 계약으로 할 수 있지만, 채권자의 승낙이 있어야 한다(민법 제454조 1항). 채권자의 승낙은 묵시적인 방법으로 할 수 있다(대판 2015.5.29, 2012다84370). 설문에서 채권자 甲이 2018. 12. 1. 직접 채무인수인 丙에게 乙이 부담하던 채무전액의 지급을 청구하였으므로, 그 지급청구로써 묵시적으로 채무인수를 승낙한 것으로 볼 수 있다(대판 1989.11.14, 88다카29962). 따라서 丙의 채무인수계약에 대하여 甲의 승낙이 없어 甲의 이행청구권이 없다는 丙의 주장은 부당하다.

2. 丙의 ②주장이 타당한지 여부

인수인은 종전 채무자의 항변할 수 있는 사유로 채권자에게 대항할 수 있다(민법 제458조). 반면에 인수인은 원인관계에 기하여 종전 채무자에 대한 항변사유로서 채권자에게 대항할 수는 없다(대판 1966.11.29, 66다1861). 설문에서 丙의 乙에 대한 동시이행항변권은 乙의 甲

에 대한 항변권이 아니므로, 丙은 甲에 대하여 동시이행의 항변권을 행사할 수 없다. 따라서 丙의 주장은 부당하다.

3. 결론

채무인수에 의해 채무는 그 동일성을 유지하면서 채무자로부터 인수인에게 이전되므로, 채권자 甲은 인수인 丙에게 이행을 청구할 수 있다(민법 제457조). 따라서 甲의 청구는 정당하다.

문제 6 〈기초적 사실관계〉

甲은 2018. 4. 1. 乙에게 甲 소유의 X건물을 보증금 2억원(월 차임 없음), 임대차기간 2018. 5. 1.부터 2023. 4. 30.까지로 정하여 임대하였고, 乙은 2018. 5. 1. 甲에게 보증금 전액을 지급하고 X건물을 인도받아 사용하기 시작하였다. [※ 이하의 추가적 사실관계 1, 2는 각각 독립적인 별개의 사실관계임] (제13회 변호사시험, 2024)

〈추가적 사실관계 1〉

甲과 乙은 위 임대차계약 당시 "임차인은 임대인의 동의 없이는 X건물에 관한 임차권의 양도 또는 담보제공을 하지 못한다."라고 약정(이하 '금지약정'이라고 한다)하였다. 한편 乙은 2022. 4. 30. 丙으로부터 2억원을 대여기간 1년으로 정하여 차용하면서 그 채무의 담보를 위하여 丙에게 위 임대차계약에 기한 임대차보증금반환채권을 양도하였고, 甲에게 양도사실을 내용증명우편으로 통지하였다.

乙은 위 임대차계약의 종료에 따라 甲에게 X건물을 인도하였고, 丙은 2023. 5. 1. 甲을 상대로 양수금 2억원의 지급을 구하는 소를 제기하였다. 이에 대하여 甲은 아래 ①, ②를 주장하면서 다투었다.

① 乙과 맺은 임대차계약의 '금지약정'에 따르면 乙은 丙에게 보증금반환채권을 양도할 수 없으므로, 丙에게 보증금을 반환할 의무가 없다. ② 만약 그렇지 않더라도 乙이 丙에게 2억원의 대여금 중 1억 5천만원을 이미 상환하였으므로, 보증금에서 이를 공제하고 남은 금액만을 반환하면 된다.

1. 丙의 甲에 대한 양수금 청구에 관하여 법원은 어떠한 판단을 하여야 하는지 1) 결론(소 각하/청구 기각/청구 인용/청구 일부 인용 – 일부 인용의 경우 인용 범위를 특정할 것)과 2) 논거를 서술하시오(甲이 ②에서 주장한 乙의 대여금 상환은 사실로 확인되었으며, 차용금채무 및 보증금반환채무의 지연이자는 고려하지 말 것). (15점)

→ **(1) 결론**

甲의 ①,②의 항변은 모두 이유 없으므로, 법원은 '甲은 丙에게 양수금 2억원을 지급하라'는 전부인용 판결을 해야 한다.

(2) 논거

(가) 乙의 甲에 대한 보증금반환채권이 丙에게 이전되었는지 여부

'임차인은 임대인의 동의 없이는 X건물에 관한 임차권의 양도 또는 담보제공을 하지 못한

다'는 약정은 임차권 자체를 양도 또는 담보제공하는 것을 금지한다는 의미이고, 임대차계약에 기한 임대보증금반환채권의 양도를 금지하는 것으로 볼 수 없다(대판 2013.2.28, 2012다104366,104373). 따라서 乙은 甲의 동의 없이 丙에게 보증금반환채권을 양도할 수 있으므로, 甲의 ①주장은 부당하다. 설문의 경우, 채권양도에 의해 乙의 보증금반환채권은 그 동일성을 유지하면서 양수인 丙에게 이전되었다.

(나) 甲이 乙의 丙에 대한 변제항변을 원용할 수 있는지 여부
채무자 甲은 통지를 받은 때까지 양도인 乙에 대하여 생긴 사유로써 양수인 丙에게 대항할 수 있지만(민법 제451조 2항), 양도인이 양수인에게 가지는 항변사유를 원용할 수는 없다(대판 1999.11.26, 99다23093). 설문의 경우, 양도인 乙이 양수인 丙에게 2억원의 대여금 중 1억 5,000만원 상환은 乙의 丙에 대한 항변사유에 지나지 않는다. 따라서 甲은 이를 이유로 丙의 양수금 청구를 거절할 수 없다.

〈추가적 사실관계 2〉

甲은 乙과 위 임대차계약을 체결하기 전인 2018. 3. 1. 乙에게 1억원을 이자 없이 변제기 2021. 4. 30., 지연손해금 월 1%로 정하여 대여하였다. 甲은 위 대여금의 변제기로부터 2년 가까이 지났음에도 乙로부터 대여금과 지연손해금을 한 푼도 지급받지 못하자, 위 임대차계약이 종료되기 전인 2023. 1. 31. '甲이 乙에게 갖는 대여금채권을 자동채권으로 하여 乙의 甲에 대한 보증금반환채권을 대등액에서 상계하겠다'는 취지의 이메일을 乙에게 발송하였고, 乙은 같은 날 그 이메일을 확인하였다.
한편 乙은 2023. 4. 5. 丁에게 甲에 대한 위 보증금반환채권 전부를 양도하였고 이를 甲에게 내용증명우편으로 통지하였다. 乙은 2023. 4. 30. 위 임대차계약의 종료에 따라 甲에게 X건물을 인도하였다.
丁은 2023. 5. 1. 甲을 상대로 양수금 2억원의 지급을 구하는 소를 제기하였다. 甲이 위와 같이 상계한 사실을 주장하자, 丁은 '甲의 상계는 임대차 기간 중에 한 것으로서 효력이 없다'고 반박하였다.

2. 丁의 甲에 대한 양수금 청구에 관하여 법원은 어떠한 판단을 하여야 하는지 1) 결론(소 각하/청구 기각/청구 인용/청구 일부 인용 - 일부 인용의 경우 인용 범위를 특정할 것)과 2) 논거를 서술하시오. (보증금반환채무의 지연이자는 고려하지 말 것) (20점)

➜ **(1) 결론**
법원은 丁의 청구 중 1억원 부분에 대하여 일부인용 판결을 해야 한다.

(2) 논거
(가) 乙의 甲에 대한 보증금반환채권이 丁에게 이전되었는지 여부
채권은 양도할 수 있으며(민법 제449조 1항), 지명채권의 양도는 양도인이 채무자에게 통지하거나 채무자가 승낙하지 않으면 채무자에게 대항하지 못한다(제450조 1항). 설문의 경우, 양도인 乙은 2023. 4. 5. 丁에게 甲에 대한 보증금반환채권을 양도하고, 이를 甲에게 내용증

명우편으로 통지하였다. 따라서 丁은 甲에 대해 양수금의 지급을 청구할 수 있다.

(나) 甲의 상계항변 타당성 여부

甲이 乙에 대한 대여금 1억원을 자동채권으로 하여 乙의 甲에 대한 보증금반환채권을 수동채권으로 하여 상계할 수 있기 위해서는, 수동채권은 채무자가 기한의 이익을 포기할 수 있으므로 甲의 자동채권이 이행기에 도래하여야 한다(민법 제492조 1항). 甲이 乙에게 상계의 의사를 표시하면 당사자 양쪽의 채권은 대등액에서 소멸한다(제493조 2항). 설문의 경우, 甲의 자동채권 변제기는 2021. 4. 30.이고, 甲이 상계의 의사표시를 한 날은 2023. 1. 31.이며, 수동채권의 변제기는 2023. 4. 30.이다. 따라서 甲의 상계 의사표시로 인해 乙의 보증금반환채권 2억원 가운데 1억원은 상계적상일인 2021. 4. 30. 소급하여 소멸하며, 그 결과 乙의 이행지체가 발생하지 않게 되어 지연손해금채무는 발생하지 않는다. 채무자 甲이 채권양도 통지를 받은 경우, 甲은 그때까지 양도인 乙에 대하여 생긴 사유로써 양수인 丁에게 대항할 수 있다(제451조 2항). 그렇다면 양수인 丁은 甲에게 상계하고 남은 1억원만을 양수금으로 청구할 수 있다.

문제 7 〈기초적 사실관계〉

상가분양업자인 乙은 2021. 3. 23. 甲 소유의 X토지 위에 3층 오피스텔인 Y건물을 신축하고 이를 분양하기 위해 甲으로부터 X토지를 90억원에 매수하고 甲에게 계약금과 중도금으로 60억원을 지급하였다. 그리고 매매잔대금 30억원의 지급에 갈음하여, 甲과 乙은 乙이 향후 신축하는 Y건물 1층의 101호 및 102호에 대한 분양권을 甲에게 양도하고, 분양권명의변경 및 소유권이전등기는 甲 또는 甲이 정하는 자에게로 하는 내용의 대물변제합의(이하 '제1차 대물변제약정'이라 한다)를 하였으며, 乙은 2021. 9. 5. X토지에 대하여 소유권이전등기를 마쳤다. 다만 분양권명의변경 및 그에 기한 소유권이전등기는 乙이 Y건물에 대한 소유권보존등기를 마친 후에 해 주기로 하였다.

이후 甲은 乙 및 丁에게 각 15억원씩을 차용하였는데 이를 변제하지 못하자, 甲은 2022. 9. 13. 위 각 차용금채무의 변제에 갈음하여 乙의 승낙을 받아 101호에 대한 분양권을 다시 乙에게 양도하고, 102호에 대한 분양권은 甲이 丁에게 양도하는 내용의 각 대물변제합의(乙, 丁에 대한 분양권 양도를 통틀어 이하 '제2차 대물변제약정'이라 한다)를 하였다. 마찬가지로 분양권명의변경 및 그에 기한 소유권이전등기는 乙이 Y건물에 대한 소유권보존등기를 마친 후에 해 주기로 하였다.

한편 甲에게 30억원의 대출금 채권을 가지고 있던 丙은 2023. 2. 1. 위 대출금 채권을 청구채권으로 하고 甲을 채무자, 乙을 제3채무자로 하여 제1차 대물변제약정에 따라 甲이 乙에 대하여 가지는 101호 및 102호에 대한 분양권에 관하여 양도·처분을 금지하는 내용의 가압류를 신청하였고, 인용된 가압류결정문이 2023. 2. 22. 乙에게 송달되었다. 그 후 丙이 甲을 상대로 30억원의 대출금지급청구의 소를 제기하여 2023. 6. 7. 丙의 전부승소 판결이 확정되었다.

2023. 7. 5. Y건물에 대한 소유권보존등기를 마친 후 乙은 丙의 가압류결정에도 불구하고, 2023. 7. 13. 101호에 대한 분양권을 戊에게 16억원에 매도하고 戊 명의로 분양권명의변경 및 소유권이전등기를 해 주었고, 102호에 대해 丁 명의로 분양권명의변경 및 소유권이전등기를 해 주었다.

〈소송의 경과〉

丙이 乙을 상대로, 101호 및 102호에 대해 戊 및 丁에게 분양권명의변경 및 소유권이전등기를 마쳐 준 행위는 丙의 가압류결정을 위반한 불법행위라며 손해배상을 청구하는 소를 제기하였다. 이에 대해 乙은 다음과 같은 이유를 들어 丙의 가압류는 무효이므로 불법행위책임을 부담하지 않는다고 주장한다.

① 丙의 가압류결정 이전에 이미 대물변제로 甲의 101호 및 102호에 대한 분양권이 소멸하였다. ② 제2차 대물변제약정은 실질적으로 제1차 대물변제약정을 합의해제한 것이므로 甲의 101호 및 102호에 대한 분양권은 소멸하였다. ③ 나아가 101호의 경우, 乙이 제2차 대물변제약정에 의해 甲의 101호에 대한 분양권을 이전받았으므로 甲의 101호에 대한 분양권은 소멸하였다.

그러자 丙은 乙의 각 주장에 대응하여 다음과 같이 반박한다.

① 제2차 대물변제약정만 체결되었을 뿐 그에 따른 분양권명의변경과 소유권이전등기가 이루어지지 않았으므로 제1차 대물변제약정에 따른 甲의 101호 및 102호에 대한 분양권은 소멸하지 않았다. ② 제2차 대물변제약정을 제1차 대물변제약정에 대한 합의해제로 볼 수 없으며, 설령 합의해제로 보더라도 그 해제로써 丙에게 대항할 수 없다. ③ 제2차 대물변제약정으로 甲의 101호에 대한 분양권이 소멸하지 않았고, 설령 소멸하였더라도 그 채권의 양도에 대하여 확정일자 있는 증서에 의한 대항요건을 갖추지 않았으므로 丙에게 대항할 수 없다.

乙 및 丙의 각 주장의 타당성을 검토하고 법원의 결론(소 각하/청구 기각/청구 인용/청구 일부 인용 - 일부 인용의 경우 인용 범위를 특정할 것)을 서술하시오. (40점) (제14회 변호사시험, 2025)

➜ 1. 乙 및 丙의 각 주장의 타당성 여부

(1) 乙의 ①주장 및 丙의 ①반박의 타당성

채무자가 채권자의 승낙을 얻어 본래의 채무이행에 갈음하여 다른 급여를 한 때에는 변제와 같은 효력이 있다(민법 제466조). 대물변제는 본래 채무의 이행에 갈음하여 다른 급여를 현실적으로 하는 때에 성립하는 계약이므로(요물계약), 다른 급여가 부동산의 소유권이전인 경우 등기를 완료하면 대물변제가 성립되어 기존채무가 소멸한다(대판 2023.2.2, 2022다276789). 한편 가압류가 집행되면 가압류의 목적물에 대한 처분을 금지하는 효력이 생기며(민사집행법 제291조), 채무자의 처분행위는 가압류채권자에 대한 관계에서 무효이다.

설문의 경우, 乙 및 丁은 甲으로부터 101호, 102호의 분양권을 양도받는 제2차 대물변제약정을 체결하였지만, 그에 따른 분양권명의변경 및 소유권이전등기는 丙의 가압류집행이 있는 후에 이루어졌다. 따라서 甲의 101호, 102호에 대한 분양권이 소멸하였다는 乙의 ①주장은 부당하고 丙의 ①반박이 타당하다.

(2) 乙의 ②주장 및 丙의 ②반박의 타당성
계약의 합의해제가 성립하기 위해서는 기존 계약의 효력을 소멸시키기로 하는 내용의 해제계약의 청약과 승낙이라는 의사표시가 합치되어야 한다(대판 2010.1.28, 2009다73011). 합의해제의 경우에도 해제의 사실을 모르는 이해관계를 맺은 제3자를 보호할 필요성이 인정되므로 민법 제548조의 단서가 유추적용된다(대판 2005.6.9, 2005다6341). 설문의 경우, 甲과 乙사이에 제1차 대물변제약정 및 제2차 대물변제약정이 있었고 그에 따른 급부이행까지 이루어졌고, 특히 제2차 대물변제약정은 제1차 대물변제약정에 따른 101호, 102호의 분양권이 乙 및 丁에게 각 양도되었다는 점 등에 비추어 보면, 제2차 대물변제약정을 제1차 대물변제약정에 대한 합의해제로 볼 수 없다. 설사 합의해제로 보더라도 丙이 제548조 1항 단서의 제3자로 보호받기 위해서는 丙이 甲과 乙의 합의해제 이전에 새로운 이해관계를 맺고 등기나 인도 등 완전한 권리를 취득해야 하는데, 丙은 합의해제 이후에 비로소 가압류를 하였으므로 이에 해당하지 않는다. 따라서 101호, 102호에 대한 분양권은 합의해제되지 않았으므로 이에 대한 乙의 ②주장 및 丙의 ②반박은 타당하지 않다.

(3) 乙의 ③주장 및 丙의 ③반박의 타당성
(가) 101호 분양권이 혼동으로 소멸하였는지 여부
채권과 채무가 동일한 주체에 귀속한 때에는 채권은 소멸한다(민법 제507조). 한편 채권양도에 의하여 채권은 동일성을 잃지 않고 양도인으로부터 양수인에게 이전되는데, 이는 채권양도의 대항요건을 갖추지 못하였더라도 마찬가지이다. 따라서 채권의 귀속주체 변경의 효과는 원칙적으로 채권양도에 따른 처분행위시에 발생한다(대판 2022.1.13, 2019다272855). 설문의 경우, 甲과 乙사이의 제1차 대물변제약정에 따라 101호, 102호의 분양권이 양수인 甲에게 이전되었고, 그중에 101호 분양권은 제2차 대물변제약정에 따라 乙에게 다시 양도되어 이전되었다. 따라서 甲의 101호 분양권은 혼동으로 소멸하였지만, 102호의 분양권은 그러한 사실이 없으므로 여전히 존재한다.

(나) 채권이 혼동으로 소멸한 후 그 채권에 관한 가압류의 효력
민법 제450조 2항에서 정한 지명채권양도의 제3자에 대한 대항요건은 양도된 채권이 존속하는 동안에 그 채권에 관하여 양수인의 지위와 양립할 수 없는 법률상의 지위를 취득한 제3자가 있는 경우에 적용된다. 따라서 지명채권 양수인이 '양도되는 채권의 채무자'여서

양도된 채권이 제507조에 따라 혼동에 의하여 소멸한 경우에는 후에 채권에 관한 압류 또는 가압류결정이 제3채무자에게 송달되더라도 채권압류 또는 가압류결정은 존재하지 않는 채권에 대한 것으로서 무효이고, 압류 또는 가압류채권자는 제450조 2항의 제3자에 해당하지 않는다(대판 2022.1.13, 2019다272855). 설문의 경우, 제2차 대물변제약정으로 甲의 101호 분양권이 혼동으로 소멸하였으므로, 그 이후 丙의 가압류는 존재하지 않는 분양권에 대한 것으로서 무효이고, 제2차 대물변제약정에 따른 채권양도에 대한 대항요건은 문제되지 않으므로, 가압류채권자 丙은 제450조 2항의 제3자에 해당하지 않는다. 반면에 102호 분양권에 대한 丙의 가압류는 유효하다. 따라서 乙의 ③주장은 타당하고 丙의 ③반박은 부당하다.

2. 법원의 결론

법원은 丙이 乙을 상대로 하는 101호에 관한 불법행위로 인한 손해배상청구를 기각하고, 102호에 관한 불법행위로 인한 손해배상청구를 인용하는 일부 인용 판결을 해야 한다.

제8절 변 제

Ⅰ. 권한없는 자에 대한 변제

❐ 민법 제472조는 불필요한 연쇄적 부당이득반환의 법률관계가 형성되는 것을 피하기 위하여 변제받을 권한 없는 자에 대한 변제의 경우에도 채권자가 이익을 받은 한도에서 효력이 있다고 규정하고 있는데, 여기에서 말하는 **채권자가 이익을 받은 경우**에는 변제의 수령자가 진정한 채권자에게 채무자의 변제로 받은 급부를 전달한 경우는 물론이고, 그렇지 않더라도 무권한자의 변제수령을 **채권자가 사후에 추인**한 때와 같이 무권한자의 변제수령을 채권자의 이익으로 돌릴 만한 실질적 관련성이 인정되는 경우도 포함된다. 이 경우 추인은 명시적 뿐만 아니라 묵시적인 방법으로도 가능하며 그 의사표시는 무권대리인이나 그 상대방 어느 쪽에 하여도 무방하고, 이와 같이 **무권한자의 변제수령을 채권자가 추인한 경우**에 채권자는 무권한자에게 부당이득으로서 그 변제받은 것의 반환을 청구할 수 있다(대법원 2023.12.14. 선고 2023다272234 판결; 대법원 2016.7.14. 선고 2015다71856,71863 판결).

문제 甲은 2023. 2. 14. 사망하였다. 甲의 A에 대한 투자수익금채권 3억원은 공동상속인 乙·丙·丁에게 균등하게 각 상속되었다. 乙은 2023. 6. 10. A로부터 상속재산인 투자수익금 3억원을 단독으로 수령하여 현재 보관하고 있지만, 그 배분을 거부하고 있다. 이에 丙은 乙을 상대로 부당이득을 원인으로 자신의 상속분에 해당하는 1억원의 반환을 구하는 소를 제기하였다. 또한 공동상속인 중 1명인 丁이 위 3억원 수령과 관련하여 乙을 횡령죄로 고소한 사건에서 丙은 "위 금원은 乙이 관리하라는 甲의 유언에 따라 乙이 보관·관리하고 있는 것이다"라는 취지로 진술하기도 하였다. 증거조사 결과 甲의 유언은 사망하기 전에 공동상속인에게 구두로 한 것으로 밝혀졌다.
한편 乙은 채무자 A로부터 자신의 법정상속분을 초과하여 丙을 비롯한 다른 공동상속인의 상속분에 해당하는 금원을 지급받은 사실이 있으나 이는 무권리자에 대한 변제에 불과하고, 이러한 사정만으로 丙의 A에 대한 1억원의 채권이 소멸되었다고 보기 어렵고, 또한 A의 乙에 대한 변제는 준점유자에 대한 변제에 해당하지 않으므로 A는 丙에 대한 1억원 지급의무를 면할 수 없다고 주장하였다. 법원은 어떠한 판결을 해야 하는지 결론과 근거를 서술하시오.

→ **1. 결론**

丙은 무권한자 乙에게 부당이득으로서 그 변제받은 것의 반환을 청구할 수 있으므로, 법원은 丙의 청구를 전부 인용해야 한다.

2. 근거

丙의 乙에 대한 청구가 타당하기 위해서는 법률상 원인 없이 丙의 재산 등으로 인하여 乙이 이익을 얻고 이로 인하여 丙에게 손해가 발생해야 한다(민법 제741조).

(1) 법률상 원인이 존재하는지 여부

설문의 경우, 乙이 A로부터 다른 공동상속인의 상속분에 해당하는 투자수익금을 수령하여 보관·관리하고 있는데, 乙의 보관·관리행위가 유효하기 위해서는 유언이 유효해야 한다. 유언은 민법에서 정한 방식에 의하지 않으면 효력이 없는데(제1060조), 甲이 사망하기 전 공동상속인에게 구두로 한 유언은 제1065조 이하의 유언방식에 해당하지 않는다. 따라서 乙이 丙의 상속분에 해당하는 투자수익금을 보관·관리할 법률상 원인이 존재하지 않으므로, 그 배분을 거절할 수 없다.

(2) 무권한자 乙의 변제수령으로 인해 丙에게 손해가 발생하였는지 여부

甲의 A에 대한 투자수익금채권 3억원은 금전채권으로서 상속재산에 해당하므로, 상속개시일인 2023. 2. 14. 丙에게 법정상속분인 1억원(= 3억원 × 1/3)의 범위에서 분할되어 귀속되었다(민법 제1000조, 제1009조). 이러한 丙의 A에 대한 투자수익금채권이 乙의 변제수령으로 소멸하였는지, 즉 A의 乙에 대한 변제가 丙에 대하여 유효한지가 문제이다.

(가) 채권의 준점유자에 대한 변제인지 여부

채권의 준점유자에 대한 변제는 변제자가 선의이며 과실 없는 때에 한하여 효력이 있다(민

법 제470조). 여기서 채권의 준점유자는 거래의 관념에서 볼 때 진실한 채권자와 같은 외관을 가지고 있는 자를 말한다. 설문의 경우, 甲의 유언은 무효이고 채무자 A가 甲의 유언내용을 알았다고 볼만한 사정이 존재하지 않으며, 乙에게 다른 공동상속인의 상속분에 대해 변제수령의 권한이 있다고 믿은데 과실이 없었다고 인정할 만한 증거가 없다. 따라서 A가 선의·무과실로 乙에게 다른 공동상속인의 상속분에 해당하는 투자수익금을 변제한 것으로 볼 수 없다(제470조).

(나) 乙의 변제수령이 丙에게 이익이 있는지 여부

1) 민법 제472조는 불필요한 연쇄적 부당이득반환의 법률관계가 형성되는 것을 피하기 위하여 변제받을 권한 없는 자에 대한 변제의 경우에도 채권자가 이익을 받은 한도에서 효력이 있다고 규정하고 있다. 여기서 '채권자가 이익을 받은' 경우에는 변제의 수령자가 진정한 채권자에게 채무자의 변제로 받은 급부를 전달한 경우는 물론이고, 그렇지 않더라도 무권한자의 변제수령을 채권자가 '사후에 추인한 때'와 같이 무권한자의 변제수령을 채권자의 이익으로 돌릴 만한 실질적 관련성이 인정되는 경우도 포함된다(대판 2023.12.14, 2023다272234).

2) 설문의 경우, 丙이 丁의 고소 사건에서 甲의 유언에 따라 乙이 보관·관리하고 있다는 취지로 진술하였고, 乙을 상대로 소를 제기한 것은 무권한자인 乙의 변제수령행위를 묵시적으로 추인한 것으로 볼 수 있다. 따라서 A의 乙에 대한 변제는 丙에 대하여 유효하다(제472조).

Ⅱ. 변제의 충당

❒ [1] 비용, 이자, 원본에 대한 변제충당에 있어서는 민법 제479조에 그 충당 순서가 법정되어 있고 지정 변제충당에 관한 제476조는 준용되지 않으므로 원칙적으로 비용, 이자, 원본의 순서로 충당하여야 하나, 당사자 사이에 특별한 합의가 있는 경우에는 그 법정충당의 순서와는 달리 충당의 순서를 인정할 수 있다. 변제자(채무자)와 변제수령자(채권자)는 변제로 소멸한 채무에 관한 보증인 등 이해관계 있는 제3자의 이익을 해하지 않는 이상 이미 급부를 마친 뒤에도 기존의 충당방법을 배제하고 제공된 급부를 어느 채무에 어떤 방법으로 다시 충당할 것인가를 약정할 수 있다(대법원 2013.9.12. 선고 2012다118044,118051 판결).

[2] 재판상의 자백은 변론기일 또는 변론준비기일에서 상대방의 주장과 일치하면서 자기에

게는 불리한 사실을 진술하는 것을 말한다. 법원에 제출되어 상대방에게 송달된 준비서면 등에 자백에 해당하는 내용이 기재되어 있는 경우라도 그것이 변론기일이나 변론준비기일에서 진술 또는 진술간주 되면 재판상 자백이 성립한다. 당사자가 변론에서 상대방이 주장하기 전에 스스로 자신에게 불이익한 사실을 진술하고 상대방이 이를 명시적으로 원용하거나 그 진술과 일치되는 진술을 하는 경우에도 재판상 자백이 성립된다. 재판상의 자백이 있으면 그것이 적법하게 취소되지 않는 한 법원도 이에 구속되므로, 법원이 자백 사실과 다른 판단을 할 수 없다(대법원 2024.2.29. 선고 2023다299789 판결).

→ 원고는 피고에게 5억원을 이자 월 3%로 정하여 대여하였고, 피고는 3회에 걸쳐 총 6억원을 변제하였다. 위 변제 이후 원고가 피고에게 위 6억원을 이자에 먼저 충당하는 방식의 제1안과 원금에 먼저 충당하는 방식의 제2안을 기재한 문서를 제시하였고, 피고는 제2안을 수용한다고 기재하고 서명하였다. 원고는 대여금 청구 소송 중 원고가 피고에게 제1안과 제2안을 제시하였는데 피고가 제2안에 동의하였다는 취지로 진술하였고, 피고도 같은 취지로 진술하였다. 이 경우 제2안은 피고 측이 변제한 6억원 전부를 원금에 먼저 충당하고 남은 금액을 이자에 충당하는 방식이라고 할 것인데, 원고가 먼저 제2안의 방식으로 변제충당을 하는 것에 원고와 피고의 의사가 합치되었다는 취지로 진술하였고 피고도 그 진술과 일치되는 진술을 하였으므로, 원고와 피고 사이에 제2안에 따라 변제충당하기로 하는 합의가 이루어졌다는 사실에 대한 재판상 자백이 성립되었다고 볼 수 있다.

문제 甲은 2015. 5. 11. 乙에게 5억원(이하 '이 사건 대여금'이라 한다)을 변제기 2016. 8. 21.로 정하여 대여하였고, 乙로부터 2018. 2. 23. 2억원, 2018. 12. 17. 1억원, 2019. 3. 14. 3억원, 합계 6억원을 변제받았다.

이 사건 대여금에 관하여 월 3%의 이율을 적용한 원리금을 변제한다는 내용의 '대여금 현황'(이하 '이 사건 문서'라 한다)이 작성되었는데, 여기에는 乙이 변제한 6억원을 이율 월 3%로 하여 계산한 47개월분 이자 7억 500만원에 우선 충당하고, 남은 이자 1억 500만원과 원금 5억원을 합한 6억 500만원을 지급하기로 하는 제1안과 위 6억원을 변제 시점마다 원금에 먼저 충당하고 마지막 변제 시점인 2019. 3. 14.까지 발생한 이자 6억 300만원에서 원금에 충당되고 남은 1억원을 공제한 5억 300만원을 지급하기로 하는 제2안이 기재되어 있다. 乙은 2019. 11. 26. 이 사건 문서 제2안 옆에 "제2안을 수용하겠습니다. 12월 3일 안에 지급일정을 확정"이라고 기재하고, 서명하였다.

이후 甲은 乙을 상대로 이 사건 대여금 청구의 소를 제기하였다. 甲은 2022. 11. 15. 제1회 변론기일에서 "甲은 乙에게 6억원을 이자에 충당하는 내용의 제1안과 원리금에 충당하는 내용의 제2안을 제시하였고, 乙은 미지급 원리금의 규모가 훨씬 적은 제2안으로 변제충당하는 것에 동의한다는 의사를 표시하였습니다"라고 진술하였다. 乙도 제1회 변론기일에서 "乙은 2019. 11. 26. 이 사건 문서에 기재된 제1안과 제2안 중 제2안을 수용한다고 기재하였습니다."라고 진술하였다.

법원은 이 사건 문서가 변제를 마친 이후에 작성되었다는 이유로, 甲·乙 사이에 제2안에 따라 충당하기로 하는 합의가 성립되었다고 볼 수 없다고 보고, 제1안에 따라 乙의 잔존 채무액을 판단하였다. 법원의 판단이 타당한가? [※ 이자제한법 등 특별법은 고려하지 말 것]

→ **1. 乙이 甲에게 변제를 한 이후에 합의충당이 가능한지 여부**

비용, 이자, 원본에 대한 변제충당에 관해서는 민법 제479조에 충당 순서가 법정되어 있으므로 원칙적으로 비용, 이자, 원본의 순서로 충당하여야 하지만, 당사자 사이에 특별한 합의가 있는 경우에는 법정충당의 순서와는 달리 충당의 순서를 인정할 수 있다. 변제자(채무자)와 변제수령자(채권자)는 변제로 소멸한 채무에 관한 보증인 등 이해관계 있는 제3자의 이익을 해하지 않는 이상 이미 급부를 마친 뒤에도 기존의 충당방법을 배제하고 제공된 급부를 어느 채무에 어떤 방법으로 다시 충당할 것인가를 약정할 수 있다(대판 2024.2.29, 2023다299789). 설문의 경우, 乙이 甲에게 6억원을 변제한 이후 변제충당에 관한 이 사건 문서를 작성하였다. 합의충당은 변제 이후에도 가능하므로, 甲·乙 사이에 제2안에 따라 변제충당하기로 하는 합의가 성립하였다.

2. 재판상 자백의 효력

(1) 재판상의 자백은 변론기일 또는 변론준비기일에서 상대방의 주장과 일치하면서 자기에게는 불리한 사실을 진술하는 것을 말한다. 당사자가 변론에서 상대방이 주장하기 전에 스스로 자신에게 불이익한 사실을 진술하고 상대방이 이를 명시적으로 원용하거나 그 진술과 일치되는 진술을 하는 경우에도 재판상 자백이 성립한다. 재판상의 자백이 있으면 그것이 적법하게 취소되지 않는 한 법원도 이에 구속되므로, 법원이 자백 사실과 다른 판단을 할 수 없다(대판 2024.2.29, 2023다299789).

(2) 설문의 경우, 제2안은 제1안보다 원고 甲에게 불리한 방식이다. 그런데 甲이 먼저 제2안의 방식으로 변제충당을 하는 것에 甲과 피고 乙의 의사가 합치되었다는 취지로 진술하였고 乙도 그 진술과 일치되는 진술을 하였으므로, 원고와 피고 사이에 제2안에 따라 변제충당하기로 하는 합의가 이루어졌다는 사실에 대한 재판상 자백이 성립하였다. 따라서 법원은 제2안에 따라 잔존 채무액을 판단해야 한다.

3. 결론

법원의 판단은 부당하다.

Ⅲ. 변제자의 대위

1. 임의대위·법정대위

❐ 채무자를 위하여 변제한 자는 변제와 동시에 채권자의 승낙을 얻어 채권자를 대위할 수 있다(민법 제480조 제1항). 제3자가 채무자를 위하여 채무를 변제함으로써 채무자에 대하여 구상권을 취득하는 경우, 그 구상권의 범위 내에서 종래 채권자가 가지고 있던 채권과 그 담보에 관한 권리는 동일성을 유지한 채 법률상 당연히 변제자에게 이전한다. 이때 대위할 범위에 관하여 종래 채권자가 **배당요구 없이도 당연히 배당받을 수 있었던 경우**에는 대위변제자는 따로 배당요구를 하지 않아도 배당을 받을 수 있다(대법원 2021.2.25. 선고 2016다232597 판결).

→ 甲회사가 대여금채무를 담보하기 위하여 채권자 乙 앞으로 마쳐 준 甲회사 소유의 임야에 관한 소유권이전청구권가등기(이하 '담보가등기'라 한다)에 기해 乙이 가등기담보법에서 정한 청산절차를 거치지 않은 채 본등기를 마쳤고, 그 후 丙회사가 甲회사와 체결한 대위변제약정에 따라 乙의 승낙을 얻어 위 담보가등기의 피담보채무를 대위변제하였는데, 甲회사와 乙 및 丁회사가 체결한 약정에 따라 丁회사 앞으로 위 임야에 관한 소유권이전등기가 마쳐진 후 설정된 戊회사 명의의 근저당권에 기해 임의경매절차가 개시되자, 丙회사가 경매법원에 '담보가등기권리자 권리신고서'를 제출한 경우, 丙회사가 대위변제를 할 당시 담보가등기에 기한 본등기는 원인무효의 등기였고 담보가등기는 유효한 등기로 남아 있었으므로, 甲회사에 대하여 구상권을 취득한 丙회사는 담보가등기와 그 피담보채권인 乙의 甲 회사에 대한 대여금채권을 법률상 당연히 이전받았는데, 담보가등기가 위 경매절차의 경매개시결정 전에 등기가 되어 있었고, 가등기담보법 제16조 제1항에 따라 경매법원이 채권신고를 최고하기 전에 丙회사가 담보가등기권리자라고 주장하며 그 채권을 신고하였으므로, 丙회사는 부동산 매각으로 소멸하는 담보가등기를 가진 채권자로서 경매절차의 배당요구 종기 전에 배당요구를 하였는지와 관계없이 위 임야의 매각대금에서 배당받을 수 있다.

문제 甲회사는 乙로부터 2억 5,000만원을 빌리면서 그 담보로 자신의 X임야에 관하여 乙 앞으로 소유권이전청구권가등기(이하 '담보가등기'라 한다)를 하였다. 乙은 2006. 3. 10. 가등기담보법에서 정한 청산절차를 거치지 않은 채 X임야에 관하여 담보가등기에 기한 본등기를 마쳤다. 그 후 丙회사는 甲과 체결한 대위변제약정에 따라 2006. 5. 9. 乙의 승낙을 얻어 담보가등기의 피담보채무 전부를 대위변제하였다. 한편 甲·乙 및 丁회사가 체결한 약정에 따라 X임야에 관하여 2006. 5. 10. 乙로부터 丁 앞으로

2006. 5. 9.자 매매를 원인으로 한 소유권이전등기가 마쳐졌다. 丁은 戊회사에 대한 채무를 담보하기 위하여 2008. 7. 25. X임야에 관하여 戊 앞으로 근저당권설정등기를 하였고, 그 후 戊명의의 근저당권에 기해 임의경매절차가 개시되자, 丙은 2013. 10. 14. 경매법원에 '담보가등기권리자 권리신고서'를 제출하였다.

1. X임야에 대한 戊명의의 근저당권은 유효한가?

➜ **(1) X임야에 관한 乙명의의 본등기 효력**

가등기담보법 제3조, 제4조를 위반하여 담보가등기에 기한 본등기가 이루어진 경우에는 본등기는 무효이다(대판 2016.6.23, 2015다13171). 설문에서 乙은 가등기담보법에서 정한 청산절차를 거치지 않은 채 X임야에 관하여 담보가등기에 기한 본등기를 마쳤으므로, 乙명의의 본등기는 무효이다.

(2) X임야에 관한 丁명의의 소유권이전등기 효력

등기가 유효하려면 신청절차에 하자가 없어야 한다. 하지만 등기절차에 하자가 있더라도 그 등기가 진실한 권리관계와 합치하면 유효한 등기로 인정된다. 설문에서 乙명의의 본등기는 원인무효 등기이지만, 甲과 乙은 丁과의 사이에 X임야에 관한 소유권이전등기를 하기로 합의하였고, 그 합의에 따라 乙명의의 본등기 말소등기절차를 생략한 채 직접 乙로부터 丁 앞으로 소유권이전등기를 한 것이므로, 이는 실체관계에 부합하는 유효한 등기이다(대판 2021.2.25, 2016다232597).

(3) 결론

戊는 丁소유의 X임야에 관하여 근저당권설정등기를 마쳤으므로(제186조), 戊명의의 근저당권은 유효하다.

2. 경매절차에서 X임야를 매각받은 매수인이 매각대금을 완납한 경우, 丙은 매각대금에서 戊보다 우선변제를 받을 수 있는가?

➜ **(1) 乙의 채권과 그 담보에 관한 권리가 丙에게 이전되는지 여부**

채무자를 위하여 변제한 자는 변제와 동시에 채권자의 승낙을 얻어 채권자를 대위할 수 있다(민법 제480조 1항). 제3자가 채무자를 위하여 채무를 변제함으로써 채무자에 대하여 구상권을 취득하는 경우, 그 구상권의 범위 내에서 종래 채권자가 가지고 있던 채권과 그 담보에 관한 권리는 동일성을 유지한 채 법률상 당연히 변제자에게 이전한다(제482조 1항). 이때 대위할 범위에 관하여 종래 채권자가 배당요구 없이도 당연히 배당받을 수 있었던 경우에는 대위변제자는 따로 배당요구를 하지 않아도 배당을 받을 수 있다(대판 2021.2.25, 2016다232597). 설문에서 丙은 甲과의 약정에 따라 乙의 승낙을 받아 乙에게 X임야에 대한 담보가등기의 피담보채무를 대위변제하였으므로, 丙은 甲에 대하여 구상권을 행사할 수 있다(제688조). 또한 대위변제 당시 乙명의의 본등기는 원인무효의 등기이지만 담보가등기는 유효한 등기로 남아 있었다. 따라서 X임야에 대한 담보가등기와 그 피담보채권인 乙의 甲에 대한 대여금채권이 법률상 당연히 丙에게 이전된다.

(2) 담보가등기를 대위취득한 丙이 배당을 받을 수 있는지 여부

담보가등기를 마친 부동산에 대하여 강제경매 등이 행하여진 경우에는 담보가등기권리는 그 부동산의 매각에 의하여 소멸하며(가등기담보법 제15조), 압류등기 전에 이루어진 담보가등기권리가 매각에 의하여 소멸되면 채권신고를 한 경우에만 그 채권자는 매각대금을 배당받거나 변제금을 받을 수 있다(가등기담보법 제16조). 민사집행법 제148조에 따르면 "저당권·전세권, 그 밖의 우선변제청구권으로서 첫 경매개시결정등기 전에 등기되었고 매각으로 소멸하는 것을 가진 채권자는 배당요구 없이도 배당받을 수 있다. 설문에서 X임야에 대한 담보가등기는 경매개시결정 전에 등기가 되어 있었고, 가등기담보법 제16조 1항에 따라 경매법원이 丙에게 채권신고를 최고하기 전에 丙이 담보가등기권리자라고 주장하며 그 채권을 신고하였다. 따라서 丙은 X임야의 매각으로 소멸하는 담보가등기를 가진 채권자로서 경매절차의 배당요구 종기 전에 배당요구를 하였는지와 관계없이 X임야의 매각대금에서 배당받을 수 있다.

(3) 결론

乙명의의 담보가등기가 제480조, 제482조 1항에 의하여 대위변제자 丙에게 법률상 이전되었고, 그 담보가등기가 戊명의의 근저당권설정등기보다 먼저 성립하였으므로, X임야의 매각대금에서 丙이 戊보다 우선하여 배당을 받을 수 있다.

3. 戊는 丙의 甲에 대한 채권이 상사소멸시효 완성으로 소멸하였다고 주장한다. 법원은 戊의 항변을 인용하여야 하는가?

➜ 소멸시효가 완성된 경우 이를 주장할 수 있는 사람은 시효로 채무가 소멸되는 결과 직접적인 이익을 받는 사람에 한정된다(대판 2007.3.30, 2005다11312). 후순위 담보권자는 선순위 담보권의 피담보채권이 소멸하면 담보권의 순위가 상승하고 이에 따라 피담보채권에 대한 배당액이 증가할 수 있지만, 이러한 배당액 증가에 대한 기대는 담보권의 순위 상승에 따른 반사적 이익에 지나지 않는다. 후순위 담보권자는 선순위 담보권의 피담보채권 소멸로 직접 이익을 받는 자에 해당하지 않아 선순위 담보권의 피담보채권에 관한 소멸시효가 완성되었다고 주장할 수 없다(대판 2021.2.25, 2016다232597). 설문에서 戊는 후순위 근저당권자에 불과하므로, 선순위 담보권의 피담보채권인 甲에 대한 채권에 대하여 소멸시효를 원용할 수 없다. 따라서 법원은 戊의 항변을 배척하여야 한다.

❒ 채무의 변제는 제3자도 할 수 있다. 그러나 채무의 성질 또는 당사자의 의사표시로 제3자

의 변제를 허용하지 아니하는 때에는 그러하지 아니하다(민법 제469조 제1항). 이해관계 없는 제3자는 채무자의 의사에 반하여 변제하지 못한다(같은 조 제2항). 제3자가 유효하게 채무자가 부담하는 채무를 변제한 경우에 채무자와 계약관계가 있으면 그에 따라 구상권을 취득하고, 그러한 계약관계가 없으면 특별한 사정이 없는 한 제734조 제1항에서 정한 사무관리가 성립하여 제739조에 정한 사무관리비용의 상환청구권에 따라 구상권을 취득한다(대법원 2022.3.17. 선고 2021다276539 판결).

❐ 채무자를 위하여 채무를 변제한 자는 채무자에 대한 구상권을 취득할 수 있는데, 구상권은 변제자가 제480조 제1항에 따라 가지는 변제자대위권과 원본, 변제기, 이자, 지연손해금 유무 등에서 그 내용이 다른 별개의 권리이다(대법원 2022.3.17. 선고 2021다276539 판결).

2. 보증인과 제3취득자

❐ 민법 제482조 제2항 제1호와 제2호에서 보증인에게 대위권을 인정하면서도 제3취득자는 보증인에 대하여 채권자를 대위할 수 없다고 규정한 까닭은, 제3취득자는 등기부상 담보권의 부담이 있음을 알고 권리를 취득한 자로서 그 담보권의 실행으로 인하여 예기치 못한 손해를 입을 염려가 없고, 또한 저당부동산에 대하여 소유권, 지상권 또는 전세권을 취득한 제3자는 저당권자에게 그 부동산으로 담보된 채권을 변제하고 저당권의 소멸을 청구할 수 있으며(제364조), 저당물의 제3취득자가 그 부동산의 보존, 개량을 위하여 필요비 또는 유익비를 지출한 때에는 저당물의 경매대가에서 우선상환을 받을 수 있도록(제367조) 하는 등 그 이익을 보호하는 규정도 마련되어 있으므로, 변제자대위와 관련해서는 제3취득자보다는 보증인을 보호할 필요가 있기 때문이다. 그러나 저당부동산에 대하여 후순위 근저당권을 취득한 제3자는 제364조에서 정한 저당권소멸청구권을 행사할 수 있는 제3취득자에 해당하지 않고, 달리 선순위 근저당권의 실행으로부터 그의 이익을 보호하는 규정이 없으므로 변제자대위와 관련해서 후순위 근저당권자보다 보증인을 더 보호할 이유가 없으며, 나아가 선순위 근저당권의 피담보채무에 대하여 직접 보증책임을 지는 보증인과 달리 선순위 근저당권의 피담보채무에 대한 직접 변제책임을 지지 않는 후순위 근저당권자는 보증인에 대하여 채권자를 대위할 수 있다고 봄이 타당하므로, 민법 제482조 제2항 제2호의 **제3취득자에 후순위 근저당권자는 포함되지 않는다**(대법원 2013.2.15. 선고 2012다48855 판결).

❐ 후순위 근저당권자는 통상 자신의 이익을 위하여 선순위 근저당권의 담보가치를 초과하는

담보가치만을 파악하여 담보권을 취득한 자에 불과하므로 변제자대위와 관련해서 후순위 근저당권자를 보증인보다 더 보호할 이유도 없다. 결국 보증인은 미리 저당권의 등기에 그 대위를 부기하지 않고서도 저당물에 후순위 근저당권을 취득한 제3자에 대하여 채권자를 대위할 수 있다고 할 것이므로, 민법 제482조 제2항 제1호의 **제3자에 후순위 근저당권자는 포함되지 않는다**(대법원 2013.2.15. 선고 2012다48855 판결).

3. 물상보증인 상호간의 관계

❒ 수인의 물상보증인 또는 그로부터 담보의 목적이 된 부동산에 관한 소유권 등을 취득한 제3취득자 중 1인이 채무를 변제하거나 담보권의 실행으로 소유권을 잃은 때에는 다른 물상보증인 또는 그로부터 담보의 목적이 된 부동산에 관한 소유권을 취득한 제3취득자에 대하여 구상권의 범위 내에서 채권자를 대위하여 채권 및 그 담보에 관한 권리를 행사할 수 있고, 이 때에도 특별한 사정이 없는 한 그 행사는 물상보증인 상호 간의 대위를 규정한 민법 제482조 2항 3호 및 4호에 따라 각 부동산의 가액에 비례한다(대법원 2024.7.31. 선고 2023다266420 판결).

4. 물상보증인과 제3취득자 사이의 변제자대위

❒ 물상보증인이 채무를 변제하거나 담보권의 실행으로 소유권을 잃은 때에는 보증채무를 이행한 보증인과 마찬가지로 채무자로부터 담보부동산을 취득한 제3자에 대하여 구상권의 범위 내에서 출재한 전액에 관하여 채권자를 대위할 수 있는 반면, 채무자로부터 담보부동산을 취득한 제3자는 채무를 변제하거나 담보권의 실행으로 소유권을 잃더라도 물상보증인에 대하여 채권자를 대위할 수 없다(대법원 2014.12.18. 선고 2011다50233 판결).

→ 민법 제370조, 제341조에 의하면 물상보증인이 채무를 변제하거나 담보권의 실행으로 소유권을 잃은 때에는 '보증채무'에 관한 규정에 의하여 채무자에 대한 구상권을 가지므로, "보증인은 미리 전세권이나 저당권의 등기에 그 대위를 부기하지 아니하면 전세물이나 저당물에 권리를 취득한 제3자에 대하여 채권자를 대위하지 못한다"는 제482조 2항 1호와 "제3취득자는 보증인에 대하여 채권자를 대위하지 못한다"는 제482조 2항 2호를 유추적용한 것이다.

문제 甲은 乙에 대한 채무를 담보하기 위하여, 乙소유의 X부동산과 丙소유의 Y부동산에 대하여 공동저당권을 취득하였다. 그 후 丁은 乙을 상대로 '乙이 丁에게 X부동산을 증여하겠다'고 과거에 약정했던 것을 근거로 X부동산에 대한 소유권이전등기를 구하는 소를 제기하여 승소하고, 확정판결에 따라 X부동산의 소유권을 이전받았다. (다음 각 문항의 독립적임)

1. 丁이 X부동산의 소유권을 취득한 이후에 丙은 甲에게 乙의 채무를 모두 변제하였고, 甲은 X부동산의 저당권에 대하여 丙명의로 대위에 의한 저당권이전의 부기등기를 마쳐주었다. 丙은 X부동산에 대해 경매를 신청하였는데, 丁은 丙이 변제자대위를 할 수 없다고 주장하면서 X부동산에 대한 저당권설정등기의 말소를 구하는 소를 제기하였다. 이에 丙은 丁이 자신에게 대위변제금 전액을 변제하지 않는 한 등기말소를 구할 수 없다고 항변한다. 이 경우 丁의 청구는 인용될 수 있는가?

➜ **(1) 물상보증인 丙이 X부동산에 대한 甲의 저당권을 대위할 수 있는지 여부**

물상보증인이 채무를 변제하거나 담보권의 실행으로 소유권을 잃은 때에는 '보증채무'에 관한 규정에 의하여 채무자에 대한 구상권이 있다(민법 제370조, 제341조). 따라서 물상보증인이 채무를 변제하거나 담보권의 실행으로 소유권을 잃은 때에는 보증채무를 이행한 보증인과 마찬가지로 채무자로부터 담보부동산을 취득한 제3자에 대하여 구상권의 범위 내에서 출재한 전액에 관하여 채권자를 대위할 수 있다(대판 2014.12.18, 2011다50233). 설문에서 丙은 乙의 채무를 甲에게 변제하였다. 따라서 丙은 乙에 대해 구상권을 취득함(제370조, 제341조)과 동시에 변제자대위에 의하여(제481조, 제482조) 乙소유의 X부동산에 대한 저당권을 대위취득한다(대판 2015.11.27, 2013다41097,41103).

(2) 丙이 부기등기 전에 X부동산의 소유권을 취득한 丁에게 변제자대위를 주장할 수 있는지 여부

변제자대위와 관련하여 물상보증인은 보증인의 지위와 동일하므로, 제482조 2항 1호를 유추적용하여 물상보증인은 보증인과 마찬가지로 미리 대위의 부기등기를 하여야 제3취득자에게 채권자를 대위할 수 있다(대판 2011.8.18, 2011다30666,30673). 여기서 '미리'는 보증인의 변제 후 제3취득자의 등기 전을 가리킨다. 따라서 丙이 乙의 채무를 甲에게 변제하기 전에 丁이 乙로부터 X부동산의 소유권을 취득하였으므로, 丙은 丁에게 변제자대위를 주장할 수 있다.

(3) 결론

丁이 丙을 상대로 저당권설정등기의 말소를 청구할 수 있기 위해서는 丙명의의 저당권이전의 부기등기가 위법하여야 한다(제214조). 하지만 丙은 변제자대위에 관한 제481조, 제482조에 따라 X부동산에 대한 甲의 저당권을 대위취득하였다. 따라서 丁의 청구는 인용될 수 없다.

2. 甲은 乙이 채무이행을 지체하자 X부동산에 대해 경매를 신청하여 그 매각대금에서 우선변제를 받았다. 이 경우 丁은 丙소유의 Y부동산에 대하여 甲의 저당권을 대위할 수 있는가?

→ 변제자대위와 관련하여 물상보증인은 보증인의 지위와 동일하므로, 제482조 2항 2호를 유추적용하여 채무자로부터 담보부동산을 취득한 제3자는 채무를 변제하거나 담보권의 실행으로 소유권을 잃더라도 물상보증인에 대하여 채권자를 대위할 수 없다(대판 2014.12.18, 2011다50233). 따라서 丁은 丙소유의 Y부동산에 대하여 甲의 저당권을 대위할 수 없다.

5. 채권자의 담보보존의무

❒ 민법 제485조는 제481조의 규정에 의하여 대위할 자가 있는 경우에 채권자의 고의나 과실로 담보가 상실되거나 감소된 때에는 대위할 자는 그 상실 또는 감소로 인하여 상환을 받을 수 없는 한도에서 그 책임을 면한다고 정한다. 이는 보증인 등 법정대위를 할 자가 있는 경우에 채권자에게 담보보존의무를 부담시킴으로써 대위할 자의 구상권과 대위에 대한 기대권을 보호하려는 것이다(대법원 2017.10.31. 선고 2015다65042 판결). 법정대위를 할 자는 채권자가 고의나 과실로 담보를 상실하게 하거나 감소하게 한 때에는 원칙적으로 제485조에 따라 면책을 주장할 수 있을 뿐이지만, 채권자가 제3자에 대하여 자신의 담보권을 성실하게 보존·행사하여야 할 의무를 부담하는 특별한 사정이 인정되는 경우에는 채권자의 담보권의 포기 행위가 불법행위에 해당할 수 있다(대법원 2022.12.29. 선고 2017다261882 판결).

→ 가령 甲과 乙이 각 1/2 지분을 소유하고 있는 X토지에 관하여 乙이 丙으로부터 대출받으면서 丙을 근저당권자로, 채무자를 乙로 하는 근저당권을 설정하였는데, X토지 중 甲 지분에만 경매절차가 개시되어 제3자가 매각대금을 완납하자, 丙은 乙 지분에 관한 근저당권설정등기를 말소해주었고, 이후 개시된 배당절차에서 丙에게 신고채권액 전부를 배당하는 것으로 배당표가 작성되었다. 이 경우 배당절차에서 채권자인 丙에게 배당이 이루어지면 제481조, 제482조에 따라 X토지 중 채무자인 乙 지분에 관한 丙명의의 근저당권에 대하여 甲의 변제자대위가 당연히 이루어질 것으로 예상되던 상황이었으므로, 물상브증인인 甲의 지분에 관하여 담보권이 실행될 가능성이 단순히 예상되는 수준을 넘어 실제로 현실화됨으로써 甲은 배당절차를 통하여 변제가 이루어졌을 때에 준하는 변제자대위에 관한 정당한 기대를 가지게 되었고, 채권자인 丙이 甲에 대하여 자신의 담보권을 성실하게 보존·행사하여야 할 의무를 부담함에도 곧 변제자대위의 대상이 될 채무자에 대한 근저당권설정등기를 말소하여 줌으로써 저당권을 포기한 행위는 변제자대위에 의하여 취득한 권리의 침해에 준하는 물상보증인의 변제자대위에 대한 정당한 기대를 침해하는 행위로서 제750조에 정한 불법행위에 해당한다.

변호사시험 기출문제

문제 의류도매업자 甲은 2007. 1. 5. 乙에게 의류 1,000벌을 1억원에 매도하였다. 乙은 2007. 3. 5.까지 의류대금을 지급하기로 약속하고, 甲에게서 의류 1,000벌을 인수하였다. 당시 甲이 乙의 대금지급능력에 대하여 의문을 표시하자, 乙의 친구 丙은 2007. 3. 7. 乙의 甲에 대한 의류대금채무를 연대보증하였고, 乙의 다른 친구 丁은 2007. 3. 10. 자기 소유 X 주택에 채권최고액을 1억 2,000만원으로 하는 근저당권을 甲에게 설정해 주었다. 그 주택에는 戊가 거주하고 있었는데, 戊는 丁과 임차보증금 8,000만원으로 하는 임대차계약을 체결하고 2007. 3. 10. 전입신고를 하고, 같은 날 임대차계약서에 확정일자를 받았다. 2008. 3. 10. 丁은 X 주택을 A에게 2억 5,000만원에 매도하고 소유권이전등기를 경료하여 주었다. 이 때 丁은 A와의 사이에 戊의 보증금은 2009. 3. 9. 丁이 책임지고 반환하고, 甲 명의의 근저당권등기도 책임지고 말소하기로 약정하였다. 乙이 채무를 이행하지 못하자 甲은 X 주택에 설정된 근저당권을 실행하였고, X 주택은 1억 5,000만원에 B에게 매각되었다. 戊는 배당요구의 종기까지 배당을 요구하지 않았다. 매각대금 중 1억원은 2008. 10. 1. 甲에게 배당되었고, 잔액 5,000만원은 A에게 배당되었다. (이하 각 문항은 독립적임) (제3회 변호사시험, 2014)

1. A는 2009. 4. 10. 丙을 상대로 구상금청구소송을 제기하여 대위변제금 1억원과 면책일인 2008. 10. 1. 이후부터 다 갚는 날까지 위 1억원에 대한 연 5%의 이자(민법 제425조 제2항의 법정이자)의 지급을 구하였다. 이 소송에서 丙은 ① 물상보증을 선 자는 A가 아니라 丁이며 A는 제3취득자에 불과하므로 보증인인 자신에게 구상할 수 없으며 ② 가사 A에게 구상권이 있더라도 보증인인 자신이 전액 구상의무를 부담할 이유가 없을 뿐 아니라 면책일 이후의 법정이자도 지급할 이유가 없다고 다투었다. 이 사건 소의 결론[각하, 청구기각, 청구일부인용(일부인용의 경우 그 구체적인 금액과 내용을 기재할 것), 청구전부인용]을 그 논거와 함께 설명하시오. (20점)

→ **(1) 결론**

A는 丙에 대하여 5,000만원을 구상할 수 있으므로, 법원은 A의 청구를 일부 인용해야 한다.

(2) 논거

(가) 제3취득자 A의 채무자 乙에 대한 구상권과 甲의 권리이전 여부

채권자를 대위한 자는 자기의 권리에 의하여 구상할 수 있는 범위에서 채권 및 그 담보에 관한 권리를 행사할 수 있다(민법 제482조). 따라서 A가 甲의 채권과 그 담보에 관한 권리를 행사할 수 있기 위해서는, A의 乙에 대한 구상권이 존재하여야 한다. 판례는 물상보증인으로부터 저당부동산의 소유권을 취득한 제3취득자는 저당권이 실행되면 저당부동산에 대한 소유권을 잃는다는 점에서 물상보증인과 유사한 지위에 있다. 따라서 제3취득자가 변제를 하거나 저당권의 실행으로 소유권을 상실한 경우, 물상보증인의 구상권에 관한 제370조, 제341조를 유추적용하여, 제3취득자는 보증채무에 관한 규정에 의하여 채무자에 대한 구상

권이 있다고 한다(대판 2014.12.24, 2012다49285). 설문에서 제3취득자 A는 근저당권의 실행으로 X주택의 소유권을 잃었으므로, 제370조, 제341조를 유추적용하여 채무자 乙에 대해 구상권을 가지며, 그 구상권의 범위 내에서 甲의 채권과 그 담보에 관한 권리가 A에게 법률상 이전된다(제482조 1항).

(나) A가 甲의 권리와 그 담보에 관한 권리를 대위할 수 있는 범위

제3취득자는 보증채무에 관한 규정에 의하여 채무자에 대한 구상권이 있다. 설문에서 乙의 부탁이 없었지만 A의 출연이 乙의 의사에 반한다고 볼 수 없다. 따라서 출연 당시 乙이 받은 이익 1억원의 한도에서 A는 乙에게 구상권을 행사할 수 있다(민법 제444조 1항). 한편 물상보증인과 보증인 상호간에는 그 인원수에 비례하여 채권자를 대위한다(제482조 2항 5호). 물상보증인의 저당부동산을 취득한 제3취득자는 물상보증인과 유사한 지위에 있으므로, 이를 유추적용하여 변제액 1억원에 대하여 A와 보증인 丙은 인원수에 비례하여 채권자를 대위한다고 할 것이다. 따라서 A는 丙에 대하여 5,000만원을 구상할 수 있다.

2. 戊는 A와 丁을 피고로 해서 각각 8,000만원의 X 주택에 관한 임대차보증금반환청구소송을 제기하였다. A는 ① 丁이 보증금을 반환하기로 약정하였기 때문에 丁에게서 반환받든지, ② 배당 절차에서 배당을 요구하지 않았으니 B에게 보증금의 반환을 청구하여야지 자신에게 그 지급을 청구해서는 안 된다고 다투었고, 丁은 ① 보증금은 A 또는 B가 지급할 문제이지 자신이 지급할 것은 아니라고 다투었다. 戊의 위 각 소의 결론[각하, 청구기각, 청구일부인용(일부인용의 경우 그 구체적인 금액과 내용을 기재할 것), 청구전부인용]을 그 논거와 함께 설명하시오. (20점)

→ **(1) 결론**

A는 X주택의 양수인으로서 임대인의 지위를 승계하므로, 임차인 戊에 대하여 임대차보증금 8,000만원을 반환하여야 한다. 따라서 법원은 戊의 A에 대한 청구를 전부인용하고, 丁에 대한 청구를 기각하여야 한다.

(2) 논거

(가) 임차인 戊의 대항력 인정 여부

주택임대차는 그 등기가 없는 경우에도 임차인이 주택의 인도와 주민등록을 마친 때에는 그 다음 날부터 제3자에 대하여 효력이 생긴다(주택임대차보호법 제3조 1항). 따라서 주택의 인도와 전입신고를 마친 2007. 3. 10.의 다음 날인 2007. 3. 11.부터 戊의 임차권은 대항력이 있다.

(나) 임대차보증금반환청구의 상대방

1) A가 임대인의 지위를 승계하였는지 여부

임차주택의 양수인은 임대인의 지위를 승계한 것으로 본다(주택임대차보호법 제3조 4항).

설문에서 A는 임대인 丁으로부터 임차주택을 양수하였으므로, 임대인의 지위를 승계한다. 또한 A와 丁 사이에 丁이 보증금을 반환하기로 한 약정에 대하여, 戊의 승낙이 없으므로(민법 제454조) A와 丁 사이의 이행인수일 뿐 戊에게는 아무런 효력이 없다. 따라서 보증금반환의무가 없다는 丁의 주장은 타당하고, 보증금반환약정에 따라 丁에게 보증금반환의무가 있다는 A의 주장은 부당하다.

2) 임대인의 지위가 B에게 승계되는지 여부

경매목적 부동산이 매각된 경우에는 소멸된 선순위 저당권보다 뒤에 등기되었거나 대항력을 갖춘 임차권은 함께 소멸한다. 따라서 그 매수인은 주택임대차보호법 제3조에서 말하는 임차주택의 양수인에 포함되지 않으므로, 매수인에 대하여 그 임차권의 효력을 주장할 수 없다(대판 2000.2.11, 99다59306). 설문에서 X주택에 관하여 甲이 2007.3.10. 근저당권을 취득하였고, 戊의 임차권은 2007.3.11.부터 대항력이 발생한다. 따라서 경매로 인해 甲의 근저당권은 소멸하며(민사집행법 제268조, 제91조 2항), 저당권에 대항할 수 없는 戊의 임차권은 소멸하므로, 매수인 B에 대하여 임대차보증금반환청구를 할 수 없다.

제9절 공 탁

- 변제공탁이 적법한 경우에는 채권자가 공탁물 출급청구를 하였는지 여부와는 관계없이 공탁을 한 때에 변제의 효력이 발생하나, 피공탁자를 포함한 제3자가 공탁자에 대하여 가지는 별도 채권의 집행권원으로써 공탁자의 공탁물 회수청구권에 대하여 압류 및 추심명령을 받아 그 집행으로 공탁물을 회수한 경우 채권소멸의 효력은 소급하여 없어진다.
  나아가 부적법한 변제공탁으로 변제의 효력이 발생하지 않았다고 하더라도, 피공탁자는 이를 수락하여 공탁물 출급청구를 하는 대신 공탁자에 대한 다른 채권에 기하여 공탁자의 공탁물 회수청구권에 대하여 압류 및 추심명령을 받아 그 집행으로 공탁물을 회수할 수 있다.
  한편 공탁물 출급청구권과 공탁물 회수청구권은 서로 독립한 별개의 청구권이므로 설령 공탁물 출급청구권에 대한 압류 등이 있었다고 하더라도 이는 공탁물 회수청구권에 대하여 아무런 영향을 미치지 않는다(대법원 2020.5.22.자 2018마5697 결정).
- 금전채권에 대한 가압류를 원인으로 제3채무자가 민사집행법 제291조, 제248조 제1항에 따라 공탁을 하면 공탁에 따른 채무변제 효과로 당초의 피압류채권인 채무자의 제3채무자에 대한 금전채권은 소멸하고, 대신 채무자는 공탁금출급청구권을 취득하며, 가압류의 효

력은 그 청구채권액에 해당하는 공탁금액에 대한 채무자의 공탁금출급청구권에 대하여 존속(민사집행법 제297조)한다(대법원 2019.1.31. 선고 2015다26009 판결).

제10절 상 계

❒ 상계는 당사자 쌍방이 서로 같은 종류를 목적으로 한 채무를 부담한 경우에 서로 같은 종류의 급부를 현실로 이행하는 대신 어느 일방 당사자의 의사표시로 그 대등액에 관하여 채권과 채무를 동시에 소멸시키는 것이고, 이러한 상계제도의 취지는 서로 대립하는 두 당사자 사이의 채권·채무를 간이한 방법으로 원활하고 공평하게 처리하려는 데 있으므로, 법률의 규정 등 특별한 사정이 없는 한 자동채권으로 될 수 있는 채권은 상계자가 상대방에 대하여 가지는 채권이어야 하고 제3자가 상대방에 대하여 가지는 채권으로는 상계할 수 없다(대법원 2022.12.16. 선고 2022다218271 판결).

→ 압류채권자가 채무자의 제3채무자에 대한 채권을 압류한 경우, 그 채권은 압류채권자가 제3채무자에 대하여 가지는 채권이 아니므로, 압류채권자는 이를 자동채권으로 하여 제3채무자의 압류채권자에 대한 채권과 상계할 수 없다. 반면에 채권자가 압류 및 전부명령을 받은 경우에는 채무자의 제3채무자에 대한 채권이 전부채권자에게 이전되므로, 이를 자동채권으로 하여 제3채무자의 압류채권자에 대한 채권과 상계할 수 있다.

❒ 상속인이 한정승인을 하는 경우에도, 피상속인의 채무와 유증에 대한 책임 범위가 한정될 뿐 상속인은 상속이 개시된 때부터 피상속인의 일신에 전속한 것을 제외한 피상속인의 재산에 관한 포괄적인 권리·의무를 승계하지만(민법 제1005조), 피상속인의 상속재산을 상속인의 고유재산으로부터 분리하여 청산하려는 한정승인 제도의 취지에 따라 상속인의 피상속인에 대한 재산상 권리·의무는 소멸하지 아니한다(제1031조). 그러므로 상속채권자가 피상속인에 대하여는 채권을 보유하면서 상속인에 대하여는 채무를 부담하는 경우, 상속이 개시되면 위 채권 및 채무가 모두 상속인에게 귀속되어 상계적상이 생기지만, 상속인이 한정승인을 하면 상속이 개시된 때부터 제1031조에 따라 피상속인의 상속재산과 상속인의 고유재산이 분리되는 결과가 발생하므로, 상속채권자의 피상속인에 대한 채권과 상속인에 대한 채무 사이의 상계는 제3자의 상계에 해당하여 허용될 수 없다. 즉 상속채권자가 상속이 개시된 후 한정승인 이전에 피상속인에 대한 채권을 자동채권으로 하여 상속인에 대한

채무에 대하여 상계하였더라도, 그 이후 상속인이 한정승인을 하는 경우에는 제1031조의 취지에 따라 상계가 소급하여 효력을 상실하고, 상계의 자동채권인 상속채권자의 피상속인에 대한 채권과 수동채권인 상속인에 대한 채무는 모두 부활한다(대법원 2022.10.27. 선고 2022다254154,254161 판결).

❒ 이혼한 부부 사이에서 자녀에 대한 양육비의 지급을 구할 권리는 당사자의 협의 또는 가정법원의 심판에 의하여 구체적인 청구권의 내용과 범위가 확정되기 전에는 **상대방에 대하여 양육비의 분담액을 구할 권리를 가진다라는 추상적인 청구권**에 불과하고 당사자의 협의나 가정법원이 당해 양육비의 범위 등을 재량적·형성적으로 정하는 심판에 의하여 비로소 구체적인 액수만큼의 지급청구권이 발생한다고 보아야 하므로, 당사자의 협의 또는 가정법원의 심판에 의하여 구체적인 청구권의 내용과 범위가 확정되기 전에는 그 내용이 극히 불확정하여 상계할 수 없지만, 가정법원의 심판에 의하여 구체적인 청구권의 내용과 범위가 확정된 후의 양육비채권 중 이미 이행기에 도달한 후의 양육비채권은 완전한 재산권(손해배상청구권)으로서 친족법상의 신분으로부터 독립하여 처분이 가능하고, 권리자의 의사에 따라 포기, 양도 또는 상계의 자동채권으로 하는 것도 가능하다(대법원 2006.7.4. 선고 2006므751 판결).

→ 이혼한 부부 사이에 자녀의 양육자인 일방이 상대방에 대하여 가지는 양육비채권을 상대방의 양육자에 대한 위자료 및 재산분할청구권과 상계한다고 주장한 경우, 가정법원의 심판에 의하여 구체적으로 확정된 양육비채권 중 이미 이행기가 도달한 부분에 한하여 이를 자동채권으로 하는 상계가 허용된다.

❒ 민법 제493조 제2항은 "상계의 의사표시는 각 채무가 상계할 수 있는 때에 대등액에 관하여 소멸한 것으로 본다"라고 정하고 있으므로 상계의 효력은 상계적상 시로 소급하여 발생한다. 상계적상은 자동채권과 수동채권이 상호 대립하는 때에 비로소 생긴다. **채권양수인이 양수채권을 자동채권으로 하여 그 채무자가 채권양수인에 대해 가지고 있던 기존 채권과 상계한 경우**, 채권양수인은 채권양도의 대항요건이 갖추어진 때 비로소 자동채권을 행사할 수 있으므로 채권양도 전에 이미 양 채권의 변제기가 도래하였다고 하더라도 상계의 효력은 변제기로 소급하는 것이 아니라 **채권양도의 대항요건이 갖추어진 시점**으로 소급한다(대법원 2022.6.30. 선고 2022다200089 판결).

❒ 채무가 고의의 불법행위로 인한 것인 때에는 그 채무자는 상계로 채권자에게 대항하지 못한다는 민법 제496조는 **고의의 불법행위**로 인한 손해배상채권을 수동채권으로 한 상계에 관한 것이므로 그 외의 채권을 수동채권으로 한 상계에는 적용되지 않는다. 다만 고의의

불법행위가 동시에 채무불이행을 구성함으로써 하나의 행위에 기초하여 두 개의 손해배상채권이 발생하여 경합하는 경우(대법원 2017.2.15. 선고 2014다19776,19783 판결)나 고의의 불법행위가 동시에 부당이득 원인을 구성함으로써 하나의 원인에 기초하여 두 개의 청구권이 발생하여 경합하는 경우(대법원 2002.1.25. 선고 2001다52506 판결) 등 상계금지의 취지에 비추어 볼 때 수동채권이 실질적으로 고의의 불법행위로 인한 채권과 마찬가지라고 평가할 수 있는 때에는 제496조가 유추적용될 수 있다(대법원 2024.8.1. 선고 2024다204696 판결).

→ 이러한 경우에 고의의 채무불이행으로 인한 손해배상채권이나 부당이득반환채권을 수동채권으로 한 상계를 허용하면 이로써 고의의 불법행위로 인한 손해배상채권까지 소멸하게 되어 고의의 불법행위에 의한 손해배상채권은 현실적으로 만족을 받아야 한다는 제496조의 입법취지가 몰각될 우려가 있기 때문이다.

[비교]

◈ 상대방의 기망행위로 소비대차계약을 체결한 자가 **불법행위로 인한 손해배상청구를 하지 아니하고 계약상 채권에 따른 대여금 및 이자 등의 지급을 구하는 경우**에는 민법 제496조가 유추적용될 수 없다. 계약상 채권은 상대방의 기망행위가 아니라 쌍방 사이의 계약에 기초하여 발생하는 권리이고, 그 급부의 이행으로 지향하는 경제적 이익이 불법행위로 인한 손해배상채권과 동일하여 양자가 경합하는 관계에 있다고 보기도 어려우며, 달리 제496조가 정한 상계 금지의 취지에 비추어 계약상 채권이 실질적으로 고의의 불법행위로 인한 채권과 마찬가지라고 평가할 만한 사정도 없기 때문이다(대법원 2024.8.1. 선고 2024다204696 판결).

◈ 민법 제756조에 의한 사용자의 손해배상책임은 피용자의 배상책임에 대한 대체적 책임이고, 사용자책임에서 사용자의 과실은 직접의 가해행위가 아닌 피용자의 선임·감독에 관련된 것으로 해석되는 점에 비추어 볼 때, 피용자의 고의의 불법행위로 인하여 사용자책임이 성립하는 경우에 제496조의 적용을 배제하여야 할 이유가 없으므로 사용자책임이 성립하는 경우 사용자는 자신의 고의의 불법행위가 아니라는 이유로 제496조의 적용을 면할 수는 없다(대법원 2006.10.26. 선고 2004다63019 판결).

❒ 민법 제498조는 "지급을 금지하는 명령을 받은 제3채무자는 그 후에 취득한 채권에 의한 상계로 그 명령을 신청한 채권자에게 대항하지 못한다"라고 규정하고 있다. 위 규정의 취지, 상계제도의 목적 및 기능, 채무자의 채권이 압류된 경우 관련 당사자들의 이익상황 등

에 비추어 보면, 채권압류명령 또는 채권가압류명령을 받은 제3채무자가 압류채무자에 대한 반대채권을 가지고 있는 경우에 상계로써 압류채권자에게 대항하기 위하여는, (가)압류의 효력 발생 당시에 대립하는 양 채권이 상계적상에 있거나, 그 당시 반대채권(자동채권)의 변제기가 도래하지 아니한 경우에는 그것이 피압류채권(수동채권)의 변제기와 동시에 또는 그보다 먼저 도래하여야 한다(대법원 2015.1.29. 선고 2012다108764 판결).

❐ 상계의 항변을 제출할 당시 이미 자동채권과 동일한 채권에 기한 소송을 별도로 제기하여 계속 중인 경우, 사실심의 담당재판부로서는 전소와 후소를 같은 기회에 심리·판단하기 위하여 이부, 이송 또는 변론병합 등을 시도함으로써 기판력의 저촉·모순을 방지함과 아울러 소송경제를 도모함이 바람직하나 그렇다고 하여 특별한 사정이 없는 한 별소로 계속 중인 채권을 자동채권으로 하는 소송상 상계의 주장이 허용되지 않는다고 볼 수는 없다. 마찬가지로 먼저 제기된 소송에서 상계 항변을 제출한 다음 그 소송계속 중에 자동채권과 동일한 채권에 기한 소송을 별도의 소나 반소로 제기하는 것도 가능하다(대법원 2022.2.17. 선고 2021다275741 판결).

❐ 민사소송법 제267조 제2항은 "본안에 대한 종국판결이 있은 뒤에 소를 취하한 사람은 같은 소를 제기하지 못한다"라고 정하고 있다. 이는 소취하로 그동안 판결에 들인 법원의 노력이 무용해지고 다시 동일한 분쟁을 문제 삼아 소송제도를 남용하는 부당한 사태를 방지할 목적에서 나온 제재적 취지의 규정이다(대법원 2021.5.7. 선고 2018다259213 판결). 그런데 상대방이 본안에 관하여 준비서면을 제출하거나 변론준비기일에서 진술 또는 변론을 한 뒤에는 상대방의 동의를 받아야 효력을 가지는 소의 취하와 달리 소송상 방어방법으로서의 상계 항변은 그 수동채권의 존재가 확정되는 것을 전제로 하여 행하여지는 일종의 예비적 항변으로서 상대방의 동의 없이 이를 철회할 수 있고, 그 경우 법원은 처분권주의의 원칙상 이에 대하여 심판할 수 없다. 따라서 먼저 제기된 소송의 제1심에서 상계 항변을 제출하여 제1심판결로 본안에 관한 판단을 받았다가 항소심에서 상계 항변을 철회하였더라도 이는 소송상 방어방법의 철회에 불과하여 민사소송법 제267조 제2항의 재소금지 원칙이 적용되지 않으므로, 그 자동채권과 동일한 채권에 기한 소송을 별도로 제기할 수 있다(대법원 2022.2.17. 선고 2021다275741 판결).

문제 피고 乙은 원고 甲을 상대로 공사계약에 따른 공사대금청구소송(이하 '선행소송'이라 한다)을 제기하였다. 甲은 선행소송의 제1심에서 하자보수에 갈음한 손해배상채권을 자동채권으로 하는 상계항변을 하였으나, 선행소송의 제1심은 2017. 9. 5. 하자의 존재 여부 등에 관한 증명이 부족하다는 이유로 甲의 상계

항변을 배척하고 피고 전부승소 판결을 선고하였다. 甲은 2018. 4. 5. 乙을 상대로 공사의 하자보수에 갈음한 손해배상을 청구하는 이 사건 소를 별도로 제기한 후 선행소송 항소심 제2차 변론기일에서 위 상계항변을 철회하였다. 이에 대해 乙은 이 사건 소의 제기는 민사소송법 제259조가 금지하는 중복제소에 해당하거나 제267조 2항의 재소금지 규정에 반하므로 소를 각하해야 한다고 주장한다. 피고의 주장은 타당한가?

➜ 상계의 항변을 제출하였더라도 반대채권의 소송계속이 발생하지 않는다. 따라서 별소로 계속 중인 채권을 자동채권으로 하는 소송상 상계의 주장이 허용되고, 중복제소에 해당하지 않는다. 상계항변은 그 수동채권의 존재가 확정되는 것을 전제로 하여 행하여지는 일종의 예비적 항변으로서 상대방의 동의 없이 이를 철회할 수 있다. 따라서 먼저 제기된 소송의 제1심에서 상계항변을 제출하여 제1심판결로 본안에 관한 판단을 받았다가 항소심에서 상계항변을 철회하였더라도 이는 소송상 방어방법의 철회에 불과하여 민사소송법 제267조 2항의 재소금지 원칙이 적용되지 않으므로, 그 자동채권과 동일한 채권에 기한 소송을 별도로 제기할 수 있다(대판 2022.2.17, 2021다275741). 설문에서 甲이 선행소송에서 상계항변을 제출한 다음 그 소송계속 중에 자동채권과 동일한 채권에 기한 소송을 별도로 제기한 이 사건 소는 중복제소에 해당하지 않으며, 선행소송의 제1심에서 상계항변을 제출하여 제1심판결로 본안에 관한 판단을 받았다가 항소심에서 상계항변을 철회하였더라도 이 사건 소가 재소금지 원칙에 반하지 않는다. 따라서 피고의 주장은 부당하다.

❒ 금전채권에 대한 압류 및 전부명령이 있는 때에는 압류된 채권은 동일성을 유지한 채로 압류채무자로부터 압류채권자에게 이전되고, 제3채무자는 채권이 압류되기 전에 압류채무자에게 대항할 수 있는 사유로써 압류채권자에게 대항할 수 있는 것이므로, 제3채무자의 압류채무자에 대한 **자동채권이 수동채권인 피압류채권과 동시이행의 관계에 있는 경우**에는, 압류명령이 제3채무자에게 송달되어 압류의 효력이 생긴 후에 자동채권이 발생하였다고 하더라도 제3채무자는 동시이행의 항변권을 주장할 수 있다. 이 경우에 **자동채권이 발생한 기초가 되는 원인은 수동채권이 압류되기 전에 이미 성립**하여 존재하고 있었던 것이므로, 그 자동채권은 민법 제498조의 지급을 금지하는 명령을 받은 제3채무자가 그 후에 취득한 채권에 해당하지 않는다고 봄이 상당하고, 제3채무자는 그 자동채권에 의한 상계로 압류채권자에게 대항할 수 있다(대법원 2010.3.25. 선고 2007다35152 판결).

❒ 동시이행의 항변권은 당사자 쌍방이 부담하는 각 채무가 고유의 대가관계에 있는 쌍무계약상의 채무가 아니더라도 구체적 계약관계에서 당사자 쌍방이 부담하는 채무 사이에 대가적인 의미가 있어 이행상 견련관계를 인정하여야 할 사정이 있는 경우에는 이를 인정하여야 하고, 또한 당사자 사이의 여러 권리의무가 동일한 경제적 목적을 위하여 서로 밀접하게 연

관되어 있는 경우에는 당사자 일방의 여러 의무가 포괄하여 상대방의 여러 의무와 사이에 대가관계에 있다고 인정되는 한, 이러한 당사자 일방의 여러 의무와 상대방의 여러 의무는 동시이행의 관계에 있으며(대법원 2010.3.25. 선고 2007다35152 판결), 이러한 법리는 쌍무적인 계약관계가 무효로 되어 각 당사자가 원상회복의무로서 취득한 것을 반환하여야 할 경우에도 동일하게 적용된다(대법원 2019.6.13. 선고 2019다208533,208540 판결).

문제 甲은 2020. 9. 9. 자신의 X토지 위에 단독주택인 Y건물을 신축하기 위하여 공사대금 9억원, 준공일을 2021. 9. 9.로 정하여 乙과 공사도급계약을 체결하였다. 또한 乙이 공사비용을 마련하기 위하여 丙은행으로부터 5억원을 대출받는 과정에서, 乙의 부탁을 받은 甲은 乙의 丙에 대한 채무를 담보하기 위하여 X토지에 대한 근저당권을 丙명의로 마쳐주었다. 하지만 乙은 2021. 5. 20. 자금사정이 곤란하여 건물의 외관을 갖추지 못한 상태에서 외부 골조공사 60%의 공정만을 이행한 채 중단하였다. 이에 甲은 2021. 9. 30. 도급계약을 적법하게 해제하고 나머지 공사를 완료하여 Y건물을 완공하였다.
한편 丁은 乙에 대한 3억원의 대여금채권을 피보전채권으로 하여 2020. 12. 5. 발생한 乙의 甲에 대한 공사관련 채권에 대하여 2021. 8. 10. 압류 및 전부명령을 신청하였고, 위 압류 및 전부명령의 효력은 2021. 8. 20. 발생하였다. 乙이 대출금의 이자지급을 지체하자, 丙은 X토지에 대한 근저당권실행을 위한 경매를 신청하였고, 이에 甲은 2021. 10. 5. 5억원을 변제하고 丙명의의 근저당권을 말소하였다.
丁은 甲에게 3억원 전부금을 청구하였고, 이에 대하여 甲은 구상금채권을 자동채권으로 하고 丁의 전부금채권 3억원을 수동채권으로 하여 상계항변을 하였다. 丁의 甲에 대한 전부금청구의 인용여부를 금액을 고려하여 구체적인 논거와 함께 서술하시오. (이자 및 지연손해금 등을 고려하지 말 것)

→ **1. 상계적상 존재 여부**

(1) 자동채권과 수동채권인 피압류채권의 존재

물상보증인 甲은 乙의 丙에 대한 5억원의 채무를 대위변제하였으므로, 乙에 대하여 5억원의 구상금채권이 있다(민법 제370조, 제341조). 또한 도급계약이 적법하게 해제되었으므로, 수급인 乙의 기성고(60%)에 따른 甲에 대한 공사대금채권은 5억 4,000만원(9억X60%)이다. 乙의 공사대금채권 중 3억원에 대해 丁의 압류 및 전부명령으로 3억원이 丁에게 이전되었다(민사집행법 제229조 3항).

(2) 甲의 구상금채권과 수동채권인 乙의 공사대금채권 사이의 관계

甲은 乙의 공사자금을 지원하기 위해 자신의 X토지를 담보로 제공하였으므로, 甲과 乙사이의 근저당권 설정에 관한 권리의무관계는 도급계약의 공사대금에 관한 권리의무관계와 서로 동일한 경제적 목적을 위하여 밀접한 관련을 맺고 있다. 따라서 수급인 乙의 근저당권 말소의무와 도급인 甲의 공사대금채무는 동시이행관계에 있다. 나아가 乙이 근저당권 말소의무

를 이행하지 않은 결과 甲이 乙의 대출금을 대위변제함으로써 乙이 지게 된 구상금채무도 근저당권 말소의무의 변형물로서 그 대등액의 범위 내에서 甲의 공사대금채무와 동시이행의 관계가 인정된다(대판 2010.3.25, 2007다35152).

(3) 甲의 구상금채권이 민법 제498조의 지급금지명령 후에 취득한 채권에 해당하는지 여부
제3채무자는 채권이 압류되기 전에 압류채무자에게 대항할 수 있는 사유로써 압류채권자에게 대항할 수 있는 것이므로, 제3채무자 甲의 압류채무자 乙에 대한 자동채권인 구상권이 수동채권인 피압류채권과 동시이행의 관계에 있는 경우, 압류명령 등이 제3채무자 甲에게 송달되어 압류의 효력이 생긴 후에 자동채권인 구상권이 발생하였더라도 甲은 동시이행의 항변권을 주장할 수 있다. 한편 자동채권(구상권) 발생의 기초가 되는 원인(근저당권 설정행위)이 수동채권(공사대금채권)이 압류되기 전에 이미 성립하여 존재하고 있었던 경우, 그 자동채권은 제498조의 지급을 금지하는 명령을 받은 제3채무자가 그 후에 취득한 채권에 해당하지 않는다(대판 2010.3.25, 2007다35152).

(4) 소결
甲이 丁의 전부명령 후에 乙에 대해 구상금채권을 취득하였지만 甲의 구상금채권과 乙의 공사대금채권이 동시이행의 관계에 있고, 구상금채권 성립의 기초가 공사대금채권이 압류되기 전에 존재하였으므로, 甲은 구상금채권을 자동채권으로 하여 丁에게 상계를 주장할 수 있다.

2. 공사대금채권 일부에 대한 압류 및 전부명령이 있는 경우의 상계 범위

(1) 제3채무자 甲이 전부채권자 丁 또는 압류채무자 乙을 상대방으로 지정하여 상계할 수 있는지 여부
금전채권의 일부에 대한 압류 및 전부명령이 있는 경우, 전부명령이 제3채무자 甲에 송달된 때에 소급하여 전부된 채권 부분(3억원)과 전부되지 않은 채권 부분(2억 4,000만원)에 대하여 각 분할채권이 성립하게 되므로, 丁의 전부금채권에 대하여 압류채무자 乙에 대한 반대채권인 구상금채권 5억원으로 상계하고자 하는 제3채무자 甲은 丁 또는 乙을 상계의 상대방으로 지정하여 상계하거나 상계로 대항할 수 있다(대판 2010.3.25, 2007다35152).

(2) 전부채권자 丁이 압류채무자 乙에 잔존한 채권 부분이 먼저 상계되어야 한다는 이의를 할 수 있는지 여부
제3채무자 甲의 상계 의사표시를 수령한 전부채권자 丁은 압류채무자 乙에 잔존한 채권 부분(2억 4,000만원)이 먼저 상계되어야 한다거나 각 분할채권액의 채권 총액에 대한 비율에 따라 상계되어야 한다는 이의를 할 수 없다(대판 2010.3.25, 2007다35152).

3. 결론

甲은 5억원의 구상금채권을 가지고 丁의 전부금채권(3억원)을 상계하면, 丁의 전부금채권

은 모두 소멸하게 된다. 따라서 법원은 丁의 전부금청구를 기각해야 한다.

- ❒ 상계의 의사표시가 있는 경우, 채무는 상계적상 시에 소급하여 대등액에서 소멸한 것으로 보게 되므로, 상계에 의한 양 채권의 차액 계산 또는 상계충당은 상계적상의 시점을 기준으로 하게 된다. 따라서 그 시점 이전에 수동채권의 변제기가 이미 도래하여 지체가 발생한 경우에는 상계적상 시점까지의 수동채권의 약정이자 및 지연손해금을 계산한 다음 자동채권으로 그 약정이자 및 지연손해금을 먼저 소각하고 잔액을 가지고 원본을 소각하여야 한다(대법원 2013.2.28. 선고 2012다94155 판결).
- ❒ 타인의 채무를 담보하기 위하여 그 소유의 부동산에 저당권을 설정한 물상보증인이 타인의 채무를 변제하거나 저당권의 실행으로 저당물의 소유권을 잃은 때에는 채무자에 대하여 구상권을 취득한다(민법 제370조, 제341조). 그런데 구상권 취득의 요건인 **채무의 변제**라 함은 채무의 내용인 급부가 실현되고 이로써 채권이 그 목적을 달성하여 소멸하는 것을 의미하므로, 기존 채무가 동일성을 유지하면서 인수 당시의 상태로 종래의 채무자로부터 인수인에게 이전할 뿐 기존 채무를 소멸시키는 효력이 없는 면책적 채무인수는 설령 이로 인하여 기존 채무자가 채무를 면한다고 하더라도 이를 가리켜 채무가 변제된 경우에 해당한다고 할 수 없다. 따라서 채무인수의 대가로 기존 채무자가 물상보증인에게 어떤 급부를 하기로 약정하였다는 등의 사정이 없는 한 물상보증인이 기존 채무자의 채무를 면책적으로 인수하였다는 것만으로 물상보증인이 기존 채무자에 대하여 구상권 등의 권리를 가진다고 할 수 없다(대법원 2019.2.14. 선고 2017다274703 판결).
- ❒ 수탁보증인의 사전구상권과 사후구상권은 종국적 목적과 사회적 효용을 같이하는 공통성을 가지고 있으나, 사후구상권은 보증인이 채무자에 갈음하여 변제 등 자신의 출연으로 채무를 소멸시켰다고 하는 사실에 의하여 발생하는 것이고, 이에 대하여 사전구상권은 그 외의 민법 제442조 제1항 소정의 사유나 약정으로 정한 일정한 사실에 의하여 발생하는 등 발생원인을 달리하고 법적 성질도 달리하는 별개의 독립된 권리이므로, 사후구상권이 발생한 이후에도 사전구상권은 소멸하지 아니하고 병존하며, 다만 목적달성으로 일방이 소멸하면 타방도 소멸하는 관계에 있을 뿐이다.

  항변권이 붙어 있는 채권을 자동채권으로 하여 다른 채무(수동채권)와의 상계를 허용한다면 상계자 일방의 의사표시에 의하여 상대방의 항변권 행사의 기회를 상실시키는 결과가 되므로 그러한 상계는 허용될 수 없고, 특히 수탁보증인이 주채무자에 대하여 가지는 민법 제442조의 사전구상권에는 민법 제443조의 담보제공청구권이 항변권으로 부착되어 있는

> 만큼 이를 자동채권으로 하는 상계는 원칙적으로 허용될 수 없다.
> 채권압류명령을 받은 제3채무자가 압류채무자에 대한 반대채권을 가지고 있는 경우에 상계로써 압류채권자에게 대항하기 위하여는, 압류의 효력 발생 당시에 대립하는 양 채권이 상계적상에 있거나, 그 당시 반대채권(자동채권)의 변제기가 도래하지 아니한 경우에는 그것이 피압류채권(수동채권)의 변제기와 동시에 또는 그보다 먼저 도래하여야 한다. 이러한 법리는 채권압류명령을 받은 제3채무자이자 보증채무자인 사람이 압류 이후 보증채무를 변제함으로써 담보제공청구의 항변권을 소멸시킨 다음, 압류채무자에 대하여 압류 이전에 취득한 사전구상권으로 피압류채권과 상계하려는 경우에도 적용된다.
> 결국 제3채무자가 압류채무자에 대한 사전구상권을 가지고 있는 경우에 상계로써 압류채권자에게 대항하기 위해서는, 압류의 효력 발생 당시 사전구상권에 부착된 담보제공청구의 항변권이 소멸하여 사전구상권과 피압류채권이 상계적상에 있거나, 압류 당시 여전히 사전구상권에 담보제공청구의 항변권이 부착되어 있는 경우에는 제3채무자의 면책행위 등으로 인해 위 항변권을 소멸시켜 사전구상권을 통한 상계가 가능하게 된 때가 피압류채권의 변제기보다 먼저 도래하여야 한다(대법원 2019.2.14. 선고 2017다274703 판결).

문제 〈기초적 사실관계〉

乙은 甲과의 명의신탁약정에 따라 선의의 A소유의 X부동산을 매수한 다음 2013. 12. 27. 甲으로부터 지급받은 3억원을 A에게 지급하고 같은 날 자신의 명의로 소유권이전등기를 마쳤다. 한편 丙은 甲을 상대로 공사대금 1억 5,000만원의 지급을 구하는 소를 제기하였고, 2015. 7. 21. 승소판결을 받아 그 판결은 그 무렵 확정되었다. 丙은 2015. 11. 19. 위 판결에 기하여 甲의 乙에 대한 X부동산에 관한 매수대금 상당의 부당이득금반환채권 중 1억 2,000원에 대하여 채권압류 및 추심명령을 받았고, 압류명령 등이 2015. 11. 23. 乙에게 송달되었다.

〈추가적 사실관계 1〉

丁은행은 甲에 대한 금전채권을 담보하기 위해 2009. 8. 4. 乙소유의 Y부동산에 채권최고액 3억원으로 하는 근저당권설정등기를 마쳤다. 乙은 2015. 5. 6. 丁은행과 사이에 Y부동산에 관한 甲의 근저당권 피담보채무 3억원을 乙이 면책적으로 인수하기로 하는 채무인수약정을 하고, 같은 날 채무자를 乙로 하는 근저당권변경등기를 마쳤다. 그 후 乙은 2015. 5. 6. Y부동산에 설정된 甲의 근저당권 피담보채무를 면책적으로 인수하였고, 면책적 채무인수는 채무를 면책시킨다는 이유로, 丙의 위 압류명령 등에 대하여 甲에 대한 사후구상권을 자동채권으로 하고 甲의 부당이득반환채권을 수동채권으로 하여 상계한다고 항변한다. 乙의 항변은 타당한가?

→ **1. 甲의 乙에 대한 부당이득반환채권의 존재 여부와 丙의 압류 및 추심명령의 효력**

계약명의신탁의 경우, 매도인이 선의인 경우에는 명의수탁자가 부동산의 소유권을 취득하고(부동산실명법 제4조 2항), 명의신탁자는 명의수탁자에 대하여 매수자금 상당의 부당이득반환을 청구할 수 있다(대판 2008.5.15, 2007다74690). 설문에서 甲과 乙 사이의 명의신탁약정은 무효이므로(부동산실명법 제4조 1항), 甲은 2013. 12. 27. 乙에게 지급한 매매대금 3억원에 관하여 부당이득반환을 청구할 수 있다(민법 제741조).

한편 채권압류 및 추심명령은 제3채무자에게 송달되면 효력이 생긴다(민사집행법 제227조 3항, 제229조 4항). 설문에서 丙이 甲에 대한 확정판결에 따른 甲의 乙에 대한 부당이득반환채권에 관한 채권압류 및 추심명령이 2015. 11. 23. 제3채무자 乙에게 송달되었으므로, 그 때 효력이 생긴다.

2. 乙이 면책적 채무인수에 기한 구상권을 자동채권으로 하여 甲의 부당이득반환채권과의 상계로써 압류채권자 丙에게 대항할 수 있는지 여부

지급을 금지하는 명령을 받은 제3채무자는 그 후에 취득한 채권에 의한 상계로 그 명령을 신청한 채권자에게 대항하지 못한다(민법 제498조). 한편 물상보증인의 채무자에 대한 구상권은 물상보증인이 채무를 변제하거나 저당권의 실행으로 인하여 저당물의 소유권을 잃은 때에 발생한다(제370조, 제341조). 여기서 '채무의 변제'는 채무의 내용인 급부가 실현되고 이로써 채권이 그 목적을 달성하여 소멸하는 것을 의미하므로, 기존 채무가 동일성을 유지하면서 인수 당시의 상태로 종래의 채무자로부터 인수인에게 이전할 뿐 기존 채무를 소멸시키는 효력이 없는 면책적 채무인수는 채무가 변제된 경우에 해당한다고 할 수 없다(대판 2019.2.14, 2017다274703). 따라서 乙이 甲과의 사이에 甲의 채무를 면책적으로 인수한 것만으로 乙은 甲에 대하여 구상권을 가진다고 할 수 없으므로, 채무인수인으로서 甲에 대해 사후구상권을 보유함을 전제로 하는 乙의 압류채권자 丙에 대한 상계의 항변은 부당하다.

〈추가적 사실관계 2〉

乙은 甲의 부탁으로 甲의 B에 대한 1억원 대여금 채무를 연대보증하였고, 2013. 4. 19. 연대보증채무의 이행기가 도래하였다. 乙은 2016. 9. 29. B의 청구에 따라 자신의 연대보증채무 변제 명목으로 지연이자 포함 1억 1,000만원을 B명의의 은행계좌로 이체하였다. 그 후 乙은 수탁보증인으로서 甲에 대한 사전·사후구상권을 취득하였다는 이유로, 丙의 위 압류명령 등에 대하여 甲에 대한 위 구상권을 자동채권으로 하고 甲의 부당이득반환채권을 수동채권으로 하여 상계한다고 항변한다. 이 경우 乙의 항변은 타당한가?

→ 1. 乙이 甲에 대한 사후구상권을 자동채권으로 하여 甲의 부당이득반환채권과 상계로써 압류채권자 丙에게 대항할 수 있는지 여부

지급을 금지하는 명령을 받은 제3채무자는 그 후에 취득한 채권에 의한 상계로 그 명령을 신청한 채권자에게 대항하지 못한다(민법 제498조). 설문에서 丙의 압류 및 추심명령이 乙에게 2015. 11. 23. 송달되어 효력이 발생하였고, 乙은 2016. 9. 29. 연대보증채무 변제 명목으로 1억 1,000만원을 B에게 이체하였고, 그 결과 甲의 B에 대한 주채무는 그 범위에서 면책되었으므로, 甲에 대하여 사후구상권을 취득하였다. 따라서 乙은 甲에 대한 사후구상권을 자동채권으로 하여 甲의 부당이득반환채권과의 상계로써 압류채권자 丙에게 대항할 수 없다.

2. 乙이 甲에 대한 사전구상권을 자동채권으로 하여 甲의 부당이득반환채권과 상계로써 압류채권자 丙에게 대항할 수 있는지 여부

(1) 乙의 甲에 대한 사전구상권 존재 여부

수탁보증인은 채무의 이행기가 된 경우에 주채무자에게 미리 구상권을 행사할 수 있다(민법 제442조 1항 4호). 설문에서 乙은 甲의 부탁으로 甲의 B에 대한 1억원 채무를 연대보증하였고, 2013. 4. 19. 그 채무의 이행기가 도래하였다. 따라서 乙은 제442조 1항 4호에 따라 甲에 대한 사전구상권을 취득하였다. 또한 乙은 2016. 9. 29. 연대보증채무 1억 1,000만원을 B에게 이체하여 甲에 대하여 사후구상권을 취득하였다. 그런데 乙의 사전구상권은 사후구상권이 발생한 이후에도 소멸하지 않고 병존한다. 사후구상권은 보증인이 채무자에 갈음하여 변제 등 자신의 출연으로 채무를 소멸시켰다고 하는 사실에 의하여 발생하는 것이고, 사전구상권은 민법 제442조 1항의 사유나 약정으로 정한 일정한 사실에 의하여 발생하는 등 그 발생원인을 달리하고 그 법적 성질도 달리하는 별개의 독립된 권리이기 때문이다(대판 2019.2.14, 2017다274703).

(2) 乙의 甲에 대한 사전구상권을 자동채권으로 하는 상계가 허용되는지 여부

(가) 지급금지명령을 받기 전에 제3채무자가 이미 채무자에 대해 반대채권을 가지고 있는 경우에는 상계할 수 있다(민법 제498조 반대해석). 수탁보증인이 주채무자에 대하여 가지는 제442조의 사전구상권에는 제443조의 담보제공청구권이 항변권으로 부착되어 있는 만큼 이를 자동채권으로 하는 상계는 원칙적으로 허용될 수 없다. 따라서 제3채무자(乙)가 압류채무자(甲)에 대한 사전구상권을 가지고 있는 경우에 상계로써 압류채권자(丙)에게 대항하기 위해서는, ① 압류의 효력 발생 당시 사전구상권에 부착된 담보제공청구의 항변권이 소멸하여 사전구상권과 피압류채권이 상계적상에 있거나, ② 압류 당시 여전히 사전구상권에 담보제공청구의 항변권이 부착되어 있는 경우에는 제3채무자의 면책행위 등으로 인해 위 항변권을 소멸시켜 사전구상권을 통한 상계가 가능하게 된 때가 피압류채권의 변제기보다 먼저 도래해야 한다(대판 2019.2.14, 2017다274703).

(나) 설문에서 수탁보증인 乙은 2013. 4. 19. 연대보증채무의 이행기가 도래하여 甲에 대한 사전구상권을 취득하였다. 하지만 乙이 B에게 1억 1,000만원을 변제하여 그 범위에서 사전구상권에 부착된 담보제공청구권을 소멸시킨 시점은 2016. 9. 29.로서 丙의 압류·추심명령

의 효력이 발생한 2015. 11. 23. 이후이다. 또한 제492조 1항의 정한 '채무의 이행기가 도래한 때'는 채권자가 채무자에게 이행의 청구를 할 수 있는 시기가 도래하였음을 의미하고, 채무자가 이행지체에 빠지는 시기를 말하는 것은 아니므로(대판 2021.5.7, 2018다25946), 변제기의 정함이 없는 채권은 상계에서 성립과 동시에 변제기에 도달한 것으로 봄이 상당하다. 설문에서 甲의 부당이득반환채권은 변제기의 정함이 없는 채권으로, 그 변제기는 압류 및 추심명령의 효력발생일 이전인 2013. 12. 27.에 도달하였지만 담보제공청구의 항변권이 丙의 압류·추심명령 이후에 일부 소멸하였다. 따라서 乙은 甲에 대한 사전구상권을 자동채권으로 하여 甲의 부당이득반환채권과의 상계로써 압류채권자 丙에게 대항할 수 없다.

3. 결론

수탁보증인 乙은 압류 및 추심명령 이후에 취득한 사후구상권을 자동채권으로 하여, 또한 압류 및 추심명령 이후에 담보제공청구의 항변권이 일부 소멸한 甲에 대한 사전구상권을 자동채권으로 하여 압류 및 추심명령 이전에 성립하고 변제기가 도래한 甲의 부당이득반환청구권과 상계하는 것은 허용되지 않는다. 따라서 乙의 압류채권자 丙에 대한 상계의 항변은 부당하다.

❒ 민법 제495조는 "소멸시효가 완성된 채권이 그 완성 전에 상계할 수 있었던 것이면 그 채권자는 상계할 수 있다"라고 정하고 있다. 이는 당사자 쌍방의 채권이 상계적상에 있었던 경우에 당사자들은 채권·채무관계가 이미 정산되어 소멸하였거나 추후에 정산될 것이라고 생각하는 것이 일반적이라는 점을 고려하여 당사자들의 신뢰를 보호하기 위한 것이다(대법원 2016.11.25. 선고 2016다211309 판결). ① 제495조는 **자동채권의 소멸시효 완성 전에 양 채권이 상계적상에 이르렀을 것**을 요건으로 한다. 제626조 제2항은 임차인이 유익비를 지출한 경우에는 임대인은 임대차 종료 시에 그 가액의 증가가 현존한 때에 한하여 임차인의 지출한 금액이나 그 증가액을 상환하여야 한다고 규정하고 있으므로, 임차인의 **유익비상환채권은 임대차계약이 종료한 때에 비로소 발생한다**고 보아야 한다. 따라서 임대차 존속 중 임대인의 구상금채권의 소멸시효가 완성된 경우에는 위 구상금채권과 임차인의 유익비상환채권이 상계할 수 있는 상태에 있었다고 할 수 없으므로, 그 이후에 임대인이 이미 소멸시효가 완성된 구상금채권을 자동채권으로 삼아 임차인의 유익비상환채권과 상계하는 것은 제495조에 의하더라도 인정될 수 없다(대법원 2021.2.10. 선고 2017다258787 판결). ② 매도인이나 수급인의 담보책임을 기초로 한 매수인이나 도급인의 손해배상채권의 제척기간이 지난 경우에도 제495조를 유추적용해서 매수인이나 도급인이 상대방의 채

권과 상계할 수 있는지 문제 된다. 매도인의 담보책임을 기초로 한 매수인의 손해배상채권 또는 수급인의 담보책임을 기초로 한 도급인의 손해배상채권이 각각 상대방의 채권과 상계적상에 있는 경우에 당사자들은 채권·채무관계가 이미 정산되었거나 정산될 것으로 기대하는 것이 일반적이므로, 그 신뢰를 보호할 필요가 있다. 이러한 손해배상채권의 제척기간이 지난 경우에도 그 기간이 지나기 전에 상대방에 대한 채권·채무관계의 정산 소멸에 대한 신뢰를 보호할 필요성이 있다는 점은 소멸시효가 완성된 채권의 경우와 아무런 차이가 없다. 따라서 매도인이나 수급인의 담보책임을 기초로 한 손해배상채권의 제척기간이 지난 경우에도 제척기간이 지나기 전 상대방의 채권과 상계할 수 있었던 경우에는 매수인이나 도급인은 제495조를 유추적용해서 위 손해배상채권을 자동채권으로 해서 상대방의 채권과 상계할 수 있다(대법원 2019.3.14. 선고 2018다255648 판결).

[비교]

◈ 매도인에 대한 하자담보에 기한 손해배상청구권에 대하여는 민법 제582조의 제척기간이 적용되고, 이는 법률관계의 조속한 안정을 도모하고자 하는 데에 취지가 있다. 그런데 하자담보에 기한 매수인의 손해배상청구권은 권리의 내용·성질 및 취지에 비추어 민법 제162조 제1항의 채권 소멸시효의 규정이 적용되고, 제582조의 제척기간 규정으로 인하여 소멸시효 규정의 적용이 배제된다고 볼 수 없으며, 이때 다른 특별한 사정이 없는 한 무엇보다도 매수인이 매매 목적물을 인도받은 때부터 소멸시효가 진행한다(대법원 2011.10.13. 선고 2011다10266 판결).

→ 가령 甲이 乙 등에게서 10년 전에 부동산을 매수하여 소유권이전등기를 마쳤는데 위 부동산을 순차 매수한 丙이 부동산 지하에 매립되어 있는 폐기물을 처리한 후 甲을 상대로 처리비용 상당의 손해배상청구소송을 제기하였고, 甲이 丙에게 위 판결에 따라 손해배상금을 지급한 후 乙 등을 상대로 하자담보책임에 기한 손해배상으로서 丙에게 기지급한 돈의 배상을 구한 경우, 甲의 하자담보에 기한 손해배상청구권은 甲이 乙 등에게서 부동산을 인도받았을 것으로 보이는 소유권이전등기일로부터 소멸시효가 진행하는데, 甲이 그로부터 10년이 경과한 후 소를 제기하였으므로, 甲의 하자담보책임에 기한 손해배상청구권은 이미 소멸시효 완성으로 소멸되었다.

◈ 수급인의 담보책임에 기한 하자보수에 갈음하는 손해배상청구권에 대하여는 민법 제670조 또는 제671조의 제척기간이 적용되고, 이는 법률관계의 조속한 안정을 도모하고자 하는 데에 취지가 있다. 그런데 이러한 도급인의 손해배상청구권에 대하여는 권리의 내용·성질 및 취지

에 비추어 제162조 제1항의 채권 소멸시효의 규정 또는 도급계약이 상행위에 해당하는 경우에는 상법 제64조의 상사시효의 규정이 적용되고, 민법 제670조 또는 제671조의 제척기간 규정으로 인하여 위 각 소멸시효 규정의 적용이 배제된다고 볼 수 없다(대법원 2012.11.15. 선고 2011다56491 판결).

◈ 당사자의 일방이 상대방의 주문에 따라 자기 소유의 재료를 사용하여 만든 물건을 공급하기로 하고 상대방이 대가를 지급하기로 약정하는 이른바 제작물공급계약은 그 제작의 측면에서는 도급의 성질이 있고 공급의 측면에서는 매매의 성질이 있어 대체로 매매와 도급의 성질을 함께 가지고 있으므로, 그 적용 법률은 계약에 의하여 제작 공급하여야 할 물건이 대체물인 경우에는 매매에 관한 규정이 적용되지만, 물건이 특정의 주문자의 수요를 만족시키기 위한 부대체물인 경우에는 당해 물건의 공급과 함께 그 제작이 계약의 주목적이 되어 도급의 성질을 띠게 된다(대법원 2010.11.25. 선고 2010다56685 판결).

문제 1 甲회사는 2012. 4.경 산업폐기물 중간처리업을 하는 乙회사에게 폐기물파쇄기과 분쇄기를 6,000만원에 제작·설치하기로 하고 수개월 내에 그 제작·설치를 마쳤다. 하지만 甲이 제작·설치한 분쇄기에는 하자가 존재하여, 분쇄기의 가동시 심한 진동이 발생하고 사고발생의 위험성이 높아서 乙은 분쇄기의 수리를 위해 2,000만원을 지출하였다. 乙은 甲에게 위 계약에 따른 6,000만원의 대금을 지급하지 않았고, 또한 분쇄기를 인도받은 날부터 1년 내에 甲에게 하자보수나 손해배상을 요구하지 않았다. 甲이 2015. 3. 23. 乙을 상대로 위 대금의 지급을 구하는 소를 제기하자, 피고 乙은 2015. 5. 11. 답변서를 통해서 원고 甲에게 위 도급계약에 따른 하자담보책임을 주장하는 한편 2018. 1. 9. 준비서면을 통해서 甲이 제작·설치한 폐기물파쇄기과 분쇄기의 하자로 인한 손해배상채권을 甲의 대금채권과 상계한다고 주장하였다. 법원은 甲의 청구를 인용하여야 하는가?

➜ **1. 乙이 甲에게 하자담보책임을 주장할 수 있는지 여부**

(1) 제작물공급계약은 그 제작의 측면에서는 도급의 성질이 있고 공급의 측면에서는 매매의 성질이 있어 대체로 매매와 도급의 성질을 함께 가지고 있으며, 제작 공급하여야 할 물건이 대체물인 경우에는 매매에 관한 규정이 적용되지만, 부대체물인 경우에는 물건의 공급과 함께 그 제작이 계약의 주목적이 되어 도급의 성질을 띠게 된다(대판 2010.11.25, 2010다56685). 따라서 甲과 乙 사이에 체결한 계약은 제작물공급계약으로서 甲이 제작·설치한 폐기물파쇄기과 분쇄기는 乙의 수요를 만족시키기 위한 것이므로 도급계약의 성질을 지닌다.

(2) 수급인의 하자담보책임에 기한 손해배상청구는 목적물을 인도받은 날로부터 1년 내에 해야 한다(제670조 1항). 설문에서 乙이 폐기물파쇄기와 분쇄기를 인도받은 날이 명확하지

는 않으나, 계약일로부터 수개월 내에 폐기물파쇄기 등이 인도되었을 것으로 보이므로, 乙의 하자담보책임 주장이 담긴 답변서가 甲에게 송달된 2015. 5. 12. 이전에 이미 제척기간이 지났다.

2. 乙이 제척기간이 지난 손해배상채권을 자동채권으로 하여 甲의 대금채권과 상계할 수 있는지 여부

(1) 소멸시효가 완성된 채권이 그 완성 전에 상계할 수 있었던 것이면 그 채권자는 상계할 수 있다(민법 제495조). 매도인이나 수급인의 담보책임을 기초로 한 손해배상채권의 제척기간이 지난 경우에도 제척기간이 지나기 전 상대방의 채권과 상계할 수 있었던 경우에는 매수인이나 도급인은 제495조를 유추적용해서 위 손해배상채권을 자동채권으로 해서 상대방의 채권과 상계할 수 있다(대판 2019.3.14, 2018다255648).

(2) 설문에서 乙의 손해배상채권은 이행기의 정함이 없는 채권으로 채권의 성립과 동시에 이행기에 있다. 乙의 하자 보수에 갈음한 손해배상채권은 폐기물파쇄기 등의 인도일 무렵 이미 이행기에 있었고, 甲의 乙에 대한 대금채권 6,000만원 역시 인도일에 이행기에 도달해 상계적상에 있었다. 따라서 乙의 손해배상채권은 목적물을 인도받은 날 발생하여 제척기간이 지나기 전 甲의 대금채권과 상계적상에 있었으므로, 乙은 제495조를 유추적용해서 손해배상채권을 자동채권으로 해서 甲의 대금채권과 상계할 수 있다.

3. 결론

甲의 乙에 대한 대금채권 6,000만원 중 2,000만원은 상계적상일로 소급하여 乙의 甲에 대한 손해배상채권 2,000만원과 대등액에서 상계되어 소멸하였고(제493조 2항), 4,000만원만이 남게 되었다. 따라서 법원은 甲의 청구를 일부 인용해야 한다.

문제 2 X건물의 소유자 甲은 2010. 10. 7. 乙에게 X건물을 월 차임 300만원, 임대차 기간 2010. 10. 25. 부터 2012. 10. 24까지의 2년으로 정하여 임대하였다. 乙은 4,000만원의 비용을 들여서 X건물에 고급재 바닥 난방 시설과 특수 창호를 설치하였다. 위 임대차는 그 후 여러 차례 갱신되었다. 乙은 2020. 10. 24. 임대차기간 만료일에 즈음하여 이제 계약을 연장하지 않겠다는 의사를 甲에게 전달하였다. 그러면서 乙은 자신이 X건물에 투자한 비용 4,000만원의 상환도 함께 요구하였다. 한편 乙은 2012. 8. 7. 甲으로부터 자신이 운영하는 운송업의 영업자금으로 5,000만원을 변제기 2013. 8. 7.로 정하여 빌린 바가 있었다. 乙의 비용상환 요구에 대하여 甲은 위 대여금채권과 상계하겠다고 하였다. 乙이 투자한 비용은 건물의 객관적인 가치증가에 기여하였고, 그 현존가치는 2,000만원이다. 甲의 주장의 법적 타당성을 검토하시오. (지연손해금은 고려하지 않음)

→ 1. 乙의 유익비상환채권 인정 여부

임차인이 유익비를 지출한 경우 임대인은 임대차 종료시에 그 가액의 증가가 현존하면 임차인이 지출한 금액이나 그 증가액을 상환해야 한다(민법 제626조 2항). 즉 임차인의 유익비상환채권은 임대차계약이 종료한 때에 비로소 발생한다. 설문의 경우 乙의 임대차계약은 2020. 10. 24. 종료되었고, 乙이 임대차 존속 중 4,000만원의 유익비를 지출하였는데, 임대차 종료시에 가치증가액은 2,000만원이다. 따라서 甲은 그의 선택에 따라 증가액 2,000만원을 乙에게 상환할 수 있다.

2. 甲은 대여금채권을 자동채권으로 하여 乙의 유익비상환채권과 상계할 수 있는지 여부

(1) 甲의 대여금채권 소멸시효 완성 여부

상인이 영업을 위하여 하는 행위는 상행위로 본다(상법 제47조 1항). 상행위로 인한 채권은 5년의 소멸시효에 걸린다(상법 제64조). 설문의 경우 乙은 운송업을 하는 상인이고, 그 영업자금을 차용한 행위는 보조적 상행위에 해당한다. 따라서 乙의 甲에 대한 차용금채무의 소멸시효기간은 5년이며, 변제기 2013. 8. 7. 다음 날부터 5년이 경과한 2018. 8. 7. 그 소멸시효가 완성되었다.

(2) 소멸시효가 완성된 대여금채권을 자동채권으로 하여 상계할 수 있는지 여부

상계를 할 수 있기 위해서는 동종의 채권이 대립하고 있어야 하므로(민법 제492조 1항), 소멸시효가 완성하여 소멸한 채권을 자동채권으로 하여 상계할 수 없다. 다만 소멸시효가 완성된 채권이 그 완성 전에 상계할 수 있었던 것이면 그 채권자는 상계할 수 있다(제495조). 즉 자동채권의 소멸시효 완성 전에 양 채권이 상계적상에 있었다면, 채권자는 상계할 수 있다. 그러나 乙의 유익비상환채권은 임대차 종료한 2020. 10. 24. 비로소 발생하였으므로, 甲의 대여금채권 소멸시효 완성 전에 양 채권이 상계적상에 있었다고 할 수 없다. 따라서 甲은 대여금채권을 자동채권으로 하여 상계할 수 없다(대판 2021.2.10, 2017다258787).

문제 3 2015. 1. 21. 甲은 자기 소유의 X주택을 임대차보증금 2억원, 임대차기간 2015. 2. 1.부터 2019. 1. 31.까지 임대하는 내용의 임대차계약(이하 '이 사건 임대차'라 한다)을 임차인 A와 체결하였다(차임은 매달 말일에 500만원을 지급하기로 하였다). 2015. 2. 1. A는 임대차보증금 2억원을 지급한 후, X주택을 인도받아 당일 전입신고를 하고 이 사건 임대차 계약서에 확정일자를 받았다.
2021. 7. 21. 甲은 A를 상대로 X주택 인도 및 미지급월차임 1억 2,000만원(2015. 2월분부터 2017. 1월분까지, 이하 '미지급차임채무')의 지급을 청구하는 소를 제기하였다. 이에 A는 미지급차임채무가 없다고 부인하면서 A는 자신의 임대차보증금반환채권을 자동채권으로 하는 상계항변을 하였고, 그 다음 변론기일에는 소송 중에 A는 미지급차임채무가 시효소멸하였기 때문에 지급할 수 없다고 하면서 임대차보증금 2억원을 반환받을 때까지 X주택을 인도할 수 없다고 주장하였다. 이에 대해 甲은 "① 소멸시효가 완성되었더라도 A는 이미 상계항변을 하였으므로 소멸시효이익을 포기하였다. ② 시효이익을 포기한 것으로 볼 수 없더라도 민법 제 495조에 기하여 이를 자동채권으로 하여 상계하겠다. ③ 설령 상계가 인정

되지 않는다고 하더라도 위 차임채권은 모두 임대차보증금에서 당연공제된다."고 주장하였다.
법원의 심리결과 미지급차임채무는 잔존한다고 확인하였다면, 甲과 A의 주장을 고려하여 법원이 내릴 판단(각하, 인용, 일부인용, 기각)을 그 구체적인 논거와 함께 서술하시오.

➜ **1. 법원의 판단**

법원은 "A는 甲으로부터 임대차보증금 2억원 중에서 미지급차임채무 1억 2,000만원을 제외하고 남은 8,000만원을 지급받음과 동시에 甲에게 X주택을 인도하라"는 일부인용 판결을 해야 한다.

2. 논거

(1) 甲의 임대차보증금반환의무와 A의 X주택 인도의무의 관계

임대차계약이 종료되면 임대인은 임대차보증금에서 임차인의 불이행한 차임과 손해배상금을 공제한 나머지를 임차인에게 반환할 의무가 있다(대판 2005.9.28, 2005다8323,8330). 임차인의 임차목적물 명도의무와 임대인의 보증금 반환의무는 동시이행의 관계에 있다(대판 2002.2.26, 2001다77697). 설문의 경우 甲과 A사이의 임대차계약이 종료하였다. 따라서 甲의 보증금반환의무와 A의 X주택 인도의무는 동시이행의 관계에 있다.

(2) 甲의 차임채권을 임대차보증금과 상계 내지 공제할 수 있는지 여부

(가) 甲의 차임채권의 시효기간과 시효완성 여부

차임은 매달 말일 지급하기로 하였으므로, 甲의 차임채권은 1년 이내의 기간으로 정한 금전의 지급을 목적으로 하는 채권(제163조 1호)에 해당한다. 따라서 시효기간은 3년이다. 소멸시효는 권리를 행사할 수 있는 때부터 진행한다(제166조 1항). 따라서 미지급월차임 1억 2,000만원(2015. 2월분부터 2017. 1월분까지)은 소제기 당시(2021. 7. 21.)에 이미 3년의 시효기간이 경과하여 소멸시효가 완성되었다.

(나) A의 소송상 상계항변이 소멸시효이익의 포기인지 여부

소송상 상계항변은 일반적으로 소송상의 공격방어방법으로 피고의 금전지급의무가 인정되는 경우 자동채권으로 상계를 한다는 예비적 항변의 성격을 갖는다. 따라서 상계항변이 먼저 이루어지고 그 후 대여금채권의 소멸을 주장하는 소멸시효항변이 있었던 경우, 상계항변 당시 채무자인 피고에게 수동채권인 대여금채권의 시효이익을 포기하려는 효과의사가 있었다고 단정할 수 없다(대판 2013.2.28, 2011다21556). 따라서 A의 소송상 상계항변이 시효이익의 포기라는 甲의 주장은 부당하다.

(다) 甲이 시효완성된 차임채권을 자동채권으로 하여 A의 보증금반환채권과 상계할 수 있는지 여부

제495조에 의한 상계가 인정되기 위해서는 자동채권의 소멸시효 완성 전에 양 채권이 상계

적상에 이르렀어야 한다(대판 2021.2.10, 2017다258787). 특히 자동채권의 소멸시효가 완성되기 전에 수동채권의 변제기가 도래해야만 제495조의 상계가 인정된다. 설문의 경우, 1년분(2015. 2월분부터 2016년 1월분)인 6,000만원의 차임채권의 소멸시효가 완성된 시점에 수동채권인 임대차보증금반환채권의 이행기가 도래하지 않았으므로 제495조의 상계적상이 인정되지 않는다. 반면에 나머지 1년분(2016. 2월분부터 2017년 1월분)인 6,000만원의 차임채권의 소멸시효가 완성된 시점에 수동채권인 임대차보증금반환채권의 이행기가 도래하지 하였으므로 제495조의 상계적상이 인정된다. 따라서 甲은 나머지 1년분(2016. 2월분부터 2017년 1월분)인 6,000만원의 차임채권을 자동채권으로 하여 제495조에 의하여 A의 임대차보증금반환채권과 상계할 수 있다.

(라) 시효완성된 甲의 차임채권이 임대차보증금에서 당연공제되는지 여부

임대차 존속 중 차임이 연체되고 있음에도 임대차보증금에서 연체차임을 충당하지 않고 있었던 임대인의 신뢰와 차임연체 상태에서 임대차관계를 지속해 온 임차인의 묵시적 의사를 감안하면 소멸시효가 완성된 연체채권은 제495조의 유추적용에 의하여 임대차보증금에서 공제할 수 있다(대판 2016.11.25, 2016다211309). 설문에서 1년분(2015. 2월분부터 2016년 1월분)인 6,000만원의 차임채권의 소멸시효가 완성되었지만, 甲은 연체차임 6,000만원을 임대차보증금에서 공제할 수 있다.

변호사시험 기출문제

문제 1 의류도매업자 甲은 2007. 1. 5. 乙에게 의류 1,000벌을 1억원에 매도하였다. 乙은 2007. 3. 5.까지 의류대금을 지급하기로 약속하고, 甲에게서 의류 1,000벌을 인수하였다.

한편 乙은 甲에게 (1) 2006. 5. 6. 8,000만원을 이자 월 1%(매월 5. 지급), 변제기 2006. 8. 5.로 정하여 대여하고, (2) 2007. 1. 6. 다시 5,000만원을 이자 월 2%(매월 5. 지급), 변제기 2007. 2. 5.로 정하여 대여하였는데, 甲이 위 각 대여금에 대한 원금 및 이자 등을 전혀 변제하지 않자, 2007. 7. 10. 소를 제기하여 위 대여금 합계 1억 3,000만원 및 그중 8,000만원에 대하여는 2006. 5. 6.부터 다 갚는 날까지 월 1%, 5,000만원에 대하여는 2007. 1. 6.부터 다 갚는 날까지 월 2%의 각 비율에 의한 이자 및 지연손해금의 지급을 구하였다.

이에 대하여 甲은 2007. 8. 6. 乙이 출석한 변론기일에서 乙에 대한 의류대금 1억원 및 이에 대한 그 변제기 다음 날인 2007. 3. 6.부터 다 갚는 날까지 연 5%의 비율에 의한 지연손해금 채권을 자동채권으로 하여 乙의 위 각 채권과 상계한다고 항변하였다.

乙의 청구에 대한 결론[각하, 청구기각, 청구일부인용(일부인용의 경우 그 구체적인 금액과 내용을 기재

할 것), 청구전부인용]을 그 논거와 함께 서술하라. (20점) (제3회 변호사시험, 2014)

→ **1. 결론**

법원은 乙의 청구에 대하여 4,000만원 및 이에 대한 2007.3.6.부터 다 갚는 날까지 월 1%의 비율에 의한 금원을 지급하라는 일부 인용판결을 하여야 한다.

2. 논거

(1) 상계적상에 있는지 여부

甲과 乙 사이에 대립하는 채권이 금전채권이며, 甲의 乙에 대한 자동채권의 변제기는 2007. 3. 5.이고, 수동채권의 변제기는 2006. 8. 5.과 2007. 2. 5.이므로 甲이 상계의 의사표시를 할 때 자동채권의 변제기가 도래하였다. 또한 甲의 자동채권과 乙에 대한 수동채권이 상계가 금지된 채권이 아니다. 따라서 甲은 乙에 대한 수동채권과 상계할 수 있다(민법 제492조). 상계의 의사표시는 '각 채무가 상계할 수 있는 때'(상계적상일)에 대등액에 관하여 소멸한 것으로 본다(제493조 2항). 따라서 상계적상이 있었던 2007. 3. 5. 이후에는 상계로 소멸하는 부분에 대하여 이자 및 지연손해금이 발생하지 않는다.

(2) 상계적상일 현재 甲의 수동채권액과 자동채권액

금전채무불이행의 손해배상액은 법정이율에 의하며, 다만 법령의 제한에 위반하지 아니한 약정이율이 있으면 그 이율에 의한다(민법 제397조 1항).

(가) 수동채권액

① 2006. 5. 6. 차용금 8,000만원+이자 240만원[8,000만원×1%×3개월(2006.5.6.~8.5.)]+지연손해금 560만원[(8,000만원×1%×7개월(2006.8.6.~2007.3.5.)], ② 2007.1.6. 차용금 5,000만원+이자 100만원[(5,000만원×2%×1개월(2007.1.6.~2.5.)]+지연손해금 100만원[(5,000만원×2%×1개월(2007.2.6.~3.5.)]

(나) 자동채권액

의류대금채권 1억원(상계적상일이 자동채권의 변제기인 2007. 3. 5.이므로 지연손해금 채권은 존재하지 않음)

(3) 상계충당의 방법

변제자가 채무 전부를 소멸하게 하지 못한 급여를 한 때에는 비용, 이자, 원본의 순으로 변제에 충당하여야 하며(민법 제479조 1항), 채무전부의 이행기가 도래한 때에는 채무자에게 변제이익이 많은 채무의 변제에 충당한다(제477조 2호). 설문에서 수동채권의 이자 및 지연손해금 1,000만원(이자 240만원+지연손해금 560만원+이자 100만원+지연손해금 100만원)을 자동채권액 1억원에서 먼저 공제하고, 나머지 금액 9,000만원은 甲에게 변제이익이 더 많은 2007. 1. 6. 차용금 5,000만원을 공제한 다음 나머지 4,000만원은 2007. 5. 6. 대여금 8,000

만원에 충당하면 4,000만원이 남는다.

문제 2 〈기초적 사실관계〉

甲은 乙로부터 X건물을 대금 1억원에 매수하였다. (※ 아래 각 문제는 서로 독립적임) (제9회 변호사시험, 2020)

1. 甲이 乙을 상대로 위 매매를 원인으로 한 소유권이전등기 청구의 소를 제기하였다. 乙은 甲으로부터 대금을 지급받을 때까지는 이전등기 청구에 응할 수 없다고 동시이행의 항변을 하였다. 甲은 乙에 대한 1억원의 대여금 채권으로 乙의 대금 채권과 상계하겠다고 주장하였다. 법원은 대여사실에 대한 증명이 부족하다는 이유로 甲의 상계주장을 배척하여 '乙은 甲으로부터 1억원을 지급받음과 동시에 甲에게 X건물에 관한 위 매매를 원인으로 한 소유권이전등기절차를 이행하라'는 취지의 청구 일부 인용 판결을 선고하였고 그 판결이 확정되었다. 그 후 甲이 乙을 상대로 위 대여금 1억원의 지급을 청구하는 소를 제기하여 대여 및 변제기 도래 사실을 증명하였다면 법원은 어떠한 판결을 하여야 하는가? (소 각하/청구 기각/청구 인용) (20점)

➜ **(1) 甲의 상계주장이 허용되는지 여부**

상계자의 자동채권에 대하여 상대방 당사자가 동시이행항변권을 가지고 있는 경우, 소송상 상계는 원칙적으로 허용되지 않는다. 항변권이 붙어 있는 채권을 자동채권으로 하여 다른 채무(수동채권)와의 상계를 허용하면, 상계자 일방의 의사표시에 의하여 상대방의 항변권 행사의 기회를 상실시키는 결과가 되기 때문이다(대판 2019.2.14, 2017다274703). 설문의 경우, 甲과 乙 사이의 매매계약에 따라 甲의 매매대금지급의무와 乙의 소유권이전등기의무가 동시이행의 관계에 있고(민법 제536조), 甲의 1억원 대여금채권에 乙의 항변권이 붙어 있지 않는다. 따라서 甲은 乙에 대한 대여금채권과 매매대금지급채무에 대하여 상계를 주장할 수 있다.

(2) 甲의 상계항변에 기판력이 발생하는지 여부

상계 주장에 관한 판단에 기판력이 인정되는 경우는, 상계 주장의 대상이 된 수동채권이 소송물로서 심판되는 소구채권이거나 그와 실질적으로 동일하다고 보이는 경우이다. 따라서 상계 주장의 대상이 된 수동채권이 동시이행항변에 행사된 채권일 경우에는 그러한 상계 주장에 대한 판단에는 기판력이 발생하지 않는다(대판 2005.7.22, 2004다17207). 설문의 경우, 상계 주장의 대상이 된 甲의 수동채권인 매매대금지급채무는 乙이 동시이행항변으로 행사된 채권이므로, 甲의 자동채권인 대여금채권 존부에 대한 법원의 판단에 기판력이 생기지 않는다.

(3) 결론

상계 주장의 대상이 된 수동채권이 동시이행항변으로 행사된 채권일 경우, 그러한 상계 주장에 대한 법원의 판단에 기판력이 발생하지 않으므로, 법원은 청구인용 판결을 해야 한다.

2. 甲이 乙을 상대로 위 매매를 원인으로 한 소유권이전등기 청구의 소를 제기하였다. 1심에서 패소한 甲은 변호사 A를 선임하여 위 소의 항소심을 수행하게 하였으나 항소 기각 판결을 선고받자 변호사 B를 선임하여 상고를 제기하였다. 상고심 법원은 원심을 파기하여 항소심으로 환송하는 판결을 선고하였다. 환송 후 항소심 법원은 변론기일 통지서를 변호사 A에게 송달하였다. 위 송달은 적법한가? (15점)

→ **(1) 변호사 A의 소송대리권 범위와 존속시한**

소송대리권의 범위는 특별한 사정이 없는 한 당해 심급에 한정되어, 소송대리인의 소송대리권의 범위는 수임한 소송사무가 종료하는 시기인 당해 심급의 판결을 송달받은 때까지이다(대결 2000.1.31, 99마6205).

(2) 환송받은 항소심에서 환송전의 항소심소송대리인 A변호사에게 한 송달의 효력

사건이 상고심에서 환송되어 다시 항소심에 계속하게 된 경우에는 상고전의 항소심에서의 소송대리인의 대리권은 그 사건이 항소심에 계속되면서 다시 부활한다(대판 2016.7.7, 2014다1447). 설문의 경우, 상고심이 甲의 청구를 파기하여 항소심으로 환송하였으므로, 항소심 소송대리인 변호사 A의 소송대리권은 부활되었다. 따라서 환송받은 항소심 법원이 환송전의 항소심에서의 소송대리인 변호사 A에게 변론기일 통지서를 송달한 것은 적법하다(대판 1984.6.14, 84다카744).

〈추가적 사실관계〉

매매 당시 乙은 甲으로부터 위 매매대금을 지급받음과 동시에 甲에게 X건물에 관하여 설정되어 있던 저당권설정등기(저당권자 C)를 말소해 주기로 약정하였다. 乙의 채권자 丙은 乙의 甲에 대한 위 매매대금 채권에 관하여 압류 및 추심명령을 받았고 위 명령이 甲에게 송달되었다. 甲의 대금지급의무와 乙의 소유권이전등기의무가 이행되지 않고 있던 중 C의 저당권에 기한 경매절차가 개시되었다. 甲은 C에게 위 저당권의 피담보채무액 5,000만원을 대위변제하여 위 저당권을 말소시켰고, 乙은 甲에게 소유권이전등기를 마쳐 주고 X건물을 인도하였다. 이후 丙은 甲을 상대로 추심금 1억원의 지급을 구하는 소를 제기하였다.

3. 甲은 위 소에서 대위변제로 발생한 구상금 채권 5,000만원으로 乙의 매매대금 채권과 대등액에서 상계한다고 주장하였다. 甲의 상계 항변은 이유 있는가? (25점)

→ **(1) 제3채무자의 자동채권이 수동채권인 피압류채권과 동시이행의 관계에 있는 경우, 제3채무자는 상계로써 압류채권자에게 대항할 수 있는지 여부**

금전채권에 대한 압류 및 추심명령이 있는 때에는 제3채무자는 채권이 압류되기 전에 압류채무자에게 대항할 수 있는 사유로써 압류채권자에게 대항할 수 있다. 따라서 제3채무자의 압류채무자에 대한 자동채권이 수동채권인 피압류채권과 동시이행의 관계에 있는 경우, 압류명령이 제3채무자에게 송달되어 압류의 효력이 생긴 후에 자동채권이 발생하였다고 하더라도 제3채무자는 동시이행의 항변권을 주장할 수 있다. 이 경우에 자동채권이 발생한 기초가 되는 원인은 수동채권이 압류되기 전에 이미 성립하여 존재하고 있었던 것이므로, 그 자동채권은 민법 제498조의 '지급을 금지하는 명령을 받은 제3채무자가 그 후에 취득한 채권'에 해당하지 않는다(대판 2010.3.25, 2007다35152).

(2) 甲의 매매대금지급채무와 乙의 구상채무가 동시이행의 관계에 있는지 여부

동시이행의 항변권은 당사자 쌍방이 부담하는 각 채무가 고유의 대가관계에 있는 쌍무계약상의 채무가 아니더라도 구체적 계약관계에서 당사자 쌍방이 부담하는 채무 사이에 대가적인 의미가 있어 이행상 견련관계를 인정하여야 할 사정이 있는 경우에는 이를 인정하여야 한다(대판 2001.3.27, 2000다43819). 설문에서 甲의 매매대금지급의무와 乙의 소유권이전등기의무가 동시이행의 관계에 있다. 乙은 甲에 대하여 저당권자 C에 대한 대위변제로 인한 구상채무를 부담하게 되었고, 그 구상채무는 C명의의 저당권설정등기에 대한 말소의무의 변형으로서 甲의 매매대금지급의무와 여전히 대가적인 의미가 있어 서로 동시이행관계에 있다.

(3) 결론

따라서 甲은 乙의 매매대금채권 1억원에 대해 압류 및 추심명령을 받은 丙에게 압류 이후에 발생한 구상금채권 5,000만원에 의한 상계로 대항할 수 있다(대판 2001.3.27, 2000다43819).

문제 3 甲은 2001. 6. 15. 乙에게 甲 소유인 X토지를 임대차보증금 5억원, 임대차기간 2001. 7. 1.부터 2021. 7. 1.까지로 정하여 임대하였고, 乙은 2001. 7. 1. 甲에게 보증금 5억원을 지급하고 X토지를 인도받았다.
위 임대차계약에서 甲과 乙은 X토지에 관한 세금은 乙이 부담하되 甲이 이를 대신 납부하고, 甲이 납부한 금액만큼 乙이 甲에게 구상금을 지급하기로 약정하였다. 甲이 2001. 7. 1.부터 2011. 6. 30.까지 납부한 세금은 총 3천만원이고, 2011. 7. 1.부터 임대차 종료일까지 납부한 세금은 총 7천만원이다. 甲은 2011. 6. 30. 乙에게 그때까지 납부한 3천만원의 세금에 대한 구상금 지급을 최고하였다.
한편 乙은 2005. 8.경 X토지의 형질을 임야에서 공장용지로 변경하였고, 이를 위하여 1억원을 지출하였다. 위 임대차 종료 당시 X토지는 형질변경으로 인하여 2억원 상당의 가치가 증가하여 현존하고 있다.
임대차계약이 2021. 7. 1. 기간만료로 종료한 후 乙은 甲으로부터 보증금을 반환받고, X토지를 甲에게 인도하였다. 乙은 甲에게 위 형질변경으로 발생한 가치의 증가분 2억원을 유익비로 청구하였으나 이를 지급받지 못하자 2021. 9. 1. 법원에 甲을 상대로 유익비 2억원의 지급을 구하는 소를 제기하였다. 이에 甲은 乙의 유익비는 지출비용 1억원이라고 주장하고, 乙에 대한 1억원의 구상금채권을 자동채권으로 하여 乙의 甲에 대한 위 유익비상환채권과 상계한다고 항변하였다. 그러나 乙은 구상금채권액 1억원 중 3천만원은 소멸시효가 완성되어 채무가 존재하지 않는다고 재항변하였다. 이에 대해 甲은 2011. 6. 30.자 최고로 인하여 소멸시효는 중단되었고, 설령 소멸시효가 완성했다하더라도 위 구상금채권 전액을 자동채권으로 삼아 乙의 유익비상환채권과 상계할 것을 합리적으로 기대하는 이익이 시효완성 전에 있었기 때문에 전액으로 상계할 수 있다고 주장하였다.

이에 관하여 법원은 어떠한 판단을 하여야 하는지, (1) 결론(소 각하/청구 기각/청구 인용/청구 일부 인용 - 일부 인용의 경우 인용 범위를 특정할 것)과 (2) 논거를 기술하시오(甲의 구상금과 乙의 유익비에 대한 이자 또는 지연손해금 및 조세채권의 시효와 부과제척기간에 관하여는 고려하지 말 것). (30점) (제11회 변호사시험, 2022)

➜ **1. 결론**

甲은 구상금채권 1억원 중 7,000만원을 자동채권으로 삼아 乙의 유익비상환채권 1억원과 상계할 수 있다. 따라서 법원은 乙의 유익비상환채권 중 3,000만원에 대하여 일부인용 판결을 해야 한다.

2. 논거

(1) 유익비 범위에 대한 甲의 항변 타당성 여부

임차인이 유익비를 지출한 경우, 임대인은 임대차 종료시에 임대물의 가액 증가가 현존하는 때에 한하여 임차인이 지출한 금액이나 그 증가액을 임차인에게 상환해야 한다(민법 제626조 2항). 설문의 경우, 임차인 乙은 1억원의 비용을 지출하였고, 임대차 종료 당시 2억원 상당의 가치가 증가하여 현존하고 있다. 따라서 乙은 임대인 甲에 대하여 유익비상환을 청구할 수 있고, 甲은 乙이 지출한 1억원이나 X토지의 가치 증가액 2억원 가운데 하나를 선택하여 상환해야 한다. 결국 乙의 유익비는 지출비용 1억원이라는 甲의 항변은 선택권 행사로서 타당하다.

(2) 甲의 상계항변 타당성 여부

상계를 하려면 동종의 대립하는 채권이 변제기에 있어야 하고, 채권의 성질이 상계가 허용되고 금지되지 않아야 한다(민법 제492조). 설문의 경우, 甲의 구상금채권과 乙의 유익비상환채권은 금전채권에 해당하고, 甲의 구상금채권은 甲이 세금을 납부할 때에 이행기가 도래하였고, 乙의 유익비상환채권은 임대차 종료로 인해 이행기가 도래하였으며, 또한 상계 금지사유가 존재하지 않는다. 따라서 甲의 상계항변은 타당하다.

(3) 乙의 소멸시효 완성의 재항변과 甲의 소멸시효 중단의 재재항변 타당성 여부

甲의 乙에 대한 구상금채권의 소멸시효기간은 10년이고(민법 제162조 1항), 소멸시효는 권리를 행사할 수 있는 때부터 진행한다(제166조 1항). 설문에서 甲의 구상금채권 1억원 중 2011. 6. 30.까지 발생한 3,000만원은 임대차가 종료한 2021. 7. 1.까지 10년이 경과하여 소멸시효가 완성되었다. 따라서 乙의 소멸시효 완성의 재항변은 타당하다.

한편 최고는 6개월 내에 재판상의 청구 등을 하지 않으면 시효중단의 효력이 없다(제174조). 설문에서 甲은 2011. 6. 30.자 최고로 인하여 소멸시효는 중단되었다고 주장하지만, 그

로부터 6개월 내에 재판상의 청구 등을 하였다고 인정할 만한 사유가 존재하지 않는다. 따라서 甲의 소멸시효 중단의 재재항변은 부당하다.

(4) 甲이 소멸시효가 완성된 구상금채권을 자동채권으로 삼아 乙의 유익비상환채권과의 상계가 가능하다는 재재항변 타당성 여부

채권자는 소멸시효가 완성된 채권이 완성 전에 상계할 수 있었던 경우에는 상계할 수 있지만(민법 제495조), 상계를 하려면 '자동채권의 소멸시효 완성 전에 양 채권이 상계적상에 있었어야 한다. 한편 임차인의 유익비상환채권은 임대차계약이 종료한 때에 비로소 발생한다(제626조 2항). 설문에서 甲의 구상금채권 1억원 가운데 3,000만원은 2021. 6. 30. 시효가 완성되었고, 乙의 유익비상환채권 1억원은 임대차계약의 종료시점인 2021. 7. 1. 발생하였으므로, 위 구상금채권 3,000만원과 유익비상환채권은 상계할 수 있는 상태에 있었다고 할 수 없다. 따라서 甲이 이미 소멸시효가 완성된 구상금채권을 자동채권으로 삼아 乙의 유익비상환채권과 상계하는 것은 제495조에 의하더라도 인정될 수 없다(대판 2021.2.10, 2017다258787). 결국 甲의 항변은 소멸시효가 완성된 구상금채권 부분에 대해서는 부당하다.

문제 4 A는 2022. 4. 1. 甲에게 1억원을 변제기 2022. 4. 30.로 정하여 대여하였고, 甲의 부탁을 받은 乙은 같은 날 A와 사이에 甲의 A에 대한 위 대여금채무를 위한 보증계약을 체결하였다.
한편 乙은 2022. 5. 2. 甲에게 乙 소유의 X토지를 1억원에 매도하면서 X토지의 인도 및 소유권이전등기 소요서류의 교부는 2022. 7. 1. 이행하기로 하였고, 대금은 계약 당일 전액 수령하였다. 그런데 甲은 2022. 5. 30. 乙에게 착오를 이유로 위 매매계약을 취소하였고, 위 취소의 의사표시는 2022. 5. 31. 乙에게 도달하여 매매계약은 적법하게 취소되었다.
위 상태에서 甲에 대한 1억원의 대여금 채권자 丙은 2022. 6. 2. 관할 법원에 甲을 채무자, 乙을 제3채무자로 하여 甲의 乙에 대한 위 부당이득반환채권에 대해 압류 및 추심명령을 신청하였고, 법원은 2022. 6. 10. 압류 및 추심명령을 발령하였다. 위 압류 및 추심명령은 2022. 6. 20. 甲과 乙에게 송달되었고, 丙은 2022. 6. 21. 乙을 상대로 위 추심명령에 따른 추심금 청구의 소를 제기하였다. 한편 乙은 2022. 7. 20. A에게 甲의 A에 대한 2022. 4. 1.자 대여금 채무 전액을 변제하였다.
丙의 乙에 대한 위 추심금청구 소송에서, 乙은 甲에 대한 사전구상권과 사후구상권을 자동채권으로, 甲의 乙에 대한 부당이득반환채권을 수동채권으로 하여 상계하였다. 乙의 각 상계 주장은 타당한가? (이자나 지연손해배상 기타 부수 청구는 고려하지 말 것) (30점) (제12회 변호사시험, 2023)

➜ 1. 乙이 甲에 대한 사후구상권을 자동채권으로 하여 甲의 부당이득반환채권과 상계할 수 있는지 여부

지급을 금지하는 명령을 받은 제3채무자는 그 후에 취득한 채권에 의한 상계로 그 명령을

신청한 채권자에게 대항하지 못한다(민법 제498조). 설문에서 丙의 압류 및 추심명령이 乙에게 2022. 6. 20. 송달되어 효력이 발생하였고(민사집행법 제227조 3항, 제229조 4항), 乙은 2022. 7. 20. 보증채무 전액을 변제하여 甲에 대하여 사후구상권을 취득하였다. 따라서 乙은 甲에 대한 사후구상권을 자동채권으로 하여 甲의 부당이득반환채권과의 상계로써 압류채권자 丙에게 대항할 수 없다.

2. 乙이 甲에 대한 사전구상권을 자동채권으로 하여 甲의 부당이득반환채권과 상계할 수 있는지 여부

(1) 乙의 甲에 대한 사전구상권 존재 여부

수탁보증인은 채무의 이행기가 된 경우에 주채무자에게 미리 구상권을 행사할 수 있다(민법 제442조 제1항 제4호). 설문에서 乙은 甲의 부탁으로 甲의 A에 대한 1억원 채무를 보증하였고, 2022. 4. 30. 채무의 이행기가 도래하였다. 따라서 乙은 제442조 1항 4호에 따라 甲에 대한 사전구상권을 취득하였다. 또한 乙은 2022. 7. 20. 보증채무 전액을 변제하여 甲에 대하여 사후구상권을 취득하였다. 그런데 乙의 사전구상권은 사후구상권이 발생한 이후에도 소멸하지 않고 병존한다. 사전구상권과 사후구상권은 발생원인과 법적 성질을 달리하는 별개의 독립된 권리이기 때문이다(대판 2019.2.14, 2017다274703).

(2) 乙의 甲에 대한 사전구상권을 자동채권으로 하는 상계가 허용되는지 여부

(가) 지급금지명령을 받기 전에 제3채무자가 이미 채무자에 대해 반대채권을 가지고 있는 경우에는 상계할 수 있다(민법 제498조 반대해석). 수탁보증인이 주채무자에 대하여 가지는 제442조의 사전구상권에는 제443조의 담보제공청구권이 항변권으로 부착되어 있는 만큼 이를 자동채권으로 하는 상계는 원칙적으로 허용될 수 없다. 따라서 제3채무자가 압류채무자에 대한 사전구상권을 가지고 있는 경우에 상계로써 압류채권자에게 대항하기 위해서는, ① 압류의 효력 발생 당시 사전구상권에 부착된 담보제공청구의 항변권이 소멸하여 사전구상권과 피압류채권이 상계적상에 있거나, ② 압류 당시 여전히 사전구상권에 담보제공청구의 항변권이 부착되어 있는 경우에는 제3채무자의 면책행위 등으로 인해 위 항변권을 소멸시켜 사전구상권을 통한 상계가 가능하게 된 때가 피압류채권의 변제기보다 먼저 도래해야 한다(대판 2019.2.14, 2017다274703).

(나) 설문에서 甲과 乙의 매매계약은 2022. 5. 31. 적법하게 취소되었으므로 甲이 乙에게 지급한 매매대금을 부당이득으로 반환하여야 한다. 부당이득반환채권은 이행기의 정함이 없는 채권으로 채권의 성립과 동시에 이행기에 있으므로, 甲은 취소의 효력이 생긴 2022. 5. 31. 부당이득반환채권을 취득하였다. 乙은 甲의 수탁보증인으로 甲의 A에 대한 채무 변제기인 2022. 4. 30. 甲에 대한 사전구상권을 취득하였다(제442조 1항 4호). 하지만 乙이 A에게 보증채무 전액을 변제하여 사전구상권에 부착된 담보제공청구권을 소멸시킨 시점은

2022. 7. 20.로 丙의 압류·추심명령의 효력이 발생한 2022. 6. 20. 이후이다. 따라서 乙은 甲에 대한 사전구상권을 자동채권으로 하여 甲의 부당이득반환채권과의 상계로써 압류채권자 丙에게 대항할 수 없다.

3. 결론

乙의 압류채권자 丙에 대한 상계의 항변은 부당하다.

제3장

채권각론

Chapter 03

채권각론

제1절 계약의 성립

❒ 광고는 일반적으로 청약의 유인에 불과하지만 내용이 명확하고 확정적이며 광고주가 광고의 내용대로 계약에 구속되려는 의사가 명백한 경우에는 이를 청약으로 볼 수 있다. 나아가 광고가 청약의 유인에 불과하더라도 이후의 거래과정에서 상대방이 광고의 내용을 전제로 청약을 하고 광고주가 이를 승낙하여 계약이 체결된 경우에는 광고의 내용이 계약의 내용으로 된다(대법원 2018.2.13. 선고 2017다275447 판결).

❒ 민법 제391조는 이행보조자의 고의·과실을 채무자의 고의·과실로 본다고 정하고 있는데, 이러한 이행보조자는 채무자의 의사 관여 아래 채무의 이행행위에 속하는 활동을 하는 사람이면 충분하고 반드시 채무자의 지시 또는 감독을 받는 관계에 있어야 하는 것은 아니다. 따라서 그가 채무자에 대하여 종속적인 지위에 있는지, 독립적인 지위에 있는지는 상관없다. 또한 이행보조자가 채무자와 계약 그 밖의 법률관계가 있어야 하는 것이 아니다. 제3자가 단순히 호의로 행위를 한 경우에도 그것이 채무자의 용인 아래 이루어지는 것이면 제3자는 이행보조자에 해당한다. 이행보조자의 활동이 일시적인지 계속적인지도 문제 되지 않는다(대법원 2018.2.13. 선고 2017다275447 판결).

변호사시험 기출문제

문제 〈사실관계〉

甲은 여행 중개 플랫폼을 통하여 리조트의 숙박과 렌터카 서비스가 포함된 여행패키지 계약을 A와 체결하고 대금을 완납하였다. [※ 아래 각 문항은 별개임] (제10회 변호사시험, 2021)

1. A는 甲에게 여행패키지 계약을 광고하는 이메일을 송부하였는데, 광고 이메일에는 '승마체험 무료제공' 이벤트가 여행패키지 계약에 포함된 것으로 설명되어 있었다. 甲은 승마체험 무료제공 이벤트가 포함된 점에 매료되어 승마를 꼭 체험하리라 다짐하면서 광고와 연결된 여행 중개 플랫폼에서 여행패키지 계약 신청서를 작성한 후 제출하여 A와 계약을 체결하였다. 그런데 甲이 리조트 숙박 중 승마체험을 신청하였더니 광고와는 달리 무료가 아니라 1시간당 5만원의 요금을 추가로 납부하여야 체험할 수 있다는 것이었다. 甲이 다시 인터넷을 통해 계약체결 화면에 있는 내용과 계약체결 후 받은 확인서를 자세히 살펴보았는데, 승마체험 무료제공 이벤트가 여행패키지 계약에 포함된다는 내용은 기재되어 있지 않았다. 甲이 A와 체결한 여행패키지 계약에 광고의 내용인 승마체험 무료제공 이벤트가 포함된 것으로 볼 수 있는지에 관하여 甲과 A가 주장할 수 있는 논거를 제시하시오. (15점)

→ **(1) A가 주장할 수 있는 논거**

계약은 당사자 사이의 의사표시 합치로 성립한다. 그런데 광고는 일반적으로 청약의 유인에 불과하고, 또한 여행패키지 계약서에는 승마체험 무료제공이 기재되어 있지 않다. 따라서 甲과 A 사이에 승마체험 무료제공에 관한 합의가 존재하지 않으므로, 여행패키지 계약에는 승마체험 무료제공 이벤트가 포함되지 않는다.

(2) 甲이 주장할 수 있는 논거

광고가 청약의 유인에 불과하더라도 이후의 거래과정에서 상대방이 광고의 내용을 전제로 청약을 하고 광고주가 이를 승낙하여 계약이 체결된 경우에는 광고의 내용이 계약의 내용으로 된다(대판 2018.2.13, 2017다275447). 설문의 경우, A의 광고 이메일에는 '승마체험 무료제공' 이벤트가 여행패키지 계약에 포함된 것으로 설명되어 있고, 甲은 광고와 연결된 여행 중개 플랫폼에서 여행패키지 계약 신청서를 작성하였다. 따라서 승마 무료체험을 전제로 甲과 A는 여행패키지 계약을 체결한 것이므로, 그 내용이 계약서에 기재되었는지 여부를 묻지 않고 그 계약에는 승마체험 무료제공 이벤트가 포함되어 있다.

2. 甲은 여행패키지 계약에 포함되어 있는 무료 승마체험을 신청하였다. A는 승마체험 시설을 직접 운영하고 있지 않아서 A의 직원은 아니지만 독립적으로 승마체험 영업을 하고 있는 乙에게 1시간 동안의 승마체험 진행을 위탁하였다. 하지만 乙은 甲에게 말을 타는 법을 제대로 설명하여 주지 않았고, 안전모를 제공하는 등의 안전조치도 취하지 않은 채 말을 타게 하였다. 결국 甲은 말에서 떨어져 머리를 다쳤다.

甲은 A에게 채무불이행 또는 불법행위를 이유로 하여 상해로 인한 손해배상을 청구할 수 있는가? (20점)

→ **(1) 민법 제390조, 제391조에 의한 손해배상청구권**

이행보조자의 고의·과실을 채무자의 고의·과실로 본다(민법 제391조). 제391조의 이행보조자는 채무자의 의사 관여 아래 채무의 이행행위에 속하는 활동을 하는 사람이면 충분하고 반드시 채무자의 지시 또는 감독을 받는 관계에 있어야 하는 것은 아니다(대판 2018.2.13, 2017다275447). 설문에서 乙이 채무자 A의 부탁으로 甲에게 여행패키지 계약에 포함된 승마체험 서비스를 제공하기 위해서 채무의 이행행위에 속하는 행위를 하였으므로, 乙은 A의 지시·감독을 받았는지 여부와 관계없이 A의 이행보조자에 해당한다. 乙이 甲을 상대로 미리 안전장비 착용 여부 등을 확인하고 안전에 관한 주의를 촉구하여야 하는데, 이를 게을리한 잘못이 있으므로, A는 제391조에 따라 위 사고에 대하여 과실이 있다. 또한 甲은 승마체험을 하던 중 말에서 떨어져 머리를 다치는 손해를 입었다. 따라서 甲은 A를 상대로 제390조, 제391조에 의하여 손해배상을 청구할 수 있다.

(2) 민법 제756조에 의한 사용자책임

제756조의 사용자책임이 성립하기 위해서는 ① 사용자와 불법행위자 사이에 사용관계가 존재해야 한다. 여기서 사용관계는 고용·위임 등 어떠한 관계라도 상관없으며, 그 계약이 무효이더라도 사실상의 지휘·감독관계가 있으면 족하다(대판 2017.9.26, 2014다27425). ② 피용자가 사무집행에 관하여 제3자에게 손해를 입히고, ③ 피용자의 가해행위가 불법행위의 요건을 갖추어야 하며, ④ 사용자가 면책사유를 증명하지 못해야 한다. 설문에서 A가 乙에게 승마체험 진행을 위탁하였으므로(제680조), 乙은 A의 직원이 아니지만 A와 乙 사이에는 사실상 지휘·감독관계가 인정되며, 乙이 A의 사무에 속하는 승마체험을 부주의로 진행하다가 甲의 머리를 다치게 하였고, 이러한 乙의 행위는 제750조의 불법행위에 해당한다. 또한 甲의 면책사유를 인정할 만한 사유가 존재하지 않는다. 따라서 甲은 A를 상대로 제756조에 의하여 사용자책임을 물을 수 있다.

(3) 결론

甲의 A에 대한 채무불이행으로 인한 손해배상청구권(제390조, 제391조)과 제756조에 의한 손해배상청구권은 경합한다.

제2절 계약체결상의 과실

❐ 계약체결을 위한 교섭 과정에서 어느 일방이 보호가치 있는 기대나 신뢰를 가지게 된 경우에, 그러한 기대나 신뢰를 보호하고 배려해야 할 의무를 부담하게 된 상대방이 오히려 상당한 이유 없이 이를 침해하여 손해를 입혔다면, 신의성실의 원칙에 비추어 볼 때 계약체결의 준비 단계에서 협력관계에 있었던 당사자 사이의 신뢰관계를 해치는 위법한 행위로서 불법행위를 구성할 수 있다(대법원 2021.6.30. 선고 2019다268061 판결).

계약교섭 단계에서는 아직 계약이 성립된 것이 아니므로 당사자 중 일방이 계약의 이행행위를 준비하거나 이를 착수하는 것은 이례적인 일로서, 설령 이행에 착수하였다고 하더라도 이는 자기의 위험 판단과 책임에 따른 것이라고 평가할 수 있다. 그러나 만일 이행의 착수가 상대방의 적극적인 요구에 따른 것이고 바로 위와 같은 이행에 들인 비용의 지급에 관하여 이미 계약교섭이 진행되고 있었다는 등의 특별한 사정이 있다면, 당사자 중 일방이 계약의 성립을 기대하고 이행을 위하여 지출하였거나 지출할 것이 확실한 비용은 계약체결을 신뢰하여 발생한 손해로서 계약교섭의 부당파기로 인한 손해배상의 범위에 해당할 수 있다(대법원 2022.7.14. 선고 2021다216773 판결).

제3절 계약의 효력

Ⅰ. 동시이행의 항변권

❐ 확정판결의 기판력은 전소의 변론종결 전에 당사자가 주장하였거나 주장할 수 있었던 모든 공격방어방법에 미치고, 다만 변론종결 후에 새로 발생한 사유가 있어 전소 판결과 모순되는 사정 변경이 있는 경우에는 기판력의 효력이 차단된다(대법원 2016.8.30. 선고 2016다222149 판결). 따라서 확정판결에 대한 청구이의 사유는 그 확정판결의 변론이 종결된 뒤에, 변론 없이 한 판결의 경우에는 판결이 선고된 뒤에 생긴 것이어야 한다(민사집행법 제44조 제2항).

한편 쌍무계약에서 쌍방의 채무가 동시이행관계에 있는 경우 일방의 채무의 이행기가 도래하더라도 상대방 채무의 이행제공이 있을 때까지는 그 채무를 이행하지 않아도 이행지체의 책임을 지지 않는 것이고, 이와 같은 효과는 이행지체의 책임이 없다고 주장하는 자가 반드시 동시이행의 항변권을 행사하여야만 발생하는 것은 아니다(대법원 2024.8.1. 선고 2024다226504 판결). 따라서 동시이행관계에 있는 쌍무계약상 자기채무의 이행을 제공하는 경우 그 채무를 이행함에 있어 상대방이 미리 변제받기를 거절하거나 상대방의 행위를 필요로 할 때에는 언제든지 현실로 이행을 할 수 있는 준비를 완료하고 그 뜻을 상대방에게 통지하여 그 수령을 최고하여야만 상대방으로 하여금 이행지체에 빠지게 할 수 있는 것이다. 그리고 쌍무계약의 당사자 일방이 먼저 한번 현실의 제공을 하고 상대방을 수령지체에 빠지게 하였다 하더라도 그 이행의 제공이 계속되지 않는 경우는 과거에 이행의 제공이 있었다는 사실만으로 상대방이 가지는 동시이행의 항변권이 소멸하는 것은 아니므로, 일시적으로 당사자 일방의 의무의 이행제공이 있었으나 곧 그 이행의 제공이 중지되어 더 이상 그 제공이 계속되지 아니하는 기간 동안에는 상대방의 의무가 이행지체 상태에 빠졌다고 할 수는 없다(대법원 2023.4.27. 선고 2022다302497,302503 판결).

문제 피고 乙은 2011. 8. 22. 원고 甲과의 사이에 A명의의 근저당권(채권최고액 4억 4,000만원)이 설정되어 있는 甲소유의 X부동산에 관하여, 임대차보증금 1억 3,000만원, 월차임 55만원(매월 9일에 후불로 지불), 임대차기간 2011. 10. 10.부터 2013. 10. 9.까지로 정하여 임차하기로 하는 임대차계약을 체결하였다. 乙은 甲에게 2011. 10. 10. 임대차보증금 1억 3,000만원을 전부 지급하고 X부동산을 인도받아 거주하다가 임대차기간 만료 수개월 전부터 계약갱신거절 의사를 표시하면서 X부동산을 인도할 테니 임대차보증금을 반환해달라는 요청을 하였다. 그 후 임대차계약은 기간만료로 종료되었다.
乙은 임대차기간 만료 전은 물론이고 만료 후에도 甲이 X부동산을 다른 사람에게 임대하기 위하여 집을 보여주는 것에 협조하였으나, 그럼에도 새로운 임차인이 구해지지 않아 甲은 乙에게 위 임대차보증금을 반환하지 못하였다. 이에 乙은 X부동산에 관하여 임차권등기명령을 받아 2014. 6. 11. 주택임차권등기를 마쳤다. 또한 乙은 甲을 상대로 임대차보증금의 반환을 구하는 소(이하 '종전 소송'이라 한다)를 제기하였고, 甲은 그 소장을 송달받고도 답변서를 제출하지 아니하여 위 법원은 변론 없이 2014. 9. 26. '甲은 乙에게 1억 3,000만원 및 이에 대하여 2014. 8. 5.부터 다 갚는 날까지 연 20%의 비율에 의한 금원을 지급하라'는 내용의 乙 승소판결(이하 '이 사건 판결'이라 한다)을 선고하였고, 판결은 확정되었다.
한편 이 사건 판결 이후 원고 甲은 2015. 7. 15.부터 2015. 10. 7.까지 여러 차례 피고 乙에게 새로운 임차인과의 임대차계약 체결을 위해 X부동산을 볼 수 있도록 협조해달라는 취지의 문자메시지를 보냈으나, 피고는 원고에게 이 사건 판결에 따른 금액이 준비되면 연락을 달라는 취지의 문자메시지만을 보냈다. 피고는 2022. 6. 15. X부동산에 관한 임의경매절차에 참여하였다. 원고는 피고가 2013. 4. 9.부터 차임을 지급하지 않은 채 거주하자, 피고를 상대로 원고의 임대차보증금 반환의무와 피고의 X부동산 인도의무가 동시이행관계에 있다는 이유로 확정된 종전 판결 중 지연손해금 부분의 집행력 배제를 구하는 청구이의의 소를 제기하였다. 법원은 어떠한 판단(소 각하/청구기각/청구인용/청구일부인용)을 하여야 하는가?

➜ **1. 확정판결에 대한 청구이의 사유의 범위**

확정판결의 기판력은 전소의 변론종결 전에 당사자가 주장하였거나 주장할 수 있었던 모든 공격방어방법에 미치고, 다만 변론종결 후에 새로 발생한 사유가 있어 전소 판결과 모순되는 사정 변경이 있는 경우에는 기판력의 효력이 차단된다(대법원 2016.8.30, 2016다222149). 따라서 확정판결에 대한 청구이의 사유는 그 확정판결의 변론이 종결된 뒤에, 변론 없이 한 판결의 경우에는 판결이 선고된 뒤에 생긴 것(민사집행법 제44조 2항)이어야 한다(대판 2023.4.27, 2022다302497,302503).

2. 쌍방의 채무가 동시이행관계에 있는 경우 이행지체가 성립하는지 여부

(1) 甲의 이행지체가 성립하는지 여부

동시이행의 항변권이 있는 채무자는 자신의 채무를 먼저 이행할 의무가 없기 때문에, 비록 이행기에 이행을 하지 않더라도 이행지체가 되지 않는다. 따라서 당사자 일방이 자기채무의 이행을 제공하고 상대방에 대하여 그 채무의 이행을 최고함으로써 상대방은 이행지체에 놓이게 된다(민법 제387조 2항). 설문에서 피고 乙은 종전 판결 선고 전까지는 원고 甲이 새로운 임차인을 구하는 데 협조하였으며, 이는 이행제공에 해당한다. 따라서 乙은 甲에 대해 임대차보증금과 이에 대한 이행지체에 따른 지연손해금을 청구할 수 있다(제390조).

(2) 乙의 이행제공이 있었다는 사실만으로 甲이 동시이행의 항변권을 상실하는지 여부

쌍무계약의 당사자 일방이 먼저 한번 현실의 제공을 하고 상대방을 수령지체에 빠지게 하였더라도 그 이행의 제공이 계속되지 않는 경우는 과거에 이행의 제공이 있었다는 사실만으로 상대방이 가지는 동시이행의 항변권이 소멸하는 것은 아니다. 따라서 일시적으로 당사자 일방의 이행제공이 있었으나 그 이행제공이 중지되어 더 이상 그 제공이 계속되지 않는 기간 동안에는 상대방의 의무가 이행지체 상태에 빠졌다고 할 수 없다(대판 2023.4.27, 2022다302497,302503; 대판 1999.7.9, 98다13754,13761). 설문에서 피고 乙이 종전 판결 선고 이후에는 원고 甲의 협조요청을 거절한 사실이 인정되므로, 甲의 동시이행의 항변권은 소멸하지 않는다. 따라서 종전 판결 선고 이후에 발생한 지연손해금에 관하여는 乙은 甲에 대해 이행지체를 이유로 그 배상을 청구할 수 없다.

3. 결론

피고가 종전 판결 선고 이후에는 원고의 협조요청을 거절한 사실이 인정되고 이는 종전 판결 선고 이후 새로 발생한 사유에 해당한다. 따라서 법원은 종전 판결 이후에 발생한 지연손해금에 관하여 종전 판결의 집행력을 배제하는 일부인용의 판결을 해야 한다.

Ⅱ. 위험부담

❐ 쌍무계약에서 당사자 쌍방의 귀책사유 없이 채무를 이행할 수 없게 된 경우 채무자는 민법 제537조에 따라 자신의 채무를 이행할 의무를 면함과 더불어 상대방의 이행도 청구하지 못한다. 쌍방 채무의 이행이 없었던 경우에는 계약상 의무의 이행을 청구하지 못하고, 이미 이행한 급부는 법률상 원인 없는 급부가 되어 부당이득 법리에 따라 반환을 청구할 수 있다(대법원 2021.5.27. 선고 2017다254228 판결).

채무의 이행이 불가능하다는 것은 절대적·물리적으로 불가능한 경우만이 아니라 사회생활상 경험칙이나 거래상의 관념에 비추어 볼 때 채권자가 채무자의 이행의 실현을 기대할 수 없는 경우도 포함한다(대법원 2017.10.12. 선고 2016다9643 판결). 기간을 정한 부동산의 임대차계약 등 채권·채무의 내용을 이루는 급부가 일정 기간 계속하여 행하여지는 이른바 계속적 계약에서 어떠한 사유로 일정 기간 동안 채무 이행이 불가능하게 된 경우, 계약의 목적과 유형, 이행의 형태와 방법 등에 따라 채권자가 채무자의 이행의 실현을 기대할 수 없다면, 해당 기간의 급부불능을 일시적인 것이 아니라 종국적인 것이라고 평가할 수 있다. 이때 해당 기간의 급부불능이 종국적 이행불능에 해당하는 이상 계약의 존속 여부는 민법 제537조의 적용 여부에 영향을 미치지 않는다(대법원 2025.5.1. 선고 2024다293580 판결).

→ 코로나19의 확산으로 국토교통부의 조치에 따라 공항의 국제선 운항이 중단되자 2020. 4. 6.부터 2020. 8. 31.까지 면세점 영업목적으로 부동산을 임차한 원고들이 임대인인 피고의 임대차목적물 사용·수익상태 제공의무의 이행불능을 이유로 이미 지급한 차임의 반환을 청구한 경우, ① 임대차계약의 내용에 따라 임대인인 피고는 임차인인 원고들이 임대차목적물을 면세점 용도로 사용·수익할 수 있는 상태로 유지시켜 줄 의무가 있고, ② 국토교통부의 국제선 운항 중단 조치로 공항 국제선 청사가 폐쇄됨에 따라 면세점 운영이 중단되었던 2020. 4. 6.부터 2020. 8. 31.까지 기간 동안 피고가 임대차목적물을 면세점 용도로 사용·수익할 수 있는 상태로 유지시킬 의무는 당사자 쌍방의 책임 없는 사유로 이행할 수 없게 되었으므로 원고들이 이미 지급한 차임 전액의 반환을 구할 수 있다.

변호사시험 기출문제

문제 乙은 2023. 4. 5. 甲으로부터 甲 소유의 X건물을 매매대금 10억원에 매수하되, 계약금 1억원은 계약 당일, 중도금 3억원은 2023. 5. 10.에 각 지급하고, 잔금 6억원은 2023. 10. 31. 소유권이전에 필요한 서류를 제공받음과 동시에 지급하기로 하는 내용의 매매계약(이하 '이 사건 매매계약'이라 한다)을 체결한 후 계약금과 중도금을 모두 지급하였다.

乙이 잔금지급기일에 잔금을 지급하지 아니하자 甲은 여러 차례에 걸쳐 乙에게 잔금의 지급을 청구하였고, 乙은 X건물이 병원으로 용도변경이 이루어져야 잔금을 지급할 수 있는데 용도변경이 불가능하게 되었으므로 이 사건 매매계약이 실효되었다고 주장하면서 잔금의 지급을 거부하고 甲에게 계약금 및 중도금의 반환을 요구하였다. 이후 甲은 용도변경 여부는 이 사건 매매계약과는 무관하다고 주장하면서 소유권이전에 필요한 서류를 제공하거나, 수령하여 갈 것을 최고함이 없이 거듭 잔금의 지급을 청구하였고, 乙 역시 이 사건 매매계약의 실효를 재차 주장하며 甲에게 계약금 및 중도금의 반환을 요구하였다.

한편 X건물은 2024. 2. 3. 강제수용되어 甲이 수용보상금 4억 3,000만원을 수령하였다. 甲은 이 사건 매매계약을 체결하면서 구두로 乙이 추진하는 X건물에 대한 병원으로의 용도변경에 협력하기로 하였고, 위 용도변경은 이 사건 매매계약 체결 이후 관련 법령의 개정으로 사실상 승인되기 어려웠던 것으로 밝혀졌다. (제14회 변호사시험, 2025)

1. 甲이 乙을 상대로 'X건물에 대한 소유권이전등기의무의 이행제공이 있더라도 乙이 정당한 이유 없이 그 수령을 거절하고 잔금지급의무를 이행할 의사가 없었음이 명백하므로, X건물이 수용되어 이에 대한 소유권이전등기의무를 이행할 수 없게 된 것은 ① 乙의 책임 있는 사유로 인한 것이거나, ② 사실상 乙의 수령지체 중에 당사자 쌍방의 책임 없는 사유로 인한 것'이라고 주장하면서 乙을 상대로 매매잔대금 1억 7,000만원(= 잔금 6억원 – 수용보상금 4억 3,000만원)의 지급을 구하는 소를 제기하였을 경우, 甲의 乙에 대한 청구는 인용될 수 있는지 판단하고 그 근거를 서술하시오. (10점)

➜ **(1) 결론**

법원은 甲의 乙에 대한 청구를 기각해야 한다.

(2) 근거

(가) ①의 주장 타당성 여부

1) 쌍무계약의 당사자 일방의 채무가 채권자의 책임 있는 사유로 이행할 수 없게 된 때에는 채무자는 상대방의 이행을 청구할 수 있다(민법 제538조 1항 전문). 여기서 채권자의 책임 있는 사유란 채권자의 어떤 작위나 부작위가 채무자의 이행 실현을 방해하고 그 작위나 부작위는 채권자가 이를 피할 수 있었다는 점에서 신의칙상 비난받을 수 있는 경우를 의미한다(대판 2014.11.27, 2013다94701).

2) 설문의 경우, 채권자 乙이 X건물의 용도변경이 가능한지 여부가 확정되지 않은 상황에서 이를 이유로 잔금지급의무의 이행을 거절하였다. 따라서 채무자 甲의 소유권이전등기의무 이행이 있더라도 그 수령을 거절할 의사가 명백하였더라도 이것만으로 채무자의 이행 실현을 방해하는 등 신의칙상 비난받을 수 있는 경우에 해당한다고 볼 수 없다.

(나) ②의 주장 타당성 여부

1) 채권자의 수령지체 중에 당사자 쌍방의 책임 없는 사유로 이행할 수 없게 된 경우, 채무자는 상대방의 이행을 청구할 수 있다(민법 제538조 1항 후문). 채권자지체가 성립하기 위해서는 채무자의 변제제공이 있어야 한다(제400조). 따라서 제538조 1항의 '채권자의 수령지체 중에 당사자 쌍방의 책임 없는 사유로 이행할 수 없게 된 때'에 해당하기 위해서는 현실제공이나 구두제공이 필요하다(대판 2004.3.12, 2001다79013).

2) 설문의 경우, 채권자 乙의 수령거절 의사가 확고하더라도, 채무자 甲은 乙이 수령지체에 빠지게 하기 위해서는 소유권이전등기에 필요한 서류 등을 준비하여 두고 乙에게 그 서류를 수령하여 갈 것을 구두제공하였어야 한다. 따라서 甲은 乙에게 구두제공을 하지 않았으므로, 채권자지체가 성립하지 않는다.

2. 乙이 2024. 6. 24. 甲을 상대로 이 사건 매매계약이 강제수용에 의해 종료되었음을 이유로 계약금 1억원 및 중도금 3억원과 위 각 돈에 대하여 각 지급일부터 다 갚는 날까지 연 5%의 비율로 계산한 돈의 지급을 구하는 소를 제기하였고 같은 달 26일에 소장 부본이 甲에게 송달되었을 경우, 법원은 어떠한 판단을 하여야 하는지 ① 결론(소 각하/청구 기각/청구 인용/청구 일부 인용 - 일부 인용의 경우 인용 범위를 특정할 것)과 ② 그 근거를 서술하시오. (지연손해금 및 손해배상은 고려하지 말 것) (10점)

→ **(1) 결론**

법원은 甲에 대하여 乙로부터 받은 4억원(계약금 1억원 + 중도금 3억원)과 이에 대한 소장 부본 송달일인 2024. 6. 26.부터 갚는 날까지 연 5%의 비율로 계산한 돈을 지급하라는 청구 일부 인용 판결을 해야 한다.

(2) 근거

(가) 쌍무계약의 당사자 일방의 채무가 당사자 쌍방의 책임 없는 사유로 이행할 수 없게 된 때에는 채무자는 상대방의 이행을 청구하지 못한다(민법 제537조). 따라서 쌍방 급부가 없었던 경우에는 계약관계는 소멸하고 이미 이행한 급부는 법률상 원인 없는 급부가 되어 부당이득의 법리에 따라 반환청구할 수 있다(대판 2009.5.28, 2008다98655,98662). 설문의 경우, 매매목적물이 2024. 2. 3. 강제수용됨으로써 당사자 쌍방의 귀책사유 없이 이행불능에 이르러 매매계약이 종료되었다. 따라서 위험부담의 법리에 따라 매도인 甲은 이미 지급받은 계약금 1억원과 중도금 3억원에 대하여 乙에게 부당이득반환의무를 진다.

(나) 한편 부당이득반환의무는 이행기한의 정함이 없는 채무이므로(대판 2017.3.30, 2016다253297) 그 채무자는 이행청구를 받은 때에 비로소 지체책임을 진다(민법 제387조 2항). 악의의 수익자는 그 받은 이익에 법정이자를 붙여 반환하여야 하며(제748조 2항), 선의의 수익자가 패소한 때에는 그 소를 제기한 때부터 악의의 수익자로 본다(제749조 2항).

설문의 경우, 甲과 乙 사이의 매매계약은 2024. 6. 24. X건물의 강제수용에 의해 종료되었고, 甲이 악의의 수익자로 볼 만한 사정이 존재하지 않는다. 따라서 선의의 수익자 甲은 현존한 범위에서 반환하여야 하며(제748조 1항), 소 제기일 이전에는 부당이득에 대한 법정이자를 반환할 의무가 없지만(대판 2008.6.26, 2008다19966), 소 제기시(소장부본 송달일)부터는 악의의 수익자가 된다(제749조 2항). 결국 계약금 1억원과 중도금 3억원에 대한 각 지급일부터 소장 부본 송달일 전까지 연 5%의 법정이자 지급을 구하는 乙의 청구 부분은 부당하다.

참고로 부당이득반환의무는 이행기한의 정함이 없는 채무이기 때문에, 甲은 이행청구를 받은 2024. 6. 26부터 지체책임을 진다(민법 제387조 2항). 또한 금전채무불이행의 손해배상액은 다른 약정이 없으면 법정이율에 의하므로(제397조 1항), 甲은 소송촉진특례법상 연 12%의 지연이자를 지급할 의무가 있다(동법 제3조). 하지만 乙이 연 5%의 비율로 계산한 돈의 지급을 구하고 있다. 따라서 처분권주의에 의해 법원은 계약금 1억원 및 중도금 3억원에 대한 지연이자를 연 5%로 인정해야 한다고 논거를 제시해도 될 것이다.

제4절 계약의 해제

❒ [1] 쌍무계약에서 쌍방의 채무가 동시이행관계에 있는 경우 일방 채무의 이행기가 도래하더라도 상대방 채무의 이행제공이 있을 때까지는 그 채무를 이행하지 않아도 지체책임을 지지 않는 것이고, 이는 지체책임의 면책을 주장하는 자가 상대방의 이행청구에 대하여 동시이행의 항변권을 재판상 또는 재판 외에서 행사하여야만 발생하는 것은 아니다. 한편 매매계약이 해제된 경우에 당사자 쌍방의 원상회복의무는 동시이행의 관계에 있고, 이때 계약의 해제로 인하여 당사자가 상대방에 대하여 원상회복의무와 손해배상의무를 부담하는 경우에는 당사자가 부담하는 원상회복의무뿐만 아니라 손해배상의무도 함께 동시이행관계에 있다.

[2] 민법 제548조 제2항은 계약해제로 인한 원상회복의무의 이행으로서 반환하는 금전에는 받은 날로부터 이자를 가산하여야 한다고 정하였는데, 위 이자의 반환은 원상회복의무의 범위에 속하는 것으로 일종의 부당이득반환의 성질을 가지는 것이지 반환의무의 이행지체로 인한 손해배상은 아니고, 소송촉진 등에 관한 특례법 제3조 제1항은 금전채무의 전부

또는 일부의 이행을 명하는 판결을 선고할 경우에 있어서 금전채무불이행으로 인한 손해배상액 산정의 기준이 되는 법정이율에 관한 특별규정이므로, 위 이자에는 소송촉진법 제3조 제1항에서 정한 이율을 적용할 수 없다.

[3] 매매계약이 해제된 경우에 매수인이 목적물을 인도받아 사용하였다면 원상회복으로서 목적물을 반환하는 외에 사용이익을 반환할 의무를 부담하고, 이때 사용이익의 반환의무는 부당이득반환의무에 해당하므로, 특별한 사정이 없는 한 매수인이 점유·사용한 기간 당해 재산으로부터 통상 수익할 수 있을 것으로 예상되는 이익, 즉 임료 상당액을 매수인이 반환하여야 할 사용이익으로 보아야 한다(대법원 2024.2.29. 선고 2023다289720 판결).

❒ 제3자를 위한 계약에서도 낙약자와 요약자 사이의 법률관계(기본관계)에 기초하여 수익자가 요약자와 원인관계(대가관계)를 맺음으로써 해제 전에 새로운 이해관계를 갖고 그에 따라 등기, 인도 등을 마쳐 권리를 취득하였다면, 수익자는 민법 제548조 제1항 단서에서 말하는 계약해제의 소급효가 제한되는 제3자에 해당한다(대법원 2021.8.19. 선고 2018다244976 판결).

→ 원고(낙약자)가 제3자를 위한 계약인 함포납품계약에 따라 피고 승계인수인(수익자; 담당관서 방위사업청)에 함포를 인도한 다음 위 계약이 요약자의 대금미지급을 이유로 해제되었다고 주장하면서 방위사업청을 상대로 인도한 함포의 반환을 구한 경우, 방위사업청이 민법 제548조 제1항 단서에 따라 계약해제의 소급효가 제한되는 제3자에 해당하므로 원고가 소유권에 기한 물권적 청구권을 행사하여 인도한 함포의 반환을 구할 수 없다.

❒ 민법 제544조에 의하여 채무불이행을 이유로 계약을 해제하려면, 당해 채무가 계약의 목적 달성에 있어 필요불가결하고 이를 이행하지 아니하면 계약의 목적이 달성되지 아니하여 채권자가 그 계약을 체결하지 아니하였을 것이라고 여겨질 정도의 **주된 채무**이어야 하고 그렇지 아니한 **부수적 채무**를 불이행한 데에 지나지 아니한 경우에는 계약을 해제할 수 없다. 또한 계약상의 의무 가운데 주된 채무와 부수적 채무를 구별함에 있어서는 급부의 독립된 가치와는 관계없이 계약을 체결할 때 표명되었거나 그 당시 상황으로 보아 분명하게 객관적으로 나타난 당사자의 합리적 의사에 의하여 결정하되, 계약의 내용·목적·불이행의 결과 등의 여러 사정을 고려하여야 한다(대법원 2022.6.16. 선고 2022다203804 판결).

❒ 이행불능 또는 이행지체를 이유로 한 법정해제권은 채무자의 채무불이행에 대한 구제수단으로 인정되는 권리이다. 따라서 채무자가 이행해야 할 본래 채무가 이행불능이라는 이유로 **계약을 해제하려면 그 이행불능의 대상이 되는 채무자의 본래 채무가 유효하게 존속**하

고 있어야 한다. 민법 제167조는 소멸시효는 그 기산일에 소급하여 효력이 생긴다고 정한다. 본래 채권이 시효로 인하여 소멸하였다면 그 채권은 그 기산일에 소급하여 더는 존재하지 않는 것이 되어 채권자는 그 권리의 이행을 구할 수 없는 것이고, 이와 같이 본래 채권이 유효하게 존속하지 않는 이상 본래 채무의 불이행을 이유로 계약을 해제할 수 없다고 보아야 한다. 결국 채무불이행에 따른 해제의 의사표시 당시에 이미 채무불이행의 대상이 되는 본래 채권이 시효가 완성되어 소멸하였다면, 채무자가 소멸시효의 완성을 주장하는 것이 신의성실의 원칙에 반하여 허용될 수 없다는 등의 특별한 사정이 없는 한, 채권자는 채무불이행 시점이 본래 채권의 시효 완성 전인지 후인지를 불문하고 그 채무불이행을 이유로 한 해제권 및 이에 기한 원상회복청구권을 행사할 수 없다(대법원 2022.9.29. 선고 2019다204593 판결).

→ 본래 채권의 소멸시효가 완성된 경우, 그 채무의 이행불능을 이유로 채권자가 법정해제권 등을 행사할 수 없다(대법원 2023.5.18. 선고 2020다8432 판결).

문제 丙회사는 2007. 1. 10. 乙소유의 X부동산을 3억원에 매수하는 내용의 매매계약을 乙과 체결하고, 계약금 3,000만원을 지급하였다. 매매계약에 따르면 丙회사는 2007. 2. 28.에 중도금으로 6,000만원을, 丙회사가 X부동산 일대에서 추진하던 공동주택건설사업의 사업계획승인 후 10일 이내 잔금으로 2억 1,000만원을 지급하고, 乙은 잔금 수령과 동시에 소유권이전등기의무를 이행하도록 정하고 있었다.
하지만 丙회사는 중도금 및 잔금을 지급하지 않았고 2012. 2.경까지도 사업계획승인을 얻지 못했다. 乙은 2012. 2. 10. 丁에게 X부동산을 매도하고, 2012. 2. 13. X부동산에 관한 소유권이전등기를 마쳐 주었다.
한편 甲은 丙회사에 대해 약정금 13억원과 지연손해금의 지급을 명하는 지급명령을 받았고, 위 지급명령은 2016. 8. 2. 확정되었다. 甲은 2017. 1. 5. 위 지급명령에 기한 채권을 집행채권으로, 丙회사를 채무자, 乙을 제3채무자로 하여 乙의 채무불이행에 따른 계약의 해제로 인하여 丙회사가 乙에 대하여 가지는 계약금 등 반환채권에 대하여 압류·추심명령을 받았고, 이는 2017. 2. 11. 乙에게 송달되었다.
乙은 甲의 압류·추심명령에 기한 추심금 청구에 대하여 甲의 청구는 이미 시효로 인하여 소멸한 채권에 기한 청구라는 내용의 항변을 하였다. 법원의 판단은?

→ **1. 甲이 丙의 해제권을 해제할 수 있는지 여부**

금전채권에 대해 압류·추심명령이 이루어지면 채권자는 민사집행법 제229조 2항에 따라 대위절차 없이 압류채권을 직접 추심할 수 있는 권능을 취득한다. 추심명령을 받은 채권자는 채권의 추심에 필요한 채무자의 일체의 권리를 채무자에 갈음하여 자기 명의로 재판상 또는 재판외에서 행사할 수 있다. 다만 추심채권자는 추심 목적을 넘는 행위, 가령 피압류채권의 면제, 포기, 기한 유예, 채권양도 등의 행위는 할 수 없다(대판 2020.10.29, 2016다

35390). 따라서 추심채권자 甲은 丙이 乙의 채무불이행을 이유로 계약을 해제할 수 있는 경우, 丙에 갈음하여 乙과 丙사이의 매매계약을 해제할 수 있다. 丙이 이행불능을 이유로 乙과의 계약을 해제할 수 있기 위해서는 乙의 소유권이전등기의무가 유효하게 존속하고 있어야 한다.

2. 丙의 소유권이전등기청구권이 시효완성되었는지 여부

매매계약에 기하여 丙이 乙에 대하여 가지는 X부동산에 관한 소유권이전등기청구권은 상사채권으로서 그 소멸시효기간은 5년이다. 이 계약에서는 丙의 소유권이전등기청구권의 이행기를 매매대금 잔금지급기일로 정한 것으로 볼 수 있는데, 잔금지급기일은 사업계획승인 후 10일 이내의 불확정기한이다. 당사자가 불확정한 사실이 발생한 때를 이행기로 정하였다면 그 사실이 발생한 때는 물론 그 사실의 발생이 불가능하게 된 때에도 이행기가 도래하였다고 보아야 한다(대판 2018.4.24, 2017다205127). 丙은 乙에게 계약금만 지급하고는 계약에 따른 이행을 전혀 하지 않았고, 사업계획승인도 받지 못하였다. 결국 사업계획승인은 이미 불가능하게 됨으로써 丙의 소유권이전등기청구권의 이행기가 도래하였고, 甲의 계약에 관한 해제의 의사표시가 포함된 압류·추심명령이 乙에게 도달한 2017. 2. 11.에는 그 이행기로부터 5년이 지나 丙의 소유권이전등기청구권이 시효가 완성되었다고 볼 수 있다.

3. 乙의 이행불능으로 인한 丙의 해제권 존재 여부

채무자가 이행해야 할 본래 채무가 이행불능이라는 이유로 계약을 해제하려면 그 이행불능의 대상이 되는 채무자의 본래 채무가 유효하게 존속하고 있어야 한다. 제167조는 "소멸시효는 그 기산일에 소급하여 효력이 생긴다."라고 정한다. 본래 채권이 시효로 인하여 소멸하였다면 그 채권은 그 기산일에 소급하여 더는 존재하지 않는 것이 되어 채권자는 그 권리의 이행을 구할 수 없는 것이고, 이와 같이 본래 채권이 유효하게 존속하지 않는 이상 본래 채무의 불이행을 이유로 계약을 해제할 수 없다(대판 2022.9.29, 2019다204593). 설문에서 본래 채권인 丙의 소유권이전등기청구권이 시효로 인하여 소멸하였다면 그 기산일에 소급하여 그 채권은 존재하지 않는 것이 되므로, 乙이 X부동산을 丁에게 매도하였더라도 丙은 乙의 채무불이행을 이유로 계약을 해제하거나 계약 해제를 전제로 한 원상회복청구권을 행사할 수 없다.

4. 결론

丙은 乙의 채무불이행 시점이 본래 채권의 시효완성 전인지 후인지를 불문하고 그 채무불이행을 이유로 해제권 및 이에 기한 원상회복청구권을 행사할 수 없으므로, 추심채권자 甲은 丙에 갈음하여 乙에 대해 해제권을 행사할 수 없다. 따라서 법원은 원고 甲의 청구를 기각해야 한다.

변호사시험 기출문제

문제 1 **〈기초적 사실관계〉**

甲은 2015. 1. 20. 乙에게 甲 소유의 Y토지(이하 '이 사건 토지'라 한다)를 매도하기로 하는 매매계약(이하 '이 사건 계약'이라 한다)을 체결하였다. 이 사건 계약의 내용은 다음과 같다. "매매대금을 5억원으로 하되, 계약금 5,000만원은 계약 당일 지급하고, 중도금 2억원은 2015. 4. 15.에 지급하고, 잔금 2억 5,000만원은 2015. 8. 10. 소유권이전등기서류를 교부받음과 동시에 지급하기로 한다."
[아래의 각 문제는 독립적이며, 공유일 여부는 고려하지 말 것] (제5회 변호사시험, 2016)

〈추가된 사실관계〉

乙은 이 사건 계약에 따라 계약 당일 甲에게 계약금 전부를 지급하였고, 2015. 4. 15. 중도금 전부를 지급하였다. 그 무렵 이 사건 토지를 포함한 주변 일대가 도시개발법에 따라 도시개발계획이 결정되어 도시개발구역 지정 고시가 이루어졌고, 이로 인하여 이 사건 토지의 가격상승이 기대되자 甲은 乙과 매매계약을 체결한 것을 후회하였다. 평소 丙은 이 사건 토지에 건물을 신축하여 식당을 운영할 계획을 가지고 있었는데, 우연히 甲이 이 사건 토지에 대한 매매를 후회한다는 사실을 알게 되었다. 이에 丙은 이 사건 토지에 대한 매매계약이 있음을 알면서도 甲과 교섭하여 2015. 7. 5. 이 사건 토지에 대하여 대금을 7억원으로 하는 매매계약을 체결하고, 2015. 8. 4. 매매대금 전액을 지급하고 소유권이전등기를 넘겨받았다.

1. 乙은 이 사건 토지에 대한 소유권이전등기를 넘겨받거나, 자신의 손해를 보전 또는 최소화하기 위한 법적조치를 취하려 한다.

(1) 乙이 甲을 상대로 이 사건 토지에 대한 매매를 원인으로 한 소유권이전등기청구를 하는 경우 인용가능 여부 및 그 논거를 서술하시오(단, 소송에서 예상 가능한 항변은 모두 주장된 것으로 한다). (10점)

→ 매매를 원인으로 乙이 甲을 상대로 Y토지의 소유권이전등기를 청구할 수 있기 위해서는, 甲의 소유권이전등기의무가 이행이 가능하여야 한다. 설문에서 甲의 乙에 대한 배임행위에 제2매수인 丙이 적극 가담한 경우, 제2매매계약은 반사회적 법률행위로서 무효이다(민법 제103조). 하지만 丙은 甲이 Y토지에 대한 매매를 후회한다는 사실을 알면서 甲과 매매계약을 체결하였을 뿐, 특별히 배임행위에 적극 가담할만한 사유가 존재하지 않는다. 따라서 丙명의의 소유권이전등기가 유효하고, 그 결과 甲의 乙에 대한 소유권이전등기의무는 이행불능의 상태에 있으므로, 乙의 청구는 인용될 수 없다.

(2) 乙이 甲을 상대로 금전지급을 구하는 청구를 하려고 하는 경우 가능한 권리구제 수단 및 그 논거를 서술하시오. (20점)

→ **(가) 乙의 甲에 대한 계약해제권과 원상회복청구권**

Y토지에 대한 甲과 丙 사이의 매매계약뿐만 아니라 丙명의의 소유권이전등기도 유효하므

로, 乙은 甲에 대하여 이행불능을 이유로 매매계약을 해제할 수 있다(민법 제546조). 계약을 해제하면 乙은 甲에게 원상회복을 청구할 수 있다(제548조). 따라서 乙은 甲에 대해 계약해제와 동시에 계약금 5,000만원 및 이에 대한 2015. 1. 20.부터 반환할 때까지 5%의 법정이자, 중도금 2억원 및 이에 대한 2015.4.15.부터 반환할 때까지 5%의 법정이자 및 지연손해금의 지급을 청구할 수 있다(제548조 2항, 제397조 1항). 계약의 해제는 손해배상의 청구에 영향을 미치지 않는다(제551조).

(나) 민법 제390조의 채무불이행을 원인으로 한 乙의 손해배상청구권

甲의 책임 있는 사유로 인해 甲의 乙에 대한 소유권이전등기의무가 후발적 불능으로 되었으므로, 乙은 甲에 대해 민법 제390조에 따라 손해배상을 청구할 수 있다. 손해배상의 범위는 이행불능 당시인 丙이 소유권이전등기를 마친 2015.8.4. Y토지 시가 상당액이다. 결국 전매차익 2억원이다.

(다) 乙의 甲에 대한 대상청구권

대상청구권이 인정되기 위해서는, ① 급부가 후발적으로 불능하게 되어야 하고, ② 급부를 불능하게 하는 사정의 결과로 채무자가 채권의 목적물에 관하여 '대신하는 이익'을 취득하여야 한다(대판 2003.11.14, 2003다35482). 설문의 경우, 甲과 丙 사이의 매매계약과 丙명의의 소유권이전등기가 유효하므로, 甲의 乙에 대한 소유권이전등기의무가 후발적으로 불능으로 되었고, 甲은 Y토지에 관하여 매매대금 7억원을 취득하였다. 따라서 乙은 대상청구권을 행사할 수 있으며, 乙이 그 대상의 취득을 원할 경우에는 반대급부를 하여야 하므로, 잔금 2억 5,000만원을 지급하고 甲에 대하여 丙으로부터 받은 7억원의 반환을 청구할 수 있다.

〈변경된 사실관계. 다만 제2문의2 문제 1에서 추가된 사실관계와는 별개임〉

乙은 계약금 마련에 곤란을 겪다 계약체결 당일 계약금 중 2,000만원만을 지급하고 나머지 계약금을 지급하지 못하고 있었다. 이런 상태에서 甲이 丙의 매수 제안을 받게 되자 甲은 2015. 4. 15. 乙에게 2,000만원의 배액인 4,000만원을 제공하면서 내용증명우편을 통해 계약해제의 의사표시를 하였고, 위 내용증명우편은 2015. 4. 17. 乙에게 도달하였다. 이에 대하여 乙은 자신이 계약금의 일부를 지급하지 못한 것은 잘못이나, 그렇다고 하더라도 甲이 계약해제를 위해 지급할 금원은 4,000만원이 아닌 계약금의 배액인 1억원이므로 계약은 여전히 유효하다고 주장한다.

2. 이 경우 甲의 계약해제는 적법한 것인지에 대한 결론과 그 논거를 서술하시오. (10점)

➜ 당사자 일방이 이행에 착수할 때까지 교부자는 이를 포기하고 수령한 자는 그 배액을 상환하여 매매계약을 해제할 수 있다(민법 제565조 1항). 하지만 계약금계약은 요물계약이므로 계약금이 전부 지급되지 않는 한 계약금으로서의 효력이 없다(대판 2008.3.13, 2007다73611).

따라서 甲은 제565조에 의하여 乙로부터 수령한 2,000만원의 배액인 4,000만원을 상환하고 매매계약을 해제할 수 없다. 참고로 "매수인이 잔금을 지불하기 전까지 매도인은 '계약금의 배액'을 배상하고, 매수인은 계약금을 포기하고 계약을 해제할 수 있다"고 계약체결시에 약정한 경우, 매도인은 계약금의 '일부'만 지급받았더라도 약정해제권을 행사할 수 있지만, 이때에도 지급받은 금원의 배액만을 상환하고 매매계약을 해제할 수 없다(대판 2015.4.23, 2014다231378). 해약금의 기준이 되는 금원은 실제 교부받은 계약금이 아니라 약정계약금이기 때문이다.

문제 2 甲은 2012. 4. 20. 乙과 혼인하였다. 甲과 乙은 2020. 3. 8. "甲이 사망할 경우 甲의 모든 재산을 아내인 乙에게 준다."라는 내용의 증여계약서를 작성하였다. 甲은 위와 같은 증여계약을 체결한 후 마음이 변하여 위 계약을 일방적으로 해제 또는 철회하고자 한다. 甲은 위 계약을 해제 또는 철회할 수 있는가? (10점) (제13회 변호사시험, 2024)

➜ **1. 甲이 증여계약을 해제할 수 있는지 여부**

증여의 의사가 서면으로 표시되지 않은 경우에는 각 당사자는 이를 해제할 수 있다(민법 제555조). 설문의 경우, 甲과 乙사이에 증여계약이 서면으로 작성되었으므로, 甲은 이를 해제할 수 없다.

2. 甲이 증여계약을 철회할 수 있는지 여부

'甲이 사망할 경우 甲의 모든 재산을 乙에게 준다'는 甲과 乙사이에 체결한 증여계약의 효력은 甲의 사망으로 발생하므로, 이는 사인증여에 해당한다. 민법 제562조는 사인증여에는 유증에 관한 규정을 준용한다고 정하고 있고, 제1108조 1항은 유증자는 유증의 효력이 발생하기 전에 언제든지 유언 또는 생전행위로써 유증 전부나 일부를 철회할 수 있다고 정하고 있다. 사인증여는 증여자의 사망으로 인하여 효력이 발생하는 무상행위로 실제적 기능이 유증과 다르지 않으므로, 증여자의 사망 후 재산 처분에 관하여 유증과 같이 증여자의 최종적인 의사를 존중할 필요가 있다. 따라서 유증의 철회에 관한 제1108조 1항은 사인증여에 준용되므로(대판 2022.7.28, 2017다245330), 甲은 乙과의 사인증여를 철회할 수 있다.

제5절 매 매

Ⅰ. 해약금

> ❐ [1] 매도인이 민법 제565조에 따라 계약금의 배액을 상환하고 계약을 해제하려면 매수인이 이행에 착수할 때까지 하여야 하는데, 이때 '이행의 착수'는 객관적으로 외부에서 인식할 수 있는 정도로 채무 이행행위의 일부를 하거나 또는 이행을 하기 위하여 필요한 전제행위를 하는 경우를 말하는 것으로, 단순히 이행의 준비를 하는 것으로는 부족하지만, 반드시 계약 내용에 들어맞는 이행의 제공에까지 이르러야 하는 것은 아니다. 또한 민법 제565조가 해제권 행사의 시기를 당사자 일방이 이행에 착수할 때까지로 제한한 것은 당사자 일방이 이미 이행에 착수한 경우 필요한 비용을 지출하였을 것임은 물론 계약이 이행될 것으로 기대하고 있다고 볼 수 있으므로, 이 단계에서 상대방이 계약을 해제함에 따라 입게 될 불측의 손해를 방지하려는 것으로, 이행기의 약정이 있더라도 당사자가 채무의 이행기 전에 착수하지 아니하기로 하는 특약을 하는 등의 특별한 사정이 없는 이상, 이행기 전에 이행에 착수할 수 있다.
>
> [2] 부동산 매매계약에서 중도금 또는 잔금 지급기일은 일반적으로 계약금에 의한 해제권의 유보기간의 의미를 가진다고 이해되고 있으므로, 계약에서 정한 **매매대금의 이행기가 매도인을 위해서도 기한의 이익**을 부여하는 것이라고 볼 수 있다면, 채무자가 이행기 전에 이행에 착수할 수 없는 특별한 사정이 있는 경우에 해당한다고 할 수 있다(대법원 2024.1.4. 선고 2022다256624 판결).

문제 甲은 2020. 11. 3. 乙로부터 X아파트의 분양권을 매매대금 4억원에 매수하는 계약을 체결하고, 같은 날 乙에게 계약금 2,000만원을 지급하였다. 甲과 乙사이에는 중도금 지급에 대하여 별다른 정함이 없고, 잔금 지급방법에 관하여는 甲이 ① 2021. 1. 4. 1억원을 지급하고, ② 시공사에 잔존 분양금액 1억 2,000만원을 지급하며, ③ 금융기관 중도금 대출 관련 1억 6,000만원을 자기 책임 아래 승계하여 상환하도록 정하였다. 甲과 乙사이의 매매계약 특약사항에는 "잔금일은 2021. 1. 4.로 정하고 ○○건설 본사 일정 및 상호협의 하에 앞당겨질 수 있다"는 내용이 포함되어 있다.
甲은 2020. 11. 9. 乙명의 계좌로 거래 명목을 '축 생신'으로 기재하여 총 4회에 걸쳐 합계 2,000만원을 송금하였으나, 그 전후에 乙에게 송금사실을 고지한 적은 없었다. 乙은 2020. 11. 13. 甲의 송금사실을 알고서 그 직후부터 수차례에 걸쳐 甲에게 반환하겠다고 고지하였으나, 甲은 이를 거부하였다. 乙은

2020. 11. 23. 甲에게 계약을 해제하겠다는 의사를 표시하였고, 2020. 12. 1. 피공탁자를 甲으로 하여 계약금의 배액을 포함한 6,000만원을 공탁하였다. 乙은 甲에게 계약이 적법하게 해제되었다고 주장한다. 乙의 주장이 타당한지 결론과 논거를 서술하시오.

➜ **1. 결론**

甲과 乙사이의 계약은 해제되었으므로, 乙의 주장은 타당하다.

2. 근거

(1) 이행기 전에 이행에 착수할 수 있는지 여부

매도인이 민법 제565조에 따라 계약금의 배액을 상환하고 계약을 해제하려면 매수인이 이행에 착수할 때까지 하여야 하는데, 이때 '이행의 착수'는 객관적으로 외부에서 인식할 수 있는 정도로 채무 이행행위의 일부를 하거나 또는 이행을 하기 위하여 필요한 전제행위를 하는 경우를 말하며, 이행기의 약정이 있더라도 당사자가 채무의 이행기 전에 착수하지 않기로 하는 특약을 하는 등의 특별한 사정이 없는 이상, 이행기 전에 이행에 착수할 수 있다(대판 2024.1.4, 2022다256624).

(2) 계약에서 정한 매매대금의 이행기가 매도인 乙을 위해서도 기한의 이익을 부여하는 것으로 볼 수 있는지 여부

(가) 부동산 매매계약에서 중도금 또는 잔금 지급기일은 일반적으로 계약금에 의한 해제권의 유보기간의 의미를 가진다고 이해되고 있으므로, 계약에서 정한 매매대금의 이행기가 '매도인을 위해서도 기한의 이익'을 부여하는 것이라고 볼 수 있다면, 채무자가 이행기 전에 이행에 착수할 수 없는 특별한 사정이 있는 경우에 해당한다고 할 수 있다(대판 2024.1.4, 2022다256624).

(나) 설문의 경우, 계약에서 잔금 지급기일을 정하는 외에 사전 지급에 관한 특약을 하였다는 점, 매수인 甲이 잔금 지급기일에 앞서 송금한 액수와 명목, 이에 대한 매도인 乙의 반응과 조치 등을 고려할 때, 잔금 지급기일과 관련하여 매도인 乙에게도 기한의 이익이 인정되므로 甲이 잔금 지급기일 전에 이행에 착수할 수 없는 특별한 사정이 있는 경우에 해당한다. 따라서 甲이 계약에서 정한 잔금 지급기일이 도래하기 전에 잔금 중 일부를 일방적으로 지급하였더라도, 그러한 사정만으로 매매계약에서 정한 잔금 지급의 이행에 착수하였다거나 乙의 계약해제권이 소멸하였다고 볼 수 없다.

(3) 민법 제565조에 의해 계약이 해제되었는지 여부

매도인은 매수인이 계약의 이행에 착수하기 전까지 제565조 1항에 따라 계약금의 배액을 상환하거나 적어도 그 이행제공을 하고 계약을 해제할 수 있다(대판 2021.9.16, 2020다213364). 설문의 경우, 매도인 乙이 계약을 해제하겠다는 의사를 표시하고 계약금의 배액을 포함한 6,000만원을 공탁하였다. 따라서 甲과 乙사이의 계약은 해제되었다.

Ⅱ. 매도인의 하자담보책임

❐ 매매의 목적물이 거래통념상 기대되는 객관적 성질이나 성능을 갖추지 못한 경우 또는 당사자가 예정하거나 보증한 성질을 갖추지 못한 경우에 매도인은 민법 제580조에 따라 매수인에게 그 하자로 인한 담보책임을 부담한다. 매매의 목적물에 하자가 있는 경우 매도인의 하자담보책임과 채무불이행책임은 별개의 권원에 의하여 경합적으로 인정된다. 이 경우 특별한 사정이 없는 한 하자를 보수하기 위한 비용은 매도인의 하자담보책임과 채무불이행책임에서 말하는 손해에 해당한다. 따라서 매매 목적물인 토지에 폐기물이 매립되어 있고 매수인이 폐기물을 처리하기 위해 비용이 발생한다면 매수인은 그 비용을 제390조에 따라 채무불이행으로 인한 손해배상으로 청구할 수도 있고, 제580조 제1항에 따라 하자담보책임으로 인한 손해배상으로 청구할 수도 있다(대법원 2021.4.8. 선고 2017다202050 판결).

제6절 임대차

Ⅰ. 임대차의 존속기간

❐ 소유자가 소유권의 핵심적 권능에 속하는 사용·수익의 권능을 대세적으로 포기하는 것은 특별한 사정이 없는 한 허용되지 않으나, 특정인에 대한 관계에서 채권적으로 사용·수익권을 포기하는 것까지 금지되는 것은 아니다(대법원 2017.6.19. 선고 2017다211528,211535 판결). 따라서 임대차기간이 영구인 임대차계약을 인정할 실제의 필요성도 있고, 이러한 임대차계약을 인정한다고 하더라도 사정변경에 의한 차임증감청구권이나 계약 해지 등으로 당사자들의 이해관계를 조정할 수 있는 방법이 있을 뿐만 아니라, 임차인에 대한 관계에서만 사용·수익권이 제한되는 외에 임대인의 소유권을 전면적으로 제한하는 것도 아닌 점 등에 비추어 보면, 당사자들이 자유로운 의사에 따라 임대차기간을 영구로 정한 약정은 이를 무효로 볼 만한 특별한 사정이 없는 한 계약자유의 원칙에 의하여 허용된다고 보아야 한다.

특히 영구임대라는 취지는, 임대인이 차임지급 지체 등 임차인의 귀책사유로 인한 채무불이행이 없는 한 임차인이 임대차관계의 유지를 원하는 동안 임대차계약이 존속되도록 이를 보장하여 주는 의미로, 위와 같은 임대차기간의 보장은 임대인에게는 의무가 되나 임차인에게는 권리의 성격을 갖는 것이므로 **임차인으로서는 언제라도 그 권리를 포기**할 수 있고, 그렇게 되면 임대차계약은 임차인에게 **기간의 정함이 없는 임대차**가 된다(대법원 2023.6.1. 선고 2023다209045 판결).

Ⅱ. 임대차의 효력

❒ 임차인이 임대인의 동의를 받지 않고 제3자에게 임차권을 양도하거나 전대하는 등의 방법으로 임차물을 사용·수익하게 하더라도, 임대인이 이를 이유로 임대차계약을 해지하거나 그 밖의 다른 사유로 임대차계약이 적법하게 종료되지 않는 한 임대인은 임차인에 대하여 여전히 차임청구권을 가지므로, **임대차계약이 존속하는 한도 내에서는 제3자에게 불법점유를 이유로 한 차임상당 손해배상청구나 부당이득반환청구를 할 수 없다.** 그러나 **임대차계약이 종료된 이후**에는 임차물을 소유하고 있는 임대인은 제3자를 상대로 위와 같은 손해배상청구나 부당이득반환청구를 할 수 있다(대법원 2023.3.30. 선고 2022다296165 판결).

❒ 임차인은 선량한 관리자의 주의를 다하여 임대차 목적물을 보존하고, 임대차가 종료하면 임대차 목적물을 원상에 회복하여 반환할 의무를 부담한다(민법 제374조, 제654조, 제615조). 채무자가 채무의 내용에 따른 이행을 하지 않은 때에는 채권자는 손해배상을 청구할 수 있고, 다만 채무자가 고의나 과실 없이 이행할 수 없게 되었다는 점을 증명한 때에는 책임을 지지 않는다(제390조).

임대차가 종료한 경우 임차인이 반환할 임대차 목적물이 훼손되었음을 이유로 임대인이 임차인의 목적물 반환의무 불이행에 따른 손해배상을 구하는 경우, 임차인은 불이행이 자기가 책임질 수 없는 사유로 발생한 것이라는 증명을 다하지 못하면 목적물 반환의무의 불이행에 따른 손해를 배상할 책임을 지고, 훼손의 구체적인 발생 원인이 밝혀지지 않은 때에도 마찬가지이다. 다만 **임대차계약 존속 중에 발생한 훼손이 임대인이 지배·관리하는 영역에 존재하는 하자로 발생한 것으로 추단된다면,** 하자를 보수·제거하는 것은 임대차 목적물을 사용·수익하기에 필요한 상태로 유지하여야 하는 임대인의 의무에 속하고, 임차인이 하자를 미리 알았거나 알 수 있었다는 등의 특별한 사정이 없는 한, 임대인은 훼손으로 인한 목적물 반환의무의 불이행에 따른 손해배상책임을 임차인에게 물을 수 없다. 이러한 법리는 임대인이 훼손된 임대차 목적물에 관하여 수선의무를 부담하더라도 동일하게 적용된다

(대법원 2019.4.11. 선고 2018다291347 판결).

❒ 임차인이 임대인 소유 건물의 일부를 임차하여 사용·수익하던 중 임차 건물 부분에서 화재가 발생하여 임차 건물 부분이 아닌 건물 부분(이하 '임차 외 건물 부분'이라 한다)까지 불에 타 그로 인해 임대인에게 재산상 손해가 발생한 경우, **임차인이 보존·관리의무를 위반**하여 화재가 발생한 원인을 제공하는 등 화재 발생과 관련된 임차인의 계약상 의무 위반이 있었음이 증명되고, 그러한 의무 위반과 임차 외 건물 부분의 손해 사이에 상당인과관계가 있으며, 임차 외 건물 부분의 손해가 그러한 의무 위반에 따른 통상의 손해에 해당하거나, 임차인이 그 사정을 알았거나 알 수 있었을 특별한 사정으로 인한 손해에 해당한다고 볼 수 있는 경우라면, 임차인은 임차 외 건물 부분의 손해에 대해서도 민법 제390조, 제393조에 따라 임대인에게 손해배상책임을 부담하게 된다.

나아가 임차 외 건물 부분이 구조상 불가분의 일체를 이루는 관계에 있는 부분이라 하더라도, 그 부분에 발생한 손해에 대하여 임대인이 임차인을 상대로 채무불이행을 원인으로 하는 배상을 구하려면, 임차인이 보존·관리의무를 위반하여 화재가 발생한 원인을 제공하는 등 화재 발생과 관련된 임차인의 계약상 의무 위반이 있었고, 그러한 의무 위반과 임차 외 건물 부분의 손해 사이에 상당인과관계가 있으며, 임차 외 건물 부분의 손해가 의무 위반에 따라 제393조에 의하여 배상하여야 할 손해의 범위 내에 있다는 점에 대하여 임대인이 주장·증명하여야 한다(대법원 2018.10.25. 선고 2015다219030 판결).

❒ 민법 제623조는 "임대인은 계약존속 중 그 사용, 수익에 필요한 상태를 유지하게 할 의무를 부담한다"고 정하고 있다. 따라서 건물을 타인에게 임대한 소유자가 건물을 적합하게 유지·관리할 의무를 위반하여 임대목적물에 필요한 안전성을 갖추지 못한 설치·보존상의 하자가 생기고 그 하자로 인하여 임차인에게 손해를 입힌 경우, 건물의 소유자 겸 임대인은 임차인에게 **공작물책임과 수선의무 위반에 따른 채무불이행책임**을 진다(대법원 2017.8.29. 선고 2017다227103 판결).

→ 건물의 1층 천장 겸 2층 바닥으로 사용되는 콘크리트 슬래브는 건물의 특정한 층에 배타적으로 귀속된 것이 아니라 건물 전체에 공동으로 제공되거나 해당 콘크리트 슬래브에 인접한 층들에 공동으로 제공·사용되는 부분으로 볼 수 있다. 따라서 해당 콘크리트 슬래브는 건물 1층의 소유에도 필요한 부분으로서 그 소유자의 유지·관리의무의 대상이 되고, 소유자 겸 임대인은 콘크리트 슬래브에 존재하는 설치·보존상의 하자와 관련된 사고가 발생하는 경우, 1층의 점유자나 임차인이 입은 손해를 배상할 책임을 진다.

문제 甲은 자신의 상가건물 중 1층을 창고형 할인매장 용도로 乙에게 임대하였다. 그런데 乙이 1층을 甲으로부터 인도받아 영업을 하던 중 1층 천장 겸 2층 바닥으로 사용되는 콘크리트 슬래브에 매설된 상수도 배관이 부식되어 파열되면서 누수가 발생하여 乙의 재고자산 등이 침수되어 피해가 발생하였다. 이 경우 乙은 甲에 대하여 손해배상을 청구할 수 있는가?

→ **1. 민법 제623조, 제390조에 의한 乙의 甲에 대한 손해배상청구권**

임대인은 계약존속 중 그 사용·수익에 필요한 상태를 유지하게 할 의무를 부담한다(제623조)고 정하고 있다. 설문에서 상가건물 중 1층을 乙에게 임대한 소유자 甲은 건물을 적합하게 유지·관리할 의무를 위반하여 임대목적물에 필요한 안전성을 갖추지 못한 설치·보존상의 하자가 생기고 그 하자로 인하여 乙에게 손해를 입혔다. 따라서 乙은 甲을 상대로 채무불이행을 이유로 제390조에 따라 손해배상을 청구할 수 있다(대판 2017.8.29, 2017다227103).

2. 민법 제758조에 의한 乙의 甲에 대한 손해배상청구권

공작물의 설치 또는 보존의 하자로 인하여 타인에게 손해를 가한 때에는 공작물 점유자 또는 소유자는 손해를 배상할 책임이 있다(제758조 1항). 공작물의 설치·보존상의 하자로 인한 사고는 공작물의 설치·보존상의 하자만이 손해발생의 원인이 되는 경우만을 말하는 것이 아니고, 공작물의 설치·보존상의 하자가 사고의 공동원인 중 하나가 되는 이상 사고로 인한 손해는 공작물의 설치·보존상의 하자로 생긴 것이라고 보아야 한다(대판 2017.8.29, 2017다227103). 설문에서 콘크리트 슬래브는 상가건물의 특정한 층에 배타적으로 귀속된 것이 아니라 건물 전체에 공동으로 제공되거나 인접한 층들에 공동으로 제공·사용되는 부분이어서 건물 1층의 소유에도 필요한 부분이다. 따라서 콘크리트 슬래브에 존재하는 설치·보존상 하자로 인해 乙에게 피해가 발생하였으므로, 乙은 甲에게 공작물책임을 주장할 수 있다.

3. 결론

乙은 甲을 상대로 채무불이행으로 인한 손해배상과 공작물책임을 주장할 수 있고, 따라서 乙의 甲에 대한 청구권은 경합한다.

❐ 임대인은 임차인에게 목적물을 인도하여 이를 사용·수익할 수 있도록 할 의무를 부담하고, 임차인은 이에 대하여 차임을 지급할 의무를 부담한다(민법 제618조, 제623조). 이러한 임대인과 임차인의 의무는 특별한 사정이 없는 한 임대차계약이 유효하게 성립하면 발생하는 것이고, 상대방의 의무 이행이나 이행의 제공이 있어야 비로소 발생하는 것은 아니다. 그러므로 임차인의 차임 지급의무는 그가 임대인으로부터 목적물을 인도받았는지와 무관하게 임대차계약의 효력으로서 발생한다. 다만 임대인의 위와 같은 의무는 임차인의 차임 지

급의무와 서로 대응하는 관계에 있으므로, 임대인이 이러한 의무를 불이행하여 목적물의 사용·수익에 지장이 있으면 임차인은 지장이 있는 한도에서 차임 지급을 거절할 수 있다(대법원 2024.9.13. 선고 2024다256116 판결).

❐ 임차인이 임차물의 보존에 관한 필요비를 지출한 때에는 임대인에게 상환을 청구할 수 있다(제626조 1항). 여기에서 필요비란 임차인이 임차물의 보존을 위하여 지출한 비용을 말한다. 임대차계약에서 임대인은 목적물을 계약존속 중 사용·수익에 필요한 상태를 유지하게 할 의무를 부담하고, 이러한 의무와 관련한 임차물의 보존을 위한 비용도 임대인이 부담해야 하므로, 임차인이 필요비를 지출하면, 임대인은 이를 상환할 의무가 있다. 임대인의 필요비상환의무는 특별한 사정이 없는 한 임차인의 차임지급의무와 서로 대응하는 관계에 있으므로, 임차인은 지출한 필요비 금액의 한도에서 차임의 지급을 거절할 수 있다(대법원 2019.11.14. 선고 2016다227694 판결).

❐ 건물 등의 소유를 목적으로 하는 토지 임대차에서 임대차 기간이 만료되거나 기간을 정하지 않은 임대차의 해지통고로 임차권이 소멸한 경우에 임차인은 민법 제643조에 따라 임대인에게 상당한 가액으로 건물 등의 매수를 청구할 수 있다. 임차인의 지상물매수청구권은 국민경제적 관점에서 지상 건물의 잔존 가치를 보존하고 토지소유자의 배타적 소유권 행사로부터 임차인을 보호하기 위한 것으로서, 원칙적으로 **임차권 소멸 당시에 토지소유권을 가진 임대인**을 상대로 행사할 수 있다. 임대인이 제3자에게 토지를 양도하는 등으로 토지소유권이 이전된 경우에는 임대인의 지위가 승계되거나 임차인이 토지소유자에게 임차권을 대항할 수 있다면 새로운 토지소유자를 상대로 지상물매수청구권을 행사할 수 있다.

한편 토지소유자가 아닌 제3자가 토지 임대행위를 한 경우에는 제3자가 토지 소유자를 적법하게 대리하거나 토지소유자가 제3자의 무권대리행위를 추인하는 등으로 임대차계약의 효과가 토지소유자에게 귀속되었다면 토지소유자가 임대인으로서 지상물매수청구권의 상대방이 된다. 그러나 제3자가 임대차계약의 당사자로서 토지를 임대하였다면, 토지소유자가 임대인의 지위를 승계하였다는 등의 특별한 사정이 없는 한 **임대인이 아닌 토지소유자**가 직접 지상물매수청구권의 상대방이 될 수는 없다(대법원 2017.4.26. 선고 2014다72449,72456 판결).

❐ 건물의 소유를 목적으로 하는 토지 임차인의 지상물매수청구권 행사의 상대방은 원칙적으로 **임차권 소멸 당시의 토지소유자인 임대인**이다. 토지소유자가 아닌 제3자가 토지를 임대한 경우에 **임대인**은 특별한 사정이 없는 한 지상물매수청구권의 상대방이 될 수 없다(대법원 2022.4.14. 선고 2020다254228,254235 판결).

→ 국가로부터 국유 토지의 관리를 위탁받은 甲회사와 사용수익계약을 체결하여 그 토지

> 위에 건물을 건축한 乙회사가 계약기간 만료 후 甲회사를 상대로 지상물매수청구권을 행사한 경우, 甲회사는 국유 토지의 관리를 위탁받아 乙회사와 사용수익계약을 체결한 자일뿐 토지소유자가 아니므로 지상물매수청구권의 상대방이 될 수 없다.

문제 甲의 형인 乙명의로 소유권이전등기를 마친 후 甲의 아버지인 丙명의로 소유권이전청구권 가등기를 마친 X토지에 관하여, 丙이 丁에게 기간을 정하지 않고 건물의 소유를 목적으로 X토지를 임대하였고, 그 후 X토지에 관하여 甲명의로 소유권이전등기를 마쳐졌다. 甲은 丁을 상대로 X토지에 건립된 丁소유의 Y건물의 철거와 X토지의 인도를 청구한다. 이에 丁은 Y건물의 매수를 청구한다. 丁의 청구는 인용될 수 있는가?

➜ 임대인이 제3자에게 토지를 양도하는 등으로 토지소유권이 이전된 경우에는 임대인의 지위가 승계되거나 임차인이 토지 소유자에게 임차권을 대항할 수 있다면 새로운 토지소유자를 상대로 지상물매수청구권을 행사할 수 있다(민법 제643조). 또한 토지소유자가 아닌 제3자가 토지 임대행위를 한 경우에는 제3자가 토지소유자를 적법하게 대리하거나 토지소유자가 제3자의 무권대리행위를 추인하는 등으로 임대차계약의 효과가 토지소유자에게 귀속되었다면 토지소유자가 임대인으로서 지상물매수청구권의 상대방이 된다. 그러나 제3자가 임대차계약의 당사자로서 토지를 임대하였다면, 토지소유자가 임대인의 지위를 승계하였다는 등의 특별한 사정이 없는 한 임대인이 아닌 토지소유자가 직접 지상물매수청구권의 상대방이 될 수 없다(대판 2017.4.26, 2014다72449,72456). 설문에는 甲이 임대인 丙의 지위를 승계하였다고 볼 만한 사정이 존재하지 않으므로, 丙으로부터 X토지를 임차한 丁은 임대인이 아닌 토지소유자인 甲을 상대로 지상물매수청구권을 행사할 수 없다. 따라서 丁의 청구는 인용될 수 없다.

> ❐ 임대차계약 종료로 발생한 임차인의 목적물 반환의무와 임차인의 부속물매수청구권 행사로 발생한 임대인의 부속물 매매대금 지급의무는 동시이행관계에 있으므로, 임대인이 부속물 매매대금 지급의무를 이행하거나 적법하게 이행제공을 하는 등으로 임차인의 동시이행항변권을 상실시키지 않은 이상, 임차인이 적법한 부속물매수청구권 행사 후에 목적물을 계속 점유하는 것을 불법점유라고 할 수 없고 임차인은 이에 대한 손해배상의무를 지지 않는다(대법원 2025.5.15. 선고 2024다317332,317349 판결).
>
> ❐ 상계의 의사표시에 의하여 각 채무는 상계할 수 있는 때에 대등액에 관하여 소멸한 것으로 보게 되지만(민법 제493조 제2항), 이러한 상계의 소급효는 양 채권 및 이에 관한 이자나

> 지연손해금 등을 정산하는 기준시기를 소급하는 것일 뿐이고 특별한 사정이 없는 한 **상계의 의사표시 전에 이미 발생한 사실**을 복멸시키지는 아니한다(대법원 2025.5.15. 선고 2024다317332,317349 판결; 대법원 2015.10.29. 선고 2015다32585 판결).

문제 甲은 2018. 4. 25. 乙에게 자신의 X건물에 관하여 임대차 기간을 2018. 4. 30.부터 2020. 4. 29.까지, 차임 월 5,000만원으로 각 정하여 임대하는 내용의 임대차계약을 체결하였다. 이 사건 임대차계약은 2020. 4. 29. 종료되었지만, 乙은 X건물을 甲에게 반환하지 않고 사용·수익하고 있다.
이 사건 임대차계약서 제O조는 "임차인이 임대차계약 만료일까지 목적물을 반환하지 않는 경우, 임대인에게 임대차계약 만료일 다음 날부터 목적물 반환일까지의 기간에 대해 임대료의 1.3배에 상당하는 금액을 지급해야 한다"고 정하고 있다.
甲은 2023. 4. 30. 피고를 상대로 임대차계약의 종료에 따른 X건물의 인도와 X건물 인도의무 불이행에 의한 손해배상 예정액의 지급을 구하는 소를 제기하였다. 이에 乙이 X건물의 사용 편익을 위하여 甲의 동의를 얻어 설치한 조명시설, 소방설비에 대하여 부속물매수청구권을 행사한다는 의사가 표시된 2023. 5. 19. 자 준비서면이 2023. 5. 26. 甲에게 송달되었다. 이에 대해 甲은 乙의 불법점유로 인한 손해배상채권을 자동채권으로 하여 乙의 부속물 매매대금 채권과 대등액에서 상계한다는 의사가 표시된 2023. 6. 30. 자 준비서면이 같은 날 乙에게 송달되었다. 법원의 판단은?

➜ **1. 甲의 乙에 대한 손해배상 예정액의 지급 청구 인정 여부**

당사자는 채무불이행에 관한 손해배상액을 예정할 수 있다(민법 제398조 1항). 설문의 경우, 임차인이 임대차계약 만료일까지 목적물을 반환하지 않으면 인도일까지의 기간에 대해 임대료의 1.3배에 상당하는 금액을 지급하기로 약정하였으므로, 이는 손해배상액 예정으로서의 성질을 가진다. 따라서 乙은 甲에게 임대차계약 종료에 따른 X건물의 인도의무를 지체하고 있으므로, 이 사건 임대차계약서 제O조에서 정한 손해배상 예정액을 지급할 의무가 있다.

2. 乙의 X건물 인도의무와 甲의 부속물 매매대금 지급의무의 관계

(1) 건물 기타 공작물의 임차인이 그 사용의 편익을 위하여 임대인의 동의를 얻어 이에 부속한 물건이 있는 때에는 임대차의 종료시에 임대인에 대하여 그 부속물의 매수를 청구할 수 있다(제646조 1항). 설문의 경우, 乙이 2023. 5. 19. 자 준비서면의 송달로, 甲의 동의를 얻어 설치한 조명시설, 소방설비에 대한 부속물매수청구권을 행사하였으므로, 甲과 乙사이에 이에 관한 매매계약이 성립하였다. 따라서 甲은 乙에 대하여 부속물 매매대금 지급의무를 부담한다.

(2) 임대차계약 종료로 발생한 임차인의 목적물 반환의무와 임차인의 부속물매수청구권 행

사로 발생한 임대인의 부속물 매매대금 지급의무는 동시이행관계에 있다. 따라서 임대인이 부속물 매매대금 지급의무를 이행하거나 적법하게 이행제공을 하는 등으로 임차인의 동시이행항변권을 상실시키지 않은 이상, 임차인이 적법한 부속물매수청구권 행사 후에 목적물을 계속 점유하는 것을 불법점유라고 할 수 없고, 임차인은 이에 대한 손해배상의무를 지지 않는다(대판 2025.5.15, 2024다317332,317349).

설문의 경우, 甲이 상계의 의사표시에 앞서 부속물 매매대금 지급의무를 이행하였거나 적법하게 이행의 제공을 하였음을 알 수 있는 자료가 없다. 결국 乙의 X건물 반환의무와 甲의 부속물 매매대금 지급의무는 동시이행관계에 있으므로, 乙이 2023. 5. 26. 적법한 부속물매수청구권 행사 후에 X건물을 계속 점유하는 것을 불법점유라고 할 수 없다.

3. 상계의 소급효에 의하여 상계의 의사표시 전에 발생한 사실이 복멸하는지 여부

상계의 의사표시에 의하여 각 채무는 상계할 수 있는 때에 대등액에 관하여 소멸한 것으로 보게 되지만(민법 제493조 2항), 이러한 상계의 소급효는 양 채권 및 이에 관한 이자나 지연손해금 등을 정산하는 기준시기를 소급하는 것일 뿐이고, 상계의 의사표시 전에 이미 발생한 사실까지 뒤집는 것은 아니다(대판 2025.5.15, 2024다317332,317349).

설문의 경우, 甲이 2023. 6. 30. 乙에 대한 불법점유로 인한 손해배상채권을 자동채권으로 하여 乙의 부속물 매매대금채권과 상계의 의사표시를 함에 따라 양 채권을 정산하는 기준시기가 상계적상이 있었던 부속물 매매대금 채권 발생 시점인 2023. 5. 26.로 소급하지만, 乙의 X건물에 대한 점유가 상계적상 시로 소급하는 것은 아니다. 즉 乙이 부속물매수청구권을 행사한 2023. 5. 26.부터 甲이 상계의 의사표시를 한 2023. 6. 30.까지 乙의 X건물에 대한 점유는 불법점유에 해당하지 않는다. 따라서 甲은 乙에게 위 기간 동안 임대차계약서 제O조에서 정한 월 차임의 1.3배 상당의 손해배상 예정액의 지급을 청구할 수 없다.

4. 결론

乙의 甲에 대한 부속물 매매대금채권에 대해 甲이 乙에 대한 불법점유로 인한 손해배상채권으로 상계하였으므로(제492조 1항), 甲은 위 부속물 매매대금 상당액에 해당하는 손해배상을 청구할 수 없다(제493조 2항). 또한 乙이 부속물매수청구권을 행사한 2023. 5. 26.부터 甲이 상계의 의사표시를 한 2023. 6. 30.까지 乙의 X건물 점유는 불법점유에 해당하지 않는다. 따라서 법원은 乙은 부속물 매매대금 상당액과 위 기간을 제외한 2020. 4. 30.부터 X건물 인도시까지 임대차계약서 제O조에서 정한 월 차임의 1.3배 상당의 손해배상 예정액을 甲에게 지급하라는 일부 인용판결을 하여야 한다.

Ⅲ. 보증금

❐ 임대차계약이 종료되면 임차인은 목적물을 반환하고 임대인은 연체차임을 공제한 나머지 보증금을 반환해야 한다. 이러한 임차인의 목적물반환의무와 임대인의 보증금반환의무는 동시이행관계에 있으므로, 임대인이 임대차보증금의 반환의무를 이행하거나 적법하게 이행제공을 하는 등으로 임차인의 동시이행항변권을 상실시키지 않은 이상, 임대차계약 종료 후 임차인이 목적물을 계속 점유하더라도 그 점유를 불법점유라고 할 수 없고 임차인은 이에 대한 손해배상의무를 지지 않는다. 그러나 임차인이 그러한 동시이행항변권을 상실하였는데도 목적물의 반환을 계속 거부하면서 점유하고 있다면, 달리 점유에 관한 적법한 권원이 인정될 수 있는 특별한 사정이 없는 한 이러한 점유는 적어도 과실에 의한 점유로서 불법행위를 구성한다(대법원 2020.5.14. 선고 2019다252042 판결).

❐ 민법 제495조는 "소멸시효가 완성된 채권이 그 완성 전에 상계할 수 있었던 것이면 그 채권자는 상계할 수 있다"라고 규정하고 있다. 이는 당사자 쌍방의 채권이 상계적상에 있었던 경우에 당사자들은 채권·채무관계가 이미 정산되어 소멸하였다고 생각하는 것이 일반적이라는 점을 고려하여 당사자들의 신뢰를 보호하기 위한 것이다. 다만 이는 **자동채권의 소멸시효 완성 전에 양 채권이 상계적상에 이르렀을 것**을 요건으로 하는데, 임대인의 임대차보증금 반환채무는 임대차계약이 종료된 때에 비로소 이행기에 도달하므로, 임대차 존속 중 차임채권의 소멸시효가 완성된 경우에는 소멸시효 완성 전에 임대인이 임대차보증금 반환채무에 관한 기한의 이익을 실제로 포기하였다는 등의 특별한 사정이 없는 한 양 채권이 상계할 수 있는 상태에 있었다고 할 수 없다. 그러므로 그 이후에 임대인이 이미 소멸시효가 완성된 차임채권을 자동채권으로 삼아 임대차보증금 반환채무와 상계하는 것은 제495조에 의하더라도 인정될 수 없지만, 임대차 존속 중 차임이 연체되고 있음에도 임대차보증금에서 연체차임을 충당하지 않고 있었던 임대인의 신뢰와 차임연체 상태에서 임대차관계를 지속해 온 임차인의 묵시적 의사를 감안하면 연체차임은 제495조의 유추적용에 의하여 임대차보증금에서 **공제**할 수는 있다(대법원 2016.11.25. 선고 2016다211309 판결).

문제 甲은 乙에게 X건물을 임대하였는데, 乙이 차임을 3년 이상 연체하였다. 甲이 乙에게 차임 연체를 이유로 계약을 해지하면서 미지급 월차임 및 차임상당 부당이득금 청구소송을 제기하자, 乙은 소 제기일로부터 소급하여 3년 이전에 발생한 월차임 지급채권은 소멸시효가 완성되어 소멸하였다고 주장한다. 이 경우 甲은 3년 이전에 발생한 월차임을 보증금에서 공제할 수 없는가?

→ 1. 甲의 월차임 지급채권이 소멸시효가 완성되었는지 여부

월차임 지급채권은 민법 제163조 1호의 1년 이내의 기간으로 정한 금전의 지급을 목적으로 한 채권에 해당하여 3년의 단기소멸시효가 적용된다. 따라서 甲의 소 제기일로부터 소급하여 3년 이전에 발생한 월차임 지급채권은 소멸시효가 완성되었다.

2. 제495조의 유추적용에 의하여 임대차보증금에서 연체차임을 공제할 수 있는지 여부

소멸시효가 완성된 채권이 그 완성 전에 상계할 수 있었던 것이면 그 채권자는 상계할 수 있다(제495조). 다만 제495조는 '자동채권의 소멸시효 완성 전에 양 채권이 상계적상에 이르렀을 것'을 요건으로 하는데, 임대인의 임대차보증금 반환채무는 임대차계약이 종료된 때에 비로소 이행기에 도달한다. 따라서 그 이후에 임대인이 이미 소멸시효가 완성된 차임채권을 자동채권으로 삼아 임대차보증금 반환채무와 상계할 수 없다. 하지만 임대차 존속 중 차임이 연체되고 있음에도 임대차보증금에서 연체차임을 충당하지 않고 있었던 임대인의 신뢰와 차임연체 상태에서 임대차관계를 지속해 온 임차인의 묵시적 의사를 감안하면, 임대인은 제495조를 유추적용하여 소멸시효가 완성된 연체차임을 임대차보증금에서 공제할 수 있다(대판 2016.11.25, 2016다211309). 설문에서 3년 이전에 발생한 甲의 월차임 지급채권은 소멸시효가 완성되었지만, 제495조를 유추적용하여 甲은 이를 보증금에서 공제할 수 있다.

Ⅳ. 주택·상가건물임대차보호법

❒ 주택임대차보호법 제3조 제4항은 같은 조 제1항이 정한 대항요건을 갖춘 임대차의 목적이 된 임대주택(이하 '임대주택'은 주택임대차보호법의 적용대상인 임대주택을 가리킨다)의 양수인은 임대인의 지위를 승계한 것으로 본다고 규정하고 있는바, 이는 법률상의 당연승계 규정으로 보아야 하므로, 임대주택이 양도된 경우에 양수인은 주택의 소유권과 결합하여 임대인의 임대차 계약상의 권리·의무 일체를 그대로 승계하며, 그 결과 양수인이 임대차보증금반환채무를 면책적으로 인수하고, 양도인은 임대차관계에서 탈퇴하여 임차인에 대한 임대차보증금반환채무를 면하게 된다. ① 이는 임차인이 임대차보증금반환채권에 질권을 설정하고 임대인이 그 질권 설정을 승낙한 후에 임대주택이 양도된 경우에도 마찬가지라고 보아야 한다. 따라서 이 경우에도 임대인은 제3조 4항에 의해 임대차관계에서 탈퇴하고 임차인에 대한 임대차보증금반환채무를 면하게 된다(대법원 2018.6.19. 선고 2018다201610 판결). ② 임차인에 대하여 임대차보증금반환채무를 부담하는 임대인임을 당연한 전제로 하여

임대차보증금반환채무의 지급금지를 명령받은 제3채무자의 지위는 임대인의 지위와 분리될 수 있는 것이 아니므로, 임대주택의 양도로 임대인의 지위가 일체로 양수인에게 이전된다면 채권가압류의 제3채무자의 지위도 임대인의 지위와 함께 이전된다고 볼 수밖에 없다. 따라서 임차인의 임대차보증금반환채권이 가압류된 상태에서 임대주택이 양도되면 양수인이 채권가압류의 제3채무자의 지위도 승계하고, 가압류권자 또한 임대주택의 양도인이 아니라 양수인에 대하여만 가압류의 효력을 주장할 수 있다(대법원 2013.1.17. 선고 2011다49523 판결).

❒ 주택임차인은 주택임대차보호법 제3조 제1항에서 정한 주택의 인도와 주민등록을 구비하면 대항력을 취득하고 위 대항요건이 존속되는 한 그 대항력은 계속 유지된다. 한편 주택임대차보호법에 정한 대항력과 우선변제권 두 가지 권리를 겸유하고 있는 임차인이 먼저 우선변제권을 선택하여 임차주택에 대하여 진행되고 있는 경매절차에서 배당요구를 하였으나 보증금 전액을 배당받지 못한 경우 임차인은 여전히 위 대항요건을 유지함으로써 임대차관계의 존속을 주장할 수 있으므로, 임차인이 대항력을 구비한 후 임차주택을 양수한 자는 그와 같이 존속되는 임대차의 임대인 지위를 당연히 승계한다.

이는 주택임대차보호법 제3조의2 제7항에서 정한 금융기관이 임차인으로부터 보증금반환채권을 계약으로 양수함으로써 양수한 금액의 범위에서 우선변제권을 승계한 다음 경매절차에서 배당요구를 하여 보증금 중 일부를 배당받은 경우에도 마찬가지이다. 따라서 주택임대차의 대항요건이 존속되는 한 **임차인은 보증금반환채권을 양수한 금융기관이 보증금 잔액을 반환받을 때까지** 임차주택의 양수인을 상대로 임대차관계의 존속을 주장할 수 있다(대법원 2023.2.2. 선고 2022다255126 판결).

→ 주택임차인 甲은 원고 乙(주택도시보증공사)와 임대차보증금반환 등 보증계약을 체결하면서 乙에게 담보 목적으로 보증금반환채권을 양도하였고, 이후 임차주택에 대한 임의경매절차가 개시되자 乙은 보증금반환채권 양수인의 지위(1순위)에서 배당요구를 하여 임대차보증금 중 일부를 배당받았다. 임대차계약 종료 후 임대인의 지위를 승계한 경매매수인 丙이 甲에게 잔여 임대차보증금을 반환하지 않자 甲은 乙에게 임대차보증금 상당의 보증채무 이행을 요구하였고, 乙은 甲에게 '丙이 지급해야 할 임대차보증금'을 반환(보증채무를 이행)하였다. 이후 乙은 丙을 상대로 임대차보증금 중 배당받지 못한 금액에 관하여 보증금반환(양수금) 또는 구상금(변제자대위) 지급을 구하는 소를 제기하였다. 이 경우 甲이 대항력을 취득한 이후 보증금반환채권을 양수한 乙이 경매절차에서 우선변제권에 따른 배당요구를 하여 보증금 중 일부를 배당받았더라도 현재까지 甲의 대항력이 여전히 유지되고 있으므로, 대위변제한 보증금의 지급을 구하

는 乙의 청구는 타당하다.

❐ 주택임대차보호법 제3조 제4항에 따라 임차주택의 양수인이 임대인의 지위를 승계하는 것은 어디까지나 임차인이 대항력을 갖추고 있는 것을 요건으로 하므로 대항력을 갖추지 못한 임차인의 경우 임차주택이 다른 사람에게 이전되었더라도 임대인이 임차보증금 반환의무를 부담하는 것이 원칙이다. 임차주택의 양수인에게 대항할 수 있는 임차권자라도 스스로 임대차관계의 승계를 원하지 않을 때에는 승계되는 임대차관계의 구속을 면할 수 있다고 보는 것이 공평의 원칙 또는 신의성실의 원칙에 부합한다(대법원 1996.7.12. 선고 94다37646 판결). 따라서 임차목적물에 대한 경매의 현황조사 절차에서 전입신고를 마친 임차인임을 신고하여 매각물건명세서에도 대항력 있는 임차인으로 기재되도록 한 원고가 경매절차 진행 중 스스로 주민등록을 이전하여 대항력을 상실한 후, 종전 임대인인 피고를 상대로 잔여 임대차보증금의 지급을 구하는 것은, 신의성실의 원칙에 반하는 행위라고 볼 수 없다(대법원 2023.6.29. 선고 2020다276914 판결).

❐ 주택임대차보호법은 임차인에게 우선변제권이 인정되기 위하여 대항요건과 임대차계약증서상의 확정일자를 갖추는 것 외에 계약 당시 임차보증금이 전액 지급되어 있을 것을 요구하지는 않는다. 따라서 임차인이 임대인에게 임차보증금의 일부만을 지급하고 주택임대차보호법 제3조 제1항에서 정한 대항요건과 임대차계약증서상의 확정일자를 갖춘 다음 나머지 보증금을 나중에 지급하였다고 하더라도 특별한 사정이 없는 한 대항요건과 확정일자를 갖춘 때를 기준으로 임차보증금 전액에 대해서 후순위권리자나 그 밖의 채권자보다 우선하여 변제를 받을 권리를 갖는다고 보아야 한다(대법원 2017.8.29. 선고 2017다212194 판결).

문제 甲은 2016. 4. 20. X주택의 소유자 乙로부터 임차보증금 1억원, 임대차기간은 인도일부터 2018. 6. 30.(24개월)까지로 정하여 임차하고, 같은 날 乙에게 임차보증금 중 3,000만원을 지급하였고, 나머지 7,000만원은 2016. 7. 1. 지급하기로 약정하였다. 甲은 잔금을 지급하기 전에 乙의 승낙을 받아 2016. 5. 10. 비어 있던 X주택에 이사하고 같은 날 전입신고 및 확정일자를 마쳤으며, 잔금 7,000만원은 약정일에 乙에게 지급하였다. 한편 乙은 丙에 대한 8,000만원의 채무를 담보하기 위해 2016. 6. 20. X주택에 丙명의로 저당권을 설정해 주었다. 그 후 乙이 丙의 채무를 이행하지 않자 丙이 X주택에 대해 경매를 신청하여 丁에게 1억 5,000만원에 매각되었다. 이 경우 甲은 보증금 1억원에 대해 丙보다 우선하여 매각대금에서 배당을 받을 수 있는가?

➜ 임차인이 임대인에게 임차보증금의 일부만을 지급하고 대항요건과 임대차계약증서상의 확정일자를 갖춘 다음 나머지 보증금을 나중에 지급하였더라도 특별한 사정이 없는 한 대항요건과 확정일자를 갖춘 때를 기준으로 임차보증금 전액에 대해서 후순위권리자나 그 밖의

채권자보다 우선하여 변제를 받을 권리를 갖는다(대판 2017.8.29, 2017다212194). 설문에서 甲은 임대차계약 당일 임차보증금의 일부를 지급하고 X주택을 인도받아 전입신고와 확정일자를 마친 다음 계약에 따라 나머지 임차보증금을 지급하였다. 따라서 우선변제권의 기준시점은 주택의 인도와 전입신고를 마친 다음 날인 2016. 5. 11.이므로, 甲은 매각대금에서 보증금 1억원을 丙에 우선하여 변제받을 권리가 있다(주택임대차보호법 제3조의2 제2항).

- ❒ 건물의 공유자가 공동으로 건물을 임대하고 임차보증금을 수령한 경우 특별한 사정이 없는 한 그 임대는 각자 공유지분을 임대한 것이 아니라 임대목적물을 다수의 당사자로서 공동으로 임대한 것이고 **임차보증금 반환채무는 성질상 불가분채무**에 해당한다. 임차인이 공유자 전원으로부터 상가건물을 임차하고 상가건물 임대차보호법 제3조 제1항에서 정한 대항요건을 갖추어 임차보증금에 관하여 우선변제를 받을 수 있는 권리를 가진 경우, 상가건물의 공유자 중 1인인 채무자가 처분한 지분 중에 일반채권자들의 공동담보에 제공되는 책임재산은 우선변제권이 있는 **임차보증금 반환채권 전액을** 공제한 나머지 부분이다(대법원 2017.5.30. 선고 2017다205073 판결).
- ❒ 상가건물의 임차인이 제3자에 대한 대항력을 취득한 다음 임차건물의 양도 등으로 소유자가 변동된 경우에는 양수인 등 새로운 소유자가 임대인의 지위를 당연히 승계한다. 따라서 양수인은 임차인에게 임대보증금반환의무를 부담하고 임차인은 양수인에게 차임지급의무를 부담한다. 그러나 임차건물의 소유권이 이전되기 전에 이미 발생한 연체차임이나 관리비 등은 별도의 채권양도절차가 없는 한 원칙적으로 양수인에게 이전되지 않고 임대인만이 임차인에게 청구할 수 있다. 차임이나 관리비 등은 임차건물을 사용한 대가로서 임차인에게 임차건물을 사용하도록 할 당시의 소유자 등 처분권한 있는 자에게 귀속된다고 볼 수 있기 때문이다.

  한편 임대차보증금은 임대차계약 종료 후 목적물을 임대인에게 인도할 때까지 임대차에 따라 발생하는 임차인의 모든 채무를 담보하므로, 그 피담보채무 상당액은 임대차관계 종료 후 목적물이 반환될 때 별도의 의사표시 없이 임대차보증금에서 당연히 공제되는 것이 원칙이다. 따라서 ① 임차건물의 양수인이 건물 소유권을 취득한 후 임대차관계가 종료되어 임차인에게 임대차보증금을 반환해야 하는 경우, 임대인의 지위를 승계하기 전까지 발생한 연체차임이나 관리비 등은 그에 관하여 채권양도의 요건을 갖추지 않았다고 하더라도 임대차보증금에서 당연히 공제된다. 일반적으로 임차건물의 양도 시에 연체차임이나 관리비 등이 남아있더라도 나중에 임대차관계가 종료되는 경우 임대차보증금에서 이를 공제하겠다는 것이 당사자들의 의사나 거래관념에 부합하기 때문이다. ② 이는 임대차보증금이 수수된 임대차계약에서 차임채권이 양도되었다거나 차임채권에 관하여 압류 및 추심명령이 있었더라도 마찬가지이다(대법원 2017.10.12. 선고 2016다277880 판결).

→ 임대보증금이 수수된 임대차계약에서 차임채권에 관하여 압류 및 추심명령이 있었다 하더라도, 당해 임대차계약이 종료되어 목적물이 반환될 때에는 그때까지 추심되지 아니한 채 잔존하는 차임채권 상당액도 임대보증금에서 당연히 공제된다(대법원 2004.12.23. 선고 2004다56554,56561 판결).

문제 〈기초적 사실관계〉

乙은 2010. 4. 23. 甲으로부터 X점포를 임대차보증금 2,500만원, 월 차임 187만원에 임차하는 계약을 체결하였다. 乙은 甲에게 임대차보증금을 지급하고 대항요건(사업자등록 및 인도)을 갖춘 다음 그곳에서 부동산중개업소를 운영하면서 임대차계약을 갱신하여 왔다. 丙은 2014. 7. 30. 경매절차에서 X점포를 매각받아 임대인의 지위를 승계하였다. 乙은 2014. 7.까지 甲에게 차임과 관리비를 제대로 지급하지 않아 3,500만원의 차임·관리비를 연체하였고, 丙이 소유권을 취득한 2014. 8. 이후에도 계속 차임 등을 지급하지 않아, 그 때부터 2015. 3.까지의 8개월간의 연체차임 등 합계가 1,860만원에 이르렀다. 이에 丙은 2014. 11. 7. 乙에게 3기 이상의 차임 연체를 사유로 임대차계약을 해지한다고 통고하였고, 乙은 丙에게 X점포를 인도하였다.

1. 乙이 甲에게 지급하지 않은 차임·관리비 3,500만원에 관하여 丙이 乙에게 이행을 청구할 수 있는가?

→ 상가건물의 임차인이 제3자에 대한 대항력을 취득한 다음 임차건물의 양도 등으로 소유자가 변동된 경우, 양수인이 임대인의 지위를 승계하므로(상가건물임대차보호법 제3조 2항), 양수인은 임차인에게 임대보증금반환의무를 부담하고 임차인은 양수인에게 차임지급의무를 부담한다. 그러나 임차건물의 소유권이 이전되기 전에 이미 발생한 연체차임이나 관리비 등은 별도의 채권양도절차가 없는 한 원칙적으로 양수인에게 이전되지 않고 임대인만이 임차인에게 청구할 수 있다(대판 2017.3.22, 2016다218874). 즉 임대인의 지위 이전은 일종의 계약인수이므로 임대차계약상 임대인의 권리의무가 포괄적으로 승계되지만, 이미 변제기가 도래한 차임채권은 해당기간에 목적물을 사용한 대가이고, 기본적인 차임채권과는 별개의 권리로서 독립적인 처분이 가능하므로 종전 임대인에게 귀속된다. 설문에서 丙이 경매절차에서 X점포를 매각받아 소유권을 취득함으로써 甲의 지위를 승계하였지만, 채권양도를 인정할 만한 사정이 존재하지 않는다. 따라서 丙은 乙이 甲에게 지급하지 않은 차임 등 3,500만원의 이행을 청구할 수 없다.

〈추가된 사실관계〉

丙은 乙을 상대로 연체 차임·관리비 1,860만원의 지급을 구하는 소를 제기하였다. 이에 乙은 종전 임대인 甲에게 지급하였던 임대차보증금 2,500만원에서 丙에 대한 연체 차임 등이 공제되어 丙에게 지급할 금액이 없다는 취지로 다투었다. 이에 대하여 丙은 乙이 甲에게 3,500만원의 차임 등을 연체하여 丙이 임대인의 지위를 승계할 당시 이미 보증금이 소멸하였으므로 乙에게 반환할 보증금이 존재하지 않는다고 주장하였다.

2. 이 경우 丙의 청구는 인용될 수 있는가?

➜ 임차건물의 양수인이 건물 소유권을 취득한 후 임대차관계가 종료되어 임차인에게 임대차보증금을 반환해야 하는 경우, 임대인의 지위를 승계하기 전까지 발생한 연체차임이나 관리비 등이 있으면 이는 특별한 사정이 없는 한 임대차보증금에서 당연히 공제된다(대판 2017.3.22, 2016다218874). 설문에서 임대인의 지위를 승계한 丙이 임대차관계의 종료로 임차인 乙에게 반환의무를 부담하는 임대차보증금 2,500만원에서 丙이 X점포의 소유권을 취득하기 전까지 乙이 종전 임대인 甲에게 지급하지 않은 차임 3,500만원이 당연 공제되어 丙의 乙에 대한 임대차보증금반환채무는 소멸하였다. 따라서 乙은 丙에게 연체 차임 1,860만원을 지급할 의무가 있으므로, 丙의 청구는 인용되어야 한다. 물론 丙은 甲의 출연 하에 2,500만원의 보증금 반환채무를 면하게 되었으므로, 甲은 丙에 대하여 구상청구를 할 수 있다.

3. 만약 丙이 X점포의 소유권을 취득하기 전에 丁이 甲의 乙에 대한 차임채권에 관하여 압류 및 추심명령을 받았지만, 임대차관계가 종료할 때까지 추심되지 않았다면, 丙의 청구는 인용될 수 있는가?

➜ 임대차보증금은 임대차계약 종료 후 목적물을 임대인에게 인도할 때까지 임대차에 따라 발생하는 임차인의 모든 채무를 담보하므로, 그 피담보채무 상당액은 임대차관계 종료 후 목적물이 반환될 때 별도의 의사표시 없이 임대차보증금에서 당연히 공제된다. 따라서 임대차보증금이 수수된 임대차계약에서 차임채권이 양도되었거나 차임채권에 관하여 압류 및 추심명령이 있더라도 임차건물의 양수인이 건물소유권을 취득한 후 임대차관계가 종료되어 임차인에게 임대차보증금을 반환해야 하는 경우, 임대인의 지위를 승계하기 전까지 발생한 연체차임이나 관리비 등은 임대차보증금에서 당연히 공제된다(대판 2017.10.12, 2016다277880). 설문에서 丁이 甲의 乙에 대한 차임채권에 관하여 압류 및 추심명령을 받았더라도 임대차관계가 종료될 때까지 추심되지 않은 채 잔존하는 차임채권 상당액은 임대차보증금에서 당연히 공제되므로, 丙의 청구는 인용되어야 한다. 물론 이 경우 丁은 丙에게 구상청구할 수 있다.

❐ [1] 주택임차인이 주택 소재지로 전입신고를 마치고 주택을 인도받아 일단 임차권의 대항력을 취득하였으나 그 후 주택의 점유를 상실하였다면 그 대항력은 점유 상실 시에 소멸한

> 다. 한편 주택임대차보호법 제3조의3 제5항은 "임차인은 임차권등기명령의 집행에 따른 임차권등기를 마치면 제3조 제1항, 제2항 또는 제3항에 따른 대항력과 제3조의2 제2항에 따른 우선변제권을 취득한다."라고 규정하고 있으므로, 대항력과 우선변제권은 **임차권등기가 마쳐진 때**부터 발생한다. 따라서 대항력이 상실된 이후에 임차권등기가 마쳐졌더라도 이로써 소멸하였던 대항력이 당초에 소급하여 회복되는 것이 아니라 그 등기가 마쳐진 때부터 그와는 동일성이 없는 새로운 대항력이 발생한다.
> [2] 경매 목적 부동산이 매각된 경우에는 경매로 인하여 소멸하는 저당권보다 뒤에 등기되었거나 대항력을 갖춘 임차권은 선순위 저당권과 함께 소멸하는 이상 경매 목적 부동산의 매수인은 주택임대차보호법 제3조에서 말하는 임차주택의 양수인에 포함되지 않으므로, 임차인은 매수인에 대하여 임차권의 효력을 주장할 수 없다(대법원 2025.4.15. 선고 2024다326398 판결).

문제 A는 2017. 2. 8. B로부터 X주택을 보증금 9,500만원, 기간 2017. 2. 27.부터 2019. 2. 26.까지로 정하여 임차한 후(이하 '이 사건 임대차계약'이라 함) 2017. 2. 27. X주택을 인도받고 주민등록을 마쳤으며, 임대차계약서에 확정일자를 부여받았다.
A는 2017. 2. 27. 원고(보증보험회사)와 이 사건 임대차계약의 보증금 반환에 관한 보험계약을 체결하였는데, 위 보험계약은 임대차보증금 반환사유(임대차기간 종료 등)가 발생하였음에도 임대인 B가 보증금 반환을 지체할 경우, 원고가 임차인 A에게 임대차보증금 상당 금액을 지급하기로 하는 것이다. 2018. 1. 5. X주택에 관하여 채권최고액 6,600만원, 채무자 B, 근저당권자 C로 된 근저당권설정등기가 마쳐졌다.
A는 이 사건 임대차계약의 기간이 만료되었는데도 B로부터 보증금을 돌려받지 못하자 2019. 2. 26. 원고에게 보험금을 청구하면서 이 사건 임대차계약의 보증금반환채권을 양도하였고, 원고는 A로부터 채권양도통지의 위임을 받아 B에게 통지하였다.
원고는 2019. 3. 12. A를 대위하여 X주택에 관한 임차권등기명령을 신청하였고, 2019. 3. 20. 위 신청에 따른 임차권등기명령이 내려졌다. 원고는 2019. 4. 5. A에게 임대차보증금 상당 금액의 보험금을 전부 지급하였고, 그 후 A는 X주택에서 이사하였다. 2019. 4. 8. 위 임차권등기명령에 따른 임차권등기의 촉탁이 이루어졌고, 같은 날 임차권등기가 마쳐졌다.
원고는 B를 상대로 구상금을 구하는 지급명령을 신청하여 2019. 4. 16. 지급명령을 발령받았고, 위 지급명령은 확정되었다. 원고는 위 지급명령에 기하여 X주택에 대한 강제경매를 신청하였고, 강제경매 절차에서 피고는 X주택을 매수하여 2021. 7. 20. 소유권이전등기를 마쳤고, 원고는 1,200만원을 배당받았다.
원고는 피고가 X주택의 임대인 지위를 승계하였다고 주장하며 피고에 대하여 위 강제경매 절차에서 배당받고 남은 임대차보증금 8,300만원 및 그 지연손해금의 지급을 구하는 소를 제기하였다. 이에 대해 피고는 원고가 피고에게 이 사건 임대차계약에 따른 임대차관계의 존속을 주장할 수 없다고 주장한다. 법원은 위 소송에서 어떠한 판단을 하여야 하는지 (1) 결론(소 각하/청구 기각/청구 인용/청구 일부 인용)과 (2) 논거를 서술하시오.

➜ **1. 결론**

법원은 원고의 청구를 기각하는 판결을 하여야 한다.

2. 논거

(1) 대항력을 취득한 X주택의 임차인 A가 점유를 상실하면 대항력이 소멸하는지 여부

임차인은 주택임대차보호법 제3조 1항에서 정한 주택의 인도와 주민등록을 구비하면 대항력을 취득하고 대항요건이 존속되는 한 대항력은 계속 유지된다. 따라서 임차인이 전입신고를 마치고 주택을 인도받아 임차권의 대항력을 취득하였으나 그 후 주택의 점유를 상실하면 그 대항력은 점유 상실 시에 소멸한다(대법원 2025.4.15, 2024다326398). 설문의 경우, 임차인 A가 임차권등기 전에 X주택에서 이사하여 점유를 상실하였으므로, 2017. 2. 27. 취득한 임차권의 대항력은 그때 소멸하였다.

(2) 주택임차인 A의 점유 상실 후 마쳐진 임차권등기의 대항력

(가) 주택임대차보호법 제3조의3 제5항은 "임차인은 임차권등기명령의 집행에 따른 임차권등기를 마치면 제3조 1항에 따른 대항력과 제3조의2 제2항에 따른 우선변제권을 취득한다" 라고 규정하고 있으므로, 대항력과 우선변제권은 임차권등기가 마쳐진 때부터 발생한다. 따라서 대항력이 상실된 이후에 임차권등기가 마쳐진 경우, 소멸하였던 대항력이 당초에 소급하여 회복되는 것이 아니라 그 등기가 마쳐진 때부터 그와는 동일성이 없는 새로운 대항력이 발생한다(대법원 2025.4.15, 2024다326398).

설문의 경우, A가 X주택에 관한 점유를 상실한 후 2019. 4. 8. 임차권등기명령에 따른 임차권등기가 마쳐졌다. 따라서 그 이전에 소멸하였던 대항력이 당초에 소급하여 회복되는 것이 아니라 임차권등기가 마쳐진 때부터 A는 임차권의 대항력과 보증금에 대한 우선변제권을 취득하였다.

(나) 금융기관이 우선변제권을 취득한 임차인의 보증금반환채권을 계약으로 양수한 경우에는 양수한 금액의 범위에서 우선변제권을 승계한다(제3조의2 제7항). 우선변제권을 승계한 금융기관은 임차인이 대항요건을 상실하는 경우에는 우선변제권을 행사할 수 없다(제3조의2 제8항). 따라서 주택임대차의 대항요건이 존속되는 한 임차인은 보증금반환채권을 양수한 금융기관이 보증금 잔액을 반환받을 때까지 임차주택의 양수인을 상대로 임대차관계의 존속을 주장할 수 있다(대판 2023.2.2, 2022다255126).

설문의 경우, X주택에 대한 임차권의 대항력과 보증금에 대한 우선변제권을 취득한 A가

점유를 상실 후 임차권등기를 마친 때부터 새로운 대항력과 우선변제권을 취득하였다. 또한 원고는 A의 B에 대한 보증금반환채권을 양수하였으므로, 새로운 우선변제권을 승계하였다.

(다) 임차주택의 양수인은 임대인의 지위를 승계한 것으로 본다(주택임대차보호법 제3조 4항). 임차권은 임차주택에 대하여 민사집행법에 따른 경매가 행하여진 경우에는 그 임차주택의 매각에 따라 소멸하지만, 보증금이 모두 변제되지 아니한 대항력 있는 임차권은 경매로 소멸하지 않는다(제3조의 5).
설문의 경우, 2018. 1. 5. X주택에 관하여 설정된 B명의의 근저당권은 그 이후에 마쳐진 임차권등기로 인하여 새로운 대항력을 갖추게 된 A의 임차권보다 선순위 권리에 해당하므로, X주택에 대한 경매절차에서 위 근저당권이 소멸하면서 임차권도 함께 소멸하게 된다(대판 2025.4.15, 2024다326398). 따라서 경매절차에서 X주택을 매수한 피고는 주택임대차보호법 제3조 4항의 임차주택 양수인에 해당하지 않아서 A는 피고에게 임차권의 효력을 주장할 수 없으므로, 보증금반환채권을 양수한 원고는 피고에게 그 반환을 청구할 수 없다.

❐ 주택임대차보호법 제6조의3 제1항은 임대인은 임차인이 제6조 제1항 전단의 기간 이내에 계약갱신을 요구할 경우 정당한 사유 없이 거절하지 못한다고 하여 임차인의 계약갱신요구권을 규정하고, 같은 조 제4항은 제1항에 따라 갱신되는 임대차의 해지에 관하여는 제6조의2를 준용한다고 규정한다. 한편 주택임대차보호법 제6조의2 제1항은 제6조 제1항에 따라 계약이 갱신된 경우 같은 조 제2항에도 불구하고 임차인은 언제든지 임대인에게 계약해지를 통지할 수 있다고 규정하고, 제2항은 제1항에 따른 해지는 임대인이 그 통지를 받은 날부터 3개월이 지나면 그 효력이 발생한다고 규정한다. 이러한 주택임대차보호법 규정을 종합하여 보면, 임차인이 주택임대차보호법 제6조의3 제1항에 따라 임대차계약의 갱신을 요구하면 임대인에게 갱신거절 사유가 존재하지 않는 한 임대인에게 **갱신요구가 도달한 때 갱신의 효력이 발생한다. 갱신요구에 따라 임대차계약에 갱신의 효력이 발생한 경우** 임차인은 제6조의2 제1항에 따라 언제든지 계약의 해지통지를 할 수 있고, **해지통지 후 3개월이 지나면 그 효력이 발생**하며, 이는 계약해지의 통지가 갱신된 임대차계약 기간이 개시되기 전에 임대인에게 도달하였더라도 마찬가지이다(대법원 2024.1.11. 선고 2023다258672 판결).

문제 甲은 2021. 3. 4. 乙로부터 X주택을 임대차기간 2021. 3. 10.부터 2023. 3. 9.까지, 임대차보증금 2억원, 월차임 150만원으로 각 정하여 임차하였다. 甲은 乙에게 임대차계약의 갱신을 요구하는 통지를 하였고 이는 2023. 1. 5. 乙에게 도달하였으나, 2023. 1. 28. 다시 “앞선 계약갱신 요구로 임대차계약이 갱신되었으나 갱신된 임대차계약의 해지를 통지하므로 乙이 이 통지를 받은 날부터 3개월이 지나면 임대차계약이 해지된다"는 통지(이하 '이 사건 통지'라 한다)를 하였다. 이 사건 통지는 2023. 1. 29. 乙에게 도달하였다.

甲은 이 사건 통지가 도달한 후 3개월이 지난 2023. 4. 29. 乙에게 그때까지의 월차임을 지급하고 X주택을 인도하였다. 그런데 乙은 임대차계약이 2023. 6. 9. 해지되었음을 전제로 甲에게 2023. 6. 9.까지 발생한 월차임을 공제한 임대차보증금을 반환하겠다고 주장한다. 乙의 주장은 타당한가?

➜ **1. 甲이 임대차계약의 갱신을 요구한 경우 갱신의 효력이 발생하는 시점**

주택임대차보호법 제6조의3 제1항은 "임대인은 임차인이 임대차기간이 끝나기 6개월 전부터 2개월 이내에 계약갱신을 요구할 경우 정당한 사유 없이 거절하지 못한다"라고 하여 임차인의 계약갱신요구권을 규정하고 있다. 임차인이 제6조의3 제1항에 따라 임대차계약의 갱신을 요구하면 임대인에게 갱신거절 사유가 존재하지 않는 한 '임대인에게 갱신요구가 도달한 때' 갱신의 효력이 발생한다(대판 2024.1.11, 2023다258672). 설문의 경우, 甲은 임대차기간이 끝나기 2개월 전인 2023. 1. 4. 계약갱신을 요구하였고, 乙은 정당한 사유를 들어 거절하지 못하였다. 따라서 甲의 갱신요구 통지가 2023. 1. 5. 乙에게 도달함으로써 임대차계약은 갱신되었다.

2. 甲의 해지통지가 갱신된 임대차계약 기간이 개시되기 전에 乙에게 도달한 경우 해지의 효력 발생 시점

갱신요구에 따라 임대차계약에 갱신의 효력이 발생한 경우, 임차인은 주택임대차보호법 제6조의2 제1항에 따라 언제든지 계약의 해지통지를 할 수 있고, '해지통지 후 3개월'이 지나면 그 효력이 발생하며, 이는 계약해지의 통지가 갱신된 임대차계약 기간이 개시되기 전에 임대인에게 도달하였더라도 마찬가지이다(대판 2024.1.11, 2023다258672). 즉 해지통지가 갱신된 임대차계약 기간이 개시되기 전에 임대인에게 도달하였다고 하여 갱신된 임대차계약 기간이 개시되기를 기다려 그때부터 3개월이 지나야 통지에 따른 해지 효력이 발생하는 것은 아니다. 설문의 경우, 甲의 갱신된 임대차계약 해지 취지가 기재된 이 사건 통지가 2023. 1. 29. 乙에게 도달하였으므로, 그로부터 3개월이 지난 2023. 4. 29. 갱신된 임대차계약의 해지 효력이 발생하였다.

3. 결론

임대차계약의 해지 효력이 발생한 2023. 4. 29. 기준으로 甲의 미지급 차임이 존재하지 않으므로, 乙은 2023. 6. 9.까지의 월차임을 임대차보증금에서 공제할 수 없다. 따라서 乙의 주장은 부당하다.

❐ 상가건물 임대차에서 기간만료나 당사자의 합의 등으로 임대차가 종료된 경우에도 상가건물 임대차보호법(이하 상가임대차법이라고 한다) 제9조 제2항에 의하여 임차인은 보증금을 반환받을 때까지 임대차관계가 존속하는 것으로 의제된다. 이는 임대차기간이 끝난 후에도 상가건물의 임차인이 보증금을 반환받을 때까지는 임차인의 목적물에 대한 점유를 임대차기간이 끝나기 전과 마찬가지 정도로 강하게 보호함으로써 임차인의 보증금반환채권을 실질적으로 보장하기 위한 것이다. 따라서 상가임대차법이 적용되는 상가건물의 임차인이 임대차 종료 이후에 보증금을 반환받기 전에 임차목적물을 점유하고 있다고 하더라도 임차인에게 차임 상당의 부당이득이 성립한다고 할 수 없다.
위와 같은 상가임대차법 제9조 제2항의 입법 취지, 상가건물 임대차 종료 후 의제되는 임대차관계의 법적 성격 등을 종합하면, 상가임대차법이 적용되는 임대차가 기간만료나 당사자의 합의, 해지 등으로 종료된 경우 보증금을 반환받을 때까지 임차목적물을 계속 점유하면서 사용·수익한 임차인은 종전 임대차계약에서 정한 차임을 지급할 의무를 부담할 뿐이고, 시가에 따른 차임에 상응하는 부당이득금을 지급할 의무를 부담하는 것은 아니다(대법원 2023.11.9. 선고 2023다257600 판결).

문제 甲은 2021. 11. 20. 乙에게 X상가건물을 임대차보증금 1억원, 임대차기간 2021. 12. 1.부터 2023. 11. 30.까지, 월차임 100만원으로 정하여 임대하였다. 乙은 2021. 12. 1. 임대차보증금 1억원을 지급함과 동시에 X건물을 인도받고 같은 날 사업자등록을 마쳤으며, 2023. 11. 30까지 발생한 월차임을 甲에게 매월 전부 지급하였다.
한편 甲은 임대차기간이 적법하게 만료되었는데, 임대차보증금 1억원을 乙에게 반환하지 않았고, 이에 乙은 X건물을 甲에게 반환하지 않고 사용·수익하고 있다. 甲은 乙을 상대로 2024. 2. 28. 3개월의 월차임 내지 차임에 상당하는 부당이득금 300만원의 지급을 구하는 소를 제기하였다. 법원의 판단은?

➜ **1. 甲의 乙에 대한 월차임 지급청구권**

甲이 乙을 상대로 월차임의 지급을 청구할 수 있기 위해서는, 甲과 乙사이에 임대차계약이 존재해야 한다. 상가건물 임대차에서 기간만료나 당사자의 합의 등으로 임대차가 종료된 경우에도 상가건물임대차보호법 제9조 2항에 의하여 임차인은 보증금을 반환받을 때까지 임대차관계가 존속하는 것으로 의제된다. 설문의 경우, 甲과 乙사이의 임대차계약은 기간이 만료되었지만, 甲은 임대차보증금 1억원을 乙에게 반환하지 않고 있다. 따라서 甲과 乙사이의 임대차계약이 존재하므로, 甲은 乙에게 월차임 300만원을 청구할 수 있다.

2. 甲의 乙에 대한 부당이득반환청구권

甲이 乙을 상대로 乙의 X건물 사용·수익에 따른 차임 상당의 부당이득반환을 청구할 수 있기 위해서는 甲과 乙사이에 법률상 원인이 존재하지 않아야 한다(민법 제741조). 상가건물 임대차가 종료된 경우에도 임차인이 보증금을 돌려받을 때까지 임대차 관계는 존속하는 것으로 본다(상가건물임대차보호법 제9조 2항). 이는 임대차기간이 끝난 후에도 상가건물의 임차인이 보증금을 반환받을 때까지는 임차인의 목적물에 대한 점유를 임대차기간이 끝나기 전과 마찬가지 정도로 강하게 보호함으로써 임차인의 보증금반환채권을 실질적으로 보장하기 위한 것이다(대판 2020.7.9, 2016다244224,244231). 따라서 상가건물임대차보호법이 적용되는 X건물의 임차인 乙이 임대차 종료 이후에 보증금을 반환받기 전에 X건물을 점유하고 있더라도 甲과 乙사이의 임대차관계는 존속하므로 乙에게 차임 상당의 부당이득이 성립한다고 할 수 없다(대판 2023.11.9, 2023다257600).

3. 결론

법원은 임대차계약에 따른 甲의 乙에 대한 월차임 300만원 지급청구를 인용해야 한다.

❒ 주택의 공동임차인 중 1인이라도 주택임대차보호법 제3조 제1항에서 정한 대항력 요건을 갖추게 되면 그 대항력은 임대차 전체에 미치므로, 임차건물이 양도되는 경우 특별한 사정이 없는 한 공동임차인에 대한 보증금반환채무 전부가 임대인 지위를 승계한 양수인에게 이전되고 양도인의 채무는 소멸한다. 이러한 법리는 계약당사자 사이에 공동임차인의 임대차보증금 지분을 별도로 정한 경우에도 마찬가지이다. 공동임차인으로서 임대차계약을 체결한 것은 기본적으로 임대차계약에 따른 권리·의무를 함께하겠다는 것이고, 임대차보증금에 관한 지분을 정하여 그 지분에 따라 임대차보증금을 지급하거나 반환받기로 약정하였더라도 임대차계약 자체를 지분에 따라 분리하겠다는 것이라고 볼 수는 없다. 공동임차인 중 1인이 취득한 대항력이 임대차 전체에 미친다고 보더라도 주택임대차보호법에 따른 공시의 목적, 거래관행 등에 비추어 임대차계약을 전제로 법률행위를 하고자 하는 제3자의 권리가 침해된다고 볼 수도 없다(대법원 2021.10.28. 선고 2021다238650 판결).

→ 공동임차인 중 1人은 법인, 1人은 그 직원이고 임대인과 사이에 보증금을 각 지분별로 지급·반환받기로 임대차계약을 한 경우, 직원만이 취득한 주택임대차보호법상 대항력이 임대차 전체에 효력이 미친다.

❒ **상가의 임차인**이 임대차기간 만료 1개월 전부터 만료일 사이에 갱신거절의 통지를 한 경우, 해당 임대차계약은 묵시적 갱신이 인정되지 않고 임대차기간의 만료일에 종료한다고 보아야 한다(대법원 2024.6.27. 선고 2023다307024 판결).

→ 기간을 정한 임대차계약은 법률의 특별한 규정이 없는 한 기간이 만료함으로써 종료한다. 민법 제639조에 의하면 임차인이 임대차기간 만료 전에 갱신거절의 통지를 하는

경우에는 묵시의 갱신이 인정될 여지가 없다. 상가건물임대차보호법 제10조 제4항은 묵시적 갱신을 규정하고 있지만, 주택임대차보호법 제6조 제1항 후문과 달리 상가의 '임차인'에 대하여는 기간의 제한을 두지 않았다. 따라서 상가건물임대차보호법에 임차인의 갱신거절 통지기간에 대하여 명시적인 규정이 없는 이상 원칙으로 돌아가 임차인의 갱신거절 통지기간은 제한이 없다고 보아야 한다. 가령 상가의 임차인이 임대차기간 만료 1개월 전부터 만료일 사이에 갱신거절의 통지를 한 경우, 임대차기간이 만료되기 6개월 전부터 1개월 전까지 사이에 임대인이 갱신거절의 통지 등을 하지 않았고, 임차인도 별다른 조치를 취하지 않았더라도 임차인이 임대차계약의 종료일 전에 갱신거절의 의사를 명확히 하였으므로, 상가건물임대차계약은 묵시적으로 갱신되는 것이 아니라 임대차기간 만료일에 종료된다.

- 상가건물임대차보호법 제10조의4 제2항 제3호에서 정하는 **임대차 목적물인 상가건물을 1년 6개월 이상 영리목적으로 사용하지 아니한 경우**는 임대인이 임대차 종료 후 임대차 목적물인 상가건물을 1년 6개월 이상 영리목적으로 사용하지 아니하는 경우를 의미하고, 위 조항에 따른 정당한 사유가 있다고 보기 위해서는 임대인이 임대차 종료 시 그러한 사유를 들어 임차인이 주선한 자와 신규 임대차계약 체결을 거절하고, 실제로도 1년 6개월 동안 상가건물을 영리목적으로 사용하지 않아야 한다. ① 그렇지 않고 임대인이 다른 사유로 신규 임대차계약 체결을 거절한 후 사후적으로 1년 6개월 동안 상가건물을 영리목적으로 사용하지 않았다는 사정만으로는 위 조항에 따른 정당한 사유로 인정할 수 없다. 반면에 ② 종전 소유자인 임대인이 임대차 종료 후 상가건물을 영리목적으로 사용하지 아니한 기간이 1년 6개월에 미치지 못하는 사이에 상가건물의 소유권이 변동되었더라도, 임대인이 상가건물을 영리목적으로 사용하지 않는 상태가 새로운 소유자의 소유기간에도 계속하여 그대로 유지될 것을 전제로 처분하고, 실제 새로운 소유자가 그 기간 중에 상가건물을 영리목적으로 사용하지 않으며, 임대인과 새로운 소유자의 비영리 사용기간을 합쳐서 1년 6개월 이상이 되는 경우라면, 임대인에게 임차인의 권리금을 가로챌 의도가 있었다고 보기 어려우므로, 그러한 임대인에 대하여는 이 사건 조항에 의한 정당한 사유를 인정할 수 있다(대법원 2022.1.14. 선고 2021다272346 판결).
- 상가건물임대차보호법에서 기간을 정하지 않은 임대차는 그 기간을 1년으로 간주하지만(제9조 제1항), 대통령령으로 정한 보증금액을 초과하는 임대차는 위 규정이 적용되지 않으므로(제2조 제1항 단서), 원래의 상태 그대로 기간을 정하지 않은 것이 되어 민법의 적용을 받는다. 민법 제635조 제1항, 제2항 제1호에 따라 이러한 임대차는 임대인이 언제든지

해지를 통고할 수 있고 임차인이 그 통고를 받은 날로부터 6개월이 지남으로써 효력이 생기므로, **임대차기간이 정해져 있음을 전제로** 그 기간 만료 6개월 전부터 1개월 전까지 사이에 행사하도록 규정된 임차인의 계약갱신요구권(제10조 제1항)은 발생할 여지가 없다(대법원 2021.12.30. 선고 2021다233730 판결).

변호사시험 기출문제

문제 1 A는 2013. 4. 10. 등산용품점을 운영하고자 하는 F에게 자기 소유의 상가인 X건물을 임대차보증금 1억원, 기간 2013. 4. 10.부터 2014. 4. 9.까지로 하여 임대하였다. X건물을 인도받은 F는 X건물에서 등산용품점을 운영하던 중 2013. 5. 30. X건물에 3,000만원의 유익비를 지출하였다. 한편, F는 위 등산용품점의 영업과 관련하여 사업자등록을 신청한 사실은 없다.
A는 경제적 형편이 곤란해지자, 2013. 10. 5. G에게 X건물을 매도하고, 2013. 11. 5. X건물에 관하여 G 앞으로 소유권이전등기를 마쳐주었다. 위 임대차가 2014. 4. 9. 기간만료로 종료된 후, F는 G를 상대로 법원에 3,000만원 상당의 유익비상환 또는 부당이득반환을 구하는 소를 제기하였다. 위 임대차 종료 당시 X건물은 F가 지출한 비용만큼 가치가 증가하여 현존하고 있었다. 이 경우 법원은 어떠한 판단을 하여야 하며, 그 이유는 무엇인가? (15점) (제4회 변호사시험, 2015)

→ **1. 법원의 판단**

법원은 F의 청구를 기각해야 한다.

2. 이유

(1) F의 G에 대한 민법 제626조 2항의 유익비상환청구권 인정 여부

F가 지출한 유익비는 임대차 종료 당시 가치증가가 현존하고 있으므로, 임대인에 대하여 유익비상환을 청구할 수 있다(제626조 2항). 상가임차인이 대항력을 갖추면 상가건물의 새로운 소유자는 종전 소유자의 임대인 지위를 승계하지만(상가건물임대차보호법 제3조 2항), 설문에서 F는 대항력을 갖추지 못했으므로 G는 임대인 A의 지위를 승계하지 않는다. 따라서 비용상환청구의 상대방은 원소유자인 임대인 A이므로, F는 G를 상대로 민법 제626조 2항에 따라 유익비상환을 청구할 수 없다.

(2) F의 G에 대한 민법 제741조의 부당이득반환청구권 인정 여부

판례는 전용물소권을 부정한다(대판 2002.8.23, 99다66564,66571). 즉 계약상의 급부를 한 계약당사자는 이익의 귀속주체인 제3자에 대하여 직접 부당이득반환을 청구할 수 없다고 한다. 따라서 F는 A에 대해 유익비상환을 청구할 수 있을 뿐, G에게 부당이득반환을 청구

할 수 없다.

문제 2 **〈기초적 사실관계〉**

甲은 2012. 1. 30. 乙에게 X주택을 임대차보증금 1억원, 임대차기간 2012. 2. 1.부터 2014. 1. 31.까지, 월 차임 100만원으로 정하여 임대하였다. 乙은 2012. 2. 1. 임대차보증금 1억원을 지급함과 동시에 X주택을 인도받고 같은 날 전입신고를 마쳤다. 乙은 X주택에 계속하여 거주하고 있다. (제6회 변호사시험, 2017)

〈추가적 사실관계〉

甲의 채권자 A는 2012. 1. 10. X주택에 관하여 제1순위로 근저당권설정등기를 마쳤고, 다른 채권자 B는 2012. 2. 2. 오후 제2순위로 근저당권설정등기를 마쳤다. A는 2015. 12. 1. 甲으로부터 채무를 모두 변제받았는데 그 명의의 근저당권설정등기는 말소되지 아니하였다. 한편 B는 甲이 채무를 변제하지 아니하자 2016. 1.경 근저당권 실행을 위한 경매신청을 하였고, 위 경매절차에서 丙은 2016. 5. 1. 매각대금을 완납하고 같은 날 소유권이전등기를 마쳤다.

1. 丙은 2016. 6. 1. 乙을 상대로 X주택의 인도를 구하는 소를 제기하였고, 이에 대하여 피고(乙)는 ① 자신은 대항력이 있고, ② 현재 임대차관계가 존속하고 있다고 다투었으며, ③ 예비적으로 보증금반환채권과 동시이행의 항변을 하였다. 법원은 어떠한 판단을 하여야 하는지 (1) 결론(소 각하/청구기각/청구인용/청구일부인용-일부인용의 경우에는 인용범위를 특정할 것)과 (2) 논거를 기재하시오. (20점)

→ **(1) 결론**

乙의 대항력과 임대차관계가 존속하여 乙에게 X주택을 점유할 권리가 있으므로(민법 제213조), 법원은 丙의 청구를 기각하는 판결을 해야 한다.

(2) 논거

(가) 丙이 乙을 상대로 X주택의 인도를 청구할 수 있는지 여부

경매절차에서 X주택을 매각받은 丙이 현재 X주택을 점유하고 있는 乙을 상대로 그 인도를 청구할 수 있기 위해서는, 乙에게 X주택을 점유할 권리가 없어야 한다(민법 제213조).

(나) 乙의 항변 인정 여부

1) 대항력 인정 여부

주택의 임대차는 임차인이 주택의 인도와 주민등록을 마친 때에는 그 다음 날부터 제3자에 대하여 효력이 생긴다(주택임대차보호법 제3조 1항). 설문의 경우, 乙은 2012. 2. 1. X주택을 인도받고 같은 날 전입신고를 하였으므로, 2012. 2. 2. 0시부터 주택임차권을 제3자에 대항할 수 있으므로, 乙의 대항력 주장은 타당하다.

2) 임대차관계의 존속 여부

(i) 임차권은 임차주택에 대하여 민사집행법에 따른 경매가 행하여진 경우에는 그 임차주택의 매각에 따라 소멸하지만(주택임대차보호법 제3조의5), 경매로 인하여 근저당권이 소멸하고 매수인이 소유권을 취득하게 되는 시점인 매각대금지급기일 이전에 선순위 근저당권이 다른 사유로 소멸한 경우, 대항력 있는 임차권은 소멸하지 않는다(대판 2003.4.25, 2002다70075). 설문의 경우, A는 2015. 12. 1. 피담보채무를 모두 변제받았고, 근저당권은 피담보채무의 변제가 있으면 부종성에 의하여 말소등기 없이 소멸한다(민법 제369조, 제187조). 반면에 乙의 임차권은 B의 근저당권에 대항할 수 있으므로(주택임대차보호법 제3조 1항), X주택이 경매로 매각되더라도 소멸하지 않는다.

(ii) 한편 묵시적 갱신의 경우, 임대차의 존속기간은 2년으로 본다(주택임대차보호법 제6조 2항). 설문의 경우, 2014. 2. 1.부터 묵시의 갱신이 되어 2016. 1. 31. 기간이 만료되었지만, 기간이 끝나기 6개월 전부터 1개월 전까지의 기간에 임차인에게 갱신거절의 통지 등(제6조 1항)을 하지 않았으므로 2018. 1. 31.까지 묵시적 갱신이 되어 임대차관계는 존속한다. 따라서 乙의 임대차관계의 존속 주장은 타당하다.

3) 예비적으로 보증금반환채권과의 동시이행항변 허용 여부

대항력 있는 임대차의 경우, 임차주택의 양수인이 임대인의 지위를 승계하므로(주택임대차보호법 제3조 4항), 경매절차에서 X주택을 매각받은 매수인 丙이 乙에 대하여 보증금반환의무를 진다. 丙의 보증금반환의무는 乙의 X주택반환의무와 동시이행의 관계에 있지만(대판 2002.2.26, 2001다77697), 임대차계약이 종료되어야 보증금반환을 청구할 수 있다. 따라서 설문의 경우에는 임대차관계가 존속하므로 임대차관계가 종료되었음을 전제로 하는 乙의 예비적 주장은 부당하다.

〈추가적 사실관계(위 '추가적 사실관계'와 별개임)〉

乙은 2014. 10. 1. X주택의 화장실을 개량하는 데 400만원을 지출하였고, 그 현존가치도 400만원임이 인정된다. 甲과 乙이 위 임대차계약을 체결할 때 "임차인은 임대인의 승인하에 개축 또는 변조할 수 있으나 부동산의 반환기일 전에 임차인의 부담으로 원상복구한다"라고 약정하였다. 乙은 2016. 2. 20. 甲에게 임대차계약을 해지하겠다는 통지를 하였고, 위 통지는 2016. 2. 25. 甲에게 도달하였다. 乙은 2016. 3. 1.부터 차임과 차임 상당의 부당이득금을 지급하지 않고 있다.

2. 甲은 2016. 6. 1. 乙을 상대로 '피고는 원고에게 X주택을 인도하라'라는 소를 제기하였고, 이에 대하여 乙은 보증금과 화장실개량에 따른 유익비를 지급받을 때까지는 인도청구에 응할 수 없다고 동시이행의 항변을 하였다. 이에 대하여 甲은 연체차임과 부당이득금의 공제 및 유익비 포기특약의 주장을 하였다. 법원은 어떠한 판단을 하여야 하는지 (1) 결론(소 각하/청구기각/청구인용/청구일부인용-일부인용의

경우에는 인용범위를 특정할 것)과 (2) 논거를 기재하시오(변론종결일 2016. 11. 30). (15점)

→ **(1) 결론**

법원은 乙에게 임대차보증금 1억원에서 연체차임 300만원 및 그에 대한 지연손해금과 2016. 6. 1.부터 X주택 인도시까지 월 100만원 상당의 부당이득을 공제한 나머지 금액을 반환받음과 동시에 X주택을 甲에게 인도하라는 상환이행의 일부인용 판결을 하여야 한다.

(2) 논거

(가) 甲이 乙을 상대로 X주택의 인도를 청구할 수 있는지 여부

X주택의 소유자인 甲이 현재 X주택을 점유하고 있는 乙을 상대로 그 인도를 청구할 수 있기 위해서는, 乙에게 X주택을 점유할 권리가 없어야 한다(민법 제213조). 묵시적 갱신의 경우, 임대차의 존속기간은 2년으로 본다(주택임대차보호법 제6조 2항). 주택임대차보호법 제6조 1항에 따라 임대차계약이 갱신된 경우, 임차인은 언제든지 임대인에게 계약해지를 통지할 수 있으며, 해지는 임대인이 그 통지를 받은 날로부터 3개월이 지나면 그 효력이 발생한다(제6조의2). 설문의 경우, 甲과 乙 사이의 임대차 존속기간은 묵시적 갱신으로 2018. 1. 31.까지이지만, 임차인 乙이 2016. 2. 20. 계약해지를 통고하여 2016. 2. 25. 甲에게 도달하였으므로, 그로부터 3개월인 지난 2016. 5. 25. 해지의 효력이 발생한다. 즉 임대차관계가 종료되었다. 따라서 乙은 X주택을 점유할 권리가 없으므로 甲은 乙을 상대로 X주택의 인도를 청구할 수 있다.

(나) 乙의 항변 인정 여부

1) 보증금반환과의 동시이행항변 허용 여부

임차인의 임차목적물 인도의무와 임대인의 보증금 반환의무는 동시이행의 관계에 있다(대판 2002.2.26, 2001다77697). 임대차가 종료한 때에 임차인의 채무가 있는 때에는 별도의 의사표시 없이 그 채무액은 보증금에서 당연히 공제되며, 임차인의 채무에는 연체차임 및 그에 대한 지연손해금도 포함된다(대판 2014.2.27, 2009다39233). 설문의 경우, 2016. 5. 25. 계약해지의 효과가 발생하였으므로, 乙은 2016. 3. 1.부터 3개월간 연체차임 및 그에 대한 지연손해금과 해지 후 2016. 6. 1.부터 주택 인도시까지의 차임 상당의 부당이득반환채무가 있으므로, 보증금에서 이를 공제한 나머지에 대해서만 반환청구를 할 수 있고, 그 반환청구와 목적물인도의무는 동시이행의 관계에 있다.

2) 유익비상환과의 동시이행항변 허용 여부

임차인이 목적물의 객관적 가치를 증가시키기 위하여 유익비를 지출한 경우, 임대인은 임대차 종료시에 그 임차목적물의 가액의 증가가 현존하는 때에 한하여 임차인이 지출한 금액이나 그 증가액을 임차인에게 상환하여야 한다(민법 제626조 2항). 설문의 경우, 화장실 개량행위는 X주택의 객관적 가치를 증가시키기 위한 것이고, X주택에 부합되었다. 또한 임

대차가 종료되었고 그 가치가 현존하고 있으므로 화장실 개량비용은 유익비에 해당한다. 하지만 비용상환청구권에 관한 제626조는 임의규정으로 당사자 사이의 포기 특약도 유효하다(제653조). 따라서 甲과 乙 사이에 원상복구 특약은 유효하므로, 乙은 甲에게 유익비상환을 청구할 수 없다.

문제 3 **〈기초적 사실관계〉**

甲은 X건물을 신축한 후 소유권보존등기를 마치고, 2016. 9. 25. 부동산중개업소를 운영하려는 乙에게 임대하였다(보증금 1억원, 월차임 300만원은 매월 말일 지급). 乙은 2016. 10. 1. 사업자등록을 마치고 영업을 시작하였는데, 처음 몇달간은 차임을 제때 지급하였으나, 2017년 1월부터 차임을 연체하기 시작하였다. [※ 추가된 사실관계는 각각 별개임] (제7회 변호사시험, 2018)

〈추가적 사실관계〉

2017. 7. 1. 甲은 X건물을 丙에게 매도하고 같은 날 소유권이전등기를 마쳐주었는데, 丙이 X건물을 매수한 후에도 차임연체는 계속되었다. 이에 2017. 11. 2. 丙은 乙에게 차임연체를 이유로 임대차계약의 해지를 통지하면서 X건물의 반환을 청구하였고, 乙이 같은 달 30. X건물을 인도하자 연체된 차임액 3,300만원을 공제한 6,700만원을 乙에게 지급하였다. 그러자 乙은 丙이 甲과 X건물에 대한 매매계약을 체결할 당시 연체차임채권을 양수한 바 없어 丙이 소유권을 취득한 후에 연체한 1,500만원만 보증금에서 공제할 수 있다고 주장하면서, 이를 초과하여 공제한 1,800만원을 반환할 것을 청구하는 소를 제기하였다. 丙은 甲과 X건물에 대한 매매계약을 체결할 당시 연체차임에 관한 합의를 한 바 없었다.

1. 乙의 丙에 대한 보증금반환청구는 인용될 수 있는가? (15점)

➜ **(1) 양수인 丙이 임대인 甲의 지위를 승계하는지 여부**

乙이 X건물을 인도받아 2016. 10. 1. 사업자등록을 마쳤으므로, 乙의 임차권은 대항력이 있다(상가건물임대차보호법 제3조 1항). 乙이 대항요건을 갖춘 다음 X건물의 소유권이 丙에게 양도되었으므로, 임대인 甲의 지위는 丙에게 승계된다(제3조 2항). 따라서 임대차가 종료하면 丙이 乙에게 보증금반환채무를 진다.

(2) 양수인 丙이 乙의 甲에 대한 연체차임 등을 공제할 수 있는지 여부

임차건물의 양수인이 임대인의 지위를 승계하는 경우, 임차건물의 소유권이 이전되기 전에 이미 발생한 연체차임이나 관리비 등은 별도의 채권양도절차가 없는 한 원칙적으로 양수인에게 이전되지 않는다(대판 2017.3.22, 2016다218874). 판례는 임차건물의 양수인이 건물소유권을 취득한 후 임대차관계가 종료되어 임차인에게 임대차보증금을 반환해야 하는 경우, 임대인의 지위를 승계하기 전까지 발생한 연체차임이나 관리비 등이 있으면 이는 임대차보증금에서 당연히 공제된다고 한다(대판 2017.3.22, 2016다218874). 임대차보증금은 임대차계약 종료 후 목적물을 임대인에게 인도할 때까지 발생하는 임대차에 따른 임차인의 모든 채무를 담보하기 때문이다. 설문에서 X건물의 소유권이 丙에게 이전되기 전에 발생한 甲의 乙에 대한 차임채권 1,800만원은 丙에게 이전되지 않지만, 임대차종료에 따라 乙이 丙에게 X건물을 반환할 때에는 丙은 이를 보증금에서 공제할 수 있다.

(3) 결론

丙은 乙의 甲에 대한 연체차임 1,800만원을 보증금에서 공제할 수 있으므로, 乙의 丙에 대한 보증금반환청구는 인용될 수 없다.

〈추가적 사실관계〉

甲의 채권자 丁은 2016. 11. 20. 甲의 乙에 대한 차임채권에 대하여 채권압류 및 추심명령을 받았고, 다음 날 위 명령이 乙에게 송달되었다. 이에 乙은 2016년 11월분과 12월분 차임을 추심채권자 丁에게 지급하였다.

한편 2017. 9. 10. 甲은 乙에 대하여 차임연체를 이유로 임대차계약을 해지한다고 통지하였고, 2017. 9. 30. 乙이 甲에게 X건물을 인도하자 甲은 보증금에서 연체차임 2,700만원을 공제한 잔액을 乙에게 반환하였다. 그러자 乙은 甲의 차임채권에 대한 丁의 채권압류 및 추심명령이 송달된 이후에는 甲에게 차임을 지급하는 것이 금지되므로 보증금에서 이를 공제할 수 없다고 주장하면서, 甲을 상대로 공제한 보증금 2,700만원의 반환을 청구하는 소를 제기하였다.

2. 乙의 甲에 대한 보증금반환청구는 인용될 수 있는가? (10점)

➜ 임대보증금이 수수된 임대차계약에서 차임채권에 관하여 압류 및 추심명령이 있더라도, 임대차계약이 종료되어 목적물이 반환될 때에는 그 때까지 추심되지 않은 채 잔존하는 차임채권 상당액도 임대보증금에서 당연히 공제된다(대판 2004.12.23, 2004다56554,56561). 설문에서 甲의 乙에 대한 차임채권에 관하여 압류 및 추심명령이 있으므로, 乙은 차임을 압류채권자 丁에게 지급하여야 한다(민사집행법 제229조 2항). 그러나 2017년 1월부터 2017년 9월까지의 연체차임 2,700만원이 압류채권자 丁에 의해 추심되지 않은 채 잔존하므로 乙이 X건물을 인도할 때에 연체차임 2,700만원은 별도의 의사표시 없이 보증금에서 당연히 공제된다. 따라서 乙의 甲에 대한 보증금반환청구는 인용될 수 없다.

문제 4 〈사실관계〉

甲은 건물을 신축하기 위하여 乙과 乙 소유의 X토지에 관하여 토지임대차계약(임대차기간 2016. 6. 1.부터 2021. 5. 31.까지 5년, 임대차보증금 7억원, 월 차임 2,000만원)을 체결하고, 2017. 8. 22. X토지 위에 Y건물을 신축하여 소유권보존등기를 마쳤다.

甲은 Y건물에서 창고를 운영하려는 丙과 건물임대차계약(임대차기간 2017. 10. 1.부터 2020. 9. 30.까지 3년, 임대차보증금 1억원, 월 차임 500만원)을 체결하였다. [※ 아래 각 문항은 별개이며, 상가건물임대차보호법은 적용되지 않는 것을 전제로 함] (제10회 변호사시험, 2021)

1. 甲이 乙에게 5기의 차임 지급을 연체하자 乙은 2020. 9. 30. 甲과의 토지임대차계약을 적법하게 해지하였다. (1) 乙은 甲을 상대로 Y건물의 철거 및 X토지의 인도를 청구하였다. 이에 甲은 민법 제643조, 제283조를 근거로 Y건물에 대한 매수청구권을 행사하였다. (2) 乙은 丙을 상대로 Y건물에서의 퇴거 및 2020. 10. 1.부터 X토지가 인도될 때까지 월 2,000만원의 비율로 계산한 부당이득의 반환을 청구하였다. 이에 丙은 자신은 Y건물의 임차인에 불과하므로 X토지의 차임을 지급할 의무가 없다고 주장하였다. 乙의 청구 및 이에 대한 甲, 丙의 각 주장은 타당한가? (20점)

→ **(1) 乙의 甲에 대한 청구의 타당성 여부**

(가) 乙의 甲에 대한 Y건물의 철거 및 X토지의 인도청구

1) 민법 제654조, 제615조에 의한 원상회복청구

임대차가 종료하면 임차인은 목적물을 원상으로 회복하여 임대인에게 반환하여야 한다(제654조, 제615조). 설문에서 甲과 乙사이의 X토지에 대한 임대차계약이 2023. 9. 30. 적법하게 해지되었고, 임차인 甲은 X토지 위에 Y건물을 신축하여 현재 소유하고 있다. 따라서 임대인 乙은 임차인 甲에 대하여 원상회복, 즉 Y건물의 철거 및 X토지의 인도를 청구할 수 있다.

2) 민법 제214조, 제213조에 의한 Y건물의 철거 및 X토지의 인도청구

설문에서 乙은 X토지의 소유자이다. 또한 甲과 乙 사이의 X토지에 대한 임대차계약이 적법하게 해지되었으므로(제640조), 甲은 Y건물의 소유를 위해 X토지를 점유할 권리가 없으며, 이러한 점유는 乙의 소유권에 대한 방해에 해당한다. 따라서 乙은 甲을 상대로 민법 제214조, 제213조에 의하여 Y건물의 철거 및 X토지의 인도를 청구할 수 있으므로, 乙의 甲에 대한 청구는 타당하다.

(나) 甲의 乙에 대한 Y건물매수청구

공작물의 소유 등을 목적으로 하는 토지임대차에 있어서 임차인의 채무불이행을 이유로 계약이 해지된 경우, 임차인은 임대인에 대하여 민법 제283조, 제643조에 의한 매수청구권을 가지지 아니한다(대판 2003.4.22, 2003다7685). 설문에서 乙과 甲 사이의 토지임대차계약이 임차인 甲의 이행지체로 인해 해지되었다. 따라서 甲의 乙에 대한 Y건물의 매수청구는 부당하다.

(2) 乙의 丙에 대한 청구의 타당성 여부

(가) 乙의 丙에 대한 Y건물에서의 퇴거청구

토지소유자가 건물소유자에 대하여 건물 철거 및 그 대지 인도를 청구할 수 있는데, 건물소유자가 아닌 사람이 건물을 점유하고 있는 경우, 토지소유자는 건물 점유를 제거하지 않는

한 건물철거 등을 실행할 수 없다. 따라서 토지소유자는 자신의 소유권에 기한 방해배제로서 건물점유자에 대하여 건물로부터의 퇴출을 청구할 수 있다(대판 2010.8.19, 2010다43801). 설문의 경우, 토지임대차계약의 해지로 인해 乙은 甲에 대하여 Y건물의 철거와 X토지의 인도를 청구할 수 있으며, 丙이 현재 X토지에 신축된 甲소유의 Y건물을 甲과의 임대차계약에 따라 점유하고 있다. 따라서 乙은 丙을 상대로 민법 제214조에 의하여 Y건물의 퇴거를 청구할 수 있으므로, 乙의 청구는 타당하다.

(나) 乙의 丙에 대한 부당이득반환청구

불법점유를 당한 부동산의 소유자는 불법점유자에 대하여 그로 인한 임료 상당 손해의 배상이나 부당이득의 반환을 구할 수 있다(민법 제741조). 설문에서 X토지에 대한 임대차계약이 2020. 9. 30. 해지되었기 때문에 임차인 甲은 임대인 乙에 대하여 원상회복의무, 즉 Y건물의 철거 및 X토지 인도의무를 부담한다(제654조, 제615조). 반면에 丙은 甲과의 건물임대차계약에 따라 X토지가 아니라 Y건물을 점유하고 있다. 따라서 X토지의 불법점유자는 丙이 아니라 甲이므로, 乙의 丙에 대한 부당이득반환청구는 부당하다. 결국 건물을 점유하고 있는 건물임차인이 토지소유자에게 부지점유자로서 부당이득반환의무를 진다고 볼 수 없으므로(대판 2012.5.10, 2012다4633), 丙의 주장이 타당하다.

2. 甲은 2020. 4.경 丙에게 Y건물에 대한 임대차계약의 연장 여부를 물었으나 丙은 더 이상 연장하지 않겠다고 하였다. 丙은 코로나 여파로 영업이 되지 않던 중이라 임대차계약기간이 만료한 2020. 9. 30. 창고에 있던 물건을 빼놓은 채 창고 문을 열쇠로 잠가두었다.

丙은 2020. 10. 1. 甲에게 Y건물의 임대차계약기간 만료를 이유로 1억원의 임대차보증금을 반환하라고 청구하였다. 이에 甲은 (1) 丙이 임대차계약이 종료되었음에도 불구하고 2021. 1. 1. 현재까지 Y건물을 인도하지 않고 있으므로 부당이득 또는 불법점유에 따른 손해배상을 이유로 임대차보증금에서 3개월분의 차임을 공제하고, (2) 丙으로부터 Y건물을 인도받음과 동시에 공제된 임대차보증금 8,500만원을 지급하겠다고 주장한다. 丙의 청구 및 이에 대한 甲의 주장은 타당한가? (20점)

→ **(1) 丙청구의 타당성 여부**

임대차계약이 종료되면 임대인은 임대차보증금에서 임대차관계에서 생긴 임차인의 모든 채무를 공제한 나머지를 임차인에게 반환할 의무가 있다(대판 2005.9.28, 2005다8323,8330). 설문에서 甲과 丙 사이의 임대차계약이 종료되었으므로, 丙은 甲에게 지급한 보증금의 반환을 청구할 수 있다.

(2) 甲주장의 타당성 여부

(가) 丙의 Y건물 퇴거를 반환의무의 이행제공으로 볼 수 있는지 여부

임차인의 임차목적물 반환의무와 임대인의 보증금 반환의무는 동시이행의 관계에 있으며, 임대인의 동시이행의 항변권을 소멸시키고 보증금반환 지체책임을 인정하기 위해서는 임

차인이 임대인에게 임차목적물 인도의 이행제공을 해야 한다(대판 2002.2.26, 2001다77697). 설문에서 丙은 Y건물에 있던 물건을 빼놓은 채 열쇠로 잠가두었다는 사정만으로 이행제공으로 볼 수 없다. 따라서 甲의 보증금반환의무와 丙의 임차목적물반환의무는 동시이행의 관계에 있으므로, 이 점에서 甲의 주장은 타당하다.

(나) 甲이 임대차보증금에서 3개월분의 차임을 공제할 수 있는지 여부
임차인의 목적물반환의무와 임대인의 보증금반환의무는 동시이행관계에 있으므로, 임대인이 임대차보증금의 반환의무를 이행하거나 적법하게 이행제공을 하는 등으로 임차인의 동시이행항변권을 상실시키지 않은 이상, 임대차계약 종료 후 임차인이 목적물을 계속 점유하더라도 그 점유를 불법점유라고 할 수 없고 임차인은 이에 대한 손해배상의무를 지지 않는다(대판 2020.5.14, 2019다252042). 설문의 경우, 임대차계약이 종료되어 임차인 丙의 Y건물반환의무와 임대인 甲의 보증금반환의무는 동시이행관계에 있으므로, 甲이 임대차보증금을 적법하게 이행제공하였다면, 丙은 Y건물을 인도할 의무에 대해 임대차보증금의 반환과 동시이행을 주장할 수 없다. 하지만 甲이 보증금을 이행제공하였다고 인정할 사유는 존재하지 않는다. 또한 丙은 임대차종료 이후 현재까지 Y건물을 사용·수익하지 않고 있다. 따라서 甲은 丙에게 손해배상이나 부당이득반환을 청구할 수 없으므로, 임대차보증금에서 3개월분의 차임을 공제할 수 없다. 이 점에서 甲의 주장은 부당하다.

(3) 결론
丙의 Y건물반환의무와 甲의 보증금반환의무는 동시이행의 관계에 있고, 甲은 丙에 대해 부당이득 또는 불법점유에 따른 손해배상을 청구할 수 없다. 따라서 甲은 丙으로부터 Y건물을 인도받음과 동시에 임대차보증금 1억원을 지급해야 한다.

제7절 도 급

Ⅰ. 도급계약 해제에 따른 권리의무관계

❐ 건축공사도급계약이 수급인의 채무불이행을 이유로 해제될 당시 공사가 상당한 정도로 진척되어 이를 원상회복하는 것이 중대한 사회적·경제적 손실을 초래하고 완성된 부분이 도급인에게 이익이 된다면, 해당 도급계약은 미완성 부분에 대하여만 실효되어 수급인은 해제한 상태 그대로 건물을 도급인에게 인도하고 도급인은 특별한 사정이 없는 한 인도받은

> 미완성 건물에 대한 보수를 지급하여야 하는 권리의무관계가 성립한다. 이와 같은 경우 도급인이 지급하여야 할 미완성 건물에 대한 보수는 특별한 사정이 없는 한 당사자 사이에 약정한 총공사비에 기성고 비율을 적용한 금액이 되는 것이지, 수급인이 실제로 지출한 비용을 기준으로 할 것은 아니다. 이때의 기성고 비율은 공사대금 지급의무가 발생한 시점, 즉 수급인이 공사를 중단할 당시를 기준으로 이미 완성된 부분에 들어간 공사비에다 미시공 부분을 완성하는 데 들어갈 공사비를 합친 전체 공사비 가운데 완성된 부분에 들어간 비용이 차지하는 비율을 산정하여 확정하여야 한다. 다만 당사자 사이에 기성고 비율 산정에 관하여 특약이 있는 등 특별한 사정이 인정되는 경우라면 그와 달리 산정할 수 있다(대법원 2019.12.19. 선고 2016다24284 판결).

문제 甲은 건설업자 乙과의 사이에 자신의 토지 위에 X건물을 신축하기 위하여 공사대금 3억원, 준공일 2022. 5. 5.로 하는 공사도급계약을 체결하면서, 계약당일 계약금으로 3,000만원, 지하실, 1층, 2층, 3층의 각 골조공사 완성 후 각 2,000만원씩, 공사완료 후 잔금 1억 9,000만원을 지급하기로 하였다. 이후 乙은 2층까지의 골조공사를 완성하였고, 甲으로부터 계약금 3,000만원과 골조공사에 대한 대금 6,000만원을 지급받았다. 乙은 공사를 진행하다가 자금이 부족하여 완공하지 못하였고, 이에 甲은 적법한 절차를 거쳐 2022. 6. 5. 계약을 해제하였다. 이후 乙은 2022. 7. 10. 甲을 상대로 공사를 중단할 때까지 자신이 지출한 2억 4,000만원의 공사비 중 이미 지급받은 9,000만원을 제외한 1억 5,000만원의 지급을 청구하는 소를 제기하였다. 이에 甲은 乙의 귀책사유로 도급계약이 해제되었으므로 자신은 더 이상 공사대금 지급의무가 없고, 가사 공사대금을 지급해야 한다고 하더라도 전체 공사대금에서 기성고 비율을 적용한 금액만을 지급할 의무가 있을 뿐이라고 주장하였다. 감정결과 공사 중단 당시 기성고 비율은 70%임이 확인되었다. 법원은 어떠한 판단을 하여야 하는지, (1) 결론(소각하/청구기각/청구전부인용/청구일부인용 – 일부인용의 경우 인용범위를 특정할 것)과 (2) 논거를 설명하시오(지연손해금은 고려하지 말 것).

→ **1. 결론**

법원은 피고 甲은 원고 乙에게 1억 2,000만원을 지급하라는 내용의 청구일부인용 판결을 해야 한다.

2. 논거

(1) 수급인의 귀책사유로 도급계약이 해제된 경우 도급인의 공사대금의무 소멸여부

채권자는 채무자의 이행지체를 이유로 계약을 해제할 수 있고(민법 제544조), 이 경우 당사자는 상대방에 대하여 원상회복의 의무가 있다(제548조). 하지만 건축도급계약이 수급인의 채무불이행으로 해제될 당시 공사가 상당한 정도로 진척되어 이를 원상회복하는 것이 중

대한 사회적·경제적 손실을 초래하고 완성된 부분이 도급인에게 이익이 되는 경우, 도급계약은 미완성 부분에 대하여만 실효되어 수급인은 해제한 때의 상태 그대로 건물을 도급인에게 인도하고, 그에 상당한 보수를 청구할 수 있다(대판 2019.12.19, 2016다24284). 따라서 乙의 귀책사유로 도급계약이 해제되었음을 이유로 공사대금 지급의무가 없다는 甲의 주장은 부당하다.

(2) 甲이 지급하여야 할 미완성 건물에 대한 보수는 약정한 총공사비에 기성고 비율을 적용한 금액인지 여부

도급인이 지급하여야 할 미완성 건물에 대한 보수는 특별한 사정이 없는 한 당사자 사이에 약정한 총공사비에 기성고 비율을 적용한 금액이 되는 것이지, 수급인이 실제로 지출한 비용을 기준으로 할 것은 아니다(대판 2019.12.19, 2016다24284). 따라서 도급인 甲의 미완성 건물에 대한 공사대금채무는 수급인 乙이 실제로 지출한 금액 2억 4,000만원이 아니라 기성고 비율을 적용한 금액이다. 즉 甲은 乙에게 공사대금 3억원의 70%에 해당하는 금액 중 기지급한 9,000만원을 제외하고 나머지 1억 2,000만원을 지급해야 한다.

Ⅱ. 수급인의 담보책임

❐ 도급계약에 따라 완성된 목적물에 하자가 있는 경우, 수급인의 하자담보책임과 채무불이행책임은 별개의 권원에 의하여 경합적으로 인정된다. 민법 제669조 본문은 완성된 목적물의 하자가 도급인이 제공한 재료의 성질 또는 도급인의 지시에 기인한 때에는 수급인의 하자담보책임에 관한 규정이 적용되지 않는다고 정하고 있다. 그러나 이 규정은 수급인의 하자담보책임이 아니라 **제390조에 따른 채무불이행책임에는 적용되지 않는다**(대법원 2020.1.30. 선고 2019다268252 판결).

❐ 도급계약에 따라 완성된 목적물에 하자가 있는 경우, 수급인의 하자담보책임과 채무불이행책임은 별개의 권원에 의하여 경합적으로 인정된다. 목적물의 하자를 보수하기 위한 비용은 수급인의 하자담보책임과 채무불이행책임에서 말하는 손해에 해당한다. 따라서 도급인은 하자보수비용을 민법 제667조 제2항에 따라 하자담보책임으로 인한 손해배상으로 청구할 수도 있고, 제390조에 따라 채무불이행으로 인한 손해배상으로 청구할 수도 있다. 하자보수를 갈음하는 손해배상에 관해서는 제667조 제2항에 따른 하자담보책임만이 성립하고 제390조에 따른 채무불이행책임이 성립하지 않는다고 볼 이유가 없다(대법원 2020.6.11. 선고 2020다201156 판결).

Ⅲ. 부동산공사 수급인의 저당권설정청구권

- 부동산에 관한 공사도급의 경우에 수급인의 노력과 출재로 완성된 목적물의 소유권은 원칙적으로 수급인에게 귀속되지만 도급인과 수급인 사이의 특약에 의하여 달리 정하거나 기타 특별한 사정이 있으면 도급인이 원시취득하게 되므로, 민법 제666조는 그러한 경우에 수급인에게 목적물에 대한 저당권설정청구권을 부여함으로써 수급인이 목적물로부터 공사대금을 사실상 우선적으로 변제받을 수 있도록 하고 있다. 이에 비추어 건물신축공사에 관한 도급계약에서 수급인이 자기의 노력과 출재로 건물을 완성하여 소유권이 수급인에게 귀속된 경우에는 수급인으로부터 건물신축공사 중 일부를 도급받은 하수급인도 수급인에 대하여 제666조에 따른 저당권설정청구권을 가진다(대법원 2016.10.27. 선고 2014다211978 판결).
- 도급받은 공사의 공사대금채권은 민법 제163조 제3호에 따라 3년의 단기소멸시효가 적용되고, 공사에 부수되는 채권도 마찬가지인데, 민법 제666조에 따른 저당권설정청구권은 공사대금채권을 담보하기 위하여 저당권설정등기절차의 이행을 구하는 채권적 청구권으로서 공사에 부수되는 채권에 해당하므로 소멸시효기간 역시 3년이다.

  건물신축공사에서 하수급인의 수급인에 대한 민법 제666조에 따른 저당권설정청구권은 수급인이 건물의 소유권을 취득하면 성립하고 특별한 사정이 없는 한 그때부터 권리를 행사할 수 있지만, 건물 소유권의 귀속주체는 하수급인의 관여 없이 도급인과 수급인 사이에 체결된 도급계약의 내용에 따라 결정되고, 더구나 건물이 완성된 이후 소유권 귀속에 관한 법적 분쟁이 계속되는 등으로 하수급인이 수급인을 상대로 저당권설정청구권을 행사할 수 있는지를 객관적으로 알기 어려운 상황에 있어 과실 없이 이를 알지 못한 경우에도 청구권이 성립한 때부터 소멸시효가 진행한다고 보는 것은 정의와 형평에 맞지 않을 뿐만 아니라 소멸시효 제도의 존재이유에도 부합한다고 볼 수 없다. 그러므로 이러한 경우에는 객관적으로 하수급인이 저당권설정청구권을 행사할 수 있음을 알 수 있게 된 때부터 소멸시효가 진행한다(대법원 2016.10.27. 선고 2014다211978 판결).

변호사시험 기출문제

문제 〈기초적 사실관계〉

甲은 乙로부터 전기자동차 50대를 공급받기로 하는 도급계약을 체결하였다. 乙은 위 자동차 제작을 위해 丙으로부터 전자브레이크 및 모터를 납품받기로 하는 계약을 체결하였다. 甲은 乙로부터 전기자동차 30대를 인도받았는데, 위 자동차 중 15대의 자동차에서 고주파 소음이 발생하였다. 甲과 乙은 공동으로 하자 원인을 규명하기 위해 A회사에 조사를 의뢰하였고 '丙으로부터 제공받은 전자브레이크 내부의 금속 부품이 파열되었기 때문'이라는 보고서가 제출되었다. 위 전자브레이크는 丙의 하도급 업체인 丁이 제조한 것이었다.

甲은 위 고주파 소음의 원인을 찾기 위한 비용 및 수리 비용으로 13억원을 지출하였다면서 乙을 상대로 채무의 불완전이행을 원인으로 한 손해배상으로 총 13억원의 지급을 구하는 소(이하 '이 사건 소송'이라 한다)를 제기하였다.

이 사건 소송에서 丁의 과실로 전자브레이크 내부의 금속 부품이 파열되었고, 乙은 丙이 丁으로부터 전자브레이크를 제공받는다는 점을 인지한 상태에서 丙과 계약을 체결한 사실이 인정되었다. 또한 전자브레이크에 발생한 하자는 甲이 乙에게 지시(설계)한 내용에 기인한 것일 가능성이 매우 높다는 보고서가 추가로 제출되었다. (제13회 변호사시험, 2024)

1. 이 사건 소송에서 乙은 ① 丙과 丁이 乙의 지시 또는 감독 아래 업무를 수행하였다거나, 乙에 대하여 종속적인 지위에 있지 아니하므로, 전자브레이크 제작 과정에 丙 또는 丁의 고의·과실이 있다고 하더라도 乙은 이에 대한 책임이 없고, ② 전자브레이크에 발생한 하자는 도급인인 甲의 지시에 기인하여 발생한 것이므로 민법 제669조에 따라 손해배상책임을 부담하지 않는다고 주장하였다. 乙의 위 각 주장의 당부를 판단하고 근거를 서술하시오. (20점)

→ **(1) 乙의 ①주장 타당성 여부**

(가) 판단

乙의 ①주장은 이유 없다.

(나) 근거

1) 민법 제390조에 의해 甲이 乙을 상대로 채무불이행으로 인한 손해배상을 청구할 수 있기 위해서는, 乙이 채무내용에 따른 이행을 하지 않고, 乙에게 귀책사유가 존재해야 한다. 이행보조자의 고의·과실을 채무자의 고의·과실로 본다(제391조). 이행보조자는 채무자의 의사 관여 아래 채무의 이행행위에 속하는 활동을 하는 사람이면 충분하고 반드시 채무자의 지시·감독을 받는 관계에 있어야 하는 것은 아니다. 또한 이행보조자가 채무의 이행을 위하여 제3자를 복이행보조자로 사용하는 경우에도 채무자가 이를 승낙하였거나 적어도 묵시적으로 동의한 때에는 채무자는 복이행보조자의 고의·과실에 관하여 제391조에 따라

책임을 부담한다(대판 2020.6.11, 2020다201156).

2) 설문의 경우, 乙이 계약에 따라 제작·인도한 자동차의 전자브레이크에 결함이 존재하며, 乙은 자동차를 제작하기 위해 丙으로부터 전자브레이크 및 모터를 납품받기로 하는 계약을 체결하였으므로, 丙은 乙의 이행보조자에 해당한다. 위 전자브레이크는 丙의 하도급업체인 丁의 과실로 제작된 것이고, 乙은 丙이 丁으로부터 전자브레이크를 제공받는다는 점을 인지한 상태에서 丙과 계약을 체결하였으므로, 乙은 丙이 丁을 복이행보조자로 사용하는 것을 승낙·묵시적 동의를 한 것으로 볼 수 있다. 따라서 민법 제391조에 따라 복이행보조자인 丁의 고의·과실은 乙의 고의·과실로 인정되므로, 乙은 甲에 대하여 전자브레이크의 결함으로 인한 손해배상책임을 부담한다(제390조, 제391조).

(2) 乙의 ②주장 타당성 여부

(가) 판단

乙의 ②주장은 이유 없다.

(나) 근거

도급계약에 따라 완성된 목적물에 하자가 있는 경우, 수급인의 하자담보책임과 채무불이행책임은 별개의 권원에 의하여 경합적으로 인정된다. 목적물의 하자를 보수하기 위한 비용은 수급인의 하자담보책임과 채무불이행책임에서 말하는 손해에 해당한다(대판 2020.6.11, 2020다201156). 완성된 목적물에 하자가 있는 경우, 도급인은 하자보수비용을 민법 제667조 2항에 따라 하자담보책임으로 인한 손해배상으로 청구할 수 있지만, 목적물의 하자가 도급인의 지시에 기인한 때에는 하자담보책임을 주장할 수 없다(제669조). 그러나 제669조는 수급인의 하자담보책임이 아니라 제390조에 따른 채무불이행책임에는 적용되지 않는다(대판 2020.1.30, 2019다268252). 설문의 경우, 甲은 채무의 불완전이행을 원인으로 손해배상청구를 한 것이므로, 이 사건 소송에는 민법 제669조가 적용되지 않는다.

〈추가적 사실관계〉

이 사건 소송에서 제1심법원은 甲의 청구를 인용하되, 乙의 책임을 60%로 제한하는 판결을 선고하였고, 제1심판결에 대하여 乙만이 항소하였다. 甲은 항소심 심리 도중 민법 제667조 제2항에 근거하여 하자보수에 갈음하는 손해배상청구를 위 채무불이행을 원인으로 한 손해배상청구에 선택적으로 병합하는 내용으로 청구를 변경하였다.

항소심법원은 甲이 선택적으로 병합한 하자보수에 갈음하는 손해배상청구를 임의로 선택하여 심리를 진행하였고, 심리 결과 위 청구가 이유 있고 그 결론이 제1심판결의 주문과 동일하다고 판단하여 乙의 항소를 기각하였다.

2. 항소심법원의 판결이 타당한지 판단하고 근거를 서술하시오. (10점)

→ (1) 판단

항소심은 제1심 판결을 취소하고 새롭게 청구 인용을 하여야 하므로, 항소기각을 선고한 항소심의 판결은 부당하다.

(2) 근거

항소심은 청구가 선택적으로 병합된 경우, 제1심에서 인용된 청구를 먼저 심리하여 판단할 필요는 없고 선택적으로 병합된 수개의 청구 중 제1심에서 심판되지 않은 청구를 임의로 선택하여 심판할 수 있다. 또한 심리한 결과 그 청구가 이유 있다고 인정되고 그 결론이 제1심판결의 주문과 동일한 경우에도 항소를 기각해서는 안 되며 제1심판결을 취소한 다음 새로이 청구를 인용하는 주문을 선고하여야 한다(대판 2019.12.27, 2016다208600). 설문의 경우, 원고 甲은 항소심에서 하자보수에 갈음하는 손해배상청구를 채무불이행을 원인으로 한 손해배상청구에 선택적으로 병합하는 내용으로 청구를 변경하였다. 따라서 항소심이 제1심과 마찬가지로 청구가 이유 없다는 결론을 내리더라도 청구의 선택적 병합이 있는 이상 반드시 제1심 판결을 취소하고 같은 주문을 선고해야 한다.

제8절 조 합

❐ 조합의 통상사무는 각 조합원 또는 각 업무집행자가 단독으로 집행할 수 있고(민법 제706조 제3항), 조합업무를 집행하는 조합원이 그 집행에 관하여 필요비를 지출한 때에는 그 비용의 상환을 조합에 청구할 수 있다(민법 제707조, 688조 제1항). 여기에서 필요비는 조합업무를 집행하는 조합원이 선량한 관리자의 주의를 가지고 조합에 필요하다고 판단하여 지출한 비용을 의미한다(대법원 2024.2.29. 선고 2023다294470,294487 판결). 이때 조합의 비용상환채무는 특별한 사정이 없는 한 조합채무에 해당한다.

조합과 조합원이 명의신탁약정을 맺고 그에 따라 조합원이 조합의 공동사업에 필요한 부동산을 매수하는 계약명의신탁 경우, 상대방 당사자가 명의신탁약정 사실을 알지 못한 상태에서 조합원의 매매계약 및 조합원 명의의 등기가 이루어짐으로써 부동산 소유권이 조합원에게 귀속되었더라도(부동산실명법 제4조 제2항 단서) 조합원은 특별한 사정이 없는 한 조합업무 집행에 관하여 부동산에 지출한 필요비의 상환을 조합에 청구할 수 있다(대법원 2025.6.26. 선고 2025다205399,205405 판결).

→ 원고와 피고가 X부동산을 매수한 후 개발·매각하는 사업을 공동으로 진행하여 그 매

각에 따른 수익을 분배하기로 하는 내용의 조합계약을 체결하고, 그에 따라 피고가 X부동산을 매수하여 피고 명의로 소유권이전등기를 마치고 X부동산에 근저당권을 설정하고 받은 대출금으로 매매대금을 지급하였으며, X부동산 관련 대출이자와 재산세를 변제하였는데, 원고와 피고가 조합계약이 종료되었음을 이유로 각각 상대방에게 잔여재산의 분배 등을 청구하였다. 이 경우 피고가 X부동산을 매수하여 그의 명의로 등기하기로 한 약정은 원고와 피고로 구성된 조합과 조합원인 피고가 X부동산에 관한 계약명의신탁약정에 해당하고, X부동산 매매의 상대방 당사자가 명의신탁약정 사실을 알지 못한 상태에서 피고의 부동산 매수 및 피고 명의의 등기가 이루어짐으로써 피고가 X부동산의 소유권을 취득한다(부동산실명법 제4조 2항 단서). 이로써 조합은 X부동산 자체가 아니라 그 매수대금 상당의 부당이득반환채권을 조합재산으로 보유하게 된다. 한편 피고가 자신의 비용으로 X부동산에 관한 대출이자와 재산세를 변제한 행위는 조합계약의 목적 달성을 위한 일상적·반복적 사무로서 통상사무에 해당하므로 조합원인 피고는 단독으로 집행할 수 있고, X부동산에 관한 대출이자와 재산세의 변제가 조합의 목적 달성과 밀접한 관련이 있는 점 등을 고려하면 피고가 변제로 지출한 비용은 조합원인 피고가 선량한 관리자의 주의를 가지고 조합에 필요하다고 판단하여 지출한 비용으로서 필요비에 해당한다. 또한 부동산실명법 제4조 2항 단서에 따라 X부동산 소유권이 피고에게 귀속되었더라도 그 외의 조합 관련 법률관계는 조합계약 또는 조합에 관한 민법 규정에 따라 규율되므로, 피고가 부동산실명법에 따라 X부동산의 소유자가 되었다는 사정만으로 그가 제707조, 제688조 1항에 따라 조합에 가지는 비용상환청구권이 당연히 부정되는 것은 아니다. 따라서 조합관계 종료 시 존재하는 적극재산에서 소극재산인 위 비용상환채무액을 공제하여 분배대상 잔여재산액을 산출하여야 한다.

제9절 부당이득

Ⅰ. 부당이득의 성립요건

❒ 법률상 원인 없이 타인의 재산 또는 노무로 인하여 이익을 얻고 이로 인하여 타인에게 손해를 입힌 자는 그 이익을 반환하여야 한다(민법 제741조). 이러한 부당이득이 성립하기 위한 요건인 이익을 얻은 방법에는 제한이 없다. **채무를 면하는 경우**와 같이 어떠한 사실

의 발생으로 당연히 발생하였을 손실을 보지 않는 것과 같은 재산의 소극적 증가도 이익에 해당한다(대법원 2024.3.28. 선고 2023다308911 판결).

❐ 채무자의 법률행위가 사해행위에 해당하여 취소를 이유로 원상회복이 이루어지는 경우, 특별한 사정이 없는 한 채무자는 수익자 또는 전득자에게 부당이득반환채무를 부담한다. 채무자의 책임재산이 위와 같이 원상회복되어 그로부터 채권자가 채권의 만족을 얻음으로써 채무자의 다른 공동채무자도 자신의 채무가 소멸하는 이익을 얻을 수 있다. 이러한 경우에 공동채무의 법적 성격이나 내용에 따라 채무자와 다른 공동채무자 사이에 구상관계가 성립하는 것은 별론으로 하고 공동채무자가 수익자나 전득자에게 직접 부당이득반환채무를 부담하는 것은 아니다. 따라서 채무자의 공동채무자가 수익자나 전득자의 가액배상의무를 대위변제한 경우에도 특별한 사정이 없는 한 수익자나 전득자에게 구상할 수 있다(대법원 2017.9.26. 선고 2015다38910 판결).

문제 甲은 2009. 4. 17. 乙과 X부동산에 관하여 매매예약을 체결하고, 같은 날 乙 앞으로 매매예약을 원인으로 한 소유권이전청구권 가등기를 마쳤다. 乙은 2010. 3. 19. 丙에게 매매예약에 기한 소유권이전청구권을 양도하고 2010. 4. 9. X부동산에 관하여 丙 앞으로 가등기이전의 부기등기를 마쳤고, 같은 날 丙은 2010. 3. 19.자 매매를 원인으로 하여 가등기에 기한 본등기를 마쳤다.
이에 대하여 甲의 채권자인 A와 B는 위 매매예약과 매매계약이 사해행위에 해당한다고 주장하면서 乙과 丙을 상대로 사해행위취소의 소를 제기하였다. 법원은 위 매매계약과 매매예약을 A에 대해서는 4,000만원, B에 대해서는 4,840만원의 한도에서 각각 취소하고 乙과 丙에게 그 가액배상을 명하는 판결을 선고하였고, 이후 위 판결은 확정되었다. (다음 각 문항은 독립적임)

1. 확정판결에 따라 乙과 丙이 A와 B에게 가액배상을 하였다면, 甲·乙·丙의 법률관계는?

➜ 채무자의 법률행위가 사해행위에 해당하여 그 취소를 이유로 원상회복이 이루어지는 경우, 특별한 사정이 없는 한 채무자는 수익자 또는 전득자에게 부당이득반환채무를 부담한다(대판 2017.9.26, 2015다38910). 설문에서 수익자 乙과 전득자 丙이 취소채권자에게 확정판결에 따라 가액배상을 하였으므로, 乙과 丙은 민법 제741조에 의하여 甲에게 부당이득반환을 청구할 수 있다. 또한 甲과 乙 사이의 매매예약, 乙과 丙 사이의 매매계약은 유상계약이므로, 丙은 乙에 대하여 그리고 乙은 甲에 대하여 담보책임을 물을 수 있다(제570조).

2. 丁은 甲이 乙과 X부동산에 관하여 매매예약을 맺기 전에 甲의 A·B에 대한 채무를 연대보증하였다. 丁은 위 확정판결에 따라 피고 乙과 丙이 취소채권자인 A·B에 대하여 부담하는 가액배상금 채무를 대위변제하였다. 이 경우 丁은 乙과 丙에 대하여 구상할 수 있는가?

➜ 채무자의 법률행위가 사해행위에 해당하여 그 취소를 이유로 원상회복이 이루어지는 경우,

그로부터 채권자가 채권의 만족을 얻음으로써 채무자의 다른 공동채무자도 자신의 채무가 소멸하는 이익을 얻을 수 있다. 그러나 공동채무자가 수익자나 전득자에게 직접 부당이득반환채무를 부담하는 것은 아니다. 따라서 채무자의 공동채무자가 수익자나 전득자의 가액배상의무를 대위변제한 경우에도 수익자나 전득자에게 구상할 수 있다(대판 2017.9.26, 2015다38910). 설문에서 丁이 乙과 丙의 A·B에 대한 가액배상금 채무를 대위변제함으로써 丁의 A·B에 대한 연대보증채무와 乙과 丙의 A·B에 대한 가액배상금 채무도 그 범위에서 함께 소멸하였다. 하지만 丁이 채무소멸로 얻은 이익이 乙과 丙에 대한 관계에서 부당이득에 해당한다고 볼 수 없다. 따라서 丁은 乙과 丙에 대하여 구상할 수 있다(제739조).

❒ 배당절차에서 권리 없는 자가 배당을 받아감으로써 법률상 원인 없이 부당이득을 하였다 하더라도, 그로 인하여 손해를 입은 사람은 배당이 잘못되지 않았다면 배당을 받을 수 있었던 사람이지 다음 순위의 배당을 받을 수 있는 채권자가 있음에도 곧바로 손해가 채무자에게 귀속된다고 할 수는 없다. 후순위 근저당권과 함께 그 피담보채권을 양수하였지만 채권양도의 대항요건을 갖추지 못한 양수인이 선순위 근저당권자가 신청한 경매절차에서 배당을 받은 경우, 채무자가 양수인을 상대로 채권양도의 대항요건 미비를 이유로 배당이의절차에서 다툼으로써 양수인이 배당을 받지 못하게 되더라도, 그 후순위 근저당권이 경매개시결정등기 전에 등기되어 매각으로 소멸하는 이상 채무자에 대한 관계에서 양도인이 민사집행법 제148조 제4호에 따라 배당요구 없이 당연히 배당을 받는 근저당권자에 해당한다고 볼 수 있으므로, 채무자에게는 위 배당으로 인하여 손해가 발생하였다고 할 수 없다(대법원 2021.12.16. 선고 2021다215701 판결).

❒ 타인 소유의 토지 위에 권원 없이 건물을 소유하는 자는 그 자체로써 건물 부지가 된 토지를 점유하고 있는 것이므로, 특별한 사정이 없는 한 법률상 원인 없이 타인의 재산으로 인하여 토지의 차임에 상당하는 이익을 얻고 이로 인하여 타인에게 동액 상당의 손해를 주고 있다고 할 것이고, 이는 건물소유자가 미등기건물의 원시취득자이고 그 건물에 관하여 사실상의 처분권을 보유하게 된 양수인이 따로 존재하는 경우에도 다르지 아니하므로, 미등기건물의 원시취득자는 토지소유자에 대하여 부당이득반환의무를 진다(대법원 2011.7.14. 선고 2009다76522,76539 판결).

한편 미등기건물을 양수하여 건물에 관한 사실상의 처분권을 보유하게 됨으로써 그 양수인이 건물 부지 역시 아울러 점유하고 있다고 볼 수 있는 경우에는 미등기건물에 관한 사실상의 처분권자도 건물 부지의 점유·사용에 따른 부당이득반환의무를 부담한다. 이러한 경우 **미등기건물의 원시취득자와 사실상의 처분권자**가 토지소유자에 대하여 부담하는 부당이득반환의무는 동일한 경제적 목적을 가진 채무로서 부진정연대채무 관계에 있다(대법원 2022.9.29. 선고 2018다243133,243140 판결).

[비교] 건물철거는 그 소유권의 종국적 처분에 해당하는 사실행위이므로 원칙적으로는 그 소유자(등기명의자)에게만 그 철거처분권이 있다고 할 것이나 그 건물을 매수하여 점유하고 있는 자는 등기부상 아직 소유자로서의 등기명의가 없더라도 그 권리의 범위 내에서 그 점유 중인 건물에 대하여 법률상 또는 사실상 처분을 할 수 있는 지위에 있으므로, 그 건물의 건립으로 불법점유를 당하고 있는 토지소유자는 위와 같은 지위에 있는 건물점유자에게 그 철거를 구할 수 있다(대법원 1988.9.27. 선고 88다카4017 판결).

→ 타인의 토지 위에 건립된 건물이 미등기이고 그 건물로 인하여 그 토지의 소유권이 침해되는 경우 그 건물을 철거할 의무는 그 건물을 법률상·사실상 처분할 수 있는 지위에 있는 사람이다(대법원 1991.6.11. 선고 91다11278 판결).

Ⅱ. 다수당사자 사이의 부당이득

1. 계약상의 급부가 계약의 상대방뿐만 아니라 제3자의 이익으로 된 경우 — 전용물소권

(1) 급부가 계약에 의해 이루어진 경우

- 계약상의 급부가 계약의 상대방뿐만 아니라 제3자의 이익으로 된 경우에 급부를 한 계약당사자가 계약 상대방에 대하여 계약상의 반대급부를 청구할 수 있는 이외에 그 제3자에 대하여 직접 부당이득반환청구를 할 수 없다. 자기 책임하에 체결된 계약에 따른 위험부담을 제3자에게 전가시키는 것이 되어 계약법의 기본원리에 반하는 결과를 초래하고, 수익자인 제3자가 계약 상대방에 대하여 가지는 항변권 등을 침해하게 되기 때문이다(대법원 2011.11.10. 선고 2011다48568 판결). 따라서 ① 유효한 도급계약에 기하여 수급인이 도급인으로부터 제3자 소유 물건의 점유를 이전받아 이를 수리한 결과 그 물건의 가치가 증가한 경우, 도급인이 그 물건을 간접점유하면서 궁극적으로 자신의 계산으로 비용지출과정을 관리한 것이므로, 도급인만이 소유자에 대한 관계에 있어서 민법 제203조에 의한 비용상환청구권을 행사할 수 있는 비용지출자라고 할 것이고, 수급인은 그러한 비용지출자에 해당하지 않는다(대법원 2002.8.23. 선고 99다66564,66571 판결). ② 甲회사의 화물차

량 운전자가 甲회사 소유의 화물차량을 운전하면서 甲회사의 지정주유소가 아닌 乙이 경영하는 주유소에서 대금을 지급할 의사나 능력이 없음에도 불구하고 상당량의 유류를 공급받아 편취한 다음 甲회사의 화물운송사업에 사용하고 그 유류대금을 결제하지 않은 경우, 비록 위 유류가 甲회사의 화물운송사업에 사용됨으로써 甲회사에게 이익이 되었다 하더라도 乙은 계약당사자가 아닌 甲회사에 대하여 직접 부당이득 반환을 청구할 수 없다(대법원 2010.6.24. 선고 2010다9269 판결). ③ 甲회사가 아파트 신축공사를 시행·완공한 후 乙회사를 아파트 주택관리업자로 선정하여 관리용역 계약을 체결하였고 乙회사는 직원 丙을 아파트 관리소장으로 선임하였는데, 丙이 입주자대표회의가 구성되지 않은 상태에서 아파트 화재보험 가입자금을 甲회사에게서 차용하면서 아파트 입주율이 50% 이상이 되면 운영하는 관리비에서 이를 상환하기로 하는 내용의 확약서 및 차용증서를 작성하여 준 경우, 甲 회사로서는 단지 자신의 대여금이 화재보험료 납입에 사용되었다는 사정만으로 입주자대표회의에 직접 부당이득반환을 청구할 수는 없다(대법원 2011.11.10. 선고 2011다48568 판결). ④ 甲주식회사가 乙 등과 상가 분양계약을 체결할 당시 丙주식회사와 체결한 분양관리신탁계약 및 대리사무계약에 따라 분양대금채권을 丙회사에 양도하였고, 乙 등이 이를 승낙하여 분양대금을 전부 丙회사의 계좌로 납입하였는데, 그 후 乙 등이 甲회사와 丙회사를 상대로 분양계약 해제로 인한 원상회복 또는 분양계약 취소로 인한 부당이득반환으로 乙 등이 납부한 분양대금 등의 지급을 구한 경우, 乙 등이 분양계약에 따라 丙회사 명의의 계좌에 분양대금을 입금한 것은 이른바 '단축급부'에 해당하고, 이러한 경우 丙회사는 甲회사와의 분양관리신탁계약 및 대리사무계약에 따른 변제로서 정당하게 분양대금을 수령한 것이므로, 乙 등이 丙회사를 상대로 법률상 원인 없이 급부를 수령하였다는 이유로 원상회복청구나 부당이득반환청구를 할 수 없다(대법원 2017.7.11. 선고 2013다55447 판결).

→ 원래 계약당사자 사이에서 그 계약의 이행으로 급부된 것은 그 급부의 원인관계가 적법하게 실효되지 않는 한 부당이득이 될 수 없고, 계약에 따른 어떤 급부가 그 계약의 상대방 아닌 제3자의 이익으로 된 경우에도 급부를 한 계약당사자는 계약상대방에 대하여 계약상의 반대급부를 청구할 수 있는 것이지 그 제3자에 대하여 직접 부당이득을 주장하여 반환을 청구할 수 없다(대법원 2023.4.27. 선고 2022다304189 판결).

(2) 급부가 사무관리에 의하여 이루어진 경우

❒ 계약상 급부가 계약 상대방뿐 아니라 제3자에게 이익이 된 경우에 급부를 한 계약당사자는

> 계약 상대방에 대하여 계약상 반대급부를 청구할 수 있는 이외에 제3자에 대하여 직접 부당이득반환청구를 할 수는 없다고 보아야 하고, 이러한 법리는 급부가 사무관리에 의하여 이루어진 경우에도 마찬가지이다. 따라서 의무 없이 타인을 위하여 사무를 관리한 자는 타인에 대하여 민법상 사무관리 규정에 따라 비용상환 등을 청구할 수 있는 외에 사무관리에 의하여 결과적으로 사실상 이익을 얻은 다른 제3자에 대하여 직접 부당이득반환을 청구할 수는 없다(대법원 2013.6.27. 선고 2011다17106 판결).

문제 1 X건물에 대하여 甲은 2/4 지분, 乙과 丙은 각 1/4 지분으로 공유하고 있는데, 乙이 甲의 동의 없이 丁에게 X건물의 창호공사를 2억 5,000만원에 도급을 맡겼다. 丁은 도급계약에 따른 공사를 마쳤으나 乙은 丁에게 공사대금을 지급하지 않고 있다. 이 공사로 X건물의 가치는 종전보다 1억 5,000만원 증가하였다. 丁은 甲에게 건물의 가치 증가분 중 甲의 지분에 상당하는 7,500만원에 대해 공사대금지급이나 부당이득반환 내지 유익비상환을 청구한다. 丁의 청구는 인용될 수 있는가?

→ **1. 민법 제266조 1항에 의하여 丁이 甲에게 공사대금을 청구할 수 있는지 여부**

乙이 丁과 공사계약을 체결한 것은 공유물의 이용가치를 높이는 것으로서 공유물의 관리에 해당한다. 공유물의 관리는 공유자의 지분 과반수로써 결정할 수 있는데(제265조), 1/4 지분을 가진 乙이 단독으로 丁과 공사계약을 체결하였으므로, 이것은 다른 공유자에 대해서는 효력이 없다. 또한 공유자는 자신의 지분의 비율로 공유물의 관리비용을 부담할 의무가 있지만(제266조 1항), 이는 공유자의 내부적인 분담을 정하는 것일 뿐, 제3자와의 관계는 법률관계에 따라 결정된다(대판 1991.4.12, 90다20220). 설문에서 도급계약의 당사자는 乙과 丁이므로, 丁은 乙이 아닌 甲에게 공사대금을 청구할 수 없다.

2. 제203조에 의하여 丁이 甲에게 유익비상환을 청구할 수 있는지 여부

유효한 도급계약에 기하여 수급인이 도급인으로부터 제3자 소유 물건의 점유를 이전받아 이를 수리한 결과 그 물건의 가치가 증가한 경우, 도급인이 그 물건을 간접점유하면서 궁극적으로 자신의 계산으로 비용지출과정을 관리한 것이다. 따라서 도급인만이 소유자에 대한 관계에서 제203조에 의한 비용상환청구권을 행사할 수 있는 비용지출자이고, 수급인은 그러한 비용지출자에 해당하지 않는다(대판 2002.8.23, 99다66564,66571). 설문에서 丁은 乙과의 도급계약에 따라 공사를 마쳤으므로, 乙만이 제203조에 의해 甲에게 그 상환을 청구할 수 있고, 丁은 甲에게 유익비의 상환을 청구할 수 없다.

3. 제741조에 의하여 丁이 甲에게 부당이득의 반환을 청구할 수 있는지 여부

계약상의 급부가 계약의 상대방뿐만 아니라 제3자의 이익으로 된 경우, 계약의 일방당사자는 제3자를 상대로 하여 법률상 원인 없이 급부를 수령하였다는 이유로 부당이득반환청구를 할 수 없다(대판 2017.7.11, 2013다55447). 이를 인정하게 되면 자기 책임 아래 체결된 계약에 따른 대가의 위험부담을 제3자에게 전가하는 것이 되어 계약법의 원리에 반하기 때문이다. 따라서 丁은 계약당사자인 乙에게 공사대금의 지급을 청구할 수 있을 뿐이고, 乙의 미지급을 이유로 甲에게 부당이득반환을 청구할 수 없다. 나아가 丁은 乙과의 도급계약에 따라 乙에게 공사대금을 지급받을 권리가 있어 손해가 있다고 볼 수 없으므로(대판 1970.11.24, 70다1012), 제741조에 의하여 甲에게 부당이득의 반환을 청구할 수 없다.

4. 결론

丁은 甲에 대해 공사대금지급이나 부당이득반환 내지 유익비상환을 청구할 수 없으므로, 丁의 甲에 대한 청구는 인용될 수 없다.

문제 2 甲은 X상가를 신축한 후 乙에게 이를 230억원에 매도하는 계약을 체결하고, 乙은 X상가의 일부에 대해 丙과 분양계약을 체결하였는데, 丙은 분양대금 중 일부를 乙의 지시에 따라 甲에게 무통장입금의 방법으로 송금하였다. 그런데 乙이 甲에게 대금을 내지 못하여 결국 丙이 상가를 분양받지 못하게 되자, 丙은 乙과의 계약을 해제하고 甲을 상대로 이미 송금한 대금에 대하여 부당이득의 반환을 요구한다. 타당한가?

➜ 계약의 일방당사자가 계약상대방의 지시 등으로 급부과정을 단축하여 계약상대방과 또 다른 계약관계를 맺고 있는 제3자에게 직접 급부한 경우, 그 급부로써 급부를 한 계약당사자의 상대방에 대한 급부가 이루어질 뿐 아니라 상대방의 제3자에 대한 급부도 이루어지는 것이므로, 계약의 일방당사자는 제3자를 상대로 하여 법률상 원인 없이 급부를 수령하였다는 이유로 부당이득반환청구를 할 수 없다(대판 2017.7.11, 2013다55447). 이를 인정하게 되면 자기 책임 아래 체결된 계약에 따른 대가의 위험부담을 제3자에게 전가하는 것이 되어 계약법의 원리에 반하기 때문이다. 따라서 丙은 분양계약당사자 乙이 아닌 제3자 甲에게 부당이득반환을 청구할 수 없으므로, 丙의 甲의 청구는 부당하다.

2. 삼각관계에서의 부당이득

❒ 제3자를 위한 계약관계에서 낙약자와 요약자 사이의 법률관계(이른바 기본관계)를 이루는 계약이 해제된 경우 그 계약관계의 청산은 계약의 당사자인 낙약자와 요약자 사이에 이루어져야 하므로, 특별한 사정이 없는 한 낙약자가 이미 제3자에게 급부한 것이 있더라도 낙약자는 계약해제에 기한 원상회복 또는 부당이득을 원인으로 제3자를 상대로 그 반환을 구할 수 없다(대법원 2005.7.22. 선고 2005다7566,7573 판결).

[비교]

◈ 보험계약자가 타인의 생활상의 부양이나 경제적 지원을 목적으로 보험자와 사이에 타인을 보험수익자로 하는 생명보험이나 상해보험 계약을 체결하여 보험수익자가 보험금 청구권을 취득한 경우, 보험자의 보험수익자에 대한 급부는 보험수익자에 대한 보험자 자신의 고유한 채무를 이행한 것이다. 따라서 보험자는 보험계약이 무효이거나 해제되었다는 것을 이유로 보험수익자를 상대로 하여 그가 이미 보험수익자에게 급부한 것의 반환을 구할 수 있고, 이는 타인을 위한 생명보험이나 상해보험이 제3자를 위한 계약의 성질을 가지고 있다고 하더라도 달리 볼 수 없다(대법원 2018.9.13. 선고 2016다255125 판결).

→ 제3자에 대한 자신의 고유한 채무를 이행한 경우에는 낙약자는 제3자에 대하여 부당이득반환을 청구할 수 있다.

◈ 계약이 해제된 경우 계약해제 이전에 해제로 인하여 소멸되는 채권을 양수한 자는 계약해제의 효과에 반하여 자신의 권리를 주장할 수 없음은 물론이고, 나아가 특단의 사정이 없는 한 채무자로부터 이행받은 급부를 원상회복하여야 할 의무가 있다(대법원 2003.1.24. 선고 2000다22850 판결).

❒ 질권설정자가 민법 제349조 제1항에 따라 제3채무자에게 질권이 설정된 사실을 통지하거나 제3채무자가 이를 승낙한 때에는 제3채무자가 질권자의 동의 없이 질권의 목적인 채무를 변제하더라도 질권자에게 대항할 수 없고, 질권자는 여전히 제3채무자에게 직접 채무의 변제를 청구할 수 있다. 질권의 목적인 채권에 대하여 질권설정자의 일반채권자의 신청으로 압류·전부명령이 내려진 경우에도 그 명령이 송달된 날보다 먼저 질권자가 확정일자 있는 문서에 의해 제349조 제1항에서 정한 대항요건을 갖추었다면, 전부채권자는 질권이 설정된 채권을 이전받을 뿐이고 제3채무자는 전부채권자에게 변제했음을 들어 질권자에게 대항할 수 없다(대법원 2022.3.31. 선고 2018다21326 판결).

❒ 금전채권의 질권자가 민법 제353조 제1항, 제2항에 의하여 자기채권의 범위 내에서 직접 청구권을 행사하는 경우 질권자는 질권설정자의 대리인과 같은 지위에서 입질채권을 추심하여 자기채권의 변제에 충당하고 그 한도에서 질권설정자에 의한 변제가 있었던 것으로 보므로, 위 범위 내에서는 제3채무자의 질권자에 대한 금전지급으로써 제3채무자의 질권설정자에 대한 급부가 이루어질 뿐만 아니라 질권설정자의 질권자에 대한 급부도 이루어진다. 이러한 경우 입질채권의 발생원인인 계약관계에 무효 등의 흠이 있어 입질채권이 부존재한다고 하더라도 제3채무자는 특별한 사정이 없는 한 상대방 계약당사자인 질권설정자에 대

하여 부당이득반환을 구할 수 있을 뿐이고 질권자를 상대로 직접 부당이득반환을 구할 수 없다. 이와 달리 제3채무자가 질권자를 상대로 직접 부당이득반환청구를 할 수 있다고 보면 자기 책임하에 체결된 계약에 따른 위험을 제3자인 질권자에게 전가하는 것이 되어 계약법의 원리에 반하는 결과를 초래할 뿐만 아니라 질권자가 질권설정자에 대하여 가지는 항변권 등을 침해하게 되어 부당하기 때문이다(대법원 2015.5.29. 선고 2012다92258 판결).

- 질권자가 제3채므자로부터 자기채권을 초과하여 금전을 지급받은 경우 초과 지급 부분에 관하여는 제3채무자의 질권설정자에 대한 급부와 질권설정자의 질권자에 대한 급부가 있다고 볼 수 없으므로, 제3채무자는 특별한 사정이 없는 한 질권자를 상대로 초과 지급 부분에 관하여 부당이득반환을 구할 수 있지만, 부당이득반환청구의 상대방이 되는 수익자는 실질적으로 그 이익이 귀속된 주체이어야 하는데, 질권자가 초과 지급 부분을 질권설정자에게 그대로 반환한 경우에는 초과 지급 부분에 관하여 질권설정자가 실질적 이익을 받은 것이지 질권자로서는 실질적 이익이 없다고 할 것이므로, 제3채무자는 질권자를 상대로 초과 지급 부분에 관하여 부당이득반환을 구할 수 없다(대법원 2015.5.29. 선고 2012다92258 판결).

문제 甲회사는 자신의 공장건물와 그 내부 기계에 관하여 乙과 화재보험계약을 체결하였다. 甲은 대출금 채권자인 丙은행에게 보험계약에 기한 보험금청구권에 관하여 채권최고액 15억원인 질권을 설정하여 주었고, 乙은 이를 승낙하였다. 이후 甲의 공장건물에 화재가 발생하였고, 甲의 대표이사는 위 기계의 가격이 부풀려진 허위의 손해사정자료를 乙에게 제출하였다. 乙은 이를 근거로 보험금을 17억 5,000만원으로 결정하고, 채권최고억 상당액인 15억원을 질권자 丙에게, 나머지 2억 5,000만원을 피보험자 甲에게 지급하였다. 丙은 위 15억원 중 피담보채권 상당액인 10억 7,000만원은 甲에 대한 대출금채권의 변제에 충당하고, 나머지 4억 3,000만원은 甲에게 반환하였다. 한편 위 보험계약의 약관에는 "허위의 손해사정자료를 제출한 경우 甲은 보험금청구권을 전부 상실한다"고 규정되어 있으며, 甲의 대표이사가 乙에게 허위의 손해사정자료를 제출하였음이 밝혀졌다. 이 경우 제3채무자 乙은 질권자 丙을 상대로 위 15억원이 법률상 원인 없이 지급된 것이라고 주장하며 그 반환을 청구할 수 있는가? (30점)

→ **1. 입질채권의 발생원인인 계약관계에 무효 등의 흠이 있어 입질채권이 부존재하는 경우, 제3채무자 乙이 질권자 丙을 상대로 직접 부당이득반환을 구할 수 있는지 여부**

채권질권자는 질권의 목적이 된 채권(입질채권)을 직접 청구할 수 있다(제353조 1항). 제353조 1항에 따라 피담보채권의 한도에서 乙의 丙에 대한 지급은 乙의 질권설정자 甲에 대한 입질채권의 변제를 위한 급부임과 동시에 甲의 丙에 대한 피담보채권의 변제를 위한 급부에 해당한다. 즉 질권자 丙은 피담보채권이라는 법률상 원인에 의하여 급부를 수령한 것이다. 따라서 허위의 손해사정자료 제출로 인해 입질채권의 발생원인인 계약관계에 무효

등의 흠이 있어 입질채권이 부존재한다고 하더라도 제3채무자 乙은 계약당사자인 질권설정자 甲에 대하여 부당이득반환을 구할 수 있을 뿐이고, 질권자 丙을 상대로 직접 부당이득반환을 구할 수 없다(대판 2015.5.29, 2012다92258).

2. 질권자 丙이 제3채무자 乙로부터 피담보채권을 초과하여 지급받은 경우, 乙은 丙을 상대로 초과 지급 부분에 관하여 부당이득반환을 구할 수 있는지 여부

금전채권의 질권자는 '자기채권(피담보채권)의 한도에서' 채무자에 대하여 직접 입질채권의 이행을 청구하여 수령한 금전을 자기채권의 우선변제에 충당할 수 있다(제353조 2항). 따라서 질권자 丙이 제3채무자 乙로부터 자기채권을 초과하여 금전을 지급받은 경우 초과 지급 부분에 관하여는 乙의 질권설정자 甲에 대한 급부와 甲의 丙에 대한 급부가 있다고 볼 수 없으므로, 乙은 丙을 상대로 초과 지급 부분에 관하여 부당이득반환을 구할 수 있다(대판 2015.5.29, 2012다92258). 하지만 부당이득반환청구의 상대방이 되는 수익자는 실질적으로 그 이익이 귀속된 주체이어야 하는데, 질권자가 초과 지급 부분을 질권설정자에게 그대로 반환한 경우에는 초과 지급 부분에 관하여 질권설정자가 실질적 이익을 받은 것이지 질권자로서는 실질적 이익이 없다. 설문에서 丙은 15억원 중 대출금채권의 변제에 충당하고 남은 4억 3,000만원을 甲에게 반환하였다. 따라서 제3채무자 乙은 질권자 丙을 상대로 초과 지급 부분에 관하여 부당이득반환을 구할 수 없다(대판 2015.5.29, 2012다92258).

3. 부합과 부당이득

- 민법 제261조에서 첨부로 법률규정에 의한 소유권 취득(제256조 내지 제260조)이 인정된 경우에 "손해를 받은 자는 부당이득에 관한 규정에 의하여 보상을 청구할 수 있다"라고 규정하고 있는바, 이러한 보상청구가 인정되기 위해서는 민법 제261조 자체의 요건뿐만 아니라, 부당이득 법리에 따른 판단에 의하여 부당이득의 요건이 모두 충족되었다고 인정되어야 한다. 매도인에게 소유권이 유보된 자재가 제3자와 매수인 사이에 이루어진 도급계약의 이행으로 제3자 소유 건물의 건축에 사용되어 부합된 경우 보상청구를 거부할 법률상 원인이 있다고 할 수 없지만, 제3자가 도급계약에 의하여 제공된 자재의 소유권이 유보된 사실에 관하여 과실 없이 알지 못한 경우라면 선의취득의 경우와 마찬가지로 제3자가 그 자재의 귀속으로 인한 이익을 보유할 수 있는 법률상 원인이 있다고 봄이 상당하므로, 매도인으로서는 그에 관한 보상청구를 할 수 없다. 이러한 법리는 매도인에게 소유권이 유보된 자재가 본인에게 효력이 없는 계약에 기초하여 매도인으로부터 무권대리인에게 이전되고, 무권대리인과 본인 사이에 이루어진 도급계약의 이행으로 본인 소유

건물의 건축에 사용되어 부합된 경우에도 마찬가지로 적용된다(대법원 2018.3.15. 선고 2017다282391 판결).

4. 횡령한 금전으로 한 채무변제와 부당이득

❒ 채무자가 피해자로부터 편취한 금전을 자신의 채권자에 대한 채무변제에 사용하는 경우 채권자가 그 변제를 수령하면서 그 **금전이 편취된 것이라는 사실에 대하여 악의 또는 중대한 과실이 없다면**, 채권자의 금전취득은 피해자에 대한 관계에서 법률상 원인이 있는 것으로 봄이 타당하다(대법원 2023.8.31. 선고 2023다232557 판결). 여기서 중대한 과실이라 함은 채권자가 조금만 주의를 기울였다면 수령한 금전이 편취된 것이라는 사실을 쉽게 알 수 있었음에도 그러한 행위를 하지 않는 등 일반인에게 요구되는 주의의무를 현저히 위반하는 것을 말하고, **채권자가 수령한 금전이 편취된 것이라는 사실을 알았거나 중대한 과실로 알지 못하였다는 점에 대한 증명책임은 피해자**에게 있다(대법원 2024.6.27. 선고 2024다216187 판결).

5. 착오 송금과 부당이득

❒ 예금거래기본약관에 따라 송금의뢰인이 수취인의 예금계좌에 자금이체를 하여 예금원장에 입금의 기록이 된 때에는 특별한 사정이 없는 한 송금의뢰인과 수취인 사이에 자금이체의 원인인 법률관계가 존재하는지 여부에 관계없이 수취인과 수취은행 사이에는 이체금액 상당의 예금계약이 성립하고, 수취인이 수취은행에 대하여 위 입금액 상당의 예금채권을 취득한다. 종합통장자동대출에서는 은행이 대출약정에서 정하여진 한도로 채무자의 약정계좌로 신용을 공여한 후 채무자가 잔고를 초과하여 약정계좌에서 금원을 인출하는 경우 잔고를 초과한 금원 부분에 한하여 자동적으로 대출이 실행되고 그 약정계좌에 다시 금원을 입금하는 경우 그만큼 대출채무가 감소하게 된다(대법원 2015.3.12. 선고 2013다207972 판결). 종합통장자동대출의 약정계좌가 예금거래기본약관의 적용을 받는 예금계좌인 경우에 그 예금계좌로 송금의뢰인이 자금이체를 한 때에는 특별한 사정이 없는 한 송금의뢰인과 수취인 사이에 자금이체의 원인인 법률관계가 존재하는지 여부에 관계없이 **수취인**이 수취은행에 대하여 위 이체금액 상당의 예금채권을 취득한다. 다만 약정계좌의 잔고가 마이너스로 유지되는 상태, 즉 대출채무가 있는 상태에서 약정계좌로 자금이 이체되면, 그 금원에 대해

수취인의 예금채권이 성립됨과 동시에 **수취인과 수취은행 사이의 대출약정에 따라 수취은행의 대출채권과 상계**가 이루어지게 된다. 그 결과 수취인은 대출채무가 감소하는 이익을 얻게 되므로, 설령 송금의뢰인과 수취인 사이에 자금이체의 원인인 법률관계가 없더라도, 송금의뢰인은 수취인에 대하여 이체금액 상당의 부당이득반환청구권을 가지게 될 뿐이고, 수취인과의 적법한 대출거래약정에 따라 대출채권의 만족을 얻은 수취은행에 대하여는 부당이득반환청구권을 취득한다고 할 수 없다(대법원 2022.6.30. 선고 2016다237974 판결).

문제 甲은 乙(수취인)의 丙은행 마이너스 통장계좌(마이너스 상태인 종합통장자동대출 방식의 계좌)로 돈을 송금한 후, 위 송금이 착오 송금이라고 주장하면서 丙을 상대로 송금한 금원에 대한 부당이득반환을 구하는 소를 제기하였다. 이에 丙은 마이너스 대출 약정에 따라 착오 송금된 금원이 자동적으로 대출금의 감소에 충당되었으므로 丙이 취득한 이득이 없다고 주장한다. 甲의 청구는 인용될 수 있는가?

→ 송금의뢰인이 착오로 자금이체의 원인관계 없이 수취인의 예금계좌에 금원을 입금한 경우, 수취인이 그 금원 상당의 예금채권을 취득한다. 다만 수취인의 대출채무가 있는 상태에서 약정계좌로 자금이 이체되면, 그 금원에 대해 수취인의 예금채권이 성립됨과 동시에 수취인과 수취은행 사이의 대출약정에 따라 수취은행의 대출채권과 상계가 이루어지게 된다. 그 결과 수취인은 대출채무가 감소하는 이익을 얻게 되므로, 설령 송금의뢰인과 수취인 사이에 자금이체의 원인인 법률관계가 없더라도, 송금의뢰인은 수취인에 대하여 이체금액 상당의 부당이득반환청구권을 가지게 된다(대판 2022.6.30, 2016다237974). 따라서 착오 송금한 甲은 乙과의 적법한 대출거래약정에 따라 대출채권의 만족을 얻은 丙은행에 대하여 부당이득반환을 청구할 수 없으므로, 법원은 甲의 청구를 기각해야 한다.

❒ 송금의뢰인이 착오송금임을 이유로 거래은행을 통하여 혹은 수취은행에 직접 송금액의 반환을 요청하고 **수취인도 송금의뢰인의 착오송금에 의하여 수취인의 계좌에 금원이 입금된 사실을 인정하고 수취은행에 그 반환을 승낙하고 있는 경우**, 수취은행이 수취인에 대한 대출채권 등을 자동채권으로 하여 수취인의 계좌에 착오로 입금된 금원 상당의 예금채권과 상계하는 것은, 공공성을 지닌 자금이체시스템의 운영자인 수취은행이 이용자인 송금의뢰인의 실수를 기화로 그의 희생으로 당초 기대하지 않았던 채권회수의 이익을 취하는 행위로서 상계제도의 목적이나 기능을 일탈하고 법적으로 보호받을 만한 가치가 없으므로, 송금의뢰인에 대한 관계에서 신의칙 위반 또는 상계권 남용에 해당한다. 다만 ① 수취은행이 선의인 상태에서 수취인의 예금채권을 담보로 대출을 하여 그 자동채권을 취득한 것이라거

나 ② 예금채권이 이미 제3자에 의하여 압류되었다는 등의 특별한 사정이 있는 경우에는 수취은행의 상계가 허용된다. 이와 같이 수취인의 계좌에 착오로 입금된 금원에 해당하는 예금채권이 이미 제3자에 의하여 가압류되거나 압류되어 있어 수취은행이 수취인에 대한 대출채권 등을 자동채권으로 하여 수취인의 예금채권과 상계하는 것이 허용되더라도 이는 피압류채권액의 범위에서만 가능하고, 그 범위를 벗어나는 상계는 신의칙 위반 또는 상계권 남용에 해당하여 허용되지 않는다(대법원 2022.7.14. 2020다230130 판결).

한편 채권가압류에 있어서 채권자가 가압류신청을 취하하면 가압류결정은 그로써 효력이 소멸되지만, 채권가압류결정정본이 제3채무자에게 이미 송달되어 가압류결정이 집행되었다면 그 취하통지서가 제3채무자에게 송달되었을 때 비로소 가압류집행의 효력이 장래를 향하여 소멸된다(대법원 2022.7.28. 선고 2022다203033 판결).

문제 甲은 2017. 3. 27. 乙의 A은행에 대한 현재 또는 장래 예금채권 중 청구금액 4,000만원에 이를 때까지의 금액에 대하여 가압류결정을 받았고, 이 결정은 그 무렵 A은행에 송달되었다.
丙은 2017. 6. 16. 직원의 착오로 丁회사에 지급해야 할 물품대금 1억원을 A은행에 개설된 乙의 보통예금계좌로 송금하였다. 丙은 송금 직후 A은행에 착오로 송금한 돈의 반환을 요청하였고, 乙은 2017. 7. 7. "丙이 실수로 송금한 것이며 乙과는 관계가 없는 돈임을 확인한다"는 내용의 확인서를 작성해 주었다. 丙은 乙에 대한 착오송금액에 해당하는 부당이득반환채권을 집행채권으로 하여 乙의 A은행에 대한 예금채권에 대하여 2018. 3. 7.자 채권압류 및 추심명령을 받았고 A은행에 송달되었다. 그 후 丙이 이행을 청구하자, A은행은 乙에 대한 2억원의 대출금채권(변제기 2017. 5. 15.)을 자동채권으로 하여 乙의 예금계좌에 착오송금된 금액 상당의 예금채권과 상계한다는 의사표시를 乙에게 하였다면서 지급을 거절하였다.

1. A은행의 지급거절은 타당한가?

→ **(1) A은행의 상계권 행사가 허용되는지 여부**

제3채무자인 A은행은 압류 당시 채무자 乙에게 대항할 수 있었던 사유로 압류채권자인 丙에게 대항할 수 있다(대판 2010.3.25, 2007다35152). 송금의뢰인이 착오송금임을 이유로 수취은행에 송금액의 반환을 구하고 수취인도 그 반환을 승낙하고 있는 경우, 수취은행이 수취인에 대한 대출채권을 자동채권으로 하여 수취인의 계좌에 착오로 입금된 금원 상당의 예금채권과 상계하는 것은 송금의뢰인에 대한 관계에서 신의칙 위반 또는 상계권 남용에 해당한다. 다만 ① 수취은행이 선의인 상태에서 수취인의 예금채권을 담보로 대출을 하여 그 자동채권을 취득한 것이라거나 ② 예금채권이 이미 제3자에 의하여 압류되었다는 등의 특별한 사정이 있는 경우에는 수취은행의 상계가 허용된다(대판 2022.7.14, 2020다230130). 설문의 경우, 丙은 착오송금임을 이유로 A은행에 대하여 직접 송금액의 반환을 요청하고 수취인 乙도 A은행에 그 반환을 승낙하였지만, 乙의 예금채권이 丙의 착오송금일 이전인 2017. 3. 27. 무렵 이미 甲에 의하여 압류되었다. 따라서 A은행은 乙에 대한 대출채권을 자동채권으로 하여 丙에게 乙의 예금채권과 상계를 주장할 수 있다.

(2) A은행의 수취인 乙에 대한 대출금채권을 자동채권으로 한 상계의 효력 범위

수취인의 계좌에 착오로 입금된 금원에 해당하는 예금채권이 이미 제3자에 의하여 가압류되거나 압류되어 있어 수취은행이 수취인에 대한 대출채권 등을 자동채권으로 하여 수취인의 예금채권과 상계하는 것이 허용되더라도 이는 피압류채권액의 범위에서만 가능하다(대판 2022.7.14, 2020다230130). 따라서 A은행이 乙의 예금채권 중 상계할 수 있는 금액은 피압류채권액인 4,000만원에 한정되고, 이를 초과하는 부분에 대해서까지 상계하는 행위는 신의칙에 반하거나 상계에 관한 권리를 남용에 해당하여 허용되지 않는다.

(3) 결론

A은행은 乙에 대한 2억원의 대출금채권을 자동채권으로 하여 착오송금된 1억원 상당의 예금채권 중 4,000만원을 한도로 상계할 수 있고(제492조), 1억원 전액에 대해 상계할 수 없다. 따라서 A은행의 6,000만원 부분에 대한 지급거절은 부당하다.

2. 만일 甲이 乙의 예금채권에 대한 가압류를 A은행의 乙에 대한 대출금채권 변제기(2017. 5. 15.)가 경과한 2017. 9. 30. 해제하였다면, A은행의 상계권 행사를 丙에 대한 관계에서 권리남용이라고 볼 수 있는가?

➜ 채권가압류에 있어서 채권자가 가압류신청을 취하하면 가압류결정은 그로써 효력이 소멸되지만, 채권가압류결정정본이 제3채무자에게 이미 송달되어 가압류결정이 집행되었다면 그 취하통지서가 제3채무자에게 송달되었을 때 비로소 가압류집행의 효력이 장래를 향하여 소멸된다(대판 2022.7.28, 2022다203033). 설문의 경우, A은행이 甲의 채권가압류가 해제되기 전에 상계적상에 있는 대출금채권을 자동채권으로 하여 乙의 예금채권과 상계함으로써 乙의 예금채권은 그 상계적상 시(2017. 6. 16.)에 소급하여 소멸하였다. 따라서 A은행의 대출금채권 변제기가 경과한 후 가압류가 해제되었다고 하여 A은행의 상계권 행사가 丙에 대한 관계에서 신의칙에 반한다거나 권리남용이라고 볼 수 없다.

변호사시험 기출문제

문제 1 甲은 乙회사의 자금지출담당 사원으로, 乙회사가 거래처 丁에게 물품대금으로 지급할 회삿돈 2억원을 보관하던 중 이를 횡령하여 자신의 처인 丙에게 퇴직금 중간정산금이라고 하면서 위 금원의 보관을 위해 丙의 예금계좌로 1억원을 송금하였다. 송금 받은 당일 丙은 甲의 지시에 따라 다시 甲의 계좌로 위 1억원을 송금하였다. 또한 甲이 위와 같이 횡령한 돈 중 나머지 1억원으로 자신에게 돈을 빌려준 戊에게 변제하려 하자 戊는 자신이 물품대금채무를 부담하고 있는 A에게 대신 지급해 달라고 하여 甲은 A의 계좌로 1억원을 송금하였다.

한편 甲은 위 횡령한 2억원을 은폐할 목적으로 권한 없이 무단으로 대출관계 서류를 위조하여 乙회사의 명의로 B은행으로부터 2억원을 대출받아 그 대출금을 편취하였다. 甲은 이후 위 2억원의 횡령금을 변제하는 방편으로서 그 편취한 대출금으로 乙회사의 채권자인 거래처 丁에게 변제하여 乙회사의 물품대금채무를 소멸시켰다. (제7회 변호사시험, 2018)

1. 乙회사가 丙, 戊에게 각각 1억원에 대하여 부당이득에 기한 반환청구를 할 수 있는가? (20점)

→ **(1) 乙회사의 丙에 대한 부당이득반환청구 인정 여부**

乙이 丙에 대하여 부당이득반환을 청구할 수 있으려면, 丙이 법률상 원인 없이 乙의 재산 등에 의하여 이득을 얻고, 그로 인해 乙에게 손해가 발생하여야 한다(민법 제741조). 여기서 이득은 실질적인 이익을 가리키므로, 수익자가 그 이익을 사실상 지배할 수 있는 상태에까지 이르러 실질적인 이득자가 되었다고 볼 만한 사정이 인정되어야 한다(대판 2011.9.8, 2010다37325,37332). 설문에서 丙은 자신의 계좌로 입금된 1억원을 甲의 지시에 따라 甲의 계좌로 전액을 송금하였으므로 실질적인 이익을 얻었다고 볼 수 없다. 따라서 乙회사는 丙에 대하여 부당이득으로 1억원의 반환을 청구할 수 없다.

(2) 乙회사의 戊에 대한 부당이득반환청구 인정 여부

판례는 채무자가 횡령한 금전으로 자신의 채권자나 그 채권자의 다른 채권자에 대한 채무변제에 사용한 경우, 변제를 수령할 때 악의 또는 중대한 과실이 없는 한 채권자의 금전 취득은 피해자에 대한 관계에서 법률상 원인이 있다고 한다(대판 2016.6.28, 2012다44358,44365). 설문에서 채무자 甲은 횡령한 乙회사의 금전 1억원을 그대로 자신의 채권자 戊에 대한 채무변제에 사용하였고, 그 변제를 수령할 때에 악의나 중대한 과실이 있다는 사정이 존재하지 않는다. 따라서 戊의 금전취득은 乙에 대한 관계에서 법률상 원인이 인정되므로, 乙회사는 戊에 대하여 부당이득의 반환을 청구할 수 없다.

2. B은행이 乙회사에게 2억원에 대하여 대출약정에 기한 청구 및 부당이득에 기한 반환청구를 할 수 있는지 여부를 그 논거와 함께 각 검토하시오. (20점)

→ **(1) B은행의 乙회사에 대한 대출약정에 기한 2억원의 반환청구**

B은행이 甲과의 사이에 체결된 대출약정에 따라 乙회사에 2억원의 반환을 청구할 수 있기 위해서는, 甲에게 대리권이 존재하여야 한다(민법 제114조). 하지만 甲이 대출관계 서류를 권한 없이 위조하였으므로, 甲의 행위는 무권대리로서 무효이다. 또한 甲은 乙회사의 자금

지출담당 사원이므로 기본대리권이 존재한다고 볼 수 있지만, B은행은 대리인의 권한 유무나 본인의 의사를 조사·확인할 의무가 인정되므로(대판 1982.7.13, 82다카19), 민법 제126조의 표현대리행위에 대한 정당한 사유가 있다고 볼 수 없다. 따라서 B은행은 乙회사에게 대출약정에 의하여 2억원의 반환을 청구할 수 없다.

(2) B은행의 乙회사에 대한 2억원의 부당이득반환청구

판례는 甲이 회사자금의 횡령사실을 은폐할 목적으로 권한 없이 乙회사의 명의로 B은행과 대출계약을 체결하여 그 대출금을 편취한 후 이를 乙회사의 채권자인 丁에게 횡령금 상당액을 변제한 경우, 이러한 사정에 대하여 乙회사의 악의 또는 중과실이 없는 한 乙회사가 금전취득 또는 채무소멸의 이익을 얻은 것은 편취행위의 피해자인 B은행에 대한 관계에서 법률상 원인이 있다고 한다(대판 2008.3.13, 2006다53733,53740). 따라서 B은행은 乙회사에게 2억원에 대하여 부당이득에 기한 반환을 청구할 수 없다.

문제 2 甲은 2019. 3. 1. 乙로부터 X토지를 임대차보증금 5억원, 임대차 기간 3년으로 정하여 임차하였다. 甲은 2019. 3. 1. A은행으로부터 3억원을 변제기 2022. 2. 28.로 정하여 대출받으면서 A은행에 위 임대차보증금반환채권 중 3억원에 대하여 질권을 설정해 주었다. 질권설정계약 당일 乙은 A은행에 위 질권 설정에 관하여 확정일자 있는 승낙을 하였고, 임대차의 종료 등으로 임대차보증금을 반환하는 경우 질권이 설정된 3억원을 A은행에 직접 반환하기로 약정하였다.
丙은 甲에 대하여 5억원의 대여금채권을 가지고 있는데, 2019. 5. 1. 위 대여금채권을 집행채권으로 하여 甲의 임대차보증금반환채권 5억원에 대한 압류 및 전부명령을 받았고, 위 압류 및 전부명령은 2019. 5. 10. 채무자 甲과 제3채무자 乙에게 각각 송달된 후 확정되었다. 乙은 임대차가 종료된 2022. 2. 28. 위 보증금 5억원을 丙에게 지급하였다. A은행은 丙이 지급받은 금원 중 3억원이 자신에게 먼저 지급되었어야 할 몫이라고 주장하며, 丙을 상대로 부당이득반환청구의 소를 제기하였다. A은행의 丙에 대한 청구가 이유 있는지 판단하고 근거를 서술하시오. [기간 등과 관련하여 기재된 날짜의 공휴일 여부, 이자 및 지연손해금은 고려하지 말 것] (20점) (제12회 변호사시험, 2023)

→ **1. 결론**

A은행의 丙에 대한 3억원의 부당이득반환청구는 부당하다.

2. 근거

A은행의 부당이득반환청구가 인용되기 위해서는 제3채무자 乙의 전부채권자 丙에 대한 채무변제로 인해 A은행에게 손해가 발생해야 한다(민법 제741조).

(1) A은행과 전부채권자 丙의 우열관계

질권의 목적인 채권에 대하여 질권설정자의 일반채권자의 신청으로 압류·전부명령이 내려진 경우에도 그 명령이 송달된 날보다 먼저 질권자가 민법 제349조 1항에서 정한 대항요건을 갖추었다면, 전부채권자는 질권이 설정된 채권을 이전받을 뿐이고 제3채무자는 전부채권자에게 변제했음을 들어 질권자에게 대항할 수 없다(대판 2022.3.31, 2018다21326). 설문의 경우 A은행의 채권질권은 2019. 3. 1. 대항요건을 갖추었고, 丙의 압류 및 전부명령은 2019. 5. 10. 제3채무자 乙에게 송달되었다. 따라서 A은행은 채권질권의 효력을 압류 및 전부채권자 丙에게 대항할 수 있고, 결국 丙은 질권의 부담이 있는 채권을 취득한다(민사집행법 제229조 3항).

(2) 제3채무자 乙의 전부채권자 丙에 대한 변제의 효력

질권설정자가 민법 제349조 1항에 따라 제3채무자에게 질권이 설정된 사실을 통지하거나 제3채무자가 이를 승낙한 때에는 제3채무자가 질권자의 동의 없이 질권의 목적인 채무를 변제하더라도 질권자에게 대항할 수 없고, 질권자는 여전히 제3채무자에게 직접 채무의 변제를 청구할 수 있다(대판 2022.3.31, 2018다21326). 설문에서 乙이 A은행의 동의 없이 질권의 목적인 채권을 전부채권자 丙에게 변제하였더라도 A은행이 대항요건을 먼저 갖추었으므로, 乙은 변제로 A은행에게 대항할 수 없다. 따라서 A은행은 乙에게 질권의 목적인 채권을 직접 청구할 수 있으므로(제353조), 乙의 변제로 인하여 A은행의 손해가 발생하였다고 볼 수 없다.

제10절 불법행위

Ⅰ. 일반불법행위

❐ 일반적으로 채권에 대해서는 배타적 효력이 부인되고 채권자 상호 간 및 채권자와 제3자 사이에 자유경쟁이 허용되므로 제3자에 의하여 채권이 침해되었다는 사실만으로 바로 불법행위가 성립하지는 않는다. 그러나 거래에서 자유경쟁 원칙은 법질서가 허용하는 범위에서 공정하고 건전한 경쟁을 전제로 하므로, 제3자가 채권자를 해친다는 사정을 알면서도 법규를 위반하거나 선량한 풍속 그 밖의 사회질서를 위반하는 등 위법한 행위를 하여 채권의 실현을 방해하는 등으로 채권자의 이익을 침해하였다면 불법행위가 성립한다(대법원 2021.6.30. 선고 2016다10827 판결).

→ 가령 X토지의 임차인이던 원고 남편이 피고에게 X토지를 전대하여 피고가 X토지를 점유하고 있던 중 임차인이 원고로 변경된 다음, 원고가 피고를 상대로 피고의 X토지 점유는 원고의 임차권을 침해하는 것이라고 주장하면서 불법행위를 원인으로 한 손해배

상을 청구한 경우, 피고가 원고의 임차권을 해친다는 사정을 알면서도 법규를 위반하거나 선량한 풍속 그 밖의 사회질서를 위반하는 등 위법한 행위를 함으로써 원고의 이익을 침해하였다고 단정할 수 없는 때에는 불법행위로 인한 손해배상청구가 성립하지 않는다(대법원 2022.4.28. 선고 2020다284915 판결).

❐ 제3자의 채권침해 당시 채무자가 가지고 있던 다액의 채무로 인하여 제3자의 채권침해가 없었더라도 채권자가 채무자로부터 일정액 이상으로 채권을 회수할 가능성이 없었다고 인정될 경우에는 위 일정액을 초과하는 손해와 제3자의 채권침해로 인한 불법행위 사이에는 상당인과관계를 인정할 수 없다. 이때의 채권회수 가능성은 불법행위시를 기준으로 채무자의 책임재산과 채무자가 부담하는 채무의 액수를 비교하는 방법으로 판단할 수 있고, 불법행위 당시에 이미 이행기가 도래한 채무는 채권자가 종국적으로 권리를 행사하지 아니할 것으로 볼 만한 특별한 사정이 없는 한 비교대상이 되는 채무자 부담의 채무에 포함되며, 더 나아가 비교대상 채무에 해당하기 위하여 불법행위 당시 채무자의 재산에 대한 압류나 가압류가 되어 있을 것을 요하는 것은 아니다(대법원 2019.5.10. 선고 2017다239311 판결).

→ 가령 乙과 丙은 甲의 채무자인 丁회사에 대한 채권의 침해사실을 알면서도 丁회사의 매출채권에 대한 강제집행을 피할 목적으로, 2011. 2.경부터 2013. 3.경까지 사이에 丁회사로 하여금 乙명의로 신용카드거래를 하게 하는 수법으로 丁회사의 책임재산을 116억원만큼 감소시켰고, 최종 불법행위일인 2013. 3. 31.을 기준으로 이행기가 도래한 우선변제력을 가진 채권(국세 및 지방세 채권 등)을 책임재산의 감소분(116억원)에서 먼저 공제하면 그 잔액이 81억원이다. 이 경우 잔액(81억원)에 대하여는 2013. 3. 31.까지 이행기가 도래한 채권을 가진 일반채권자들이 원고와 서로 경합하였을 것으로 추정되므로, 甲과 丁회사의 일반채권자들은 각자의 채권액에 안분비례하여 각 채권을 회수하였을 것이다. 따라서 乙과 丙의 불법행위가 없었을 경우, 甲이 회수할 수 있었던 채권액이 甲의 손해액으로 된다.

❐ 소유권이전등기청구권에 대한 압류가 있으면 변제금지의 효력에 따라 제3채무자는 채무자에게 임의로 이전등기를 이행하여서는 아니 되나, 이러한 압류에는 청구권의 목적물인 부동산 자체의 처분을 금지하는 대물적 효력이 없으므로, 제3채무자나 채무자로부터 이전등기를 마친 제3자에 대하여는 취득한 등기가 원인무효라고 주장하여 말소를 청구할 수 없지만, 제3채무자가 압류결정을 무시하고 이전등기를 이행하고 채무자가 다시 제3자에게 이전등기를 마쳐준 결과 채권자에게 손해를 입힌 때에는 불법행위에 따른 배상책임을 진다(대법원 2022.12.15. 선고 2022다247750 판결).

Ⅱ. 특수한 불법행위

1. 감독자책임

❒ 이혼으로 인하여 부모 중 1명이 친권자 및 양육자로 지정된 경우, 그렇지 않은 부모(이하 비양육친이라 함)에게는 자녀에 대한 친권과 양육권이 없어 자녀의 보호·교양에 관한 민법 제913조 등 친권에 관한 규정이 적용될 수 없다. 비양육친은 자녀와 상호 면접교섭할 수 있는 권리가 있지만(제837조의2 제1항), 이러한 면접교섭 제도는 이혼 후에도 자녀가 부모와 친밀한 관계를 유지하여 정서적으로 안정되고 원만한 인격발달을 이룰 수 있도록 함으로써 자녀의 복리를 실현하는 것을 목적으로 하고(대법원 2021.12.16.자 2017스628 결정), 제3자와의 관계에서 손해배상책임의 근거가 되는 감독의무를 부과하는 규정이라고 할 수 없다. 비양육친은 이혼 후에도 자녀의 양육비용을 분담할 의무가 있지만, 이것만으로 비양육친이 일반적, 일상적으로 자녀를 지도하고 조언하는 등 보호·감독할 의무를 진다고 할 수 없다. 이처럼 비양육친이 미성년자의 부모라는 사정만으로 미성년 자녀에 대하여 감독의무를 부담한다고 볼 수 없다.

다만 비양육친도 부모로서 자녀와 면접교섭을 하거나 양육친과의 협의를 통하여 자녀 양육에 관여할 가능성이 있는 점을 고려하면, ① 자녀의 나이와 평소 행실, 불법행위의 성질과 태양, 비양육친과 자녀 사이의 면접교섭의 정도와 빈도, 양육 환경, 비양육친의 양육에 대한 개입 정도 등에 비추어 비양육친이 자녀에 대하여 실질적으로 일반적이고 일상적인 지도, 조언을 함으로써 공동 양육자에 준하여 자녀를 보호 감독을 하고 있었거나, ② 그러한 정도에는 이르지 않더라도 면접교섭 등을 통해 자녀의 불법행위를 구체적으로 예견할 수 있었던 상황에서 자녀가 불법행위를 하지 않도록 부모로서 직접 지도, 조언을 하거나 양육친에게 알리는 등의 조치를 취하지 않은 경우 등과 같이 비양육친의 감독의무를 인정할 수 있는 특별한 사정이 있는 경우에는 비양육친도 감독의무 위반으로 인한 손해배상책임을 질 수 있다(대법원 2022.4.14. 선고 2020다240021 판결).

→ 가령 미성년자인 甲의 부모(乙, 丙)는 甲이 어릴 때 이혼하였고 친권자 및 양육자는 어머니 丙이다. 甲이 A를 협박하여 A가 자살하자, A의 유족 등이 甲의 아버지인 乙을 상대로 미성년자의 감독의무 위반에 따른 손해배상을 청구한 경우, 乙은 가해자 甲의 친권자 및 양육자가 아니므로, 특별한 사정이 없는 한 감독의무 위반으로 인한 손해배상책임을 부담하지 않는다.

2. 공작물책임

- 민법 제758조 제1항 소정의 공작물 점유자란 공작물을 사실상 지배하면서 그 설치 또는 보존상의 하자로 인하여 발생할 수 있는 각종 사고를 방지하기 위하여 공작물을 보수·관리할 권한 및 책임이 있는 자를 말한다. 가사상, 영업상 기타 유사한 관계에 의하여 타인의 지시를 받아서 공작물에 대한 사실상의 지배를 하는 자가 있는 경우에 그 타인의 지시를 받는 자는 민법 제195조에 따른 점유보조자에 불과하므로 민법 제758조 제1항에 의한 공작물 점유자의 책임을 부담하는 자에 해당하지 않는다(대법원 2024.2.15. 선고 2019다208724 판결).
- 공작물의 설치 또는 보존상의 하자로 인한 사고는 공작물의 설치 또는 보존상의 하자만이 손해발생의 원인이 되는 경우만을 말하는 것이 아니고, 공작물의 설치 또는 보존상의 하자가 사고의 공동원인의 하나가 되는 이상 사고로 인한 손해는 공작물의 설치 또는 보존상의 하자에 의하여 발생한 것이라고 보아야 한다. 그리고 화재가 공작물의 설치 또는 보존상의 하자가 아닌 다른 원인으로 발생하였거나 화재의 발생 원인이 밝혀지지 않은 경우에도 공작물의 설치 또는 보존상의 하자로 인하여 화재가 확산되어 손해가 발생하였다면 공작물의 설치 또는 보존상의 하자는 화재사고의 공동원인의 하나가 되었다고 볼 수 있다(대법원 2015.2.12. 선고 2013다61602 판결).
- 공작물의 설치·보존상의 하자에 의하여 직접 발생한 화재로 인한 손해배상책임뿐만 아니라 그 화재로부터 연소한 부분에 대한 손해배상책임에 관하여도 공작물의 설치·보존상의 하자와 손해 사이에 상당인과관계가 있는 경우에는 민법 제758조 제1항이 적용되고, 실화가 중대한 과실로 인한 것이 아닌 한 그 화재로부터 연소한 부분에 대한 손해의 배상의무자는 실화책임에 관한 법률 제3조에 의하여 손해배상액의 경감을 받을 수 있다(대법원 2013.3.28. 선고 2010다71318 판결).

문제 甲소유의 X건물에 화재가 발생하여 인접한 乙소유의 Y건물에 연소되어 Y건물이 전소되었다. X건물의 외벽 등이 내화구조로 되어 있지 않고 건물에 자동소화장치 등 화재의 확산을 방지하기 위한 시설이 갖추어져 있지 않았다. 이 경우 乙은 甲에 대하여 손해배상을 청구할 수 있는가?

→ 화재가 공작물의 설치 또는 보존상의 하자가 아닌 다른 원인으로 발생하였거나 화재의 발생원인이 밝혀지지 않은 경우에도 공작물의 설치 또는 보존상의 하자로 인하여 화재가 확산되어 손해가 발생한 경우, 공작물의 설치 또는 보존상의 하자는 화재사고의 공동원인의 하나가 되었다고 볼 수 있다(대판 2015.2.12, 2013다61602). 설문에서 X건물에 자동소화장

치 등 화재의 확산을 방지하기 위한 시설이 갖추어져 있지 않으므로, 이는 설치 또는 보존상의 하자에 해당하며, 이로 인하여 화재가 Y건물에 연소되어 乙에게 손해가 발생하였다. 따라서 乙은 甲에 대하여 민법 제758조의 공작물책임을 주장할 수 있다. 물론 화재가 중대한 과실로 인한 것이 아닌 경우, 실화책임법 제3조에 의하여 甲은 화재로부터 연소한 Y건물에 대한 손해배상액에 대해 경감을 받을 수 있다(대판 2013.3.28., 2010다71318).

3. 공동불법행위

❐ 타인의 불법행위에 대하여 과실에 의한 방조로서 공동불법행위의 책임을 지우기 위해서는 방조행위와 불법행위에 의한 피해자의 손해 발생 사이에 상당인과관계가 인정되어야 한다. 공동불법행위자 1인이라고 하여 자신의 행위와 상당인과관계가 없는 손해에 대하여도 당연히 배상책임을 진다고 할 수는 없는 것이고, 타인의 불법행위가 계속되는 중 공동불법행위자의 과실에 의한 행위가 이루어졌다면, 특별한 사정이 없는 한 그 과실에 의한 행위와 그 이전에 타인의 불법행위로 발생한 손해 사이에 상당인과관계가 있다고 보기는 어렵다(대법원 2022.9.7. 선고 2022다237098 판결).

❐ [1] 자신의 부담 부분을 넘어 공동 면책을 시킨 공동불법행위자에 대하여 구상의무를 부담하는 다른 공동불법행위자가 수인인 경우에는 특별한 사정이 없는 이상 구상권자에 대한 다른 공동불법행위자들의 채무는 각자의 부담 부분에 따른 분할채무로 봄이 타당하다(대법원 2012.3.15. 선고 2011다52727 판결). 이때 분할채무 관계에 있는 공동불법행위자들 중 1인이 자신의 부담 부분을 초과하여 구상에 응하였고 그로 인하여 다른 공동불법행위자가 자신의 출연 없이 채무를 면하게 되는 경우, 구상에 응한 공동불법행위자는 그 다른 공동불법행위자의 부담 부분 내에서 자신의 부담 부분을 초과하여 변제한 금액에 관하여 구상권을 취득한다(대법원 2023.6.29. 선고 2022다309474 판결).

[2] 공동불법행위자가 다른 공동불법행위자와의 공동 면책이 아니라 자신의 권리를 방어하기 위하여 지출한 소송비용은 다른 공동불법행위자에 대하여 구상하는 것이 허용되지 않는다(대법원 1995.10.12. 선고 94다48257 판결). 공동불법행위자 중 1인이 공동 면책을 시킨 다른 공동불법행위자로부터 구상금 청구 소송을 당한 경우 그 구상금 채무는 특별한 사정이 없는 한 자신의 부담 부분에 따른 분할채무이다. 따라서 그 소송과 관련하여 지출한 변호사보수나 소송비용상환액은 나머지 공동불법행위자들과의 공동 면책이 아니라 자신의 권리를 방어하기 위한 것으로 이들에 대하여 구상을 할 수 없다(대법원 2023.6.29. 선고 2022다309474 판결).

4. 제조물책임

❐ 제조물책임법은 불법행위에 관한 민법의 특별법이라 할 것이므로, 제조물의 결함으로 손해를 입은 자가 제조물책임법에 의하여 손해배상을 주장하지 않고 민법상 불법행위책임을 주장하였더라도 법원은 민법에 우선하여 제조물책임법을 적용하여야 하고, 제조물책임법의 요건이 갖추어지지 않았지만 민법상 불법행위책임 요건을 갖추었다면 민법상 불법행위책임을 인정할 수도 있다(대법원 2023.5.18. 선고 2022다230677 판결).

Ⅲ. 불법행위의 효과

1. 손해배상의 산정

❐ 불법행위로 인한 손해배상채무는 손해발생과 동시에 이행기에 있는 것으로, 공평의 관념상 별도의 이행최고가 없더라도 불법행위 당시부터 지연손해금이 발생하는 것이 원칙이고, 불법행위 시점과 손해발생 시점 사이에 시간적 간격이 있는 경우에는 불법행위로 인한 손해배상채권의 지연손해금은 손해발생 시점을 기산일로 하여 발생한다(대법원 2015.10.15. 선고 2014다210746 판결). 이때 현실적으로 손해가 발생하여 불법행위로 인한 손해배상채권이 성립하게 되는 시점은 사회통념에 비추어 객관적이고 합리적으로 판단하여야 한다(대법원 2022.6.16. 선고 2017다289538 판결).

❐ 불법행위로 상해를 입었지만 후유증 등으로 인하여 불법행위 당시에는 전혀 예상할 수 없었던 후발손해가 새로이 발생한 경우와 같이, 사회통념상 후발손해가 판명된 때에 현실적으로 손해가 발생한 것으로 볼 수 있는 경우에는 후발손해 판명 시점에 불법행위로 인한 손해배상채권이 성립하고, 지연손해금 역시 그때부터 발생한다고 봄이 상당하다. 이 경우 후발손해가 판명된 때가 불법행위시이자 그로부터 장래의 구체적인 소극적·적극적 손해에 대한 중간이자를 공제하는 현가산정의 원칙적인 기준 시기가 된다고 보아야 하고, 그보다 앞선 시점이 현가산정의 기준 시기나 지연손해금의 기산일이 될 수는 없다(대법원 2022.6.16. 선고 2017다289538 판결).

2. 불법행위로 인한 손해배상청구권

❐ 헌법재판소는 2018. 8. 30. 민법 제166조 제1항, 제766조 제2항 중 진실·화해를 위한 과

거사정리 기본법(이하 과거사정리법) 제2조 제1항 제3호의 민간인 집단 희생사건, 같은 항 제4호의 중대한 인권침해사건·조작의혹사건에 적용되는 부분은 헌법에 위반된다는 결정을 선고하였다. 따라서 과거사정리법상 **민간인 집단 희생사건, 중대한 인권침해사건·조작의혹사건**에서 공무원의 위법한 직무집행으로 입은 손해에 대한 국가배상청구권에 대해서는 민법 제766조 제2항에 따른 장기소멸시효가 적용되지 않는다(대법원 2023.1.12. 선고 2021다201184 판결).

❐ 국가배상청구권에 관한 3년의 단기시효기간 기산에는 민법 제766조 제1항 외에 소멸시효의 기산점에 관한 일반규정인 제166조 제1항이 적용된다. 따라서 3년의 단기시효기간은 그 **손해 및 가해자를 안 날**에 더하여 그 **권리를 행사할 수 있는 때**가 도래하여야 비로소 시효가 진행한다(대법원 2023.1.12. 선고 2021다201184 판결).

→ 이 사건은 국가배상청구권 중에서도 국가의 고권적이고 반인권적인 긴급조치의 발령 및 그 집행에 따른 국가배상청구권을 다루는 이른바 과거사 사안이 문제된 사건이다. 국민의 기본권보장 주체인 국가가 조직적·체계적으로 국민의 기본권을 침해하고, 국가기관이기도 한 사법부가 국가배상청구권을 부정함으로써 기본권 침해에 따른 종국적인 피해구제를 오랜 기간 거절하여 온 유형의 사안은 일반적인 소멸시효 완성 사안과 동일한 가치평가의 대상이 될 수 없다.

변호사시험 기출문제

문제 1 〈기초적 사실관계〉

甲관광 주식회사(이하 '甲'이라 한다) 소속 버스 운전사 A는 편도 1차로의 도로를 야간주행하던 중 B가 도로의 절반 가량을 무단으로 점유한 채 이삿짐을 쌓아둔 것을 미처 발견하지 못하여 이를 피하려다가 근처 가로수를 충돌하였고, 그 충격으로 버스에 탑승하고 있던 승객 C로 하여금 골절상을 입게 하였다. 사고현장 도로의 제한속도는 60㎞/h였지만, 당시 A는 90㎞/h로 주행했던 것으로 드러났다. (제6회 변호사시험, 2017)

1. C는 누구를 상대로 손해배상을 청구할 수 있는지를 그 논거와 함께 서술하시오(단, 이 사건에서 보험관계와 도로관리상의 하자는 고려하지 말 것). (15점)

→ **(1) 민법 제750조에 의한 C의 A에 대한 손해배상청구권**

A는 B가 쌓아둔 이삿짐을 발견하지 못하는 사고를 야기하였다는 점에서 전방주시의무를 게을리하였고(과실), 이로 인해 승객 C에게 손해를 입혔으며, A의 위법성을 조각할 사유가 존재하지 않으므로, C는 A에 대해 불법행위로 인한 손해배상을 청구할 수 있다(제750조).

(2) C의 甲에 대한 손해배상청구권

(가) 민법 제390조에 의한 C의 甲에 대한 손해배상청구권

甲은 승객 C와 체결된 운행계약을 이행보조자 A를 통해 이행하던 중 A의 과실로 인해 C에게 손해를 입혔고, 이 경우 A의 과실은 甲의 과실로 보므로(민법 제391조), C는 甲에 대하여 채무불이행으로 인한 손해배상을 청구할 수 있다(민법 제390조).

(나) 자동차손해배상보장법 제3조에 의한 C의 甲에 대한 손해배상청구권

A는 甲관광 주식회사를 위하여 자동차를 운전하는 자이므로, 자동차에 대한 운행을 지배하여 그 이익을 향수하는 자는 甲이고, 甲은 자동차의 운행으로 승객 C를 부상케 하였으며, 甲의 면책사유를 인정할 사유가 존재하지 않는다. 따라서 C는 자동차손해배상보장법 제3조에 따라 甲에 대하여 자동차운행자책임을 물을 수 있다.

(3) 민법 제750조에 의한 C의 B에 대한 손해배상청구권

B는 도로의 절반을 무단으로 점유하였고(귀책사유), 이로 인해 발생한 교통사고로 C가 골절상을 입게 하였으며, 위법성을 조각할 사유가 존재하지 않으므로 C는 B에 대해 불법행위로 인한 손해배상을 청구할 수 있다(제750조).

〈추가적 사실관계〉

C가 위 사고로 입은 손해액은 총 1,000만원이고, C가 입은 손해에 대해 A에게 70%, B에게 30%의 과실이 있음이 판명되었다. C는 B의 딱한 사정을 고려하여, B에 대하여 손해배상채무를 전액 면제해 주었다.

2. 甲이 C에게 위 손해액 1,000만원 전액을 배상한 경우, 甲이 A와 B에 대하여 각각 행사할 수 있는 구상권에 대해 서술하시오. (15점)

➜ **(1) C에 대한 甲·A·B의 손해배상채무의 관계**

C는 A와 B에게 각각 불법행위로 인한 손해배상을 청구할 수 있고, 甲에 대해서는 채무불이행으로 인한 손해배상과 자동차운행자책임을 물을 수 있다. 이러한 甲·A·B의 C에 대한 손해배상채무는 동일한 사실관계에 기인한 것으로 부진정연대채무관계에 있다.

(2) 甲와 A·B 사이의 구상관계

(가) 부진정연대채무자 상호간의 부담 부분

부진정연대채무자 상호간에는 형평의 원칙상 일정한 부담 부분이 있을 수 있으며, 그 부담 부분은 각자의 고의 및 과실의 정도에 따라 정하여진다(대판 2006.1.27, 2005다19378). 따라서 甲·A·B는 C에 대하여 각각 1,000만원의 채무를 부담하지만, C가 입은 손해에 대해 A에

게 70%, B에게 30%의 과실이 인정되므로, 내부적 부담 부분은 A는 700만원, B는 300만원이며, A의 사용자인 甲은 A의 부담 부분과 같다.

(나) 甲의 A에 대한 구상권
사용자는 피용자에 대하여 구상권을 행사할 수 있으므로(민법 제756조 3항), C에게 손해액 전액을 배상한 甲은 A에 대해 자신의 부담 부분인 700만원의 구상권을 행사할 수 있다.

(다) 甲의 B에 대한 구상권
부진정연대채무자 중 1인이 자기의 부담 부분 이상을 변제하여 공동의 면책을 얻게 하였을 때에는 다른 부진정연대채무자에게 그 부담 부분의 비율에 따라 구상권을 행사할 수 있으며(대판 2006.1.27, 2005다19378), 피해자가 부진정연대채무자 중 1인에 대하여 채무면제를 하였더라도 다른 채무자에 대하여 그 효력이 미치지 않는다(대판 2006.1.27, 2005다19378). 따라서 C가 B의 채무 전액을 면제해 주었더라도 甲이 자신의 부담 부분(700만원)을 넘는 1,000만원을 변제하였으므로, 甲은 B에 대하여 300만원의 구상권을 행사할 수 있다.

문제 2 甲은 골프장 회원권 분양 및 골프장 운영을 영업으로 하고 있고, 乙에게 골프장 회원권 분양과 관련하여 甲의 상호를 사용하여 영업을 하도록 허락하였다. 乙은 甲이 보유하는 골프장 회원권을 시세보다 저렴하게 구입하여 주겠다고 홍보하여 2018. 5. 8. 丙과 사이에 회원권에 관한 매매계약을 체결하고 같은 날 매매대금으로 2억원 전액을 지급받았다. 그러나 시간이 지나도 골프장 회원권에 대한 명의개서 절차가 이루어지지 않자 丙은 甲이 운영하는 골프장을 찾아가 항의하였다.
다음과 같은 사실 또는 사정을 고려할 때 甲의 변호사 입장에서 甲의 민법상 사용자책임을 부정할 수 있는 논거를 제시하시오. (10점) (제13회 변호사시험, 2024)

> 丙이 乙을 사기 혐의로 수사기관에 고소하여 乙에 대한 수사가 진행된 결과, 아래와 같은 사실이 밝혀졌다.
> ① 甲과 乙 사이에는 직접적인 고용관계는 존재하지 아니하고, 乙은 甲으로부터 수수료를 받고 회원권을 중개·알선하였다.
> ② 甲은 乙 등 甲의 상호를 사용하여 회원권 판매업을 영위하는 사람들을 대상으로 직무 교육을 실시하는 대신 甲이 운영하는 골프장을 홍보하는 팸플릿과 회원권 매매시 주의사항이 기재된 안내문을 매년 제공하였다.
> ③ 丙은 위 골프장 회원권 외에도 다수의 골프장 회원권을 보유하면서, 여러 차례 회원권 매매계약을 체결한 경험이 있다.
> ④ 보통의 회원권 매매계약서에는 회원권의 종류가 특정되어 있고 위약금 약정이 존재하지 않으나, 乙이 丙에게 교부한 매매계약서에는 회원권 종류가 특정되어 있지 않고 이례적으로 고율의 위약

금 약정이 존재하였다. 또 丙이 매매대금으로 지급한 2억원은 당시 시세보다 40% 가량 저렴한 가격이었으며, 丙은 회원권에 대한 명의개서 전에 매매대금 전액을 乙의 개인계좌로 지급하였고 甲에게 회원권 매매에 관한 사항을 확인한 적은 없었다.

⑤ 乙은 수사과정에서 비자금 조성을 위해 저렴하게 회원권을 판매하였고, 그러한 사정을 丙에게 고지하였다고 진술하였다.

丙은 위 수사가 진행되는 도중 甲을 찾아가 乙의 행위에 대하여 甲이 민법상 사용자책임을 부담하여야 한다고 주장하면서 손해를 배상하지 않을 경우 甲을 상대로 손해배상을 구하는 소를 제기할 예정이라고 하였다.

➜ 피용자의 불법행위가 외관상 사무집행의 범위 내에 속하는 것으로 보이는 경우에도, 피용자의 행위가 사용자의 사무집행행위에 해당하지 않음을 피해자 자신이 알았거나 또는 중대한 과실로 알지 못한 경우에는 사용자에 대하여 사용자책임을 물을 수 없다(대판 2015.12.10, 2013다33584). 설문의 경우, 丙은 여러 차례 회원권 매매계약을 체결한 경험이 있다는 점, 乙은 丙에게 비자금 조성을 위해 저렴하게 회원권을 판매한다는 사정을 고지하였다는 점, 丙은 비자금 조성이라는 불법적 행위에 편승하여 회원권의 시세차익을 노리려는 욕심에서 별다른 주의를 기울이지 않은 채 乙과 계약을 체결하였다는 점, 丙은 회원권에 대한 명의개서 전에 매매대금 전액을 甲의 계좌가 아니라 乙의 개인계좌로 지급하였고 甲에게 회원권 매매에 관한 사항을 확인한 적은 없었다는 점 등을 고려할 때, 丙이 조금만 주의를 기울였더라면 乙의 불법행위를 알 수 있었음에도 만연히 이를 직무권한 내의 행위라고 믿음으로써 일반인에게 요구되는 주의의무를 현저히 위반하였다고 볼 수 있다(대판 2005.2.25, 2003다36133). 따라서 甲의 변호사는 이러한 이유를 들어 甲의 사용자책임을 부정할 수 있다.

제4장

물권법

Chapter 04

물권법

제1절 물권변동

Ⅰ. 중간생략등기

❒ 부동산이 전전 양도된 경우에 중간생략등기의 합의가 없는 한 최종 양수인은 최초 양도인에 대하여 직접 자기 명의로의 소유권이전등기를 청구할 수 없고, 부동산의 양도계약이 순차 이루어져 최종 양수인이 중간생략등기의 합의를 이유로 최초 양도인에게 직접 소유권이전등기청구권을 행사하기 위하여는 관계 당사자 전원의 의사 합치, 즉 중간생략등기에 대한 최초 양도인과 중간자의 동의가 있는 외에 최초 양도인과 최종 양수인 사이에도 중간등기 생략의 합의가 있었음이 요구된다. 그러므로 비록 최종 양수인이 중간자로부터 소유권이전등기청구권을 양도받았다 하더라도 최초 양도인이 양도에 대하여 동의하지 않고 있다면 최종 양수인은 최초 양도인에 대하여 채권양도를 원인으로 하여 소유권이전등기절차 이행을 청구할 수 없다. 이와 같은 법리는 명의신탁자가 부동산에 관한 유효한 명의신탁약정을 해지한 후 이를 원인으로 한 소유권이전등기청구권을 양도한 경우에도 적용된다. 따라서 비록 부동산 명의신탁자가 명의신탁약정을 해지한 다음 제3자에게 **명의신탁 해지를 원인으로 한 소유권이전등기청구권**을 양도하였다고 하더라도 명의수탁자가 양도에 대하여 동의하거나 승낙하지 않고 있다면 양수인은 위와 같은 소유권이전등기청구권을 양수하였다는 이유로 명의수탁자에 대하여 직접 소유권이전등기청구를 할 수 없다(대법원 2021.6.3. 선고 2018다280316 판결).

문제 甲종중은 그 명의로 등기된 X부동산에 대하여 乙과 명의신탁약정을 맺고 乙명의로 소유권이전등기를 마쳐 주었다. 甲종중은 그 후 乙을 상대로 "소장부본송달로써 위 명의신탁약정을 해지한다"고 주장하며 명의신탁해지를 원인으로 한 소유권이전등기절차 이행을 구하는 소를 제기하였다. 법원은 甲종중의 청구를 인용하는 판결을 선고하였고, 위 판결은 그 무렵 확정되었다. 甲종중은 위 판결에 따른 소유권이전등기를 마치지 아니한 채 丙에게 X부동산을 매도하기로 하는 매매계약을 체결하고, 甲종중이 乙에 대하여 가지고 있는 'X부동산에 관한 명의신탁 해지를 원인으로 한 소유권이전등기청구권'을 丙에게 양도한 후 乙에게 위 채권양도의 통지를 하였다.
丙이 乙에 대하여 X부동산에 관하여 丙명의로의 소유권이전등기절차 이행을 청구하는 소를 제기하자, 이에 대하여 乙은 甲종중이 아닌 丙에게는 소유권이전등기를 해 줄 수 없다고 다투었다. 丙의 청구에 대하여 법원은 어떻게 판단하여야 하는가?

→ 부동산 명의신탁자가 명의신탁약정을 해지한 다음 제3자에게 '명의신탁 해지를 원인으로 한 소유권이전등기청구권'을 양도하였더라도 명의수탁자가 양도에 대하여 동의하거나 승낙하지 않고 있다면 양수인은 위와 같은 소유권이전등기청구권을 양수하였다는 이유로 명의수탁자에 대하여 직접 소유권이전등기청구를 할 수 없다(대판 2021.6.3, 2018다280316). 설문의 경우 명의신탁자 甲종중이 乙과의 명의신탁약정을 해지한 다음 丙에게 명의신탁 해지를 원인으로 한 소유권이전등기를 양도하고 이를 명의수탁자 乙에게 통지를 하였지만 乙이 그 양도에 대하여 동의하거나 승낙하지 않았다. 따라서 丙은 乙에 대하여 직접 명의신탁 해지를 원인으로 한 소유권이전등기절차 이행을 청구할 수 없으므로, 법원은 丙의 청구를 기각해야 한다.

Ⅱ. 무효등기의 유용

- ❐ 실질관계의 소멸로 무효로 된 등기의 유용은 그 등기를 유용하기로 하는 합의가 이루어지기 전에 등기상 이해관계가 있는 제3자가 생기지 않은 경우에 한하여 허용된다(대법원 2009.2.26. 선고 2006다72802 판결).
- ❐ 부동산 강제경매개시결정 기입등기는 채권자나 채무자가 직접 등기관에게 이를 신청하여 행할 수는 없고 반드시 법원의 촉탁에 의하여 행하여지는바, 이와 같이 당사자가 신청할 수 없는 강제경매개시결정 기입등기가 법원의 촉탁에 의하여 말소된 경우에는 그 회복등기도 법원의 촉탁에 의하여 행하여져야 하므로, 이 경우 강제경매 신청채권자가 말소된 강제경매개시결정 기입등기의 회복등기절차의 이행을 소구할 이익은 없고, 다만 그 강제경매개시결정 기입등기가 말소될 당시 그 부동산에 관하여 소유권이전등기를 경료하고 있는 사람

은 법원이 그 강제경매개시결정 기입등기의 회복을 촉탁함에 있어서 등기상 이해관계가 있는 제3자에 해당하므로, 강제경매 신청채권자로서는 그 사람을 상대로 하여 법원의 촉탁에 의한 그 강제경매개시결정 기입등기의 회복절차에 대한 승낙청구의 소를 제기할 수는 있다(대법원 2019.5.16. 선고 2015다253573 판결).

[비교] 부동산매매계약에서 매도인과 매수인은 서로 동시이행관계에 있는 일정한 의무를 부담하므로 이행과정에 신뢰관계가 따른다. 특히 매도인으로서는 매매대금 지급을 위한 매수인의 자력, 신용 등 매수인이 누구인지에 따라 계약유지 여부를 달리 생각할 여지가 있다. 이러한 이유로 매매로 인한 소유권이전등기청구권의 양도는 특별한 사정이 없는 이상 양도가 제한되고 양도에 채무자의 승낙이나 동의를 요한다고 할 것이므로 통상의 채권양도와 달리 양도인의 채무자에 대한 통지만으로는 채무자에 대한 대항력이 생기지 않으며 반드시 채무자의 동의나 승낙을 받아야 대항력이 생긴다.
그러나 취득시효완성으로 인한 소유권이전등기청구권은 채권자와 채무자 사이에 아무런 계약관계나 신뢰관계가 없고, 그에 따라 채권자가 채무자에게 반대급부로 부담하여야 하는 의무도 없다. 따라서 취득시효완성으로 인한 소유권이전등기청구권의 양도의 경우에는 매매로 인한 소유권이전등기청구권에 관한 양도제한의 법리가 적용되지 않는다(대법원 2018.7.12. 선고 2015다36167 판결).

문제 甲명의로 소유권보존등기가 되어 있는 X부동산에 관하여, 위조된 甲과 乙명의 사이의 매매예약계약서에 의해 2010. 10. 19. 매매예약을 원인으로 乙명의로 무효인 가등기가 마쳐졌다. 丙은 甲의 대여금채권자로서 X부동산에 관해 강제경매개시신청을 하여 2012. 4. 25. 강제경매개시결정 기입등기가 마쳐졌다. 이후 乙이 甲으로부터 X부동산을 실제로 매수하면서 무효인 위 가등기를 유용하기로 합의하고, 2012. 7. 5. X부동산에 관하여 乙명의로 가등기에 기한 본등기가 마쳐졌다. 이에 따라 丙명의의 강제경매개시결정 기입등기는 가등기에 의하여 보전되는 권리를 침해하는 등기로서 직권 말소되었다.
丙은 무효인 위 가등기는 순위보전의 효력이 없기 때문에 乙명의의 본등기는 가등기의 순위에 따를 수 없고, 강제경매개시결정등기 이후의 처분행위에 기한 것으로 무효라고 주장하면서, 甲에 대한 대여금채권을 피보전권리로 하여 甲을 대위하여 乙에게 본등기의 말소를 구하였다. 또한 丙은 甲과 乙의 무효인 가등기의 유용 합의는 압류등기인 강제경매개시결정등기 이후에 행해진 것이어서 위 가등기는 丙에 대해서는 무효인 등기이므로 본등기의 순위는 丙의 압류등기보다 앞설 수 없다고 주장하면서, 丙은 乙에게 무효인 가등기의 말소를 구하였다. 丙은 이상과 같이 乙에 대해 본등기 및 가등기의 말소를 구하다가, 소송계속 중에 말소된 강제경매개시결정 기입등기의 회복에 대한 승낙청구를 예비적으로 추가하였다. 법원의 판단은?

→ **1. 丙이 甲을 대위하여 乙명의의 본등기 말소를 청구할 수 있는지 여부**

(1) 乙명의의 본등기 효력

무효등기의 유용이 인정되기 위해서는 등기 유용의 합의 전에 등기상 이해관계를 가진 제3자가 존재하지 않아야 한다(대판 2009.2.26, 2006다72802). 설문의 경우, 甲과 乙은 무효인 가등기를 유용하기로 합의하고 그에 기한 본등기를 마쳤다. 따라서 乙은 이러한 유용 합의로써 합의의 당사자인 甲에 대하여 대항할 수 있지만, 본등기 전에 X부동산에 대하여 강제경매개시결정 기입등기를 마쳐 등기상 이해관계가 있는 丙에 대해서는 가등기 유용 합의 사실을 들어 가등기 및 이에 기초한 본등기의 유효를 주장할 수 없다(대판 2009.5.28, 2009다4787).

(2) 채권자대위권을 행사하는 丙이 乙에 대한 독자적인 사유를 주장할 수 있는지 여부

채권자대위권은 채무자의 제3채무자에 대한 권리를 행사하는 것이므로, 제3채무자는 채무자에 대하여 가지는 모든 항변사유로써 채권자에게 대항할 수 있으나, 채권자는 채무자 자신이 주장할 수 있는 사유의 범위 내에서 주장할 수 있을 뿐, 자기와 제3채무자 사이의 독자적인 사정에 기한 사유를 주장할 수는 없다(대판 2020.7.9, 2020다223781). 설문의 경우, 乙은 등기 유용의 합의로써 甲에게 가등기 유효를 주장할 수 있으므로, 甲을 대위하여 본등기의 말소를 구하는 丙에 대하여 대항할 수 있지만, 본등기 전에 丙명의의 강제경매개시결정 기입등기가 마쳐졌으므로, 乙은 그 범위 내에서 丙에게 가등기 유용 합의로써 대항할 수 없다. 하지만 채무자 甲을 대위하여 본등기의 말소를 구하는 丙은 甲이 아닌 자신이 乙에 대하여 가지는 위와 같은 사유를 주장할 수 없다.

(3) 결어

따라서 丙은 甲을 대위하여 乙명의의 본등기 말소를 청구할 수 없다.

2. 丙이 乙명의의 가등기 말소를 청구할 수 있는지 여부

가등기 말소를 청구할 수 있기 위해서는 물권적 청구권으로서의 방해배제청구권이 존재해야 한다(제214조). 乙명의의 가등기는 무효이지만, 丙은 강제경매개시신청을 한 채권자에 불과하고, 강제경매개시결정에 의한 압류 및 그 효력은 가등기의 말소를 구할 권원이 아니다. 따라서 丙은 乙명의의 가등기 말소를 청구할 수 없다. 즉 丙은 압류채권자에 불과하므로, 물권적 청구권으로서 방해배제청구권이 인정되지 않는다.

3. 丙이 乙을 상대로 말소된 강제경매개시결정 기입등기의 회복에 대한 승낙을 청구할 수 있는지 여부

(1) 등기관의 직권으로 말소된 등기상 이해관계 있는 제3자 명의의 등기를 회복하기 위해

서는 등기관이 직권으로 그 말소등기의 회복등기를 해야 한다(대판 1989.10.27, 87다카425). 법원의 촉탁에 의하여 경매개시결정 기입등기가 말소된 경우에는 그 회복등기도 법원의 촉탁에 의하여 행하여져야 한다. 따라서 이 경우 채권자가 말소된 경매개시결정 기입등기의 회복등기절차의 이행을 소구할 이익은 없다. 다만 경매개시결정 기입등기가 말소될 당시 그 부동산에 관하여 소유권이전등기를 마친 사람은 법원이 경매개시결정 기입등기의 회복을 촉탁함에 있어서 등기상 이해관계가 있는 제3자에 해당하므로, 강제경매 신청채권자는 그 사람을 상대로 하여 법원의 촉탁에 의한 경매개시결정 기입등기의 회복절차에 대한 승낙청구의 소를 제기할 수 있다(대판 2019.5.16, 2015다253573).

(2) 말소된 등기의 회복을 신청하는 경우에 등기상 이해관계 있는 제3자가 있을 때에는 제3자의 승낙이 있어야 한다(부동산등기법 제59조). 설문에서 乙은 X부동산의 소유자로서 강제경매개시결정 기입등기가 회복될 경우, 손해를 입을 우려가 있는 등기상 이해관계 있는 제3자에 해당한다(대판 1990.6.26, 89다카5673). 또한 乙은 丙에 대하여 무효인 가등기의 유용 합의 및 이에 따른 가등기에 기한 본등기의 효력을 주장할 수 없고, 丙명의의 경매개시결정 기입등기의 말소등기는 무효이다. 따라서 乙은 丙명의의 경매개시결정 기입등기의 말소회복등기에 관하여 등기상 이해관계 있는 제3자로서 승낙의 의사표시를 할 의무가 있다.

4. 법원의 판단

법원은 丙의 乙에 대한 본등기 및 가등기의 말소청구를 기각하고, 예비적 청구인 경매개시결정 기입등기의 말소회복등기에 대한 승낙청구를 인용해야 한다.

Ⅲ. 등기의 추정력

❐ [1] 부동산에 관하여 소유권이전등기가 마쳐진 경우에 등기명의자는 그 전 소유자는 물론 제3자에 대하여도 적법한 등기원인에 따라 소유권을 취득한 것으로 추정되므로 이를 다투는 측에서 무효사유를 주장·증명하여야 한다. 즉, 부동산등기는 그것이 형식적으로 존재하는 것 자체로부터 적법한 등기원인에 의하여 마쳐진 것으로 추정되고, 등기명의자가 등기부에 기재된 것과 다른 원인으로 등기명의를 취득하였다고 주장하고 있지만 그 주장 사실이 인정되지 않는다 하더라도 그 자체로 등기의 추정력이 깨어진다고 할 수 없으므로, 그와 같은 경우에도 등기가 원인 없이 마쳐진 것이라고 주장하는 쪽에서 무효사유를 주장·증명할 책임을 지게 된다. 토지에 관하여 점유취득시효 완성에 따라 소유권이전등기가 마쳐진 경우에도 적법한 등기원인에 따라 소유권을 취득한 것으로 추정되는 것은 마찬가지이

므로, 제3자가 등기명의자의 취득시효 기간 중 일부 기간 동안 해당 토지 일부에 관하여 직접적·현실적인 점유를 한 사실이 있다는 사정만으로 등기의 추정력이 깨어진다거나 위 소유권이전등기가 원인무효의 등기가 된다고 볼 수는 없다.
[2] 등기원인의 존부에 관하여 분쟁이 발생하여 당사자 사이에 소송이 벌어짐에 따라 법원이 위 등기원인의 존재를 인정하면서 이에 기한 등기절차의 이행을 명하는 판결을 선고하고 그 판결이 확정됨에 따라 이에 기한 소유권이전등기가 마쳐진 경우, 그 등기원인에 기한 등기청구권은 법원의 판단에 의하여 당사자 사이에서 확정된 것임이 분명하고, 법원이나 제3자도 위 당사자 사이에 그러한 기판력이 발생하였다는 사실 자체는 부정할 수 없는 것이므로, 위 기판력이 미치지 아니하는 타인이 위 등기원인의 부존재를 이유로 확정판결에 기한 등기의 추정력을 번복하기 위해서는 일반적으로 등기의 추정력을 번복함에 있어서 요구되는 증명의 정도를 넘는 명백한 증거나 자료를 제출하여야 하고, 법원도 그러한 정도의 증명이 없는 한 확정판결에 기한 등기가 원인무효라고 단정하여서는 아니 된다(대법원 2023.7.13. 선고 2023다223591,223607 판결).

Ⅳ. 물권의 소멸

❐ 인접한 구분건물 사이에 설치된 경계벽이 제거됨으로써 각 구분건물이 구분건물로서의 구조상 및 이용상 독립성을 상실하게 되었다고 하더라도, 각 구분건물의 위치와 면적 등을 특정할 수 있고 사회통념상 그것이 구분건물로서의 복원을 전제로 한 일시적인 것일 뿐만 아니라 그 복원이 용이한 것이라면, 각 구분건물이 구분건물로서의 실체를 상실한다고 쉽게 단정할 수는 없고, 아직도 그 등기는 구분건물을 표상하는 등기로서 유효하다고 해석해야 한다(대법원 2022.12.29.자 2019마5500 결정).

[비교] 1동의 건물 중 구조상 구분된 수개의 부분이 독립한 건물로서 구분소유권의 목적이 되었으나 그 구분건물들 사이의 격벽이 제거되는 등의 방법으로 각 구분건물이 건물로서의 독립성을 상실하여 일체화되고 이러한 일체화 후의 구획을 전유부분으로 하는 1개의 건물이 되었다면 기존 구분건물에 대한 등기는 합동으로 인하여 생겨난 새로운 건물 중에서 위 **구분건물이 차지하는 비율에 상응하는 공유지분 등기**로서의 효력만 인정된다(대법원 2020.2.27. 선고 2018다232898 판결).

→ 1동의 건물에 대하여 구분소유가 성립하기 위해서는 ① 구분된 건물 부분이 구조상·이용상 독립성을 갖추어야 할 뿐 아니라 ② 1동의 건물 중 물리적으로 구획된 건물 부분을 각각 구분소유권의 객체로 하려는 구분행위가 있어야 한다(대법원 2019.10.17. 선고 2016다32841, 32858 판결).

변호사시험 기출문제

문제 1 A는 X부동산을 戊에게 매도하고 인도하였으며, 戊는 X부동산을 다시 己에게 매도하고 인도하였다. A, 戊, 己 전원은 X부동산의 소유권이전등기를 A의 명의에서 바로 己의 명의로 하기로 합의하였다. 그 후 A와 戊는 둘 사이의 매매대금을 인상하기로 약정하였다. (제2회 변호사시험, 2013)

1. 己가 戊의 A에 대한 소유권이전등기청구권을 대위행사하였다. 이 경우에 戊의 A에 대한 소유권이전등기청구권은 A, 戊, 己 3인의 합의에 의하여 이미 소멸하였다는 이유로 A가 己의 청구를 거절할 수 있는가? (15점)

→ **(1) 己가 戊의 A에 대한 소유권이전등기청구권을 대위행사할 수 있는지 여부**

己는 매매계약에 따라 戊에 대해 소유권이전등기청구권이 있고, 이를 보전하기 위해 제404조에 따라 戊의 A에 대한 권리를 대위행사하려면 戊의 A에 소유권이전등기청구권이 존재하여야 한다. 설문에서 A, 戊, 己 3인의 합의에 의하여 매매계약에 따른 戊의 A에 대한 소유권이전등기청구권이 소멸하였는지 여부가 문제이다.

(2) 중간생략등기의 합의가 있게 되면 戊의 A에 대한 소유권이전등기청구권이 소멸되는지 여부

중간생략등기의 합의가 있다고 하여 중간매수인의 소유권이전등기청구권이 소멸된다거나 첫 매도인의 그 매수인에 대한 소유권이전등기의무가 소멸되는 것은 아니다(대판 1991.12.13, 91다18316). 따라서 A는 제404조에 의한 己의 대위행사를 거절할 수 없다.

2. 己가 A에게 소유권이전등기의 이행을 청구할 당시 戊가 A에게 인상된 매매대금을 아직 지급하지 않았다면 A는 이를 이유로 己의 청구를 거절할 수 있는가? (15점)

→ 중간생략등기의 합의가 있다고 하여 최초의 매도인이 자신이 당사자가 된 매매계약상의 매수인인 중간자에 대하여 갖고 있는 매매대금청구권의 행사가 제한되는 것은 아니다(대판 2005.4.29, 2003다66431). 따라서 중간생략등기의 합의가 있은 후에 A와 戊 사이에 매매대금을 인상하는 약정할 수 있으며, 이 경우 A가 중간생략등기의 합의에 따른 己명의로 소유권이전등기를 해 줄 의무와 戊에 대해 인상된 매매대금의 지급을 구할 권리는 동시이행의

관계에 있다. 결국 A는 인상된 매매대금이 지급되지 않았음을 이유로 己명의로의 소유권이 전등기의무의 이행을 거절할 수 있다.

문제 2 甲과 乙은 2018. 3. 1. 甲 소유의 고려청자 1점을 乙이 보관하기로 하는 계약을 체결하였고, 甲은 乙에게 위 고려청자를 인도하였다. 乙은 2018. 5. 1. 보관 중이던 위 고려청자를 甲의 허락 없이 丙에게 평온·공연하게 매각하여 인도하였는데, 丙은 당시 아무런 과실 없이 乙이 정당한 소유자라고 믿었다. 甲은 2019. 5. 3. 丙을 상대로 위 고려청자가 도품(盜品) 또는 유실물에 해당한다는 이유로 소유권에 기하여 위 고려청자에 관한 인도청구의 소를 제기하였다. 위 소에서 법원은 어떠한 판결을 하여야 하는가? (소 각하/청구 기각/청구 인용) (10점) (제9회 변호사시험, 2020)

→ 丙은 甲소유의 고려청자를 점유하고 있는 무권리자 乙과의 매매계약에 의해 고려청자의 점유를 평온·공연하게 선의이며 과실 없이 취득하였으므로, 고려청자에 대한 소유권을 선의취득하였다(민법 제249조). 그런데 선의취득의 목적물이 도품·유실물의 경우에는 제3자가 민법 제249조의 선의취득 요건을 갖추더라도 피해자 또는 유실자는 도난 또는 유실한 날로부터 2년 이내에 점유자에 대하여 그 물건의 반환을 청구할 수 있다(제250조). 여기서 도품 또는 유실물이 되기 위해서는 점유자의 의사에 의하지 않고 점유가 이탈된 경우이어야 하며, 점유이탈의 여부는 직접점유자의 의사를 기준으로 결정하여야 한다. 설문의 경우, 乙은 甲과의 임치계약(제693조)에 의해 고려청자를 직접점유하고 있었고, 이를 丙에게 처분한 것이므로, 고려청자는 도품이나 유실물에 해당하지 않는다(대판 1991.3.22, 91다70). 따라서 법원은 청구 기각 판결을 해야 한다.

제2절 물권적 청구권

Ⅰ. 점유의 소와 본권의 소

❒ 점유권에 기인한 소와 본권에 기인한 소는 서로 영향을 미치지 아니하고, 점유권에 기인한 소는 본권에 관한 이유로 재판하지 못하므로 점유회수의 청구에 대하여 점유침탈자가 점유물에 대한 본권이 있다는 주장으로 점유회수를 배척할 수 없다(민법 제208조). 그러므로 점유권에 기한 본소에 대하여 본권자가 본소청구 인용에 대비하여 본권에 기한 예비적 반소를 제기하고 양 청구가 모두 이유 있는 경우, 법원은 점유권에 기한 본소와 본권에 기한

예비적 반소를 모두 인용해야 하고 점유권에 기한 본소를 본권에 관한 이유로 배척할 수 없다(대법원 2021.2.4. 선고 2019다202795,202801 판결). 이러한 법리는 점유를 침탈당한 자가 점유권에 기한 점유회수의 소를 제기하고, 본권자가 그 점유회수의 소가 인용될 것에 대비하여 본권에 기초한 장래이행의 소로서 별소를 제기한 경우에도 마찬가지로 적용된다(대법원 2021.3.25. 선고 2019다208441 판결).

❐ 점유회수의 본소에 대하여 본권자가 소유권에 기한 인도를 구하는 반소를 제기하여 본소청구와 예비적 반소청구가 모두 인용되어 확정되면, 점유자가 본소 확정판결에 의하여 집행문을 부여받아 강제집행으로 물건의 점유를 회복할 수 있다. 본권자의 소유권에 기한 반소청구는 본소의 의무 실현을 정지조건으로 하므로, 본권자는 위 본소 집행 후 집행문을 부여받아 비로소 반소 확정판결에 따른 강제집행으로 물건의 점유를 회복할 수 있다. 이러한 과정은 애당초 본권자가 허용되지 않는 자력구제로 점유를 회복한 데 따른 것으로 그 과정에서 본권자가 점유 침탈 중 설치한 장애물 등이 제거될 수 있다. 다만 점유자의 점유회수의 집행이 무의미한 점유상태의 변경을 반복하는 것에 불과할 뿐 아무런 실익이 없거나 본권자로 하여금 점유회수의 집행을 수인하도록 하는 것이 명백히 정의에 반하여 사회생활상 용인할 수 없다고 인정되는 경우, 또는 점유자가 점유권에 기한 본소 승소 확정판결을 장기간 강제집행하지 않음으로써 본권자의 예비적 반소 승소 확정판결까지 조건불성취로 강제집행에 나아갈 수 없게 되는 등 특별한 사정이 있다면 본권자는 점유자가 제기하여 승소한 본소 확정판결에 대한 청구이의의 소를 통해서 점유권에 기한 강제집행을 저지할 수 있다(대법원 2021.2.4. 선고 2019다202795,202801 판결).

Ⅱ. 본권 침해로 발생한 손해배상청구권을 행사하는 경우에 민법 제204조 제3항에서 정한 1년의 제척기간이 적용되는지 여부

❐ 민법 제204조에 따르면, 점유자가 점유의 침탈을 당한 때에는 그 물건의 반환 및 손해의 배상을 청구할 수 있고(제1항), 위 청구권은 점유를 침탈당한 날부터 1년 내에 행사하여야 하며(제3항), 여기서 말하는 1년의 행사기간은 제척기간으로서 소를 제기하여야 하는 기간을 말한다. 그런데 제204조 제3항은 **본권 침해로 발생한 손해배상청구권**의 행사에는 적용되지 않으므로, 점유를 침탈당한 자가 본권인 유치권 소멸에 따른 손해배상청구권을 행사하는 때에는 제204조 제3항이 적용되지 아니하고, 점유를 침탈당한 날부터 1년내에 행사

할 것을 요하지 않는다(대법원 2021.8.19. 선고 2021다213866 판결).

→ 가령 원고가 피고의 위법한 점유 침탈로 유치권이 소멸하였다고 주장하면서 불법행위에 기한 손해배상을 구한 경우, 본권 침해로 발생한 손해배상청구권을 행사하는 경우에는 민법 제204조 제3항에서 정한 1년의 제척기간이 적용되지 않는다.

Ⅲ. 소유권에 기한 물권적 청구권

❐ 민법 제203조는 정당한 법률관계가 없는 물건 점유자와 회복자 사이에서 점유물을 반환하는 경우 점유자가 지출한 필요비 또는 유익비의 상환청구 범위와 상환시기에 관하여 규정한 특별규정이므로, 물건의 소유자가 적법한 점유 권원 없는 점유자를 상대로 제213조에 따른 물권적 청구권을 행사하여 물건의 반환을 구할 수 있는 경우 점유자는 물건의 소유자를 상대로 제741조에 따라 해당 비용의 반환을 구할 수는 없고 제203조에 따라 **점유물을 반환할 때** 비로소 비용상환청구권을 행사할 수 있을 뿐이다(대법원 2024.12.24. 선고 2020다275744,275751 판결).

❐ 등기부상 진실한 소유자의 소유권에 방해가 되는 부실등기가 존재하는 경우에 그 등기명의인이 허무인 또는 실체가 없는 단체인 때에는 소유자는 그와 같은 허무인 또는 실체가 없는 단체 명의로 **실제 등기행위를 한 자**에 대하여 소유권에 기한 방해배제로서 등기행위자를 표상하는 허무인 또는 실체가 없는 단체 명의 등기의 말소를 구할 수 있다(대법원 2019.5.30. 선고 2015다47105 판결).

❐ 진정한 등기명의의 회복을 위한 소유권이전등기청구는 이미 자기 앞으로 소유권을 표상하는 등기가 되어 있었거나 법률에 따라 소유권을 취득한 자가 진정한 등기명의를 회복하기 위한 방법으로서, **현재의 등기명의인**을 상대로 하여야 하고 현재의 등기명의인이 아닌 자는 피고적격이 없다(대법원 2017.12.5. 선고 2015다240645 판결).

❐ 인격권은 성질상 일단 침해된 후의 구제수단(금전배상이나 명예회복 처분 등)만으로는 그 피해의 완전한 회복이나 손해전보의 실효성을 기대하기 어려우므로 인격권의 침해에 대해서는 사전(예방적) 구제수단으로 침해행위 정지·방지 등의 금지청구권이 인정될 수 있다(대법원 2021.9.30.자 2020마7677 결정). 따라서 타인이 비법인사단의 명칭을 사용함으로써 비법인사단의 명칭에 관한 권리를 침해하였음이 인정될 경우, 그러한 침해행위가 계속되어 금전배상을 명하는 것만으로는 비법인사단의 권리 구제에 실효성을 기대하기 어렵

고 침해행위 금지로 보호되는 비법인사단의 이익과 그로 인한 타인의 불이익을 비교·형량할 때 비법인사단의 이익이 더 크다고 인정되면 비법인사단은 자신의 명칭을 사용하여 권리를 침해한 타인을 상대로 명칭 사용의 금지를 청구할 수 있다(대법원 2022.11.17. 선고 2018다249995 판결).

❒ 건물이 그 존립을 위한 토지사용권을 갖추지 못하여 토지의 소유자가 건물의 소유자에 대하여 당해 건물의 철거 및 그 대지의 인도를 청구할 수 있는 경우에라도 건물소유자가 아닌 사람이 건물을 점유하고 있다면 토지소유자는 그 건물 점유를 제거하지 아니하는 한 위의 건물 철거 등을 실행할 수 없다. 따라서 그때 토지소유권은 위와 같은 점유에 의하여 그 원만한 실현을 방해당하고 있다고 할 것이므로, 토지소유자는 자신의 소유권에 기한 방해배제로서 건물점유자에 대하여 건물로부터의 퇴출을 청구할 수 있다. 그리고 이는 건물점유자가 건물소유자로부터의 임차인으로서 그 건물임차권이 이른바 대항력을 가진다고 해서 달라지지 아니한다(대법원 2010.8.19. 선고 2010다43801 판결).

→ 건물임차권의 대항력은 기본적으로 건물에 관한 것이고 토지를 목적으로 하는 것이 아니므로 이로써 토지소유권을 제약할 수 없고, 토지에 있는 건물에 대하여 대항력 있는 임차권이 존재한다고 하여도 이를 토지소유자에 대하여 대항할 수 있는 토지사용권이라고 할 수는 없다. 바꾸어 말하면 건물에 관한 임차권이 대항력을 갖춘 후에 그 대지의 소유권을 취득한 사람은 민법 제622조 제1항이나 주택임대차보호법 제3조 제1항 등에서 그 임차권의 대항을 받는 것으로 정하여진 '제3자'에 해당한다고 할 수 없다.

[비교]

◈ 건물의 소유자가 건물의 소유를 통하여 타인 소유의 토지를 점유하고 있다고 하더라도 토지 소유자로서는 건물의 철거와 대지 부분의 인도를 청구할 수 있을 뿐, 자기 소유의 건물을 점유하고 있는 사람에 대하여 건물에서 퇴거할 것을 청구할 수 없다. 이러한 법리는 건물이 공유관계에 있는 경우에 건물의 공유자에 대해서도 마찬가지로 적용된다(대법원 2022.6.30. 선고 2021다276256 판결). 그 이유는 다음과 같다.

(1) 모든 공유자는 공유물 전부를 지분의 비율로 사용·수익할 수 있다(민법 제263조). 공유자가 공유물에 대하여 가지는 공유지분권은 소유권의 분량적 일부이지만 하나의 독립된 소유권과 같은 성질을 가지므로, 공유자는 소유권의 권능에 속하는 사용·수익권을 갖는다. 설령 공유자 중 1인이 공유물을 독점적으로 점유하여 사용·수익하고 있더라도, 공유자 아

닌 제3자가 공유물을 무단으로 점유하는 것과는 다르다(대법원 2020.5.21. 선고 2018다287522 판결). 따라서 공유자가 건물을 점유하는 것은 그 소유 지분과 관계없이 자기 소유의 건물에 대한 점유로 보아야 하고, 소유 지분을 넘는 부분을 관념적으로 분리하여 그 부분을 타인의 점유라고 볼 수 없다.

(2) 토지 소유자는 토지 소유권에 기한 방해배제청구권의 행사로써 그 지상 건물의 철거와 해당 토지의 인도를 구할 수 있을 뿐이고 건물의 점유 자체를 회복하거나 건물에 관한 공유자의 사용관계를 정할 권한이 없다. 토지 소유자로 하여금 그 지상 건물 공유자를 상대로 퇴거 청구를 할 수 있도록 허용한다면 토지 소유자가 건물의 점유 자체를 회복하도록 하거나 해당 건물에 관한 공유자의 사용관계를 임의로 정하게 하는 결과를 가져오게 된다.

(3) 소유 지분의 범위에서 철거를 명하는 확정판결을 받은 공유자가 계속하여 건물을 점유하는 것은 토지 소유자가 건물 전체의 철거를 명하는 확정판결을 받지 못하여 철거집행이 불가능한 상황에 따른 반사적 효과에 지나지 않는다. 토지 소유자로서는 건물 전체에 대하여 철거에 관한 집행권원을 확보하여 곧바로 집행에 들어가거나 철거집행 전까지 토지 점유에 관한 부당이득반환 등을 청구하는 방법으로 권리구제를 받을 수 있다.

◈ 건물철거는 그 소유권의 종국적 처분에 해당하는 사실행위이므로 원칙으로는 그 소유자(등기명의자)에게만 그 철거처분권이 있다고 할 것이나 그 건물을 매수하여 점유하고 있는 자는 등기부상 아직 소유자로서의 등기명의가 없다 하더라도 그 권리의 범위 내에서 그 점유중인 건물에 대하여 법률상 또는 사실상 처분을 할 수 있는 지위에 있고 그 건물이 건립되어 있어 불법으로 점유를 당하고 있는 토지소유자는 위와 같은 지위에 있는 건물점유자에게 그 철거를 구할 수 있다(대법원 1986.12.23. 선고 86다카1751 판결).

변호사시험 기출문제

문제 甲은 X토지의 소유자이고, 乙은 X토지에 인접하여 신축된 Y건물의 소유자로서 X토지를 Y건물의 주차장 및 진출입로로 사용해 왔다. 甲은 乙이 토지 사용료를 지급하지 않고 있다면서 X토지에 펜스를 설치하여 乙이 X토지를 Y건물의 주차장 및 진출입로로 사용·수익하지 못하게 하였다. 乙은 「민법」 제204조에 따라 점유물 반환으로 펜스의 철거 및 X토지의 인도를 구하는 본소를 제기하였고, 甲은 위 청구가 인용될 경우에 대비하여 「민법」 제213조에 따라 소유권에 기하여 X토지의 인도를 구하는 예비적 반소를 제기하였다.

한편 위 소송 과정에서 乙에게 X토지를 사용할 수 있는 권리에 대한 증명은 이루어지지 아니하였다. 위 소송의 법원은 甲에게 X토지에 대한 소유권이 존재하므로 乙의 점유회수청구는 받아들일 수 없다는 이유로 乙의 본소청구를 기각하였고, X토지에 대한 乙의 방해 상태가 이제는 존재하지 않는다는 이유로 甲의 예비적 반소청구도 기각하였다. 법원이 乙의 본소청구 및 甲의 예비적 반소청구를 모두 기각한 것이 타당한지 판단하고 근거를 서술하시오. (15점) (제13회 변호사시험, 2024)

➜ **1. 乙의 본소청구에 대한 기각판결의 타당성 여부**

(1) 판단

乙의 본소청구에 대한 법원의 기각판결은 부당하다.

(2) 근거

점유자가 점유의 침탈을 당한 때에는 그 물건의 반환 등을 청구할 수 있다(민법 제204조 1항). 설문의 경우, 乙이 X토지를 점유하고 있었는데, 甲이 X토지에 펜스를 설치함으로써 乙의 사실상 지배가 침탈되었다. 따라서 乙은 甲을 상대로 점유회수를 청구할 수 있다. 이러한 점유권에 기인한 소와 본권에 기인한 소는 서로 영향을 미치지 않고, 점유권에 기인한 소는 본권에 관한 이유로 재판하지 못하므로(제208조), 乙의 점유회수청구에 대하여 甲이 X토지에 대한 소유권이 있다는 주장으로 점유회수를 배척할 수 없다(대판 2021.2.4, 2019다202795,202801).

2. 甲의 예비적청구에 대한 기각판결의 타당성 여부

(1) 판단

甲의 예비적 반소청구에 대한 법원의 기각판결은 부당하다.

(2) 근거

소유자는 그 소유에 속한 물건을 점유할 권리 없이 점유한 자에 대하여 반환을 청구할 수 있다(민법 제213조). 예비적 반소는 본소청구가 인용될 것을 조건으로 심판을 구하는 것으로, 본소청구를 배척하는 경우에는 예비적 반소는 심판대상이 될 수 없다(대판 2006.6.29, 2006다19061,19078). 설문의 경우, 乙이 甲소유의 X토지를 점유할 권리 없이 자신의 Y건물 주차장 및 진출입로로 사용하고 있으므로, 甲은 乙을 상대로 X토지의 반환을 청구할 수 있다. 점유권에 기인한 소는 본권에 관한 이유로 재판하지 못한다(제208조). 따라서 점유권에 기한 乙의 본소에 대하여 본권자 甲이 乙의 본소청구 인용에 대비하여 본권에 기한 예비적 반소를 제기하고 양 청구가 모두 이유 있는 경우, 법원은 점유권에 기한 본소와 본권에 기한 예비적 반소를 모두 인용해야 하고 점유권에 기한 본소를 본권에 관한 이유로 배척할 수 없다(대판 2021.2.4, 2019다202795,202801).

제3절 소유권의 취득

Ⅰ. 취득시효

1. 취득시효 인정 여부

❐ **부동산에 관하여 적법·유효한 등기를 하고 소유권을 취득한 사람이 자기 소유의 부동산을 점유하는 경우** 특별한 사정이 없는 한 그러한 점유는 취득시효의 기초가 되는 점유라고 할 수 없다. 이러한 경우에는 사실 상태를 권리관계로 높여 보호할 필요가 없고, 부동산의 소유명의자는 부동산에 대한 소유권을 적법하게 보유하는 것으로 추정되어 소유권에 대한 증명의 곤란을 구제할 필요도 없으며, 만일 점유취득시효를 인정하게 되면 시효완성 전에 부동산에 적법하게 설정된 담보·가압류 등기 등을 소멸시키는 수단으로 부동산 소유자가 시효취득제도를 악용할 우려가 있기 때문이다(대법원 2016.10.27. 선고 2016다224596 판결). 그러나 소유권에 기초하여 부동산을 점유하는 사람이더라도 그 등기를 하고 있지 않아 자신의 소유권을 증명하기 어렵거나 소유권을 제3자에게 대항할 수 없는 등으로 점유의 사실 상태를 권리관계로 높여 보호하고 증명곤란을 구제할 필요가 있는 예외적인 경우에는, 자기 소유 부동산에 대한 점유도 취득시효를 인정하기 위해 기초가 되는 점유로 볼 수 있다(대법원 2022.7.28. 선고 2017다204629 판결).

문제 〈기초적 사실관계〉

1985. 11. 25. A는 자신의 X부동산에 관하여 B에게 매매예약을 원인으로 한 소유권이전청구권가등기를 해주었지만, 10년이 넘도록 본등기는 해주지 않았다. 이후 A에 대해 이행기가 도래한 금전채권을 가진 甲은 2005. 8. 29. X부동산에 관하여 가압류등기(이하 '이 사건 가압류등기'라 한다)를 하였다. 그러자 A와 B는 위 가등기를 활용하여 B에게 다시 매도하기로 합의하였다. 2005. 9. 15. B는 위 가등기에 기한 본등기를 하였고, 이로 말미암아 2005. 10. 24. 甲의 이 사건 가압류등기는 직권으로 말소되었다. B는 위 본등기 무렵 A로부터 X부동산을 인도받아 점유를 개시하였다. 2010. 7. 3. C는 B로부터 X부동산을 매수하고 X부동산에 관하여 매매를 원인으로 하는 소유권이전등기를 마쳤고, 그 무렵부터 현재까지 이를 점유하고 있다. (다음 각 문항은 독립적임)

1. 甲이 말소된 이 사건 가압류등기를 회복하기 위해 채무자 A를 대위하여 B를 상대로 X부동산에 관한 위 본등기의 말소등기절차 이행을 청구한 경우에 법원이 내릴 판단(각하, 기각, 인용, 일부인용)을 논거와 함께 구체적으로 서술하시오(甲의 채권자대위소송을 위한 소송요건은 모두 구비한 것으로 본다).

→ **(1) 법원의 판단**

법원은 甲의 청구를 기각해야 한다.

(2) 논거

(가) 피대위권리의 인정 여부

甲이 A를 대위하여 B를 상대로 X부동산에 관한 본등기의 말소를 청구할 수 있기 위해서는 피대위권리가 존재하여야 한다(제404조).

1) B명의의 가등기 효력

매매의 일방예약(제564조)에서 매매예약완결권은 일종의 형성권으로서 당사자 사이에 그 행사기간을 약정한 때에는 그 기간 내에, 그러한 약정이 없는 때에는 예약이 성립한 때로부터 10년 내에 이를 행사하여야 하고, 그 기간을 지난 때에는 예약완결권은 제척기간의 경과로 인하여 소멸한다(대판 1992.7.28, 91다44766,44773). 설문의 경우, B가 매매예약이 성립한 1985. 11. 25.부터 10년이 경과할 때까지 매매예약완결권을 행사하지 않은 이상, 이는 제척기간의 경과로 소멸되었고, 이로써 B의 가등기는 실효하였다.

2) B명의의 본등기 효력

A와 B는 위 가등기의 실효에도 무효인 가등기를 유용하기로 합의하고 그에 기하여 본등기를 마쳤다. B는 이러한 유용의 합의로서 합의의 당사자인 A에게 대항할 수 있지만, 가등기에 의한 본등기 전에 등기상 이해관계를 가지게 된 甲에 대하여 가등기 유용의 합의 사실을 들어 가등기 및 이에 기초한 본등기의 유효를 주장할 수 없다(대판 2009.5.28., 2009다4787).

(나) 甲이 제3채무자 B에 대한 독자적인 사유를 주장할 수 있는 여부

채권자대위권은 채무자의 제3채무자에 대한 권리를 행사하는 것이므로, 제3채무자는 채무자에 대해 가지는 모든 항변사유로 채권자에게 대항할 수 있으나, 채권자는 채무자 자신이 주장할 수 있는 사유의 범위 내에서 주장할 수 있을 뿐 자기와 제3채무자 사이의 독자적인 사정에 기한 사유를 주장할 수는 없다(대판 2020.7.9, 2020다223781). 설문에서 이 사건 가압류등기가 2005. 8. 29. 마쳐졌고, 그 후 B명의로 가등기에 기한 본등기가 마쳐진 사실과 이에 따라 B의 본등기는 甲과의 관계에서 원인무효의 등기라는 사실은, 채권자 甲이 채무자 A를 대위하여 청구하는 이 사건에서 A가 제3채무자 B에 대하여 주장할 수 있는 사유가 아니라 甲이 제3채무자 B와의 사이에서 독자적으로 주장할 수 있는 사유일 뿐이다. 따라서 A를 대위하여 X부동산에 관한 본등기의 말소를 구하는 甲은 B에 대하여 위와 같은 사유를 주장할 수 없으므로, 甲의 청구는 부당하다.

2. 甲은 C를 상대로 말소된 이 사건 가압류등기의 회복등기절차에 대한 승낙의 의사표시를 구하는 소를 제기하였다. 이에 대해 C는 X부동산에 관한 등기부취득시효 완성을 주장하였다. C의 주장이 타당한지에

대해 그 법리와 함께 구체적으로 서술하시오.

→ **(1) 가압류등기의 회복절차에서 C에게 승낙의무가 있는지 여부**

(가) 이 사건 가압류등기는 가등기의 본등기가 마쳐짐에 따라 직권으로 말소되었지만(부동산등기법 제92조), B의 가등기는 매매예약완결권에 관한 제척기간의 경과로 인해 실효되었다. B는 A와의 무효인 가등기 유용 합의 및 이에 따른 가등기에 기한 본등기의 유효를 등기상 이해관계 있는 甲에게 주장하지 못한다. 그렇다면 이 사건 가압류등기의 직권말소등기는 법률상 원인 없이 마쳐진 것으로 무효이고, 따라서 甲은 여전히 X부동산에 대한 가압류권자이므로, 말소등기는 회복되어야 한다.

(나) 직권말소된 등기상 이해관계인 명의의 등기를 회복하기 위해서는 등기관이 직권으로 그 말소등기의 회복등기를 해야 한다(대판 1989.10.27, 87다카425). 말소된 등기의 회복을 신청하는 경우에 등기상 이해관계 있는 제3자가 있을 때에는 그 제3자의 승낙이 있어야 한다(부동산등기법 제59조). 설문에서 C는 X부동산의 현재 소유자로서 이 사건 가압류등기가 회복될 경우 손해를 입을 우려가 있는 등기상 이해관계가 있는 제3자에 해당한다(대판 2015.12.10, 2014다87878). 따라서 C는 甲의 이 사건 가압류등기의 말소회복등기절차에 대하여 승낙의 의사표시를 할 의무가 있다.

(2) C의 등기부취득시효 완성 여부

(가) C명의의 소유권이전등기의 적법·유효성

C는 B로부터 X부동산을 매수하여 소유권이전등기를 마쳤다. B는 무효등기 유용 합의 및 이에 따른 가등기에 기한 본등기의 유효를 이 사건 가압류등기를 마친 甲에게 대항할 수 없지만, X부동산에 가압류가 되어 있다고 하여 매매에 따른 소유권이전등기가 불가능한 것은 아니다(대판 1999.6.11, 99다11045). 따라서 B가 A와 합의하여 마친 B명의의 본등기 자체는 적법·유효하고 이에 터잡아 B로부터 X부동산을 매수하여 마친 C명의의 소유권이전등기도 적법·유효하다.

(나) 등기부취득시효의 주장 가부

부동산의 소유자로 등기한 자가 10년간 소유의 의사로 평온, 공연하게 선의이며 과실 없이 그 부동산을 점유한 때에는 소유권을 취득한다(제245조 2항). 그런데 부동산에 관하여 적법·유효한 등기를 하고 소유권을 취득한 사람이 자기 소유의 부동산을 점유하는 경우, 그러한 점유는 취득시효의 기초가 되는 점유라고 할 수 없다. 부동산의 소유명의자는 부동산에 대한 소유권을 적법하게 보유하는 것으로 추정되어 소유권에 대한 증명의 곤란을 구제할 필요도 없기 때문이다(대판 2022.7.28, 2017다204629).

설문의 경우, C는 X부동산에 관하여 적법·유효하게 소유권이전등기를 마치고 이를 소유하고 있다. 따라서 C의 점유는 취득시효의 기초가 되는 점유가 될 수 없으므로, C는 등기부취득시효를 주장할 수 없다.

(3) 결론

C의 주장은 부당하다.

❒ 부동산에 관한 소유권이전의 원인행위가 사해행위로 인정되어 취소되더라도, 사해행위취소의 효과는 채권자와 수익자 사이에서 상대적으로 생길 뿐이다. 따라서 사해행위가 취소되더라도 부동산은 여전히 수익자의 소유이고, 다만 채권자에 대한 관계에서 채무자의 책임재산으로 환원되어 강제집행을 당할 수 있는 부담을 지고 있는 데 지나지 않는다. 그러므로 수익자의 등기부취득시효가 인정되려면, 자기 소유 부동산에 대한 취득시효가 인정될 수 있다는 것이 전제되어야 한다. 그러나 부동산에 관하여 적법·유효한 등기를 하여 소유권을 취득한 사람이 당해 부동산을 점유하는 경우에는 특별한 사정이 없는 한 사실상태를 권리관계로 높여 보호할 필요가 없고, 부동산의 소유명의자는 부동산에 대한 소유권을 적법하게 보유하는 것으로 추정되어 소유권에 대한 증명의 곤란을 구제할 필요 역시 없으므로, 그러한 점유는 취득시효의 기초가 되는 점유라고 할 수 없다(대법원 2016.11.25. 선고 2013다206313 판결).

→ 취소채권자 甲이 채무자 乙과 수익자 丙 사이의 부동산매매계약에 대해 사해행위취소의 소를 제기하였고, 확정판결에 따라 甲이 丙명의의 소유권이전등기의 말소등기를 마쳐 강제집행을 할 수 있게 된 경우, 丙은 그러한 부담을 안고 있다는 사정을 잘 알고 있는 상태에서 판결 전후 기간 동안 부동산을 점유해 온 것이므로, 그러한 점유는 취득시효의 기초가 되는 점유라고 할 수 없다.

문제 채무자 乙은 甲으로부터 국세를 고지받자 세금납부를 피하기 위해 자신의 X부동산을 丙명의로 1997. 7. 28. 매매를 원인으로 한 소유권이전등기를 마쳤다. 그러자 채권자 甲은 X부동산에 1999. 4. 6. 가처분등기를 한 다음 丙을 상대로 위 매매계약이 사해행위이므로 이를 취소하고 원상회복으로 丙명의의 소유권이전등기를 말소하라는 취지의 사해행위취소소송을 제기하여 1999. 11. 11. 승소판결을 받고, 그 판결은 1999. 12. 3. 확정되었다. 甲은 2010. 3. 12. 위 판결에 기하여 소유권이전등기를 말소하고 소유자를 乙로 환원한 뒤 2010. 3. 10. 압류처분을 원인으로 한 압류등기를 마쳤다. 이에 대해 丙은 甲의 丙에 대한 소유권이전등기말소청구권의 소멸시효가 완성되었고, 또한 등기부취득시효의 완성에 의하여 점유를 개시한 1997. 7. 28. 이후에 마쳐진 압류등기의 제한을 받지 않는 완전한 소유권을 소급하여 취득하였으므로, 甲에게 압류등기의 말소를 구한다고 주장한다. 丙의 주장은 인용될 수 있는가?

→ 1. 甲의 丙에 대한 소유권이전등기말소청구권의 소멸시효 완성 여부

채권자 甲은 X부동산에 관하여 1999. 4. 6. 가처분등기를 마쳤으므로, 소유권이전등기에 관한 말소등기를 신청할 당시 사해행위 취소판결에 기한 말소등기청구권의 소멸시효가 중단되었다(민법 제168조 2호). 따라서 丙명의의 소유권이전등기 말소등기는 적법하다.

2. 丙의 X부동산에 대해 등기부취득시효 인정 여부

부동산에 관한 소유권이전의 원인행위가 사해행위로 인정되어 취소되더라도, 그 사해행위 취소의 효과는 채권자와 수익자 사이에서 상대적으로 생길 뿐이다. 따라서 사해행위가 취소되더라도 그 부동산은 여전히 수익자의 소유이고, 다만 채권자에 대한 관계에서 채무자의 책임재산으로 환원되어 강제집행을 당할 수 있는 부담을 지고 있는 데 지나지 않는다. 그러므로 X부동산에 대하여 丙의 등기부취득시효가 인정되려면, 자기 소유 부동산에 대한 취득시효가 인정될 수 있다는 것이 전제되어야 한다(대판 2016.11.25, 2013다206313). 설문에서 乙에 대한 채권자인 甲은 乙과 丙 사이의 매매계약에 대한 사해행위취소 판결이 확정됨으로써 그 등기 명의를 乙 앞으로 회복하여 강제집행을 할 수 있게 되었다. 丙은 그러한 부담을 안고 있다는 사정을 잘 알고 있는 상태에서 사해행위취소 확정판결 전후 기간 동안 X부동산을 점유해 온 것이다. 그러한 점유의 사실상태는 이를 사해행위취소의 부담이 없는 권리관계로 높여 보호할 필요가 있다거나 소유권에 대한 증명의 곤란을 구제할 필요가 있는 경우에 해당한다고 할 수 없다. 따라서 丙의 X부동산에 대한 등기부취득시효는 완성되지 않았다.

3. 결론

소유권이전등기 말소등기는 적법하고, X부동산에 대한 丙의 점유는 취득시효 완성에 필요한 요건을 갖추지 못하였으므로, 丙의 청구는 인용될 수 없다.

2. 취득시효의 요건

❒ 민법 제197조 제1항에 따라 물건의 점유자는 소유의 의사로 점유한 것으로 추정된다. 점유자가 취득시효를 주장하는 경우 스스로 소유의 의사를 증명할 책임은 없고, 오히려 취득시효의 성립을 부정하는 사람에게 그 점유자의 점유가 소유의 의사가 없음을 주장하여 증명할 책임이 있다. 점유자의 점유가 소유의 의사가 있는 자주점유인지 아니면 소유의 의사가 없는 타주점유인지는 점유자 내심의 의사에 의하여 결정되는 것이 아니라 점유취득의 원인이 된 권원의 성질이나 점유와 관계가 있는 모든 사정에 의하여 외형적, 객관적으로 결정된다. 그러므로 점유자가 점유개시 당시에 소유권취득의 원인이 될 수 있는 법률행위 기타

법률요건이 없이 그와 같은 사실을 잘 알면서 타인 소유의 부동산을 무단점유한 것임이 증명되었다면 특별한 사정이 없는 한 점유자는 타인의 소유권을 배척하고 점유할 의사를 갖고 있지 않다고 보아야 한다. 이로써 소유의 의사가 있는 점유라는 추정은 깨어진다(대법원 2022.5.12. 선고 2019다249428 판결).

❐ 자기 소유의 부동산을 점유하고 있는 상태에서 다른 사람 명의로 소유권이전등기가 된 경우 자기 소유 부동산을 점유하는 것은 취득시효의 기초가 되는 점유라고 할 수 없고 소유권의 변동에 따라 비로소 취득시효의 기초가 되는 점유가 개시되므로, 취득시효의 기산점은 소유권의 변동일, 즉 소유권이전등기가 경료된 날이 된다.

부동산경매절차에서 부동산을 매수하려는 사람이 매수대금을 자신이 부담하면서 다른 사람의 명의로 매각허가결정을 받기로 그 다른 사람과 약정함에 따라 매각허가가 이루어진 경우 그 경매절차에서 매수인의 지위에 서게 되는 사람은 어디까지나 그 명의인이므로 경매 목적 부동산의 소유권은 매수대금을 실질적으로 부담한 사람이 누구인가와 상관없이 그 명의인이 취득하고, 이 경우 매수대금을 부담한 사람과 이름을 빌려 준 사람 사이에는 명의신탁관계가 성립한다.

한편 계약명의신탁에서 명의신탁자는 부동산의 소유자가 명의신탁약정을 알았는지 여부와 관계없이 부동산의 소유권을 갖지 못할 뿐만 아니라 매매계약의 당사자도 아니어서 소유자를 상대로 소유권이전등기청구를 할 수 없고, 이는 명의신탁자도 잘 알고 있다고 보아야 한다. 명의신탁자가 명의신탁약정에 따라 부동산을 점유한다면 명의신탁자에게 점유할 다른 권원이 인정되는 등의 특별한 사정이 없는 한 명의신탁자는 소유권 취득의 원인이 되는 법률요건이 없이 그와 같은 사실을 잘 알면서 타인의 부동산을 점유한 것이다. 이러한 명의신탁자는 타인의 소유권을 배척하고 점유할 의사를 가지지 않았다고 할 것이므로 소유의 의사로 점유한다는 추정은 깨어진다(대법원 2024.4.4. 선고 2023다304650 판결; 대법원 2022.5.12. 선고 2019다249428 판결).

→ 매도인이 선의인 계약명의신탁에서 명의신탁자가 명의수탁자를 상대로 점유취득시효가 완성되었다는 이유로 명의신탁 부동산의 소유권이전등기를 청구한 경우, 계약명의신탁자는 점유권원이 없음을 알고 점유를 개시한 자로서 악의의 무단점유자에 해당하므로 자주점유 추정이 번복된다. 따라서 명의신탁자는 점유취득시효 완성을 원인으로 소유권이전등기를 청구할 수 없다.

❐ 계약명의신탁에서 **부동산실명법 시행 전**에 명의신탁약정을 하고 그 시행 후에 명의신탁약정에 따른 등기를 마친 경우, 부칙 제2조 제2항에 따라 부동산실명법 제4조가 적용되는 관

> 계로, 명의신탁자는 부동산의 소유자 겸 매도인이 명의신탁약정을 알았는지 여부에 관계없이 부동산의 소유권을 갖지 못할 뿐만 아니라 매매계약의 당사자도 아니어서 소유자를 상대로 소유권이전등기청구를 할 수 없고, 적어도 부동산실명법 시행일부터는 명의신탁자도 이러한 점을 잘 알고 있다고 보아야 한다. 이 경우 명의신탁자가 부동산실명법 시행 전에 명의신탁약정에 따라 부동산에 대한 점유를 개시하였다면, 그 점유는 명의신탁자가 새로운 권원에 의하여 다시 소유의 의사로 점유하는 등의 특별한 사정이 없는 한 부동산실명법 시행일 이후부터는 타주점유로 전환된다. 위와 같은 경우에 만일 명의신탁자가 부동산실명법 시행 후에 부동산에 대한 점유를 개시하였다면, 명의신탁자에게 점유할 다른 권원이 인정되는 등의 특별한 사정이 없는 한 명의신탁자는 소유권 취득의 원인이 되는 법률요건이 없이 그와 같은 사실을 잘 알면서 타인의 부동산을 점유한 것이어서 타인의 소유권을 배척하고 점유할 의사를 가지지 않았다고 보아야 하므로, 소유의 의사로 점유한다는 추정은 깨어진다(대법원 2025.7.3. 선고 2025다210042 판결; 대법원 2022.5.12. 선고 2019다249428 판결).

문제 1 甲은 乙과 X토지에 관한 계약명의신탁약정을 1997. 3. 1. 체결하였고, 乙은 명의신탁약정을 모르는 丙으로부터 그 소유의 X토지를 매수하여 1997. 4. 18. 자신의 이름으로 소유권이전등기를 마쳤다. 甲은 1997. 4. 18.부터 2018. 2. 8.까지 X토지를 계속 점유하면서 경작하였다. 2018. 2. 18. 甲이 사망하여 그의 재산을 丁이 상속하였고, 丁은 丙 또는 乙을 상대로 점유취득시효를 원인으로 X토지에 대한 소유권이전등기를 청구하려고 한다. 丁의 청구는 인용될 수 있는가?

→ **1. 丙을 상대로 소유권이전등기를 청구할 수 있는지 여부**

점유취득시효가 완성되면 취득시효 완성자는 시효완성 당시의 소유자에 대하여 소유권이전등기를 청구할 수 있다(대판 2009.12.24, 2008다71858). 명의신탁자와 명의수탁자가 계약명의신탁약정을 맺고 명의수탁자가 당사자가 되어 명의신탁약정이 있다는 사실을 알지 못하는 소유자와 부동산의 취득에 관한 계약을 체결하면 계약과 그에 따른 등기는 유효하다(대판 2018.4.10, 2017다257715). 설문에서 X토지의 매도인 丙은 乙과의 계약체결 당시 甲과 乙사이의 명의신탁약정 사실을 알지 못하였다. 따라서 X토지의 소유자는 乙이므로, 丁의 丙에 대한 청구는 인용될 수 없다.

2. 乙을 상대로 소유권이전등기를 청구할 수 있는지 여부

점유취득시효를 원인으로 소유권이전등기를 청구할 수 있기 위해서는, 소유의 의사로 평온·공연하게 부동산을 점유하여야 하고, 점유는 20년간 계속되어야 한다(민법 제245조 1항).

(1) 甲의 점유가 자주점유인지 여부

물건의 점유자는 소유의 의사로 점유한 것으로 추정된다(제197조 1항). 하지만 계약명의신탁에서 명의신탁자는 명의수탁자의 명의로 마쳐진 부동산에 대한 소유권을 취득하지 못하고 매매계약의 당사자도 아니어서 소유자를 상대로 소유권이전등기청구를 할 수 없다. 따라서 명의신탁자가 명의신탁약정에 따라 부동산을 점유한다면, 명의신탁자에게 점유할 다른 권원이 인정되는 등의 특별한 사정이 없는 한 명의신탁자는 점유권원이 없음을 알고 점유를 개시한 자로서 악의의 무단점유자에 해당하므로 자주점유 추정이 번복된다(대판 2022.5.12, 2019다249428). 설문에서 甲은 계약명의신탁의 명의신탁자로서 1997. 4. 18. 무렵 소유권취득의 원인이 될 수 있는 법률요건이 없이 그러한 사정을 잘 알면서 乙소유인 X토지를 점유하였다고 인정할 수 있다. 이로써 甲이 X토지를 소유의 의사로 점유한 것이라는 추정은 깨어졌다. 따라서 甲의 점유는 타주점유에 해당한다.

(2) 丁이 甲의 점유를 승계하는지 여부

상속에 의하여 피상속인의 점유권은 상속인에게 이전된다(제193조). 설문에서 丁이 甲의 상속인이므로, X토지의 점유권은 丁이 승계하며, 丁이 승계하는 점유 및 점유권의 성질은 피상속인 甲의 그것과 동일하다. 따라서 丁의 점유는 타주점유이므로, 丁의 乙에 대한 청구는 인용될 수 없다.

3. 결론

시효완성 당시 X토지의 소유자는 乙이므로 점유취득시효를 원인으로 한 丁의 丙에 대한 청구는 인용될 수 없고, 丁의 점유는 타주점유이므로 丁의 乙에 대한 청구도 인용될 수 없다.

문제 2 乙은 A와 체결한 명의신탁계약에 따라 1998. 9. 11. A의 소유인 X부동산에 관한 경매절차에서 X부동산을 매수한 다음, 1998. 9. 16. 매각대금을 납부하고 같은 날 자신의 명의로 소유권이전등기를 마쳤다. A는 2014. 8. 1. 사망하였고, 공동상속인으로는 배우자인 B와 자녀인 甲, 丙이 있었다. B가 2019. 5. 29. 사망하였고, 공동상속인인 甲과 丙은 2022. 5.경 B의 상속재산 일체를 甲이 단독으로 상속하기로 하는 내용의 상속재산분할협의를 하였다.
한편 A는 乙이 X부동산에 관하여 소유권이전등기를 마친 전후로 X부동산에서 계속 거주하다가 사망하였고, 이후에는 B와 甲이 계속 X부동산을 점유하여 왔다. 甲은 B와 자신이 A의 상속인으로서 X부동산에 관한 A의 점유를 승계하였다고 주장하면서, 乙을 상대로 X부동산에 대한 점유취득시효를 이유로 소유권이전등기를 청구하였다. 이에 대해 乙은 X부동산에 관한 A와 그 상속인인 B와 원고 甲의 점유가 타주점유라고 항변하였다. 법원의 판단은?

➜ 점유취득시효를 원인으로 소유권이전등기를 청구할 수 있기 위해서는, 소유의 의사로 평온·공연하게 부동산을 점유하여야 하고, 점유는 20년간 계속되어야 한다(민법 제245조 1항).

1. 취득시효의 기산점

자기 소유의 부동산을 점유하고 있는 상태에서 다른 사람 명의로 소유권이전등기가 된 경우, 자기 소유 부동산을 점유하는 것은 취득시효의 기초가 되는 점유라고 할 수 없고 소유권의 변동에 따라 비로소 취득시효의 기초가 되는 점유가 개시되므로, 취득시효의 기산점은 소유권의 변동일, 즉 소유권이전등기를 마친 날이 된다(대판 2024.4.4, 2023다304650). 설문의 경우, 乙이 경매절차에서 X부동산을 매각받아 1998. 9. 16. 매각대금을 납부하고 소유권을 취득하였다(민사집행법 제135조, 민법 제187조). 따라서 A의 X부동산에 관한 점유는 乙의 소유권 취득 시점부터 취득시효의 기초가 되는 점유로서 개시되었다.

2. A의 점유가 자주점유인지 여부

(1) 부동산경매절차에서 부동산을 매수하려는 사람이 매수대금을 자신이 부담하면서 다른 사람의 명의로 매각허가결정을 받기로 그 다른 사람과 약정함에 따라 매각허가가 이루어진 경우, 경매절차에서 매수인은 그 명의인이므로, 경매목적 부동산의 소유권은 매수대금을 실질적으로 부담한 사람이 누구인가와 상관없이 명의인이 취득하고, 이 경우 매수대금을 부담한 사람과 이름을 빌려 준 사람 사이에는 명의신탁관계가 성립한다(대판 2008.11.27, 2008다62687). 설문의 경우, 乙이 A와의 계약명의신탁에 따라 경매절차에서 X부동산을 매수하여 소유권이전등기를 마쳤다. 따라서 乙이 X부동산의 소유권을 취득하였다.

(2) 물건의 점유자는 소유의 의사로 점유한 것으로 추정된다(민법 제197조 1항). 하지만 계약명의신탁에서 명의신탁자는 매매계약의 당사자도 아니어서 소유자를 상대로 소유권이전등기청구를 할 수 없고, 이는 명의신탁자도 잘 알고 있다고 보아야 한다. 명의신탁자가 명의신탁약정에 따라 부동산을 점유한다면 명의신탁자에게 점유할 다른 권원이 인정되는 등의 특별한 사정이 없는 한 명의신탁자는 소유권 취득의 원인이 되는 법률요건이 없이 그와 같은 사실을 잘 알면서 타인의 부동산을 점유한 것이다. 따라서 명의신탁자는 타인의 소유권을 배척하고 점유할 의사를 가지지 않았다고 할 것이므로 소유의 의사로 점유한다는 추정은 깨어진다(대판 2024.4.4, 2023다304650; 대판 2022.5.12, 2019다249428). 설문의 경우, 명의신탁자 A가 경매매수인 乙소유의 X부동산을 점유한 것이어서 X부동산을 소유의 의사로 점유하였다는 추정은 깨어진다.

(3) B와 甲이 A의 점유를 승계하는지 여부

상속에 의하여 피상속인의 점유권은 상속인에게 이전되며(민법 제193조), 전점유자의 점유를 아울러 주장하는 경우에는 그 하자도 승계된다(제199조 2항). 설문의 경우, 甲은 B와 자신이 A의 상속인으로서 X부동산에 관한 A의 점유를 승계하였다고 주장할 뿐, 새로운 권원에 의하여 자기 고유의 점유를 시작하였다고 주장하지 않고 있다. 따라서 B와 甲의 점유는 타주점유에 해당한다. 즉 점유취득시효의 기초가 되는 점유라고 볼 수 없다(대판 2024.4.4, 2023다304650).

3. 결론
법원은 甲의 청구를 기각해야 한다.

3. 취득시효의 효과

(1) 취득시효 완성 '전'에 그 목적부동산에 제한이나 부담이 설정된 경우

> ❐ 부동산점유취득시효는 원시취득에 해당하므로 특별한 사정이 없는 한 원소유자의 소유권에 가하여진 각종 제한에 의하여 영향을 받지 아니하는 완전한 내용의 소유권을 취득하는 것이지만, ① 진정한 권리자가 아니었던 채무자 또는 물상보증인이 채무담보의 목적으로 채권자에게 부동산에 관하여 저당권설정등기를 경료해 준 후 그 부동산을 시효취득하는 경우에는, 채무자 또는 물상보증인은 피담보채권의 변제의무 내지 책임이 있는 사람으로서 이미 저당권의 존재를 용인하고 점유하여 온 것이므로, 저당목적물의 시효취득으로 저당권자의 권리는 소멸하지 않는다. ② 이러한 법리는 부동산 양도담보의 경우에도 마찬가지이므로, 양도담보권설정자가 양도담보부동산을 20년간 소유의 의사로 평온, 공연하게 점유하였다고 하더라도, 양도담보권자를 상대로 피담보채권의 시효소멸을 주장하면서 담보 목적으로 경료된 소유권이전등기의 말소를 구하는 것은 별론으로 하고, 점유취득시효를 원인으로 하여 담보 목적으로 경료된 소유권이전등기의 말소를 구할 수 없고, 이와 같은 효과가 있는 양도담보권설정자 명의로의 소유권이전등기를 구할 수도 없다(대법원 2015.2.26. 선고 2014다21649 판결).

문제 甲과 乙 사이의 매매계약이 원인무효이다. 하지만 매매계약에 따라 甲은 乙에게 매매대금을 지급하고 乙소유의 X토지를 자신의 명의로 소유권이전등기를 마쳤다. 그 후 甲의 X토지에 대한 점유취득시효가 완성되었다. (다음 문항은 각 독립적임)

1. 甲은 취득시효가 완성되기 전에 丙으로부터 금전을 빌리고, 이를 담보하기 위해 X토지에 관하여 丙명의로 저당권을 설정해 주었다. 그런데 甲은 丙을 상대로 X토지의 시효취득을 이유로 저당권설정등기의 말소를 청구한다. 이 경우 甲의 청구는 인용될 수 있는가?

➜ 부동산점유취득시효는 원시취득에 해당하므로, 원소유자의 소유권에 가하여진 각종 제한에 의하여 영향을 받지 않는 완전한 내용의 소유권을 취득한다. 하지만 진정한 권리자가 아니었던 채무자 또는 물상보증인이 채무담보의 목적으로 채권자에게 부동산에 관하여 저당권설정등기를 마쳐준 후 그 부동산을 시효취득하는 경우, 채무자 또는 물상보증인은 피담보채권의 변제의무 내지 책임이 있는 사람으로서 이미 저당권의 존재를 용인하고 점유하여 온

것이므로, 저당목적물의 시효취득으로 저당권자의 권리는 소멸하지 않는다(대판 2015.2.26, 2014다21649). 설문에서 X토지에 대한 진정한 권리자가 아닌 채무자 甲이 丙의 채무를 담보하기 위해 丙에게 X토지에 관하여 저당권설정등기를 해 준 후 그 부동산을 시효취득하였다. 따라서 저당목적물의 시효취득으로 丙의 저당권은 소멸하지 않으므로, 甲의 청구는 인용될 수 없다.

2. 甲은 취득시효가 완성되기 전에 丁에 대한 금전채무를 담보하기 위해 X토지의 소유권을 丁명의로 이전등기를 마쳐주었고, 그 후에 X토지의 취득시효가 완성되었다. 이 경우 甲은 丁을 상대로 소유권이전등기의 말소를 청구할 수 있는가?

➜ 양도담보권설정자가 양도담보부동산을 20년간 소유의 의사로 평온·공연하게 점유하였더라도, 양도담보권자를 상대로 피담보채권의 시효소멸을 주장하면서 담보목적으로 마쳐진 소유권이전등기의 말소를 구하는 것은 별론으로 하고, 점유취득시효를 원인으로 하여 담보목적으로 마쳐진 소유권이전등기의 말소를 구할 수 없고, 양도담보권설정자 명의로의 소유권이전등기를 구할 수도 없다(대판 2015.2.26, 2014다21649). 설문에서 甲이 丁에게 담보목적으로 양도담보권을 설정해 주었으므로, X토지의 시효완성을 이유로 丁명의의 등기말소 또는 자신의 명의로 소유권이전등기를 청구할 수 없다.

(2) 취득시효 완성 '후' 등기 전에 그 목적부동산에 제한이나 부담이 설정된 경우

❐ 토지를 20년간 소유의 의사로 평온·공연하게 점유한 자는 등기를 함으로써 비로소 그 소유권을 취득하는 것이므로, 점유자가 원소유자에 대하여 점유로 인한 취득시효기간이 만료되었음을 이유로 취득시효완성을 원인으로 한 소유권이전등기청구를 하는 등 그 권리행사를 하거나 원소유자가 취득시효완성 사실을 알고 점유자의 권리취득을 방해하려고 하는 등의 특별한 사정이 없는 한, 원소유자는 점유자 명의로 소유권이전등기가 경료되기까지는 소유자로서 그 토지에 관한 적법한 권리를 행사할 수 있고, 따라서 그 권리행사로 인하여 점유자의 토지에 대한 점유의 상태가 변경되었다면, 그 뒤 소유권이전등기를 경료한 점유자는 변경된 점유의 상태를 용인하여야 한다(대법원 1999.7.9. 선고 97다53632 판결).

❐ 원소유자가 취득시효의 완성 이후 그 등기가 있기 전에 그 토지를 제3자에게 처분하거나 제한물권의 설정, 토지의 현상 변경 등 소유자로서의 권리를 행사하였다 하여 시효취득자에 대한 관계에서 불법행위가 성립하는 것이 아님은 물론 위 처분행위를 통하여 그 토지의 소유권이나 제한물권 등을 취득한 제3자에 대하여 취득시효의 완성 및 그 권리취득의 소급효를 들어 대항할 수도 없다 할 것이니, 이 경우 시효취득자로서는 원소유자의 적법한 권

리행사로 인한 현상의 변경이나 제한물권의 설정 등이 이루어진 그 토지의 사실상 혹은 법률상 현상 그대로의 상태에서 등기에 의하여 그 소유권을 취득하게 된다. 따라서 시효취득자가 원소유자에 의하여 그 토지에 설정된 근저당권의 피담보채무를 변제하는 것은 시효취득자가 용인하여야 할 그 토지상의 부담을 제거하여 완전한 소유권을 확보하기 위한 것으로서 그 자신의 이익을 위한 행위라 할 것이니, 위 변제액 상당에 대하여 원소유자에게 대위변제를 이유로 구상권을 행사하거나 부당이득을 이유로 그 반환청구권을 행사할 수는 없다(대법원 2006.5.12. 선고 2005다75910 판결).

❐ 민법 제245조 제1항에 의하면 부동산에 관한 점유취득시효가 완성되었더라도 소유권취득을 위한 등기청구권이 발생할 뿐 곧바로 소유권취득의 효력이 생기는 것이 아니고 등기를 함으로써 비로소 소유권을 취득한다. 따라서 취득시효의 완성 후 그 등기를 하기 전에 제3자의 처분금지가처분이 이루어진 부동산에 관하여 점유자가 취득시효 완성을 원인으로 소유권이전등기를 하였는데, 그 후 가처분권리자가 처분금지가처분의 본안소송에서 승소판결을 받고 그 확정판결에 따라 소유권이전등기를 하였다면, 점유자가 취득시효 완성 후 등기를 함으로써 소유권을 취득하였다는 이유로 그 등기 전에 처분금지가처분을 한 가처분권리자에게 대항할 수 없다.

그런데 취득시효 완성 당시의 소유명의자의 소유권등기가 무효이고 취득시효 완성 후 그 등기 전에 이루어진 처분금지가처분의 가처분권리자가 취득시효 완성 당시 그 부동산의 진정한 소유자이며 그 가처분의 피보전권리가 소유권에 기한 말소등기청구권 또는 진정명의 회복을 위한 이전등기청구권이라면, 그 가처분에 기하여 부동산의 소유 명의를 회복한 가처분권리자는 원래 취득시효 완성을 원인으로 한 소유권이전등기청구의 상대방이 되어야 하는 사람이므로, 그 가처분권리자로서는 취득시효 완성을 원인으로 하여 이루어진 소유권이전등기가 자신의 처분금지가처분에 저촉되는 것이라고 주장하여 시효취득자의 소유권취득의 효력을 부정할 수 없으며, 취득시효 완성을 원인으로 하여 그 완성 당시의 등기명의인으로부터 시효취득자 앞으로 이루어진 소유권이전등기는 실체관계에 부합하는 유효한 등기라고 보아야 한다(대법원 2012.11.15. 선고 2010다73475 판결).

문제 1976. 3. 4.부터 乙이 소유의 의사로 평온·공연하게 丙소유의 X부동산을 점유하고 있었다. 甲은 1990. 5. 6. 등기서류를 위조하여 X부동산에 대한 소유권이전등기를 마쳤다. X부동산의 진정한 소유자 丙은 1997. 3. 2. 진정명의회복을 위한 이전등기청구권을 보전하기 위하여 甲을 상대로 X부동산에 대한 처분금지가처분을 하였고, 그 후 乙은 1998. 3. 4. 甲으로부터 점유취득시효를 원인으로 하여 X부동산에 관하여 이전등기를 마쳤다. 한편 丙은 가처분의 본안소송에서 甲에 대해 승소판결을 받고 그 확정판결에 따라 2000. 3. 2. 진정명의회복을 원인으로 한 소유권이전등기를 마친 다음, 2001. 4. 5. X부동산을 丁에게 매도하고 이전등기를 마쳐주었다.

현재까지 X부동산을 점유하고 있던 乙이 丙과 丁을 상대로 각 이전등기의 말소를 구하는 소를 제기한 경우, 乙의 丙과 丁에 대한 청구의 결론(인용, 기각, 일부인용, 각하)을 구체적 이유와 함께 설명하시오.

➜ **1. 취득시효 완성 이후의 丙의 가처분 효력**

민법 제245조 제1항에 의하면 부동산에 관한 점유취득시효가 완성되었더라도 소유권취득을 위한 등기청구권이 발생할 뿐이다(대판 2012.11.15, 2010다73475). 설문의 경우 X부동산에 관하여 乙의 점유취득시효가 완성되었고, 그 등기 전에 丙의 가처분이 이루어졌다. 따라서 점유취득시효를 이유로 X부동산에 대한 이전등기가 乙명의로 마쳐졌더라도 丙의 가처분은 그 효력이 소멸하지 않는다.

2. 乙의 丙과 丁에 대한 이전등기 말소청구의 타당성 여부

乙이 丙과 丁을 상대로 각 이전등기 말소를 청구할 수 있기 위해서는 X부동산의 소유자이어야 한다(민법 제214조).

(1) 乙명의의 소유권이전등기가 유효인지 여부

점유취득시효가 완성되면 점유자는 시효완성 당시의 소유자에 대하여 소유권이전등기를 청구할 수 있다(대판 2009.12.24, 2008다71858). 설문의 경우, 甲명의의 이전등기는 원인무효이므로, 乙은 甲이 아니라 시효완성 당시의 소유자인 丙에게 이전등기를 청구할 수 있다. 따라서 甲으로부터 乙명의로 마쳐진 이전등기는 특별한 사정이 없는 한 무효이다.

(2) 乙명의의 소유권이전등기가 실체관계에 부합하는 유효한 등기인지 여부

취득시효 완성 당시 소유명의자의 소유권등기가 무효이고 취득시효 완성 후 등기 이전에 이루어진 처분금지가처분의 권리자가 취득시효 완성 당시 부동산의 진정한 소유자이며 가처분의 피보전권리가 소유권에 기한 말소등기청구권 또는 진정명의회복을 위한 이전등기청구권인 경우, 가처분에 의하여 부동산의 소유명의를 회복한 가처분권리자는 취득시효 완성을 원인으로 하여 이루어진 소유권이전등기가 자신의 처분금지가처분에 저촉되는 것이라고 주장하여 시효취득자의 소유권취득의 효력을 부정할 수 없다(대판 2012.11.15, 2010다73475). 설문의 경우 가처분의 피보전권리가 진정명의회복을 위한 이전등기청구권이므로, 시효취득자 乙은 X부동산의 진정한 소유자인 가처분권리자 丙에게 시효취득을 주장할 수 있다. 따라서 취득시효 완성 당시의 등기명의인 甲으로부터 시효취득자 丙명의로 이루어진 소유권이전등기는 실체관계에 부합하는 유효한 등기이므로, 乙은 현재 X부동산의 소유자이다.

(3) 소멸

乙은 현재 X부동산의 소유자이고, 丙과 丁명의의 이전등기는 乙의 소유권에 방해가 되는

등기이고 그 방해는 위법하다. 따라서 乙은 丙과 丁을 상대로 각 이전등기의 말소를 청구할 수 있다(제214조).

3. 결론

법원은 乙의 丙과 丁에 대한 청구를 인용해야 한다.

4. 취득시효의 중단

❐ 민법 제247조 제2항은 "소멸시효의 중단에 관한 규정은 점유로 인한 부동산소유권의 시효취득기간에 준용한다"라고 규정하고, 민법 제168조 제2호는 소멸시효 중단사유로 압류 또는 가압류, 가처분을 규정하고 있다. 점유로 인한 부동산소유권의 시효취득에 있어 취득시효의 중단 사유는 종래의 점유상태의 계속을 파괴하는 것으로 인정될 수 있는 사유이어야 하는데, 민법 제168조 제2호에서 정하는 **압류 또는 가압류**는 금전채권의 강제집행을 위한 수단이거나 그 보전수단에 불과하여 취득시효기간의 완성 전에 부동산에 압류 또는 가압류 조치가 이루어졌다고 하더라도 이로써 종래의 점유상태의 계속이 파괴되었다고는 할 수 없으므로 이는 취득시효의 중단사유가 될 수 없다(대법원 2019.4.3. 선고 2018다296878 판결).

→ 가령 원고가 점유취득시효에 따른 소유권취득을 이유로 취득시효 완성 전에 근저당권을 취득한 피고를 상대로 근저당권설정등기의 말소를 청구하였고, 이에 대해 피고는 취득시효기간의 완성 전에 부동산에 대한 임의경매개시결정이 이루어져 그 결정이 점유자인 원고에게 송달되고 부동산이 압류되었으므로 취득시효가 중단된다고 주장하였다. 이 경우 부동산에 대한 압류나 가압류는 취득시효의 중단사유가 될 수 없으므로, 피고의 주장은 이유 없다.

문제 甲과 乙은 1997. 11. 1. X토지에 대하여 각 1/2의 지분으로 하는 공유등기를 마쳤다. 甲은 사업자금을 마련하기 위해 A은행으로부터 5억원을 차용하면서 2010. 1. 5. X토지에 대한 자신의 1/2지분에 근저당권을 설정해 주었다. X토지의 관리를 하는 乙은 甲소유 지분에 대해 처분권이 없는데도 甲의 동의를 얻은 것처럼 하여 1999. 3. 5. X토지 전체를 丙에게 매도하였다. 丙은 소유권이전등기를 마치지 않은 채 같은 날부터 현재까지 X토지를 점유해 왔다. 한편 甲이 채무를 변제하지 않자 A은행은 저당권실행의 경매를 신청하여 2018. 10. 1. 경매개시결정을 받아 같은 날 기입등기를 마쳤다. 2019. 5. 15. 丙은 甲으로부터 취득시효 완성을 원인으로 하여 그 지분에 관한 소유권이전등기를 받은 후 A은행을 상대로 근저당권설정등기의 말소를 구하는 소를 제기하였다. 이에 대해 A은행은 X토지 중 甲의 지분에 대한 압류에 의해 시효가 중단되었다고 항변하였다. 丙의 A은행에 대한 청구가 타당한지 A은행의 항변을 고려하여 판단하시오.

➜ 1. A은행 항변의 타당성 여부

민법 제247조 2항은 소멸시효의 중단에 관한 규정은 점유로 인한 부동산소유권의 시효취득기간에 준용한다고 규정하고, 제168조 2호는 소멸시효 중단사유로 압류 또는 가압류, 가처분을 규정하고 있다. 점유로 인한 부동산소유권의 취득시효 중단사유는 종래 점유상태의 계속을 파괴하는 것으로 인정될 수 있는 것이어야 하는데, 제168조 2호의 압류 또는 가압류는 금전채권의 강제집행을 위한 수단이거나 그 보전수단에 불과하므로, 취득시효의 중단사유가 될 수 없다(대판 2019.4.3, 2018다296878). 설문의 경우 A은행이 저당권 실행의 경매를 신청하여 2018. 10. 1. X토지 중 甲의 지분 1/2에 관한 경매개시결정을 받아 기입등기를 마쳤으므로, 압류의 효력이 생긴다(민사집행법 제83조 1항). 하지만 점유로 인한 부동산소유권의 시효취득에서 부동산에 대한 압류는 취득시효의 중단사유에 해당하지 않는다. 따라서 압류에 의해 취득시효가 중단되었다는 A은행의 항변은 부당하다.

2. 丙의 A은행에 대한 청구의 타당성 여부

(1) X토지 중 甲의 지분 1/2에 관한 점유취득시효 완성 여부

민법 제245조 1항에 따라 점유취득시효가 완성되기 위해서는, 소유의 의사로 평온·공연하게 부동산을 점유하고, 그 점유는 20년간 계속되어야 한다. 설문의 경우 丙은 甲의 동의를 얻었다고 주장하는 乙의 말을 믿고 토지를 점유하게 되었으므로 자주점유가 인정되고, 압류에 의한 취득시효의 중단이 인정되지 않으므로 1995. 3. 5. 丙이 부동산 전체를 점유한 이래 2019. 5. 15. 현재 20년 이상 계속 점유하고 있다. 따라서 X토지 중 甲의 지분 1/2에 관하여 점유취득시효가 완성되었다.

(2) 점유취득시효에 의해 A은행의 근저당권이 소멸하는지 여부

부동산점유취득시효는 원시취득에 해당하므로, 원소유자의 소유권에 가하여진 각종 제한에 의하여 영향을 받지 않는 완전한 내용의 소유권을 취득한다(대판 2015.2.26, 2014다21649). 설문의 경우 A은행의 근저당권설정등기는 취득시효 완성 전에 마쳐졌고, X토지 중 甲의 지분 1/2에 관하여 점유취득시효를 원인으로 丙명의의 소유권이전등기가 마쳐졌다. 따라서 이로 인해 A은행의 근저당권은 소멸하였으므로, 丙의 청구는 타당하다.

3. 결론

법원은 丙의 A은행에 대한 근저당권설정등기 말소등기를 구하는 청구를 전부 인용해야 한다.

Ⅱ. 첨 부

❒ 민법 제256조는 "부동산의 소유자는 그 부동산에 부합한 물건의 소유권을 취득한다. 그러나 타인의 권원에 의하여 부속된 것은 그러하지 아니하다"라고 규정하고 있다. 위 조항 단서에서 말하는 권원이라 함은 지상권, 전세권, 임차권 등과 같이 타인의 부동산에 자기의 동산을 부속시켜서 부동산을 이용할 수 있는 권리를 뜻하므로, 그와 같은 권원이 없는 자가 타인의 토지 위에 나무를 심었다면 특별한 사정이 없는 한 토지소유자에 대하여 나무의 소유권을 주장할 수 없다. 지상권자는 타인의 토지에 건물 기타 공작물이나 수목을 소유하기 위하여 그 토지를 사용하는 권리가 있으므로(제279조), 지상권설정등기가 경료되면 토지의 사용·수익권은 지상권자에게 있고, 지상권을 설정한 토지소유자는 지상권이 존속하는 한 토지를 사용·수익할 수 없다. 따라서 지상권을 설정한 토지소유자로부터 토지를 이용할 수 있는 권리를 취득하였다고 하더라도 지상권이 존속하는 한 이와 같은 권리는 원칙적으로 제256조 단서가 정한 권원에 해당하지 아니한다(대법원 2018.3.15. 선고 2015다69907 판결).

❒ 민법 제261조는 첨부에 관한 민법 규정에 의하여 어떤 물건의 소유권 또는 그 물건 위의 다른 권리가 소멸한 경우 이로 인하여 손해를 받은 자는 부당이득에 관한 규정에 의하여 보상을 청구할 수 있다고 규정하고 있는데, 여기서 부당이득에 관한 규정에 의하여 보상을 청구할 수 있다는 것은 법률효과만이 아니라 법률요건도 부당이득에 관한 규정이 정하는 바에 따른다는 의미이다(대법원 2016.4.28. 선고 2012다19659 판결).

❒ 부당이득반환청구에서 이득이란 실질적인 이익을 의미하는데, 동산에 대하여 양도담보권을 설정하면서 양도담보권설정자가 양도담보권자에게 담보목적인 동산의 소유권을 이전하는 이유는 양도담보권자가 양도담보권을 실행할 때까지 스스로 담보물의 가치를 보존할 수 있게 함으로써 만약 채무자가 채무를 이행하지 않더라도 채권자인 양도담보권자가 양도받은 담보물을 환가하여 우선변제받는 데에 지장이 없도록 하기 위한 것이고, 동산양도담보권은 담보물의 교환가치 취득을 목적으로 하는 것이다. 이러한 양도담보권의 성격에 비추어 보면, 양도담보권의 목적인 주된 동산에 다른 동산이 부합되어 부합된 동산에 관한 권리자가 권리를 상실하는 손해를 입은 경우 주된 동산이 담보물로서 가치가 증가된 데 따른 실질적 이익은 주된 동산에 관한 **양도담보권설정자**에게 귀속되는 것이므로, 이 경우 부합으로 인하여 권리를 상실하는 자는 양도담보권설정자를 상대로 민법 제261조에 따라 보상을 청구할 수 있을 뿐 양도담보권자를 상대로 보상을 청구할 수는 없다(대법원 2016.4.28. 선고 2012다19659 판결).

문제 甲은 매매대금을 다 받을 때까지 소유권을 유보하고 乙에게 X철강을 공급하였다. 乙은 丙과의 건물신축공사 도급계약에 따라 丙명의로 건축허가를 받았고, X철강을 건물의 골조공사에 투입하여 Y건물을 완공하였다. 丙은 乙에게 공사대금을 전부 지급한 다음 자신의 명의로 Y건물에 관하여 소유권보존등기를 마쳤다. 하지만 乙은 甲에게 철강대금을 지급하지 않고 있다.

1. 甲은 丙을 상대로 부당이득반환을 청구할 수 있는가?

→ **(1) Y건물의 소유권이 丙에게 귀속되는지 여부**

신축건물의 소유권은 원칙적으로 자기의 노력과 재료를 들여 이를 건축한 사람이 원시적으로 취득한다. 다만 건물신축도급계약에서 수급인이 자기의 노력과 재료를 들여 건물을 완성하더라도 도급인과 수급인 사이에 도급인 명의로 건축허가를 받아 소유권보존등기를 하기로 하는 등 완성된 건물의 소유권을 도급인에게 귀속시키기로 합의한 경우에는 그 건물의 소유권은 도급인에게 원시적으로 귀속된다(대판 2010.1.28, 2009다66990). 설문에서 乙은 丙과의 도급계약에서 Y건물의 소유권을 丙에게 귀속시키기로 합의하였으므로, Y건물의 소유권이 도급인 丙에게 원시적으로 귀속된다(제187조).

(2) 丙의 소유권취득이 법률상 원인 없는 이득에 속하는지 여부

甲이 丙을 상대로 부당이득반환을 청구하기 위해서는 丙이 법률상 원인 없이 이득을 얻고, 이로 인해 甲에게 손해가 발생하여야 한다(민법 제741조). 설문에서 丙은 乙과의 유효한 도급계약에 따라 Y건물의 소유권을 취득한 것이므로, 丙이 법률상 원인 없이 부당한 이익을 얻은 것은 아니다. 따라서 甲은 丙을 상대로 부당이득반환을 청구할 수 없다.

2. 甲은 丙을 상대로 X철강이 Y건물에 부합된 것을 이유로 부당이득의 반환을 청구할 수 있는가?

→ 민법 제261조의 보상청구권이 인정되기 위해서는 제261조의 요건뿐만 아니라 제741조의 부당이득 성립요건도 충족되어야 한다(대판 2016.4.28, 2012다19659). 설문에서 甲에게 소유권이 유보된 철강이 乙과 丙 사이에 이루어진 도급계약의 이행으로 Y건물의 건축에 사용되어 부합되었다. 하지만 丙은 X철강의 소유권이 유보된 사실에 관하여 과실 없이 알지 못하였으므로, 선의취득의 경우와 마찬가지로 丙에게 그 철강의 귀속으로 인한 이익을 보유할 수 있는 법률상 원인이 존재한다. 따라서 甲은 丙을 상대로 제261조에 의하여 보상청구를 할 수 없다(대판 2009.9.24, 2009다15602).

변호사시험 기출문제

문제 1 甲은 乙 명의로 소유권이전등기가 되어 있는 X토지를 1993. 3. 1.경부터 소유의 의사로 평온, 공연하게 점유하여 왔다. 위 X토지에 대한 점유취득시효는 2013. 3. 1.경 완성되었으나, 甲이 乙에게 취득시효 완성을 원인으로 한 소유권이전등기를 청구하지는 않았다. 한편 점유취득시효가 완성되었다는 사실을 모르는 乙은 2013. 5. 1. A은행으로부터 8,000만원을 대출받으면서 X토지에 채권최고액을 1억원으로 하는 근저당권을 설정하였다. (제4회 변호사시험, 2015)

1. 甲이 위 토지상에 설정되어 있는 근저당권을 말소하기 위하여 乙이 대출받은 8,000만원을 A은행에 변제하였다. 이 경우 甲은 乙에게 8,000만원 상당의 부당이득반환을 청구할 수 있는지 여부를 판단하시오. (15점)

→ **(1) 甲의 채무변제 유효성 여부**

甲은 乙에 대하여 점유취득시효 완성을 원인으로 소유권이전등기를 청구할 수 있다(민법 제245조 1항). 만일 A의 근저당권이 실행되면 甲은 시효취득으로 인한 X토지에 대한 소유권을 취득할 수 없게 된다. 따라서 甲은 이해관계 있는 제3자에 해당하므로, 甲의 채무변제는 유효하다(민법 제469조 2항).

(2) 甲의 乙에 대한 부당이득반환청구권 인정 여부

취득시효가 완성되었더라도 그 등기를 하기 전에는 원소유자는 소유자로서 그 토지에 적법한 권리를 행사할 수 있고, 시효취득자는 원소유자의 적법한 권리행사로 인한 현상의 변경이나 제한물권의 설정 등이 이루어진 그 토지의 사실상 혹은 법률상 현상 그대로의 상태에서 등기에 의하여 그 소유권을 취득하게 된다. 이 경우 시효취득자가 근저당권의 피담보채무를 변제하면 원소유자에 대해 반환을 청구할 수 있는지에 관하여, 판례는 시효취득자가 원소유자에 의하여 그 토지에 설정된 근저당권의 피담보채무를 변제하는 것은 시효취득자가 용인하여야 할 그 토지상의 부담을 제거하여 완전한 소유권을 확보하기 위한 것으로서 그 자신의 이익을 위한 행위라고 한다(대판 2006.5.12, 2005다75910). 따라서 甲은 8,000만원에 대하여 乙에게 대위변제를 이유로 구상권을 행사하거나 부당이득을 이유로 그 반환청구권을 행사할 수 없다.

2. 甲이 2013. 10. 1. 乙에게 소유권이전등기청구소송을 제기하여 그 소장부본이 같은 해 10. 7. 乙에게 송달되었는데, 그 후 乙이 위 토지를 丙에게 매도하고 소유권이전등기를 경료하였다. 이 경우 甲은 乙에게 불법행위로 인한 손해배상을 청구할 수 있는지 여부를 판단하시오. (20점)

→ **(1) 乙이 취득시효 완성을 알지 못하고 丙에게 양도한 경우**

부동산에 관한 점유취득시효가 완성된 후에 부동산 소유자인 乙이 시효완성 사실을 알지 못하고 그 부동산을 처분한 경우, 乙은 시효완성자인 甲에 대하여 불법행위책임을 지지 않는다(대판 1995.7.11, 94다4509).

(2) 乙이 취득시효 완성을 알고 丙에게 양도한 경우

부동산 소유자가 취득시효의 완성사실을 알면서 부동산을 제3자에게 처분하여 소유권이전등기를 넘겨줌으로써 취득시효완성을 원인으로 한 소유권이전등기의무가 이행불능에 빠지게 되어 시효완성자가 손해를 입었다면 불법행위를 구성한다(대판 2002.3.15, 2001다77352,77369). 설문에서 乙은 甲의 소유권이전등기청구소송 소장부본을 2013. 10. 7. 송달받았으므로, 이를 통해 부동산의 취득시효완성 사실을 알았거나 알 수 있었으며, 결국 丙에게 X토지를 처분하여 甲의 소유권취득을 방해한 것은 위법한 행위이다. 따라서 甲은 乙에게 불법행위로 인한 손해배상을 청구할 수 있다(민법 제750조).

문제 2 X토지, Y토지, Z토지는 서로 인접한 토지인데, 甲과 그 형제들인 乙, 丙은 1975. 2. 1. 甲이 X토지, 乙이 Y토지, 丙이 Z토지에 관하여 각 소유권이전등기를 마치고 이를 소유하고 있다. A는 1985. 3. 1. 위 토지들에 대한 처분권한이 없음에도 그 권한이 있다고 주장하는 W의 말을 믿고, 그로부터 위 토지들을 매수하여 같은 날부터 점유·사용하기 시작하였다. A는 1995. 4. 1. 다시 위 토지들을 B에게 매도하였으며, B는 같은 날부터 위 토지들을 점유하였다. 그 후 B는 2005. 7. 1. C에게 위 토지들을 매도하여 C가 같은 날부터 현재까지 위 토지들을 점유하고 있다.
한편 甲은 2004. 4. 1. X토지를 丁에게 매도하고 그 소유권이전등기를 마쳐 주었다. 乙은 2004. 5. 1. 戊로부터 1,000만원을 차용하면서 Y토지에 관하여 戊 앞으로 채권최고액 1,500만원으로 된 근저당권설정등기를 마쳐 주었다. 丙은 2005. 5. 1. Z토지를 己에게 증여하고 같은 날 己명의로 소유권이전등기를 마쳐 주었다. (제5회 변호사시험, 2016)

1. C는 점유취득시효의 완성을 이유로 X토지, Y토지, Z토지에 관한 소유권이전등기를 마치고자 한다. 또한 Y 토지에 관한 戊 명의의 근저당권설정등기도 말소하고자 한다. C가 2015. 2. 15. 소를 제기할 경우, ① X토지, ② Y토지, ③ Z토지에 관하여 (1) C의 위 각 청구가 가능한지, (2) 만일 가능하다면 누구를 상대로 어떠한 소를 제기하여야 하는지와 각 근거를 설명하시오. (35점)

→ **(1) X토지에 대한 청구에 관하여**

(가) 점유취득시효가 완성되었는지 여부

1) 부동산을 20년 간 소유의 의사로 평온·공연하게 점유한 자는 민법 제245조 제1항에 의하여 점유부동산에 관하여 소유자에 대한 소유권이전등기청구권을 취득한다. 설문에서 C는 소유의 의사로 X토지를 B로부터 매수하였으므로, 자주점유이지만 2005. 7. 1.부터 X토지를 점유하여 2015. 2. 15. 소제기 당시까지 20년간 점유가 계속되지 않는다. 하지만 점유자의 승계인은 자기의 점유만을 주장하거나 자기의 점유와 전 점유자의 점유를 아울러 주장할 수 있다(제199조 1항). 그런데 자신의 점유와 B의 점유(1995. 4. 1.~2005. 7. 1.)를 아울러 주장하더라도 2015. 2. 15. 소제기 당시까지 20년이 되지 않으므로, 결국 C는 A와 B의 점유를 함께 주장하여야 한다. 이처럼 전 점유자의 점유를 아울러 주장하는 경우에는 그 하자도 승계한다(제199조 2항). 설문에서 A는 처분권한이 있다고 주장하는 W의 말을 믿고, 그로부터

토지를 매수하였으므로 소유의 의사를 가지고 점유한 것으로 볼 수 있어 자주점유이고, B도 매매를 기초로 하여 점유를 하였으므로 자주점유에 해당한다.

2) 판례에 의하면 시효기간 완성 전·후에 등기명의자의 변동이 있는 경우에 당사자가 임의로 점유의 기산점을 정할 수 없다(대판 1989.4.25, 88다카3618). 따라서 X토지에 소유권이 2004. 4. 1. 丁에게 이전되었으므로, A가 점유한 1985. 3. 1.을 기산점으로 하여 20년이 경과한 2005. 3. 1. X토지에 대한 점유취득시효가 완성되었다.

(나) B가 丁에게 취득시효완성을 주장할 수 있는지 여부
취득시효기간 만료 전에 등기명의를 넘겨받은 시효완성 당시의 등기명의자에 대하여는 그 소유권취득을 주장할 수 있다(대판 1989.4.11, 88다카5843). 설문에서 2005. 3. 1. 점유취득시효가 완성되기 전에 丁이 2004. 4. 1. X토지의 소유권을 취득하였으므로, 시효취득완성 당시의 X토지의 점유자 B가 등기명의인 丁에 대해 점유취득시효를 원인으로 소유권이전등기를 청구할 수 있다(민법 제245조 1항).

(다) 점유취득시효의 효과를 C가 직접 행사할 수 있는지 여부
B의 점유취득시효 효과를 C가 주장할 수 있는지에 관하여, 판례는 전 점유자의 점유를 승계한 자는 그 점유 자체와 하자만을 승계하는 것이지 그 점유로 인한 법률효과까지 승계하는 것은 아니므로, 부동산을 취득시효기간 만료 당시의 점유자로부터 양수하여 점유를 승계한 현 점유자는 자신의 전 점유자에 대한 소유권이전등기청구권을 보전하기 위하여 전 점유자의 소유자에 대한 소유권이전등기청구권을 대위행사할 수 있을 뿐, 전 점유자의 취득시효 완성의 효과를 주장하여 직접 자기에게 소유권이전등기를 청구할 권원은 없다고 한다(대판 1995.3.28, 93다47745). 따라서 C는 X토지의 소유자 丁에게 시효취득을 원인으로 소유권이전등기청구권을 행사할 수 없고, C의 B에 대한 매매를 원인으로 한 소유권이전등기청구권(민법 제563조, 제568조)을 보전하기 위해 B의 丁에 대한 소유권이전등기청구권을 대위 행사할 수 있다(제404조).

(라) C는 어떠한 소를 제기하여야 하는지 여부
채권자대위권은 채무자의 권리를 채권자가 대위 행사하는 것이다. 따라서 C가 X토지에 대하여 소유권을 취득하기 위해서는 丁을 상대로 B의 소유권이전등기청구권에 대해 대위소송을 제기하여야 하고, 아울러 B를 상대로 2005. 7. 1. 매매를 원인으로 소유권이전등기청구의 소를 제기하여야 한다.

(2) Y토지에 대한 청구에 관하여
(가) 乙에 대하여 점유취득시효를 원인으로 소유권이전등기를 청구할 수 있는지 여부
취득시효기간 중 계속해서 등기명의자가 동일한 경우, 그 기간 내의 전 점유자의 점유기간

중 임의의 시점을 기산점으로 선택할 수 있다(대판 1998.5.12, 97다8496). A가 Y토지를 점유한 1985. 3. 1.부터 현재까지 등기명의인은 乙로서 동일하고, C가 점유를 개시한 2005. 7. 1.부터 어느 시점을 기산점으로 삼아 역산하더라도 20년 이상의 점유사실이 인정된다. 또한 C뿐만 아니라 A와 B도 매매를 기초로 하여 점유를 개시하였으므로, C의 점유는 자주점유에 해당한다(민법 제199조 2항). 따라서 C는 B를 대위할 필요 없이 직접 乙에 대하여 점유취득시효를 원인으로 소유권이전등기를 청구할 수 있다(제245조 1항).

(나) 戊에 대하여 근저당권설정등기의 말소를 청구할 수 있는지 여부
점유취득시효 완성을 원인으로 민법 제245조에 따라 점유자 명의로 등기를 마치면 점유자가 소유권을 취득한다. 이는 원시취득에 해당하므로 특별한 사정이 없는 한 원소유자의 소유권에 가하여진 각종 제한에 의하여 영향을 받지 아니하는 완전한 내용의 소유권을 취득하게 된다(대판 2015.2.26, 2014다21649). 설문에서 C가 점유취득시효 완성 전인 2004. 5. 1. 乙이 戊에게 근저당권설정등기를 해 주었으므로, C가 乙에게 소유권이전등기를 청구하여 Y토지의 소유권을 취득하면, 戊의 근저당권은 소멸한다. 따라서 C는 Y토지에 관한 소유권이전등기를 한 후 소유권에 기하여 戊에 대하여 근저당권설정등기말소를 청구할 수 있다(제214조).

(3) Z토지에 대한 청구에 관하여
점유취득시효완성을 원인으로 한 소유권이전등기청구권은 채권적 청구권이다(대판 1995.3.28, 93다47745). 따라서 취득시효 완성 후 그 등기 전에 제3자가 부동산의 소유권을 취득하면, 점유자가 그 제3자에 대하여는 시효취득을 주장할 수 없다. 설문의 경우 C는 B를 대위하여 Z토지에 대하여 2005. 3. 1. 취득시효완성을 원인으로 丙에게 소유권이전등기를 청구할 수 있었지만, 취득시효 완성 후인 2005. 5. 1. Z토지의 소유권이 己에게 이전되었다(민법 제186조). 따라서 C는 점유취득시효를 원인으로 己를 상대로 Z토지에 대한 소유권이전등기를 청구할 수 없다.

2. 丙이 취득시효완성 사실을 알고 Z토지를 己에게 증여하였다면 C는 丙에 대하여 어떠한 청구를 할 수 있는지와 그 근거를 설명하시오. (5점)

➜ 판례에 의하면 점유취득시효가 완성되더라도 부동산 소유자와 시효취득자 사이에 계약상의 채권·채무관계가 성립하는 것은 아니므로(대판 1995.7.11, 94다4509), C는 Z토지를 처분한 丙에 대하여 채무불이행책임을 물을 수 없다. 반면에 취득시효 완성 사실을 아는 부동산의 소유자가 제3자에게 처분하여 소유권이전등기를 넘겨줌으로써 취득시효 완성을 원인으로 한 소유권이전등기의무가 이행불능에 빠지게 되어 시효취득을 주장하는 자가 손해를 입었다면 불법행위를 구성하며, 부동산의 취득자가 그와 같은 처분행위에 적극 가담한 경우,

이는 사회질서에 반하는 행위로서 무효이다(대판 2002.3.15, 2001다77352). 설문에서 丙은 취득시효완성 사실을 알고 己에게 Z토지를 증여하였으므로, C는 丙에 대해 불법행위로 인한 손해배상을 청구할 수 있다(민법 제750조).

문제 3 나대지인 X토지에 관하여 1990. 4. 1. A 명의로 소유권이전등기가 마쳐졌다. 甲은 1991. 2. 1. A의 무권대리인인 C로부터 X토지를 매수하고 같은 날 위 토지를 인도받아 현재까지 주차장 등으로 점유·사용하고 있다. 甲은 매수 당시에는 C가 A의 무권대리인이라는 사실을 몰랐으나 2000. 2. 1. 비로소 C가 무권대리인이었음을 알게 되었고, 위와 같은 사유로 소유권이전등기를 마치지 못하였다(위 매매계약은 표현대리에 해당하지 않았다). 한편 A는 외국에 거주하고 있던 관계로 甲의 점유사실을 모른 채 2012. 3. 10. 乙에게 X토지 중 1/3 지분을 매도하였다. 그런데 乙은 위와 같이 1/3 지분만을 매수하였음에도 2012. 3. 20. 관계서류를 위조하여 위 토지 중 2/3 지분에 관하여 소유권이전등기를 마쳤다. 2017. 1. 10. 기준으로 甲이 A와 乙에게 각각 청구할 수 있는 권리는 무엇인지 그 논거와 함께 서술하시오. (20점) (제6회 변호사시험, 2017)

➜ **(1) 민법 제245조 1항에 의한 甲의 A에 대한 소유권이전등기청구권**

甲이 X토지에 관하여 점유취득시효를 원인으로 소유권이전등기를 청구할 수 있기 위해서는, ① 소유의 의사로 평온·공연하게 X토지를 점유하여야 하고, ② 점유가 20년간 계속되어야 한다(제245조 1항). 설문에서 A의 무권대리인인 C로부터 X토지를 매수하여 점유하였고, 매수 당시 무권대리인이라는 사실을 몰랐으므로 甲의 자주점유가 인정되며, 평온·공연한 점유로 추정된다(제197조 1항). 또한 시효기간 만료 후 토지소유자의 변동이 있어 시효의 기산점을 임의로 선택할 수 없으므로(대판 1999.2.12, 98다40688), 점유가 개시된 1991. 2. 1.이 기산점이 되며 그때부터 甲은 X토지를 현재까지 점유하고 있다. 따라서 점유를 개시한 때부터 20년인 된 2011. 2. 1. 점유취득시효를 완성되었으므로, 甲은 제245조 1항에 의하여 A에게 X토지에 대한 소유권이전등기를 청구할 수 있다.

(2) 甲의 乙에 대한 X토지 중 1/3 지분등기말소청구권

부동산의 점유로 인한 시효취득은 등기함으로써 그 소유권을 취득하며(민법 제245조 1항), 점유취득시효완성을 원인으로 한 소유권이전등기청구권의 법적 성질은 채권적 청구권이다. 따라서 甲은 취득시효 완성 후 그 등기 전에 X토지의 소유자인 A로부터 X토지 중 1/3 지분을 적법하게 취득한 乙에 대하여 소유권이전등기 말소를 청구할 수 없다(제214조).

(3) 민법 제404조에 의한 A의 乙에 대한 소유권이전등기말소청구권 대위행사 및 제245조 1항에 의한 소유권이전등기청구권

(가) A는 乙에게 X토지 중 1/3 지분만을 매도하였는데, 乙이 관계서류를 위조하여 2/3 지분에 관하여 소유권이전등기를 마쳤으므로, 乙명의의 2/3지분 중 1/3지분 등기는 원인무효등

기이다. 따라서 A는 민법 제214조에 의하여 원인무효의 1/3지분 등기에 관하여 소유권이전등기말소를 청구할 수 있다.

(나) 甲은 점유취득시효 완성을 원인으로 한 A에 대한 소유권이전등기청구권을 보전하기 위하여, 乙명의로 마쳐진 원인무효의 1/3지분 등기에 대하여 A의 乙에 대한 소유권이전등기말소청구권을 대위행사할 수 있다(민법 제404조). 그 결과 乙명의의 원인무효의 1/3 지분 등기가 말소되면, 甲은 진정한 소유자인 A를 상대로 2/3지분에 대해 제245조 1항에 따라 소유권이전등기를 청구할 수 있다.

문제 4 아래의 [사실관계 및 소송진행 경과]와 [심리결과] 및 당사자의 주장 내용에 기초하여 원고 丙의 피고 甲, 乙을 상대로 한 각 청구에 관해 아래 [답안의 양식]에 따라 목차를 구성하여 기술하시오. (45점) (제10회 변호사시험, 2021)

※ 오로지 당사자 사이에 실제로 주장된 내용에 한정하여 변론주의 원칙에 따라 판단하고, 청구의 병합과 변경 및 서면의 송달이 모두 적법하게 이루어졌고, 기타 소송 진행 절차상의 하자는 없는 것으로 간주하며, 그 적법성에 관하여 검토하지 말 것.

[답안의 양식]

1.	피고 乙에 대한 청구의 인용 여부
	가. 소의 적법성에 대한 판단 ○ 결론 ○ 판단의 근거 나. 본안에 대한 판단 ○ 결론 ○ 판단의 근거
2.	피고 甲에 대한 청구의 인용 여부
	가. 주위적 청구 관련 소의 적법성 판단 ○ 결론 ○ 판단의 근거 나. 매매에 기한 소유권이전등기청구의 당부 ○ 결론 ○ 판단의 근거 다. 점유취득시효 완성에 기한 소유권이전등기청구의 당부 ○ 결론 ○ 판단의 근거

[사실관계 및 소송진행 경과]

○ 甲은 X토지의 소유자이며 현재 그 등기명의를 유지하고 있다.

○ 乙은 1998. 5. 5. 丙에게 위 토지를 5,000만원에 매도하고 같은 날 그 점유를 이전해 주었다.

※ 위 매매계약 체결 과정에서 乙은 丙에게 'X토지를 1978. 3. 3. 甲으로부터 매수하였는데 편의상 소유권이전등기를 하지 않았다'고 말하였다.

○ 2018. 3. 4. 丙은 甲과 乙을 상대로 X토지에 관하여 아래와 같이 병합하여 소를 제기하였다.

1) 乙 상대의 청구: 丙에게 1998. 5. 5.자 매매계약을 원인으로 한 소유권이전등기절차를 이행하라는 청구

2) 甲 상대의 청구

① 주위적 청구: 乙을 대위하여, 乙에게 1978. 3. 3.자 매매계약을 원인으로 한 소유권이전등기절차를 이행하라는 청구

② 예비적 청구: 丙에게 20년간의 점유에 따른 점유취득시효 완성을 원인으로 한 소유권이전등기절차를 이행하라는 청구

○ 2018. 3. 20. 甲은 답변서를 제출하였다.

※ 위 답변서에는 '甲이 乙에게 X토지를 매도한 사실이 없고, 위 토지가 甲의 소유라면서 丙의 청구를 모두 기각해 달라'는 취지의 내용이 기재되어 있음

○ 2018. 5. 7. 丙은 '청구취지 및 청구원인 변경신청서'를 제출하였다.

※ 위 변경신청서의 내용: '점유개시일을 1998. 5. 5.로 하여 20년이 경과한 날 점유취득시효가 완성되었다'는 것으로 甲에 대한 점유취득시효 관련 청구취지와 청구원인을 구체화

○ 제1회 변론기일(2018. 5. 10.): 甲, 乙, 丙 각 출석/이하 소송행위의 내용(진술 등)

1) 丙은 소장 및 2018. 5. 7.자 청구취지 및 청구원인 변경신청서를 각 진술

2) 甲은 2018. 3. 20.자 답변서를 진술

3) 乙은 다음과 같이 진술

가) 1998. 5. 5.에 丙과 X토지에 관하여 매매계약을 체결한 사실을 인정한다.

나) 설사 丙이 자신(乙)을 상대로 제기한 이 사건 소에서 승소하더라도 자신이 甲을 상대로 위 토지에 관하여 소유권이전등기절차의 이행을 구할 권리가 없어 판결이 나더라도 丙 명의로의 순차적인 소유권이전등기가 마쳐지는 것이 현실적으로 불가능하므로 자신을 상대로 제기된 소는 소의 이익이 없어 부적법하다.

4) 법원

乙에 대하여 순차적인 이전등기가 현실적으로 불가능함을 이유로 소가 부적법하다는 주장의 취지에 대하여 석명한바, 乙은 소의 이익을 부정하는 취지일 뿐, 이행불능의 항변까지 하는 취지는 아니라고 답변

○ 제2회 변론기일(2018. 8. 8.): 甲, 丙 각 출석, 乙 불출석/이하 소송행위의 내용(진술 등)

1) 甲의 진술

가) 丙과 乙 사이의 1998. 5. 5.자 매매계약에 기한 丙의 소유권이전등기청구권이 그 행사할 수 있는 날로부터 10년이 경과하여 시효완성으로 소멸하여 피보전채권이 존재하지 않으므로 채권자대위소송에 해당하는 주위적 청구는 부적법하다.

나) 이 사건 소송에서의 적극적인 권리주장으로 인하여 답변서 제출일인 2018. 3. 20.에 丙의 점유취득시효의 진행이 중단되었다.

2) 丙의 진술

가) (甲의 위 소멸시효 주장에 대하여) X토지를 점유하여 왔으므로 소유권이전등기청구권의 소멸시효가 진행하지 않았다.

나) 설사 적극적인 권리주장으로 취득시효가 중단된다 하더라도 甲의 답변서 진술일인 2018. 5. 10.에 비로소 중단의 효력이 생기는데, 그 이전에 이미 취득시효가 완성하였다.

3) 변론종결

[심리결과]

○ 법원은 다음과 같은 심증을 형성하였다.

① 甲이 주장하는 바와 같이 甲과 乙 사이에 X토지에 관하여 매매계약이 체결된 사실이 없다.

② 丙은 1998. 5. 5.부터 위 토지의 점유를 시작하여 현재까지 점유 중이다.

③ 乙의 위 토지에 대한 점유사실은 증명되지 아니하였다.

④ 다른 당사자가 주장한 내용을 원용한 당사자는 없다.

→ **1. 피고 乙에 대한 청구의 인용 여부**

(1) 소의 적법성에 대한 판단

(가) 결론

소의 이익이 인정되므로 丙의 乙에 대한 청구는 적법하다.

(나) 판단의 근거

현재의 이행의 소는 사실심 변론종결시까지 이행기가 도래하는 청구권의 이행을 구하는 소이므로, 원칙적으로 권리보호의 이익이 인정된다. 그러나 청구의 목적이 실현된 경우 또는 실익 없는 청구는 소의 이익이 없다. 설문에서 丙의 乙에 대한 소유권이전등기청구는 매매계약을 원인으로 한 것으로 이행의 소에 해당하며, 丙의 청구가 실현되었거나 실익이 없다고 볼 만한 사유가 존재하지 않는다.

(2) 본안에 대한 판단

(가) 결론

법원은 丙의 乙에 대한 청구를 인용해야 한다.

(나) 판단의 근거

매매의 목적이 된 권리의 전부가 타인에게 속하는 경우(민법 제569조), 즉 타인의 권리를 매매한 경우에도 계약은 유효하다(대판 1993.9.10, 93다20283). 따라서 甲소유의 X토지에 관한 乙과 丙 사이의 매매계약이 유효하므로, 乙은 甲소유의 X토지를 매수하여 丙에게 이전하여야 할 의무가 있다.

2. 피고 甲에 대한 청구의 인용 여부

(1) 주위적 청구 관련 소의 적법성 판단

(가) 결론

대위채권자 丙의 당사자적격이 인정되므로, 丙의 주위적 청구는 적법하다.

(나) 판단의 근거

채권자대위권이 인정되기 위해서는, ① 피보전채권, ② 채권의 보전필요성, ③ 채무자의 권리불행사, ④ 피대위채권의 존재가 필요하다. 법정소송담당설에 의하면 ④는 소송물로서 본안의 문제이므로 그 요건사실에 흠결이 있으면 청구기각하고, 증거조사결과 ①②③이 흠결된 경우에는 대위채권자의 당사자적격의 흠결로서 소를 각하해야 한다. 설문에서 매매계약에 의한 丙의 소유권이전등기청구에 대해 乙이 제1회 변론기일에 丙과의 매매계약 체결사실을 인정하였으므로, 이는 乙의 재판상 자백에 해당한다(민사소송법 제288조). 채권은 10년간 행사하지 않으면 소멸시효가 완성하지만(민법 제162조 1항), 매수인이 목적부동산을 인도받아 계속 점유하는 경우에는 소유권이전등기청구권의 소멸시효가 진행하지 않는다(대판 2010.1.28, 2009다73011). 설문에서 丙이 X토지를 1998. 5. 5.부터 현재까지 점유하고 있으므로, 丙의 乙에 대한 소유권이전등기청구권은 소멸시효가 완성되지 않았다. 따라서 丙의 피보전채권이 존재하고, 이는 비금전채권으로 乙의 무자력을 요하지 않으며, 乙의 권리불행사가 인정된다.

(2) 매매에 기한 소유권이전등기청구의 당부

(가) 결론

법원은 丙의 甲에 대한 주위적 청구를 기각해야 한다.

(나) 판단의 근거

당사자가 변론에서 상대방이 주장하는 사실을 명백히 다투지 않은 때에는 그 사실을 자백한 것으로 본다(민사소송법 제150조 1항). 설문에서 제1회 변론기일에 "甲이 乙에게 X토지를 매도한 사실이 없다"는 2018. 3. 20.자 甲의 답변서 진술에 대해 乙이 명백히 다투지 않아 자백간주가 성립한다. 따라서 乙의 甲에 대한 소유권이전등기청구권, 즉 피대위채권이 존재하지 않으므로, 丙은 乙을 대위하여 甲에게 소유권이전등기를 청구할 수 없다(민법

제404조).

(3) 점유취득시효 완성에 기한 소유권이전등기청구의 당부

(가) 결론

丙의 점유취득시효는 2018. 3. 20. 중단되어, X토지에 대한 취득시효가 완성되지 않았으므로, 법원은 丙의 甲에 대한 예비적 청구를 기각해야 한다.

(나) 판단의 근거

민법 제245조 1항에 의하여 丙의 甲에 대한 점유취득시효완성을 원인으로 한 소유권이전등기청구가 인정되기 위해서는, 丙이 X토지를 소유의 의사로 평온·공연하게 20년간 점유하여야 한다. 설문의 경우, 甲이 2018. 3. 20. 제출한 답변서에서 丙의 청구 기각을 구하였고, 소송 계속 중인 2018. 5. 5.에 丙의 점유가 20년에 이르게 된다. 여기서 甲의 응소행위로 취득시효가 중단되었는지 여부가 문제된다.

1) 甲의 응소행의가 시효중단사유인 재판상 청구에 해당하는지 여부

소멸시효의 중단에 관한 규정은 취득시효에도 준용된다(제247조 2항). 시효중단사유인 제168조 1호, 제170조 제1항의 재판상 청구에는 시효를 주장하는 자가 소를 제기한 데 대하여 피고가 응소하여 소송에서 적극적으로 권리주장을 하고 그것이 받아들여진 경우도 포함된다(대판 2012.1.12, 2011다78606). 따라서 甲의 응소행위는 취득시효의 중단사유이다.

2) 甲의 응소행위만으로 시효중단의 효력이 발생하는지 여부

변론주의 원칙상 시효중단의 효과를 원하는 피고는 응소행위로서 시효가 중단되었다고 주장해야 하며, 응소행위로 인한 시효중단의 주장은 취득시효가 완성된 후라도 사실심 변론종결 전에는 언제든지 할 수 있다(대판 2010.8.26, 2008다42416,42423). 설문의 경우, 甲은 2018. 8. 8. 제2회 변론기일에 출석하여, 답변서 제출일인 2018. 3. 20. 丙의 점유취득시효 진행이 중단되었다고 주장하였다. 따라서 시효중단의 효력이 발생한다.

3) 甲의 응소행위로 시효중단의 효력이 발생하는 시기

응소행위로 인한 시효중단의 효력은 피고가 현실적으로 권리를 행사하여 응소한 때에 발생한다(대판 2012.1.12, 2011다78606). 응소는 원고가 청구한 소송에 피고로서 응하는 것이므로, 설문의 경우 2018. 3. 20. 답변서 제출에 따른 甲의 응소가 존재한다. 따라서 丙의 주장과 달리 X토지에 대한 점유취득시효는 2018. 3. 20. 중단되었다.

문제 5 甲은 2000. 3. 3. X토지의 소유자 乙로부터 X토지를 매수하면서 당일 대금을 완납하고 점유를 이전받았으나 소유권이전등기를 마치지 않았다. 乙이 2018. 4. 4. 사망하자 X토지는 자녀인 丙과 丁에게 공동상속되었다. 丙은 2018. 9. 9. 위조된 상속재산분할합의서를 근거로 X토지 전체에 관하여 본인 명의

로 소유권이전등기를 마쳤다. 甲은 2021. 12. 12. 丙을 상대로 X토지에 관하여 주위적으로 매매계약을, 예비적으로 취득시효 완성을 원인으로 한 소유권이전등기청구의 소를 제기하였다.
위 소송의 변론과정에서 甲은 乙로부터 X토지를 매수하였음을 증명하지 못하였지만, 2000. 3. 3. 이후 현재까지 X토지를 계속하여 점유하고 있음을 증명하였다. 이 경우 법원은 어떠한 판결을 선고하여야 하는가? (20점) (제11회 변호사시험, 2022)

→ **1. 甲의 丙에 대한 병합청구의 성질**

병합의 형태가 선택적 병합인지 예비적 병합인지는 당사자의 의사가 아닌 병합청구의 성질을 기준으로 판단해야 한다(대판 2014.5.29, 2013다96868). 설문의 경우, 甲이 丙을 상대로 X토지에 관하여 매매를 원인으로 한 소유권이전등기청구와 취득시효를 원인으로 한 소유권이전등기청구는 법률상 양립할 수 있다. 즉 매매계약의 사실과 점유취득 시효완성 사실 사이에는 논리적 연관성이 인정되지 않는다. 따라서 甲의 丙에 대한 청구는 선택적 병합에 해당한다.

2. 점유취득시효 완성을 원인으로 하는 소유권이전등기청구의 상대방

甲은 乙과의 매매계약에 의하여 2000. 3. 3. 이후 현재까지 X토지를 점유하고 있으며, 소유의 의사로 평온·공연하게 점유한 것으로 추정된다(민법 제197조 1항). 따라서 甲의 X토지에 대한 취득시효는 2020. 3. 3. 완성되었다(제245조 1항). 시효취득자는 취득시효 완성 당시의 소유자에 대하여 소유권이전등기를 청구할 수 있다(대판 1999.7.9, 98다29575). 설문에서 2020. 3. 3. 당시 X토지의 소유자는 상속인 丙과 丁이고(제1000조 1항, 제1009조 1항), 위조된 상속재산분할협의서에 의해 마쳐진 丙명의의 소유권이전등기는 丙의 상속지분인 1/2 범위 내에서는 실체관계에 부합하는 유효한 등기이다. 따라서 甲은 제245조 1항에 의하여 丙과 丁에게 각 1/2의 지분에 대하여 소유권이전등기를 청구할 수 있다.

3. 법원은 어떠한 판결을 선고하여야 하는지

丙은 X토지에 대하여 1/2지분에 대해서만 진정한 소유자이다. 선택적 병합의 경우, 어느 한 청구에 대해 인용하면 나머지 청구에 대해서는 심판하지 않는다. 따라서 법원은 甲의 丙에 대한 예비적 청구를 1/2 지분의 한도 내에서 일부인용 판결을 해야 한다.

제4절 공동소유

I. 공 유

1. 공유물의 관리 등에 관한 공유자 사이의 법률관계

❐ 부동산의 공유자 중 1인은 당해 부동산에 관하여 무효의 소유권이전등기가 경료되어 있는 경우에 민법 제265조 단서에서 정하는 공유물에 관한 보존행위로서 자신의 공유지분을 넘어서 그 무효인 등기 전부의 말소를 청구할 수 있다. 따라서 공동상속에 의하여 여러 사람의 공유로 된 부동산에 관하여 공동상속인 중 1인이 피상속인과의 사이에 행하여졌다는 매매 등 효력 없는 계약을 원인으로 하여 공유물 전부에 관하여 소유권이전등기를 경료한 경우에도, 다른 상속인은 공유물에 관한 보존행위로서 **등기명의인의 상속분을 제외한 나머지 공유지분 전부**에 관하여 그 소유권이전등기의 말소등기절차를 이행할 것을 청구할 수 있다(대법원 2015.1.29. 선고 2014다49425 판결).

❐ 부동산의 공유자의 1인은 당해 부동산에 관하여 제3자 명의로 원인무효의 소유권이전등기가 마쳐져 있는 경우 공유물에 관한 보존행위로서 제3자에 대하여 그 등기 전부의 말소를 구할 수 있으나, 공유자가 **다른 공유자의 지분권**을 대외적으로 주장하는 것을 공유물의 멸실·훼손을 방지하고 공유물의 현상을 유지하는 사실적·법률적 행위인 공유물의 보존행위에 속한다고 할 수는 없으므로, 자신의 소유지분 범위를 초과하는 부분에 관하여 마쳐진 등기에 대하여 공유물에 관한 보존행위로서 무효라고 주장하면서 말소를 구할 수는 없다. 결국 공유물에 관한 원인무효의 등기에 대하여 모든 공유자가 항상 공유물의 보존행위로서 말소를 구할 수 있는 것은 아니고, **원인무효의 등기로 인하여 자신의 지분이 침해된 공유자에 한하여** 공유물의 보존행위로서 그 등기의 말소를 구할 수 있을 뿐이므로, 원인무효의 등기가 특정 공유자의 지분에만 한정하여 마쳐진 경우에는 그로 인하여 지분을 침해받게 된 특정 공유자를 제외한 나머지 공유자들은 공유물의 보존행위로서 위 등기의 말소를 구할 수는 없다(대법원 2023.12.7. 선고 2023다273206 판결).

❐ 공유물의 소수지분권자인 피고가 다른 공유자와 협의하지 않고 공유물의 전부 또는 일부를 독점적으로 점유하는 경우 다른 소수지분권자인 원고가 피고를 상대로 **공유물의 인도**를 청구할 수는 없다(대법원 2020.5.21. 선고 2018다287522 판결).

→ 공유물에 대한 인도판결과 그에 따른 집행의 결과는 원고가 공유물을 단독으로 점유하

며 사용·수익할 수 있는 상태가 되어 '일부 소수지분권자가 다른 공유자를 배제하고 공유물을 독점적으로 점유'하는 인도 전의 위법한 상태와 다르지 않으며, 원고는 공유물을 독점적으로 점유하면서 원고의 공유지분권을 침해하고 있는 피고를 상대로 지분권에 기한 방해배제청구권을 행사함으로써 피고가 자의적으로 공유물을 독점하고 있는 위법 상태를 충분히 시정할 수 있기 때문이다.

- ❐ 공유자들은 공유물의 소유자로서 공유물 전부를 사용·수익할 수 있는 권리가 있고(민법 제263조), 이는 공유자들 사이에 공유물 관리에 관한 결정이 없는 경우에도 마찬가지이다. 공유물을 일부라도 독점적으로 사용할 수 없는 등 사용·수익의 방법에 일정한 제한이 있다고 하여, 공유자들의 사용·수익권이 추상적·관념적인 것에 불과하다거나 공유물 관리에 관한 결정이 없는 상태에서는 구체적으로 실현할 수 없는 권리라고 할 수 없다. 공유자들 사이에 공유물 관리에 관한 결정이 없는 경우 공유자가 다른 공유자를 배제하고 공유물을 독점적으로 점유·사용하는 것은 위법하여 허용되지 않지만, 다른 공유자의 사용·수익권을 침해하지 않는 방법으로, 즉 비독점적인 형태로 공유물 전부를 다른 공유자와 함께 점유·사용하는 것은 자신의 지분권에 기초한 것으로 적법하다. 일부 공유자가 공유물의 전부나 일부를 독점적으로 점유한다면 이는 다른 공유자의 지분권에 기초한 사용·수익권을 침해하는 것이다. 공유자는 자신의 지분권 행사를 방해하는 행위에 대해서 민법 **제214조에 따른 방해배제청구권**을 행사할 수 있고, 공유물에 대한 지분권은 공유자 개개인에게 귀속되는 것이므로 공유자 각자가 행사할 수 있다(대법원 2020.5.21. 선고 2018다287522 판결).
- ❐ 공유물의 소수지분권자가 다른 공유자와 협의 없이 공유물의 전부 또는 일부를 독점적으로 점유·사용하고 있는 경우 다른 소수지분권자는 공유물의 보존행위로서 그 인도를 청구할 수는 없고, 다만 자신의 지분권에 기초하여 공유물에 대한 방해 상태를 제거하거나 공동 점유를 방해하는 행위의 금지 등을 청구할 수 있다(대법원 2020.5.21. 선고 2018다287522 판결).
- ❐ 과반수 지분권자는 공유물인 토지의 관리방법으로서 특정 부분을 배타적으로 사용·수익할 수 있으나, 그로 말미암아 그 부분을 전혀 사용·수익하지 못하여 손해를 입는 소수지분권자의 지분만큼 임료 상당 부당이득을 얻는 것이므로 이를 반환할 의무가 있다. 소수지분권자가 공유물을 자기 지분 비율로 사용·수익할 권리(민법 제263조)가 침해되었기 때문이다(대법원 2014.2.27. 선고 2011다42430 판결). 종전 판결은 피고가 원고의 행위로 말미암아 공유지분을 가진 계쟁 부분 토지를 전혀 사용·수익하지 못한 사실을 인정하여 부당이

득의 반환을 명한 것이고, 그 후 원고가 과반수 지분권자가 되었어도 피고의 사용·수익권 침해는 변함이 없으므로 종전 판결로 확정된 부당이득반환의무의 소멸 사유에 해당하지 않는다(대법원 2021.12.30. 선고 2021다252458 판결).

→ 원고는 그 소유 주택이 침범한 인접 토지 소수지분권자인 피고에게 점유로 얻은 부당이득을 반환하라는 판결을 받았는데, 그 후 원고가 과반수 지분권을 취득함으로써 관리행위로 위 토지를 점유할 수 있게 되었지만 피고가 그 부분을 사용·수익하지 못하는 한 부당이득반환의무는 계속되므로 종전 판결의 집행력 소멸 사유가 되지 않는다.

2. 공유지분의 처분

❐ 민법 제267조는 "공유자가 그 지분을 포기하거나 상속인 없이 사망한 때에는 그 지분은 다른 공유자에게 각 지분의 비율로 귀속한다"라고 규정하고 있다. 여기서 공유지분의 포기는 법률행위로서 상대방 있는 단독행위에 해당하므로, 부동산 공유자의 공유지분 포기의 의사표시가 다른 공유자에게 도달하더라도 이로써 곧바로 공유지분 포기에 따른 물권변동의 효력이 발생하는 것은 아니고, 다른 공유자는 자신에게 귀속될 공유지분에 관하여 소유권이전등기청구권을 취득하며, 이후 제186조에 의하여 등기를 하여야 공유지분 포기에 따른 물권변동의 효력이 발생한다. 그리고 부동산 공유자의 공유지분 포기에 따른 등기는 해당 지분에 관하여 다른 공유자 앞으로 소유권이전등기를 하는 형태가 되어야 한다(대법원 2016.10.27. 선고 2015다52978 판결).

문제 甲·乙·丙은 각 1/3 지분(이하 '종전 지분'이라 함)으로 X부동산을 공유하고 있었다. 丙은 2020. 1. 13. 甲·乙에 대하여 '자신의 지분을 포기한다'는 의사표시를 하였지만, 그에 따른 지분이전등기가 마쳐지기 전에 사망함에 따라 A·B가 丙의 재산을 법정상속분에 따라 상속하였다. 한편 丁은 강제경매절차를 통하여 乙의 종전 지분을 취득하였다. 그 후 甲과 丁은 A·B를 상대로 丙의 종전 지분에 관한 소유권이전등기를 청구하였다. 甲·丁의 청구는 타당한가?

→ **1. 丙의 공유지분 포기의 의사표시로 물권변동의 효력이 발생하는지 여부**

공유자가 지분을 포기한 때에는 그 지분은 다른 공유자에게 각 지분의 비율로 귀속한다(제267조). 여기서 공유지분의 포기는 법률행위로서 상대방 있는 단독행위에 해당하므로, 제186조에 의하여 등기를 하여야 공유지분 포기에 따른 물권변동의 효력이 발생한다(대판 2016.10.27, 2015다52978). 설문에서 X부동산의 공유자인 丙이 다른 공유자에 대하여 자신의 공유지분을 포기한다는 의사표시를 하였지만, 그에 따른 등기가 마쳐지지 않은 상태이다. 따라서 甲·乙이 丙의 지분에 관한 소유권을 취득하였다고 할 수 없다.

2. 甲·丁이 丙의 지분에 관한 소유권이전등기청구권을 취득하였는지 여부

공유지분의 포기는 법률행위로서 상대방 있는 단독행위에 해당하므로, 공유지분 포기의 의사표시가 다른 공유자에게 도달하면 다른 공유자는 자신에게 귀속될 공유지분에 관하여 소유권이전등기청구권을 취득한다(대판 2016.10.27, 2015다52978). 설문에서 丙이 2020. 1. 13. 甲·乙에 대하여 자신의 지분 포기의 의사표시를 하였다. 따라서 甲·乙은 丙이나 그 상속인인 A·B에 대하여 丙의 지분에 관한 소유권이전등기청구권을 취득하였다. 반면 丁은 강제경매절차를 통하여 乙의 종전 지분만을 취득하였을 뿐, 丙의 지분에 관해서는 소유권은 물론 그에 관한 이전등기청구권 등 어떠한 권원도 취득하였다고 할 수 없다.

3. 결론

甲의 A·B에 대한 丙의 종전 지분 1/2에 관한 소유권이전등기청구는 타당하지만, 丁의 청구는 부당하다.

3. 공유물의 분할

- 공동상속인은 상속재산의 분할에 관하여 공동상속인 사이에 협의가 성립되지 아니하거나 협의할 수 없는 경우에 가사소송법이 정하는 바에 따라 가정법원에 **상속재산분할심판**을 청구할 수 있을 뿐이고, 상속재산에 속하는 개별 재산에 관하여 민법 제268조에 따라 공유물분할청구의 소를 제기하는 것은 허용되지 않는다(대법원 2015.8.13. 선고 2015다18367 판결).
- 부동산의 일부 공유지분에 관하여 저당권이 설정된 후 부동산이 분할된 경우, 그 저당권은 분할된 각 부동산 위에 종전의 지분비율대로 존속하고, 분할된 각 부동산은 저당권의 공동담보가 된다(대법원 2012.3.29. 선고 2011다74932 판결).
- 1필지의 토지의 위치와 면적을 특정하여 2인 이상이 구분소유하기로 하는 약정을 하고 구분소유자의 공유로 등기하는 이른바 구분소유적 공유관계에서, 1필지의 토지 중 특정 부분에 대한 구분소유적 공유관계를 표상하는 공유지분을 목적으로 하는 근저당권이 설정된 후 구분소유하고 있는 특정 부분별로 독립한 필지로 분할되고 나아가 구분소유자 상호 간에 지분이전등기를 하는 등으로 구분소유적 공유관계가 해소되더라도 그 근저당권은 종전의 구분소유적 공유지분의 비율대로 **분할된 토지들 전부**의 위에 그대로 존속하는 것이고, 근저당권설정자의 단독소유로 분할된 토지에 당연히 집중되는 것은 아니다(대법원 2014.6.26. 선고 2012다25944 판결).

→ 구분소유적 공유관계의 경우, 공유자는 대내적으로는 특정 부분을 각자가 단독으로 소유하지만, 대외적으로는 토지 전부를 공유하기 때문이다.

❒ 대금분할을 명한 공유물분할 확정판결의 당사자인 공유자가 공유물분할을 위한 경매를 신청하여 진행된 경매절차에서 공유물 전부에 관하여 매수인에 대한 매각허가결정이 확정되고 매각대금이 완납된 경우, 매수인은 공유물 전부에 대한 소유권을 취득하게 되고, 이에 따라 각 공유지분을 가지고 있던 공유자들은 지분소유권을 상실하게 된다. 그리고 대금분할을 명한 공유물분할판결의 변론이 종결된 뒤(변론 없이 한 판결의 경우에는 판결을 선고한 뒤) 해당 공유자의 공유지분에 관하여 소유권이전청구권의 순위보전을 위한 가등기가 마쳐진 경우, 대금분할을 명한 공유물분할 확정판결의 효력은 민사소송법 제218조 제1항이 정한 변론종결 후의 승계인에 해당하는 가등기권자에게 미치므로, 특별한 사정이 없는 한 위 가등기상의 권리는 매수인이 매각대금을 완납함으로써 소멸한다(대법원 2021.3.11. 선고 2020다253836 판결).

문제 甲은 X토지 중 2/8 지분을, 乙과 丙은 X토지 중 각 3/8 지분을 각 소유하고 있었다. 또한 甲·乙·丙은 X토지 지상의 Y건물 중 각 1/3 지분을 소유하고 있었다. 甲은 2016. 8. 1. X토지와 Y건물의 공유자인 乙과 丙을 상대로 X토지와 Y건물에 관하여 대금분할을 명하는 내용의 공유물분할의 소를 제기하였다. 법원은 乙, 丙이 소장 부본을 송달받고도 답변서를 제출하지 아니하자 2016. 10. 26. 무변론으로 X토지와 Y건물에 관하여 대금분할을 명한 판결을 선고하였고, 위 판결은 2016. 11. 18. 확정되었다. 한편 甲은 위 판결 선고 후인 2016. 11. 10. B에게 X토지 중 甲의 2/8 지분과 Y건물 중 甲의 1/3 지분에 관하여 매매예약을 원인으로 한 소유권이전청구권의 순위보전을 위한 가등기를 마쳐 주었다. 이후 甲은 위 판결에 기하여 X토지와 Y건물에 관하여 공유물분할을 위한 경매를 신청하여 2017. 6. 26. 경매개시결정을 받았고, 위 경매절차에서 A가 최고가매수신고인으로서 매각허가를 받아 2018. 5. 18. 매각대금을 완납하고서 2018. 5. 25. X토지와 Y건물에 관하여 소유권이전등기를 마쳤다. 이 경우 A는 B를 상대로 소유권에 기한 방해배제청구권 행사의 일환으로 B명의의 가등기 말소를 청구할 수 있는가?

→ **1. A에게 X토지와 Y건물의 소유권이 존재하는지 여부**

A가 민법 제214조에 의하여 B를 상대로 가등기말소를 청구할 수 있기 위해서는, A가 X토지와 Y건물에 관하여 소유권이 존재하여야 하고, B명의의 가등기가 A의 소유권행사를 방해하여야 하며, 그 방해가 위법해야 한다. 설문에서 대금분할을 명한 공유물분할판결이 무변론으로 선고된 뒤에 甲이 B에게 X토지 중 甲의 2/8 지분과 Y건물 중 甲의 1/3 지분에 관하여 가등기를 마쳐준 다음, 공유물분할판결의 당사자인 甲이 공유물분할을 위한 경매를 신청하여 진행된 경매절차에서 X토지와 Y건물에 관한 최고가매수신고인인 A에 대한 매각

허가결정이 확정되고 매각대금이 완납되었다. 이에 따라 A는 X토지와 Y건물에 대한 소유권을 취득하였고(민사집행법 제135조, 민법 제187조), 이에 따라 X토지와 Y건물 중 각 공유지분을 가진 甲·乙·丙은 소유권(각 지분권)을 상실하였다(대판 2021.3.11, 2020다253836).

2. B의 X토지와 Y건물에 대한 가등기가 A의 소유권을 방해하는지 여부

형성의 소에서 청구인용의 확정판결은 법률관계를 발생·변경·소멸시키는 형성력을 가진다. 따라서 형성판결의 형성력은 제3자에게 미친다. 공유물분할의 판결은 형성판결이므로, 그 확정판결은 당사자, 변론을 종결한 뒤의 승계인(변론 없이 한 판결의 경우에는 판결을 선고한 뒤의 승계인)에 대하여 효력이 미친다(민사소송법 제218조 1항). 설문에서 甲의 X토지와 Y건물에 대한 공유물분할청구권은 물권적 청구권이므로, 공유물분할판결의 효력은 제218조 1항이 정한 변론종결 후의 승계인에 해당하는 가등기권자인 B에게 미친다. 따라서 B의 X토지와 Y건물에 대한 가등기상의 권리는 A가 매각대금을 완납함으로써 소멸하였으므로(대판 2021.3.11, 2020다253836), B명의의 가등기는 A의 X토지와 Y건물에 대한 소유권의 실현을 방해하고 있다.

3. 결론

설문에는 B의 위법성을 부정할 사유는 존재하지 않는다. 따라서 A는 B를 상대로 민법 제214조에 의하여 B명의의 가등기 말소를 청구할 수 있다.

Ⅱ. 총 유

❐ 민법 제275조, 제276조 제1항은 **총유물의 관리 및 처분**에 관하여는 정관이나 규약에 정한 바가 있으면 그에 의하되 정관이나 규약에서 정한 바가 없으면 사원총회의 결의에 의하도록 규정하고 있으므로, 이러한 절차를 거치지 아니한 총유물의 관리·처분행위는 무효이다. 그런데 총유물의 관리 및 처분은 **총유물 자체**에 관한 이용·개량행위나 법률적·사실적 처분행위를 의미하므로, **총유물 자체의 관리·처분이 따르지 않는 채무부담행위**는 이를 총유물의 관리·처분행위라고 볼 수 없다(대법원 2014.2.13. 선고 2012다112299 판결). 가령 ① 비법인사단이 총유물에 관한 매매계약을 체결하는 행위는 **총유물 그 자체**의 처분이 따르는 채무부담행위로서 총유물의 처분행위에 해당하나, 그 매매계약에 의하여 부담하고 있는 채무의 존재를 인식하고 있다는 뜻을 표시하는 데 불과한 소멸시효 중단사유로서의 승인은 총유물 그 자체의 관리·처분이 따르는 행위가 아니어서 총유물의 관리·처분행위라고 볼 수 없다(대법원 2009.11.26. 선고 2009다64383 판결). ② 종중이 그 소유 토지의 매

매를 중개한 중개업자에게 중개수수료를 지급하기로 하는 약정을 체결하는 것은 총유물 그 자체의 관리·처분이 따르지 않는 단순한 채무부담행위에 불과하여 이를 총유물의 관리·처분행위라고 할 수 없다(대법원 2012.4.12. 선고 2011다107900 판결). ③ 비법인사단이 타인 간의 금전채무를 보증하는 행위는 총유물 그 자체의 관리·처분이 따르지 않는 단순한 채무부담행위에 불과하여 이를 총유물의 관리·처분행위라고 볼 수 없다. 따라서 비법인사단인 재건축조합의 조합장이 채무보증계약을 체결하면서 조합규약에서 정한 조합 임원회의 결의를 거치지 않았거나 조합원총회 결의를 거치지 않았더라도 그것만으로 바로 그 보증계약이 무효라고 할 수 없다. 다만 이와 같은 경우에 조합 임원회의의 결의 등을 거치도록 한 조합규약은 조합장의 대표권을 제한하는 규정에 해당하는 것이므로, 거래 상대방이 그와 같은 대표권 제한 및 그 위반 사실을 알았거나 과실로 인하여 이를 알지 못한 때에는 그 거래행위가 무효로 된다. 이 경우 그 거래 상대방이 대표권 제한 및 그 위반 사실을 알았거나 알지 못한 데에 과실이 있다는 사정은 그 거래의 무효를 주장하는 측이 이를 주장·증명하여야 한다(대법원 2007.4.19. 선고 2004다60072,60089 판결).

❐ 총유물의 보존에는 공유물의 보존에 관한 민법 제265조의 규정이 적용될 수 없고, 제276조 1항에 따른 사원총회의 결의를 거치거나 정관이 정하는 바에 따른 절차를 거쳐야 하므로, 법인 아닌 사단인 교회가 총유재산에 대한 보존행위로서 소송을 하는 경우에도 교인총회의 결의를 거치거나 정관이 정하는 바에 따른 절차를 거쳐야 한다(대법원 2014.2.13. 선고 2012다112299 판결).

→ 총유재산에 관한 소송은 법인 아닌 사단이 그 명의로 사원총회의 결의를 거쳐 하거나 또는 그 구성원 전원이 당사자가 되어 필수적 공동소송의 형태로 할 수 있을 뿐, 그 사단의 구성원은 설령 그가 사단의 대표자라거나 사원총회의 결의를 거쳤더라도 그 소송의 당사자가 될 수 없고, 이러한 법리는 총유재산의 보존행위로서 소를 제기하는 경우에도 마찬가지이다(대법원 2005.9.15. 선고 2004다44971 판결).

[비교] 비법인사단이 총유재산에 관한 소를 제기할 때에는 정관에 다른 정함이 있는 등의 특별한 사정이 없는 한 사원총회의 결의를 거쳐야 하지만, 이는 비법인사단의 대표자가 비법인사단 명의로 총유재산에 관한 소를 제기하는 경우에 비법인사단의 의사결정과 특별수권을 위하여 필요한 내부적인 절차이다. 채권자대위권은 채무자가 스스로 자기의 권리를 행사하지 아니하는 때에 채권자가 채무자에 대한 채권을 보전하기 위하여 채무자의 의사와는 상관없이 채무자의 권리를 대위하여 행사할 수 있는 권리로서 그 권리행사에 채무자의 동의를 필요로 하는

것은 아니므로, 비법인사단이 총유재산에 관한 권리를 행사하지 아니하고 있어 비법인사단의 채권자가 **채권자대위권에 기하여 비법인사단의 총유재산에 관한 권리를 대위행사하는 경우**에는 사원총회의 결의 등 비법인사단의 내부적인 의사결정절차를 거칠 필요가 없다(대법원 2014.9.25. 선고 2014다211336 판결).

변호사시험 기출문제

문제 1 乙은 甲소유의 X토지에 대한 소유권을 취득한 다음 2011. 3. 20. A와 사이에, A의 비용으로 X토지 지상에 2층 건물을 신축하되, 그 소유관계는 각 1/2 지분씩 공유하기로 서로 합의하고, 그에 따라 乙과 A가 공동건축주로서 신축을 시작하였다.
그 후 乙은 위 신축건물의 규모와 종류를 외관상 짐작할 수 있을 정도로 공사가 진행된 무렵인 2011. 4. 8. 자신의 동생 B가 C에 대하여 부담하고 있는 매매대금 3억원(변제기는 2011. 7. 20.임)의 지급채무를 담보하기 위하여 C 명의로 X토지에 관한 소유권이전등기를 경료해 주기로 상호 합의하였다.
乙은 B가 C에 대한 채무를 변제하지 못하자, 2011. 7. 25. 위 합의에 따라 X토지에 관하여 C 명의의 소유권이전등기를 경료해 주었고, 그 당시 위 신축건물은 완공되지는 않았으나 2층 건물 공사 대부분이 마무리되고 내장공사만 남아 있었다. A는 2011. 7. 30. 乙과 아무런 상의 없이 일방적으로 D에게 위 신축건물 전체를 월 임료 500만원으로 약정하여 임대하여 주었다. (제1회 변호사시험, 2012)

1. C는 2011. 9. 20. 乙과 A를 상대로 위 신축건물의 철거 및 X토지의 인도를 구하는 소를 제기하였다. 이 경우 乙과 A가 제기할 수 있는 실체법상 타당한 항변은 무엇인지를 그 논거와 함께 서술하시오(다만 X토지에 관한 C의 소유권 취득은 정당한 것으로 전제함). (15점)

➜ 제213조, 제214조에 따라 C가 乙과 A를 상대로 신축건물의 철거 및 X토지의 인도를 청구할 수 있기 위해서는, 乙과 A에게 X토지를 점유할 권리가 없어야 한다.

(1) 乙과 A의 X토지에 대한 점유할 권리 취득 여부

대지소유자가 그 지상 건물을 다른 사람과 공유하면서 그 단독소유의 대지만을 타인에게 양도한 경우, 건물공유자는 대지에 관하여 관습상 법정지상권을 취득한다(대판 2011.1.13, 2010다67159). 설문의 경우, 乙과 C가 양도담보계약을 체결할 당시 X토지상에 건물을 신축 중이어서 건물의 존재를 인정할 수 있고, 乙이 X토지를 양도담보계약에 따라 C에게 처분할 당시 X토지는 乙의 단독소유이고, 신축건물은 乙과 A의 공동소유에 속하였다. 또한 B의 C에 대한 매매대금채무를 담보하기 위해서 X토지에 대한 소유권을 C에게 이전등기를 마쳐 주었는데, 이러한 양도담보는 담보목적의 범위 내에서 채권자에게 소유권이 이전되므로(대판 1996.6.28, 96다9218), 토지와 건물의 소유자가 다르게 되었다. 그 밖에 당사자 사이에 건물을 철거한다는 특약 등이 존재하지 않는다. 따라서 乙과 A는 X토지에 대해 관습상의 법정지상권을 취득하였다.

(2) 乙과 A의 항변

제213조, 제214조에 의한 C의 신축건물의 철거 및 X토지의 인도청구에 대하여, 乙과 A는 관습상의 법정지상권으로 항변할 수 있다.

2. 乙은 2012. 1. 6. D를 상대로 위 신축건물의 인도 및 2011. 7. 30.부터 위 신축건물의 인도완료일까지 건물 임대료(월 500만원) 상당액의 부당이득반환을 구하는 소를 제기하였다. 그러자 D는 위 신축건물에 관한 1/2 지분권자인 A로부터 적법하게 임차한 다음 A에게 임료 전액을 지급하였으므로 乙의 청구는 부당하다고 주장하였다. 위 사실관계의 내용 및 당사자의 주장사실이 모두 사실로 입증되고, 이 사건과 관련하여 다른 주장이 없다면, 乙의 청구에 대한 결론[청구전부인용, 청구일부인용(일부 인용되는 경우 그 구체적인 금액 또는 내용을 기재할 것), 청구기각]을 그 논거와 함께 서술하시오. (15점)

→ **(1) 결론**

법원은 "피고 D는 원고 乙에게 2011.7.30.부터 신축건물 인도완료일(방해상태제거일)까지 건물 임대료의 1/2(월 250만원) 상당액의 부당이득을 반환하라. 나머지 원고 청구는 기각한다"라는 청구일부 인용판결을 해야 한다.

(2) 논거

(가) 乙이 D에 대하여 건물인도를 청구할 수 있는지 여부

공유물의 관리에 관한 사항은 공유자 지분의 과반수로써 결정한다(민법 제265조 본문). 공유물의 소수지분권자가 다른 공유자와 협의 없이 공유물의 전부 또는 일부를 독점적으로 점유·사용하고 있는 경우, 다른 소수지분권자는 공유물의 보존행위로서 그 인도를 청구할 수는 없고, 다만 자신의 지분권에 기초하여 공유물에 대한 방해 상태를 제거하거나 공동 점유를 방해하는 행위의 금지 등을 청구할 수 있다(대판 2020.9.7, 2017다204810). 설문의 경우, 신축건물의 공유자 A는 다른 공유자 乙의 동의를 얻지 않고 D에게 신축건물을 임대하였으며, A로부터 점유할 권리를 이전받은 D가 신축건물을 단독으로 점유·사용하고 있고, D는 임대인인 소수지분권자 A가 단독으로 점유·사용하는 경우와 같은 지위에 있다. 따라서 소수지분권자 乙은 공유물의 보존행위로서 D에게 신축건물에 대한 방해 상태를 제거하거나 공동 점유를 방해하는 행위의 금지 등을 청구할 수 있으나 인도는 구할 수 없다.

(나) 乙이 D에 대하여 부당이득반환을 청구할 수 있는지 여부

모든 공유자는 공유물 전부를 지분의 비율로 사용·수익할 수 있다(민법 제263조). 따라서 지분이 과반수에 미달하는 공유자의 1인이 단독으로 타인에게 임대한 경우, 다른 공유자는 단독으

로 자기 지분의 범위 안에서 부당이득반환 및 손해배상을 청구할 수 있다(대판 1991.9.24, 91다23639). 제3자가 공유물을 점유한 경우도 같다. 공유물의 관리에 관한 사항은 공유자의 '지분의 과반수'로써 결정한다(제265조 본문).

설문의 경우, 공유자 A의 지분은 1/2로써 과반수에 이르지 못하므로, A와 임대차계약을 맺은 D는 신축건물에 대해서 적법한 점유자가 아니다. 이처럼 D가 법률상 원인 없이 신축건물을 점유하여 사용·수익하고 있고, 이로 인하여 공유자 乙에게 손해가 발생하였다(대판 1990.12.21, 90다카24076). 또한 A가 乙의 지분에 해당하는 임료 상당액을 수령할 권한이 없으므로, D의 A에 대한 임료 전액 지급만으로 乙에 대한 부당이득반환의무가 소멸하는 것은 아니다. 따라서 乙은 자신의 1/2지분 범위 내인 월 250만원에 대해 D를 상대로 부당이득반환을 청구할 수 있다(제741조).

문제 2 나대지인 X토지에 관하여 1990. 4. 1. A 명의로 소유권이전등기가 마쳐졌다. X토지에 관하여 2012. 2. 1. 甲 1/4 지분, 乙 1/2 지분, 丙 1/4 지분의 소유권이전등기가 마쳐졌다. 丙은 2013. 4. 1. 사망하였는데 丙의 상속인은 없다. 乙은 甲과 상의하지 아니하고 단독으로 2015. 9. 1. B에게 X토지 전체를 보증금 없이 월 차임 1,200만원, 기간은 2015. 9. 1.부터 2018. 8. 31.까지 3년간으로 정하여 임대하였다. B는 2015. 9. 1. 乙로부터 X토지를 인도받아 이를 사용·수익하고 있고, 乙에게 차임을 모두 지급하였다. X토지에 관한 적정 차임은 2015. 9. 1.부터 현재까지 월 1,200만원이다.

甲은 위와 같은 사실관계를 알게 되어 2016. 7. 1. 법원에 乙과 B를 상대로 '피고 乙, B는 공동하여 원고(甲)에게 ① X토지를 인도하고, ② 2015. 9. 1.부터 2016. 6. 30.까지 월 1,200만원의 비율로 계산한 부당이득금 합계 1억 2,000만원을 지급하라'는 소를 제기하였다. 법원은 어떤 판단을 하여야 하는지 (1) 결론(소 각하/청구기각/청구인용/청구일부인용-일부인용의 경우 인용범위를 특정할 것) 및 (2) 논거를 기재하시오. (15점) (제6회 변호사시험, 2017)

→ **1. 결론**

법원은 "甲의 乙과 B에 대한 X토지 인도청구 및 B에 대한 부당이득반환청구를 기각한다. 乙은 甲에게 부당이득금 4,000만원을 반환하라"는 일부인용 판결을 하여야 한다.

2. 논거

(1) 甲이 乙과 B를 상대로 X토지의 인도를 청구할 수 있는지 여부

X토지의 공유자인 甲이 현재 X토지를 직접점유하고 있는 B, 간접점유하고 있는 乙을 상대로 그 인도를 청구할 수 있기 위해서는, 乙과 B에게 X토지를 점유할 권리가 없어야 한다(민법 제213조).

(가) X토지에 대한 甲과 乙의 지분

공유자가 상속인 없이 사망한 때에는 그 지분은 다른 공유자에게 각 지분의 비율로 귀속

하므로(민법 제267조), 상속인 없이 사망한 丙의 지분 1/4은 甲(지분: 1/4)과 乙(지분: 1/2)에게 1:2의 비율로 귀속된다. 따라서 X토지에 관하여 甲의 지분은 1/3, 乙의 지분은 2/3이다.

(나) 乙이 甲의 동의 없이 X토지에 대하여 B와 임대차계약을 체결한 것이 적법한지 여부
공유물을 임대하는 행위는 공유물을 이용·개량하는 행위로서 관리행위에 해당한다. 공유물의 관리에 관한 사항은 공유자의 지분의 과반수로써 결정하므로(민법 제265조), X토지에 관하여 과반수 공유지분을 가진 乙은 공유물인 X토지의 관리에 관한 사항을 단독으로 결정할 수 있다. 따라서 乙이 甲과 상의하지 않고 B와 임대차계약을 체결하여 B에게 X토지를 사용·수익하도록 한 것은 공유물의 관리방법으로서 적법하다(대판 2015.11.26, 2015다206584; 대판 2011.7.14, 2009다76522,76539).

(다) 소결
X토지에 관한 乙의 B에 대한 임대행위는 적법한 공유물의 관리방법이고, 적법한 임대차계약에 의하여 X토지를 점유할 권리가 있으므로, 甲은 乙과 B에 대해 X토지의 인도를 청구할 수 없다.

(2) 甲이 乙과 B를 상대로 부당이득반환을 청구할 수 있는지 여부
공유자는 공유물 전부를 지분의 비율로 사용·수익할 수 있다(민법 제263조). 설문에서 乙은 X토지를 B에게 적법하게 임대하여 월 1,200만원의 수익을 얻는 반면에 甲은 X토지를 전혀 사용·수익을 하지 못하는 손해를 입고 있다. 따라서 甲은 乙에 대하여 2015. 9. 1.부터 2016. 6. 30.까지 차임 1억 2,000만원 중 지분 1/3에 상응하는 4,000만원을 부당이득으로 반환을 청구할 수 있다(민법 제741조). 반면에 B의 점유는 적법한 임대차계약에 따른 점유로서 법률상 원인이 있으므로, 甲은 B에 대하여 차임 상당의 부당이득반환을 청구할 수 없다(대판 2002.5.14, 2002다9738).

문제 3 〈기초적 사실관계〉

사단의 실질은 갖추었으나 법인등기를 하지 아니한 A종중은 2016. 9. 1. 종중회관 신축을 위해 B와 건물공사에 관한 도급계약(이하 '건물공사계약')을 체결하였다. 이후 B는 2016. 10. 1. 건물신축을 위해 필요한 토목공사를 목적으로 하는 도급계약(이하 '토목공사계약')을 C와 체결하였다. [※ 추가적 사실관계는 각각 별개임] (제11회 변호사시험, 2022)

〈추가적 사실관계 1〉

B와 C 사이의 토목공사계약에 따르면, 총 공사대금은 5억원으로 하되, B는 공사의 진척상황에 따라 매 20%에 해당하는 1억원씩 5회에 걸쳐 C에게 공사대금을 지급하기로 하였다. C가 공사의 40%를 진척하

여 2억원의 공사대금을 B에게 청구하였으나, B는 지급할 대금이 부족하여 A종중에게 건물공사계약에 따른 공사대금 일부에 대한 변제 명목으로 2억원을 C에게 직접 지급할 것을 요청하였고, 이에 A종중은 공사의 원활한 진행을 위해 2017. 9. 1. C에게 2억원을 송금하였다.

한편 A종중의 정관 제13조에는 "예산으로 정한 사항 외에 본 종중 및 회원의 부담이 될 계약체결 등에 관한 사항은 총회의 결의를 거쳐야 한다"라고 규정되어 있었는데, 건물공사계약에 관한 총회결의에 하자가 있어 총회결의가 무효임이 확인되었다. B는 건물공사계약 체결 당시, 해당 총회결의에 정관에 위배되는 하자가 있음을 알고 있었다.

1. A종중은 C에게 지급한 2억원을 부당이득으로 반환할 것을 청구할 수 있는지를 설명하시오(사안에서 「하도급거래 공정화에 관한 법률」은 적용되지 않음을 전제로 함). (20점)

→ **(1) A와 B 사이에 체결된 건물공사계약의 유효 여부**

A종중은 비법인사단이며, 총유물의 관리 및 처분은 사원총회의 결의에 의한다(민법 제276조). 여기서 총유물의 관리 및 처분은 총유물 그 자체에 관한 이용·개량행위나 법률적·사실적 처분행위를 의미하며, 단순한 채무부담행위는 총유물의 관리·처분행위라고 볼 수 없다. 다만 그러한 행위에 대하여 대표권을 제한하는 정관이 있는 경우, 상대방이 대표권 제한 및 그 위반 사실을 알았거나 과실로 인하여 이를 알지 못한 때에는 그 거래행위가 무효로 된다(대판 2007.4.19, 2004다60072,60089). 설문의 경우, A와 B 사이에 체결된 건물공사계약은 채무부담행위에 해당하지만, B가 A종중의 대표권 제한 및 그에 대한 총회결의가 무효인 사정을 알았기 때문에 무효이다.

(2) A가 B의 요청에 따라 C에게 지급한 2억원에 대해 C를 상대로 직접 부당이득반환을 청구할 수 있는지 여부

계약의 한쪽 당사자가 상대방의 지시 등으로 급부과정을 단축하여 상대방과 또 다른 계약관계를 맺고 있는 제3자에게 직접 급부를 하는 경우, 그 급부로써 급부를 한 계약당사자가 상대방에게 급부를 한 것일 뿐만 아니라 그 상대방이 제3자에게 급부를 한 것이다. 따라서 계약의 한쪽 당사자는 제3자를 상대로 법률상 원인 없이 급부를 수령하였다는 이유로 부당이득반환청구를 할 수 없다(대판 2018.7.12, 2018다204992). 설문의 경우, A의 계약상대방은 B이고, C는 B의 상대방이므로, A의 C에 대한 변제로 A의 B에 대한 채무와 B의 C에 대한 채무가 모두 이행된 것으로 된다. 따라서 A와 B 사이의 건물공사계약이 무효라는 이유로, A는 직접 C에게 부당이득반환을 청구할 수 없다.

〈추가적 사실관계 2〉

甲은 2016. 9. 1. A종중을 대표하여 B와 건물공사계약을 체결하면서 B로부터 뒷돈을 받고 B가 제시하는 공사대금이 부풀려진 금액임을 알면서도 계약을 체결하여, A종중에 3억원의 피해가 발생하였다. 이러한 사실을 A종중의 종전 임원이나 내부 직원은 알지 못하였으며, 새로 취임한 A종중의 신임 대표 乙이 2019. 10. 1. 종중 사무에 대한 전반적인 감사를 실시하는 과정에서 甲의 비위사실을 적발하게 되었다. A종중은 2021. 10. 1. 甲을 상대로 법원에 불법행위로 인한 손해배상을 구하는 소를 제기하였다. 이에 대해 甲은 위 비위사실은 5년 전에 발생한 것이어서 자신에 대한 손해배상청구권은 이미 시효로 소멸하였다고 항변하였다.

2. 이에 관하여 법원은 어떠한 판단을 하여야 하는지, (1) 결론(소 각하/청구 기각/청구 인용/청구 일부 인용 - 일부 인용의 경우 인용 범위를 특정할 것)과 (2) 논거를 기술하시오. (15점)

→ **(1) 결론**

법원은 A의 청구를 인용해야 한다.

(2) 논거

(가) A의 甲에 대한 손해배상채권의 소멸시효기간

A종중은 대표자 甲의 불법행위로 인해 손해를 입었다(민법 제750조). 따라서 A의 손해배상채권의 소멸시효는 손해 및 가해자를 안 날부터 3년, 불법행위를 한 날부터 10년간 진행된다(제766조).

(나) 甲의 시효완성 항변의 타당성 여부

불법행위로 인한 손해배상청구권의 단기소멸시효의 기산점은 '손해 및 가해자를 안 날'부터 진행되며, 법인의 경우에 손해 및 가해자를 안 날은 통상 대표자가 이를 안 날을 뜻한다. 그렇지만 법인의 대표자가 법인에 대하여 불법행위를 한 경우, 법인과 대표자의 이익은 상반되므로 법인의 대표자가 그로 인한 손해배상청구권을 행사하리라고 기대하기 어렵다. 따라서 이러한 경우에는 법인의 이익을 정당하게 보전할 권한을 가진 다른 대표자 등이 손해배상청구권을 행사할 수 있을 정도로 이를 안 때에 단기소멸시효가 진행한다(대판 2015.1.15, 2013다50435). 설문의 경우, 불법행위로 인한 손해배상청구권의 단기소멸시효 기산점은 乙이 새로운 대표자로 취임하여 甲의 비위사실을 적발한 2019. 10. 1.이다. 따라서 A종중이 甲을 상대로 소 제기한 날(2021. 10. 1)은 乙이 甲의 비위행위를 적발한 2019. 10. 1.부터 3년, 불법행위를 한 2016. 9. 1.부터 10년이 경과하지 않았으므로, 甲의 항변은 부당하다.

제5절 명의신탁

Ⅰ. 일 반

❐ 명의신탁약정이 3자간 등기명의신탁인지 아니면 계약명의신탁인지의 구별은 계약당사자가 누구인가를 확정하는 문제로 귀결되고, 계약명의자인 명의수탁자가 아니라 명의신탁자에게 **계약에 따른 법률효과를 직접 귀속시킬 의도**로 계약을 체결한 사정이 인정된다면 명의신탁자가 계약당사자이므로, 이 경우의 명의신탁관계는 3자간 등기명의신탁으로 보아야 한다(대법원 2016.10.27. 선고 2016두43091 판결).

❐ 어떤 사람이 타인을 통하여 부동산을 매수하면서 매수인 명의 및 소유권이전등기 명의를 타인 명의로 하기로 한 경우, 상대방이 명의신탁자를 매매당사자로 이해하였다는 등의 특별한 사정이 없는 한 대외적으로는 계약명의자인 타인을 매매당사자로 보아야 하며, 설령 상대방이 명의신탁관계를 알고 있었더라도 상대방이 계약명의자인 타인이 아니라 명의신탁자에게 계약에 따른 법률효과를 직접 귀속시킬 의도로 계약을 체결하였다는 등의 특별한 사정이 인정되지 않는 한 마찬가지이다(대법원 2016.7.22. 선고 2016다207928 판결).

Ⅱ. 양자간 등기명의신탁

❐ 명의수탁자가 양자간 명의신탁에 따라 명의신탁자로부터 소유권이전등기를 넘겨받은 부동산을 임의로 처분한 행위가 형사상 횡령죄로 처벌되지 않더라도, 위 행위는 명의신탁자의 소유권을 침해하는 행위로서 형사상 횡령죄의 성립 여부와 관계없이 민법상 불법행위에 해당하여 명의수탁자는 명의신탁자에게 손해배상책임을 부담한다(대법원 2021.6.3. 선고 2016다34007 판결).

→ 명의수탁자가 제3자에게 부동산을 임의로 처분한 경우, 명의신탁자는 제3자에게 자신의 소유권을 주장하여 소유권이전등기의 말소를 구할 수 없고, 명의수탁자로부터 부동산을 양수한 제3자는 소유권을 유효하게 취득하게 된다(부동산실명법 제4조 3항). 따라서 명의신탁받은 부동산을 명의신탁자의 동의 없이 제3자에게 임의로 처분한 명의수탁자는 명의신탁자의 소유권을 침해하는 위법행위를 한 것이고 이로 인하여 명의신탁자에게 손해가 발생하였으므로, 명의수탁자의 행위는 민법 제750조에 따른 불

법행위책임의 성립요건을 충족한다.

❐ 양자간 등기명의신탁에서 명의수탁자가 신탁부동산을 처분하여 제3취득자가 유효하게 소유권을 취득하고 이로써 명의신탁자가 신탁부동산에 대한 소유권을 상실하였다면, 명의신탁자의 소유권에 기한 물권적 청구권, 즉 말소등기청구권이나 진정명의회복을 원인으로 한 이전등기청구권도 더 이상 그 존재 자체가 인정되지 않는다. 그 후 명의수탁자가 우연히 신탁부동산의 소유권을 다시 취득하였더라도 명의신탁자가 신탁부동산의 소유권을 상실한 사실에는 변함이 없으므로, 여전히 물권적 청구권은 그 존재 자체가 인정되지 않는다(대법원 2013.2.28. 선고 2010다89814 판결).

→ 제214조에 의하여 등기말소를 청구하기 위해서는 명의신탁자에게 소유권이 존재하여야 하는데, 명의수탁자의 처분행위로 제3자가 소유권을 취득하면 신탁자는 소유권을 상실하게 되기 때문에, 수탁자가 제3자로부터 다시 소유권을 취득하더라도 등기말소청구를 행사할 수 없다.

[비교] 부동산에 대한 점유로 인한 소유권취득시효가 완성되었다 하더라도 이를 등기하지 않고 있는 사이에 그 부동산에 관하여 제3자에게로 소유권이전등기가 경료되면 점유자가 그 제3자에게는 그 시효취득으로 대항할 수 없으나, 그로 인하여 점유자가 취득시효완성 당시의 소유자에 대한 시효취득으로 인한 소유권이전등기청구권을 상실하게 되는 것은 아니고 위 소유자의 점유자에 대한 소유권이전등기의무가 이행불능으로 된 것이라고 할 것인데, 그 후 어떠한 사유로 취득시효완성 당시의 소유자에게로 소유권이 회복되면 그 소유자에게 시효취득의 효과를 주장할 수 있다(대법원 1991.6.25. 선고 90다14225 판결).

문제 **〈기초적 사실관계〉**

甲은 乙 소유의 X토지를 20년간 소유의 의사로 평온·공연하게 점유하여 취득시효가 2015. 5. 10. 완성되었다. (다음 각 문항은 독립적임)

1. 취득시효의 완성을 모르는 乙은 X토지를 2016. 5. 16. 丙에게 매도하고 丙 명의로 소유권이전등기를 해 주었다. 그 후 乙은 2017. 12. 10. X토지에 대하여 진행된 경매절차에서 X토지를 매각받아 소유권을 다시 취득하였다. 이 경우 甲은 乙에게 시효완성을 원인으로 소유권이전등기를 청구할 수 있는가?

→ 민법 제245조 1항에 의한 취득시효 완성을 원인으로 한 소유권이전등기청구권의 법적 성질은 채권적 청구권이다. 따라서 X토지에 대한 점유취득시효가 완성된 후 이를 등기하지 않고 있는 사이에 X토지에 관하여 제3자 丙 명의로 소유권이전등기가 마쳐지면 점유자 甲은 丙에게 시효취득으로 대항할 수 없게 된다. 하지만 이로 인해 甲이 취득시효 당시의 소유자

인 乙에 대한 시효취득으로 인한 소유권이전등기청구권을 상실하는 것은 아니다. 즉 乙의 甲에 대한 소유권이전등기의무가 이행불능으로 된 것에 불과하므로, 乙이 X토지에 대한 소유권을 다시 취득하면 乙에 대해 시효취득의 효과를 주장할 수 있다(대판 1999.2.12, 98다40688). 따라서 甲은 乙에 대해 시효완성을 원인으로 소유권이전등기를 청구할 수 있다.

2. 乙은 2016. 5. 16. 자신의 X토지를 친구 丙에게 명의신탁하여 丙 명의로 소유권이전등기를 마쳐주었으며, 丙은 2016. 12. 23. X토지를 丁에게 1억원에 매도하고 丁 명의로 소유권이전등기를 마쳐주었다. 그 후 丁은 戊에 대한 공사대금채무를 담보하기 위해 戊명의로 X토지에 근저당권을 설정해 주었고, 丙은 戊의 근저당권실행을 위한 경매절차에서 2017. 12. 10. X토지를 매각받아 소유권을 다시 취득하였다. 乙과 丙의 법률관계는?

➜ **(1) 민법 제214조에 의한 乙의 丙에 대한 소유권이전등기청구권**

명의신탁자 乙이 민법 제214조에 의하여 말소등기청구권이나 진정명의회복을 원인으로 한 이전등기청구권을 행사할 수 있기 위해서는 X토지에 대한 소유권이 존재하여야 한다. 乙과 丙 사이의 명의신탁약정은 무효이며, 그 약정에 따른 丙 명의의 소유권이전등기도 무효이다(부동산실명법 제4조 1항, 2항). 하지만 이러한 무효는 제3자에게 대항하지 못한다(제4조 3항). 설문에서 명의수탁자 丙이 X토지를 丁에게 매도하고 소유권이전등기를 마쳐주었으므로, 이로써 명의신탁자 乙은 신탁부동산인 X토지에 대한 소유권을 상실하였다. 따라서 丙이 X토지에 대한 소유권을 경매절차를 통해 다시 취득하였더라도 乙은 丙에 대해 제214조에 의하여 진정한 등기명의의 회복을 원인으로 한 소유권이전등기를 청구할 수 없다(대판 2013.2.28, 2010다89814).

(2) 乙의 丙에 대한 불법행위로 인한 손해배상청구권 및 부당이득반환청구권

설문에서 명의수탁자 丙이 신탁부동산인 X토지를 丁에게 처분하여 丁이 유효하게 소유권을 취득하고 이로써 乙이 X토지에 대한 소유권을 상실하였다. 따라서 乙은 丙에 대해 민법 제750조에 의하여 불법행위로 인한 손해배상을 청구할 수 있다. 또한 丙은 乙 소유의 X토지를 권한 없이 처분하여 1억원의 이득을 얻었으므로, 乙은 丙을 상대로 제741조에 의하여 부당이득반환을 청구할 수 있다.

Ⅲ. 3자간 등기명의신탁

❒ 3자간 등기명의신탁의 경우 부동산실명법에서 정한 유예기간 경과에 의하여 기존 명의신탁약정과 그에 의한 등기가 무효로 되고 그 결과 명의신탁된 부동산은 매도인 소유로 복귀하므로, 매도인은 명의수탁자에게 무효인 그 명의 등기의 말소를 구할 수 있게 되고, 한편

같은 법은 매도인과 명의신탁자 사이의 매매계약의 효력을 부정하는 규정을 두고 있지 아니하여 유예기간 경과 후로도 매도인과 명의신탁자 사이의 매매계약은 여전히 유효하므로, 명의신탁자는 매도인에 대하여 매매계약에 기한 소유권이전등기를 청구할 수 있고, 그 소유권이전등기청구권을 보전하기 위하여 매도인을 대위하여 명의수탁자에게 무효인 그 명의 등기의 말소를 구할 수도 있다(대법원 2013.2.15. 선고 2012다46637 판결).

❒ 3자간 등기명의신탁에서 명의수탁자의 임의처분 또는 강제수용이나 공공용지 협의취득 등을 원인으로 제3자 명의로 소유권이전등기가 마쳐진 경우, 특별한 사정이 없는 한 제3자는 유효하게 소유권을 취득한다(부동산실명법 제4조 제3항). 그 결과 매도인의 명의신탁자에 대한 소유권이전등기의무는 이행불능이 되어 명의신탁자로서는 부동산의 소유권을 이전받을 수 없게 되는 한편, 명의수탁자는 부동산의 처분대금이나 보상금 등을 취득하게 된다. 따라서 명의수탁자가 그러한 처분대금이나 보상금 등의 이익을 **명의신탁자**에게 부당이득으로 반환할 의무를 부담한다(대법원 2019.7.25. 선고 2019다203811,203828 판결).
이러한 법리는 명의수탁자가 부동산에 관하여 **제3자에게 근저당권**을 설정하여 준 경우에도 마찬가지로 적용된다. 명의수탁자가 제3자에게 부동산에 관하여 근저당권을 설정하여 준 경우에 제3자는 부동산실명법 제4조 제3항에 따라 유효하게 근저당권을 취득한다. 이 경우 매도인의 부동산에 관한 소유권이전등기의무가 이행불능된 것은 아니므로, 명의신탁자는 여전히 매도인을 대위하여 명의수탁자의 부동산에 관한 진정명의회복을 원인으로 한 소유권이전등기 등을 통하여 매도인으로부터 소유권을 이전받을 수 있지만, 그 소유권은 명의수탁자가 설정한 근저당권이 유효하게 남아 있는 상태의 것이다. 명의수탁자는 제3자에게 근저당권을 설정하여 줌으로써 피담보채무액 상당의 이익을 얻었고, 명의신탁자는 매도인을 매개로 하더라도 피담보채무액 만큼의 교환가치가 제한된 소유권만을 취득할 수밖에 없는 손해를 입은 한편, 매도인은 명의신탁자로부터 매매대금을 수령하여 매매계약의 목적을 달성하였으면서도 근저당권이 설정된 상태의 소유권을 이전하는 것에 대하여 손해배상책임을 부담하지 않으므로 실질적인 손실을 입지 않는다. 따라서 3자간 등기명의신탁에서 명의수탁자가 부동산에 관하여 제3자에게 근저당권을 설정한 경우 명의수탁자는 근저당권의 피담보채무액 상당의 이익을 얻었고 그로 인하여 명의신탁자에게 그에 상응하는 손해를 입혔으므로, 명의수탁자는 **명의신탁자**에게 이를 부당이득으로 반환할 의무를 부담한다(대법원 2021.9.9. 선고 2018다284233 판결).

❒ 명의수탁자가 3자간 등기명의신탁에 따라 매도인으로부터 소유권이전등기를 넘겨받은 부동산을 자기 마음대로 처분한 행위가 형사상 횡령죄로 처벌되지 않더라도, 이는 명의신탁

> 자의 채권인 소유권이전등기청구권을 침해하는 행위로써 민법 제750조에 따라 불법행위에 해당하여 명의수탁자는 명의신탁자에게 손해배상책임을 질 수 있다. 즉 3자간 등기명의신탁에서 명의수탁자의 임의처분 등을 원인으로 제3자 앞으로 소유권이전등기가 한 경우, 특별한 사정이 없는 한 제3자는 유효하게 소유권을 취득한다(부동산실명법 제4조 제3항). 그 결과 매도인의 명의신탁자에 대한 소유권이전등기의무는 이행불능이 되어 명의신탁자로서는 부동산 소유권을 이전받을 수 없게 된다. 명의수탁자가 명의신탁자의 채권인 소유권이전등기청구권을 침해한다는 사정을 알면서도 명의신탁 받은 부동산을 자기 마음대로 처분하였다면 이는 사회통념상 사회질서나 경제질서를 위반하는 위법한 행위로서 특별한 사정이 없는 한 제3자의 채권침해에 따른 불법행위책임이 성립한다(대법원 2022.6.9. 선고 2020다208997 판결).

문제 甲은 2022. 1. 10. X부동산에 관하여 소유자인 丙과 매매계약을 체결하여 丙에게 매매대금 6억원을 모두 지급하고, X부동산의 소유권이전등기는 甲과 乙의 명의신탁약정에 따라 丙으로부터 바로 乙 앞으로 마쳤다. 그 후 乙은 丁은행으로부터 3억원을 대출받으면서 X부동산에 채권최고액 4억원인 근저당권설정등기를 마쳐 주었다. 甲은 (1) 丙을 대위하여 乙에 대하여 丙에게 진정한 등기명의회복을 위한 소유권이전등기절차의 이행을 구하고, (2) 명의수탁자인 乙이 위 근저당권을 설정하고 대출을 받음으로써 피담보채무액 상당의 이익을 얻었고 그로 인하여 甲에게 같은 금액의 손해를 가하였다고 주장하면서, 乙을 상대로 위 이익 상당액의 부당이득반환을 청구하는 소를 제기하였다. 변론종결 당시 위 근저당권설정등기는 말소되지 않았다. 甲의 각 청구에 대한 결론을 그 근거와 함께 서술하시오.

➜ **1. 결론**

법원은 甲의 乙에 대한 소유권이전등기절차 이행청구와 부당이득반환청구를 인용하여야 한다.

2. 논거

(1) 甲의 (1)청구 타당성 여부

명의신탁약정은 무효이고, 명의신탁약정에 따른 등기로 이루어진 부동산에 관한 물권변동도 무효이다(부동산실명법 제4조 1항, 2항). 따라서 설문의 경우, X부동산에 관한 명의수탁자 乙의 소유권이전등기는 무효이고 소유권은 매도인 丙에게 있다. 3자간 등기명의신탁의 경우, 매도인과 명의신탁자 사이의 매매계약은 유효하므로, 명의신탁자 甲은 매도인 丙에게 매매계약에 기초한 소유권이전등기를 청구할 수 있고, 소유권이전등기청구권을 보전하기 위하여 매도인을 대위하여 무효인 명의수탁자 乙명의의 소유권이전등기말소를 청구할 수 있다(대판 2019.7.25, 2019다203811,203828). 따라서 甲의 청구는 타당하다.

(2) 甲의 (2)청구 타당성 여부

명의수탁자 乙이 제3자 丁에게 X부동산에 관하여 설정해 준 근저당권은 부동산실명법 제4조 제3항에 따라 유효하다. 이 경우 명의신탁자 甲은 매도인 丙을 대위하여 乙에게 소유권이전등기 등을 통하여 丙으로부터 소유권을 이전받을 수 있지만, 丁명의의 근저당권을 부담하는 소유권을 취득하게 된다. 결국 乙은 丁에게 근저당권을 설정하여 줌으로써 피담보채무액 상당의 이익을 얻었고, 甲은 丙을 매개로 하더라도 피담보채무액만큼의 교환가치가 제한된 소유권만을 취득할 수밖에 없는 손해를 입은 한편, 丙은 甲으로부터 매매대금을 수령하였으므로 실질적인 손실을 입지 않는다. 따라서 甲은 乙에게 부당이득반환을 청구할 수 있으므로(대판 2021.9.9, 2018다284233), 甲의 청구는 타당하다.

Ⅳ. 계약명의신탁

1. 상대방이 명의신탁약정이 있다는 사실을 알지 못한 경우 — 매도인의 선의

❒ 부동산실명법 제4조 제1항, 제2항에 의하면 계약명의신탁약정에 따라 수탁자가 당사자가 되어 명의신탁약정이 있다는 사실을 알지 못하는 소유자와 사이에 부동산에 관한 매매계약을 체결한 후 그 매매계약에 따라 수탁자 명의로 소유권이전등기를 마친 경우, ① 신탁자와 수탁자 사이의 명의신탁약정의 무효에도 불구하고 수탁자는 당해 부동산의 완전한 소유권을 취득하게 되고, 다만 수탁자는 신탁자에 대하여 매수대금 상당의 부당이득반환의무를 부담하게 된다. ② 신탁자와 수탁자 사이에 신탁자의 지시에 따라 부동산의 소유 명의를 이전하기로 약정하였더라도 이는 명의신탁약정이 유효함을 전제로 명의신탁 부동산 자체의 반환을 구하는 범주에 속하는 것에 해당하여 역시 무효이다. 이와 같이 신탁자가 수탁자에 대하여 부당이득반환채권만을 가지는 경우에는 그 부동산은 신탁자의 일반채권자들의 공동담보에 제공되는 책임재산이라고 볼 수 없고, 신탁자가 위 부동산에 관하여 제3자와 매매계약을 체결하는 등 신탁자가 실질적인 당사자가 되어 처분행위를 하고 소유권이전등기를 마쳐주었더라도 그로써 신탁자의 책임재산에 감소를 초래한 것이라고 할 수 없으므로, 이를 들어 신탁자의 일반채권자들을 해하는 사해행위라고 할 수 없다(대법원 2013.9.12. 선고 2011다89903 판결).

❒ 명의신탁자와 명의수탁자가 계약명의신탁약정을 맺고 명의수탁자가 당사자가 되어 매도인과 부동산에 관한 매매계약을 체결하는 경우, 그 계약과 등기의 효력은 **매매계약을 체결할 당시 매도인의 인식**을 기준으로 판단해야 하고, 매도인이 계약 체결 이후에 명의신탁약정 사실을 알게 되었더라도 위 계약과 등기의 효력에는 영향이 없다. 매도인이 계약

체결 이후 명의신탁약정 사실을 알게 되었다는 우연한 사정으로 인해서 위와 같이 유효하게 성립한 매매계약이 소급적으로 무효로 된다고 볼 근거가 없다(대법원 2018.4.10. 선고 2017다257715 판결).

→ 가령 원고가 자신의 딸 A와 명의신탁약정을 맺은 다음 계약 당사자가 되어 명의신탁약정 사실을 모르는 피고로부터 X부동산을 매수하였는데, 피고가 이후 명의신탁약정 사실을 알고 매매계약이 무효라고 주장한 경우, 원고와 피고 사이에 체결된 매매계약은 부동산실명법 제4조 제2항 단서에 따라 유효하고, 피고가 이후 명의신탁약정 사실을 알았는지 여부는 이러한 결론에 영향이 없으므로, 피고는 원고에게 매매계약에 따른 소유권이전등기절차를 이행할 의무가 있다.

2. 상대방이 명의신탁약정이 있다는 사실을 안 경우 — 매도인의 악의

❐ 매도인이 악의인 계약명의신탁에서 명의수탁자로부터 명의신탁의 목적물인 주택을 임차하여 주택 인도와 주민등록을 마침으로써 주택임대차보호법 제3조 제1항에 의한 대항요건을 갖춘 임차인은 부동산실명법 제4조 제3항의 규정에 따라 명의신탁약정 및 그에 따른 물권변동의 무효를 대항할 수 없는 제3자에 해당하므로 명의수탁자의 소유권이전등기가 말소됨으로써 등기명의를 회복하게 된 매도인 및 매도인으로부터 다시 소유권이전등기를 마친 명의신탁자에 대해 자신의 임차권을 대항할 수 있고, 이 경우 임차인 보호를 위한 주택임대차보호법의 입법 목적 및 임차인이 보증금반환청구권을 행사하는 때의 임차주택 소유자로 하여금 임차보증금반환채무를 부담하게 함으로써 임차인을 두텁게 보호하고자 하는 주택임대차보호법 제3조 제4항의 개정 취지 등을 종합하면 위의 방법으로 소유권이전등기를 마친 명의신탁자는 주택임대차보호법 제3조 제4항에 따라 임대인의 지위를 승계한다(대법원 2022.3.17. 선고 2021다210720 판결).

❐ 명의신탁자와 명의수탁자가 이른바 계약명의신탁 약정을 맺고 매매계약을 체결한 소유자도 명의신탁자와 명의수탁자 사이의 명의신탁약정을 알면서 그 매매계약에 따라 명의수탁자 앞으로 당해 부동산의 소유권이전등기를 마친 경우, 부동산실명법 제4조 제2항 본문에 의하여 명의수탁자 명의의 소유권이전등기는 무효이므로, 당해 부동산의 소유권은 매매계약을 체결한 소유자에게 그대로 남아 있게 되고, 명의수탁자가 자신의 명의로 소유권이전등기를 마친 부동산을 제3자에게 처분하면 이는 매도인의 소유권 침해행위로서 불법행위가 된다. 그러나 명의수탁자로부터 매매대금을 수령한 상태의 소유자로서는 그 부동산에

관한 소유명의를 회복하기 전까지는 신의칙 내지 민법 제536조 제1항 본문의 규정에 의하여 명의수탁자에 대하여 이와 동시이행의 관계에 있는 매매대금 반환채무의 이행을 거절할 수 있는데, 이른바 계약명의신탁에서 명의수탁자의 제3자에 대한 처분행위가 유효하게 확정되어 소유자에 대한 소유명의 회복이 불가능한 이상, 소유자로서는 그와 동시이행관계에 있는 매매대금 반환채무를 이행할 여지가 없다. 또한 명의신탁자는 소유자와 매매계약관계가 없어 소유자에 대한 소유권이전등기청구도 허용되지 아니하므로, 결국 소유자인 매도인으로서는 특별한 사정이 없는 한 명의수탁자의 처분행위로 인하여 어떠한 손해도 입은 바가 없다(대법원 2013.9.12. 선고 2010다95185 판결).

[비교] 3자간 등기명의신탁에 있어 명의신탁등기가 부동산실명법 시행에 의하여 무효로 된 후에 명의수탁자가 임의로 신탁부동산을 처분한 경우, 매도인이 명의수탁자의 처분행위로 인하여 손해를 입었다고 볼 수 없다(대법원 2002.3.15. 선고 2001다61654 판결).

→ 부동산실명법이 시행되기 이전에 매도인이 명의신탁자의 요구에 따라 명의수탁자 앞으로 등기명의를 이전하여 주었다면, 매도인에게 매매계약의 체결이나 그 이행에 관하여 어떠한 귀책사유가 있다고 보기 어려우므로, 자신의 편의를 위하여 명의수탁자 앞으로의 등기이전을 요구한 명의신탁자가 자신의 귀책사유로 같은 법에서 정한 유예기간이 지나도록 실명등기를 하지 아니한 사정에 기인하여 매도인에 대하여 매매대금의 반환을 구하거나, 명의신탁자 앞으로 재차 소유권이전등기를 경료할 것을 요구하는 것은 신의칙상 허용되지 아니하고, 따라서 매도인으로서는 명의수탁자가 신탁부동산을 타에 처분하였다고 하더라도, 명의수탁자로부터 그 소유명의를 회복하기 전까지는 명의신탁자에 대하여 신의칙 내지 민법 제536조 제1항 본문의 규정에 의하여 이와 동시이행의 관계에 있는 매매대금 반환채무의 이행을 거절할 수 있고, 한편 명의신탁자의 소유권이전등기청구도 허용되지 아니하므로, 결국 매도인으로서는 명의수탁자의 처분행위로 인하여 손해를 입은 바가 없다.

문제 甲은 乙과 丙 사이에 이른바 계약명의신탁 약정이 체결된 사실을 알면서 丙과 자신의 X부동산에 관하여 매매계약을 체결하고, 丙으로부터 매매대금을 수령한 다음 丙 앞으로 소유권이전등기를 마쳐주었다. 이후 丙이 X부동산을 제3자 丁에게 매도하여 소유권이전등기를 마쳐주었다. 이 경우 甲은 丙을 상대로 손해배상을 청구할 수 있는가?

→ **1. 丙의 처분행위가 甲의 소유권을 침해하는 불법행위가 되는지 여부**

명의신탁자와 명의수탁자가 계약명의신탁 약정을 맺고 매매계약을 체결한 소유자도 명의신탁자와 명의수탁자 사이의 명의신탁약정을 알면서 그 매매계약에 따라 명의수탁자 앞으로 부동산의 소유권이전등기를 마친 경우, 그 등기는 무효이므로(부동산실명법 제4조), 부동산의 소유권은 매매계약을 체결한 소유자에게 그대로 남아 있게 되고, 명의수탁자가 자신의 명의로 소유권이전등기를 마친 부동산을 제3자에게 처분하면 이는 매도인의 소유권 침해행위로서 불법행위가 된다(대판 2013.9.12, 2010다95185). 설문에서 명의신탁약정의 존재를 알면서 甲이 丙과 매매계약에 따라 丙 명의로 이전등기를 마쳤으므로, 甲이 X부동산의 소유자이다. 그런데 이를 丙이 제3자 丁에게 매도하고 소유권이전등기를 마쳐줌으로써 甲은 X부동산의 소유권을 잃게 되었다(제4조 3항). 따라서 丙의 처분행위는 위법하다.

2. 丙의 처분행위로 인하여 甲에게 손해가 발생하였다고 볼 수 있는지 여부

명의수탁자로부터 매매대금을 수령한 상태의 소유자는 그 부동산에 관한 소유 명의를 회복하기 전까지는 신의칙 내지 민법 제536조 1항에 의하여 명의수탁자에 대하여 이와 동시이행의 관계에 있는 매매대금 반환채무의 이행을 거절할 수 있는데, 계약명의신탁에서 명의수탁자의 제3자에 대한 처분행위가 유효하게 확정되어 소유자에 대한 소유명의 회복이 불가능한 이상, 소유자는 동시이행관계에 있는 매매대금 반환채무를 이행할 여지가 없다(대판 2013.9.12, 2010다95185). 따라서 매도인 甲은 명의수탁자 丙을 상대로 불법행위로 인한 손해배상을 청구할 수 없다.

V. 무효인 명의신탁약정에 기한 다른 약정의 효력

1. 무효인 경우

❒ 부동산실명법 시행 이후 부동산을 매수하면서 매수대금의 실질적 부담자와 명의인 간에 명의신탁관계가 성립한 경우, ① 그들 사이에 매수대금의 실질적 부담자의 요구에 따라 부동산의 소유 명의를 이전하기로 하는 등의 약정을 하였더라도, 이는 부동산실명법에 의하여 무효인 명의신탁약정을 전제로 명의신탁 부동산 자체 또는 처분대금의 반환을 구하는 범주에 속하는 것이어서 역시 무효라고 보아야 한다. ② 명의신탁자와 명의수탁자가 위와 같이 무효인 명의신탁약정을 함과 아울러 그 약정을 전제로 하여 이에 기한 명의신탁자의 명의수탁자에 대한 소유권이전등기청구권을 확보하기 위하여 명의신탁 부동산에 명의신탁자 명의의 가등기를 마치고 향후 명의신탁자가 요구하는 경우 본등기를 마쳐 주기로 약정하였더라도, 이러한 약정 또한 부동산실명법에 의하여 무효인 명의신탁약정을 전제로 한 것이어서 무효이고, 위 약정에 의하여 마쳐진 가등기는 원인무효이다(대법원 2015.2.26. 선고 2014다63315 판결).

❐ 신탁자와 수탁자가 명의신탁약정을 맺고, 그에 따라 수탁자가 당사자가 되어 명의신탁약정의 존재 사실을 알지 못하는 소유자와 부동산에 관한 매매계약을 체결한 계약명의신탁에서 신탁자와 수탁자 간의 명의신탁약정이 부동산실명법이 정한 유예기간의 경과로 무효가 되었다면, 특별한 사정이 없는 한 신탁자와 수탁자 간에 명의신탁약정과 함께 이루어진 부동산 매입의 위임 약정 역시 무효로 되고, 이 경우 신탁자와 수탁자 사이에 신탁자의 요구에 따라 부동산의 소유 명의를 이전하기로 한 약정도 명의신탁약정이 유효함을 전제로 명의신탁 부동산 자체의 반환을 구하는 범주에 속하는 것에 해당하여 역시 무효로 된다(대법원 2015.9.10. 선고 2013다55300 판결).

2. 유효인 경우

❐ 계약명의신탁약정에 따라 명의수탁자가 당사자가 되어 선의의 소유자와의 사이에 부동산에 관한 매매계약을 체결한 후 매매계약에 따라 당해 부동산의 소유권이전등기를 수탁자 명의로 마친 경우, 명의수탁자는 당해 부동산의 완전한 소유권을 취득하게 되고, 다만 명의신탁자에 대하여 부당이득반환의무(매수자금)를 부담하게 될 뿐이다. 이 경우 명의수탁자가 명의수탁자의 완전한 소유권 취득을 전제로 하여 사후적으로 명의신탁자와의 사이에 위 매수자금반환의무의 이행에 갈음하여 명의신탁된 부동산 자체를 양도하기로 합의하고 그에 기하여 명의신탁자 앞으로 소유권이전등기를 마쳐준 경우에는 그 소유권이전등기는 새로운 소유권 이전의 원인인 대물급부의 약정에 기한 것이므로 약정이 무효인 명의신탁약정을 명의신탁자를 위하여 사후에 보완하는 방책에 불과한 등의 다른 특별한 사정이 없는 한 유효하고, 대물급부의 목적물이 원래의 명의신탁부동산이라는 것만으로 유효성을 부인할 것은 아니다(대법원 2014.8.20. 선고 2014다30483 판결).

→ 명의수탁자가 완전한 소유권 취득을 전제로 사후적으로 명의신탁자와 매수자금반환의무의 이행에 갈음하여 명의신탁된 부동산을 양도하기로 약정하고 명의신탁자 앞으로 소유권이전등기를 마쳐준 경우(대물변제), 그 소유권이전등기는 유효하다.

❐ 부동산실명법이 시행되기 **전**에 명의신탁자와 명의수탁자가 명의신탁약정을 맺고 이에 따라 명의수탁자가 당사자가 되어 명의신탁약정이 있다는 사실을 알지 못하는 소유자와 부동산에 관한 매매계약을 체결한 후 그 매매계약에 기하여 당해 부동산의 소유권이전등기를 자신의 명의로 마치는 한편, 장차 위 부동산의 처분대가를 명의신탁자에게 지급하기로 하는 정산약정을 한 경우, 그러한 약정 이후에 부동산실명법이 시행되었다거나 그 부동산의

처분이 부동산실명법 시행 이후에 이루어졌다고 하더라도 그러한 사정만으로 위 정산약정까지 당연히 무효로 된다고 볼 수 없다(대법원 2021.7.21. 선고 2019다266751 판결).

→ 부동산실명법 제3조 및 제4조가 명의신탁자에게 소유권이 귀속되는 것을 막는 취지의 규정은 아니므로 명의수탁자는 명의신탁자에게 자신이 취득한 해당 부동산을 부당이득으로 반환할 의무가 있다. 만일 명의수탁자가 신탁부동산을 처분하였다면, 처분대가에 관한 정산약정이 없는 경우라도 명의수탁자는 민법 제747조 제1항에 의하여 명의신탁자에게 그 부동산의 가액을 반환할 의무를 부담한다. 부동산실명법 시행 전에 명의수탁자가 신탁부동산의 처분대가를 명의신탁자에게 지급하기로 하는 정산약정을 한 경우 그러한 약정에 따른 법적 효과는 위와 같이 법률에 의하여 이미 명의신탁자에게 인정되는 권리의 범위 내에 속하는 것이라고 볼 수 있다.

Ⅵ. 명의신탁자의 수탁자에 대한 청구권의 소멸시효 진행 여부

❒ 부동산의 매수인이 목적물을 인도받아 계속 점유하는 경우에는 매도인에 대한 소유권이전등기청구권은 소멸시효가 진행되지 않고, 이러한 법리는 3자간 등기명의신탁에 의한 등기가 유효기간의 경과로 무효로 된 경우에도 마찬가지로 적용된다. 따라서 그 경우 목적 부동산을 인도받아 점유하고 있는 명의신탁자의 매도인에 대한 소유권이전등기청구권 역시 소멸시효가 진행되지 않는다(대법원 2013.12.12. 선고 2013다26647 판결).

❒ 부동산실명법 **시행 전**에 명의수탁자가 명의신탁 약정에 따라 부동산에 관한 소유명의를 취득한 경우, 명의수탁자는 위 법률의 시행 후 같은 법 제11조의 유예기간이 경과함에 따라 당해 부동산에 관한 완전한 소유권을 취득하게 되지만 그 대신 명의신탁자에게 자신이 취득한 당해 **부동산을 부당이득으로 반환할 의무**가 있는바, 명의신탁자의 명의수탁자에 대한 위와 같은 소유권이전등기청구권은 그 성질이 부당이득반환청구권으로서 이에 관하여는 채권의 소멸시효에 관한 일반적인 법리가 그대로 적용된다(대법원 2014.5.29. 선고 2012다42505 판결). 명의신탁자가 명의신탁 부동산을 계속 점유·사용하여 온 경우에도 명의수탁자에 대한 부당이득반환청구권에 기한 등기청구권의 소멸시효는 진행된다(대법원 2009.7.9. 선고 2009다23313 판결).

→ 무효로 된 명의신탁약정에 기하여 처음부터 명의신탁자가 그 부동산의 점유·사용 등 권리를 행사하고 있다 하여 부당이득반환청구권 자체의 실질적 행사가 있다고 볼 수 없기 때문이다.

Ⅶ. 무효인 명의신탁약정에 따라 마친 명의신탁등기가 불법원인급여에 해당하는지 여부

❒ 부동산실명법 규정의 문언, 내용, 체계와 입법 목적 등을 종합하면, 부동산실명법을 위반하여 무효인 명의신탁약정에 따라 명의수탁자 명의로 등기를 하였다는 이유만으로 그것이 당연히 불법원인급여에 해당한다고 단정할 수는 없다. 농지법에 따른 제한을 회피하고자 명의신탁을 한 경우에도 마찬가지이다(대법원 2019.6.20. 선고 2013다218156 판결).

→ 농지인 X부동산에 관해 농지법상 처분명령을 회피하기 위한 목적으로 양자간 명의신탁약정이 체결되고 그에 따라 명의수탁자 乙에게 소유권이전등기가 마쳐졌는데, 명의신탁자 甲이 사망하여 명의신탁 부동산에 관한 명의신탁자의 권리를 상속한 원고가, 명의수탁자가 사망함에 따라 상속을 원인으로 명의신탁 부동산에 관한 소유권이전등기를 마친 피고를 상대로 진정명의회복을 원인으로 한 소유권이전등기절차의 이행을 구하였다. 이 경우 부동산실명법에 위반하여 명의수탁자에게 등기가 마쳐졌다는 사정만으로 당연히 불법원인급여에 해당한다고 보기는 어렵다.

Ⅷ. 구분소유적 공유관계

❒ 1동의 건물 중 위치 및 면적이 특정되고 구조상·이용상 독립성이 있는 일부분씩을 2인 이상이 구분소유하기로 하는 약정을 하고 등기만은 편의상 각 구분소유의 면적에 해당하는 비율로 공유지분등기를 하여 놓은 경우, 구분소유자들 사이에 공유지분등기의 상호명의신탁관계 내지 건물에 대한 구분소유적 공유관계가 성립하지만, 1동 건물 중 각 일부분의 위치 및 면적이 **특정되지 않거나 구조상·이용상 독립성이 인정되지 아니한 경우**에는 공유자들 사이에 이를 구분소유하기로 하는 취지의 약정이 있더라도 일반적인 공유관계가 성립할 뿐, 공유지분등기의 상호명의신탁관계 내지 건물에 대한 구분소유적 공유관계가 성립한다고 할 수 없다(대법원 2014.2.27. 선고 2011다42430 판결).

❒ 구분소유적 공유관계에서 각 공유자 상호 간에는 각자의 특정 구분부분을 자유롭게 처분함에 서로 동의하고 있다고 볼 수 있으므로, 공유자 각자는 자신의 특정 구분부분을 단독으로 처분하고 이에 해당하는 공유지분등기를 자유로이 이전할 수 있는데, 이는 공유지분등기가 내부적으로 공유자 각자의 특정 구분부분을 표상하기 때문이다(대법원 2014.12.24.

선고 2011도11084 판결).

- 상호명의신탁관계 내지 구분소유적 공유관계에서 건물의 특정 부분을 구분소유하는 자는 그 부분에 대하여 신탁적으로 지분등기를 가지고 있는 자를 상대로 하여 그 특정 부분에 대한 명의신탁 해지를 원인으로 한 지분이전등기절차의 이행을 구할 수 있을 뿐 그 건물 전체에 대한 공유물분할을 구할 수는 없다. 건물 각 층의 구분소유자들은 다른 층 소유자들과 사이에 상호명의신탁을 해지하는 한편으로, 건물에 대하여 구분건물로 건축물대장의 전환등록절차 및 등기부의 구분등기절차를 마치고 각 층별로 상호간에 자기가 신탁받은 공유지분 전부를 이전하는 방식으로 건물에 대한 구분소유적 공유관계를 해소할 수 있다(대법원 2010.5.27. 선고 2006다84171 판결).

변호사시험 기출문제

문제 1 乙은 친구인 E와 각각 매매대금을 1억 5,000만원씩 부담하여 甲소유의 X토지를 매수하여 각 1/2 지분씩 공유하되, 매매에 따른 소유권이전등기는 乙 명의로 하기로 상호 합의하였고, 그 합의에 따라 乙이 甲과 매매계약을 체결하면서 계약금을 지급하였다. 그리고 甲은 이 사건 매매계약 체결 당시 위 합의 내용을 알지 못하고 있었다.
그 후 乙은 이 사건 매매계약에 따른 중도금을 지급한 다음 잔대금을 지급하면서 E와 한 위 합의와는 달리 이 사건 매매계약에 따른 등기명의를 자신의 동생인 F 앞으로 넘겨줄 것을 甲에게 요구하였고, 그에 따라 2010. 9. 30. X토지에 관하여 F의 동의 아래 F 명의의 소유권이전등기가 마쳐졌다.
E는 2011. 3. 20. X토지에 관한 소유권이전등기가 乙이 아닌 F 명의로 마쳐진 사실을 뒤늦게 알게 되었고, 또한 乙이 최근 사업에 실패하여 다른 재산이 없다는 사실도 알게 되었다. (제1회 변호사시험, 2012)

1. E는 乙과 F에 대하여 어떠한 내용의 청구를 할 수 있는지를 그 논거와 함께 서술하시오. (10점)

→ **(1) E의 乙에 대한 부당이득반환청구**

X토지를 甲으로부터 매수하여 乙명의로 하기로 한 乙과 E 사이의 약정은 계약명의신탁으로서 무효이다(부동산실명법 제4조 1항). 명의신탁약정의 무효로 인하여 E가 입은 손해는 명의수탁자 乙에게 제공한 매수자금이며(대판 2014.8.20, 2014다30483), 명의신탁약정은 그 자체로 선량한 풍속 기타 사회질서에 위반하는 경우에 해당하지 않으므로 매수자금의 제공은 불법원인급여에 해당하지 않는다(대판 2003.11.27, 2003다41722). 따라서 E는 민법 제741조에 따라 乙을 상대로 X토지의 매수자금 1억 5,000만원에 대하여 부당이득반환을 청구할 수 있다.

(2) E의 F에 대한 소유권이전등기말소청구

E가 F에 대하여 F명의로 마쳐진 X토지의 소유권이전등기말소를 청구할 수 있기 위해서는 E에게 X토지의 소유권이 존재해야 한다(민법 제214조). 그런데 E가 매매에 따른 소유권이전등기를 乙명의로 하기로 한 약정은 명의신탁약정으로 무효이고, 그 약정에 따른 물권변동도 무효이므로(부동산실명법 제4조 1항), E는 X토지에 대한 소유권이 없다. 따라서 E는 직접 F에 대해 X토지의 소유권이전등기말소청구나 진정명의회복을 원인으로 한 소유권이전등기청구를 할 수 없다.

2. E는 위 청구권을 보전하기 위하여 누구를 상대로 어떤 내용의 소를 제기할 수 있는지를 그 논거와 함께 서술하시오. (10점)

➜ 乙과 F 사이의 제3자간 등기명의신탁약정과 그 약정에 따른 X토지에 대한 F명의의 소유권이전등기는 무효이므로(부동산실명법 제4조 1항, 2항), X토지의 소유권은 매도인 甲에게 속한다. 하지만 甲과 乙 사이의 매매계약은 유효하므로, 명의신탁자 乙은 매도인 甲에 대한 소유권이전등기청구권을 피보전채권으로 甲의 F에 대한 소유권이전등기말소청구권을 대위행사할 수 있다(대판 2019.7.25, 2019다203811,203828). 또한 채권자대위권도 채권자대위권의 피대위권리가 될 수 있으므로(대판 1992.7.14, 92다527), E는 乙에 대한 부당이득반환청구권을 보전하기 위해 乙의 甲에 대한 채권자대위권을 대위행사할 수 있다.

문제 2 〈공통된 사실관계〉

甲은 乙에게서 P시에 소재하는 1필의 X토지 중 일부를 위치와 면적을 특정하여 매수했으나 필요가 생기면 추후 분할하기로 하고 분할등기를 하지 않은 채 X토지 전체 면적에 대한 甲의 매수 부분의 면적 비율에 상응하는 지분소유권이전등기를 甲 명의로 경료하고 甲과 乙은 각자 소유하게 될 토지의 경계선을 확정하였다. (제3회 변호사시험, 2014)

1. X토지 옆에서 공장을 운영하던 丙은 X토지가 상당 기간 방치되어 있는 것을 보고 甲과 乙의 동의를 받지 아니한 채 甲이 소유하는 토지 부분에는 천막시설을, 乙이 소유하는 토지 부분에는 컨테이너로 만든 임시사무실을 丙의 비용으로 신축, 설치하여 사용하고 있었다. 이를 알게 된 甲은 천막시설과 컨테이너를 철거하여 X토지 전체를 인도하라고 요구하였고, 丙이 이에 불응하자 甲은 甲 자신만이 원고가 되어 丙을 상대로 X토지 전체의 인도를 구하는 소송을 제기하였다(천막 및 컨테이너의 각 철거를 구하는 청구는 위 소송의 청구취지에 포함되어 있지 않다). 위 소송에서 丙은 'X토지 전체가 甲과 乙의 공유인데 乙은 현재 X토지의 인도를 요구하지 않고 있다'는 취지의 주장을 하고 있다. 甲의 丙에 대한 청구가 인용될 수 있는지와 그 근거를 서술하시오. (20점)

➜ **(1) 甲의 丙에 대한 청구가 인용될 수 있는지**

甲의 丙에 대한 청구가 인용될 수 있다.

(2) 근거

(가) 甲과 乙의 X토지에 대한 소유관계

甲은 X토지의 일부를 위치와 면적을 특정하여 매수하였고, 甲과 乙은 각자 소유하게 될 토지의 경계선을 확정하였으므로, 甲과 乙의 X토지에 소유관계는 구분소유적 공유이다.

(나) 甲은 단독으로 丙을 상대로 X토지 전체의 인도를 구할 수 있는지 여부

판례는 구분소유적 공유관계에 명의신탁의 법리를 적용하고 있다. 즉 甲은 乙에 대해서는 X토지의 특정부분에 한하여 소유권을 취득하고 이를 배타적으로 사용·수익할 수 있으며, 乙의 방해행위에 대하여는 소유권에 터 잡아 그 배제를 구할 수 있다(대판 2012.4.26, 2010다6611). 대외적으로는 甲과 乙이 X토지 전체를 공유하는 것이 된다. 따라서 제3자가 불법점유하는 경우, 각자는 자기 소유부분 뿐만 아니라 전체 토지에 대하여 공유물의 보존행위로서 그 배제를 구할 수 있다(대판 1996.10.25, 95다40939). 결국 甲은 민법 제265조의 보존행위를 근거로 단독으로 丙에 대해 X토지 전체의 인도를 구할 수 있다.

〈추가된 사실관계〉

甲과 乙은 각자 소유하는 토지 부분 위에 독자적으로 건축허가를 받아 각자의 건물을 각자의 비용으로 신축하기로 하였다. 각 건물의 1층 바닥의 기초공사를 마치고 건물의 벽과 지붕을 건축하던 중 자금이 부족하게 되자 甲과 乙은 공동으로 丁에게서 건축 자금 1억원을 빌리면서 X토지 전체에 저당권을 설정해 주었다. 이후 건물은 완성되었으나 준공검사를 받지 못하여 소유권보존등기를 하지 못하고 있던 차에 자금 사정이 더욱 나빠진 甲과 乙은 원리금을 연체하게 되어 결국 저당권이 실행되었고 경매를 통하여 戊에게 X토지 전체에 대한 소유권이전등기가 경료되었다. 戊는 甲과 乙에게 법률상 근거 없이 X토지를 점유하고 있다는 이유로 각 건물의 철거 및 X토지 전체의 인도를 청구하고 있다. 甲과 乙은 위 소송 과정에서 자신들이 승소하기 위하여 법률상 필요하고 유효적절한 항변을 모두 하였다.

2. 戊의 甲, 乙에 대한 소의 주관적 병합의 형태와 그 근거를 서술하시오. (10점)

➜ 甲과 乙이 각자 건축한 건물을 공동소유가 아니라 각자의 단독소유이므로, 戊는 甲과 乙에게 각 건물에 관하여 별개로 철거청구를 할 수 있다. 또한 甲과 乙이 X토지를 공동점유하고 있으므로, 각자는 X토지의 일부분만을 반환할 수 없지만, 판례는 점유물의 인도를 청구하는 경우에 그 공동점유자 각자에게 대하여 그 점유물의 인도를 청구하면 족하다고 한다(대판 1966.3.15, 65다2455). 따라서 戊의 甲과 乙에 대한 소는 통상공동소송이다.

3. 戊의 甲, 乙에 대한 청구가 각 인용될 수 있는지와 그 근거를 서술하시오. (20점)

➜ X토지의 소유자 戊의 甲과 乙에 대한 청구가 각 인용될 수 있기 위해서는, X토지를 甲, 乙이 점유할 권리가 없어야 한다(민법 제213조, 제214조). 설문에서 甲과 乙이 X토지 전체를 丁앞으로 저당권을 설정해 줄 당시 X토지상에 건물을 신축 중이어서 건물의 존재를 인정할

수 있다. 또 저당권설정 당시 甲과 乙은 X토지에 관하여 구분소유적 공유관계이므로 X토지와 그 지상의 각 건물은 소유자가 동일하며, 丁의 X토지에 대한 저당권실행으로 戊가 토지 소유권을 취득하여, 건물과 토지의 소유자가 다르게 되었다. 따라서 甲과 乙은 민법 제366조의 법정지상권을 취득한다(대판 2004.6.11, 2004다13533). 결국 甲과 乙은 지상권에 의해 X토지를 적법하게 사용·수익할 수 있으므로, 戊의 甲과 乙에 대한 청구는 인용될 수 없다.

문제 3 〈기초적 사실관계〉

A주식회사(이하 'A회사'라 한다)의 대표이사 甲은 경매가 진행 중인 B 소유의 X부동산(이하 '이 사건 부동산'이라 한다)을 경매 절차에서 매수하려고 계획하고 있었는데, A 회사의 금융기관에 대한 수억원의 채무를 연대보증하게 되었다. 甲은 자신의 명의로 재산을 취득하는 경우 강제집행을 당할 우려가 있어 2014. 5. 1. A 회사의 이사로 근무하는 乙과의 사이에 乙의 명의로 경매에 참가하여 이 사건 부동산을 취득한 뒤, 향후 乙은 甲이 요구하는 경우 언제든지 甲에게 소유권을 반환하기로 하는 약정을 하였다. 2014. 6. 20. 이 사건 부동산에 대한 경매절차에서 乙이 경매에 참가하여 그 명의로 매각허가결정을 받자, 위 약정에 따라 甲은 2014. 6. 21. 乙에게 매각대금 3억원을 지급하였고, 乙은 2014. 6. 24. 甲으로부터 교부받은 매각대금 3억원 전액을 경매법원에 납입한 후, 2014. 8. 1. 乙 명의로 서울중앙지방법원 2014. 8. 3. 접수 제12221호로 소유권이전등기를 마쳤다.

그런데 '부동산 실권리자명의 등기에 관한 법률'을 잘 알고 있는 乙은 A 회사의 자금사정이 악화되어 A 회사로부터 급여를 제대로 지급받지 못하자 2014. 10. 1. 이 사건 부동산의 명의신탁 사실을 잘 아는 丙에게 이 사건 부동산을 매각하고 그 앞으로 서울중앙지방법원 2014. 10. 5. 접수 제12378호로 매매를 원인으로 한 소유권이전등기를 마쳐 주었다. 甲은 乙과 丙으로부터 이 사건 부동산의 소유권을 넘겨받기를 원하나, 만약 부동산 소유권을 넘겨받을 수 없다면 금전적으로나마 손해를 보전받기를 원한다.

[아래의 각 문제는 독립적이며, 공휴일 여부는 고려하지 말 것] (제5회 변호사시험, 2016)

1. 甲이 丙을 상대로 소유권이전등기말소를 청구하는 소를 제기하는 경우 그 청구에 대한 결론[각하, 청구전부인용, 청구일부인용, 청구기각]을 그 논거와 함께 서술하시오. (15점)

→ **(1) 결론**

X부동산의 소유권을 취득하지 못한 甲이 丙을 상대로 소유권이전등기말소를 청구하는 것은 이유 없기 때문에 기각되어야 한다.

(2) 논거

甲이 丙을 상대로 소유권이전등기말소를 청구할 수 있기 위해서는, X부동산에 관하여 소유권이 甲에게 존재하여야 한다(민법 제214조).

(가) 경매절차에서 乙이 X부동산의 소유권을 취득하였는지 여부

부동산경매절차에서 부동산을 매수하려는 사람이 매수대금을 자신이 부담하면서 타인 명

의로 매가허가결정을 받기로 하여 타인이 경매절차에 참가하여 매각허가를 받은 경우, 경매절차의 매수인은 명의수탁자이다. 甲과 乙 사이의 명의신탁약정은 무효이나(부동산실명법 제4조 1항), 소유자는 경매절차에서 매수인의 결정 과정에 아무런 관여를 할 수 없고, 경매절차의 안정성 등을 고려할 때 경매부동산의 소유자를 동법 제4조 2항 단서의 '상대방 당사자'라고 볼 수 없다(대판 2012.11.15, 2012다69197). 따라서 경매절차에서 乙이 매각대금의 완납으로 X부동산의 소유권을 취득하였다(민사집행법 제135조, 민법 제187조).

(나) X부동산에 대한 丙명의의 소유권이전등기의 유효성 여부
명의신탁약정의 무효는 제3자에게 대항하지 못한다(부동산실명법 제4조 3항). 결국 丙이 명의신탁사실을 알았는지 여부와 관계없이 乙과의 매매를 원인으로 소유권이전등기를 마친 丙이 X부동산의 소유자이다.

2. 甲이 乙을 상대로 다음과 같은 내용의 부당이득의 반환을 청구하는 소를 제기하는 경우 그 청구에 대한 결론[각하, 청구전부인용, 청구일부인용(이 경우 구체적 인용범위를 기재할 것), 청구기각]을 그 논거와 함께 서술하시오. (25점)
단, 이 사건 부동산의 취득과 관련하여 발생한 취득세, 등록비용 기타 취득비용, 이자에 대한 지연손해금은 고려하지 말 것. 이 사건 소는 2015. 8. 1. 제기되었고, 제1심 변론종결일은 2015. 12. 28.이다.

청구취지
1. 피고는 원고에게 금 3억원 및 이에 대한 2014. 6. 22.부터 이 사건 소장 부본 송달일까지는 연 5%의, 그 다음 날부터 다 갚는 날까지는 연 20%의 각 비율로 계산한 돈을 지급하라. (이하 생략)

➜ **(1) 결론**

법원은 甲의 부당이득반환청구는 일부인용하여야 한다. 즉 법원은 "피고는 원고에게 3억원 및 이에 대하여 2014. 6. 22.부터 이 사건 소장 부분 송달일까지는 연 5%, 그 다음 날부터 2015. 9. 30.까지는 연 20%, 2015. 10. 1.부터 다 갚는 날까지는 연 15%의 각 비율에 의한 금원을 지급하라"고 선고하여야 한다.

(2) 논거

(가) 甲이 乙을 상대로 부당이득의 반환을 청구할 수 있는지 여부
X부동산을 乙명의로 매각받기로 한 甲과 乙 사이의 명의신탁약정은 계약명의신탁약정으로, 부동산실명법 제4조 1항에 따라 무효이지만, 전술한 바와 같이 乙이 X부동산의 소유권을 취득한다. 이 경우 명의수탁자는 명의신탁자에 대하여 매각대금 상당의 부당이득반환의무를 부담하게 된다(대판 2013.9.12, 2011다89903). 설문의 경우, 乙이 甲과의 명의신탁약정에 따라 甲으로부터 매각대금 3억원을 제공받아 매각대금을 납입하고 X부동산에 대한 소유권을 취득하였으므로, 甲은 乙에 대해 부당이득반환을 청구할 수 있다(민법 제741조).

(나) 부당이득반환의 범위

1) 매각대금 상당액과 이자

악의의 수익자는 받은 이익에 이자를 붙여 반환하여야 하고, 손해가 있으면 이를 배상하여야 한다(민법 제748조 2항). 여기서 '악의'는 자신의 이익 보유가 법률상 원인 없는 것임을 인식하는 것을 말한다. 따라서 명의수탁자가 수령한 매각대금이 명의신탁약정에 기하여 지급되었다는 사실을 알았다고 하여도 그 명의신탁약정이 부동산실명법 제4조 1항에 의하여 무효임을 알았다는 등의 사정이 부가되지 않는 한 명의수탁자가 그 금전의 보유에 관하여 법률상 원인 없음을 알았다고 말할 수 없다(대판 2010.1.28, 2009다24187,24194). 따라서 乙은 부동산실명법을 잘 알고 있었으므로, 악의의 수익자로서 매각대금을 甲으로부터 수령한 2014. 6. 22.부터 매각대금 상당액과 그 다음 날부터 그 이자를 부당이득으로 반환할 의무를 부담한다.

2) 지연손해금

부당이득반환의무는 이행기한의 정함이 없는 채무이므로 그 채무자는 이행청구를 받은 때에 비로소 지체책임을 진다(대판 2010.1.28, 2009다24187,24194). 따라서 甲이 2015. 8. 1. 제기한 소의 소장부본이 피고 乙에게 송달된 다음 날부터 乙은 지연손해책임을 진다.

3) 소송촉진 등에 관한 특례법 제3조 1항의 법정이율

소송촉진 등에 관한 특례법 제3조 1항 본문의 법정이율에 관한 규정은 개정법률 시행 당시 법원에 계속 중인 사건에 대하여 2015. 10. 1. 이후에 적용할 법정이율은 연 100분의 15로 한다고 규정하고 있으므로, 개정 법률이 시행되기 전인 2015.9.30.까지는 연 2할의 비율에 의한 지연손해금을, 2015. 10. 1.부터 다 갚는 날까지는 연 100분의 15의 비율에 의한 지연손해금의 지급을 명하여야 한다.

〈변경된 사실관계〉

이 사건 부동산에 대한 경매절차의 매각허가결정일은 1995. 6. 21.이고, 乙은 매각대금을 1995. 6. 24.에 완납하고, 같은 날 그 소유권이전등기를 마쳤다. 乙 앞으로 소유권이전등기가 마쳐진 이래 이 사건 소제기일인 2015. 1. 5. 현재까지 소유권이전등기 명의는 변경된 적이 없고, 이 사건 부동산은 甲이 계속 점유해 오고 있다.

3. 甲이 乙을 상대로 부당이득을 원인으로 하여 이 사건 부동산의 소유권이전등기를 청구하는 소를 제기하였다(금전적 청구는 하지 아니하였음). 이에 대하여 乙은 甲에게 이 사건 부동산에 대한 등기청구권이 있다고 하더라도, 이 등기청구권은 소멸시효가 완성되었다고 주장하였다. 甲은 다시 자신이 이 사건 부동산을 점유해온 이상 소멸시효가 진행되지 아니한다고 주장하였다. 甲의 청구에 대한 결론(각하, 청구전부인용, 청구일부인용, 청구기각)을 그 논거와 함께 서술하시오. (20점)

→ **(1) 결론**

법원은 甲의 청구를 기각하여야 한다.

(2) 논거

(가) 甲이 乙을 상대로 X부동산의 소유권이전등기를 청구할 수 있는지 여부

부동산실명법 시행(1995. 7. 1.) 전에 명의수탁자가 소유하는 부동산에 관하여 명의신탁자를 위하여 대외적으로만 보유하는 관계에 관한 명의신탁약정이 이루어진 다음 제11조의 유예기간이 경과하여 명의수탁자가 부동산에 관한 완전한 소유권을 취득하게 된 경우, 명의수탁자는 명의신탁자에게 자신이 취득한 그 부동산을 부당이득으로 반환할 의무가 있다(대판 2010.2.11, 2008다16899). 따라서 甲은 乙에 대하여 부당이득으로 X부동산의 소유권이전등기를 청구할 수 있다.

(나) 甲의 乙에 대한 소유권이전등기청구권이 소멸시효가 완성되었는지 여부

1) 소유권이전등기청구권의 법적 성질

부동산실명법 제11조의 유예기간이 경과한 후에도 실명화 등의 조치를 취하지 아니한 명의신탁자가 부동산의 회복을 위해 명의수탁자에 대해 가지는 소유권이전등기청구권은 그 성질상 법률의 규정에 의한 부당이득반환청구권으로서 민법 제162조 1항에 따라 10년의 기간이 경과함으로써 시효로 소멸한다(대판 2009.7.9, 2009다23313).

2) 소유권이전등기청구권의 소멸시효 완성 여부

명의신탁자가 명의신탁 부동산을 계속 점유·사용하여 온 경우에는 명의수탁자에 대한 부당이득반환청구권에 기한 등기청구권의 소멸시효가 진행한다(대판 2009.7.9, 2009다23313). 무효로 된 명의신탁약정에 기하여 처음부터 명의신탁자가 부동산의 점유 및 사용 등 권리를 행사하고 있더라도 부당이득반환청구권 자체의 실질적 행사라고 볼 수 없기 때문이다. 따라서 甲의 乙에 대한 부당이득반환청구권에 기한 등기청구권은 10년의 소멸시효에 걸리며(민법 제162조 1항), 1996. 7. 1.부터 10년의 소멸시효기간이 지난 2015. 1. 5. 이 사건 소를 제기한 이상 甲의 청구권은 시효로 소멸하였다.

문제 4 〈기초적 사실관계〉

甲은 2022. 2. 1. A로부터 A 소유의 X토지 및 Y토지를 대금 각 1억원에 매수하고, 위 대금을 모두 지급하였다. 이어서 甲은 2022. 3. 31. 부동산등기법에 따라 ① X토지에 관하여는 甲 명의의 소유권이전등기의 등기신청정보를 전산정보처리조직에 저장하였고, ② Y토지에 관하여는 그 등기 명의만을 乙로 하기로 하는 乙과의 합의 및 이에 대한 A의 협조하에 乙 명의의 소유권이전등기의 등기신청정보를 전산정보처리조직에 저장하였다. 이에 따라 등기관은 2022. 4. 4. 전산정보처리조직을 이용하여 각 등기부에 위 소유권이전등기에 관한 등기사항을 기록함으로써 등기사무를 처리한 뒤 나머지 후속 절차까지 모두 마쳤다.

(제12회 변호사시험, 2023)

1. 위 각 토지에 관한 등기가 모두 마쳐진 상태에서, 2022. 4. 1.을 기준으로 X토지 및 Y토지의 각 소유자는 누구인가? (10점)

→ **(1) X토지의 소유자**

법률행위에 따른 물권변동은 등기함으로써 그 효력이 생기고(민법 제186조), 등기관이 등기를 마친 때에는 등기신청을 접수한 때에 등기의 효력이 생긴다(부동산등기법 제6조). 설문에서 甲은 A와의 매매를 원인으로 2022. 3. 31. X토지에 관하여 소유권이전등기의 신청접수를 하였다. 따라서 2022. 4. 1. 현재 X토지의 소유자는 甲이다.

(2) Y토지의 소유자

甲은 Y토지에 관하여 乙과의 합의와 A의 협조하에 乙명의의 소유권이전등기의 신청접수를 하였으므로, 이는 3자간 등기명의신탁이고 명의신탁약정에 따른 등기에 의한 물권변동은 무효이다(부동산실명법 제4조 2항). 따라서 乙명의의 소유권이전등기는 무효이므로, 2022. 4. 1. 현재 Y토지의 소유자는 A이다.

〈추가적 사실관계〉

甲의 대여금 채권자 丙은 2022. 6. 1. 대여금채권의 변제에 갈음하여 甲으로부터 Y토지의 소유권을 이전받기로 약정하고, 같은 날 乙로부터 직접 丙 명의의 소유권이전등기를 마쳤다. 그 후 갑자기 Y토지의 시가가 폭등하자, Y토지에 관한 乙 명의의 소유권이전등기 과정을 잘 알고 있던 A는 Y토지를 되찾아올 목적으로, 丙을 상대로 Y토지에 관하여 진정명의회복을 원인으로 한 소유권이전등기청구의 소를 제기하였다.

2. A의 丙에 대한 위 소유권이전등기청구 소송에서, 丙은 ① 자신은 부동산실명법 제4조 제3항의 '제3자'에 해당하고, ② 자신 명의의 소유권이전등기는 실체관계에 부합한다고 항변하였다. A의 丙에 대한 청구는 인용될 수 있는가? (25점)

→ Y토지에 관한 乙명의의 소유권이전등기는 원인무효이지만, A가 丙을 상대로 진정명의회복을 원인으로 한 소유권이전등기를 청구할 수 있기 위해서는 Y토지의 소유권이 A에게 존재해야 한다(민법 제214조).

(1) 丙이 부동산실명법 제4조 3항의 제3자에 해당하는지 여부

명의신탁약정과 그 약정에 따른 물권변동의 무효는 제3자에게 대항하지 못한다(부동산실명법 제4조 3항). 여기서 제3자는 명의신탁약정의 당사자 및 포괄승계인 이외의 자로서 명의수탁자가 물권자임을 기초로 그와 사이에 직접 새로운 이해관계를 맺은 사람을 말한다(대판 2021.11.11, 2019다272725). 설문에서 丙은 Y토지에 관하여 명의수탁자 乙이 아니라 명의신탁자 甲과 대물변제약정을 하고, 단지 등기명의만을 乙로부터 이전받았다. 따라서 丙은 제3자에 해당하지 않는다(대판 2008.12.11, 2008다45187).

(2) 丙명의의 등기가 실체관계에 부합하는지 여부

등기절차에 하자가 있더라도 진실한 권리관계를 공시할 수 있는 때에는 그 등기는 유효하다(대판 1992.9.25, 92다21258). 3자간 등기명의신탁은 무효이지만, 매도인과 명의신탁자 사이의 매매계약은 여전히 유효하므로, 명의신탁자는 매도인에게 매매계약에 기한 소유권이전등기를 청구할 수 있다(대판 2011.9.8, 2009다49193,49209). 설문에서 Y토지에 관하여 乙명의의 등기는 무효이지만 甲과 A의 매매계약은 유효하므로 甲은 A에 대해 소유권이전등기를 청구할 수 있고, 丙은 대물변제약정에 따라 甲에게 소유권이전등기를 청구할 수 있다. 따라서 丙명의 소유권이전등기는 실체관계에 부합하는 등기로서 유효하다.

(3) 결론

Y토지의 소유권이 A에게 존재하지 않는다. 따라서 A의 丙에 대한 청구는 인용될 수 없다.

문제 5 〈기초적 사실관계〉

甲은 2004. 7. 8. 친구인 乙에게 자신을 대신하여 시가 상승이 예상되는 X토지에 관한 매수인이 되어 줄 것을 부탁하였고, 乙이 이를 승낙함에 따라 甲과 乙 사이에 X토지에 관한 명의신탁약정이 체결되었다. 더불어 甲과 乙은 같은 날 'X토지의 소유자가 甲임을 인정하고, 甲이 요구하는 경우 乙은 즉시 甲에게 X토지를 반환한다'는 취지의 반환약정(이하 'X토지 반환약정'이라 한다)을 체결하였다. 乙은 2004. 8. 9. X토지의 소유자인 丙으로부터 X토지를 매수하기로 하는 매매계약을 체결하였다. 乙은 2004. 9. 9. 甲으로부터 X토지 매수자금을 제공받아 위 매매계약에 따른 대금을 모두 丙에게 지급하고, 같은 날 X토지에 관하여 자신 명의의 소유권이전등기를 마쳤다. [※ 이하의 추가적 사실관계 1, 2는 각각 독립적인 별개의 사실관계임] (제14회 변호사시험, 2025)

〈추가적 사실관계 1〉

丙은 甲과 乙 사이에 X토지에 관한 명의신탁약정이 체결되었다는 사정을 모르고 있었다. 乙은 X토지에 관하여 소유권이전등기를 마친 이후 계속하여 X토지를 점유하였다. 甲은 2024. 10. 15. 乙을 상대로 X토지를 반환할 것을 요구하였으나, 乙은 이를 거절하였다. 이에 甲은 2024. 12. 10. 乙을 상대로 X토지에 관하여 자신 명의로 소유권이전등기절차의 이행을 구하는 소를 제기하였다.
위 소송에서 甲의 주요 주장은 아래 ①, ②와 같다.

① 甲과 乙 사이에 X토지에 관한 명의신탁약정과 더불어 X토지 반환약정이 유효하게 체결된 이상 乙은 甲에게 X토지 반환약정을 원인으로 X토지에 관하여 소유권이전등기절차를 이행할 의무가 있다.
② 甲은 X토지 반환약정에 기하여 乙의 X토지에 관한 직접점유를 통해 X토지를 간접점유하였고, 위와 같은 甲의 간접점유 기간이 20년을 경과한 이상 甲의 X토지에 관한 점유취득시효가 완성되었으므로, 乙은 甲에게 X토지에 관하여 소유권이전등기절차를 이행할 의무가 있다.

1. 甲의 각 주장이 타당한지 판단하고 그 근거를 서술하시오(X토지 반환약정과 관련된 소멸시효는 고려하지 말 것). (20점)

→ (1) 결론

甲의 ①②주장은 모두 부당하다.

(2) 근거

(가) 甲의 ①주장 타당성 여부

명의신탁자와 명의수탁자 사이의 명의신탁약정은 무효이다(부동산실명법 제4조 1항). 따라서 명의신탁자와 명의수탁자 사이에 명의신탁자의 지시에 따라 부동산의 소유 명의를 이전하기로 약정하였더라도 이는 명의신탁약정이 유효함을 전제로 명의신탁 부동산 자체의 반환을 구하는 범주에 속하는 것에 해당하여 역시 무효이다(대판 2013.9.12, 2011다89903). 설문의 경우, 甲과 乙사이의 X토지에 관한 명의신탁약정은 무효이고, X토지의 반환약정 역시 무효이다. 따라서 X토지 반환약정의 유효를 전제로 하는 甲의 ①주장은 타당하지 않다.

(나) 甲의 ②주장 타당성 여부

1) 계약명의신탁의 경우, 매도인이 명의신탁약정에 관하여 선의이면 명의수탁자 명의의 등기는 유효하다(부동산실명법 제4조 2항 단서). 설문의 경우 甲과 乙사이의 X토지에 관한 명의신탁약정은 무효이지만, 매도인 丙이 甲과 乙사이의 명의신탁약정 사실을 알지 못하였으므로, 명의수탁자 乙은 상대방 丙뿐만 아니라 명의신탁자 甲에 대한 관계에서도 유효하게 X토지의 소유권을 취득한다.

2) 부동산에 관하여 적법·유효한 등기를 하고 소유권을 취득한 사람이 자기 소유의 부동산을 점유하는 경우 특별한 사정이 없는 한 그러한 점유는 취득시효의 기초가 되는 점유라고 할 수 없다. 이러한 경우에는 사실 상태를 권리관계로 높여 보호할 필요가 없고, 부동산의 소유명의자는 부동산에 대한 소유권을 적법하게 보유하는 것으로 추정되어 소유권에 대한 증명의 곤란을 구제할 필요도 없기 때문이다(대판 2022.7.28, 2017다204629). 설문의 경우, 乙은 X토지의 소유권을 유효하게 취득하였고, 결과적으로 X토지를 직접 점유하는 乙의 점유는 자기 소유 토지에 대한 점유인 이상 취득시효의 기초가 되는 점유하고 볼 수 없다.

3) 한편 점유취득시효를 완성할 수 있는 점유에는 직접점유뿐만 아니라 간접점유도 포함된다(대판 1998.2.24, 97다49053). 간접점유가 인정되기 위해서는 직접점유자와 간접점유자 사이에 점유매개관계가 존재하여야 한다. 즉 간접점유자는 점유매개자에 대하여 반환청구권을 가져야 한다(대판 2023.8.18, 2021다249810). 설문의 경우, X토지 반환약정이 무효인 이상 甲과 乙사이의 점유매개관계가 인정될 수 없고, 결국 이를 전제로 하는 甲의 간접점유가 인정될 수 없다. 따라서 甲의 ②주장은 부당하다.

〈추가적 사실관계 2〉

甲은 乙이 X토지에 관한 소유권이전등기를 마친 2004. 9. 9.부터 X토지를 계속 점유하며 사용·수익하다가 2024. 10. 10. 지병으로 사망하였다. 甲의 아들 丁이 甲의 지위를 단독으로 상속하였고, 현재까지 X토지를 점유하고 있다.

한편 丙이 甲과 乙 사이에 X토지에 관한 명의신탁약정이 체결된 사정을 알고 있었는지 여부는 밝혀지지 않았고, 甲이 X토지를 20년 이상 평온·공연하게 점유한 사실은 인정된다. 丁은 '甲의 X토지에 관한 점유취득시효가 완성된 이상 丁은 X토지에 관하여 소유권을 취득할 수 있다'는 주장을 하고자 한다.

2. 丁의 주장이 타당한지 판단하고 그 근거를 서술하시오. (10점)

➜ (1) 결론

丁의 주장은 부당하다.

(2) 근거

20년간 소유의 의사로 평온, 공연하게 부동산을 점유하는 자는 등기함으로써 그 소유권을 취득한다(민법 제245조 1항).

(가) 명의신탁약정은 무효이다(부동산실명법 제4조 1항). 명의신탁약정에 따른 등기로 이루어진 부동산에 관한 물권변동은 무효이지만, 계약명의신탁에서 상대방 당사자가 명의신탁약정이 있다는 사실을 알지 못한 때에는 명의수탁자 명의의 등기는 유효하다(제4조 2항). 설문의 경우, 매도인 丙이 명의신탁약정에 관하여 선의인 경우에는 명의수탁자 乙이 X토지의 소유권을 적법하게 취득하지만, 악의인 경우에는 乙명의의 등기는 무효이므로 X토지의 소유권은 매도인 丙에게 그대로 남아있다.

(나) 계약명의신탁에서 명의신탁자는 부동산의 소유자가 명의신탁약정을 알았는지 여부와 관계없이 부동산의 소유권을 갖지 못할 뿐만 아니라 매매계약의 당사자도 아니어서 소유자를 상대로 소유권이전등기청구를 할 수 없고, 이는 명의신탁자도 잘 알고 있다고 보아야 한다. 이러한 명의신탁자는 타인의 소유권을 배척하고 점유할 의사를 가지지 않았다고 할 것이므로 소유의 의사로 점유한다는 추정은 깨어진다(대판 2022.5.12, 2019다249428). 설문의 경우, 甲과 乙사이의 X토지에 관한 명의신탁은 계약명의신탁에 해당하므로, 매도인 丙이 명의신탁약정에 관하여 알고 있었는지 여부에 관계없이 명의신탁자 甲의 X토지에 관한 점유는 악의의 무단점유에 해당하여 자주점유의 추정이 깨어진다. 따라서 점유취득시효에 관한 다른 요건을 충족하였는지 더 살펴볼 필요 없이 甲의 X토지에 관한 점유취득시효는 완성될 수 없다(민법 제245조 1항). 결국 甲이 X토지에 관한 점유취득시효를 완성하였음을 전제로 하는 甲의 상속인 丁의 주장은 타당하다고 볼 수 없다.

제6절 지상권

Ⅰ. 지상물매수청구권

- 민법 제283조 제2항의 지상물매수청구권은 지상권이 존속기간의 만료로 인하여 소멸하는 때에 지상권자에게 갱신청구권이 있어 그 갱신청구를 하였으나 지상권설정자가 계약갱신을 원하지 아니할 때 비로소 행사할 수 있는 권리이다. 한편 지상권갱신청구권의 행사는 지상권의 존속기간 만료 후 지체 없이 하여야 한다(대법원 1995.4.11. 선고 94다39925 판결). 따라서 지상권의 존속기간 만료 후 지체 없이 행사하지 아니하여 지상권갱신청구권이 소멸한 경우에는, 지상권자의 적법한 갱신청구권의 행사와 지상권설정자의 갱신 거절을 요건으로 하는 지상물매수청구권은 발생하지 않는다(대법원 2023.4.27. 선고 2022다306642 판결).

Ⅱ. 관습상 법정지상권의 성립요건인 토지와 그 지상 건물이 동일인 소유에 속하였는지를 판단하는 기준시기

- 토지 또는 그 지상 건물의 소유권이 강제경매로 인하여 그 절차상의 매수인에게 이전되는 경우에는 그 매수인이 소유권을 취득하는 매각대금의 완납 시가 아니라 강제경매개시결정으로 **압류의 효력이 발생하는 때**를 기준으로 토지와 지상 건물이 동일인에게 속하였는지에 따라 관습상 법정지상권의 성립 여부를 가려야 하고, 강제경매의 목적이 된 토지 또는 그 지상 건물에 대하여 강제경매개시결정 이전에 가압류가 되어 있다가 그 가압류가 강제경매개시결정으로 인하여 본압류로 이행되어 경매절차가 진행된 경우에는 애초 **가압류의 효력이 발생한 때**를 기준으로 토지와 그 지상 건물이 동일인에 속하였는지에 따라 관습상 법정지상권의 성립 여부를 판단하여야 한다(대법원 2013.4.11. 선고 2009다62059 판결).
- 강제경매의 목적이 된 토지 또는 그 지상 건물에 관하여 강제경매를 위한 압류나 그 압류에 선행한 가압류가 있기 이전에 저당권이 설정되어 있다가 그 후 강제경매로 인해 그 저당권이 소멸하는 경우, **저당권 설정 당시**를 기준으로 토지와 그 지상 건물이 동일인에게 속하였는지에 따라 관습상 법정지상권의 성립 여부를 판단하여야 한다(대법원 2013.4.11. 선고 2009다62059 판결).

Ⅲ. 공동저당권이 설정된 후 건물이 철거되고 새로 건물이 신축된 경우

❐ 동일인의 소유에 속하는 토지 및 그 지상건물에 관하여 공동저당권이 설정된 후 지상 건물이 철거되고 새로 건물이 신축된 경우, 신축건물의 소유자가 토지의 소유자와 동일하고 토지의 저당권자에게 신축건물에 관하여 토지의 저당권과 동일한 순위의 공동저당권을 설정해 주는 등 특별한 사정이 없는 한, 저당물의 경매로 인하여 토지와 신축건물이 다른 소유자에 속하게 되더라도 신축건물을 위한 법정지상권은 성립하지 않는다. 이는 건물이 철거된 후 신축된 건물에 토지와 동순위의 공동저당권이 설정되지 아니하였는데도 신축건물을 위한 법정지상권이 성립한다고 해석하게 되면, 공동저당권자가 법정지상권이 성립하는 신축건물의 교환가치를 취득할 수 없게 되는 결과 법정지상권의 가액 상당 가치를 되찾을 길이 막혀 당초 토지에 관하여 아무런 제한이 없는 나대지로서의 교환가치 전체를 실현시킬 수 있다고 기대하고 담보를 취득한 공동저당권자에게 불측의 손해를 입게 하기 때문으로서, 이러한 법리는 집합건물의 전부 또는 일부 전유부분과 대지 지분에 관하여 공동저당권이 설정된 후 그 지상 집합건물이 철거되고 새로운 집합건물이 신축된 경우에도 마찬가지로 보아야 한다(대법원 2014.9.4. 선고 2011다73038,73045 판결).

Ⅳ. 법정지상권 성립 후에 토지 또는 건물 등을 양도한 경우

1. 건물을 양도한 경우

❐ 법정지상권을 취득한 건물소유자가 법정지상권의 설정등기를 경료함이 없이 건물을 양도하는 경우에는 특별한 사정이 없는 한 건물과 함께 지상권도 양도하기로 하는 채권적 계약이 있었다고 할 것이므로 법정지상권자는 지상권설정등기를 한 후에 건물양수인에게 이의 양도등기절차를 이행하여 줄 의무가 있다. 따라서 건물양수인은 건물양도인을 순차대위하여 토지소유자에 대하여 건물소유자였던 최초의 법정지상권자에의 법정지상권설정등기절차이행을 청구할 수 있다(대법원 1988.9.27. 선고 87다카279 판결).

❐ 법정지상권을 가진 건물소유자로부터 건물을 양수하면서 지상권까지 양도받기로 한 사람에 대하여 대지소유자가 소유권에 기하여 건물철거 및 대지의 인도를 구하는 것은 지상권의 부담을 용인하고 그 설정등기절차를 이행할 의무 있는 자가 그 권리자를 상대로 한 청구라 할 것이어서 신의성실의 원칙상 허용될 수 없다(대법원 1988.9.27. 선고 87다카279 판결).

❐ 법정지상권자라 할지라도 대지 소유자에게 지료를 지급할 의무는 있는 것이고, 법정지상권이 있는 건물의 양수인으로서 장차 법정지상권을 취득할 지위에 있어 대지 소유자의 건물 철거나 대지 인도 청구를 거부할 수 있더라도 그 대지를 점유·사용함으로 인하여 얻은 이득은 부당이득으로서 대지 소유자에게 반환할 의무가 있다(대법원 1997.12.26. 선고 96다34665 판결).

2. 법정지상권을 취득한 후 경매 또는 공매절차에서 건물이 매각된 경우

❐ 건물 소유를 위하여 법정지상권을 취득한 자로부터 경매에 의하여 건물의 소유권을 이전받은 경락인은 경락 후 건물을 철거한다는 등의 매각조건하에서 경매되는 경우 등 특별한 사정이 없는 한 건물의 경락취득과 함께 위 지상권도 당연히 취득한다. 이러한 법리는 압류, 가압류나 체납처분압류 등 처분제한의 등기가 된 건물에 관하여 그에 저촉되는 소유권이전등기를 마친 사람이 건물의 소유자로서 관습상의 법정지상권을 취득한 후 경매 또는 공매절차에서 건물이 매각되는 경우에도 마찬가지로 적용된다(대법원 2014.9.4. 선고 2011다13463 판결).

문제 甲소유였던 X토지 및 그 지상 Y건물에 관하여, 乙명의의 소유권이전등기가 각 마쳐졌다. 하지만 그 후 X토지에 관하여 선행 처분금지가처분등기에 반하여 이루어진 乙명의의 소유권이전등기가 말소되고, 그 가처분권자의 대위에 의한 丙명의의 소유권이전등기가 마쳐졌다. 한편 그 후 Y건물에 관한 과세관청의 선행 압류등기어 기한 공매절차가 개시되었고, 丁은 그 절차에서 Y건물을 매수하였고, 乙명의의 Y건물에 관한 소유권이전등기가 말소되었다. 이 경우 丁은 Y건물의 소유를 위한 관습상 법정지상권을 취득하는가?

➜ **1. 乙이 Y건물의 소유를 위한 관습상 법정지상권을 취득하였는지 여부**

동일한 소유자에 속하는 대지와 그 지상건물이 매매에 의하여 각기 소유자가 달라지게 된 경우, 건물을 철거한다는 조건이 없는 한 건물소유자는 대지 위에 건물을 위한 관습상의 법정지상권을 취득한다(대판 2014.9.4, 2011다13463). 설문에서 乙이 甲소유의 X토지와 그 지상 Y건물의 소유권을 취득한 후 X토지에 대한 선행 처분금지가처분에 기한 본등기에 따라 X토지에 관한 乙의 소유권이전등기가 말소됨으로써 乙은 토지에 관한 소유권취득을 가처분권자에게 대항할 수 없게 되었다. 그 결과 甲소유의 X토지와 Y건물 중에 Y건물만 乙에게 소유권이 이전된 것과 마찬가지로 되었다. 따라서 乙이 Y건물에 관하여 소유권을 취득함으로써 관습상의 법정지상권을 취득하였다.

2. 丁이 乙의 관습상 법정지상권을 승계취득하는지 여부

건물 소유를 위하여 법정지상권을 취득한 자로부터 경매에 의하여 건물의 소유권을 이전받은 매수인은 매각 후 건물을 철거한다는 등의 매각조건하에서 경매되는 경우 등 특별한 사정이 없는 한 건물의 경매취득과 함께 지상권도 당연히 취득한다. 이러한 법리는 압류, 가압류나 체납처분압류 등 처분제한의 등기가 된 건물에 관하여 그에 저촉되는 소유권이전등기를 마친 사람이 건물의 소유자로서 관습상 법정지상권을 취득한 후 경매 또는 공매절차에서 건물이 매각되는 경우에도 마찬가지로 적용된다(대판 2014.9.4, 2011다13463). 설문에서 乙에게 Y건물의 소유를 위한 관습상 법정지상권이 존재하고, 丁이 Y건물에 관하여 진행된 공매절차에서 Y건물에 관한 소유권을 취득하였다. 따라서 丁은 Y건물의 소유권과 함께 乙의 관습상 법정지상권도 취득한다(제187조, 제100조 2항).

3. 토지와 함께 공동근저당권이 설정된 건물의 등기부가 폐쇄된 후 토지에 대하여만 경매절차가 진행된 경우

> ❒ 토지와 함께 공동근저당권이 설정된 건물이 그대로 존속함에도 불구하고 사실과 달리 등기부에 멸실의 기재가 이루어지고 이를 이유로 등기부가 폐쇄된 경우, 저당권자로서는 멸실 등으로 인하여 폐쇄된 등기기록을 부활하는 절차 등을 거쳐 건물에 대한 저당권을 행사하는 것이 불가능한 것이 아닌 이상 저당권자가 건물의 교환가치에 대하여 이를 담보로 취득할 수 없게 되는 불측의 손해가 발생한 것은 아니라고 보아야 하므로, 그 후 토지에 대하여만 경매절차가 진행된 결과 토지와 건물의 소유자가 달라지게 되었다면 그 건물을 위한 법정지상권은 성립한다 할 것이고, 단지 건물에 대한 등기부가 폐쇄되었다는 사정만으로 건물이 멸실된 경우와 동일하게 취급하여 법정지상권이 성립하지 아니한다고 할 수는 없다(대법원 2013.3.14. 선고 2012다108634 판결).

Ⅴ. 건물양도가 사해행위로서 취소된 경우 관습상의 법정지상권을 취득하는지 여부

> ❒ 동일인의 소유에 속하고 있던 토지와 지상 건물이 매매 등으로 인하여 소유자가 다르게 된 경우에 건물을 철거한다는 특약이 없는 한 건물소유자는 건물의 소유를 위한 관습상 법정지상권을 취득한다. 그런데 민법 제406조의 채권자취소권의 행사로 인한 사해행위의 취

소와 일탈재산의 원상회복은 채권자와 수익자 또는 전득자에 대한 관계에 있어서만 효력이 발생할 뿐이고 채무자가 직접 권리를 취득하는 것이 아니므로, 토지와 지상 건물이 함께 양도되었다가 채권자취소권의 행사에 따라 그중 건물에 관하여만 양도가 취소되고 수익자와 전득자 명의의 소유권이전등기가 말소되었다고 하더라도, 이는 관습상 법정지상권의 성립요건인 동일인의 소유에 속하고 있던 토지와 지상 건물이 매매 등으로 인하여 소유자가 다르게 된 경우에 해당한다고 할 수 없다(대법원 2014.12.24. 선고 2012다73158 판결).

→ 사해행위의 취소는 취소소송의 당사자 사이인 채권자와 그 상대방인 수익자 또는 전득자의 관계에서만 미칠 뿐이고, 그 소송에 참가하지 아니한 채무자 또는 채무자와 수익자 사이의 법률관계에는 미치지 않기 때문에(상대적 효력), 건물양도가 사해행위로 취소되더라도 수익자와의 관계에서 채무자는 건물에 대한 소유권을 취득하는 것이 아니다.

문제 乙은 甲소유의 X토지 및 그 지상 Y건물을 매수하여 소유권이전등기를 마쳤으나, 丙이 채권자취소권을 행사하여 乙과 甲 사이의 매매가 취소되어 Y건물에 관한 乙명의의 소유권이전등기가 말소되었다. 이후 Y건물에 대한 압류 및 강제경매절차가 진행되었고, 丁이 경매절차에서 매각대금을 납부하여 Y건물의 소유권을 취득하였다. 그런데 乙이 丁을 상대로 Y건물철거 및 토지인도를 청구한다. 이에 丁은 관습상 법정지상권의 취득을 주장한다. 이 경우 乙의 청구가 인용될 수 있는가?

→ 1. 丁이 Y건물의 소유를 위한 관습상 법정지상권을 취득하였는지 여부

(1) 민법 제406조의 채권자취소권의 행사로 인한 사해행위의 취소와 일탈재산의 원상회복은 채권자와 수익자 또는 전득자에 대한 관계에서만 효력이 발생할 뿐이고 채무자가 직접 권리를 취득하는 것이 아니므로, 토지와 지상 건물이 함께 양도되었다가 채권자취소권의 행사에 따라 그중 건물에 관하여만 양도가 취소되고 수익자와 전득자 명의의 소유권이전등기가 말소되었더라도, 이는 관습상 법정지상권의 성립요건인 '동일인의 소유에 속하고 있던 토지와 지상 건물이 매매 등으로 인하여 소유자가 다르게 된 경우'에 해당한다고 할 수 없다(대판 2014.12.24, 2012다73158).

(2) 설문에서 乙이 甲소유의 X토지와 그 지상 Y건물에 대한 소유권을 취득한 후 채권자취소권의 행사에 따라 Y건물에 관하여만 매매계약이 취소되고 乙명의의 소유권이전등기가 말소되었더라도 甲이 Y건물의 소유권을 다시 취득하는 것은 아니므로, 乙은 Y건물에 대한 압류의 효력이 발생할 당시까지 토지 및 건물을 모두 소유하고 있었다. 따라서 丁이 경매절차에서 Y건물의 소유권을 취득함에 따라 X토지와 Y건물의 소유자가 다르게 되었으므로, 丁은 Y건물의 소유를 위한 관습상 법정지상권을 취득하였다.

2. 결론

X토지의 소유자 乙이 丁을 상대로 Y건물의 철거 및 X토지의 인도를 청구할 수 있기 위해서는, 丁이 X토지를 점유할 권리가 없어야 한다(제213조, 제214조). 하지만 丁이 Y건물의 소유를 위한 관습상 법정지상권을 취득하였다. 따라서 乙의 청구는 인용될 수 없다.

> ❐ 저당권설정 당시 동일인의 소유에 속하고 있던 토지와 지상 건물이 경매로 인하여 소유자가 다르게 된 경우에 건물소유자는 건물의 소유를 위한 민법 제366조의 법정지상권을 취득한다. 그리고 건물 소유를 위하여 법정지상권을 취득한 사람으로부터 경매에 의하여 건물의 소유권을 이전받은 매수인은 매수 후 건물을 철거한다는 등의 매각조건하에서 경매되는 경우 등 특별한 사정이 없는 한 건물의 매수취득과 함께 위 지상권도 당연히 취득하는데, 이러한 법리는 사해행위의 수익자 또는 전득자가 건물의 소유자로서 법정지상권을 취득한 후 채무자와 수익자 사이에 행하여진 건물의 양도에 대한 채권자취소권의 행사에 따라 수익자와 전득자 명의의 소유권이전등기가 말소된 다음 경매절차에서 건물이 매각되는 경우에도 마찬가지로 적용된다(대법원 2014.12.24. 선고 2012다73158 판결).

문제 甲은 1996. 1. 1.부터 X토지, Y토지와 이를 부지로 하는 Z건물을 소유하고 있었다(이하 Z건물 중 X토지 지상 부분을 'X부분 건물', Y토지 지상 부분을 'Y부분 건물'이라고 한다). 이 중 X토지에 관하여는 2001. 1. 1. 근저당권이 설정되었다. 甲은 2004. 1. 1. 乙에게 Y토지와 Z건물을 매도하고 같은 날 소유권이전등기를 마쳐주었다. 丙은 위 근저당권에 기하여 개시된 X토지에 관한 임의경매절차에서 2008. 1. 1. 매수대금을 납부하고 그 무렵 자신의 명의로 소유권이전등기를 마쳤다.
한편 甲의 채권자가 乙을 상대로 사해행위 취소의 소를 제기하여, Z건물에 관하여는 2009. 1. 1. 사해행위취소 확정판결을 원인으로 하여 같은 날 乙명의의 소유권이전등기가 말소되었다. 그 후 Z건물에 관한 강제경매절차에서 丁이 2010. 1. 1. 매수대금을 납부함으로써 그 소유권을 취득하였다. 丙과 乙은 2011. 1. 1. 丁을 상대로 각 X토지 및 Y토지의 소유권에 기하여 Z건물 중 X부분 건물과 Y부분 건물의 철거를 구하는 소송을 제기하였다.

1. 丙의 철거청구에 대하여 丁은, "乙이 X토지에 관하여 관습상의 법정지상권을 취득하였고, 그렇지 않더라도 민법 제366조의 법정지상권을 취득하였으며, 乙의 권리를 양수한 자신을 상대로 한 철거청구는 부당하다"고 주장한다. 이 경우 丁의 주장이 인용될 수 있는가?

➜ **(1) 乙이 X토지에 관하여 관습상 법정지상권을 취득하였는지 여부**

X토지와 Z건물은 모두 甲소유였다가 2004. 1. 1. 乙에게 매매를 원인으로 Y토지와 Z건물에 관한 소유권이전등기가 마쳐짐으로써, 소유자가 달라져 乙이 X토지상에 X부분 건물의 소

유를 위한 관습상의 법정지상권을 취득하였다. 하지만 그 후 2008. 1. 1. X토지에 설정된 근저당권의 실행으로 X토지가 丙에게 매각되면서 乙의 관습상 법정지상권이 소멸하였다(민사집행법 제268조, 제91조 3항).

(2) 乙이 X토지에 민법 제366조의 법정지상권을 취득하였는지 여부

토지에 저당권을 설정할 당시 토지의 지상에 건물이 존재하고 있었고 그 양자가 동일 소유자에게 속하였다가 그 후 저당권의 실행으로 토지가 매각되기 전에 건물이 제3자에게 양도된 경우, 건물을 양수한 제3자는 제366조의 법정지상권을 취득한다(대판 1999.11.23, 99다52602). 설문에서 X토지에 근저당권이 설정된 2001. 1. 1. 당시 X토지와 Z건물은 모두 甲소유였고, 2004. 1. 1. Z건물이 乙에게 양도된 후 근저당권에 기한 경매절차에서 2008. 1. 1. 丙이 X토지의 소유권을 취득함으로써 토지와 건물의 소유자가 달라졌다. 따라서 당시 Z건물의 소유자 乙이 X부분의 건물소유를 위하여 X토지에 관하여 제366조의 법정지상권을 취득하였다.

(3) 丁이 乙의 법정지상권을 승계하는지 여부

건물 소유를 위하여 법정지상권을 취득한 사람으로부터 경매에 의하여 건물의 소유권을 이전받은 매수인은 특별한 사정이 없는 한 건물의 매수취득과 함께 법정지상권도 당연히 취득한다. 이러한 법리는 사해행위의 수익자 또는 전득자가 건물의 소유자로서 법정지상권을 취득한 후 채무자와 수익자 사이에 행하여진 건물의 양도에 대한 채권자취소권의 행사에 따라 수익자와 전득자 명의의 소유권이전등기가 말소된 다음 경매절차에서 건물이 매각되는 경우에도 마찬가지로 적용된다(대판 2014.12.24, 2012다73158). 설문에서 乙은 X부분 건물 소유를 위하여 X토지에 관하여 제366조의 법정지상권을 취득하였고, 丁은 2010. 1. 1. 강제경매절차에서 Z건물의 소유권을 이전받으면서 등기 없이도 종된 권리인 乙의 법정지상권을 함께 취득하였다(제187조, 제100조 2항).

(4) 결론

丙이 丁을 상대로 X토지의 소유권에 기하여 Z건물 중 X부분 건물의 철거를 청구할 수 있기 위해서는, 丁이 X토지를 점유할 권리가 없어야 한다(제213조, 제214조). 하지만 丁은 乙의 법정지상권을 승계취득하였으므로, 丁의 주장은 인용될 수 있다.

2. 乙의 철거청구에 대하여 丁은 Y토지에 관하여 관습상의 법정지상권을 취득하였다고 주장한다. 이 경우 丁의 항변이 타당한가?

➔ **(1) 甲이 사해행위취소에 따라 원상회복된 Z건물에 대해 소유권을 취득하는지 여부**

민법 제406조의 채권자취소권의 행사로 인한 사해행위의 취소와 일탈재산의 원상회복은 채권자와 수익자 또는 전득자에 대한 관계에 있어서만 효력이 발생할 뿐이고 채무자가 직접 권리를 취득하는 것이 아니다(대판 2014.12.24, 2012다73158). 설문에서 Z건물에 관한 매매계약이 사해행위로서 취소되고 원상회복으로서 乙명의의 등기가 말소되었더라도 취소소송의 당사자가 아닌 丁에 대한 관계에서는 여전히 Z건물은 乙의 소유에 속하고, 甲이 그 소유권을 취득하는 것은 아니다.

(2) 丁이 Y토지에 관습상 법정지상권을 취득하는지 여부

토지와 지상 건물이 함께 양도되었다가 채권자취소권의 행사에 따라 그중 건물에 관하여만 양도가 취소되고 수익자와 전득자 명의의 소유권이전등기가 말소된 경우, 이는 관습상 법정지상권의 성립요건인 '동일인의 소유에 속하고 있던 토지와 지상 건물이 매매 등으로 인하여 소유자가 다르게 된 경우'에 해당하지 않는다(대판 2014.12.24, 2012다73158). 설문에서 Z건물과 Y토지는 모두 乙의 소유였다가 丁이 Z건물을 강제경매절차에서 매각받고 2010. 1. 1. 매수대금을 납부함으로써 토지와 건물의 소유자가 달라졌다. 따라서 철거 특약이 있었다는 사정은 보이지 않으므로, 丁은 Y부분 건물소유를 위하여 Y토지에 관하여 관습상 법정지상권을 취득하였다.

(3) 결론

乙이 丁을 상대로 Y토지의 소유권에 기하여 Z건물 중 Y부분 건물의 철거를 청구할 수 있기 위해서는, 丁이 Y토지를 점유할 권리가 없어야 한다(제213조, 제214조). 하지만 丁에게 Y토지에 Y부분 건물소유를 위한 관습상 법정지상권이 인정되므로, 丁의 항변은 타당하다.

Ⅵ. 공유하는 경우 법정지상권의 성립 여부

1. 토지를 단독소유하고 건물을 공유하는 경우

❐ 대지소유자가 그 지상 건물을 다른 사람과 공유하면서 대지만을 타인에게 양도한 경우 건물 공유자들은 대지에 관하여 관습상 법정지상권을 취득한다(대법원 2022.7.21. 선고 2017다236749 판결).

문제 甲은 자신의 X토지 위에 Y건물을 신축하였다. 甲이 사망하자, 공동상속인 배우자 乙과 자녀 丙·丁은 X토지를 乙의 단독소유로 한다는 내용의 상속재산 분할협의를 하였고, 乙은 X토지에 관하여 협의분할을 원인으로 소유권이전등기를 마쳤다. 그 후 乙은 丙에게 X토지를 증여하고 그 소유권이전등기를 마쳐 준 다음 2015. 3. 12. 사망하였다. 2022. 1. 21. 강제경매절차에서 X토지를 취득한 戊가 丙과 丁을 상대로 Y건물의 철거와 X토지의 인도를 구하는 소를 제기하였다. 戊의 청구는 타당한가?

➔ X토지의 소유자인 戊가 丙과 丁을 상대로 그 지상 건물의 철거 및 X토지의 인도를 청구할

수 있기 위해서는 丙과 丁이 X토지를 점유할 권리가 없어야 한다(제214조, 제214조). 동일인 소유이던 토지와 그 지상 건물이 매매 등으로 인하여 각각 소유자를 달리하게 되었을 때 그 건물 철거 특약이 없는 한 건물 소유자가 법정지상권을 취득하며, 건물의 공유자 중 1인이 그의 단독소유였던 건물 대지의 소유권을 제3자에게 양도한 경우 건물 공유자들은 그 대지에 대하여 관습상 법정지상권을 취득한다(대판 2022.7.21, 2017다236749). 설문의 경우, X토지의 소유자인 乙이 X토지를 丙에게 증여할 당시 그 지상의 Y건물은 乙·丙·丁이 공유하고 있었으므로, 건물의 공유자는 X토지에 관하여 관습상 법정지상권을 취득하였다. 따라서 戊의 Y건물의 철거 및 X토지의 인도청구는 부당하다.

2. 건물을 단독소유하고 토지를 공유하는 경우

(1) 성립하는 경우 — 협의분할

- ❐ 공유지상에 공유자의 1인 또는 수인 소유의 건물이 있을 경우 위 **공유지의 분할**로 그 대지와 지상건물이 소유자를 달리하게 될 때에는 다른 특별사정이 없는 한 건물소유자는 그 건물부지상에 그 건물을 위하여 관습상의 지상권을 취득한다(대법원 1974.2.12. 선고 73다353 판결).

(2) 성립하지 않는 경우

- ❐ 토지의 공유자 중의 1인이 공유토지 위에 건물을 소유하고 있다가 **토지지분만을 전매**함으로써 단순히 토지공유자의 1인에 대하여 관습상의 법정지상권이 성립된 것으로 볼 사유가 발생하였다고 하더라도 당해 토지 자체에 관하여 건물의 소유를 위한 관습상의 법정지상권이 성립된 것으로 보게 된다면 이는 마치 토지공유자의 1인으로 하여금 다른 공유자의 지분에 대하여서까지 지상권설정의 처분행위를 허용하는 셈이 되어 부당하다 할 것이므로 위와 같은 경우에 있어서는 당해 토지에 관하여 건물의 소유를 위한 관습상의 법정지상권이 성립될 수 없다(대법원 1987.6.23. 선고 86다카2188 판결).
- ❐ 토지공유자의 한 사람이 다른 공유자의 지분 과반수의 동의를 얻어 건물을 건축한 후 토지와 건물의 소유자가 달라진 경우 토지에 관하여 관습상의 법정지상권이 성립되는 것으로 보게 되면 이는 토지공유자의 1인으로 하여금 자신의 지분을 제외한 다른 공유자의 지분에 대하여서까지 지상권설정의 처분행위를 허용하는 셈이 되어 부당하다. 그리고 이러한 법리

는 민법 제366조의 법정지상권의 경우에도 마찬가지로 적용되고, 나아가 토지와 건물 모두가 각각 공유에 속한 경우에 토지에 관한 **공유자 일부의 지분**만을 목적으로 하는 근저당권이 설정되었다가 경매로 인하여 그 지분을 제3자가 취득하게 된 경우에도 마찬가지로 적용된다(대법원 2014.9.4. 선고 2011다73038,73045 판결).

3. 토지와 건물을 공유하고 있는 경우

❐ 토지 및 그 지상 건물 모두가 각 공유에 속한 경우 토지 및 건물공유자 중 1인이 그중 건물 지분만을 타인에게 양도하여 토지와 건물의 소유자가 달라진 경우, 해당 토지 전부에 관하여 건물의 소유를 위한 관습상 법정지상권이 성립된 것으로 보게 된다면, 이는 토지공유자의 1인으로 하여금 다른 공유자의 의사에 기하지 아니한 채 자신의 지분을 제외한 다른 공유자의 지분에 대하여서까지 지상권설정의 처분행위를 허용하는 셈이 되어 부당하다. 따라서 토지 및 건물공유자 중 1인이 타인에게 건물의 공유지분을 이전함으로써 토지와 건물의 소유자가 달라졌다고 하여 제3자에게 토지에 관한 관습법상 법정지상권의 성립을 인정할 수 없다(대법원 2022.8.31. 선고 2018다218601 판결).

문제 甲과 乙은 1991. 12. 31. X토지 및 그 지상 Y건물에 관하여 각 1/2지분씩 소유권이전등기를 마쳤다. Y건물의 甲의 지분은 1994. 7. 15. 丙에게, 乙의 지분은 2006. 11. 14. 丁재단법인에게 각 이전되어 현재 丙과 丁재단이 Y건물 1/2씩 공유하고 있다.
한편 乙이 2006. 11. 26. 사망한 후, 그의 상속인이 X토지의 乙의 지분에 관하여 자신의 명의로 소유권이전등기를 마친 다음 2013. 4. 8. 丁재단에게 증여를 원인으로 소유권이전등기를 마쳐주어, 현재 甲과 丁이 X토지를 각 1/2씩 공유하고 있다. 이후 甲은 丙과 丁이 관습상 법정지상권을 취득했으니 땅 사용료를 내야 한다며 소를 제기하였다. 법원의 판단은?

➜ 甲은 丙과 丁재단에 대하여 민법 제305조 1항 단서, 제366조 단서를 유추적용하여 지료를 청구할 수 있기 위해서는 X토지에 관하여 丙과 丁의 관습상 법정지상권이 성립하여야 한다.

1. 丙에게 X토지에 관한 관습상 법정지상권이 성립하였는지 여부

토지와 건물의 공유자 중 1인이 그중 건물 지분만을 타인에게 양도하여 토지와 건물의 소유자가 달라진 경우, 해당 토지 전부에 관하여 건물의 소유를 위한 관습상 법정지상권이 성립된 것으로 보게 된다면, 이는 토지공유자의 1인으로 하여금 다른 공유자의 의사에 기하지 아니한 채 자신의 지분을 제외한 다른 공유자의 지분에 대해서까지 지상권설정의 처분행위를 허용하는 셈이 되어 부당하다(대판 2022.8.31, 2018다218601). 따라서 설문에서 X토지와 Y건물의 공유자 甲이 丙에게 자신의 Y건물 공유지분을 이전함으로써 토지와 건물의 소유자가 달라졌다고 하여 丙에게 X토지에 관한 관습상 법정지상권의 성립을 인정할 수 없다.

2. 丁에게 X토지에 관한 관습상 법정지상권이 성립하였는지 여부

관습상 법정지상권은 동일인 소유이던 토지와 그 지상 건물이 매매 등의 적법한 원인으로 인하여 양자의 소유자가 다르게 된 경우를 전제로 인정된다(대판 2022.7.21, 2017다236749). 설문의 경우, 丁재단이 Y건물의 乙의 공유지분을 이전받았을 당시 X토지는 甲와 乙이 각 1/2지분씩, Y건물은 丙과 乙이 각 1/2지분씩 공유하고 있는 상태로서 토지와 건물 자체가 동일인의 소유였다고 볼 수 없다(대판 2022.8.31, 2018다218601). 따라서 丁에 대하여 관습상 법정지상권의 성립을 인정할 수 없다.

3. 결론

X토지에 관하여 丙과 丁의 관습상 법정지상권이 성립하지 않았다. 따라서 법원은 관습상 법정지상권의 성립을 전제로 한 甲의 지료지급청구를 기각해야 한다. 참고로 甲은 자신의 지분에 상당하는 X토지를 권원 없이 점유·사용하는 丙과 丁을 상대로 부당이득반환을 청구할 수 있다(제741조).

4. 토지를 구분소유적 공유하는 경우

(1) 성립하는 경우

- ❒ 구분공유자 甲이 자기 몫의 대지 위에 건물을 신축하여 점유하던 중 자신의 대지지분만을 다른 구분공유자 乙에게 양도하거나 乙이 매각받은 경우, 그 대지는 乙과의 내부관계에서 甲의 단독소유이므로, 관습상 법정지상권이 성립한다(대법원 1990.6.26. 선고 89다카24094 판결).
- ❒ 공유로 등기된 토지의 소유관계가 구분소유적 공유관계에 있는 경우에는 공유자 중 1인이 소유하고 있는 건물과 그 대지는 다른 공유자와의 내부관계에서는 그 공유자의 단독소유로 되었다 할 것이므로 건물을 소유하고 있는 공유자가 그 건물 또는 토지지분에 대하여 저당권을 설정하였다가 그 후 저당권의 실행으로 소유자가 달라지게 되면 건물 소유자는 그 건물의 소유를 위한 법정지상권을 취득하게 되며, 이는 구분소유적 공유관계에 있는 토지의 공유자들이 그 토지 위에 각자 독자적으로 별개의 건물을 소유하면서 그 토지 전체에 대하여 저당권을 설정하였다가 그 저당권의 실행으로 토지와 건물의 소유자가 달라지게 된 경우에도 마찬가지이다(대법원 2004.6.11. 선고 2004다13533 판결).

(2) 성립하지 않는 경우

- 구분공유자가 **자신의 특정 소유가 아닌 부분**에 건물을 신축한 경우, 그 건물 부분은 당초부터 건물과 토지의 소유자가 서로 다른 경우에 해당하여 그에 관하여는 관습상의 법정지상권이 성립될 여지가 없다(대법원 1994.1.28. 선고 93다49871 판결).

Ⅶ. 분묘기지권

- 분묘의 기지인 토지가 분묘의 수호·관리권자 아닌 다른 사람의 소유인 경우에 그 토지소유자가 분묘 수호·관리권자에 대하여 분묘의 설치를 승낙한 때에는 그 분묘의 기지에 관하여 분묘기지권을 설정한 것으로 보아야 한다. 이와 같이 승낙에 의하여 성립하는 분묘기지권의 경우 성립 당시 토지소유자와 분묘의 수호·관리자가 지료 지급의무의 존부나 범위 등에 관하여 약정을 하였다면 그 약정의 효력은 **분묘 기지의 승계인**에 대하여도 미친다(대법원 2021.9.16. 선고 2017다271834,271841 판결).
- 자기 소유 토지에 분묘를 설치한 사람이 그 토지를 양도하면서 분묘를 이장하겠다는 특약을 하지 않음으로써 분묘기지권을 취득한 경우, 특별한 사정이 없는 한 분묘기지권자는 **분묘기지권이 성립한 때부터** 토지소유자에게 그 분묘의 기지에 대한 토지사용의 대가로서 지료를 지급할 의무가 있다(대법원 2021.9.16. 선고 2017다271834,271841 판결).
- 타인 소유의 토지에 분묘를 설치한 경우에 20년간 평온, 공연하게 분묘의 기지를 점유하면 지상권과 유사한 관습상의 물권인 분묘기지권을 시효로 취득한다는 점은 오랜 세월 동안 지속되어 온 관습 또는 관행으로서 법적 규범으로 승인되어 왔고, 이러한 법적 규범이 장사법(법률 제6158호) 시행일인 2001. 1. 13. 이전에 설치된 분묘에 관하여 현재까지 유지되고 있다고 보아야 한다(대법원 2017.1.19. 선고 2013다17292 판결).
- 장사 등에 관한 법률의 시행일인 2001. 1. 13. 이전에 타인의 토지에 분묘를 설치한 다음 20년간 평온·공연하게 분묘의 기지를 점유함으로써 분묘기지권을 시효로 취득하였더라도, 분묘기지권자는 토지소유자가 분묘기지에 관한 지료를 청구하면 그 **청구한 날부터**의 지료를 지급할 의무가 있다고 보아야 한다. 취득시효형 분묘기지권은 당사자의 합의에 의하지 않고 성립하는 지상권 유사의 권리이고, 그로 인하여 토지소유권이 사실상 영구적으로 제한될 수 있다. 따라서 시효로 분묘기지권을 취득한 사람은 일정한 범위에서 토지소유

자에게 토지사용의 대가를 지급할 의무를 부담한다고 보는 것이 형평에 부합한다(대법원 2021.4.29. 선고 2017다228007 판결).

→ 분묘기지권은 지상권과 유사한 물권이지만 우리 민족의 조상숭배사상과 우리 사회에 고유한 전통과 관습에 근거하여 인정된 것으로서 그 발생이나 소멸, 변동 등에 이르기까지 권리의 내용이 민법상 지상권과 동일하지 않다. 따라서 시효로 분묘기지권을 취득한 사람의 지료 지급의무의 범위에 대하여 지상권에 관한 민법 규정이나 법리를 그대로 적용할 수는 없다.

❐ 자기 소유의 토지 위에 분묘를 설치한 후 토지의 소유권이 경매 등으로 타인에게 이전되면서 분묘기지권을 취득한 자가, 판결에 따라 분묘기지권에 관한 지료의 액수가 정해졌음에도 판결확정 후 책임 있는 사유로 상당한 기간 동안 지료의 지급을 지체하여 지체된 지료가 판결확정 전후에 걸쳐 2년분 이상이 되는 경우에는 민법 제287조를 유추적용하여 새로운 토지소유자는 분묘기지권자에 대하여 분묘기지권의 소멸을 청구할 수 있다. 분묘기지권자가 판결확정 후 지료지급 청구를 받았음에도 책임 있는 사유로 상당한 기간 지료의 지급을 지체한 경우에만 분묘기지권의 소멸을 청구할 수 있는 것은 아니다(대법원 2015.7.23. 선고 2015다206850 판결).

Ⅷ. 담보지상권

❐ 민법 제256조는 "부동산의 소유자는 그 부동산에 부합한 물건의 소유권을 취득한다. 그러나 타인의 권원에 의하여 부속된 것은 그러하지 아니하다"라고 규정하고 있다. 위 조항 단서에서 말하는 **권원**이라 함은 지상권, 전세권, 임차권 등과 같이 타인의 부동산에 자기의 동산을 부속시켜서 부동산을 이용할 수 있는 권리를 뜻하므로, 그와 같은 권원이 없는 자가 타인의 토지 위에 나무를 심었다면 특별한 사정이 없는 한 토지소유자에 대하여 나무의 소유권을 주장할 수 없다.

지상권자는 타인의 토지에 건물 기타 공작물이나 수목을 소유하기 위하여 그 토지를 사용하는 권리가 있으므로(민법 제279조), 지상권설정등기가 경료되면 토지의 사용·수익권은 지상권자에게 있고, 지상권을 설정한 토지소유자는 지상권이 존속하는 한 토지를 사용·수익할 수 없다. 따라서 지상권을 설정한 토지소유자로부터 토지를 이용할 수 있는 권리를 취득하였다고 하더라도 지상권이 존속하는 한 이와 같은 권리는 원칙적으로 민법 제256조 단서가 정한 권원에 해당하지 아니한다(대법원 2018.3.15. 선고 2015다69907 판결).

❒ 금융기관이 대출금 채권의 담보를 위하여 토지에 저당권과 함께 지료 없는 지상권을 설정하면서 채무자 등의 사용·수익권을 배제하지 않은 경우, 지상권은 저당권이 실행될 때까지 제3자가 용익권을 취득하거나 목적 토지의 담보가치를 하락시키는 침해행위를 하는 것을 배제함으로써 저당 부동산의 담보가치를 확보하는 데에 목적이 있으므로, 토지소유자는 저당 부동산의 담보가치를 하락시킬 우려가 있는 등의 특별한 사정이 없는 한 토지를 사용·수익할 수 있다. 따라서 그러한 토지소유자로부터 토지를 사용·수익할 수 있는 권리를 취득하였다면 이러한 권리는 민법 제256조 단서가 정한 **권원**에 해당한다고 볼 수 있다(대법원 2018.3.15. 선고 2015다69907 판결).

문제 甲은 2005. 8. 11. X토지의 공유자 중 1인인 乙의 지분에 관하여 근저당권설정등기를 마치면서, 같은 날 X토지의 공유자들인 乙·丙과 X토지 전부에 관하여 견고한 건물 및 공작물 또는 수목의 소유를 위한 지상권설정계약을 체결하고 같은 달 18. 지상권설정등기를 마쳤다. 丁은 乙·丙과 X토지에 관하여 수목의 소유를 위한 사용대차계약을 체결한 다음 2007. 10.경부터 같은 해 11월경까지 X토지 지상에 약 300주의 단풍나무를 식재하였다. 그 후 X토지 중 丙의 지분에 관하여 개시된 임의경매절차에서 戊가 위 지분을 매수하고 2011. 7. 15. 그 매각대금을 납부하였다. 丁은 戊가 丁의 소유인 위 단풍나무 중 일부를 임의로 수거하여 제3자에게 매도하였음을 이유로 손해배상을 청구하는 소송을 제기하였다. 법원의 판단은?

➜ **1. 丁의 戊에 대한 손해배상청구 인정 여부**

丁이 戊에 대해 불법행위로 인한 손해배상을 청구할 수 있기 위해서는, X토지에 식재된 단풍나무의 소유권이 丁에게 존재하고, 단풍나무를 임의로 수거하여 제3자에게 매도한 戊의 행위가 위법하여야 한다(제750조).

(1) 단풍나무가 X토지의 부합한 물건인지 여부

부동산의 소유자는 그 부동산에 부합한 물건의 소유권을 취득하지만, 타인의 권원에 의하여 부속된 것은 취득할 수 없다(제256조). 지상권설정등기가 마쳐지면 그 토지의 사용·수익권은 지상권자에게 있고, 지상권을 설정한 토지소유자는 지상권이 존속하는 한 그 토지를 사용·수익할 수 없다. 반면에 금융기관이 대출금 채권의 담보를 위하여 토지에 저당권과 함께 지료 없는 지상권을 설정하면서 채무자 등의 사용·수익권을 배제하지 않은 경우, 토지소유자는 저당부동산의 담보가치를 하락시킬 우려가 있는 등의 특별한 사정이 없는 한 그 토지를 사용·수익할 수 있다(대판 2018.3.15, 2015다69907). 따라서 그러한 토지소유자로부터 그 토지를 사용·수익할 수 있는 권리를 취득하였다면 이러한 권리는 제256조 단서가 정한 '권원'에 해당한다. 설문에서 丁이 담보지상권이 설정된 X토지에 관하여 그 사용·수익할 수 있는 乙·丙과 사용대차를 체결하고 X토지에 단풍나무를 식재하였다. 따라서 단풍나무는 X토지에 부합한 물건에 해당하지 않는다.

(2) 戊가 임의경매절차를 통해 단풍나무의 소유권을 취득하였는지 여부

저당권의 효력은 저당부동산에 부합된 물건과 종물에 미치므로(제358조), 담보권실행을 위한 경매로 인해 저당부동산이 매수인에게 매각되면, 매수인이 부합물의 소유권도 취득하게 된다. 설문에서 戊가 임의경매절차에서 X토지의 소유권을 취득하였지만, 단풍나무는 X토지의 부합된 물건이 아니다. 따라서 단풍나무의 소유권은 戊가 아니라 사용대차계약에 따라 X토지에 식재한 丁에게 존재한다.

2. 결론

戊가 丁소유의 단풍나무를 정당한 이유 없이 임의로 수거·매도하여 丁에게 손해를 입혔으므로, 법원은 丁의 청구를 인용해야 한다.

변호사시험 기출문제

문제 甲은 자신의 소유인 X토지 지상에 Y건물을 신축하였으나 아직 자신의 명의로 등기를 마치지 않은 채 사용하고 있었다. 甲은 2010. 9. 21. X토지와 신축한 Y건물을 乙에게 매도하고 인도까지 하였으나, Y건물은 아직 소유권보존등기를 하지 못하여 X토지에 대해서만 소유권이전등기를 마쳐주었다. 乙은 2012. 9. 21. 丙 은행으로부터 1억원을 차용하면서 X토지에 대하여 근저당권자 丙 은행, 채권최고액 1억 2,000만원의 근저당권을 설정하였고, 이후 乙은 2012. 9. 24. 자신의 명의로 Y 건물에 대한 소유권보존등기를 마쳤다.

그 후 乙이 피담보채무를 변제하지 않자 丙 은행의 적법한 경매신청에 의하여 X토지에 대하여 개시된 경매절차에서 丁이 2014. 7. 26. 매각대금을 완납하고 그 소유권을 취득하였다.

丁은 乙을 상대로 Y건물의 철거 및 X토지의 인도를 구하는 소를 제기하였다. 이 청구는 인용될 수 있는가? (20점) (제6회 변호사시험, 2017)

→ **1. 丁이 乙을 상대로 Y건물의 철거 및 X토지의 청구할 수 있는지 여부**

경매절차에서 X토지의 소유권을 취득한 丁이 소유권보존등기를 마친 Y건물을 통해 X토지를 현재 점유하면서 동시에 X토지에 대한 소유권행사를 방해하고 있는 乙을 상대로, 민법 제213조, 제214조에 의하여 Y건물의 철거 및 X토지의 인도를 청구할 수 있기 위해서는 乙이 X토지를 점유할 권리가 없어야 하고, 그 방해가 위법하여야 한다.

2. 乙이 X토지를 점유할 권리가 있는지 여부

(1) 甲의 관습상 법정지상권이 乙에게 승계되었는지 여부

甲이 X토지에 Y건물의 소유를 위한 관습상 법정지상권을 취득하기 위해서는, ① X토지와

Y건물 중 어느 하나가 처분될 당시에 동일인의 소유에 속하여야 하며, ② 매매나 그 밖의 원인으로 소유자가 다르게 되어야 하고, ③ 당사자 사이에 Y건물을 철거한다는 등의 특약이 없어야 한다. 설문에서 X토지와 미등기인 Y건물의 소유자인 甲이 乙에게 매도하여 X토지만 소유권이전등기가 되어 형식적으로 X토지와 Y건물의 소유자가 달라졌다. 하지만 乙이 甲과의 매매계약을 통해 Y건물의 처분권을 취득하였으므로 甲에게 관습상 법정지상권을 인정할 이유가 없다(대판 2002.6.20, 2002다9660). 따라서 乙이 이를 승계취득할 여지가 없다.

(2) 乙이 민법 제366조의 법정지상권을 취득하였는지 여부

민법 제366조의 법정지상권은 '저당권 설정' 당시에 동일인의 소유에 속하는 토지와 건물이 저당권의 실행에 의한 경매로 인하여 각기 다른 사람의 소유에 속하게 된 경우에 건물의 소유를 위하여 인정된다. 설문에서 미등기 Y건물을 X토지와 함께 매수한 乙이 X토지에 관하여만 소유권이전등기를 넘겨받고 X토지에 대하여 근저당권을 설정하였는데, 근저당권 설정 당시 X토지는 乙의 소유이고, Y건물은 甲의 소유에 속하므로 법정지상권이 성립될 여지가 없다(대판 2002.6.20, 2002다9660).

3. 결론

乙은 Y건물의 소유를 위한 법정지상권을 취득하지 못하였고, X토지의 점유·사용할 권리를 인정할만한 사유가 존재하지 않으므로, X토지의 소유자인 丁은 乙을 상대로 Y건물의 철거 및 X토지의 인도를 청구할 수 있다. 따라서 법원은 丁의 청구를 인용하여야 한다.

제7절 전세권

Ⅰ. 전세권설정계약과 등기

- 전세권은 다른 담보권과 마찬가지로 전세권자와 전세권설정자 및 제3자 사이에 합의가 있으면 그 전세권자의 명의를 제3자로 하는 것도 가능하므로, 임대차계약에 바탕을 두고 이에 기한 임차보증금반환채권을 담보할 목적으로 임대인, 임차인 및 제3자 사이의 합의에 따라 제3자 명의로 마친 전세권설정등기는 유효하다(대법원 2005.5.26. 선고 2003다12311 판결).

1. 전세권자의 사용·수익을 완전히 배제하지 않은 경우

- 당사자가 주로 채권담보의 목적으로 전세권을 설정하였고, 그 설정과 동시에 목적물을 인도하지 않은 경우라 하더라도, **장차 전세권자가 목적물을 사용·수익하는 것을 완전히 배제**하는 것이 아니라면 그 전세권의 효력을 부인할 수 없다(대법원 1995.2.10. 선고 94다18508 판결).
- 전세금의 지급은 전세권 성립의 요소가 되는 것이지만 그렇다고 하여 전세금의 지급이 반드시 현실적으로 수수되어야만 하는 것은 아니고 기존의 채권으로 전세금의 지급을 갈음할 수도 있다. 임대차계약에 따른 임대차보증금반환채권을 담보할 목적으로 임대인과 임차인 사이의 합의에 따라 임차인 명의로 전세권설정등기를 마친 경우, 전세금의 지급은 임대차보증금으로 갈음한 것이고, **장차 전세권자가 목적물을 사용·수익**하는 것을 완전히 배제하는 것도 아니므로, 전세권설정등기는 유효하다(대법원 2021.12.30. 선고 2020다257999 판결).
- 임대차보증금은 임대차계약이 종료된 후 임차인이 목적물을 인도할 때까지 발생하는 임차인의 채무를 담보하는 것이므로, 임대인과 임차인이 임대차보증금반환채권을 담보할 목적으로 전세권을 설정하기 위하여 전세권설정계약을 체결하였다면, 임대차보증금에서 연체차임 등을 공제하고 남은 돈을 전세금으로 하는 것이 임대인과 임차인의 합치된 의사라고 볼 수 있다. 그러나 전세권설정계약은 외관상으로는 그 내용에 차임지급 약정이 존재하지 않고, 이에 따라 전세금에서 연체차임이 공제되지 않는 등 임대인과 임차인의 진의와 일치하지 않는 부분이 존재한다. 따라서 전세권설정계약은 위와 같이 **임대차계약과 양립할 수 없는 범위**에서 통정허위표시에 해당하여 무효이다(대법원 2021.12.30. 선고 2018다268538 판결). 다만 전세권설정계약에 따라 형성된 법률관계에 기초하여 새로이 법률상 이해관계를 가지게 된 제3자에 대하여는 그 제3자가 그와 같은 사정을 알고 있었던 경우에만 그 무효를 주장할 수 있다. 따라서 ① 임대차계약에 따른 임차보증금반환채권을 담보할 목적으로 전세권설정등기를 마친 경우 임대차계약에 따른 연체차임 공제는 전세권설정계약과 양립할 수 없으므로, 전세권설정자는 선의의 제3자에 대해서는 연체차임 공제 주장으로 대항할 수 없다(대법원 2021.12.30. 선고 2020다257999 판결). ② 전세권을 목적으로 한 저당권이 설정된 경우, 전세권저당권자가 물상대위권을 행사하여 전세금반환채권에 대하여 압류 및 추심명령 또는 전부명령을 받고 이에 기하여 추심금 또는 전부금을 청구하는 경우 제3채무자인 전세권설정자는 일반적 채권집행의 법리에 따라 **압류 및 추심명령 또는 전부명령이 송달된 때**를 기준으로 하여 그 이전에 채무자와 사이에 발생한 모든

항변사유로 압류채권자에게 대항할 수 있다(대법원 2004.6.25. 선고 2003다46260,53879 판결). 하지만 임대차계약에 따른 임대차보증금반환채권을 담보할 목적으로 유효한 전세권설정등기가 마쳐진 경우, 전세권저당권자가 저당권설정 당시 전세권설정등기가 임대차보증금반환채권을 담보할 목적으로 마쳐진 것임을 알고 있었다면, 제3채무자인 전세권설정자는 전세권저당권자에게 전세권설정계약이 임대차계약과 양립할 수 없는 범위에서 무효임을 주장할 수 있으므로(민법 제108조 제2항), 그 임대차계약에 따른 연체차임 등의 공제 주장으로 대항할 수 있다(대법원 2021.12.30. 선고 2018다268538 판결).

2. 전세권자의 사용·수익을 완전히 배제한 경우

- ❐ 전세권설정계약의 당사자가 **전세권의 핵심인 사용·수익 권능을 배제**하고 채권담보만을 위해 전세권을 설정하였다면, 법률이 정하지 않은 새로운 내용의 전세권을 창설하는 것으로서 물권법정주의에 반하여 허용되지 않고 이러한 전세권설정등기는 무효이다(대법원 2021.12.30. 선고 2018다40235,40242 판결).

→ 가령 甲의 전세권이 乙의 X건물에 관한 임대차보증금반환채권을 담보할 목적으로 X건물이 아닌 Y건물에 관하여 설정된 경우, 甲의 전세권은 甲이 목적물인 Y건물을 사용·수익하는 것을 배제하고 채권담보만을 목적으로 설정된 것이므로 전세권설정등기는 무효이다.

- ❐ **전세권자의 사용·수익을 완전히 배제**하고 오로지 채권담보 목적으로 전세권의 외형을 갖춘 경우, 전세권설정계약은 통정허위표시로서 무효가 될 수 있고, 다만 그것이 통정허위표시이더라도 그 전세권 위에 저당권을 설정한 경우, 저당권자는 통정허위표시의 제3자이므로 제108조 2항에 따라 선의이면 보호를 받게 된다(대법원 2013.2.15. 선고 2012다4929 판결).

→ 가령 임대인 甲은 임차인 乙이 금융기관 丙으로부터 대출받기 위한 방편으로 전세권설정계약을 체결하고 乙명의로 전세권설정등기를 마쳐주었고, 선의의 丙이 위 전세권에 대하여 근저당권설정등기를 한 경우, 전세권설정계약이 허위표시에 해당하여 무효이더라도 甲은 전세권저당권자인 丙에 대하여는 그 무효를 주장할 수 없다(제108조 제2항). 전세금은 제315조에 정한 전세권설정자의 전세권자에 대한 손해배상채권 외 다른 채권까지 담보한다고 볼 수 없다(대법원 2008.3.13. 선고 2006다29372,29389 판결). 따라서 전세권이 존속기간의 만료로 소멸되어 丙이 물상대위권의 행사로서 乙의 甲에 대한 전세금반환채권을 압류한 경우, 甲은 丙에 대하여 전세권설정계약과 양립할 수 없는 임대차계약상의 임대차보증금의 액수나, 임대차계약에 의하여 발생한 乙에 대한 연

체차임, 관리비 등의 채권을 가지고 상계 등으로 대항할 수 없다(대법원 2008.3.13. 선고 2006다58912 판결).

문제 甲은 2014. 5. 19. 乙에게 X건물을 임대차보증금 1억원, 임대차기간 2014. 6. 19.부터 2016. 6. 18.까지, 차임 월 500만원으로 정하여 임대하는 계약을 체결하면서, 乙 앞으로 전세권설정등기를 마치기로 약정하였다. 乙은 임대차계약에 따라 임대차보증금 1억원을 甲에게 지급하였다.
乙은 2014. 11. 26. X건물에 관하여 전세권자 乙, 전세금 1억원, 존속기간 2014. 6. 19.부터 2016. 6. 18.까지로 한 전세권설정등기를 마침과 동시에 丙에게 전세권에 관하여 채권최고액 1억원의 근저당권설정등기를 마쳐주었다. 근저당권 설정 당시 丙은 전세권설정등기가 임대차보증금반환채권을 담보할 목적으로 마쳐진 것임을 알고 있었다.
한편 甲은 2015. 9. 18. 乙을 상대로 乙의 차임 연체에 따라 임대차계약을 해지하였다는 이유로 X건물의 인도 및 전세권설정등기의 말소를 구하는 소를 제기하였다. 丙은 2016. 2. 17. 乙의 甲에 대한 전세금반환채권 1억원에 대하여 물상대위에 의한 채권압류 및 추심명령을 받았고, 위 명령은 2016. 2. 23. 甲에게 송달되었다. 이 경우 甲은 丙에 대하여 전세권의 무효를 주장할 수 있는가?

→ **1. 乙명의의 전세권 유효 여부**

丙이 乙의 甲에 대한 전세금반환채권 1억원에 대하여 물상대위를 할 수 있기 위해서는 乙명의의 전세권이 유효해야 한다.

(1) 전세금의 지급은 전세권 성립의 요소이며, 기존의 채권으로 전세금 지급을 갈음할 수 있다(대판 2021.12.30, 2018다268538). 설문에서 임대차계약에 따른 임대차보증금반환채권을 담보할 목적으로 임대인 甲과 임차인 乙 사이의 합의에 따라 乙명의로 전세권설정등기가 마쳐졌고, 전세금의 지급은 임대차보증금반환채권으로 갈음하였으며, 전세권자가 장차 목적물을 사용·수익하는 것을 완전히 배제할만한 사유가 존재하지 않는다. 따라서 乙명의의 전세권설정등기는 유효하다.

(2) 임대차보증금은 임대차계약이 종료된 후 임차인이 목적물을 인도할 때까지 발생하는 차임 등 임차인의 채무를 담보하는 것이므로, 임대인과 임차인이 임대차보증금반환채권을 담보할 목적으로 전세권을 설정하기 위하여 전세권설정계약을 체결하였다면, 임대차보증금에서 연체차임 등을 공제하고 남은 돈을 전세금으로 하는 것이 임대인과 임차인의 합치된 의사라고 볼 수 있다. 그러나 전세권설정계약은 외관상으로는 그 내용에 차임지급 약정이 존재하지 않고, 이에 따라 전세금이 연체차임으로 공제되지 않는 등 임대인과 임차인의 진의와 일치하지 않는 부분이 존재한다. 따라서 그러한 전세권설정계약은 임대차계약과 양립할 수 없는 범위에서 통정허위표시에 해당하여 무효이다(대판 2021.12.30, 2018다268538).

설문에서 乙이 차임을 연체하였으므로, 甲과 乙이 전세권설정등기를 마치기 위해 체결한 전세권설정계약은 전세금이 연체차임으로 공제되는 범위에서 통정허위표시에 해당하여 무효이다. 그러나 그 무효는 선의의 제3자에게 대항하지 못한다(민법 제108조).

2. 甲이 乙과의 사이에 발생한 항변사유로 丙에게 대항할 수 있는지 여부

전세권저당권자가 물상대위권을 행사하여 전세금반환채권에 대하여 압류 및 추심명령 또는 전부명령을 받은 경우, 제3채무자인 전세권설정자는 압류 및 추심명령 또는 전부명령이 송달된 때를 기준으로 하여 그 이전에 채무자와 사이에 발생한 모든 항변사유로 압류채권자에게 대항할 수 있다. 다만 임대차보증금반환채권을 담보할 목적으로 유효한 전세권설정등기가 마쳐진 경우에는 전세권저당권자가 저당권 설정 당시 전세권설정등기가 임대차보증금반환채권을 담보할 목적으로 마쳐진 것임을 알고 있었다면, 제3채무자인 전세권설정자는 전세권저당권자에게 전세권설정계약이 임대차계약과 양립할 수 없는 범위에서 무효임을 주장할 수 있으므로, 임대차계약에 따른 연체차임 등의 공제 주장으로 대항할 수 있다(대판 2021.12.30, 2018다268538). 설문에서 丙은 근저당권 설정 당시 전세권설정등기가 임대차보증금반환채권을 담보할 목적으로 마쳐진 것임을 알고 있었으므로, 물상대위권을 행사하여 전세금반환채권에 대하여 압류 및 추심명령을 받은 丙에 대하여 甲은 임대차계약에 따른 연체차임 등의 공제 주장으로 대항할 수 있다.

3. 결론

乙명의의 전세권설정등기는 유효하지만, 甲과 乙이 전세권설정등기를 마치기 위해 체결한 전세권설정계약은 전세금이 연체차임으로 공제되는 범위에서 통정허위표시에 해당하여 무효이다. 그러나 통정허위표시의 무효는 선의의 제3자에게 대항하지 못한다(제108조), 하지만 丙은 乙명의의 전세권설정등기가 임대차보증금반환채권을 담보할 목적으로 마쳐진 것임을 알고 있었다. 따라서 甲은 연체차임 상당액 범위에서 전세권설정계약이 무효임을 丙에게 주장할 수 있다.

Ⅱ. 전세권저당권자의 전세금반환채권에 대한 물상대위권

❒ 민사집행법 제91조 제3항은 "전세권은 저당권·압류채권·가압류채권에 대항할 수 없는 경우에는 매각으로 소멸된다"라고 규정하고, 같은 조 제4항은 "제3항의 경우 외의 전세권은 매수인이 인수한다. 다만 전세권자가 배당요구를 하면 매각으로 소멸된다"라고 규정하고 있는데, 이는 저당권 등에 대항할 수 없는 전세권과 달리, 최선순위의 전세권은 존속기간

에 상관없이 오로지 전세권자의 배당요구에 의하여만 소멸하고, 전세권자가 배당요구를 하지 않는 한 매수인에게 인수된다는 취지이다. 따라서 최선순위의 전세권은 전세권자 스스로 배당요구를 하여야만 매각으로 소멸함이 원칙이다.

그러나 전세권이 존속기간의 만료나 합의해지 등으로 종료하면 전세권의 용익물권적 권능은 소멸하고 단지 전세금반환채권을 담보하는 담보물권적 권능의 범위 내에서 전세금의 반환 시까지 전세권설정등기의 효력이 존속하므로, 전세권이 존속기간의 만료 등으로 종료한 경우라면 **최선순위 전세권자의 채권자**는 전세권이 설정된 부동산에 대한 경매절차에서 **채권자대위권**에 기하거나 **전세금반환채권에 대하여 압류 및 추심명령**을 받은 다음 추심권한에 기하여 자기 이름으로 **전세권에 대한 배당요구**를 할 수 있다. 다만 최선순위 전세권자의 채권자가 채권자대위권이나 추심권한에 기하여 전세권에 대한 배당요구를 할 때에는 채권자대위권 행사의 요건을 갖추었다거나 전세금반환채권에 대하여 압류 및 추심명령을 받았다는 점과 아울러 전세권이 존속기간의 만료 등으로 종료하였다는 점에 관한 소명자료를 배당요구의 종기까지 제출하여야 한다(대법원 2015.11.17. 선고 2014다10694 판결).

- 전세권을 목적으로 한 저당권이 설정된 경우, 전세권의 존속기간이 만료되면 전세권의 용익물권적 권능이 소멸하기 때문에 더 이상 전세권 자체에 대하여 저당권을 실행할 수 없게 되고, 저당권자는 저당권의 목적물인 전세권에 갈음하여 존속하는 것으로 볼 수 있는 전세금반환채권에 대하여 압류 및 추심명령 또는 전부명령을 받거나 제3자가 전세금반환채권에 대하여 실시한 강제집행절차에서 배당요구를 하는 등의 방법으로 물상대위권을 행사하여 전세금의 지급을 구하여야 한다(대법원 2014.10.27. 선고 2013다91672 판결).
- 전세권저당권자가 전세금반환채권에 대하여 물상대위권을 행사한 경우, 종전 저당권의 효력은 물상대위의 목적이 된 전세금반환채권에 존속하여 저당권자가 전세금반환채권으로부터 다른 일반채권자보다 우선변제를 받을 권리가 있으므로, 설령 전세금반환채권이 압류된 때에 전세권설정자가 전세권자에 대하여 반대채권을 가지고 있고 반대채권과 전세금반환채권이 상계적상에 있다고 하더라도 그러한 사정만으로 전세권설정자가 전세권저당권자에게 상계로써 대항할 수는 없다.

  그러나 전세금반환채권은 전세권이 성립하였을 때부터 이미 발생이 예정되어 있다고 볼 수 있으므로, **전세권저당권이 설정된 때**에 이미 전세권설정자가 전세권자에 대하여 반대채권을 가지고 있고 반대채권의 변제기가 장래 발생할 전세금반환채권의 변제기와 동시에 또는 그보다 먼저 도래하는 경우와 같이 전세권설정자에게 합리적 기대 이익을 인정할 수 있는 경우에는 특별한 사정이 없는 한 전세권설정자는 반대채권을 자동채권으로 하여 전세금반환채권과 상계함으로써 전세권저당권자에게 대항할 수 있다(대법원 2014.10.27. 선고 2013다91672 판결).

→ 민사집행법에 의하여 채권압류명령 또는 채권가압류명령을 받은 제3채무자가 압류채무자에 대한 반대채권을 가지고 있는 경우, (가)압류의 효력 발생 당시에 대립하는 양 채권이 모두 변제기가 도래하였거나, 그 당시 반대채권(자동채권)의 변제기가 도래하지 아니한 때에는 그것이 피(가)압류채권(수동채권)의 변제기와 동시에 또는 그보다 먼저 도래하면, 상계로써 (가)압류채권자에게 대항할 수 있다(대법원 2015.1.29. 선고 2012다108764 판결).

문제 甲은 자신의 X건물에 대하여 乙과 전세금 3억원, 존속기간 2년으로 하는 전세권설정계약을 맺고 乙명의로 전세권설정등기를 마쳐주었다. 乙은 丙으로부터 2억원을 빌리면서 이를 담보하기 위해 자신의 전세권에 丙명의로 저당권을 설정해 주었다. 그 후 전세권 존속기간이 만료되었다.

1. 丙은 전세권 자체에 대하여 저당권을 실행할 수 있는가?

→ 전세권을 목적으로 한 저당권이 설정된 경우, 전세권의 존속기간이 만료되면 전세권의 용익물권적 권능이 소멸하기 때문에 더 이상 전세권 자체에 대하여 저당권을 실행할 수 없다(대판 2014.10.27, 2013다91672). 설문에서 丙은 乙명의의 전세권에 대한 저당권을 취득하였고, 전세권 존속기간의 만료로 그 전세권이 소멸하였다. 따라서 丙은 전세권 자체에 대하여 저당권을 실행할 수 없다.

2. 丙이 乙의 甲에 대한 전세금반환채권에 대하여 물상대위를 행사한다. 이 경우 甲은 민법 제315조 이외의 乙에 대한 일반채권을 가지고 丙에게 상계 등으로 대항할 수 있는가?

→ 전세권저당권자가 전세금반환채권에 대하여 물상대위권을 행사한 경우, 종전 저당권의 효력은 물상대위의 목적이 된 전세금반환채권에 존속하여 저당권자가 전세금반환채권으로부터 다른 일반채권자보다 우선변제를 받을 권리가 있으므로, 설령 전세금반환채권이 압류된 때에 전세권설정자가 전세권자에 대하여 반대채권을 가지고 있고 반대채권과 전세금반환채권이 상계적상에 있더라도 그러한 사정만으로 전세권설정자가 전세권저당권자에게 상계로써 대항할 수 없다(대판 2014.10.27, 2013다91672). 따라서 甲이 乙에 대한 제315조의 손해배상채권을 가지고 있지 않다면, 다른 채권을 가지고 丙에게 상계로서 대항할 수 없다.

3. 만일 2016. 5. 1. 甲이 乙에게 변제기 2년으로 약정하고 2억원을 빌려준 다음, 자신의 X아파트에 전세금 3억원, 전세권 존속기간 2016. 8. 1.부터 2018. 8. 1.로 하여 전세권설정계약을 체결하고 전세권등기까지 마쳤다면, 甲은 乙에 대한 대여금채권을 자동채권으로 하여 전세금반환채무와의 상계로서 물상대위권을 행사하는 전세권저당권자인 丙에게 대항할 수 있는가?

➜ 전세금반환채권은 전세권이 성립하였을 때부터 이미 발생이 예정되어 있다고 볼 수 있으므로, 전세권저당권이 설정된 때에 이미 전세권설정자가 전세권자에 대하여 반대채권을 가지고 있고 반대채권의 변제기가 장래 발생할 전세금반환채권의 변제기와 동시에 또는 그보다 먼저 도래하는 경우와 같이 전세권설정자에게 합리적 기대 이익을 인정할 수 있는 경우에는 전세권설정자는 반대채권을 자동채권으로 하여 전세금반환채권과 상계함으로써 전세권저당권자에게 대항할 수 있다(대판 2014.10.27, 2013다91672). 설문에서 甲의 乙에 대한 반대채권의 성립이 전세권저당권의 설정보다 먼저 이루어졌고, 반대채권의 변제기(2018. 5. 1.)가 전세금반환채권의 변제기(2018. 8. 1)보다 먼저 도래하였다. 따라서 甲은 乙에 대한 대여금채권을 자동채권으로 하여 전세금반환채무와 상계함으로써 乙의 전세금반환채권에 물상대위권을 행사하는 丙에게 대항할 수 있다(제492조 1항).

제8절 유치권

Ⅰ. 유치권의 성립 여부

❐ 수급인의 공사대금채권이 도급인의 하자보수청구권 내지 하자보수에 갈음한 손해배상채권 등과 동시이행의 관계에 있는 점 및 피담보채권의 변제기 도래를 유치권의 성립요건으로 규정한 취지 등에 비추어 보면, 건물신축 도급계약에서 수급인이 공사를 완성하였더라도, 신축된 건물에 하자가 있고 그 **하자 및 손해에 상응하는 금액이 공사잔대금액 이상**이어서, 도급인이 수급인에 대한 하자보수청구권 내지 하자보수에 갈음한 손해배상채권 등에 기하여 수급인의 공사잔대금 채권 전부에 대하여 동시이행의 항변을 한 때에는, 공사잔대금 채권의 변제기가 도래하지 아니한 경우와 마찬가지로 수급인은 도급인에 대하여 하자보수의무나 하자보수에 갈음한 손해배상의무 등에 관한 이행의 제공을 하지 아니한 이상 공사잔대금 채권에 기한 유치권을 행사할 수 없다(대법원 2014.1.16. 선고 2013다30653 판결).

문제 甲은 乙소유의 X건물에 관한 건물공사를 乙로부터 도급받아 공사를 진행하였다. 甲은 완공 후 乙에게 공사잔대금의 지급을 구하였으나, 乙은 X건물에 하자가 있다는 이유로 잔대금의 지급을 거절하면서 보완공사를 요청하였다. 하지만 甲은 공사대금의 증액을 요구하면서 乙의 보완공사 요청에 응하지 않고 있다. 이 경우 甲은 공사잔대금 채권에 기한 유치권을 행사할 수 있는가?

➜ 유치권은 그 목적물에 관하여 생긴 채권이 변제기에 있는 경우에 성립하는 것이므로(제320

조), 아직 변제기에 이르지 않은 채권에 기하여 유치권을 행사할 수 없다(대판 2007.9.21, 2005다41740). 그런데 도급계약에서 완성된 목적물에 하자가 있는 때에는 도급인은 수급인에 대하여 하자의 보수를 청구할 수 있고, 그 하자의 보수에 갈음하여 또는 보수와 함께 손해배상을 청구할 수 있다(제667조). 이러한 청구권은 수급인의 공사대금채권과 동시이행관계에 있다(대판 2007.10.11, 2007다31914). 설문에서 乙이 甲에 대하여 하자보수를 요구하면서 공사잔대금의 지급을 거절한 것은 정당한 동시이행의 항변권 행사에 해당한다. 따라서 甲이 乙에 대한 하자보수의무나 손해배상의무에 관한 이행을 제공함이 없이 공사잔대금 채권에 기한 유치권을 행사할 수 없다(대판 2014.1.16, 2013다30653).

Ⅱ. 경매와 유치권의 소멸 여부

1. 다른 채권자가 경매신청한 경우

(1) 부동산에 '경매개시결정'의 기입등기가 되어 압류의 효력이 발생하기 '전'에 유치권을 취득한 경우: 소멸하지 않음

❒ 부동산 경매절차에서의 매수인은 민사집행법 제91조 제5항에 따라 유치권자에게 그 유치권으로 담보하는 채권을 변제할 책임이 있다(인수주의). 유치권 취득시기가 근저당권 설정 이후라거나 유치권 취득 전에 설정된 근저당권에 기하여 경매절차가 개시되더라도 상관없다(대법원 2011.5.13.자 2010마1544 결정). 따라서 경매개시결정등기가 되기 전에 이미 그 부동산에 관하여 민사유치권을 취득한 사람은 그 취득에 앞서 저당권설정등기나 가압류등기 또는 체납처분압류등기가 먼저 되었더라도 경매절차의 매수인에게 자기의 유치권으로 대항할 수 있다(대법원 2014.4.10. 선고 2010다84932 판결). 즉 경매로 인해 유치권은 소멸하지 않는다.

❒ 부동산에 가압류등기가 경료되어 있을 뿐 현실적인 매각절차가 이루어지지 않고 있는 상황하에서는 채무자의 점유이전으로 인하여 제3자가 유치권을 취득하게 된다고 하더라도 이를 처분행위로 볼 수는 없다(대법원 2011.11.24. 선고 2009다19246 판결).

→ 가압류는 단지 강제집행을 위한 보전처분에 불과하므로, 채무자의 점유·사용으로 인한 가치의 증감변동도 그것이 목적물의 가치를 현저히 훼손하여 보전의 목적을 달성할 수 없게 하는 것이 아닌 한 용인되기 때문이다.

❒ 부동산에 관한 민사집행절차에서는 경매개시결정과 함께 압류를 명하므로 압류가 행하여짐과 동시에 매각절차인 경매절차가 개시되는 반면, 국세징수법에 의한 체납처분절차에서는 그와 달리 체납처분에 의한 압류(이하 '체납처분압류'라고 한다)와 동시에 매각절차인

> 공매절차가 개시되는 것이 아닐 뿐만 아니라, 체납처분압류가 반드시 공매절차로 이어지는 것도 아니다. 또한 체납처분절차와 민사집행절차는 서로 별개의 절차로서 공매절차와 경매절차가 별도로 진행되는 것이므로, 부동산에 관하여 체납처분압류가 되어 있다고 하여 경매절차에서 이를 그 부동산에 관하여 경매개시결정에 따른 압류가 행하여진 경우와 마찬가지로 볼 수는 없다. 따라서 체납처분압류가 되어 있는 부동산이라고 하더라도 그러한 사정만으로 경매절차가 개시되어 경매개시결정등기가 되기 전에 부동산에 관하여 민사유치권을 취득한 유치권자가 경매절차의 매수인에게 유치권을 행사할 수 있다(대법원 2014.3.20. 선고 2009다60336 판결).

문제 甲은 X건물의 소유자이고, 乙은 2014. 10. 2. X건물에 채권최고액 3억원의 근저당권을 설정한 근저당권자이다. 2016. 7. 5. 甲은 丙에게 X건물을 찜질목욕탕으로 개조하는 공사를 도급하였고, 丙이 2017. 4. 5. 공사를 완료하여 공사대금채권을 취득하였으나 甲이 이를 지급하지 않아 유치권을 행사하기 시작하였다. 이후 乙이 X건물에 대하여 근저당권에 기한 임의경매신청을 하여 2017. 9. 10. 임의경매개시결정이 내려지고, 같은 달 15. 임의경매개시결정 기입등기가 이루어졌다. 경매절차에서 丁이 2018. 3. 10. X건물을 매각받아 소유권을 취득하였다.

1. 丁은 丙이 경매의 원인이 되는 근저당권설정 이후에 유치권을 취득하였으므로 자신에게 대항할 수 없다고 주장한다. 丁의 주장이 타당한가?

➜ 어느 부동산에 관하여 경매개시결정등기가 된 뒤에 비로소 민사유치권을 취득한 사람은 경매절차의 매수인에 대하여 그의 유치권을 주장할 수 없다. 이러한 법리는 어디까지나 경매절차의 법적 안정성을 보장하기 위한 것이므로, 경매개시결정등기가 되기 전에 이미 그 부동산에 관하여 민사유치권을 취득한 사람은 그 취득에 앞서 저당권설정등기나 가압류등기 또는 체납처분압류등기가 먼저 되어 있더라도 경매절차의 매수인에게 자기의 유치권으로 대항할 수 있다(대판 2014.4.10, 2010다84932). 설문에서 丙이 경매개시결정의 기입등기가 되어 압류의 효력이 발생하기 전에 유치권을 취득하였다. 따라서 丙은 그 전에 경매의 원인이 되는 근저당권이 설정되었는지에 관계없이 유치권으로 丁에게 대항할 수 있으므로(제320조), 丁의 주장은 부당하다.

2. 만일 丙이 2017. 4. 5.이 아닌 2017. 9. 30. 공사를 완료하여 공사대금채권을 취득하였고, 甲이 이를 지급하지 않아 유치권을 행사하고 있다면, 丙은 丁에게 유치권을 주장할 수 있는가?

➜ 유치권은 그 목적물에 관하여 생긴 채권이 변제기에 있는 경우에 비로소 성립하고(민법 제320조), 한편 채무자 소유의 부동산에 경매개시결정의 기입등기가 마쳐져 압류의 효력이 발생한 후에 유치권을 취득한 경우에는 그로써 부동산에 관한 경매절차의 매수인에게 대항할

수 없다(대판 2013.6.27, 2011다50165). 설문에서 X건물의 공사를 도급받은 수급인 丙이 경매개시결정의 기입등기가 마쳐지기 전에 甲으로부터 건물의 점유를 이전받았더라도 경매개시결정의 기입등기가 마쳐진 후에 공사를 완공하여 공사대금채권을 취득함으로써 그때 유치권이 성립하였다. 따라서 丙은 유치권을 내세워 경매절차의 매수인 丁에게 대항할 수 없다.

(2) 부동산에 '경매개시결정'의 기입등기가 되어 압류의 효력이 발생한 '후'에 유치권을 취득한 경우: 소멸

❒ 어느 부동산에 관하여 **경매개시결정등기가 된 뒤에** 비로소 민사유치권을 취득한 사람은 경매절차의 매수인에 대하여 그의 유치권을 주장할 수 없다(대법원 2005.8.19. 선고 2005다22688 판결). 즉 채무자 소유의 건물 등 부동산에 경매개시결정의 기입등기가 되어 압류의 효력이 발생한 이후에 채무자가 부동산에 관한 공사대금 채권자에게 그 점유를 이전함으로써 그로 하여금 유치권을 취득하게 한 경우, 그와 같은 점유의 이전은 목적물의 교환가치를 감소시킬 우려가 있는 처분행위에 해당하여 민사집행법 제92조 제1항, 제83조 제4항에 따른 압류의 처분금지효에 저촉되므로 점유자로서는 유치권을 내세워 그 부동산에 관한 경매절차의 매수인에게 대항할 수 없다(대법원 2009.1.15. 선고 2008다70763 판결).

❒ 유치권은 그 목적물에 관하여 생긴 채권이 **변제기**에 있는 경우에 비로소 성립하므로(민법 제320), 채무자 소유의 부동산에 경매개시결정의 기입등기가 마쳐져 압류의 효력이 발생한 후에 유치권을 취득한 경우에는 그로써 부동산에 관한 경매절차의 매수인에게 대항할 수 없다. 따라서 채무자 소유의 건물에 관하여 증·개축 등 공사를 도급받은 수급인이 경매개시결정의 기입등기가 마쳐지기 전에 채무자로부터 건물의 점유를 이전받았다 하더라도 경매개시결정의 기입등기가 마쳐져 압류의 효력이 발생한 후에 공사를 완공하여 공사대금채권을 취득함으로써 그때 비로소 유치권이 성립한 경우에는, 수급인은 유치권을 내세워 경매절차의 매수인에게 대항할 수 없다(대법원 2013.6.27. 선고 2011다50165 판결).

→ '경매개시결정의 기입등기'가 경료되어 압류의 효력이 발생한 후에 채무자가 당해 부동산의 점유를 이전함으로써 제3자가 취득한 유치권으로 압류채권자에게 대항할 수 있다고 한다면 경매절차에서의 매수인이 매수가격 결정의 기초로 삼은 현황조사보고서나 매각물건명세서 등에서 드러나지 않는 유치권의 부담을 그대로 인수하게 되어 경매절차의 공정성과 신뢰를 현저히 훼손하게 되기 때문이다. 즉 압류의 효력이 발생한 후 채무자의 제3자에 대한 점유이전은 압류의 처분금지효에 저촉되는 처분행위에 해당한다.

(3) 경매개시결정 전에 유치권을 취득한 사람이 유예한 변제기가 경매개시결정 이후 도래하여 다시 유치권을 취득한 경우: 소멸하지 않음

❐ 집행절차의 법적 안정성을 보장할 목적으로 부동산에 관하여 경매개시결정등기가 된 뒤에 비로소 부동산의 점유를 이전받거나 피담보채권이 발생하여 유치권을 취득한 경우에는 경매절차의 매수인에 대하여 유치권을 행사할 수 없다. 피고가 경매개시결정 전후로 계속하여 경매목적물을 점유하고 피고의 공사대금채권의 변제기가 변제기 유예 이전에 이미 도래하여 피고가 경매개시결정등기 전에 유치권을 취득하였을 경우, 경매개시결정 이후 변제기가 재차 도래함으로써 피고가 다시 유치권을 취득하였다고 볼 여지가 있다. 또한 경매개시결정 전후로 유치권자가 부동산을 계속 점유하면서 집행법원에 유치권을 신고하였고 현황조사보고서에 이러한 사정이 기재되기도 하였으며 유치권의 존재를 확인하는 판결까지 확정되어 매수인 등이 유치권이 존재한다는 점을 알고 있었던 것으로 보이고 달리 거래당사자가 유치권을 자신의 이익을 위하여 고의로 작출하였다는 사정을 찾아볼 수 없다. 그렇다면 이 사건에서는 유치권의 행사를 허용하더라도 경매절차의 이해관계인에게 예상하지 못한 손해를 주지 않고 집행절차의 법적 안정성을 해치지 않아 유치권의 행사를 제한할 필요가 없으므로, 피고는 경매절차의 매수인인 원고에게 유치권을 주장할 수 있다고 봄이 타당하다(대법원 2022.12.29. 선고 2021다253710 판결).

→ 경매개시결정 전후로 계속하여 경매목적물을 점유하면서 공사대금채권의 변제기가 변제기 유예 이전에 이미 도래하여 경매개시결정등기 전에 유치권을 취득하였고, 경매개시결정 이후 변제기가 재차 도래함으로써 다시 유치권을 취득한 경우, 유치권자는 경매절차의 매수인에게 유치권을 주장할 수 있다.

문제 A와의 공사도급계약에 따라 X건물에 대한 공사를 마친 B는 2010. 8.경부터 X건물을 계속 점유하고 있으며, 2010. 8. 24. 개시된 경매절차에서 공사대금채권을 피담보채권으로 하여 유치권 신고를 하였다. A와 B는 2010. 8. 6. B의 공사대금채권 변제기를 2010. 9. 6.로 유예하였고, 집행법원의 2010. 8. 24.자 현황조사명령에 따른 현황조사보고서에는 B가 공사대금채권으로 유치권을 행사하면서 X건물을 점유하고 있다고 기재되어 있다.
근저당권자가 B를 상대로 제기한 유치권부존재확인의 소에서 전소 법원은 2017. 2. 7. B가 점유 중인 X건물에 관하여 6억원의 공사대금채권을 피담보채권으로 하는 유치권이 존재한다는 판결을 선고하였고, 그 판결은 확정되었다. 전소 법원의 판결 선고 후 속행된 경매절차에서 B는 다시 유치권 신고를 하였고 2019. 3. 12. 진행된 매각기일에서 C가 최고가매수신고인이 되었다. 위 경매절차에서 매각대금을 납부하

고 X건물의 소유권을 취득한 원고 C는 피고 B를 상대로 X건물의 인도와 부당이득반환을 청구하였고, 이에 대하여 피고 B는 유치권이 있어 원고의 청구에 응할 수 없다고 다투었다. 법원의 판단은?

➜ X부동산의 소유권을 취득한 C가 B를 상대로 X건물의 인도와 부당이득반환을 청구할 수 있기 위해서는 B에게 X건물을 점유할 권리가 없어야 하고 법률상 원인이 존재하지 않아야 한다(민법 제213조, 제741조).

1. B가 경매절차의 매수인 C에 대하여 유치권을 행사할 수 있는지 여부

(1) 집행절차의 법적 안정성을 보장할 목적으로 부동산에 관하여 경매개시결정등기가 된 뒤에 비로소 부동산의 점유를 이전받거나 피담보채권이 발생하여 유치권을 취득한 경우에는 경매절차의 매수인에 대하여 유치권을 행사할 수 없다(대판 2014.3.20, 2009다60336).

(2) 설문의 경우, B가 경매개시결정 전후 계속하여 경매목적물을 점유하고 있고 B의 공사대금채권 변제기가 변제기 유예 이전에 이미 도래하여 경매개시결정등기 전에 유치권을 취득하였고, 경매개시결정 이후 변제기가 재차 도래함으로써 B가 다시 유치권을 취득하였다. 또한 경매개시결정 전후로 유치권자가 부동산을 계속 점유하면서 유치권을 신고하였고 현황조사보고서에 이러한 사정이 기재되어 있으며 유치권의 존재를 확인하는 판결까지 확정되어 매수인 C 등이 X건물에 유치권이 존재한다는 점을 알고 있었던 것으로 보인다. 그렇다면 B의 유치권 행사를 허용하더라도 경매절차의 이해관계인에게 예상하지 못한 손해를 주지 않고 집행절차의 법적 안정성을 해치지 않는다고 볼 것이다. 따라서 B는 경매절차의 매수인인 원고 C에게 유치권을 주장할 수 있다(대판 2022.12.29, 2021다253710).

2. 결론

B는 유치권에 따라 X건물을 점유할 수 있고(제213조 단서), 이는 제741조의 법률상 원인에 해당하므로, 법원은 C의 청구를 기각해야 한다.

2. 유치권자가 경매를 신청한 경우

(1) 일 반

❐ 유치권자가 경매신청을 한 경우, 즉 유치권에 의한 경매는 강제경매나 담보권실행을 위한 경매와 마찬가지로 목적부동산 위의 부담을 소멸시키는 것을 법정매각조건으로 하여 실시된다(대법원 2011.6.15.자 2010마1059 결정). 따라서 유치권에 의한 경매로 유치물이 매각되면, ① 유치권은 소멸한다. ② 우선채권자뿐만 아니라 일반채권자의 배당요구도 허용되며, 유치권자는 일반채권자와 동일한 순위로 배당을 받을 수 있다. 다만 집행법원은 부동산 위의 이해관계를 고려하여 법정매각조건과는 달리 매각조건 변경결정을 통하여 목적

부동산 위의 부담을 소멸시키지 않고 매수인으로 하여금 인수하도록 정할 수 있다(대법원 2011.6.15.자 2010마1059 결정).

(2) 이중경매개시결정

(가) 유치권자의 경매신청으로 개시된 경매절차가 정지된 경우: 소멸하지 않음

❒ 유치권자의 경대신청으로 개시된 경매절차가 목적물에 대한 강제경매 또는 담보권 실행을 위한 경매절차의 개시로 인하여 정지된 상태에서 그 목적물에 대한 강제경매 또는 담보권 실행을 위한 경매절차가 진행되어 매각이 이루어진 경우, 유치권에 의한 경매절차가 소멸주의를 원칙으로 하여 진행된 경우와는 달리 그 유치권은 소멸하지 않는다(대법원 2011.8.18. 선고 2011다35593 판결).

→ 가령 유치권자 甲의 신청으로 건물에 대하여 유치권에 의한 경매절차가 개시되어 진행되던 중 근저당권자의 신청으로 건물에 대해 경매절차가 개시되어 유치권에 기한 경매절차는 정지되었고, 乙이 담보권 실행을 위한 경매절차에서 건물을 매각받아 소유권을 취득하였는데, 이후 건물에 대하여 다시 개시된 경매절차에서 丙이 건물을 매각받아 소유권을 취득한 경우, 유치권에 의한 경매절차는 근저당권에 의한 경매절차의 개시로 정지되었고 담보권실행을 위한 경매절차가 진행되어(민사집행법 제274조 2항) 건물의 소유권을 취득한 乙에게 유치권이 인수되므로(민사집행법 제91조 5항, 제268조), 유치권자 甲은 공사대금 중 미변제된 부분을 모두 변제받을 때까지 건물을 유치할 권리가 있다.

(나) 유치권자가 경매신청을 취하한 경우: 소멸하지 않음

❒ 강제경매 또는 담보권실행을 위한 경매개시결정이 이루어진 부동산에 대하여 다른 채권자로부터 또 다시 경매신청이 있어 이중경매개시결정을 하는 경우에 먼저 개시결정한 경매신청이 취하되거나 그 절차가 취소 또는 정지되지 아니하는 이상 뒤의 경매개시결정에 의하여 경매절차를 진행할 수는 없는 것이지만, 선행한 경매신청이 취하되거나 그 절차가 취소 또는 정지된 경우에는 후행의 경매신청인을 위하여 그때까지 진행되어 온 선행의 경매절차를 인계하여 당연하게 경매절차를 속행하여야 하는 것이고(민사집행법 제87조), 이 경우에 선행한 경매절차의 결과는 후행한 경매절차에서 유효한 범위에서 그대로 승계되어 이용된다. 다만

> 그 경우 후행 경매절차에서 압류에 대항할 수 있는 권리의 범위는 이중경매개시결정에 의한 압류의 효력 발생 시를 기준으로 정한다(대법원 2022.7.14. 선고 2019다271685 판결).

문제 A은행은 B에 대한 대출금채권을 담보하기 위하여 2014. 11. 11. X건물을 포함한 B소유의 부동산(이하 'X건물 등'이라 한다)에 관하여 근저당권설정등기를 마쳤다. B가 대출금 채무 변제를 연체함에 따라 A은행은 X건물 등에 관하여 임의경매를 신청하여 2015. 7. 2. 임의경매개시결정(이하 '후행 경매절차'라 한다) 및 그 기입등기가 마쳐졌다. 甲은 2017. 6. 29. A은행으로부터 B에 대한 위 근저당권부 채권을 양수하고 근저당권이전등기를 마쳤다.
한편 乙회사는 2014. 2. 25. B로부터 X건물의 신축공사를 공사대금 20억원에 도급받고, 2014. 9. 5. X건물을 완공한 다음 관할시장으로부터 사용승인을 받았다. 乙은 B로부터 공사대금을 지급받지 못하자, X건물 등에 관하여 강제경매를 신청하여 2015. 2. 3. 강제경매개시결정(이하 '선행 경매절차'라 한다) 및 그 기입등기가 마쳐졌고, 위 경매절차에서 乙은 2015. 2. 24. 공사대금채권을 피담보채권으로 하여 유치권신고를 하였는데, X건물에 관한 점유는 2015. 4. 6.경부터 개시하였다.
이에 대하여 A은행은 甲에게 근저당권부 채권을 양도하기 전인 2015. 10. 19. 乙을 상대로 하여 X건물에 관한 유치권부존재 확인의 소(이하 '전소'라 한다)를 제기하였고, 전소 법원은 X건물에 관하여 강제경매등기가 마쳐짐으로써 압류의 효력이 발생하기 이전에 유치권 행사의 요건인 乙의 점유가 개시되었다고 인정하기 어려워 선순위 근저당권자인 A은행에 대하여는 위 유치권으로 대항할 수 없다는 이유로 A은행의 유치권부존재확인청구를 인용하는 판결을 선고하였고(이하 '선행사건 판결'이라 한다), 판결은 그대로 확정되었다.
乙은 선행사건 판결이 선고된 이후인 2017. 4. 19. 선행 경매절차 신청을 취하하였고, 이로 인해 2017. 5. 10. 속행된 후행 경매절차에서 X건물에 관하여 유치권을 주장하였으며, 피담보채권을 12억원으로 하여 유치권신고를 마쳤다. 이에 대해 甲은 乙이 후행 경매절차에서 X건물에 관한 유치권을 주장하는 것은 선행사건 판결의 기판력에 반하고, 유치권 성립요건으로서 乙의 적법한 점유가 인정되지 않아 乙의 유치권은 인정되지 않는다고 주장한다. 甲의 주장은 타당한가?

➜ **1. 경매개시결정 후 이중경매개시결정 전에 유치권이 성립한 경우, 후행경매절차에서 전소 확정판결의 기판력**

(1) 확정판결은 변론을 종결한 뒤의 승계인에게 미친다(민사소송법 제218조 1항). 설문에서 근저당권자인 A은행은 2015. 10. 19. 乙을 상대로 X건물에 관한 유치권부존재확인의 소를 제기하여 이를 인용하는 판결이 확정되었고, 甲은 변론종결일인 2016. 11. 4. 이후인 2017. 6. 29. A은행의 B에 대한 피담보채권과 X건물에 대한 근저당권을 취득하였다. 따라서 A은행과 乙사이에 확정된 선행사건 판결의 기판력은 甲과 乙사이에 미친다.

(2) 확정판결의 효력은 그 표준시인 사실심 변론종결시를 기준으로 발생하므로, 변론종결 뒤에 새롭게 발생한 사유는 기판력의 시적 범위에 의해 차단되지 않는다. 설문에서 乙이 선행 경매절차에서 X건물에 대한 강제경매개시결정의 기입등기가 마쳐진 2015. 2. 3. 이후인 4. 6. X건물의 점유를 개시하여 유치권을 취득하였으므로, 乙은 선행 경매절차에서 근저당권자인 A은행에 대하여 유치권으로 대항할 수 없다. 하지만 乙이 2017. 4. 19. 선행 경매절차의 경매신청을 취하함에 따라 속행된 후행 경매절차에서는 유치권으로 대항할 수 있게 되었고, 이는 선행사건 판결의 변론종결 뒤에 발생한 새로운 사유에 해당한다. 따라서 乙이 후행 경매절차에서 유치권을 주장하는 것은 전소 확정판결의 기판력에 저촉되지 않는다(대판 2022.7.14, 2019다271685).

2. 경매개시결정의 처분금지적 효력과 유치권의 관계

먼저 경매개시결정을 한 경매신청이 취하되거나 그 절차가 취소된 때에는 후행의 경매신청인을 위하여 뒤의 경매개시결정에 따라 절차를 계속 진행해야 한다(민사집행법 제87조 2항). 경매개시결정등기가 되기 전에 이미 그 부동산에 관하여 민사유치권을 취득한 사람은 그 취득에 앞서 저당권설정등기나 가압류등기 또는 체납처분압류등기가 먼저 되어 있더라도 경매절차의 매수인에게 자기의 유치권으로 대항할 수 있다(대판 2014.4.10, 2010다84932). 설문의 경우 乙은 선행 경매절차에서 유치권으로 대항할 수 없었으나 후행경매개시결정 기입등기가 마쳐지기 전에 점유를 개시하여 유치권을 취득하였다. 따라서 乙은 선행 경매절차의 취하로 속행된 후행 경매절차에서 유치권을 행사할 수 있다(대판 2022.7.14, 2019다271685).

3. 결론

乙은 후행 경매절차에서 유치권을 행사할 수 있으므로, 甲의 주장은 부당하다.

3. 상사유치권의 경우

❒ 상사유치권은 민사유치권과 달리 그 피담보채권이 **목적물에 관하여** 생긴 것일 필요는 없지만, 유치권의 대상이 되는 물건은 **채무자 소유**일 것으로 제한되어 있다(상법 제58조, 민법 제320조 제1항). 상사유치권이 채무자 소유의 물건에 대해서만 성립한다는 것은, 상사유치권은 그 성립 당시 채무자가 목적물에 대하여 보유하고 있는 담보가치만을 대상으로 하는 제한물권이라는 의미를 담고 있다 할 것이고, 따라서 유치권 성립 당시에 이미 그 목적물에 대하여 제3자가 권리자인 제한물권이 설정되어 있다면, 상사유치권은 그와 같이 제한된 채무자의 소유권에 기초하여 성립할 뿐이고, 기존의 제한물권이 확보하고 있는 담보가치를

사후적으로 침탈하지는 못한다고 보아야 한다. 그러므로 채무자 소유의 부동산에 관하여 이미 선행저당권이 설정되어 있는 상태에서 채권자의 상사유치권이 성립한 경우, 상사유치권자는 채무자 및 그 이후 그 채무자로부터 부동산을 양수하거나 제한물권을 설정 받는 자에 대해서는 대항할 수 있지만, 선행저당권자 또는 선행저당권에 기한 임의경매절차에서 부동산을 취득한 매수인에 대한 관계에서는 그 상사유치권으로 대항할 수 없다(대법원 2013.3.28. 선고 2012다94285 판결).

Ⅲ. 유치권의 소멸

❒ 유치권자가 민법 제324조 제2항을 위반하여 유치물 소유자의 승낙 없이 유치물을 임대한 경우 유치물의 소유자는 이를 이유로 제324조 제3항에 의하여 유치권의 소멸을 청구할 수 있다. 제324조에서 정한 유치권소멸청구는 유치권자의 선량한 관리자의 주의의무 위반에 대한 제재로서 채무자 또는 유치물의 소유자를 보호하기 위한 규정이므로(대법원 2022.6.16. 선고 2018다301350 판결), 특별한 사정이 없는 한 제324조 제2항을 위반한 임대행위가 있은 뒤에 유치물의 소유권을 취득한 제3자도 유치권소멸청구를 할 수 있다(대법원 2023.8.31. 선고 2019다295278 판결).

→ 甲은 2006년경부터 채무자에 대한 공사대금채권을 피담보채권으로 하는 유치권을 주장하며 X부동산을 점유하고 있는데, 2007. 10. 4.부터 2012. 2. 3.까지 X부동산을 당시 소유자의 승낙을 받지 않고 임대하였다. 2018. 5. 21. X부동산의 소유권을 취득한 乙이 甲을 상대로 X부동산 인도청구 및 사용이익 상당액의 부당이득반환청구를 한 데에 대하여 甲이 유치권을 주장한 경우, 乙은 위 무단임대를 이유로 유치권소멸청구권을 행사할 수 있다.

❒ 민법 제321조는 “유치권자는 채권 전부의 변제를 받을 때까지 유치물 전부에 대하여 그 권리를 행사할 수 있다”고 정하므로, 유치물은 그 각 부분으로써 피담보채권의 전부를 담보하고, 이와 같은 유치권의 불가분성은 그 목적물이 분할 가능하거나 수개의 물건인 경우에도 적용되며, 상법 제58조의 상사유치권에도 적용된다(대법원 2016.12.27. 선고 2016다244835 판결). 민법 제324조는 ‘유치권자에게 유치물에 대한 선량한 관리자의 주의의무를 부여하고, 유치권자가 이를 위반하여 채무자의 승낙 없이 유치물을 사용, 대여, 담보 제공한 경우에 채무자는 유치권의 소멸을 청구할 수 있다’고 정한다. 따라서 하나의 채권을 피

담보채권으로 하여 여러 필지의 토지에 대하여 유치권을 취득한 유치권자가 그중 일부 필지의 토지에 대하여 선량한 관리자의 주의의무를 위반하였다면 특별한 사정이 없는 한 **위반행위가 있었던 필지의 토지에 대하여만** 유치권 소멸청구가 가능하다(대법원 2022.6.16. 선고 2018다301350 판결).

→ 여러 필지의 토지에 대하여 유치권을 취득한 유치권자가 그중 일부 필지의 토지에 대하여 선량한 관리자의 주의의무를 위반하였다면 유치권 대상 필지 전체에 대하여 유치권 소멸청구를 할 수 있는 것이 아니라 위반행위가 있었던 해당 필지의 토지에 대해서만 유치권 소멸청구가 가능하다.

변호사시험 기출문제

문제 1 甲과 甲의 동생인 A는 2010. 9.경 甲이 제공한 매수자금으로 A를 매수인, B를 매도인으로 하여 B 소유의 X부동산에 대한 매매계약을 체결하고 A 명의로 소유권이전등기를 경료하기로 하는 명의신탁약정을 체결하였다. A와 B는 2010. 10. 12. X부동산에 관한 매매계약을 체결하고 A 명의로 소유권이전등기를 마쳤다. B는 甲과 A 사이의 명의신탁약정에 대하여는 전혀 알지 못하였다.

甲은 A가 X부동산을 매수한 이래 현재까지 X부동산을 무상으로 사무실로 사용하고 있으며, 2010. 12.경 X부동산을 개량하기 위하여 5,000만원 상당의 유익비를 지출하였다. 한편 A는 2011. 6. 3. C로부터 금 2억원을 변제기 2012. 6. 3.로 정하여 차용하면서 甲이 모르게 X부동산에 C명의로 근저당권(채권최고액 2억 5,000만원)을 설정해 주었다.

A가 변제기에 C에게 채무를 변제하지 못하자 C는 근저당권을 실행하였고, 乙은 경매절차에서 2012. 7. 14. 매각대금을 완납하고 2012. 8. 1. 그 소유권이전등기를 경료하였다. 그 후 乙은 X부동산의 소유자로서 甲을 상대로 '피고는 원고에게 X부동산을 인도하고, 부당이득반환 또는 불법점유로 인한 손해배상으로 2010. 10. 12.부터 X부동산의 인도완료일까지 월 200만원의 비율에 의한 금원을 지급하라'는 내용의 소를 제기하였고, 이 소장부본은 2012. 8. 14. 甲에게 도달하였다.

乙의 청구에 대해서 甲은 다음과 같은 주장을 하였다. ① X부동산의 실제 소유자는 甲 자신이므로 A가 甲의 동의 없이 C에게 설정해 준 근저당권은 실체법상 무효이고, 무효인 근저당권의 실행을 통한 경매절차에서 매각대금을 완납한 乙은 X부동산의 소유자가 아니다. ② 설령 乙이 X부동산의 소유자라도, 甲은 A에 대하여 X부동산의 매수자금 상당의 부당이득반환청구권이 있고, X부동산을 개량하기 위하여 유익비 5,000만원을 지출하였으므로 민법 제611조 제2항에 따라 유익비상환청구권을 가지기 때문에 A로부터 매수자금과 유익비를 반환받을 때까지 X부동산을 인도할 수 없다. ③ 또한 甲은 乙의 금원지급청구와 관련하여, 甲 자신이 X부동산의 소유자로서 X부동산을 적법하게 점유하여 사용·수익하고 있으므로 부당이득반환청구 또는 불법점유를 원인으로 한 손해배상청구에 응할 수 없다. ④ 설령 乙이 X부동산의 소유자라도, 甲은 유치권자로서 X부동산을 사무실로 사용하고 있으며 이는 유치물의 보존에 필요한 사용이므로 부당이득반환 또는 불법점유를 원인으로 한 손해배상청구에 응할 수 없다.

乙은 甲의 항변에 대해서, 甲과 A 사이의 명의신탁약정은 무효이고, X부동산의 매수자금 상당의 부당이득반환청구권에 기하여 유치권이 성립하지 않으며, 유익비는 A에게 반환을 청구할 수 있을 뿐이므로 유익비상환청구권에 기하여도 유치권이 성립하지 않는다고 주장한다. 법원의 심리 결과, 甲의 유익비 지출로 인하여 X부동산의 가치가 5,000만원 정도 증대되어 현존하고 있는 사실과 2010. 10. 12.부터 현재까지 X부동산의 임료가 월 100만원임이 인정되었다.

甲에 대한 乙의 청구에 대한 결론[각하, 청구전부인용, 청구일부인용(일부 인용되는 경우 그 구체적인 금액 또는 내용을 기재할 것), 청구기각]을 그 논거와 함께 서술하시오. (40점) (제2회 변호사시험, 2013)

→ 1. 결론

법원은 "피고 甲은 A에 대한 유익비상환청구권으로서 5,000만원을 변제받는 것과 동시에 원고 乙에게 X부동산을 인도하고, 2012. 7. 14.부터 X부동산을 인도할 때까지 월 100만원의 비율로 부당이득을 반환하라. 원고의 나머지 청구는 기각한다"라는 일부인용 판결을 해야 한다.

2. 논거

(1) 乙은 甲에 대해 X부동산의 인도를 청구할 수 있는지 여부

乙이 X부동산을 점유하고 있는 甲에 대해 그 인도를 청구할 수 있기 위해서는, 乙이 X부동산의 소유자이어야 하고 甲이 점유할 권리가 없어야 한다(민법 제213조).

(가) 乙이 X부동산의 소유자인지 여부

甲과 A 사이의 명의신탁약정은 무효이지만, 매도인 B가 선의이므로 명의수탁자 A와 매도인 B 사이의 매매계약은 유효하고, 명의수탁자 A가 X부동산의 소유권을 취득한다(부동산실명법 제4조 1항, 2항). 따라서 X부동산에 대한 C명의의 근저당권은 유효하며, C의 담보권 실행으로 乙이 X부동산을 매각받고 매각대금을 완납하였으므로, 2012. 7. 14. X부동산의 소유권을 취득하였다(민사집행법 제268조, 제135조). 그 결과 X부동산의 실제 소유자는 甲 자신이므로 A가 甲의 동의 없이 C에게 설정해 준 근저당권은 실체법상 무효이고, 무효인 근저당권의 실행을 통한 경매절차에서 매각대금을 완납한 乙은 X부동산의 소유자가 아니라는 甲의 항변은 부당하다.

(나) 甲이 X부동산에 대해 유치권을 행사할 수 있는지 여부

명의수탁자 A가 명의신탁자 甲으로부터 받은 부동산 매수자금은 무효의 명의신탁약정에 기한 것으로서 법률상 원인 없이 받은 것이 되어, 甲은 A에 대해 부당이득반환을 청구할 수 있다(민법 제741조). 이것은 X부동산에 관해 생긴 채권이 아니므로, 甲은 부당이득반환채권의 변제를 받기까지 그 부동산에 유치권을 행사할 수 없다(제320조). 반면에 甲과 A사이에

는 사용대차가 존재하고, 甲이 X부동산을 개량하기 위해 5,000만원을 지출하였고 그 가액의 증가가 현존하므로, 甲은 A에 대해 유익비상환을 청구할 수 있고(제611조, 제594조 2항), 이는 X부동산에 관해 생긴 채권이므로 변제를 받기까지 그 부동산에 유치권을 갖는다. 따라서 乙의 유익비상환청구권에 기한 유치권 항변은 타당하다.

(다) 소결
물권의 인도를 청구하는 소송에서 피고의 유치권 항변이 인용되는 경우에는 물건에 관하여 생긴 채권의 변제와 상환으로 물건의 인도를 명하여야 한다(대판 2011.12.13, 2009다5162). 따라서 乙의 청구에 대해 법원은, "피고 甲은 A에 대한 유익비상환청구권으로서 5,000만원을 변제받는 것과 동시에 乙에게 X부동산을 인도하라"고 판시하여 일부인용을 하여야 한다.

(2) 乙은 甲에 대해 부당이득반환 또는 손해배상을 청구할 수 있는지 여부
유치권은 목적물의 인도를 거절하는 것을 본체로 하고, 사용은 그 권능에 포함되지 않는다. 다만 유치권자는 유치물의 보존을 위해 사용할 수 있지만(민법 제324조 2항), 그 사용으로 인해 얻은 실질적 이익은 부당이득으로서 반환하여야 한다(대판 2009.9.24, 2009다40684). 설문에서 甲이 X부동산을 사무실로 사용하는 것은 유치물의 보존에 필요한 사용에 해당한다. 하지만 甲이 X부동산의 사용으로 인한 이득, 즉 차임의 상당액 월 100만원을 乙에게 반환할 의무가 있다(제741조). 따라서 乙의 청구에 대해 법원은, "피고 甲은 乙에게 2012. 7. 14.부터 X부동산을 인도할 때까지 월 100만원의 비율로 부당이득을 반환하라"고 판결을 하여야 한다. 다만 甲의 점유는 유치권에 기한 점유로서 불법점유가 아니므로, 불법점유를 전제로 한 乙의 甲에 대한 손해배상청구는 인용될 수 없다.

문제 2 주식회사 甲은행은 丙에게 대출을 해 주면서 丙 소유의 X건물에 대하여 2015. 7. 1. 제1순위 근저당권설정등기를 마쳤다. 丙은 자신 소유의 X건물 대수선 공사를 하기 위하여 공사업자 乙과 2016. 2. 1. X건물의 공사에 관하여 공사대금 2억원, 공사완공예정일 2017. 3. 20., 공사대금은 완공 시에 일시금으로 지급하기로 하는 도급계약을 체결하였고, 乙은 계약당일 위 X건물에 대한 점유를 이전받았다. 근저당권자인 甲은행은 丙이 대출금에 대한 이자를 연체하자 위 근저당권실행을 위한 경매를 신청하여 2017. 5. 1. 경매개시결정 기입등기가 마쳐졌다. 乙은 2017. 3. 20. 위 공사를 완공하였고, 2017. 5. 20. 위 경매절차에서 공사대금채권의 유치권을 신고하였다. 경매절차에서 丁은 X건물에 대한 매각허가결정을 받아 2017. 10. 2. 매각대금을 완납하고, 소유권이전등기를 마친 후 乙에게 X건물에 대한 인도청구를 하였다. (제7회 변호사시험, 2018)

1. 乙은 유치권으로 丁에게 대항할 수 있는가? (20점)

→ **(1) 乙의 유치권 취득여부**

乙의 丙에 대한 채권은 X건물의 수선으로 인해 발생한 것으로 乙의 채권과 X건물 사이에

견련관계가 존재하고, 乙의 채권은 2017. 3. 20. 변제기에 도래하였으며, 乙이 X건물을 적법하게 점유하고 있다. 또한 유치권의 발생을 배제하는 특약이 존재하지 않는다. 따라서 乙은 X건물에 대해 유치권을 취득한다(민법 제320조).

(2) X건물의 매각으로 乙의 유치권이 소멸하는지 여부

부동산 경매절차에서의 매수인은 민사집행법 제91조 5항에 따라 유치권자에게 그 유치권으로 담보하는 채권을 변제할 책임이 있다. 그러므로 경매로 인한 압류의 효력이 발생하기 전에 유치권을 취득한 경우에는 유치권으로 부동산에 관한 경매절차의 매수인에게 대항할 수 있으며, 유치권 취득시기가 근저당권 설정 이후라거나 유치권 취득 전에 설정된 근저당권에 기하여 경매절차가 개시되었더라도 마찬가지이다(대결 2011.5.13, 2010마1544). 설문에서 乙은 경매개시기입등기가 마쳐진 2017. 5. 1. 이전에 유치권을 취득하였으므로, X건물이 매각으로 인해 乙의 유치권은 소멸하지 않는다.

(3) 결론

따라서 乙은 매수인 丁에 대하여 유치권으로 대항할 수 있다.

2. 만약 수원세무서에서 2017. 3. 1. X건물에 대해 체납처분압류등기를 한 경우 乙은 유치권으로 丁에게 대항할 수 있는가? (10점)

➜ 경매개시결정등기가 되기 전에 이미 그 부동산에 관하여 민사유치권을 취득한 사람은 그 취득에 앞서 저당권설정등기나 가압류등기 또는 체납처분압류등기가 먼저 되어 있더라도 경매절차의 매수인에게 자기의 유치권으로 대항할 수 있다(대판 2014.4.10, 2010다84932). 설문에서 2017. 3. 1. X건물에 대해 체납처분압류등기가 마쳐졌지만, 乙은 경매개시결정기입등기가 되기 전에 유치권을 취득하였다. 따라서 乙은 유치권으로 丁에게 대항할 수 있다.

3. 만약 乙의 유치권이 상사유치권이었다고 한다면 乙은 丁에게 대항할 수 있는가? (10점)

➜ 상사유치권은 민사유치권과 달리 피담보채권이 '목적물에 관하여' 생긴 것일 필요는 없지만 유치권의 대상이 되는 물건은 '채무자 소유'일 것으로 제한되어 있다(상법 제58조). 그러므로 채무자 소유의 부동산에 관하여 이미 선행저당권이 설정되어 있는 상태에서 채권자의 상사유치권이 성립한 경우, 상사유치권자는 선행저당권자 또는 선행저당권에 기한 임의경매절차에서 부동산을 취득한 매수인에 대한 관계에서는 상사유치권으로 대항할 수 없다(대판 2013.3.28, 2012다94285). 설문에서 乙은 甲은행의 1순위 근저당권설정등기가 마쳐진 2015. 7. 1. 이후에 X건물에 대한 상사유치권을 취득하였다. 따라서 乙은 상사유치권으로 丁에게 대항할 수 없다.

제9절 질 권

❐ [1] 금전채권의 질권자가 민법 제353조 제1항, 제2항에 의하여 자기채권의 범위 내에서 직접청구권을 행사하는 경우 질권자는 질권설정자의 대리인과 같은 지위에서 입질채권을 추심하여 자기채권의 변제에 충당하고 그 한도에서 질권설정자에 의한 변제가 있었던 것으로 보므로, 위 범위 내에서는 제3채무자의 질권자에 대한 금전지급으로써 제3채무자의 질권설정자에 대한 급부가 이루어질 뿐만 아니라 질권설정자의 질권자에 대한 급부도 이루어진다고 보아야 한다(대법원 2015.5.29. 선고 2012다92258 판결). 이러한 법리는 근저당권부채권의 질권자가 부동산 임의경매절차에서 집행법원으로부터 배당금을 직접 수령하는 경우에도 적용된다.

[2] 경매목적물의 매각대금이 잘못 배당되어 배당받을 권리 있는 채권자가 배당받을 몫을 받지 못하고 그로 인해 권리 없는 다른 채권자가 그 몫을 배당받은 경우에는, 배당금을 수령한 다른 채권자는 배당받을 수 있었던 채권자의 권리를 침해하여 이득을 얻은 것이 된다. 위와 같이 배당금을 수령한 다른 채권자는 그 이득을 보유할 정당한 권원이 없는 이상 이를 부당이득으로 반환할 의무가 있다(대법원 2019.7.18. 선고 2014다206983 판결). 이때 부당이득반환의무를 부담하는 배당금을 수령한 다른 채권자는 실체법적으로 볼 때 배당을 통하여 법률상 원인 없이 이득을 얻은 사람을 의미하고, 그가 부동산 임의경매절차에서 현실적으로 배당금을 수령한 사람과 언제나 일치하여야 하는 것은 아니다.

[3] 질권설정자의 채무자에 대한 근저당권부채권 범위를 초과하여 질권자의 질권설정자에 대한 피담보채권 범위 내에서 질권자에게 배당금이 직접 지급됨으로써 질권자가 피담보채권의 만족을 얻은 경우, 실체법적으로 볼 때 배당을 통하여 법률상 원인 없이 이득을 얻은 사람은 피담보채권이라는 법률상 원인에 기하여 배당금을 수령한 질권자가 아니라 근저당권부채권이라는 법률상 원인의 범위를 초과하여 질권자에게 배당금이 지급되게 함으로써 자신의 질권자에 대한 피담보채무가 소멸하는 이익을 얻은 **질권설정자**이다(대법원 2024.4.12. 선고 2023다315155 판결).

문제 채무자 甲은 2017. 6. 14. 乙은행에 X아파트에 관하여 채권최고액을 3억 2,800만원으로 한 근저당권설정등기를 마쳐 주었다. 乙은행의 경매신청에 따라 2019. 6. 20. X아파트에 관하여 임의경매절차가 개시되었다.

丙은 甲과의 약정에 따라 2019. 10. 30. 乙은행에 이 사건 근저당권의 피담보채무 2억 7,800만원을 대위변제하고, 같은 날 확정채권대위변제를 원인으로 한 근저당권 이전의 부기등기를 마쳤다. 丙은 2019.

10. 30. 이 사건 근저당권에 관하여, 채권자인 A회사에 채권최고액을 3억 2,800만원으로 하여 이 사건 근저당권의 피담보채권에 관한 근질권설정의 부기등기를, 채권자인 B회사에 채권액을 7,000만원으로 하여 이 사건 근저당권의 피담보채권에 관한 질권설정의 부기등기를 각 마쳐 주었다.
그 이후 丙은 3억 3,800만원(원금 2억 7,800만원, 이자 6,000만원)의 채권이 있다는 채권계산서를, A회사는 2억 7,200만원의 채권이 있다는 채권계산서를, B회사는 6,900만원의 채권이 있다는 채권계산서를 각 제출하였다.
이에 따라 2020. 9. 22. 배당기일에서 질권자들에게 이 사건 근저당권의 채권최고액 3억 2,800만원(A회사 2억 7,200만원, B회사 5,600만원)을 배당하는 내용의 배당표가 확정되었고 질권자들은 위 배당금을 수령하였다.
한편 甲의 채권자로서 경매절차에 참가한 丁은 이 사건 근저당권의 피담보채권은 채권최고액인 3억 2,800만원에 미치지 못하는데도 丙이 이를 초과하는 채권액을 기재한 채권계산서를 제출하여 잘못된 배당이 이루어졌다고 주장하면서, 위 3억 2,800만원과 적법하게 산정한 배당금의 차액 중 원고가 배당받아야 할 부분에 관하여 丙을 상대로 부당이득반환을 구하는 이 사건 소를 제기하였다. 피고 丙은 자신이 아니라 질권자들이 배당을 받았으므로 자신은 부당이득반환의무가 없다고 주장하였다.
법원의 심리결과 丙의 甲에 대한 채권액은 3억원인 것으로 밝혀졌다. 이 경우 법원의 판단은?

➜ 丁이 丙에 대해 부당이득반환을 청구하기 위해서는, 丙이 법률상 원인 없이 이득을 얻고 이로 인해 丁에게 손해가 발생해야 한다(민법 제741조).

1. 경매절차에서 질권자 A·B가 배당금을 수령하는 경우, 그 범위 내에서 질권설정자 丙의 A·B에 대한 변제인지 여부

금전채권의 질권자는 채무자에 대하여 질권의 목적이 된 채권(입질채권)을 직접 청구하여 변제에 충당할 수 있고, 그 범위에서 질권설정자에 의한 변제가 있었던 것으로 된다(민법 제353조 1항, 2항). 따라서 제3채무자의 질권자에 대한 금전 지급은 제3채무자의 질권설정자에 대한 급부이면서 동시에 질권설정자의 질권자에 대한 급부가 된다(대판 2015.5.29, 2012다92258). 이러한 법리는 근저당권부채권의 질권자가 경매절차에서 배당금을 직접 수령하는 경우에도 적용된다(대판 2024.4.12, 2023다315155). 설문의 경우, 근저당권부채권의 질권자 A·B가 경매절차에서 배당금을 직접 수령하였다. 따라서 피담보채권의 한도에서 A·B의 배당금 수령은 제3채무자 甲의 질권설정자 丙에 대한 변제이면서 동시에 丙의 질권자 A·B에 대한 변제에 해당한다(제353조 1항, 2항).

2. 질권자 A·B가 직접청구권을 행사하여 경매절차에서 배당금을 수령하였는데 배당이 잘못된 경우, 질권설정자 丙이 제3채무자 甲에 대해 부당이득반환의무를 지는지 여부

(1) 경매목적물의 매각대금이 잘못 배당되어 배당받을 권리 있는 채권자가 배당받을 몫을 받지 못하고 그로 인해 권리 없는 다른 채권자가 그 몫을 배당받은 경우, 배당금을 수령한 다른 채권자는 배당받을 수 있었던 채권자의 권리를 침해하여 이득을 얻은 것이 된다(대판

2019.7.18, 2014다206983). 이때 부당이득반환의무를 부담하는 '배당금을 수령한 다른 채권자'는 실체법적으로 볼 때 배당을 통하여 법률상 원인 없이 이득을 얻은 사람을 의미한다(대판 2024.4.12, 2023다315155).

(2) 질권설정자의 채무자에 대한 '근저당권부채권 범위를 초과하여' 질권자의 질권설정자에 대한 피담보채권 범위 내에서 질권자에게 배당금이 직접 지급됨으로써 질권자가 피담보채권의 만족을 얻은 경우, 실체법적으로 볼 때 배당을 통하여 법률상 원인 없이 이득을 얻은 사람은 근저당권부채권이라는 법률상 원인의 범위를 초과하여 질권자에게 배당금이 지급되게 함으로써 자신의 질권자에 대한 피담보채무가 소멸하는 이익을 얻은 '질권설정자'이다(대판 2024.4.12, 2023다315155).

(3) 설문의 경우, 질권설정자 丙의 제3채무자 甲에 대한 피담보채권액은 3억원으로, 대위변제로 丙에게 이전된 근저당권의 채권최고액 3억 2,800만원에 미치지 못하는데, 질권자 A·B는 채권최고액 3억 2,800만원의 범위에서 배당금을 각 수령하였다. 결국 배당을 통하여 법률상 원인 없이 이득을 얻은 사람은 피담보채권액 3억원을 초과하여 질권자 A·B에게 배당금이 지급되게 함으로써 자신의 질권자에 대한 피담보채무가 소멸하는 이익을 얻은 질권설정자 丙이다.

3. 결론

법원은 피고 丙은 원고 丁에게 2,800만원을 지급하라는 판결을 하여야 한다.

제10절 저당권

Ⅰ. 일 반

1. 물상보증인의 구상권

❐ 타인의 채무를 담보하기 위하여 그 소유의 부동산에 저당권을 설정한 물상보증인이 타인의 채무를 변제하거나 저당권의 실행으로 저당물의 소유권을 잃은 때에는 채무자에 대하여 구상권을 취득한다(민법 제370조, 제341조). 그런데 구상권 취득의 요건인 **채무의 변제**라 함은 채무의 내용인 급부가 실현되고 이로써 채권이 그 목적을 달성하여 소멸하는 것을 의미하므로, 기존 채무가 동일성을 유지하면서 인수 당시의 상태로 종래의 채무자로부터 인수인에게 이전할 뿐 기존 채무를 소멸시키는 효력이 없는 **면책적 채무인수**는 설령 이로 인하

여 기존 채무자가 채무를 면한다고 하더라도 이를 가리켜 채무가 변제된 경우에 해당한다고 할 수 없다. 따라서 채무인수의 대가로 기존 채무자가 물상보증인에게 어떤 급부를 하기로 약정하였다는 등의 사정이 없는 한 물상보증인이 기존 채무자의 채무를 면책적으로 인수하였다는 것만으로 물상보증인이 기존 채무자에 대하여 구상권 등의 권리를 가진다고 할 수 없다(대법원 2019.2.14. 선고 2017다274703 판결).

❒ 물상보증은 채무자 아닌 사람이 채무자를 위하여 담보물권을 설정하는 행위이고 물상보증인은 담보물로 물적 유한책임만을 부담할 뿐 채권자에 대하여 채무를 부담하지 않는다. 보증인은 변제 기타의 출재로 주채무를 소멸하게 한 때 주채무자에 대한 구상권이 있는 반면(민법 제441조 제1항, 제444조 제1, 2항), 물상보증인은 그 채무를 변제한 경우 외에 담보권의 실행으로 인하여 담보물의 소유권을 잃은 때에도 채무자에 대한 구상권이 있다(제341조). 물상보증인이 담보권의 실행으로 타인의 채무를 담보하기 위하여 제공한 부동산의 소유권을 잃은 경우 물상보증인이 채무자에게 구상할 수 있는 범위는 특별한 사정이 없는 한 담보권의 실행으로 그 부동산의 소유권을 잃게 된 때, 즉 매수인이 **매각대금을 다 낸 때의 부동산 시가**를 기준으로 하여야 하고, 매각대금을 기준으로 할 것이 아니다(대법원 2018.4.10. 선고 2017다283028 판결).

→ 경매절차에서 유찰 등의 사유로 소유권 상실 당시의 시가에 비하여 낮은 가격으로 매각되는 경우가 있는데, 이 경우 소유권 상실로 인한 부동산 시가와 매각대금의 차액에 해당하는 손해는 채무자가 채무를 변제하지 못한 데 따른 담보권의 실행으로 물상보증인에게 발생한 손해이므로, 이를 채무자에게 구상할 수 있어야 하기 때문이다.

❒ 타인의 채무를 담보하기 위하여 저당권을 설정한 부동산의 소유자인 물상보증인으로부터 저당부동산의 소유권을 취득한 제3취득자는 저당권이 실행되면 저당부동산에 대한 소유권을 잃는다는 점에서 물상보증인과 유사한 지위에 있다. 따라서 물상보증의 목적물인 저당부동산의 제3취득자가 채무를 변제하거나 저당권의 실행으로 인하여 저당부동산의 소유권을 잃은 때에는 특별한 사정이 없는 한 물상보증인의 구상권에 관한 민법 제370조, 제341조의 규정을 유추적용하여, 물상보증인으로부터 저당부동산을 양수한 **제3취득자**는 보증채무에 관한 규정에 의하여 채무자에 대한 구상권이 있다(대법원 2014.12.24. 선고 2012다49285 판결).

❒ 물상보증인이 담보부동산을 제3취득자에게 매도하고 제3취득자가 담보부동산에 설정된 근저당권의 피담보채무의 **이행을 인수**한 경우, 그 이행인수는 매매당사자 사이의 내부적인 계약에 불과하여 이로써 물상보증인의 책임이 소멸하지 않는 것이고, 따라서 담보부동산에

대한 담보권이 실행된 경우에도 제3취득자가 아닌 원래의 물상보증인이 채무자에 대한 구상권을 취득한다(대법원 1997.5.30. 선고 97다1556 판결).

[비교] 매매의 목적이 된 부동산에 설정된 저당권의 행사로 인하여 매수인이 취득한 소유권을 잃은 때에는 매수인은 민법 제576조 제1항의 규정에 의하여 매매계약을 해제할 수 있지만, 매수인이 매매목적물에 관한 근저당권의 피담보채무를 인수하는 것으로 매매대금의 지급에 갈음하기로 약정한 경우에는 특별한 사정이 없는 한, 매수인으로서는 매도인에 대하여 제576조 제1항의 담보책임을 면제하여 주었거나 이를 포기한 것으로 봄이 상당하므로, 매수인이 매매목적물에 관한 근저당권의 피담보채무 중 일부만을 인수한 경우 매도인으로서는 자신이 부담하는 피담보채무를 모두 이행한 이상 매수인이 인수한 부분을 이행하지 않음으로써 근저당권이 실행되어 매수인이 취득한 소유권을 잃게 되더라도 제576조 소정의 담보책임을 부담하게 되는 것은 아니다(대법원 2002.9.4. 선고 2002다11151 판결).

2. 저당권의 효력이 미치는 차임채권 등에 대한 저당권 실행방법

❐ 민법 제359조 전문은 "저당권의 효력은 저당부동산에 대한 압류가 있은 후에 저당권설정자가 그 부동산으로부터 수취한 과실 또는 수취할 수 있는 과실에 미친다"라고 규정하고 있는데, 위 규정상 과실에는 천연과실뿐만 아니라 법정과실도 포함되므로, 저당부동산에 대한 압류가 있으면 압류 이후의 저당권설정자의 저당부동산에 관한 차임채권 등에도 저당권의 효력이 미친다.

다만 저당부동산에 대한 경매절차에서 저당부동산에 관한 차임채권 등을 관리하면서 이를 추심하거나 저당부동산과 함께 매각할 수 있는 제도가 마련되어 있지 아니하므로, 저당권의 효력이 미치는 차임채권 등에 대한 저당권의 실행이 저당부동산에 대한 경매절차에 의하여 이루어질 수는 없고, 그 저당권의 실행은 **저당권의 효력이 존속하는 동안**에 채권에 대한 담보권의 실행에 관하여 규정하고 있는 민사집행법 제273조에 따른 채권집행의 방법으로 저당부동산에 대한 경매절차와 별개로 이루어질 수 있을 뿐이다(대법원 2016.7.27. 선고 2015다230020 판결).

❐ 부동산 임대차에서 수수된 보증금은 차임채무, 목적물의 멸실·훼손 등으로 인한 손해배상채무 등 임대차에 따른 임차인의 모든 채무를 담보하는 것으로서 이와 같은 피담보채무 상당액은 임대차관계 종료 후 목적물이 반환될 때에 특별한 사정이 없는 한 별도의 의사표시

> 없이 보증금에서 당연히 공제된다.
> 보증금이 수수된 저당부동산에 관한 임대차계약이 저당부동산에 대한 경매로 종료되었는데, 저당권자가 차임채권 등에 대하여는 민사집행법 제273조에 따른 채권집행의 방법으로 별개로 저당권을 실행하지 아니한 경우에 저당부동산에 대한 압류의 전후와 관계없이 임차인이 연체한 차임 등의 상당액이 임차인이 배당받을 보증금에서 당연히 공제됨은 물론, 저당권자가 차임채권 등에 대하여 위와 같은 방법으로 별개로 저당권을 실행한 경우에도 채권집행 절차에서 임차인이 실제로 차임 등을 지급하거나 공탁하지 않았다면 잔존하는 차임채권 등의 상당액은 임차인이 배당받을 보증금에서 당연히 공제된다(대법원 2016.7.27. 선고 2015다230020 판결).

문제 甲은 2014. 1. 10. 乙 소유의 X아파트에 관하여 채권최고액 9억원의 근저당권설정등기를 마쳤다. 丙은 乙로부터 X아파트를 임대차보증금 5,000만원, 월차임 300만원, 임대차기간 2015. 5. 1.부터 2016. 4. 30.까지로 정하여 임차하였고, 2015. 11. 30.까지의 차임만을 지급한 채 X아파트에서 계속 거주하고 있다.

甲은 X아파트에 대한 담보권실행을 위한 경매를 신청하여 경매개시결정이 내려지고 그 기입등기가 2017. 2. 28. 마쳐졌다. 경매절차에서 X아파트가 丁에게 매각되었고 丁이 2017. 6. 30. 매각대금을 납부하자, 경매법원은 "소액임차인인 丙에게 1순위로 2,700만원을 배당하고, 근저당권자인 甲에게 3순위로 8억 3,000만원을 배당한다"는 내용으로 배당표를 작성하였다. 이에 대해 甲은 2017. 7. 20. 배당기일에서 丙에 대한 배당액 전부에 대하여 이의를 제기하고, 2017. 7. 25. 배당이의의 소를 제기하였다.

1. 甲의 근저당권 효력은 乙의 丙에 대한 차임채권에 미치는가? 차임채권 등에 미친다면 그 실행방법은?

→ **(1) 甲의 근저당권 효력이 乙의 丙에 대한 차임채권에 미치는지 여부**

저당권의 효력은 저당부동산에 대한 압류가 있은 후에 저당권설정자가 그 부동산으로부터 수취한 과실 또는 수취할 수 있는 과실에 미친다(민법 제359조 본문). 여기의 '과실'에는 천연과실뿐만 아니라 법정과실도 포함되므로, 저당부동산에 대한 압류가 있으면 그 압류 이후의 저당권설정자의 저당부동산에 관한 차임채권 등에도 저당권의 효력이 미친다(대판 2016.7.27, 2015다230020). 설문에서 甲의 담보권실행을 위한 경매신청으로 X부동산에 대해 경매개시결정이 있었다. 압류는 채무자에게 그 결정이 송달된 때 또는 경매개시결정 등기가 된 때에 효력이 발생하며(민사집행법 제83조 4항), 2017. 2. 28. 기입등기가 마쳐졌으므로 그 때부터 甲의 근저당권 효력은 乙의 丙에 대한 차임채권 내지 차임 상당의 부당이득반환채권에 미친다.

(2) 乙의 丙에 대한 차임채권 등에 대한 甲의 근저당권 실행방법

저당권의 효력이 미치는 차임채권 등에 대한 저당권의 실행이 저당부동산에 대한 경매절차에 의하여 이루어질 수는 없고, 그 저당권의 실행은 저당권의 효력이 존속하는 동안에 채권에 대한 담보권의 실행에 관하여 규정하고 있는 민사집행법 제273조에 따른 채권집행의 방법으로 저당부동산에 대한 경매절차와 별개로 이루어질 수 있다(대판 2016.7.27, 2015다230020). 따라서 甲은 ① 민사집행법 제273조에 의하여 담보권의 존재를 증명하는 서류를 집행법원에 제출하여 채권압류 및 추심명령 또는 전부명령을 신청하거나 ② 제3자가 乙의 丙에 대한 차임채권에 대하여 강제집행을 실시하는 경우에는 동법 제247조에 의하여 배당요구를 하는 방법에 의하여 하며, 이는 늦어도 제247조 1항에서 규정하고 있는 배당요구의 종기까지 하여야 한다.

2. 甲이 乙의 丙에 대한 차임채권 내지 차임 상당의 부당이득반환채권에 대하여 저당권을 실행하지 않은 경우, 甲의 丙에 대한 배당이의의 소는 인용될 수 있는가?

➜ 부동산 임대차에서 수수된 보증금은 차임채무, 목적물의 멸실·훼손 등으로 인한 손해배상채무 등 임대차에 따른 임차인의 모든 채무를 담보하는 것으로서 이와 같은 피담보채무 상당액은 임대차관계 종료 후 목적물이 반환될 때에 특별한 사정이 없는 한 별도의 의사표시 없이 보증금에서 당연히 공제된다(대판 2015.3.26, 2013다77225). 따라서 보증금이 수수된 저당부동산에 관한 임대차계약이 저당부동산에 대한 경매로 종료되었는데, 저당권자가 차임채권 등에 대하여는 민사집행법 제273조에 따른 채권집행의 방법으로 별개로 저당권을 실행하지 아니한 경우에 저당부동산에 대한 압류의 전후와 관계없이 임차인이 연체한 차임 등의 상당액이 임차인이 배당받을 보증금에서 당연히 공제된다(대판 2016.7.27, 2015다230020). 설문의 경우, 경매개시결정 기입등기의 전후와 관계없이 丙이 연체를 시작한 2015. 12. 1.부터 경매절차에서 매각대금이 납부되기 전까지의 차임 또는 차임 상당 부당이득금의 합계액은 丙이 배당받을 임대차보증금에서 당연히 공제되며, 그 합계액(5,700만원=월차임 300만원×19개월)이 보증금 5,000만원을 초과하므로, 임차인 丙이 배당받을 임대차보증금은 존재하지 않는다. 따라서 甲의 丙에 대한 배당이의의 소는 인용되어야 한다(민사집행법 제154조).

3. 물상대위

(1) 물상대위권 행사방법

❒ 민법 제370조, 제342조 단서가 저당권자는 물상대위권을 행사하기 위하여 저당권설정자가 받을 금전 기타 물건의 지급 또는 인도 전에 압류하여야 한다고 규정한 것은 물상대위의 목적인 채권의 특정성을 유지하여 그 효력을 보전함과 동시에 제3자에게 불측의 손해를

입히지 않으려는 데에 그 취지가 있다. 따라서 저당목적물의 변형물인 금전 기타 물건에 대하여 이미 제3자가 압류하여 그 금전 또는 물건이 특정된 이상 저당권자는 스스로 압류하지 않고서도 물상대위권을 행사하여 일반 채권자보다 우선변제를 받을 수 있으나, 그 행사방법은 민사집행법 제273조에 따라 담보권의 존재를 증명하는 서류를 집행법원에 제출하여 채권압류 및 전부명령을 신청하는 것이거나 민사집행법 제247조 제1항에 따라 배당요구를 하는 것이므로, 이러한 물상대위권을 먼저 행사하지 아니한 채 단지 수용대상토지에 대하여 **담보물권의 등기가 된 것만**으로는 그 보상금으로부터 우선변제를 받을 수 없다. 한편 저당목적물의 변형물에 대하여 이미 제3자가 압류한 다음 저당권자가 민사집행법 제247조 제1항에 따른 배당요구를 하는 방법으로 물상대위권을 행사하려 할 경우 배당요구를 할 법원은 위 제3자에게 압류명령을 한 법원이다(대법원 2022.3.31. 선고 2017다276631 판결).

❒ 공동저당의 목적인 물상보증인 소유의 부동산에 후순위저당권이 설정되어 있는 경우에 물상보증인 소유의 부동산이 먼저 경매되어 경매대금에서 선순위공동저당권자가 변제를 받은 때에는 특별한 사정이 없는 한 물상보증인은 채무자에 대하여 구상권을 취득함과 동시에 변제자대위에 관한 민법 제481조, 제482조에 따라 채무자 소유의 부동산에 대한 선순위공동저당권자의 저당권을 대위취득하고, 물상보증인 소유의 부동산에 대한 후순위저당권자는 물상보증인이 대위취득한 채무자 소유의 부동산에 대한 선순위공동저당권자의 저당권에 대하여 **물상대위**를 할 수 있다(대법원 2015.11.27. 선고 2013다41097,41103 판결).

❒ 근저당권자가 근저당목적물의 공용징수 등으로 인하여 근저당목적물의 소유자가 받을 금전의 지급청구권을 압류하기 전에 그 소유자가 지급청구권에 기하여 금전을 수령한 경우 근저당권자는 더 이상 물상대위권을 행사할 수 없다(민법 제370조, 제342조). 이 경우 근저당권자는 근저당권을 상실하는 손해를 입게 되는 반면에, 근저당목적물의 소유자는 그 수령한 금액 가운데 근저당권의 채권최고액을 한도로 하는 피담보채권액의 범위 내에서 이득을 얻게 되는데 그 이익을 소유자에게 종국적으로 귀속시키는 것은 근저당권자에 대한 관계에서 공평의 관념에 위배되어 법률상 원인이 없다고 보아야 하므로, **근저당목적물 소유자는 근저당권자에게 그 이익을 부당이득으로 반환할 의무**가 있다(대법원 2009.5.14. 선고 2008다17656 판결). 이처럼 물상대위권을 상실한 근저당권자가 근저당목적물 소유자에 대하여 부당이득반환청구를 할 수 있다는 법리는 근저당목적물을 양수한 제3취득자에 대한 경우뿐만 아니라 근저당목적물의 소유자가 피담보채권의 채무자인 경우에도 마찬가지로 적용된다(대법원 2017.7.18. 선고 2017다218796 판결).

(2) 담보권자의 물상대위권 행사에 대해 반대채권으로 상계할 수 있는지 여부

❐ 동산 양도담보권자는 양도담보 목적물이 소실되어 양도담보 설정자가 보험회사에 대하여 화재보험계약에 따른 보험금청구권을 취득한 경우 담보물 가치의 변형물인 화재보험금청구권에 대하여 양도담보권에 기한 물상대위권을 행사할 수 있는데, 동산 양도담보권자가 물상대위권 행사로 양도담보 설정자의 화재보험금청구권에 대하여 압류 및 추심명령을 얻어 추심권을 행사하는 경우 특별한 사정이 없는 한 제3채무자인 보험회사는 양도담보 설정 후 취득한 양도담보 설정자에 대한 별개의 채권을 가지고 상계로써 양도담보권자에게 대항할 수 없다. 그리고 이는 보험금청구권과 본질이 동일한 공제금청구권에 대하여 물상대위권을 행사하는 경우에도 마찬가지이다(대법원 2014.9.25. 선고 2012다58609 판결).

→ 제3채무자인 보험회사의 자동채권은 일반채권인 반면 양도담보권은 물권이기 때문이다. 만약 제3채무자가 상계로써 양도담보권자에게 대항할 수 있다고 하면 물권과 채권은 그 성립시기를 묻지 않고 물권이 채권에 우선한다는 민법의 기본원리와 모순되게 된다.

❐ 전세권저당권자가 전세금반환채권에 대하여 물상대위권을 행사한 경우, 종전 저당권의 효력은 물상대위의 목적이 된 전세금반환채권에 존속하여 저당권자가 전세금반환채권으로부터 다른 일반채권자보다 우선변제를 받을 권리가 있다. 따라서 전세금반환채권이 압류된 때에 전세권설정자가 전세권자에 대하여 반대채권을 가지고 있고 반대채권과 전세금반환채권이 상계적상에 있다고 하더라도 그러한 사정만으로 전세권설정자가 전세권저당권자에게 상계로써 대항할 수는 없다. 그러나 전세금반환채권은 전세권이 성립하였을 때부터 이미 발생이 예정되어 있다고 볼 수 있으므로, **전세권저당권이 설정된 때**에 이미 전세권설정자가 전세권자에 대하여 반대채권을 가지고 있고 반대채권의 변제기가 장래 발생할 전세금반환채권의 변제기와 동시에 또는 그보다 먼저 도래하는 경우와 같이 전세권설정자에게 합리적 기대 이익을 인정할 수 있는 경우에는 특별한 사정이 없는 한 전세권설정자는 반대채권을 자동채권으로 하여 전세금반환채권과 상계함으로써 전세권저당권자에게 대항할 수 있다(대법원 2014.10.27. 선고 2013다91672 판결).

❐ 공동저당에 제공된 채무자 소유의 부동산과 물상보증인 소유의 부동산 가운데 물상보증인 소유의 부동산이 먼저 경매되어 매각대금에서 선순위공동저당권자가 변제를 받은 때에는 물상보증인은 채무자에 대하여 구상권을 취득함과 동시에 변제자대위에 의하여 채무자 소유의 부동산에 대한 선순위공동저당권을 대위취득한다. 물상보증인 소유의 부동산에 대한 후순위저당권자는 물상보증인이 대위취득한 채무자 소유의 부동산에 대한 선순위공동저당

권에 대하여 물상대위를 할 수 있다. 이 경우에 채무자는 물상보증인에 대한 반대채권이 있더라도 특별한 사정이 없는 한 물상보증인의 구상금 채권과 상계함으로써 물상보증인 소유의 부동산에 대한 후순위저당권자에게 대항할 수 없다. 채무자는 선순위공동저당권자가 물상보증인 소유의 부동산에 대해 먼저 경매를 신청한 경우에 비로소 상계할 것을 기대할 수 있는데, 이처럼 우연한 사정에 의하여 좌우되는 상계에 대한 기대가 물상보증인 소유의 부동산에 대한 후순위저당권자가 가지는 법적 지위에 우선할 수 없다(대법원 2017.4.26. 선고 2014다221777,221784 판결).

→ 채무자가 물상보증인에 대하여 갖는 채권은 일반채권으로서 물상보증인 소유 부동산의 후순위저당권보다 우선할 수 없기 때문이다.

문제 甲은 乙소유의 X부동산과 丙소유의 Y부동산에 관하여 2001. 2. 14. 채무자 乙, 채권최고액 22억원의 공동근저당권, 2004. 7. 26. 채무자 丙, 채권최고액 12억원의 근저당권(이하 제2근저당권'이라 한다)의 설정등기절차를 마쳤다. 그 뒤 원고 丁은 丙소유의 Y부동산에 관하여 2008. 4. 14. 채무자 丙, 채권최고액 12억원의 근저당권 설정등기절차를 마쳤다.

甲은 2011. 5. 11. Y부동산에 관하여 임의경매를 신청하였고, 경매절차에서 1순위 근저당권자로서 15억원을, 2순위 근저당권자로서 10억원을 각 배당받았다. 또한 乙이 2012. 6. 28. 제2근저당권의 피담보채권 잔액을 甲에게 대위변제하여 甲은 위 근저당권의 피담보채권을 모두 변제받았다.

1. 丁은 Y부동산의 근저당권에 기한 물상대위권을 행사할 수 있는가?

→ 공동저당에 제공된 채무자 소유의 부동산과 물상보증인 소유의 부동산 가운데 물상보증인 소유의 부동산이 먼저 경매되어 그 매각대금에서 선순위공동저당권자가 변제를 받은 때에는 물상보증인은 채무자에 대하여 구상권을 취득함과 동시에 변제자대위에 의하여 채무자 소유의 부동산에 대한 선순위공동저당권을 대위취득한다. 그 물상보증인 소유의 부동산에 대한 후순위저당권자는 물상보증인이 대위취득한 채무자 소유의 부동산에 대한 선순위공동저당권에 대하여 물상대위를 할 수 있다(대판 2017.4.26, 2014다221777,221784). 설문에서 甲의 경매신청으로 丙이 Y부동산에 대한 소유권을 상실하였다. 따라서 丙은 채무자 乙에 대하여 구상권을 취득함(민법 제370조, 제341조)과 동시에 乙소유의 X부동산에 대한 선순위공동저당권을 대위취득하며(제481조, 제482조 1항), Y부동산의 후순위저당권자인 丁은 丙이 대위취득한 乙의 X부동산에 대한 선순위공동저당권에 대하여 물상대위를 할 수 있다(제370조, 제342조).

2. 乙은 Y부동산에 대한 경매로 丙이 乙에 대해 취득한 구상금 채권이 2012. 6. 28. 대위변제로 乙의 丙에 대한 구상금 채권과 상계되어 소멸하였음을 이유로 甲에 대하여 X부동산에 대한 근저당권설정등기

의 말소를 청구할 수 있는가?

➜ 채무자는 물상보증인에 대한 반대채권이 있더라도 특별한 사정이 없는 한 물상보증인의 구상금 채권과 상계함으로써 물상보증인 소유의 부동산에 대한 후순위저당권자에게 대항할 수 없다(대판 2017.4.26, 2014다221777,221784). 설문에서 2012. 6. 28. 대위변제로 인한 乙의 丙에 대한 구상금 채권은 일반채권으로서 丁의 후순위 근저당권보다 우선할 수 없으므로, 丙의 乙에 대한 구상금 채권이 상계로써 소멸하였다는 乙의 주장은 부당하다. 또한 전술한 바와 같이 민법 제481조, 제482조 1항에 의하여 甲의 乙에 대한 채권과 X부동산에 대한 근저당권이 물상보증인 丙에게 이전되었으므로, 甲은 丙명의로 대위에 의한 근저당권이전의 부기등기를 마쳐주어야 한다. 따라서 乙은 甲에 대하여 X부동산에 대한 근저당권설정등기의 말소를 청구할 수 없다.

Ⅱ. 저당권의 처분

1. 무담보 채권에 질권을 설정한 다음 그 채권을 담보하기 위해 저당권이 설정된 경우 그 저당권이 당연히 질권의 목적이 되는지 여부

❐ 민법 제361조는 "저당권은 그 담보한 채권과 분리하여 타인에게 양도하거나 다른 채권의 담보로 하지 못한다"고 정하고 있을 뿐 피담보채권을 저당권과 분리해서 양도하거나 다른 채권의 담보로 하지 못한다고 정하고 있지 않다. 채권담보라고 하는 저당권 제도의 목적에 비추어 특별한 사정이 없는 한 피담보채권의 처분에는 저당권의 처분도 당연히 포함된다고 볼 것이지만, 피담보채권의 처분이 있으면 언제나 저당권도 함께 처분된다고는 할 수 없다. 따라서 저당권으로 담보된 채권에 질권을 설정한 경우 원칙적으로는 저당권이 피담보채권과 함께 질권의 목적이 된다고 보는 것이 합리적이지만, 질권자와 질권설정자가 피담보채권만을 질권의 목적으로 하고 저당권은 질권의 목적으로 하지 않는 것도 가능하고 이는 저당권의 부종성에 반하지 않는다. 이는 저당권과 분리해서 피담보채권만을 양도한 경우 양도인이 채권을 상실하여 양도인 앞으로 된 저당권이 소멸하게 되는 것과 구별된다.

이와 마찬가지로 담보가 없는 채권에 질권을 설정한 다음 그 채권을 담보하기 위하여 저당권이 설정된 경우 원칙적으로는 저당권도 질권의 목적이 되지만, 질권자와 질권설정자가 피담보채권만을 질권의 목적으로 하였고 그 후 질권설정자가 질권자에게 제공하려는 의사 없이 저당권을 설정받는 등 특별한 사정이 있는 경우에는 저당권은 질권의 목적이 되지 않는다. 이때 저당권은 저당권자인 질권설정자를 위해 존재하며, 질권자의 채권이 변제되거나 질권설정계약이 해지되는 등의 사유로 질권이 소멸한 경우 저당권자는 자신의 채권을 변제받기 위해서 저당권을 실행할 수 있다(대법원 2020.4.29. 선고 2016다235411 판결).

2. 질권의 효력이 저당권에 미치기 위하여 질권의 부기등기가 요구되는지 여부

❐ 민법 제348조는 저당권으로 담보한 채권을 질권의 목적으로 한 때에는 그 저당권설정등기에 질권의 부기등기를 하여야 그 효력이 저당권에 미친다고 정한다. 저당권에 의하여 담보된 채권에 질권을 설정하였을 때 저당권의 부종성으로 인하여 등기 없이 성립하는 권리질권이 당연히 저당권에도 효력이 미친다고 한다면, 공시의 원칙에 어긋나고 그 저당권에 의하여 담보된 채권을 양수하거나 압류한 사람, 저당부동산을 취득한 제3자 등에게 예측할 수 없는 질권의 부담을 줄 수 있어 거래의 안전을 해할 수 있기 때문이다.
또한 담보가 없는 채권에 질권을 설정한 다음 그 채권을 담보하기 위해 저당권을 설정한 경우에, 당사자 간 약정 등 특별한 사정이 있는 때에는 저당권이 질권의 목적이 되지 않을 수 있으므로, 질권의 효력이 저당권에 미치기 위해서는 질권의 부기등기를 하도록 함으로써 이를 공시할 필요가 있다. 따라서 담보가 없는 채권에 질권을 설정한 다음 그 채권을 담보하기 위해 저당권이 설정되었더라도, 민법 제348조가 유추적용되어 저당권설정등기에 질권의 부기등기를 하지 않으면 질권의 효력이 저당권에 미친다고 볼 수 없다(대법원 2020.4.29. 선고 2016다235411 판결).

문제 甲은 2019. 4. 27. 乙소유의 X건물을 임대차보증금 18억원, 임대차기간 2019. 4. 27.부터 2021. 4. 26.까지 2년으로 정하여 임차하고, 乙에게 임대차보증금 18억원을 지급하였다. 甲은 2019. 10. 29. 丙에 대해 20억원의 채무를 담보하기 위해 위 임대차보증금 반환채권에 관하여 질권설정계약을 체결하였고, 이러한 사실을 확정일자 있는 증서로 乙에게 통지하여 2019. 10. 31. 도달하였다.
한편 甲은 2020. 2. 20. 위 임대차보증금 반환채권을 담보하기 위하여 乙소유의 X건물과 부지에 관하여 채권최고액 22억원, 채무자 乙, 근저당권자 甲으로 된 근저당권을 설정받았다. 2020. 6. 30. 甲과 乙은 해지를 원인으로 위 근저당권설정등기를 말소하였다. 이에 丙은 질권자인 자신의 동의 없이 근저당권을 말소하였음을 이유로, 乙을 상대로 질권에 기한 방해배제청구로서 근저당권등기의 말소회복을 구하는 소를 제기하였다.
甲은 丙이 아니라 자신의 회계감사를 위해 위 근저당권을 설정받은 것이고, 기존 선순위 근저당권이 실행될 위기에 처하자 乙이 X건물과 부지를 담보로 새로 대출을 받을 수 있도록 위 근저당권을 말소하였다는 취지로 증언하였다. 또한 甲과 乙의 임대차계약, 丙의 질권설정계약에는 저당권설정에 관한 내용이 전혀 없으며, 위 근저당권설정등기에 관하여 丙명의로 질권의 부기등기가 마쳐지지 않았다는 사실이 증명되었다. 이 경우 법원은 어떠한 판결을 하여야 하는가?

➔ **1. 甲명의의 근저당권이 질권의 목적이 되는지 여부**

丙이 乙을 상대로 질권에 기한 방해배제청구로서 근저당권등기의 말소회복을 청구할 수 있기 위해서는 임대차보증금 반환채권에 관한 질권의 효력이 저당권에 미쳐야 한다. 담보가 없는 채권에 질권을 설정한 다음 그 채권을 담보하기 위하여 저당권이 설정된 경우, 원칙적으로는 저당권도 질권의 목적이 되지만(제361조), 질권자와 질권설정자가 피담보채권만을 질권의 목적으로 하였고 그 후 질권설정자가 질권자에게 제공하려는 의사 없이 저당권을 설정받는 등 특별한 사정이 있는 경우에는 저당권은 질권의 목적이 되지 않는다(대판 2020.4.29, 2016다235411). 설문에서 질권자 丙과 질권설정자 甲이 임대차보증금 반환채권에 질권을 설정한 다음, 甲이 그 반환채권을 담보하기 위해 근저당권을 취득하였다. 따라서 근저당권도 질권의 목적이 되지만, 丙을 위해 근저당권이 설정된 것이 아니고, 임대차계약과 질권설정계약에 저당권에 관한 내용이 전혀 없다는 점을 고려할 때, 甲이 丙에게 제공하려는 의사 없이 근저당권을 설정받는 것으로 볼 수 있으므로, 위 근저당권은 질권의 목적이 되지 않는다고 할 것이다.

2. 丙의 질권의 효력이 근저당권에 미치는지 여부

저당권으로 담보한 채권을 질권의 목적으로 한 때에는 그 저당권설정등기에 질권의 부기등기를 하여야 그 효력이 저당권에 미친다(제348조). 따라서 담보가 없는 채권에 질권을 설정한 다음 그 채권을 담보하기 위해 저당권이 설정되었더라도, 제348조가 유추적용되어 저당권설정등기에 질권의 부기등기를 하지 않으면 질권의 효력이 저당권에 미친다고 볼 수 없다(대판 2020.4.29, 2016다235411). 설문에서 甲명의의 근저당권이 질권의 목적이 된다고 하더라도 丙이 근저당권설정등기에 관하여 질권의 부기등기를 마치지 않았으므로, 丙의 질권의 효력이 위 근저당권에 미친다고 할 수 없다.

3. 결론

甲이 丙에게 제공하려는 의사 없이 임대차보증금 반환채권을 담보하기 위해 근저당권을 설정받았고, 또한 丙이 근저당권설정등기에 관하여 질권의 부기등기를 마치지 않았으므로, 질권의 효력이 근저당권에 미치지 않는다. 따라서 법원은 丙의 청구를 기각해야 한다.

Ⅲ. 제3취득자의 보호

❐ [1] 민법 제367조는 저당물의 제3취득자가 그 부동산의 보존, 개량을 위하여 필요비 또는 유익비를 지출한 때에는 제203조 제1항, 제2항에 의하여 저당물의 경매대가에서 우선상환을 받을 수 있다고 규정하고 있다. 이는 저당권이 설정되어 있는 부동산의 제3취득자가 저당부동산에 관하여 지출한 필요비, 유익비는 그 부동산 가치의 유지·증가를 위하여 지출된 일종의 공익비용이므로 저당부동산의 환가대금에서 부담하여야 할 성질의 비용이고 더욱이 제3취득자는 경매의 결과 그 권리를 상실하게 되므로 특별히 경매로 인한 매각대금에서 우선적으로 상환을 받도록 한 것이다. 저당부동산의 소유권을 취득한 자도 제367조의 제3취득자에 해당한다. 제3취득자가 제367조에 의하여 우선상환을 받으려면 저당부동산의 경매절차에서 배당요구의 종기까지 배당요구를 하여야 한다(민사집행법 제268조, 제88조).
[2] 위와 같이 민법 제367조에 의한 우선상환은 제3취득자가 경매절차에서 배당받는 방법으로 제203조 제1항, 제2항에서 규정한 비용에 관하여 경매절차의 매각대금에서 우선변제받을 수 있다는 것이지 이를 근거로 제3취득자가 직접 저당권설정자, 저당권자 또는 경매절차 매수인 등에 대하여 비용상환을 청구할 수 있는 권리가 인정될 수 없다. 따라서 **제3취득자는 제367조에 의한 비용상환청구권을 피담보채권으로 주장하면서 유치권을 행사할 수 없다**(대법원 2023.7.13. 선고 2022다265093 판결).

Ⅳ. 공동저당의 실행과 배당

1. 공동저당 부동산이 모두 채무자 소유인 경우 — 제368조 적용

(1) 동시배당의 경우 — 부담의 안분

❐ 민법 제368조 제1항은 공동저당권의 목적물 전체 환가대금을 동시에 배당하는 이른바 동시배당의 경우에 공동저당권자의 실행선택권과 우선변제권을 침해하지 않는 범위 내에서 각 부동산의 책임을 안분시킴으로써 각 부동산상의 소유자와 차순위 저당권자 기타의 채권자의 이해관계를 조절하는 데에 취지가 있고, 공동근저당권의 경우에도 적용된다. 한편 당사자는 최초 근저당권 설정 시는 물론 그 후에도 공동근저당권임을 등기하여 공동근저당권의 저당물을 추가할 수 있는데, 이와 같이 특정 공동근저당권에 있어 공동저당물이 추가되기 전에 기존의 저당물에 관하여 후순위 근저당권이 설정된 경우에도 제368조 제1항이 마

찬가지로 적용된다(대법원 2014.4.10. 선고 2013다36040 판결).

❒ 주택임대차보호법 제8조에 규정된 소액보증금반환청구권은 임차목적 주택에 대하여 저당권에 의하여 담보된 채권, 조세 등에 우선하여 변제받을 수 있는 이른바 법정담보물권으로서, 주택임차인이 대지와 건물 모두로부터 배당을 받는 경우에는 마치 그 대지와 건물 전부에 대한 공동저당권자와 유사한 지위에 서게 되므로 대지와 건물이 동시에 매각되어 주택임차인에게 그 경매대가를 동시에 배당하는 때에는 민법 제368조 제1항을 유추적용하여 대지와 건물의 경매대가에 비례하여 그 채권의 분담을 정하여야 한다(대법원 2003.9.5. 선고 2001다66291 판결).

❒ [1] 민법 제368조 제1항은 동일한 채권의 담보로 수개의 부동산에 저당권을 설정한 경우에 그 부동산의 경매대가를 동시에 배당하는 때에는 각 부동산의 경매대가에 비례하여 그 채권의 분담을 정한다고 규정하고 있다. 이는 공동저당권 목적 부동산의 전체 환가대금을 동시에 배당하는 이른바 동시배당의 경우에 공동저당권자의 실행선택권과 우선변제권을 침해하지 아니하는 범위 내에서 각 부동산의 책임을 안분함으로써 각 부동산의 소유자와 후순위 저당권자 그 밖의 채권자의 이해관계를 조절하는 데에 그 취지가 있다.

[2] 여기에서 각 부동산의 경매대가란 일반적으로 매각대금에서 당해 부동산이 부담할 경매비용과 선순위채권을 공제한 잔액을 말하지만, 공동저당권 설정등기 전에 가압류등기가 마쳐진 경우처럼 공동저당권과 동순위로 배당받는 채권이 있는 경우에는 매각대금에서 당해 부동산이 부담할 경매비용과 선순위채권뿐만 아니라 동순위채권에 안분되어야 할 금액까지 공제한 잔액을 말한다고 봄이 타당하다. 당해 부동산에서 동순위채권에 안분되는 금액은 공동저당권의 우선변제권이 미치지 아니하여 담보가치에서 제외되고 이는 선순위채권의 경우와 다를 바 없기 때문이다. 따라서 공동저당권과 동순위로 배당받는 채권이 있는 경우 동시배당을 하는 때 민법 제368조 제1항에 따른 채권의 분담은, 먼저 공동저당권과 동순위로 배당받을 채권자가 존재하는 부동산의 매각대금에서 경매비용과 선순위채권을 공제한 잔여금액을 공동저당권의 피담보채권액과 동순위채권액에 비례하여 안분한 다음, 공동저당권의 피담보채권에 안분된 금액을 경매대가로 삼아 다른 부동산들과 사이에서 각 경매대가에 안분하여 채권의 분담을 정하는 방법으로 이루어진다. 이는 공동근저당의 경우에도 마찬가지이다(대법원 2024.6.13. 선고 2020다258893 판결).

→ 가압류가 집행되면 가압류의 목적물에 대하여 채무자가 매매·증여, 질권 등의 담보권 설정, 그밖에 일체의 처분을 금지하는 효력이 생긴다(민사집행법 제291조). 따라서 공동저당권 설정등기 전에 가압류등기가 마쳐진 경우, 저당권자는 저당권을 가압류채권

자에 대하여 주장할 수 없고, 가압류에는 우선변제적 효력이 없으므로, 공동저당권자는 가압류채권자와 동순위로 배당을 받는다.

(2) 이시배당의 경우 — 후순위저당권자의 대위

❒ 임금채권의 우선변제권은 사용자의 총재산에 대하여 저당권 등에 의하여 담보된 채권, 조세 등에 우선하여 변제받을 수 있는 이른바 법정담보물권으로서, 사용자 소유의 수개의 부동산 중 일부가 먼저 경매되어 그 경매대가에서 임금채권자가 우선변제권에 따라 우선변제 받은 결과 그 경매부동산의 저당권자가 민법 제368조 제1항에 의하여 수개의 부동산으로부터 임금채권이 동시배당되는 경우보다 불이익을 받은 경우, 같은 조 제2항 후문을 유추적용하여 위와 같이 불이익을 받은 저당권자로서는 임금채권자가 수개의 부동산으로부터 동시에 배당받았다면 다른 부동산의 경매대가에서 변제를 받을 수 있었던 금액의 한도 안에서 선순위자인 임금채권자를 대위하여 다른 부동산의 경매절차에서 우선하여 배당받을 수 있다. 그러나 이러한 후순위 저당권자의 대위권은 임금채권에 붙어 있는 법정담보물권적 성격을 가진 우선변제권을 공동저당과 유사한 관계에 있는 다른 부동산에 대위하여 행사하도록 허용하여 후순위 저당권자나 다른 채권자 등의 이해관계를 조절하려는 것에 불과한 것이지 임금채권 자체를 대위하는 것은 아니다(대법원 2009.11.12. 선고 2009다53017,53024 판결).

→ 변제자대위의 경우에는 저당권뿐 아니라 채권까지 이전됨에 비하여 후순위저당권자의 대위의 경우에는 채권이 이전되지 아니한다(대법원 2015.3.20. 선고 2012다99341 판결).

2. 공동저당 부동산이 채무자 및 물상보증인 소유인 경우 — 제368조 적용되지 않음

(1) 동시배당의 경우

❒ 공동저당권이 설정되어 있는 수개의 부동산 중 일부는 채무자 소유이고 일부는 물상보증인 소유인 경우 각 부동산의 경매대가를 동시에 배당하는 때에는 민법 **제368조 제1항은 적용되지 아니하고**, 채무자 소유 부동산의 경매대가에서 공동저당권자에게 우선적으로 배당을 하고, 부족분이 있는 경우에 한하여 물상보증인 소유 부동산의 경매대가에서 추가로 배당을 하여야 한다. 그리고 이러한 이치는 물상보증인이 채무자를 위한 연대보증인의 지위를 겸하고 있는 경우에도 마찬가지이다(대법원 2016.3.10. 선고 2014다231965 판결).

→ 공동저당권의 목적물인 채무자 소유의 부동산과 물상보증인 소유의 부동산이 함께 경

매되어 그 경매대가를 동시에 배당하는 경우, 제368조 1항이 적용되지 않는다. 공동저당 부동산이 채무자 및 물상보증인 소유인 경우, 각 부동산의 경매대가를 동시에 배당하는 때에는 물상보증인이 제481조, 제482조에 의한 변제자대위에 의하여 채무자 소유 부동산에 대하여 담보권을 행사할 수 있는 지위에 있기 때문이다.

(2) 이시배당의 경우 — 후순위저당권자의 대위권과 물상보증인의 대위권의 관계

❐ 공동저당의 목적인 채무자 소유의 부동산과 물상보증인 소유의 부동산에 각각 채권자를 달리하는 후순위저당권이 설정되어 있는 경우, ① 물상보증인 소유의 부동산이 먼저 경매되어 경매대가에서 선순위 공동저당권자가 변제를 받은 때에는 물상보증인은 채무자에 대하여 구상권을 취득함과 동시에, 제481조, 제482조의 변제자대위에 의하여 채무자 소유의 부동산에 대한 선순위저당권을 대위취득하고, 그 물상보증인 소유의 부동산의 후순위저당권자는 선순위저당권에 대하여 물상대위를 할 수 있다(대법원 2015.11.27. 선고 2013다41097,41103 판결). 반면에 ② 채무자 소유의 부동산이 먼저 경매되면 그 부동산의 후순위저당권자는 제368조 2항 후문에 의하여 선순위 공동저당권자를 대위하여 물상보증인 소유의 부동산에 대하여 저당권을 행사할 수 없다. 이러한 법리는 채무자 소유의 부동산에 후순위저당권이 설정된 후에 물상보증인 소유의 부동산이 추가로 공동저당의 목적으로 된 경우에도 마찬가지로 적용된다(대법원 2014.1.23. 선고 2013다207996 판결).

3. 공동저당 부동산이 모두 물상보증인 소유인 경우

(1) '동일한 물상보증인' 소유인 경우 — 제368조 적용

❐ 공동저당 부동산이 **모두 동일한 물상보증인 소유**인 경우, 그의 이익상황은 채무자 소유의 부동산에 공동저당이 설정된 경우와 동일하므로, 민법 **제368조가 그대로 적용**된다. 가령 채무자 乙소유의 X부동산과 물상보증인 丙소유의 Y부동산, Z부동산에 공동저당이 성립하고 공동저당권자 甲이 X부동산, Y부동산으로부터 먼저 배당을 받은 경우, Y부동산의 후순위권리자 丁은 Z부동산이 동일한 물상보증인의 소유이므로, 제368조 2항에 따라 Z부동산의 선순위저당권에 대위할 수 있다(대법원 2015.3.20. 선고 2012다99341 판결). 물론 X부동산의 후순위저당권자 戊가 있더라도 戊는 Z부동산에 대위할 수 없다.

❐ 후순위저당권자의 대위에 의하여 선순위저당권자가 가지고 있던 다른 부동산에 관한 저당

권이 후순위저당권자에게 이전된 후에 아직 저당권이 말소되지 않고 부동산등기부에 존속하는 경우, 비록 공동저당의 대위등기를 하지 않더라도 제3취득자는 저당권이 유효하게 존재함을 알거나 적어도 저당권이 공동저당권으로서 공시되어 있는 상태에서 이를 알면서 해당 부동산을 취득할 것이므로, 후순위저당권자는 제3취득자에 대하여 민법 제368조 2항에 따른 대위를 주장할 수 있다. 반면에 먼저 경매된 부동산의 후순위저당권자가 다른 부동산에 공동저당의 대위등기를 하지 않고 있는 사이에 선순위저당권자 등에 의해 그 부동산에 관한 저당권등기가 말소되고, 그와 같이 저당권등기가 말소되어 등기부상 저당권의 존재를 확인할 수 없는 상태에서 그 부동산에 관하여 소유권이나 저당권 등 새로 이해관계를 취득한 사람에 대하여, 후순위저당권자는 제368조 2항에 의한 대위를 주장할 수 없다(대법원 2015.3.20. 선고 2012다99341 판결).

→ 변제로 인하여 저당권 등이 소멸된 것으로 믿고 목적부동산을 취득한 제3취득자가 불측의 손해를 입을 우려가 있기 때문이다.

문제 **〈기초적 사실관계〉**

甲은 채무자 乙소유의 X부동산과 물상보증인 丙소유의 Y, Z부동산에 채권최고액 7억원의 공동근저당권을 가지고 있고, 丁은 Y부동산에 후순위저당권을 가지고 있는데, 먼저 X부동산과 Y부동산에 대한 경매가 이루어져 甲이 채권신고액 7억원 중 6억 8,000만원을 배당받았고, 그 후 甲은 丙으로부터 배당 부족분 전액을 대위변제 받음으로써 甲의 채권 전액이 변제되었다. (다음 각 문항은 독립적임)

1. 丁이 Z부동산에 대위등기를 하지 않고 있는 동안에 丙이 Z부동산을 戊에게 매도하고 소유권이전등기를 마쳐준 경우, 丁은 Z부동산에 대하여 후순위저당권을 실행할 수 있는가?

➜ 후순위저당권자의 대위에 의하여 선순위저당권자가 가지고 있던 다른 부동산에 관한 저당권이 후순위저당권자에게 이전된 후에 아직 저당권이 말소되지 않고 부동산등기부에 존속하는 경우라면, 비록 공동저당의 대위등기를 하지 않더라도 제3취득자는 그 저당권이 유효하게 존재함을 알거나 적어도 그 저당권이 공동저당권으로서 공시되어 있는 상태에서 이를 알면서 해당 부동산을 취득할 것이므로 저당권의 이전과 관련하여 제3취득자를 보호할 필요성은 적다(대판 2015.3.20, 2012다99341). 설문에서 공동저당권자 甲이 피담보채권 전부를 변제받았고, Y부동산의 매각대금으로부터 그 부동산의 책임분담액을 초과하여 배당받았으며, 이로 인해 후순위저당권자 丁이 동시배당에 비하여 불이익을 받았다. 따라서 Y부동산의 후순위권리자 丁은 제368조 2항에 따라 공동저당의 대위등기 없이 Z부동산의 선순위저당권에 대위할 수 있으므로, 戊명의의 Z부동산에 대하여 후순위저당권을 실행할 수 있다.

2. 丁이 Z부동산에 대위등기를 하지 않고 있는 동안에 甲이 Z부동산에 관하여 해지를 원인으로 甲명의의

근저당권설정등기를 말소하였다. 그 후 丙이 Z부동산을 戊에게 매도하고 소유권이전등기를 마쳐준 다음, 채무자를 戊, 채권최고액을 4억원으로 하는 己명의의 근저당권설정등기가 마쳐졌다. 이 경우 丁은 Z부동산에 대한 경매절차에서 己보다 우선변제를 받을 수 있는가? 아니면 丁은 甲에 대하여 불법행위로 인한 손해배상을 청구할 수 있는가?

➜ **(1) 丁이 Z부동산에 대하여 己보다 우선변제를 받을 수 있는지 여부**

후순위저당권자의 대위의 경우에도 부동산등기법 제80조에서 정한 공동저당의 대위등기를 통하여 제3취득자에게 공시할 수 있으므로, 변제자대위와 마찬가지로 일정한 경우에 그 대위등기를 선행하도록 요구한다고 하더라도 후순위저당권자에게 크게 불리하지 아니하다. 따라서 먼저 경매된 부동산의 후순위저당권자가 다른 부동산에 공동저당의 대위등기를 하지 아니하고 있는 사이에 선순위저당권자 등에 의해 그 부동산에 관한 저당권등기가 말소되고, 그와 같이 저당권등기가 말소되어 등기부상 저당권의 존재를 확인할 수 없는 상태에서 그 부동산에 관하여 소유권이나 저당권 등 새로 이해관계를 취득한 사람에 대해서는, 후순위저당권자가 민법 제368조 제2항에 의한 대위를 주장할 수 없다(대판 2015.3.20, 2012다99341). 설문에서 丁이 공동저당의 대위등기를 마치지 못하는 사이에 Z부동산에 대한 근저당권설정등기가 말소되고, 戊는 공동저당의 존재를 확인할 수 없는 상태에서 Z부동산의 소유권을 취득하였다. 따라서 丁은 Z부동산에 대해 후순위저당권자의 대위를 주장할 수 없으므로, Z부동산의 매각대금에 대해 배당을 받을 수 없다.

(2) 丁이 甲에 대하여 불법행위로 인한 손해배상을 청구할 수 있는지 여부

매각된 부동산의 후순위저당권자는 민법 제368조 2항에 의하여 공동저당부동산을 동시에 배당하였더라면 공동저당권자가 다른 부동산에서 변제받을 수 있었던 금액의 한도 내에서 공동저당권자를 대위하여 저당권을 행사할 수 있다. 설문에서 丁이 공동저당의 대위등기를 마치지 못하는 사이에 Z부동산의 근저당권설정등기에 대해 대위등기를 해 주어야 할 甲이 임의로 이를 말소하였고, 戊가 Z부동산에 소유권을 취득함으로써 丁은 제368조 2항에 의한 대위를 주장할 수 없게 되었다. 따라서 근저당권설정등기의 불법말소로 인한 丁의 손해가 발생하였으므로, 丁은 甲에 대하여 불법행위로 인한 손해배상을 청구할 수 있다(민법 제750조).

(2) 서로 '다른 물상보증인'의 소유인 경우 — 제368조가 적용되지 않음

❐ 공동저당이 성립한 부동산이 서로 다른 물상보증인 소유인 경우, 이들은 서로 민법 제482조 2항 4호, 3호에 따라 가액의 비율로 책임을 분담할 구상의 기대를 가진다. 따라서 이 경우에는 **제368조가 적용될 수 없고**, 제482조 2항 4호, 3호 따라 변제자대위 법리에 따라

각 부동산의 부담을 정해야 한다. 즉 공동저당의 목적물이 서로 다른 물상보증인(甲, 乙)의 소유인 경우, 물상보증인 사이의 변제자대위의 관계는 제482조 2항 4호, 3호에 의하여 규율되고, 물상보증인 甲소유의 부동산이 먼저 경매되어 선순위저당권자에게 대위변제를 한 물상보증인 甲은 선순위저당권을 대위취득하고, 그 물상보증인 소유의 부동산의 후순위저당권자는 선순위저당권에 대하여 물상대위를 할 수 있다(대법원 2001.6.1. 선고 2001다21854 판결).

4. 동일인 소유의 공동저당 부동산 일부가 양도되어 소유자가 다르게 된 경우

- 공동저당이 설정된 복수의 부동산이 같은 물상보증인의 소유에 속하고 그중 하나의 부동산에 후순위저당권이 설정되어 있는 경우에, 그 부동산의 대가만이 배당되는 때에는 후순위저당권자는 민법 제368조 제2항에 따라 선순위 공동저당권자가 같은 조 제1항에 따라 공동저당이 설정된 다른 부동산으로부터 변제를 받을 수 있었던 금액에 이르기까지 선순위 공동저당권자를 대위하여 그 부동산에 대한 저당권을 행사할 수 있다. 이 경우 공동저당이 설정된 부동산이 제3자에게 양도되어 그 소유자가 다르게 되더라도 제482조 제2항 제3호, 제4호에 따라 각 부동산의 소유자는 그 부동산의 가액에 비례해서만 변제자대위를 할 수 있으므로 후순위저당권자의 지위는 영향을 받지 않는다(대법원 2021.12.16. 선고 2021다247258 판결).
- 같은 물상보증인이 소유하는 복수의 부동산에 공동저당이 설정되고 그중 한 **부동산에 후순위저당권이 설정된 다음에 그 부동산이 채무자에게 양도**됨으로써 채무자 소유의 부동산과 물상보증인 소유의 부동산에 대해 공동저당이 설정된 상태에 있게 된 경우에는 물상보증인의 변제자대위는 후순위저당권자의 지위에 영향을 주지 않는 범위에서 성립한다고 보아야 하고, 이는 물상보증인으로부터 부동산을 양수한 제3취득자가 변제자대위를 하는 경우에도 마찬가지이다. 이 경우 물상보증인이 자신이 변제한 채권 전부에 대해 변제자대위를 할 수 있다고 본다면, 후순위저당권자는 저당부동산이 채무자에게 이전되었다는 우연한 사정으로 대위를 할 수 있는 지위를 박탈당하는 반면, 물상보증인 또는 그로부터 부동산을 양수한 제3취득자는 뜻하지 않은 이득을 얻게 되어 부당하다. 같은 물상보증인이 소유하는 복수의 부동산에 공동저당이 설정된 경우 그 부동산 중 일부에 대한 후순위저당권자는 선순위 공동저당권자가 공동저당이 설정된 부동산의 가액에 비례하여 배당받는 것을 전제로 부동산의 담보가치가 남아있다고 기대하여 저당권을 설정받는 것이 일반적이고,

이러한 기대를 보호하는 것이 민법 제368조의 취지에 부합한다(대법원 2021.12.16. 선고 2021다247258 판결).

→ 공동저당 부동산에 후순위저당권이 설정된 후에 일부 부동산이 양도되어 소유자가 다르게 된 경우, 제368조가 적용된다. 제368조 2항에 의하여 공동저당 부동산의 후순위저당권자에게 인정되는 대위를 할 수 있는 지위 내지 그와 같은 대위에 관한 정당한 기대를 보호할 필요성은 그 후 공동저당 부동산이 양도되었다는 이유로 달라지지 않는다. 만일 변제자대위를 우선하게 되면, 후순위저당권자로서는 설정 후의 우연한 사정에 의하여 대위권을 박탈당하는 불합리한 결과가 초래되므로, 이 경우 물상보증인이나 제3취득자의 변제자대위는 후순위저당권자의 지위에 영향을 주지 않는 범위에서 성립한다. 가령 같은 물상보증인이 소유하는 X부동산, Y부동산에 공동근저당이 설정되고 X부동산에 후순위 전세권이 설정된 다음에 그 부동산은 채무자에게 양도되고, Y부동산은 제3취득자에게 이전되었는데, 제3취득자가 공동근저당 채무를 전부 변제하고 변제자대위로써 X부동산에 대한 선순위 근저당권을 취득하였다고 주장하며 후순위 전세권자에 대한 우선배당을 주장한 경우, 제3취득자의 변제자대위는 후순위 전세권자의 지위에 영향을 주지 않는 범위에서 성립한다.

문제 甲은행은 2013. 4. 16. 乙에게 6억원을 대여해주었다. 같은 날 丙소유의 X부동산(시가: 6억원)과 Y부동산(시가: 4억원)에 관하여 채무자 乙, 근저당권자 甲, 채권최고액 7억원인 근저당권이 설정되었다. 丁은 2013. 4. 23. X부동산에 관하여 전세금 2억 3,000원인 전세권을 설정받았다. 戊는 2013. 11. 29. 매매를 원인으로 Y부동산에 관하여 소유권이전등기를 하였다. 乙은 2013. 12. 16. 매매를 원인으로 X부동산에 관하여 소유권이전청구권 가등기를 하였다. 戊는 2016. 3. 23. 乙의 甲에 대한 근저당권 채무 6억원을 대위변제하였고, 같은 날 일부포기를 원인으로 Y부동산에 관한 근저당권이 말소되었다. 乙은 2016. 6. 22. X부동산에 관하여 2013. 12. 16.자 가등기에 기한 소유권이전의 본등기를 마쳤다. 戊는 2018. 1. 17. 甲으로부터 X부동산에 관한 근저당권에 대하여 확정채권양도를 원인으로 근저당권이전등기를 하였다. 위 근저당권에 기하여 2018. 2. 7. X부동산에 대한 임의경매가 개시되었고, 경매절차에서 X부동산이 대금 6억원에 매각되었다. 戊가 배당금액 6억원을 전액 배당받는 내용의 배당표가 작성되자, 丁은 戊의 배당액 중 2억 3,000만원에 대하여 이의를 제기하고 이 사건 소를 제기하였다. 이 경우 법원은 어떠한 판결을 선고하여야 하는가?

→ **1. 丁이 Y부동산에 대한 선순위 공동저당권자 甲의 저당권을 대위행사할 수 있는지 여부**

공동저당이 설정된 복수의 부동산이 같은 물상보증인의 소유에 속하고 그중 하나의 부동산에 후순위저당권이 설정되어 있는 경우, 그 부동산의 대가만이 배당되는 때에는 후순위저당권자는 민법 제368조 2항에 따라 선순위 공동저당권자가 동시배당이 되었다면 다른 부동산의 경매대가에서 변제를 받을 수 있는 금액의 한도에서 선순위 공동저당권자를 대위하여 그 부동산에 대한 저당권을 행사할 수 있다. 이 경우 공동저당이 설정된 부동산이 제3자에게 양도되어 그 소유자가 다르게 되더라도 제482조 2항 3호, 4호에 따라 각 부동산의 소유자는 그 부동산의 가액에 비례해서만 변제자대위를 할 수 있으므로 후순위저당권자의 지위는 영향을 받지 않는다(대판 2021.12.16, 2021다247258). 설문에서 丁이 제368조 제2항에 따라 대위를 할 수 있는 지위는 丁이 후순위로 丙으로부터 X부동산에 관한 전세권을 설정받을 때부터 이미 발생하였다. 나중에 戊가 丙소유의 Y부동산에 대한 소유권을 취득하였으나, 戊는 제482조 2항 3호, 4호에 따라 X부동산에 대하여 그 부동산의 가액에 비례해서만 변제자대위를 할 수 있으므로 丁의 지위는 영향을 받지 않는다.

2. 물상보증인 丙소유의 X부동산이 채무자 乙에게 양도된 경우, 戊의 변제자대위는 丁의 지위에 영향을 주지 않는 범위에서만 성립하는지 여부

같은 물상보증인이 소유하는 복수의 부동산에 공동저당이 설정되고 그중 한 부동산에 후순위저당권이 설정된 다음에 그 부동산이 채무자에게 양도됨으로써 채무자 소유의 부동산과 물상보증인 소유의 부동산에 대해 공동저당이 설정된 상태에 있게 된 경우, 물상보증인의 변제자대위는 후순위저당권자의 지위에 영향을 주지 않는 범위에서 성립하고, 이는 물상보증인으로부터 부동산을 양수한 제3취득자가 변제자대위를 하는 경우에도 마찬가지이다(대판 2021.12.16, 2021다247258). 설문에서 물상보증인 丙이 자신이 변제한 채권 전부에 대해 변제자대위를 할 수 있다고 본다면, 후순위전세권자 丁은 X부동산이 채무자 乙에게 이전되었다는 우연한 사정으로 대위를 할 수 있는 지위를 박탈당하는 반면, 물상보증인 丙 또는 Y부동산의 제3취득자 戊는 뜻하지 않은 이득을 얻게 되어 부당하다. 따라서 X부동산이 乙에게 양도되었더라도, 戊의 변제자대위는 丁의 지위에 영향을 주지 않는 범위에서 인정된다.

3. 결론

설문의 경우 X부동산과 Y부동산의 전체 가액은 합계 10억원이고, 甲의 채권액은 6억원이다. X부동산과 Y부동산이 동시에 배당되었다면 X부동산의 책임분담액은 3억 6,000만원(=6억원×6억원/10억원)이고, Y부동산의 책임분담액은 2억 4,000만원(=6억원×4억원/10억원)이다. 따라서 丁이 전세권을 설정할 당시 전세금 2억 3,000만원 전액에 관하여 제368조 제2항에 따라 대위를 할 수 있는 지위에 있었다.

한편 戊는 근저당권 채무 6억원을 대위변제함으로써 변제자대위에 의하여 X부동산에 관한 근저당권을 취득하게 되지만, 丁이 대위할 수 있었던 2억 3,000만원의 범위에서는 변제자대위를 할 수 없으므로, 戊명의의 2018. 1. 17.자 근저당권이전등기도 그 범위에서는 효력이 없다. 따라서 戊는 2억 3,000만원의 범위에서는 丁보다 우선하여 배당받을 수 없으므로, 법원은 배당표 중 원고 丁에 대한 배당액 0원은 2억 3,000만원으로, 피고 戊에 대한 배당액 6억원은 3억 7,000만원으로 경정한다는 판결을 해야 한다.

Ⅴ. 근저당

1. 일 반

❒ 근저당권은 피담보채무의 최고액만을 정하고 채무의 확정을 장래에 보류하여 설정하는 저당권이다(민법 제357조 제1항 본문). 근저당권을 설정한 후에 근저당설정자와 근저당권자의 합의로 채무의 범위 또는 채무자를 추가하거나 교체하는 등으로 피담보채무를 변경할 수 있다. 이러한 경우 위와 같이 변경된 채무가 근저당권에 의하여 담보된다. 후순위저당권자 등 이해관계인은 근저당권의 채권최고액에 해당하는 담보가치가 근저당권에 의하여 이미 파악되어 있는 것을 알고 이해관계를 맺었기 때문에 이러한 변경으로 예측하지 못한 손해를 입었다고 볼 수 없으므로, 피담보채무의 범위 또는 채무자를 변경할 때 이해관계인의 승낙을 받을 필요가 없다. 또한 등기사항의 변경이 있다면 변경등기를 해야 하지만(제186조), 등기사항에 속하지 않는 사항은 당사자의 합의만으로 변경의 효력이 발생한다(대법원 2021.12.16. 선고 2021다255648 판결).

2. 피담보채무가 소멸한 근저당권에 기초하여 개시된 임의경매절차의 효력

❒ 임의경매의 정당성은 실체적으로 유효한 담보권의 존재에 근거하므로, 담보권에 실체적 하자가 있다면 그에 기초한 경매는 원칙적으로 무효이다. 특히 채권자가 **경매를 신청할 당시 실행하고자 하는 담보권이 이미 소멸**하였다면, 그 경매개시결정은 아무런 처분권한이 없는 자가 국가에 처분권을 부여한 데에 따라 이루어진 것으로서 위법하다. 그러므로 피담보채권이 소멸되어 무효인 근저당권에 기초하여 임의경매절차가 개시되고 매수인이 해당 부동산의 매각대금을 지급하였더라도, 그 경매절차는 무효이므로 매수인은 부동산의 소유권을 취득할 수 없다(대법원 2022.8.25. 선고 2018다205209 판결). 이와 같이 경매가 무효인 경우 매수인은 경매채권자 등 배당금을 수령한 자를 상대로 그가 배당받은 금액에 대하여 부당이득반환을 청구할 수 있다(대법원 2023.7.27. 선고 2023다228107 판결).

→ 임의경매(담보권실행을 위한 경매)는 담보권자의 담보권에 내재된 현금화하는 권능의

실행을 국가기관이 대행하는 것에 불과하므로, 경매신청 당시 담보권에 흠이 있으면 경매절차는 무효이다. 반면에 다만 '실체상 존재하는 저당권'에 터 잡아 경매개시결정이 내려진 이상, 그 뒤에 저당권이 소멸하거나(예: 저당권설정계약이 해지된 경우) 변제 등으로 피담보채권이 소멸하게 되었더라도 경매절차가 취소 또는 정지되지 아니한 채 진행된 결과, 매각허가결정이 확정되고 매각대금이 모두 지급된 경우에는 매수인이 적법하게 매각부동산의 소유권을 취득한다(민사집행법 제267조).

3. 공동근저당

❐ 공동근저당의 목적 부동산 중 일부에 대한 경매절차에서, 공동근저당권자가 선순위근저당권자로서의 자신의 채권 전액을 청구하였다면, 민법 제370조, 제333조, 제368조 제1항에 따라 선순위근저당권자가 경매대가로부터 우선하여 변제받고, 후순위근저당권자는 잔액으로부터 변제를 받는 것이며, 이는 선순위근저당권자와 후순위근저당권자가 동일인이라고 하여 달라지는 것은 아니다(대법원 2018.7.11. 선고 2017다292756 판결).

❐ 공동근저당권자가 목적 부동산 중 일부 부동산에 대하여 **제3자가 신청한 경매절차에 소극적으로 참가하여 우선배당을 받은 경우**, 해당 부동산에 관한 근저당권의 피담보채권은 그 근저당권이 소멸하는 시기, 즉 매수인이 매각대금을 지급한 때에 확정되지만, 나머지 목적 부동산에 관한 근저당권의 피담보채권은 기본거래가 종료하거나 채무자나 물상보증인에 대하여 파산이 선고되는 등의 다른 확정사유가 발생하지 않는 한 확정되지 않는다(대법원 2017.9.21. 선고 2015다50637 판결).

→ 공동근저당권자가 제3자가 신청한 경매절차에 소극적으로 참가하여 우선배당을 받았다는 사정만으로는 당연히 채권자와 채무자 사이의 기본거래가 종료된다고 볼 수 없고, 기본거래가 계속되는 동안에는 공동근저당권자가 나머지 목적 부동산에 관한 근저당권의 담보가치를 최대한 활용할 수 있도록 피담보채권의 증감·교체를 허용할 필요가 있기 때문이다.

❐ 공동근저당권자가 스스로 근저당권을 실행하거나 타인에 의하여 개시된 경매 등의 환가절차를 통하여 공동담보의 목적 부동산 중 일부에 대한 환가대금 등으로부터 다른 권리자에 우선하여 피담보채권의 일부에 대하여 배당받은 경우, 그와 같이 **우선변제받은 금액**에 관하여는 **공동담보의 나머지 목적 부동산에 대한 경매 등의 환가절차에서** 다시 공동근저당권자로서 **우선변제권을 행사할 수 없다.** 따라서 ① 공동담보의 나머지 목적 부동산에 대하여

공동근저당권자로서 행사할 수 있는 우선변제권의 범위는 피담보채권의 확정 여부와 상관없이 최초의 채권최고액에서 위와 같이 우선변제받은 금액을 공제한 나머지 채권최고액으로 제한된다. 이러한 법리는 채권최고액을 넘는 피담보채권이 원금이 아니라 이자·지연손해금인 경우에도 마찬가지로 적용된다(대법원 2017.12.21. 선고 2013다16992 판결). ② 채무자 소유 부동산과 물상보증인 소유 부동산에 공동근저당권이 설정된 후 공동담보의 목적 부동산 중 채무자 소유 부동산을 임의환가하여 청산하는 경우, 즉 공동담보의 목적 부동산 중 채무자 소유 부동산을 제3자에게 매각하여 그 대가로 피담보채권의 일부를 변제하는 경우에도 마찬가지이므로, 공동근저당권자는 그와 같이 변제받은 금액에 관하여는 더 이상 물상보증인 소유 부동산에 대한 경매 등의 환가절차에서 우선변제권을 행사할 수 없다(대법원 2018.7.11. 선고 2017다292756 판결).

❐ 채무자 소유 부동산과 물상보증인 소유 부동산에 공동근저당권을 설정한 채권자가 공동담보 중 채무자 소유 부동산에 대한 담보 일부를 포기하거나 순위를 불리하게 변경하여 담보를 상실하게 하거나 감소하게 한 경우, 물상보증인은 그로 인하여 상환받을 수 없는 한도에서 책임을 면한다(민법 제495조). 이 경우 공동근저당권자는 나머지 공동담보 목적물인 물상보증인 소유 부동산에 관한 경매절차에서, 물상보증인이 위와 같이 담보 상실 내지 감소로 인한 면책을 주장할 수 있는 한도에서는, 물상보증인 소유 부동산의 후순위 근저당권자에 우선하여 배당받을 수 없다(대법원 2018.7.11. 선고 2017다292756 판결).

→ 공동저당에 제공된 채무자 소유 부동산과 물상보증인 소유 부동산 가운데 물상보증인 소유 부동산이 먼저 경매되어, 매각대금에서 선순위 공동저당권자가 변제를 받은 때에는, 물상보증인은 채무자에 대하여 구상권을 취득함과 동시에 변제자대위에 의하여 채무자 소유 부동산에 대한 선순위 공동저당권을 대위취득한다. 또한 물상보증인 소유 부동산에 대한 후순위 저당권자는 물상보증인이 대위취득한 채무자 소유 부동산에 대한 선순위 공동저당권에 대하여 물상대위를 할 수 있기 때문이다.

문제 **〈기초적 사실관계〉**

甲은행은 2010. 12. 23. 乙에게 3억 5,000만원을 대출하면서 乙소유의 X토지와 丙소유의 Y토지에 관하여, 근저당권자 甲은행, 채무자 乙, 채권최고액 4억 9,000만원으로 정하고, 乙이 甲에 대하여 현재 및 장래에 부담하게 될 여신거래, 신용카드거래 등 모든 채무를 포괄하여 담보하되 3년이 경과하면 근저당권설정자가 서면통지에 의하여 결산기를 지정할 수 있도록 하는 내용의 근저당설정계약을 체결하였다. 근저당권설정계약에 따라 甲은 같은 날 X토지와 Y토지를 공동담보로 하여 甲명의의 근저당권 설정등기를 마쳤다.

1. 甲의 乙에 대한 피담보채권액이 X토지와 Y토지의 근저당권으로 담보될 수 있는 금액은 얼마인가?

➜ 근저당권설정자와 근저당권자 사이에서 동일한 기본계약에 기하여 발생한 채권을 중첩적으로 담보하기 위하여 수 개의 근저당권을 설정하기로 합의하고 이에 따라 수 개의 근저당권설정등기를 마친 때에는 부동산등기법에 따라 공동근저당관계의 등기를 마쳤는지 여부와 관계없이 그 수 개의 근저당권 사이에는 '각 채권최고액이 동일한 범위 내'에서 공동근저당관계가 성립한다(대판 2010.12.23, 2008다57746). 설문에서 乙의 甲에 대한 현재 및 장래에 부담하게 될 여신거래 등 모든 채무를 담보하기 위해, 채권최고액 4억 9,000만원으로 정하고 甲이 乙소유의 X토지와 丙소유의 Y토지에 대해 공동근저당권을 취득하였다. 따라서 피담보채권의 범위와 채권최고액이 동일하므로, X토지와 Y토지의 근저당권은 채권최고액 4억 9,000만원의 범위에서 甲의 乙에 대한 피담보채권을 담보한다.

〈추가적 사실관계〉

Y토지에 관하여 甲보다 후순위 근저당권자인 丁이 2012. 8. 18. 임의경매를 신청함에 따라 진행된 경매절차에서 甲은 Y토지의 근저당권에 기하여 乙에 대한 2010. 12. 23. 대출에 따른 원금과 이자 등 합계 3억 7,000만원을 전액 우선 배당받았다. 그에 따라 Y토지에 관하여는 甲명의의 근저당권설정등기가 말소되었으나, 경매목적물이 아니었던 X토지에 관하여는 甲명의의 근저당권설정등기가 말소되지 않았다. 한편 戊는 乙에게 2억원을 빌려주고, 乙은 이를 담보하기 위해 X토지를 소유권이전등기청구권가등기 형식으로 담보로 제공하기로 계약을 체결하였다. 계약에 따라 2013. 1. 23. 戊명의로 가등기가 마쳐졌다. 그 후 甲은 X토지의 근저당권을 담보로 2013. 10. 31. 乙에게 추가로 1억 2,000만원을 대출하였고, 2017. 3. 28. 乙의 채무불이행을 이유로 X토지에 대한 근저당권실행을 위한 경매를 신청하였다. 甲이 경매를 신청할 당시 乙에 대한 채권액은 2013. 10. 31. 대출에 따른 원금, 이자 및 지연손해금 등 합계 1억 5,000만원이었으며, X토지는 4억원에 매각되었다(단, X토지의 매각대금 4억원 전액을 배당금액으로 가정한다).

2. 甲은 X토지의 매각대금에서 경매신청 당시의 대여금 등 1억 5,000만원 전액을 우선 변제를 받을 수 있는가?

➜ **(1) 甲의 乙에 대한 추가대출금 등이 X토지의 근저당권에 의하여 담보되는지 여부**

(가) X토지에 관한 근저당권의 피담보채권 확정 여부

공동근저당권자 甲이 2013. 10. 31. 乙에게 추가로 대출한 원금 등에 대하여 X토지의 매각대금에서 우선변제를 받기 위해서는, 丁이 신청한 경매절차에 甲이 소극적으로 참가하여 공동근저당 부동산 중 일부인 Y토지의 매각대금에서 피담보채권 전액에 대한 우선 배당을 받았더라도 X토지에 대한 근저당권의 피담보채권이 확정되지 않아야 한다. 확정 이후에 새로운 거래관계에서 발생한 원본채권은 근저당권에 의하여 담보되지 않기 때문이다(대판 2007.4.26, 2005다38300). 판례는 공동근저당권자가 목적 부동산 중 일부 부동산에 대하여 제3자가 신청한 경매절차에 소극적으로 참가하여 우선배당을 받은 경우, 해당 부동산에 관한 근저당권의 피담보채권은 그 근저당권이 소멸하는 시기, 즉 매수인이 매각대금을 지급한 때에 확정되지만, 나머지 목적 부동산에 관한 근저당권의 피담보채권은 기본거래가 종료하거나 채무자나 물상보증인에 대하여 파산이 선고되는 등의 다른 확정사유가 발생하지 않는 한 확정되지 않는다고 한다(대판 2017.9.21, 2015다50637). 따라서 甲이 Y토지의 매각대금에서 피담보채권 전액을 우선 변제받았더라도 공동근저당물인 X토지에 관한 근저당권의 피담보채권이 확정되지 않는다.

(나) 甲이 X토지의 근저당권을 담보로 추가대출을 한 것이 무효등기의 유용인지 여부
실질관계의 소멸로 무효로 된 등기의 유용은 그 등기를 유용하기로 하는 합의가 이루어지기 전에 등기상 이해관계가 있는 제3자가 생기지 않은 경우에는 허용된다(대판 2009.2.26, 2006다72802). 근저당은 계속적 거래관계로부터 생기는 불특정 다수의 채권을 장래의 결산기에 일정한 한도액의 범위에서 담보하는 저당권이므로(민법 제357조), 피담보채권이 확정되기 전에 그것이 일시적으로 존재하지 않더라도 근저당권은 소멸하지 않는다. 설문에서 丁이 신청한 경매절차에 甲이 소극적으로 참가하여 Y토지의 매각대금에서 피담보채권액 전부를 배당받았지만, 이로 인해 X토지에 관한 근저당권의 피담보채권은 확정되지 않는다. 따라서 X토지에 설정된 甲의 근저당권은 소멸하지 않으므로, 甲이 乙에게 추가대출을 하면서 X토지의 근저당권을 담보로 한 것은 무효등기의 유용에 해당하지 않는다.

(2) X토지의 매각대금에 대한 甲의 우선변제권의 범위
공동근저당권자가 스스로 근저당권을 실행하거나 타인에 의하여 개시된 경매 등의 환가절차를 통하여 공동담보의 목적 부동산 중 일부에 대한 환가대금 등으로부터 다른 권리자에 우선하여 피담보채권의 일부에 대하여 배당받은 경우, 공동담보의 나머지 목적 부동산에 대하여 공동근저당권자로서 행사할 수 있는 우선변제권의 범위는 피담보채권의 확정 여부와 상관없이 최초의 채권최고액에서 우선 변제받은 금액을 공제한 나머지 채권최고액으로 제한된다(대판 2017.12.21, 2013다16992). 설문에서 甲은 Y토지의 매각대금에서 3억 7,000만원을 배당받았다. 따라서 甲이 X토지의 매각대금에서 우선변제를 받을 수 있는 금액은 X토지에 대한 경매신청 당시 피담보채권액 1억 5,000만원이 아니라 최초 채권최고액 4억 9,000만원에서 우선 변제받은 3억 7,000만원을 공제한 1억 2,000만원이다.

3. Y토지의 매각대금에서 甲이 우선 변제받은 금액에 대하여, 물상보증인 丙 또는 Y토지의 후순위근저당권자 丁이 X토지의 매각대금에서 甲 또는 戊보다 우선하여 배당을 받을 수 있는가?

→ **(1) 丙과 丁이 甲보다 우선하여 배당받는지 여부**
채무자 소유의 부동산과 물상보증인 소유의 부동산에 공동근저당권이 설정된 경우, 그중 물상보증인 소유의 부동산에 대하여 먼저 경매 등의 환가절차가 진행되어 그 환가대금에서

공동근저당권자가 피담보채권의 일부에 대하여 배당받은 때에는, 물상보증인은 배당받은 가액의 범위 내에서 변제자대위에 의하여 채무자 소유의 부동산에 대한 공동근저당권을 대위취득한다(민법 제483조). 다만 이 경우에도 공동근저당권자는 일부 변제자대위를 하는 물상보증인에 대한 관계에서 우선변제권을 가진다(대판 2017.12.21, 2013다16992). 설문에서 甲이 X토지의 담보권실행을 위해 경매를 신청할 당시 乙에 대한 피담보채권액이 1억 5,000만원이지만, 전술한 바와 같이 X토지의 매각대금에서 1억 2,000만원을 甲이 丙 등보다 우선하여 배당을 받고, 이를 제외한 나머지 금액에 대해 제483조에 의해 물상보증인 丙 또는 제370조, 제342조에 의해 丁이 배당을 받을 수 있다.

(2) 丙과 丁이 戊보다 우선하여 배당받는지 여부

물상보증인의 변제자대위(민법 제481조, 제482조)와 채무자 소유의 부동산에 대한 후순위저당권자의 대위(제368조) 사이의 우열관계에 대해, 판례는 물상보증인우선설을 따르고 있다(대판 2015.11.27, 2013다41097,41103). 설문에서 甲이 물상보증인 丙소유의 Y토지에 대한 경매절차에서 3억 7,000만원을 우선 배당을 받았으므로, 丙은 채무자 乙에 대하여 구상권을 취득함(제370조, 제341조)과 동시에 제482조, 제483조에 따라 乙소유의 X토지에 대한 甲의 근저당권을 대위취득하고, 丙소유의 Y토지에 대한 후순위저당권자 丁은 丙이 대위취득한 X토지에 대한 甲의 근저당권에 대하여 물상대위를 하게 된다(제370조, 제342조). 따라서 X토지의 매각대금 4억원 중 甲에게 1억 2,000만원을 우선배당하고 남은 2억 8,000만원을 한도로 하여 丁이 배당받고 나머지는 丙이 배당을 받을 수 있다. 결국 甲에게 배당하고 남은 금액이 변제자대위에 의해 丙이 배당받을 수 있는 금액 3억 7,000만원보다 적기 때문에 가등기담보권자 戊는 X토지의 매각대금에서 배당받을 수 없다.

〈변경된 사실관계〉

甲이 2017. 3. 28. 乙의 채무불이행을 이유로 X토지와 Y토지에 대한 근저당권실행을 위한 경매를 신청하여, X토지는 4억원, Y토지는 2억원에 매각되었다. 경매신청 당시 甲의 乙에 대한 2010. 12. 23. 대여금, 이자 및 지연손해금 등이 합계 4억 2,000만원이다(단, X토지와 Y토지의 매각대금 전액을 배당금액으로 가정한다).

4. 甲이 Y토지의 매각대금에서 배당받을 수 있는 금액은 얼마인가?

➜ 공동저당권이 설정되어 있는 수개의 부동산 중 일부는 채무자 소유이고 일부는 물상보증인 소유인 경우 각 부동산의 경매대가를 동시에 배당하는 때에는 민법 제368조 1항은 적용되지 않고, 채무자 소유 부동산의 경매대가에서 공동저당권자에게 우선적으로 배당을 하고, 부족분이 있는 경우에 한하여 물상보증인 소유 부동산의 경매대가에서 추가로 배당을 하여야 한다(대판 2016.3.10, 2014다231965). 설문에서 甲은 채무자 乙소유의 X토지와 물상보증

인 丙소유의 Y토지에 대해 채권최고액 4억 9,000만원으로 하는 공동근저당권설정등기를 마쳤고, X토지와 Y토지에 대해 담보권을 실행하여 동시배당이 이루어지게 되었다. 따라서 甲은 경매신청 당시의 피담보채권액 4억 2,000만원에 대해 X토지의 매각대금에서 우선적으로 4억원을 배당받고, 나머지 2,000만원은 Y토지의 매각대금에서 추가로 배당받는다.

4. 누적적 근저당

(1) 누적적 근저당권의 의미와 권리실행 방법

❐ 당사자 사이에 하나의 기본계약에서 발생하는 동일한 채권을 담보하기 위하여 여러 개의 부동산에 근저당권을 설정하면서 **각각의 근저당권 채권최고액을 합한 금액을 우선변제받기 위하여 공동근저당권의 형식이 아닌 개별 근저당권의 형식을 취한 경우**, 이러한 근저당권은 민법 제368조가 적용되는 공동근저당권이 아니라 피담보채권을 누적적으로 담보하는 근저당권에 해당한다. 이와 같은 누적적 근저당권은 공동근저당권과 달리 담보의 범위가 중첩되지 않으므로, 누적적 근저당권을 설정받은 채권자는 여러 개의 근저당권을 동시에 실행할 수도 있고, 여러 개의 근저당권 중 어느 것이라도 먼저 실행하여 그 채권최고액의 범위에서 피담보채권의 전부나 일부를 우선변제 받은 다음 피담보채권이 소멸할 때까지 나머지 근저당권을 실행하여 그 근저당권의 **채권최고액 범위에서 반복하여 우선변제**를 받을 수 있다(대법원 2020.4.9. 선고 2014다51756,51763 판결).

(2) 누적적 근저당의 경우에 물상보증인이 변제자대위에 의하여 채무자 소유 부동산에 관한 근저당권을 행사할 수 있는지 여부

❐ 채권자가 하나의 기본계약에서 발생하는 동일한 채권을 담보하기 위하여 채무자 소유의 부동산과 물상보증인 소유의 부동산에 누적적 근저당권을 설정받았는데 물상보증인 소유의 부동산이 먼저 경매되어 매각대금에서 채권자가 변제를 받은 경우, 물상보증인은 채무자에 대하여 구상권을 취득함과 동시에 민법 제481조, 제482조에 따라 종래 채권자가 가지고 있던 채권 및 담보에 관한 권리를 행사할 수 있다. 이때 물상보증인은 변제자대위에 의하여 종래 채권자가 보유하던 채무자 소유 부동산에 관한 근저당권을 대위취득하여 행사할 수 있다고 보아야 한다(대법원 2020.4.9. 선고 2014다51756,51763 판결).

❐ 민법 제481조, 제482조가 대위변제자로 하여금 채권자의 채권과 그 채권에 대한 담보권을

행사할 수 있도록 하는 이유는 대위변제자의 채무자에 대한 구상권의 만족을 실효성 있게 보장하기 위함이다. 물상보증인은 채무자의 자력이나 함께 담보로 제공된 채무자 소유 부동산의 담보력을 기대하고 자신의 부동산을 담보로 제공한다. 누적적 근저당권의 피담보채권액이 각각의 채권최고액을 합한 금액에 미달하는 경우 물상보증인은 변제자대위 등을 통해 채무자 소유의 부동산이 가장 우선적으로 책임을 부담할 것을 기대하고 담보를 제공한다(누적적 근저당권의 피담보채권액이 각각의 채권최고액을 합한 금액보다 큰 경우에는 채권자만이 모든 근저당권으로부터 만족을 받게 되므로 물상보증인의 변제자대위가 인정될 여지가 없다). 그 후에 채무자 소유 부동산에 후순위저당권이 설정되었다는 사정 때문에 물상보증인의 기대이익을 박탈할 수 없다.
반면 누적적 근저당권은 공동근저당권이 아니라 개별 근저당권의 형식으로 등기되므로 채무자 소유 부동산의 후순위저당권자는 해당 부동산의 교환가치에서 선순위근저당권의 채권최고액을 뺀 나머지 부분을 담보가치로 파악하고 저당권을 취득한다. 따라서 선순위근저당권의 채권최고액 범위에서 물상보증인에게 변제자대위를 허용하더라도 후순위저당권자의 보호가치 있는 신뢰를 침해한다고 볼 수 없다(대법원 2020.4.9. 선고 2014다51756,51763 판결).

(3) 누적적 근저당권과 개별 근저당권의 구별

❐ 누적적 근저당권은 모두 하나의 기본계약에서 발생한 **동일한 피담보채권**을 담보하기 위한 것이다. 이와 달리 당사자가 근저당권 설정 시 피담보채권을 여러 개로 분할하여 분할된 채권별로 근저당권을 설정하였다면 이는 그 자체로 각각 별개의 채권을 담보하기 위한 개별 근저당권일 뿐 누적적 근저당권이라고 할 수 없다. 누적적 근저당권은 각 근저당권의 담보 범위가 중첩되지 않고 서로 다르지만 이러한 점을 들어 피담보채권이 각 근저당권별로 자동으로 분할된다고 볼 수도 없다. 이는 동일한 피담보채권이 모두 소멸할 때까지 자유롭게 근저당권 전부 또는 일부를 실행하여 각각의 채권최고액까지 우선변제를 받고자 누적적 근저당권을 설정한 당사자의 의사에 반하기 때문이다(대법원 2020.4.9. 선고 2014다51756,51763 판결).

문제 丙은 2019. 5. 3. 3억원을 丁으로부터 차용한 후 자신의 X토지에 대하여 2019. 5. 6. 채권최고액 2억원으로 하는 근저당권을 丁에게 설정해 주었다. 한편 丁은 위 3억원을 확실하게 변제받기 위하여 추가로 2019. 5. 9. 甲소유의 Y토지에 대하여 채권최고액 2억원으로 하는 근저당권을 설정받으면서 공동근저당의 형식을 취하지 않았다. 丙은 2019. 7. 7. 乙에 대한 자재대금채무(2억원)를 담보하기 위하여 X토지에 대하여 채권최고액 2억원으로 하는 근저당권을 乙에게 설정해 주었다. 이후 丁은 2020. 5. 3. Y토지에 대한 협의취득보상금에 대하여 물상대위권을 행사하여 2억원을 수령하였다. 한편 X토지에 대한 담보권실행을 위한 경매절차가 진행되어 2020. 10. 5. 丁은 1억원, 乙은 2억원, 甲은 2억원을 채권액으로 신고하였다. 법원은 2020. 11. 25. 매각대금에서 집행비용을 제외한 금액인 2억원 가운데 丁에게 1억원을 乙에게 1억원을 배당하고, 甲에게 전혀 배당하지 않았다. 이에 甲은 2021. 6. 5. 乙에 대한 배당액에 대해 이의하고 2021. 6. 9. 배당이의의 소를 제기하였다.

이 경우 법원은 어떠한 판단을 하여야 하는지, (1) 결론(소각하/청구기각/청구전부인용/청구일부인용 — 일부 인용의 경우 인용범위를 특정할 것)과 (2) 논거를 기재하시오(이자, 지연손해금은 고려하지 말 것).

➔ **1. 결론**

법원은 甲의 청구를 일부 인용해야 한다(丁의 배당액 1억원, 甲의 배당액 1억원, 乙의 배당액 0원).

2. 근거

(1) 丁명의의 근저당권 상호간의 관계

(가) 공동근저당권은 여러 개의 부동산에 관하여 공통 채권최고액 범위에서 모든 부동산을 공동담보로 파악하지만, 누적적 근저당권은 여러 개의 부동산에 관하여 개별적 채권최고액의 범위에서 각각의 부동산을 개별담보로 파악한다(대판 2020.4.9, 2014다51756,51763).

(나) 당사자 사이에 하나의 기본계약에서 발생하는 동일한 채권을 담보하기 위하여 여러 개의 부동산에 근저당권을 설정하면서 각각의 근저당권 채권최고액을 합한 금액을 우선변제받기 위하여 공동근저당권의 형식이 아닌 개별 근저당권의 형식을 취한 경우, 근저당권은 피담보채권을 누적적으로 담보한다(대판 2020.4.9, 2014다51756,51763). 설문에서 피담보채권액(3억원)이 채권최고액 2억원을 초과하며, 丁은 丙에 대한 대여금채권을 확실히 변제받기 위하여 공동근저당의 형식을 취하지 않고 丙과 甲으로부터 개별적으로 근저당권을 설정받았으므로, 양자는 누적적 근저당권에 해당한다.

(2) 물상보증인의 변제자대위와 후순위근저당권의 우열

(가) 물상보증인 소유의 부동산에 대한 물상대위로 인하여 채권이 소멸된 경우, 물상보증인이 가지는 구상권 확보를 위하여 변제자대위가 인정된다. 물상보증인은 변제자대위에 의하여 채권자가 보유하던 채무자 소유 부동산에 관한 근저당권을 대위취득하여 행사할 수 있다. 후순위근저당권자는 물상보증인과의 관계에서 우선하지 못한다.

(나) 설문에서 丁이 물상대위권을 행사하여 2억원을 수령하였으므로 甲은 2억원의 한도에서 X토지에 대한 丁의 근저당권을 대위행사할 수 있다. 甲의 대위권 행사범위는 잔존 채권

최고액을 한도로 하므로 1억원이다(2억원－1억원). 따라서 법원은 丁에게 1억원, 甲에게 1억원, 乙에게 0원을 배당해야 한다.

변호사시험 기출문제

문제 1 A는 2010. 3. 10. B에게 A 소유의 X건물에 대하여 전세금 1억원, 존속기간 2010. 3. 10.부터 2012. 3. 9.까지로 하여 전세권을 설정하여 주었고, B는 2010. 3. 10. A로부터 X건물을 인도받아 점유·사용하고 있다. 그런데 B는 사업상 자금이 필요하여 2010. 5. 20. C로부터 6,000만원을 차용하면서, C명의로 채권액 6,000만원의 전세권저당권을 설정하여 주었고, 2012. 3. 9. 위 전세권의 존속기간이 만료되었다. 이 경우 C는 전세권저당권자로서 어떠한 방법을 통해 자신의 채권만족을 얻을 수 있는가? (25점) (제4회 변호사시험, 2015)

→ **(1) 전세권에 대하여 저당권을 실행할 수 있는지 여부**

전세권에 대하여 저당권이 설정된 경우 그 전세권이 기간만료로 종료되면 전세권을 목적으로 하는 저당권은 당연히 소멸된다. 따라서 C는 전세권 자체에 대하여 저당권을 실행할 수 없다(대판 2014.10.27., 2013다91672).

(2) B의 전세금반환채권에 대해 물상대위를 행사할 수 있는지 여부

저당권이 설정된 전세권의 존속기간이 만료된 경우, 저당권자는 저당권의 목적물인 전세권에 갈음하여 존속하는 것으로 볼 수 있는 전세금반환채권에 대하여 압류 및 추심명령 또는 전부명령을 받거나 제3자가 전세금반환채권에 대하여 실시한 강제집행절차에서 배당요구를 하는 등의 방법으로 물상대위권을 행사하여 전세금의 지급을 구하여야 한다(대판 2014.10.27, 2013다91672). 설문의 경우, 저당권이 설정된 전세권이 존속기간의 만료로 소멸되었으므로, C는 제370조, 제342조에 의하여 전세권에 갈음하여 존속하는 전세금반환채권에 대해 물상대위권을 행사할 수 있다. 그 실행방법은 민사집행법 제273조에 따라 전세금반환채권 1억원에 대해 압류 및 추심명령을 받아 피담보채권 6,000만원에 충당하거나 피담보채권 6,000만원 범위에서 압류 및 전부명령을 받아 충당하는 방법이 있다.

문제 2 **〈기초적 사실관계〉**

甲은 2014. 2. 2. 乙로부터 1억원을 변제기 2015. 2. 2. 이자 연 20%로 차용하기로 하는 소비대차계약을 체결하였고, 같은 날 丙은 자신 소유의 X토지에 대하여 乙에게 甲의 위 채무를 담보하기 위하여 근저당권자 乙, 채권최고액 1억 2,000만원으로 하는 근저당권을 설정하여 주었다. 그런데 변제기가 지나도록 甲이 위 채무를 변제하지 않자, 乙은 위 근저당권을 실행하겠다는 뜻을 甲과 丙에게 통지하고 2016. 2. 2.

X토지에 대하여 근저당권에 기한 경매를 신청하였다. 이에 丙이 甲의 채무를 대신 변제하겠다고 하였으나, 乙은 대여금 1억원과 이에 대한 이자 및 지연손해금도 추가로 지급할 것을 요구하였다. (제6회 변호사 시험, 2017)

1. 丙은 乙에게 위 채권최고액인 1억 2,000만원을 변제하였다. 丙은 乙을 피고로 위 근저당권설정등기의 말소를 청구할 수 있는가? (10점)

→ 근저당권자가 피담보채무의 불이행을 이유로 경매신청을 한 경우에는 경매신청시에 근저당권의 피담보채권액이 확정되고, 그 이후부터 근저당권은 부종성을 가지게 되어 보통의 저당권과 같은 취급을 받게 된다(대판 1998.10.27, 97다26104,26111). 설문의 경우, 근저당권의 확정시기는 乙이 경매를 신청한 2016. 2. 2.이고, 그 당시 피담보채무액은 원금 1억원, 1년분의 이자 2,000만원 및 그때까지의 지연손해금이다. 하지만 물상보증인이나 근저당부동산의 제3취득자는 민법 제357조의 채권최고액만을 변제하면 근저당권설정등기의 말소청구를 할 수 있고, 채권최고액을 초과하는 부분의 채권액까지 변제할 의무가 있는 것은 아니다(대판 1974.12.10, 74다998). 따라서 물상보증인 丙은 채권최고액 1억 2,000만원을 변제하였으므로, 乙을 상대로 근저당권설정등기의 말소를 청구할 수 있다.

〈변형된 사실관계〉

甲이 乙과의 사이에 위와 같은 소비대차계약을 체결하면서, 채무자 甲은 자신 소유의 Y토지에 대하여 근저당권자 乙, 채권최고액 1억 2,000만원으로 하는 근저당권을 설정하였다. 변제기가 지나도록 甲이 위 채무를 변제하지 않자, 乙은 위 근저당권을 실행하겠다는 뜻을 甲에게 통지하고 2016. 2. 2. Y토지에 대하여 근저당권에 기한 경매를 신청하였다.

2. 甲은 乙에게 위 채권최고액인 1억 2,000만원을 변제하였다. 甲은 乙을 피고로 위 근저당권설정등기의 말소를 청구할 수 있는가? (10점)

→ 근저당권자의 채권액이 채권최고액을 초과하는 경우, 근저당권자와 채무자인 근저당권설정자 사이에서는 채권최고액 등 그 채권 일부의 변제가 있더라도 채권 전액의 변제가 있을 때까지 근저당권의 효력이 잔존채무에 미친다(대판 2010.5.13, 2010다3681). 설문의 경우, 근저당권의 확정시기는 乙의 경매신청시인 2016. 2. 2.이고, 그 당시 채권액은 원금 1억원과 1년분의 이자 2,000만원 및 지연손해금이다. 따라서 확정된 피담보채권액이 채권최고액(1억 2,000만원)을 초과하므로, 채무자인 근저당권설정자 甲은 채권 전액을 변제하지 않는 한 乙을 상대로 Y건물에 대한 근저당권설정등기의 말소를 청구할 수 없다.

문제 3 〈기초적 사실관계〉

甲은 2015. 12. 10. 그 소유인 X점포에 관하여 乙과 전세금 2억원, 기간 2016. 1. 10.부터 2018. 1. 9.

까지로 정하여 전세권설정계약을 체결하고 2016. 1. 10. 전세금을 받은 다음 乙에게 X점포를 인도하고 전세권설정등기를 마쳐주었다. 乙은 2017. 2. 10. 丙으로부터 2억원을 차용하고 丙에게 위 전세권에 저당권을 설정하여 주었다(이자나 지연손해금은 발생하지 않는 것으로 함). [※ 추가적 사실관계는 각각 별개이며, 제시된 일자는 공휴일이 아닌 것으로 간주함] (제8회 변호사시험, 2019)

〈추가적 사실관계 1〉

乙은 전세기간 만료일인 2018. 1. 9. 甲에게 X점포를 인도하면서 전세금 반환을 요구하였고 甲은 그날 乙에게 전세금 일부 반환 명목으로 8,000만원을 지급하였다. 乙의 일반채권자 丁은 같은 해 1. 15. 법원으로부터 위 전세금반환채권 2억원에 대해 압류·추심명령을 받았고 그 명령이 같은 해 1. 20. 甲에게 송달되었다. 丙도 같은 해 1. 22. 전세권저당권에 기해 법원으로부터 전세금반환채권 2억원에 대해 압류·전부명령을 받고 그 명령이 같은 해 1. 25. 甲에게 송달되고 그 무렵 확정되었다.

이러한 사실이 알려지자 ① 丙은 자신이 전세권저당권자로서 전세금반환채권에 대해 우선변제권이 있으므로 甲이 乙에게 일부 전세금을 변제한 행위는 丙에게 대항할 수 없고 따라서 丙은 전세금 2억원 전체에 대해 권리가 있다고 주장하였고, ② 丁은 자신의 압류·추심명령이 丙의 압류·전부명령보다 甲에게 먼저 송달되었으므로 丙의 전부명령은 효력을 상실하였고 따라서 丙과 丁은 동등한 권리가 있다고 주장한다.

1. 丙과 丁의 위 주장을 검토하고 丙과 丁이 각각 전세금반환채권에 관해 얼마의 범위에서 권리를 주장할 수 있는지 설명하시오. (20점)

➜ **(1) 丙의 주장이 타당한지 여부**

저당권자가 물상대위권을 행사하려면 저당권설정자가 받을 금전 기타 물건에 대해 그 지급 또는 인도 전에 이를 압류하여야 한다(민법 제370조, 제342조 단서). 금전채권에 대한 압류 및 추심·전부명령은 제3채무자에게 송달된 때에 그 효력이 생긴다(민사집행법 제227조 3항). 한편 저당권이 설정된 전세권의 존속기간이 만료된 경우, 저당권자는 저당권의 목적물인 전세권에 갈음하여 존속하는 것으로 볼 수 있는 전세금반환채권에 대하여 압류 및 추심명령 또는 전부명령 등의 방법으로 물상대위권을 행사할 수 있다(대판 2014.10.27, 2013다91672). 설문에서 전세권의 존속기간 만료일인 2018. 1. 9. 甲이 乙에게 전세금 중 일부인 8,000만원을 반환한 후에 丁의 압류·추심명령이 2018. 1. 20, 저당권자 丙의 압류·전부명령은 2018. 1. 25. 제3채무자 甲에게 각각 송달되었다. 따라서 甲의 乙에 대한 8,000만원의 전세금 반환은 적법하므로, 丙이 전세금 2억원 전체에 대해 권리가 있다는 주장은 부당하다.

(2) 丁의 주장이 타당한지 여부

전세권저당권자가 전세금반환채권에 대하여 물상대위권을 행사한 경우, 종전 저당권의 효력은 물상대위의 목적이 된 전세금반환채권에 존속하여 저당권자가 전세금반환채권으로부터 다른 일반채권자보다 우선변제를 받을 권리가 있다(대판 2014.10.27, 2013다91672). 설문에서 乙의 일반채권자 丁이 乙의 전세금반환채권 2억원에 대해 압류·추심명령을 받았더라도 물상대위권에 기하여 乙의 남은 전세금반환채권에 대하여 압류·전부명령을 받은 저당권자 丙에게 대항할 수 없다. 따라서 丁이 丙에게 乙의 전세금반환채권에 관하여 동등한 권리가 있다고 주장하는 것은 부당하다.

(3) 丙과 丁이 각각 전세금반환채권에 관해 권리를 주장할 수 있는 범위

甲의 乙에 대한 전세금 8,000만원의 반환은 유효하고, 물상대위권을 행사하는 전세권저당권자 丙이 남은 전세금반환채권 1억 2,000만원으로부터 乙의 일반채권자 丁보다 우선변제를 받을 권리가 있다. 전부명령이 있는 때에는 압류된 채권은 지급에 갈음하여 압류채권자에게 이전된다(민사집행법 제229조 3항). 설문에서 丙의 피담보채권은 2억원이므로, 丙은 甲에게 전세금 1억 2,000만원의 반환을 주장할 수 있다. 반면에 전부명령으로 丙에게 이전되고 남은 금액이 없으므로, 丁은 乙의 甲에 대한 전세금반환채권에 관하여 권리를 주장할 수 없다.

〈추가적 사실관계 2〉

甲은 乙에게 4차례에 걸쳐 금전을 대여하여 아래와 같은 채권이 발생하였다.

	대여일	금액	변제기
제1대여금채권	2015. 12. 15.	1,000만원	2017. 10. 14.
제2대여금채권	2015. 12. 20.	1,500만원	2018. 1. 19.
제3대여금채권	2016. 12. 15.	2,000만원	2017. 12. 14.
제4대여금채권	2016. 12. 20.	2,500만원	2018. 2. 19.

전세기간이 만료된 후 丙은 2018. 2. 28. 전세권저당권에 기하여 법원으로부터 전세금반환채권 2억원에 대해 압류·추심명령을 받고 그 명령이 같은 해 3. 10. 甲에게 송달되었다. 甲은 그때까지 乙로부터 위 대여금을 전혀 변제받지 못하였다. 丙이 甲에게 추심금의 지급을 구하자, 甲은 위 4건의 대여금채권 합계 7,000만원을 자동채권으로, 전세금반환채권 2억원을 수동채권으로 하여 상계한다는 의사를 표시하였다.

2. 甲이 상계로 丙에게 대항할 수 있는 대여금채권의 범위를 검토하시오. (15점)

→ **(1) 甲이 乙에 대한 반대채권으로 丙에게 상계로써 대항할 수 있는지 여부**

전세권저당권자가 전세금반환채권에 대하여 물상대위권을 행사한 경우, 다른 일반채권자보다 우선변제를 받을 권리가 있으므로, 전세금반환채권이 압류된 때에 전세권설정자가 전세권자에 대하여 반대채권을 가지고 있고 반대채권과 전세금반환채권이 상계적상에 있더라도 전세권설정자가 전세권저당권자에게 상계로써 대항할 수 없다. 다만 전세권저당권이 설정된 때에 이미 전세권설정자가 전세권자에 대하여 반대채권을 가지고 있고 반대채권의 변제기가 장래 발생할 전세금반환채권의 변제기와 동시에 또는 그보다 먼저 도래하는 경우에는 전세권설정자는 반대채권을 자동채권으로 하여 전세금반환채권과 상계함으로써 전세권저당권자에게 대항할 수 있다(대판 2014.10.27, 2013다91672).

(2) 甲이 상계로 丙에게 대항할 수 있는 대여금채권의 범위

甲의 대여금채권은 丙의 전세권저당권 설정시인 2017. 2. 10. 이전에 성립하였으므로, 甲의 각 대여금채권의 변제기가 전세금반환채권의 변제기인 2018. 1. 9.보다 먼저 또는 동시에 도래하였다면 甲은 상계로 丙에게 대항할 수 있다. 설문에서 제1대여금채권의 변제기는 2017. 10. 14.이고, 제3대여금채권의 변제기는 2017. 12. 14.이므로, 전세금반환채권의 변제기보다 먼저 도래하였다. 반면에 제2대여금채권의 변제기는 2018. 1. 19.이고, 제4대여금채권의 변제기는 2018. 2. 19.이므로 전세금반환채권의 변제기보다 나중에 도래하였다. 따라서 甲은 제1대여금채권 1,000만원과 제3대여금채권 2,000만원, 합계 3,000만원의 범위에서 상계로 丙에게 대항할 수 있다.

문제 4 〈기초적 사실관계〉

甲은 2015. 2. 1. A은행으로부터 3억원을 변제기 2017. 1. 31.로 정하여 차용하였는데, 같은 날 甲과 A은행은 '甲이 A은행에 대해 현재 및 장래에 부담하는 대출 및 보증에 기해 발생하는 채무'를 담보한다는 내용의 근저당권설정계약서를 작성하고, 甲 소유의 X토지(시가 5억원) 및 Y건물(시가 3억원)에 대해 각 A은행 명의로 채권최고액을 4억 5,000만원으로 하는 1번 근저당권설정등기를 마쳐 주었다. 이후 甲은 2016. 4. 1. B은행으로부터 2억원을 변제기 2017. 3. 31.로 정하여 차용하면서, 甲 소유의 X토지에 대해 채권최고액을 2억 5,000만원으로 하는 2번 근저당권설정등기를 마쳐주었다. 또한 甲은 2016. 5. 1. A은행으로부터 1억원을 변제기 2017. 4. 30.로 정하여 추가로 차용하였다. 이후 甲이 A은행에 대한 위 각 차용금채무를 변제하지 않자 A은행은 2018. 3. 2. X토지에 대해서 근저당권에 기한 경매를 신청하였다. 한편 2018. 4. 1. 甲의 배우자인 丁은 A은행으로부터 5,000만원을 변제기 2019. 3. 31.로 정하여 차용하였고, 당시 甲은 丁의 A은행에 대한 차용금채무를 연대보증하였다. (제9회 변호사시험, 2020)

1. 위 경매절차에서 2019. 8. 1. X토지가 시가 상당액인 5억원에 매각되고, 2019. 9. 1. 배당이 이루어진다면, A은행이 X토지의 매각대금으로부터 배당받을 수 있는 금액은 얼마인가? (배당받을 금액을 산정하는데 있어 차용원금 외에 이자 및 지연손해금 등은 고려하지 않음) (20점)

→ **(1) A은행의 근저당권 유효성 여부**

근저당권설정계약 당시 이미 거래계약을 체결하였는지 여부에 관계없이 일정한 종류의 거래계약에서 발생하는 채무를 담보하는 근저당권은 유효하다(대판 2005.7.28, 2005다22565). 따라서 피담보채무의 범위를 甲이 A은행에 대해 현재 및 장래에 부담하는 대출 및 보증에 기해 발생하는 채무로 정한 근저당권설정계약에 따라 취득한 A은행의 근저당권은 유효하다.

(2) A은행이 X토지의 매각대금에서 배당받을 수 있는 금액

매각대금으로 배당에 참가한 모든 채권자를 만족하게 할 수 없는 때에는 법원은 민법·상법, 그 밖의 법률에 의한 우선순위에 따라 배당해야 한다(민사집행법 제145조 2항). 근저당권자가 피담보채무의 불이행을 이유로 경매신청을 한 경우에는 경매신청시에 근저당권의 피담보채권액이 확정되고(대판 2002.11.26, 2001다73022), 확정된 이후에 새로운 거래관계에서 발생한 원본채권은 그 근저당권에 의해 담보되지 않는다(대판 2007.4.26, 2005다38300). 설문에서 A은행이 2018. 3. 2. X토지에 대해서 근저당권에 기한 경매를 신청하였으므로, 이때 A은행의 피담보채권액은 확정된다. 따라서 A은행의 피담보채권액은 4억원(2015. 2. 1. 대출금채권 3억원과 2016. 5. 1. 추가로 대출한 1억원)이며, 경매신청 이후에 발생한 2018. 4. 1. 연대보증채권 5,000만원은 담보되지 않는다. 따라서 근저당권자인 A은행은 X토지의 매각대금 5억원 중에서 4억원을 후순위근저당권자 B은행보다 우선 배당받을 수 있다.

〈추가적 사실관계〉

甲은 2017. 4. 15. 戊에게 X토지를 매도하였고, 같은 날 戊 명의로 소유권이전등기를 마쳐 주었다.

2. A은행이 X토지에 대한 경매를 신청하자 戊는 X토지의 소유권을 계속 보유할 법적 수단을 강구하기 위하여 변호사인 당신에게 자문을 구하였다. 당신은 戊를 위하여 어떤 법적 수단을 강구할 것을 조언하겠는가? (15점)

➜ **(1) 민법 제364조에 의한 변제와 근저당권설정등기말소청구**

저당부동산의 제3취득자는 저당권자에게 그 부동산으로 담보된 채권을 변제하고 저당권의 소멸을 청구할 수 있다(제364조). 근저당권자가 피담보채무의 불이행을 이유로 경매신청을 한 경우, 경매신청시에 근저당권의 피담보채무액이 확정된다(대판 1997.12.9, 97다25521). 따라서 제3취득자는 피담보채무가 확정된 이후에 채권최고액의 범위 내에서 그 확정된 피담보채무를 변제하고 근저당권의 소멸을 청구할 수 있다(대판 2006.1.26, 2005다17341). 설문의 경우, 2018. 3. 2. A은행의 X토지에 대해 근저당권에 기한 경매신청으로 A은행과 B은행의 피담보채권은 확정되었다. 따라서 戊는 경매신청 당시 A은행의 피담보채권 4억, B은행의 피담보채권 2억원을 각 변제하고, X토지에 대한 A은행과 B은행의 근저당권설정등기 말소등기를 각 청구할 수 있다.

(2) 戊의 甲에 대한 구상권과 변제권대위

변제할 정당한 이익이 있는 저당부동산의 제3취득자인 戊가 甲의 피담보채무를 A은행과 B은행에 변제한 경우, 戊는 甲에 대해 구상권을 취득하고, 동시에 A은행의 채권과 Y건물에 대한 저당권, B은행의 채권을 대위행사할 수 있다(제481조, 제482조 1항).

(3) 결론

변호사는 X토지의 소유권을 계속 보유하려는 戊에게, 경매신청으로 확정된 피담보채무 6억원을 A은행(4억원), B은행(2억원)에게 변제하고, A은행이 경매신청을 취하하도록 하거나(민사집행법 제268조, 제93조 1항) 경매개시결정에 대한 이의(제265조)를 조언해야 한다. 하지만 甲에게 Y건물 이외에 다른 재산이 없다면, 변호사는 戊에게 Y건물(시가 3억원)에 대해 A은행의 저당권을 대위행사하더라도 구상금 6억원 중 3억원 밖에 회수할 수 없음을 조언해야 한다.

문제 5 甲은 2019. 3. 1. 乙로부터 X토지를 임대차보증금 5억원, 임대차 기간 3년으로 정하여 임차하였다. 甲은 2019. 3. 1. A은행으로부터 3억원을 변제기 2022. 2. 28.로 정하여 대출받으면서 A은행에 위 임대차보증금반환채권 중 3억원에 대하여 질권을 설정해 주었다. 질권설정계약 당일 乙은 A은행에 위 질권 설정에 관하여 확정일자 있는 승낙을 하였고, 임대차의 종료 등으로 임대차보증금을 반환하는 경우 질권이 설정된 3억원을 A은행에 직접 반환하기로 약정하였다.

甲은 乙이 X토지를 B에게 매도하려 한다는 소식을 듣고 乙에게 보증금반환채권을 위한 담보를 요구하였다. 이에 乙은 2020. 1. 3. 甲에게 X토지에 관하여 채권최고액 5억원, 채무자 乙, 근저당권자 甲으로 하는 근저당권설정등기를 마쳐 주었다. 이후 乙과 B 사이의 매매계약 체결이 무산되자, 甲과 乙은 2020. 5. 1. X토지에 관한 근저당권설정계약을 해지하고 위 근저당권설정등기를 말소하였다. 이후 乙은 X토지를 丙에게 양도하고 소유권이전등기를 마쳐 주었다.

뒤늦게 이러한 사정을 알게 된 A은행은 甲의 근저당권은 피담보채권의 종된 권리로서 그 피담보채권인 임대차보증금반환채권과 함께 질권의 목적이 되므로, A은행의 동의 없이 말소된 甲 명의의 근저당권설정등기가 회복되어야 한다고 주장하며 乙과 丙을 상대로 말소된 근저당권설정등기에 관한 회복등기청구의 소(이하 '이 사건 소송'이라 한다)를 제기하였다.

甲과 乙 사이의 임대차계약, 甲과 A은행 사이의 질권설정계약 당시 근저당권설정에 관해서는 논의된 바 없고, 甲의 근저당권설정등기에 관하여 질권의 부기등기가 마쳐지지는 않았다.

법원은 乙과 丙에 대한 이 사건 소송에 관하여 어떠한 판단을 하여야 하는지 ① 결론(소 각하/청구 기각/청구 인용)과 ② 근거를 서술하시오. (기간 등과 관련하여 기재된 날짜의 공휴일 여부, 이자 및 지연손해금은 고려하지 말 것) (20점) (제12회 변호사시험, 2023)

→ **1. 결론**

법원은 乙과 丙에 대한 청구를 기각해야 한다.

2. 근거

A은행이 질권에 기초한 방해배제청구로서 말소회복등기를 청구할 수 있기 위해서는 질권의 효력이 甲명의의 근저당권에 미쳐야 한다.

(1) 甲명의의 근저당권이 질권의 목적이 되는지 여부

담보가 없는 채권에 질권을 설정한 다음 그 채권을 담보하기 위하여 저당권이 설정된 경우 원칙적으로는 저당권도 질권의 목적이 되지만, 질권자와 질권설정자가 피담보채권만을 질권의 목적으로 하였고 그 후 질권설정자가 질권자에게 제공하려는 의사 없이 저당권을 설정받는 등 특별한 사정이 있는 경우에는 저당권은 질권의 목적이 되지 않는다(대판 2020.4.29., 2016다235411). 설문의 경우 A은행은 甲의 乙에 대한 임대차보증금반환채권에 대해 질권을 취득하였고, 질권설정자 甲은 보증금반환채권 담보를 위해 근저당권을 취득하였지만, 근저당권을 질권의 목적으로 제공하려는 의사가 있었다고 볼 수 없다. 따라서 甲명의의 근저당권은 질권의 목적이 되지 않는다.

(2) A은행의 채권질권의 효력이 甲명의의 근저당권에 미치는지 여부
저당권으로 담보한 채권을 질권의 목적으로 한 때에는 그 저당권설정등기에 질권의 부기등기를 하여야 그 효력이 저당권에 미친다(민법 제348조). 따라서 담보가 없는 채권에 질권을 설정한 다음 그 채권을 담보하기 위해 저당권이 설정되었더라도, 제348조가 유추적용되어 저당권설정등기에 질권의 부기등기를 하지 않으면 질권의 효력이 저당권에 미친다고 볼 수 없다(대판 2020.4.29, 2016다235411). 설문에서 甲이 질권자 A은행에게 제공하려는 의사로 X토지의 근저당권을 취득하였더라도 A은행은 甲명의의 근저당권에 질권의 부기등기를 마치지 않았다. 따라서 A은행의 질권의 효력은 甲의 근저당권에 미치지 않는다.

(3) 丙이 말소회복등기청구의 상대방이 되는지 여부
등기의 말소를 신청하는 경우에 그 말소에 대하여 등기상 이해관계 있는 제3자가 있을 때에는 제3자의 승낙이 있어야 한다(부동산등기법 제57조 1항). 여기서 등기상 이해관계가 있는 제3자란 말소회복등기를 함으로써 손해를 입을 우려가 있는 사람으로서 그 손해를 입을 우려가 있다는 것이 기존의 등기부 기재에 의하여 형식적으로 인정되는 사람이다(대판 1997.9.30, 95다39526). 설문의 경우 丙은 甲명의로 근저당권의 말소회복등기가 이루어지면 손해를 입을 우려가 있으므로, 등기상 이해관계에 있는 제3자에 해당하여, A은행은 丙을 상대로 말소회복절차에 대한 승낙청구의 소를 제기할 수 있다. 하지만 A은행의 질권 효력이 甲명의의 근저당권에 미치지 않는다.

제11절 가등기담보 등

Ⅰ. 가등기담보

❐ 담보가등기에 기하여 마쳐진 본등기가 무효인 경우, 담보목적 부동산에 대한 소유권은 담

보가등기설정자인 채무자 등에게 있고 소유권의 권능 중 하나인 사용수익권도 당연히 담보가등기설정자가 보유한다. 따라서 채무자가 자신이 소유하는 담보목적 부동산에 관하여 채권자와 임대차계약을 체결하고 채권자에게 차임을 지급하거나 채무자가 자신과 임대차계약을 체결하고 있는 임차인으로 하여금 채권자에게 차임을 지급하도록 하여 채권자가 차임을 수령하였다면, 채권자와 채무자 사이에 위 차임을 피담보채무의 변제와는 무관한 별개의 것으로 취급하기로 약정하였거나 달리 차임이 피담보채무의 변제에 충당되었다고 보기 어려운 특별한 사정이 없는 한 위 차임은 피담보채무의 변제에 충당된 것으로 보아야 한다(대법원 2019.6.13. 선고 2018다300661 판결).

→ 가등기권리자인 채권자 甲이 X부동산에 관하여 가등기에 기하여 본등기를 마쳤더라도 가등기담보법 제3조, 제4조에 정한 절차를 거치지 않은 이상 본등기는 무효이고, 따라서 X부동산의 소유권 내지 사용수익권은 채무자 乙에게 있으므로, 甲이 본등기를 마친 이후에 乙이나 乙과 임대차계약을 체결한 다른 임차인 丙으로부터 지급받은 차임은 그 명목과 상관없이 원칙적으로 피담보채무의 변제에 충당된다.

❒ 가등기담보법 제11조 단서에 정한 10년의 기간은 제척기간이고, 제척기간은 그 기간의 경과 자체만으로 권리소멸의 효과가 발생하므로, 제11조 본문에 정한 채무자 등의 말소청구권은 위 제척기간의 경과로 확정적으로 소멸한다. 가등기담보법 제11조 단서에 정한 제척기간이 경과함으로써 채무자 등의 말소청구권이 소멸하고 이로써 채권자가 담보목적부동산의 소유권을 확정적으로 취득한 때에는 채권자는 제4조에 따라 산정한 청산금을 채무자 등에게 지급할 의무가 있고, 채무자 등은 채권자에게 그 지급을 청구할 수 있다(대법원 2018.6.15. 선고 2018다215947 판결).

→ 제3조, 제4조 등에서 채권자가 가등기담보계약에 따른 담보권을 실행하여 담보목적부동산의 소유권을 취득하려면 반드시 청산절차를 거치도록 규정하고 있기 때문이다.

❒ 가등기담보법 제3조, 제4조의 청산절차를 위반하여 이루어진 담보가등기에 기한 본등기가 무효라고 하더라도 선의의 제3자가 그 본등기에 터 잡아 소유권이전등기를 마치는 등으로 담보목적 부동산의 소유권을 취득하면, 채무자 등은 더 이상 제11조 본문에 따라 채권자를 상대로 그 본등기의 말소를 청구할 수 없게 된다. 이 경우 그 반사적 효과로서 무효인 채권자 명의의 본등기는 그 등기를 마친 시점으로 소급하여 확정적으로 유효하게 되고, 이에 따라 담보목적 부동산에 관한 채권자의 가등기담보권은 소멸하며, 청산절차를 거치지 않아 무효였던 채권자의 위 본등기에 터 잡아 이루어진 등기 역시 소급하여 유효하게 된다고 보아야 한다. 다만 이 경우에도 채무자 등과 채권자 사이의 청산금 지급을 둘러싼

채권·채무 관계까지 모두 소멸하는 것은 아니고, 채무자 등은 채권자에게 청산금의 지급을 청구할 수 있다. 이러한 법리는 경매의 법적 성질이 사법상 매매인 점에 비추어 보면 무효인 본등기가 마쳐진 담보목적 부동산에 관하여 진행된 경매절차에서 매수인이 본등기가 무효인 사실을 알지 못한 채 담보목적 부동산을 매수한 경우에도 마찬가지로 적용된다(대법원 2021.10.28. 선고 2016다248325 판결).

❐ 채무를 담보하기 위하여 채무자가 자기의 비용과 노력으로 신축하는 건물의 신축허가 명의를 채권자 명의로 한 경우, 이는 완성될 건물을 양도담보로 제공하기로 하는 담보권 설정의 합의가 있다고 볼 수 있다(대법원 2002.1.11. 선고 2001다48347 판결). 이때 완성된 건물의 소유권은 이를 건축한 채무자가 원시적으로 취득하고, 채권자가 그 명의로 소유권보존등기를 함으로써 건물에 대한 양도담보가 설정된 것으로 보아야 한다. 이러한 양도담보가 가등기담보법의 적용대상이 되는 경우에는 양도담보권자가 청산절차 등을 거쳐 담보목적 부동산의 소유권을 취득하기 전까지 특별한 사정이 없는 한 양도담보 설정자가 건물의 소유자로서 이를 현실적으로 점유하면서 사용·수익하고 있다고 볼 수 있으므로, 채권자가 건물에 대한 양도담보권을 취득했다고 해서 그 대지 소유자에게 부당이득반환의무를 부담하는 것은 아니다(대법원 2022.4.14. 선고 2021다263519 판결).

Ⅱ. 동산·채권담보권

❐ 동산채권담보법에 의한 채권담보권자가 담보등기를 마친 후에서야 동일한 채권에 관한 채권양도가 이루어지고 확정일자 있는 증서에 의한 채권양도의 통지가 제3채무자에게 도달하였으나, 제35조 제2항에 따른 담보권설정의 통지는 제3채무자에게 도달하지 않은 상태에서는, 제3채무자에 대한 관계에서 채권양수인만이 대항요건을 갖추었으므로 제3채무자로서는 채권양수인에게 유효하게 채무를 변제할 수 있고 이로써 채권담보권자에 대하여도 면책된다. 다만 채권양수인은 채권담보권자에 대한 관계에서는 후순위로서, 채권담보권자의 우선변제적 지위를 침해하여 이익을 받은 것이 되므로, 채권담보권자는 채권양수인에게 부당이득으로서 변제받은 것의 반환을 청구할 수 있다. 그러나 그 후 제35조 제2항에 따른 담보권설정의 통지가 제3채무자에게 도달한 경우, 그 통지가 채권양도의 통지보다 늦게 제3채무자에게 도달하였더라도, 채권양수인에게 우선하는 채권담보권자가 제3채무자에 대한 대항요건까지 갖추었으므로 제3채무자로서는 채권담보권자에게 채무를 변제하여야 하고,

채권양수인에게 변제하였다면 특별한 사정이 없는 한 이로써 채권담보권자에게 대항할 수 없다(대법원 2016.7.14. 선고 2015다71856,71863 판결).

❐ 민법 제472조는 불필요한 연쇄적 부당이득반환의 법률관계가 형성되는 것을 피하기 위하여 변제받을 권한 없는 자에 대한 변제의 경우에도 채권자가 이익을 받은 한도에서 효력이 있다고 규정하고 있는데, 여기에서 말하는 **채권자가 이익을 받은 경우**에는 변제의 수령자가 진정한 채권자에게 채무자의 변제로 받은 급부를 전달한 경우는 물론이고, 그렇지 않더라도 무권한자의 변제수령을 채권자가 사후에 추인한 때와 같이 무권한자의 변제수령을 채권자의 이익으로 돌릴 만한 실질적 관련성이 인정되는 경우도 포함된다. 그리고 무권한자의 변제수령을 **채권자가 추인한 경우**에 채권자는 무권한자에게 부당이득으로서 변제받은 것의 반환을 청구할 수 있다(대법원 2023.12.14. 선고 2023다272234 판결).

동산채권담보법에 의한 채권담보권자가 채권양수인보다 우선하고 담보권설정의 통지가 제3채무자에게 도달하였는데도, 그 통지보다 채권양도의 통지가 먼저 도달하였다는 등의 이유로 제3채무자가 채권양수인에게 채무를 변제한 경우에 채권담보권자가 무권한자인 채권양수인의 변제수령을 추인하였다면, 추인에 의하여 제3채무자의 채권양수인에 대한 변제는 유효하게 되는 한편 채권담보권자는 채권양수인에게 부당이득으로서 변제받은 것의 반환을 청구할 수 있다(대법원 2016.7.14. 선고 2015다71856,71863 판결).

문제 **〈기초적 사실관계〉**

甲은 2017. 8. 13. 채무자 乙과 사이에 甲의 乙에 대한 물품대금채권을 담보하기 위하여 乙의 丙에 대한 채권(이하 '이 사건 채권'이라 한다)에 관하여 채권최고액 3억원인 담보권을 설정하기로 하는 계약을 체결하였고, 이에 따라 2017. 8. 14. 채권담보권의 설정등기가 마쳐졌다. 乙은 2017. 8. 28. 피고 丁에게 이 사건 채권을 양도하고, 내용증명우편으로 채권양도사실을 통지하여 그 통지가 2017. 10. 2. 丙에게 도달하였다. (다음 각 문항은 독립적임)

1. 丙이 2017. 10. 10. 丁에게 이 사건 채권의 변제로 1억 8,000만원을 지급한 경우, 甲은 丙을 상대로 이 사건 채권의 변제를, 丁을 상대로 丙으로부터 변제받은 것에 대한 부당이득반환을 청구할 수 있는가?

→ **(1) 甲이 丙을 상대로 이 사건 채권의 변제를 청구할 수 있는지 여부**

채권담보권자는 피담보채권의 한도에서 채권담보권의 목적이 된 채권을 직접 청구할 수 있다(동산채권담보법 제36조 1항). 하지만 채권담보권자 甲이 제3채무자 丙에게 대항할 수 있기 위해서는 甲 또는 담보권설정자 乙이 丙에게 담보권설정의 통지를 하거나 丙이 이를 승낙하여야 한다(제35조 2항). 설문에서 甲이 담보등기를 마친 후에 동일한 채권에 관한 채권양도가 이루어지고 확정일자 있는 증서에 의한 채권양도의 통지가 丙에게 도달하였으나,

담보권설정의 통지를 丙에게 하지 않았다. 따라서 丙에 대한 관계에서 채권양수인 丁만이 대항요건을 갖추었으므로, 丙은 丁에게 유효하게 변제할 수 있고 이로써 甲에 대하여도 면책된다(대판 2016.7.14, 2015다71856,71863). 결국 甲은 丙을 상대로 이 사건 채권의 변제를 청구할 수 없다.

(2) 甲이 丁에게 부당이득으로서 변제받은 것의 반환을 청구할 수 있는지 여부

동일한 채권에 대한 채권담보권자와 채권양수인의 우열관계는 담보권등기와 민법 제450조 2항에 따른 확정일자 있는 증서에 의한 통지나 승낙의 시간적 순서에 따라 정해진다(동산채권담보법 제35조 3항). 설문에서 甲의 채권담보권 등기는 2017. 8. 14. 마쳐졌고, 乙의 丁에 대한 채권양도의 대항요건은 2017. 10. 2. 갖추어졌다. 따라서 채권양수인 丁은 채권담보권자 甲에 대한 관계에서는 후순위로서, 채권담보권자의 우선변제적 지위를 침해하여 이익을 받은 것이 되므로, 甲은 丁에게 부당이득으로서 변제받은 것의 반환을 청구할 수 있다(대판 2016.7.14, 2015다71856,71863).

〈추가된 사실관계〉

채권담보권으로 담보된 甲의 乙에 대한 물품대금채권이 2억 9,000만원에 달하자, 甲은 설정계약서 사본과 등기사항증명서 사본을 첨부하여 채권담보권의 설정사실을 2017. 10. 14. 통지하였고, 그 통지는 2017. 10. 15. 丙에게 도달하였다. 그런데 丙은 2017. 10. 31. 丁에게 이 사건 채권의 변제로 1억 8,000만원을 지급하였다.

2. 甲은 丙을 상대로 이 사건 채권의 변제를 청구할 수 있는가?

➜ 약정에 따른 채권담보권의 득실변경은 담보등기부에 등기한 때에 제3자에게 대항할 수 있고(동산채권담보법 제35조 1항), 동일한 채권에 대한 담보권등기와 채권양도가 있는 경우, 그 우열관계는 담보등기와 확정일자 있는 통지의 시간적 선후에 의해 정해진다(제35조 3항). 따라서 채권담보권자가 담보등기를 마친 후 동일한 채권에 관한 채권양도가 이루어지고 확정일자 있는 증서에 의한 채권양도의 통지가 제3채무자에게 도달한 다음 담보권설정의 통지가 제3채무자에게 도달한 경우, 그 통지가 채권양도의 통지보다 늦게 제3채무자에게 도달하였더라도 채권양수인에게 우선하는 채권담보권자가 제3채무자에 대한 대항요건까지 갖추었으므로 제3채무자는 채권담보권자에게 채무를 변제하여야 하고, 채권양수인에게 변제하였다면 특별한 사정이 없는 한 이로써 채권담보권자에게 대항할 수 없다(대판 2016.7.14, 2015다71856,71863). 설문에서 甲의 채권담보권 등기는 2017. 8. 14. 마쳐졌고, 乙의 丁에 대한 채권양도의 대항요건은 2017. 10. 2. 갖추어졌으므로, 甲의 채권담보권이 丁보다 우선하며, 담보권설정의 통지가 제3채무자 丙에 도달하였다. 따라서 丙은 丁에 대한 이 사건 채권의 변제로서 甲에게 대항할 수 없으므로, 甲은 丙에게 제36조 1항에 의하여 피담

보채권의 한도에서 채권담보권의 목적이 된 채권을 직접 청구할 수 있다.

3. 甲은 채권양수인 丁과 제3채무자 丙을 상대로 소송을 제기하여, 丁을 상대로는 丙으로부터 변제받은 것에 대한 부당이득반환청구를 하는 한편 丙을 상대로는 채권담보권의 실행으로써 이 사건 채권의 지급청구를 하였는데, 제1심 계속 중이던 2017. 12. 22. “甲은 丙에 대한 청구를 포기하고, 甲과 丙은 이 사건 채권에 관하여 일체의 민·형사상 청구를 하지 아니한다”는 등의 내용으로 조정을 갈음하는 결정이 내려졌고, 위 결정은 甲과 丙 사이에서 그 무렵 확정되었다. 이 경우 甲은 丁에게 부당이득으로서 변제받은 것의 반환을 청구할 수 있는가?

➜ 변제를 받을 권한이 없는 자에 대한 변제는 채권자가 이익을 받은 한도에서 효력이 있다(민법 제472조). 따라서 채권담보권자가 채권양수인보다 우선하고 담보권설정의 통지가 제3채무자에게 도달하였는데도, 그 통지보다 채권양도의 통지가 먼저 도달하였다는 등의 이유로 제3채무자가 채권양수인에게 채무를 변제한 경우, 채권담보권자가 무권한자인 채권양수인의 변제수령을 추인하였다면, 추인에 의하여 제3채무자의 채권양수인에 대한 변제는 유효하게 된다(대판 2016.7.14, 2015다71856,71863). 설문의 경우, 전술한 바와 같이 丙은 丁에 대한 이 사건 채권의 변제로서 甲에게 대항할 수 없다. 하지만 甲이 제1심에서의 조정을 갈음하는 결정에 따라 丙에 대한 청구를 포기함으로써 무권한자인 丁의 변제수령을 추인하였고, 이러한 추인에 의하여 丙의 丁에 대한 변제는 유효하게 되었다. 따라서 甲은 丁에게 부당이득으로서 그 변제받은 것의 반환을 청구할 수 있다.

제5장

친족상속법

Chapter

05 친족상속법

제1절 친족법

Ⅰ. 혼인무효와 취소

❐ [1] 민법 제816조 제3호가 규정하는 사기에는 혼인의 당사자 일방 또는 제3자가 적극적으로 허위의 사실을 고지한 경우뿐만 아니라 소극적으로 고지를 하지 아니하거나 침묵한 경우도 포함된다. 그러나 불고지 또는 침묵의 경우에는 법령, 계약, 관습 또는 조리상 사전에 사정을 고지할 의무가 인정되어야 위법한 기망행위로 볼 수 있다.

[2] 당사자가 성장과정에서 본인의 의사와 무관하게 아동성폭력범죄 등의 피해를 당해 임신을 하고 출산까지 하였으나 이후 자녀와의 관계가 단절되고 상당한 기간 동안 양육이나 교류 등이 전혀 이루어지지 않은 경우라면, 출산의 경력이나 경위는 개인의 내밀한 영역에 속하는 것으로서 당사자의 명예 또는 사생활 비밀의 본질적 부분에 해당하고, 나아가 사회통념상 당사자나 제3자에게 그에 대한 고지를 기대할 수 있다거나 이를 고지하지 아니한 것이 신의성실 의무에 비추어 비난받을 정도라고 단정할 수도 없으므로, 단순히 출산의 경력을 고지하지 않았다고 하여 그것이 곧바로 민법 제816조 제3호에서 정한 혼인취소사유에 해당한다고 보아서는 아니 된다. 그리고 이는 국제결혼의 경우에도 마찬가지이다(대법원 2016.2.18. 선고 2015므654,661 판결).

❐ 일반적으로 과거의 법률관계는 확인의 소의 대상이 될 수 없지만, 그것이 이해관계인 사이에 현재 또는 잠재적 분쟁의 전제가 되어 과거의 법률관계 자체의 확인을 구하는 것이 관

련된 분쟁을 한꺼번에 해결하는 유효·적절한 수단이 될 수 있는 경우에는 예외적으로 확인의 이익이 인정된다.

이혼으로 혼인관계가 이미 해소되었다면 기왕의 혼인관계는 과거의 법률관계가 된다. 그러나 신분관계인 혼인관계는 그것을 전제로 하여 수많은 법률관계가 형성되고 그에 관하여 일일이 효력의 확인을 구하는 절차를 반복하는 것보다 과거의 법률관계인 혼인관계 자체의 무효 확인을 구하는 편이 관련된 분쟁을 한꺼번에 해결하는 유효·적절한 수단일 수 있으므로, 특별한 사정이 없는 한 혼인관계가 이미 해소된 이후라고 하더라도 혼인무효의 확인을 구할 이익이 인정된다고 보아야 한다(대법원 2024.5.23. 선고 2020므15896 판결).

→ 무효인 혼인과 이혼은 법적 효과가 다르기 때문이다. 무효인 혼인은 처음부터 혼인의 효력이 발생하지 않는다. 따라서 인척이거나 인척이었던 사람과의 혼인금지 규정(민법 제809조 2항)이나 친족 사이에 발생한 재산범죄에 대하여 형을 면제하는 친족상도례 규정(형법 제328조 1항) 등이 적용되지 않는다. 반면 혼인관계가 이혼으로 해소되었더라도 그 효력은 장래에 대해서만 발생하므로 이혼 전에 혼인을 전제로 발생한 법률관계는 여전히 유효하다. 예를 들어 이혼 전에 부부의 일방이 일상의 가사에 관하여 제3자와 법률행위를 한 경우 다른 일방은 이혼한 이후에도 그 채무에 대하여 연대책임을 부담할 수 있지만(민법 제832조), 혼인무효 판결이 확정되면 기판력은 당사자뿐 아니라 제3자에게도 미치므로(가사소송법 제21조 1항) 제3자는 다른 일방을 상대로 일상가사채무에 대한 연대책임을 물을 수 없게 된다. 그러므로 이혼 이후에도 혼인관계가 무효임을 확인할 실익이 존재한다.

문제 원고 甲과 피고 乙은 2001. 12. 3. 혼인신고를 하였고 슬하에 자녀 1명을 두었다. 甲은 2003. 11. 24. 乙을 상대로 이혼 및 위자료 청구에 관한 소를 제기하여 소송계속 중이던 2004. 9. 16. 조정이 성립되어 2004. 10. 28. 이혼신고를 하였다. 甲은 혼인의사를 결정할 수 없는 극도의 혼란과 불안, 강박 상태에서 혼인에 관한 실질적 합의 없이 乙과의 혼인신고를 하였다고 주장하면서, 2019. 11. 11. 乙을 상대로 주위적으로 혼인무효 확인의 소를 제기하였다. 법원의 심리결과 甲의 주장은 사실로 판명되었다. 이 경우 법원의 판단은?

→ 이혼으로 혼인관계가 이미 해소되었다면 기왕의 혼인관계는 과거의 법률관계가 된다. 그러나 신분관계인 혼인관계는 그것을 전제로 하여 수많은 법률관계가 형성되고 그에 관하여 일일이 효력의 확인을 구하는 절차를 반복하는 것보다 과거의 법률관계인 혼인관계 자체의 무효 확인을 구하는 편이 관련된 분쟁을 한꺼번에 해결하는 유효·적절한 수단일 수 있으므로, 특별한 사정이 없는 한 혼인관계가 이미 해소된 이후라고 하더라도 혼인무효의 확인을

구할 이익이 인정된다(대판 2024.5.23, 2020므15896). 설문의 경우, 甲과 乙 사이에 이혼조정이 성립되어 이혼신고를 마쳐 혼인관계가 해소되었다. 이처럼 혼인관계가 이혼으로 해소된 이후에도 과거 일정기간 존재하였던 혼인관계의 무효 확인을 구할 확인의 이익이 인정된다. 따라서 법원은 원고의 청구를 인용해야 한다.

Ⅱ. 이 혼

1. 유책배우자의 이혼청구를 예외적으로 허용할 수 있는 경우

❒ 재판상 이혼원인에 관한 민법 제840조는 원칙적으로 유책주의를 채택하고 있는 것으로 해석되며, 제840조 제6호의 이혼사유에 관하여도 혼인생활의 파탄에 주된 책임이 있는 배우자는 그 파탄을 사유로 하여 이혼을 청구할 수 없는 것이 원칙이다. 그러나 혼인과 가족생활은 개인의 존엄과 양성의 평등을 지도원리로 하는 것으로, 혼인제도가 추구하는 이상과 신의성실의 원칙에 비추어 그 책임이 이혼청구를 배척해야 할 정도로까지 남아있지 않은 경우라면, 그러한 배우자의 이혼청구는 혼인과 가족제도를 형해화할 우려가 없고 사회의 도덕관·윤리관에 반하지 않는 것이어서 허용될 수 있다. 그리하여 ① 상대방 배우자도 혼인을 계속할 의사가 없어 일방의 의사에 의한 이혼 내지 축출이혼의 염려가 없는 경우는 물론 ② 이혼을 청구하는 배우자의 유책성을 상쇄할 정도로 상대방 배우자 및 자녀에 대한 보호와 배려가 이루어진 것으로 볼 수 있는 경우, ③ 세월의 경과에 따라 최초 혼인파탄 상태 초래 당시 현저하였던 유책배우자의 유책성과 상대방 배우자가 받은 정신적 고통이 약화되어 쌍방의 책임의 경중을 엄밀히 따지는 것이 더 이상 무의미할 정도가 된 경우 등과 같이 혼인생활의 파탄에 대한 당초의 유책성이 상당 기간 경과 후에도 그 이혼청구를 배척해야 할 정도로 남아 있지 아니한 사정이 인정되는 경우에는 예외적으로 유책배우자의 이혼청구를 허용할 수 있다(대법원 2022.6.16. 선고 2022므10109 판결).

❒ 과거에 일방 배우자가 이혼소송을 제기하였다가 유책배우자라는 이유에서 기각 판결이 확정되었더라도 그 후로 상대방 배우자 또한 종전 소송에서 문제되었던 일방 배우자의 유책성에 대한 비난을 계속하고 일방 배우자의 전면적인 양보만을 요구하거나 민·형사소송 등 혼인관계의 회복과 양립하기 어려운 사정이 남아 있음에도 이를 정리하지 않은 채 장기간의 별거가 고착화된 경우, 이미 혼인관계가 와해되었고 회복될 가능성이 없으며 상대방 배우자에 대한 보상과 설득으로 협의에 의하여 이혼을 하는 방법도 불가능해진 상태까지 이르렀다면, 종전 이혼소송의 변론종결 당시 현저하였던 일방배우자의 유책성이 상당히 희석

되었다고 볼 수 있고, 이는 현재 이혼소송의 사실심 변론종결시를 기준으로 판단하여야 한다(대법원 2022.6.16. 선고 2021므14258 판결).

2. 제3자가 부부의 일방과 성적인 행위를 하였을 때 불법행위가 성립하는지 여부

❐ 제3자가 부부의 일방과 부정행위를 함으로써 혼인의 본질에 해당하는 부부공동생활을 침해하거나 그 유지를 방해하고 그에 대한 배우자로서의 권리를 침해하여 배우자에게 정신적 고통을 가하는 행위는 원칙적으로 불법행위를 구성한다. 그러나 부부가 장기간 별거하는 등의 사유로 **실질적으로 부부공동생활이 파탄되어 실체가 더 이상 존재하지 아니하게 되고 객관적으로 회복할 수 없는 정도에 이른 경우**에는 혼인의 본질에 해당하는 부부공동생활이 유지되고 있다고 볼 수 없으므로, 비록 부부가 아직 이혼하지 아니하였지만 이처럼 실질적으로 부부공동생활이 파탄되어 회복할 수 없을 정도의 상태에 이르렀다면, 제3자가 부부의 일방과 성적인 행위를 하더라도 이를 두고 부부공동생활을 침해하거나 그 유지를 방해하는 행위라고 할 수 없고 또한 그로 인하여 배우자의 부부공동생활에 관한 권리가 침해되는 손해가 생긴다고 할 수도 없으므로 불법행위가 성립한다고 보기 어렵다. 부부의 일방과 부정행위를 한 제3자가 실질적으로 부부공동생활이 파탄되어 회복할 수 없을 정도의 상태에 이르게 된 원인을 제공한 경우라 하더라도, 배우자 아닌 자와의 성적인 행위가 부부공동생활이 실질적으로 파탄되어 실체가 더 이상 존재하지 아니하거나 객관적으로 회복할 수 없는 정도에 이른 상태에서 이루어졌다면 이를 달리 볼 수는 없다(대법원 2023.12.21. 선고 2023다265731 판결). 여기서 부부 일방과 부정행위를 할 당시 그 부부의 공동생활이 실질적으로 파탄되어 회복할 수 없는 정도의 상태에 있었다는 사정은 이를 주장하는 제3자가 증명하여야 한다(대법원 2024.6.27. 선고 2022므13504,13511 판결).

→ 망인의 배우자 및 자녀들이 피고를 상대로 망인과 내연관계를 유지하여 부부관계를 파탄에 이르게 하였다고 주장하면서 위자료를 청구하였다. 이 경우 실질적으로 부부공동생활이 파탄되어 회복할 수 없을 정도의 상태에 이르렀다면, 제3자가 파탄상태에 이르게 된 원인을 제공하였더라도 원인 제공 행위에 대하여 불법행위책임을 물을 수 있음은 별론으로 하고, 그와 같은 파탄상태에서 이루어진 부정행위에 대해서까지 불법행위가 성립한다고 볼 수는 없다.

❐ 제3자가 부부의 일방과 부정행위를 함으로써 혼인의 본질에 해당하는 부부공동생활을 침해하거나 그 유지를 방해하고 그에 대한 배우자로서의 권리를 침해하여 배우자에게 정신적

고통을 가하는 행위는 원칙적으로 불법행위를 구성한다. 그리고 이에 따라 제3자가 부담하는 불법행위책임은 부정행위를 한 부부의 일방이 배우자에 대하여 부담하는 불법행위책임과 공동불법행위책임으로서 부진정연대채무 관계에 있다(대법원 2015.5.29. 선고 2013므2441 판결).

부진정연대채무자 상호 간에 채권의 목적을 달성시키는 변제와 같은 사유는 채무자 전원에 대하여 절대적 효력을 발생하므로, 부정행위를 한 부부의 일방이 배우자에게 공동불법행위로 인한 손해배상금을 지급한 경우 그 변제의 효과는 부진정연대채무자인 제3자에 대하여도 효력이 있다(대법원 2024.6.27. 선고 2023므13723 판결). 다만 부정행위를 한 부부의 일방이 이혼과정에서 배우자에게 위자료 등의 명목으로 금원을 지급하였는데 그 금원에 위자료뿐만 아니라 재산분할금이나 양육비 등 다른 성격의 금원이 포함되어 있고, 그러한 이유로 그 금원 중 공동불법행위로 인한 위자료를 구분·특정하기 어려운 경우가 있다. 이러한 경우 법원은 부부의 일방이 배우자에게 위자료의 일부로서 금원을 지급한 사정을 제3자가 부담하는 위자료 액수를 산정할 때 참작할 수 있다(대법원 2024.6.27. 선고 2023므12782 판결).

❐ 부부의 일방이 상대방 배우자의 부정행위로 인하여 혼인관계가 파탄되었다고 주장하면서 배우자를 상대로 위자료 청구를 하였으나, 법원이 혼인관계 파탄에 관한 부부 쌍방의 책임정도가 대등하다고 판단하여 위자료 청구를 기각하는 경우 상대방 배우자에게 혼인관계 파탄에 대한 손해배상의무가 처음부터 성립하지 않는다고 보아야 한다. 이혼을 원인으로 하는 손해배상책임을 인정하는 근거는 부정행위 등 이혼의 원인이 되는 개별적 유책행위에 있는 것이 아니라 그로 인하여 혼인관계가 파탄되어 이혼에 이르게 된 데에 있으므로, 혼인관계 파탄에 대하여 부부 쌍방의 책임정도가 대등한 경우 부부 일방에게 혼인관계 파탄의 책임을 지울 수 없기 때문이다. 나아가 **부정행위를 한 배우자의 손해배상의무가 성립하지 않는 이상 배우자의 부정행위에 가공한 제3자에게도 이혼을 원인으로 하는 손해배상책임이 인정되지 않는다**고 할 것이다. 그리고 이러한 법리는 부부의 일방이 상대방 배우자의 부정행위로 인하여 혼인관계가 파탄되었다고 주장하면서 배우자를 상대로 본소로 위자료 청구를 하고 이에 대하여 상대방 배우자가 반소로 위자료 청구를 하였으나, 법원이 혼인관계 파탄에 관한 부부 쌍방의 책임정도가 대등하다고 판단하여 본소·반소 위자료 청구를 모두 기각하는 경우에도 마찬가지이다(대법원 2024.6.27. 선고 2023므16678 판결).

3. 재산분할청구권

❐ 재판상 이혼에 따른 재산분할에서 분할 대상이 되는 재산과 그 액수는 이혼소송의 사실심 변론종결일을 기준으로 하여 정하는 것이 원칙이다. 그러나 혼인관계가 파탄된 이후 변론종결일 사이에 생긴 재산관계의 변동이 부부 중 일방에 의한 후발적 사정에 의한 것으로서 혼인 중 공동으로 형성한 재산관계와 무관하다는 등의 사정이 있는 경우 그 변동된 재산은 재산분할 대상으로 삼지 않아야 한다. 따라서 재산분할 대상 채무가 혼인관계 파탄 이후 변론종결일에 이르기까지 감소하였고, 그 감소가 혼인 중 공동으로 형성한 재산관계와 무관하게 부부 중 일방의 노력이나 비용으로 이루어졌다면, 그 감소 부분은 재산분할의 대상으로 삼을 수 없으므로 결국 혼인관계 파탄 시점의 채무가 재산분할의 대상이 된다(대법원 2024.5.17. 선고 2024므10721 판결).

❐ 민법 제839조의2 제3항, 제843조에 따르면 협의상 또는 재판상 이혼시의 재산분할청구권에 관하여 이혼한 날부터 2년을 경과한 때에는 소멸한다. 위 기간은 제척기간이고, 나아가 재판 외에서 권리를 행사하는 것으로 족한 기간이 아니라 그 기간 내에 재산분할심판 청구를 하여야 하는 **출소기간**이다(대법원 2022.6.30.자 2020스561 결정). 따라서 재산분할청구 후 제척기간이 지나면 그때까지 청구 목적물로 하지 않은 재산에 대해서는 청구권이 소멸한다. ① 그러나 청구인 지위에서 대상 재산에 대해 적극적으로 재산분할을 청구하는 것이 아니라, 이미 제기된 재산분할청구 사건의 상대방 지위에서 분할대상 재산을 주장하는 경우에는 제척기간이 적용되지 않는다(대법원 2022.11.10.자 2021스766 결정). ② 재산분할재판에서 분할대상인지 여부가 전혀 심리된 바 없는 재산이 재판확정 후 추가로 발견된 경우에는 이에 대하여 추가로 재산분할청구를 할 수 있다. 다만 추가 재산분할청구 역시 이혼한 날부터 2년 이내라는 제척기간을 준수하여야 한다(대법원 2018.6.22.자 2018스18 결정).

문제 甲과 乙은 1981. 3. 15. 혼인신고를 하였다가 2012. 9. 6. 이혼판결의 확정으로 이혼하였다. 乙은 2008. 1. 9. 甲을 상대로 이혼 등을 구하는 소를 제기하였고(이하 '종전 소송'이라 한다), 법원은 "1. 甲과 乙은 이혼한다. 2. 甲은 乙에게 재산분할로 甲명의의 X부동산에 관하여 이 판결 확정일자 재산분할을 원인으로 한 소유권이전등기절차를 이행하라"는 판결을 선고하였고, 2012. 9. 6. 위 판결이 그대로 확정되었다. 그 후 甲은 "乙이 종전 소송에서 30억원 상당의 Y부동산 및 금융자산을 고의로 누락하거나 은닉하였고 이는 종전 소송에서 재산분할의 대상에 포함되지 않았으므로, Y부동산 및 금융자산에 대하여 추가로 재산분할이 이루어져야 한다"고 주장하면서 2014. 8. 18. 재산분할의 심판을 청구하였다가 2016.

2. 3. 청구취지 변경신청서를 제출하면서 Z부동산을 분할대상 재산으로 추가하였다. 이 경우 甲의 추가 재산분할청구는 적법한가?

➔ **1. Y부동산과 금융자산에 대한 재산분할청구의 적법 여부**

민법 제839조의2 제3항, 제843조에 따르면 재산분할청구권은 협의상 또는 재판상 이혼한 날부터 2년이 지나면 소멸한다. 재산분할재판에서 분할대상인지 여부가 전혀 심리된 바 없는 재산이 재판확정 후 추가로 발견된 경우에는 이에 대하여 추가로 재산분할청구를 할 수 있다. 다만 추가 재산분할청구 역시 이혼한 날부터 2년 이내라는 제척기간을 준수하여야 한다(대결 2018.6.22, 2018스18). 설문의 경우 甲이 종전 소송에서 분할대상인지 여부가 전혀 심리된 바 없는 Y부동산과 금융자산에 대해 종전 소송 판결이 확정된 날인 2012. 9. 6. 로부터 2년 이내에 제기하였으므로 적법하다.

2. Z부동산에 대한 재산분할청구의 적법 여부

2년 제척기간 내에 재산의 일부에 대해서만 재산분할을 청구한 경우, 청구 목적물로 하지 않은 나머지 재산에 대해서는 제척기간을 준수한 것으로 볼 수 없으므로, 재산분할청구 후 제척기간이 지나면 그때까지 청구 목적물로 하지 않은 재산에 대해서는 청구권이 소멸한다(대결 2018.6.22, 2018스18). 설문의 경우 甲이 변경신청서를 종전 소송 판결이 확정된 2012. 9. 6.부터 2년이 지난 후 제출하였다. 따라서 분할대상으로 추가한 Z부동산에 대한 부분은 이미 제척기간이 지났으므로 부적법하다.

❒ 사실혼은 당사자 사이에 혼인 의사가 있고 객관적으로 사회관념상 부부공동생활을 인정할 만한 혼인생활의 실체가 있는 경우이므로 법률혼에 관한 민법 규정 중 혼인신고를 전제로 하는 규정은 유추적용할 수 없다. 그러나 부부재산 청산의 의미를 갖는 재산분할 규정은 부부의 생활공동체라는 실질에 비추어 인정되는 것이므로 사실혼 관계에 유추적용할 수 있다. 부부 일방이 혼인 중 제3자에게 부담한 채무는 일상가사에 관한 것 이외에는 원칙적으로 개인의 채무로서 청산 대상이 되지 않으나 그것이 공동재산의 형성에 수반하여 부담한 채무인 경우에는 청산 대상이 된다. 따라서 사실혼 관계에 있는 부부 일방이 혼인 중 공동재산의 형성에 수반하여 채무를 부담하였다가 **사실혼이 종료된 후 채무를 변제한 경우 변제된 채무**는 특별한 사정이 없는 한 청산 대상이 된다(대법원 2021.5.27. 선고 2020므15841 판결).

❒ 이혼으로 인한 재산분할청구권은 이혼이 성립한 때에 법적 효과로서 발생하는 것이지만 협의 또는 심판에 의하여 구체적 내용이 형성되기까지는 범위 및 내용이 불명확하기 때문에 구체적으로 권리가 발생하였다고 할 수 없다. 따라서 ① 당사자가 이혼이 성립하기 전에 이혼소송과 병합하여 재산분할의 청구를 하고 법원이 이혼과 동시에 재산분할로서 금전의

지급을 명하는 판결을 하는 경우, 그 금전지급채무에 관하여는 그 판결이 확정된 다음 날부터 이행지체책임을 지게 되고, 소송촉진 등에 관한 특례법 제3조 제1항 단서에 의하여 같은 조항 본문에 정한 이율이 적용되지 아니한다(대법원 2001.9.25. 선고 2001므725,732 판결). ② 당사자가 이혼 성립 후에 재산분할 등을 청구하고 법원이 재산분할로서 금전의 지급을 명하는 판결이나 심판을 하는 경우에도, 이는 장래의 이행을 청구하는 것으로서 분할의무자는 금전지급의무에 관하여 판결이나 심판이 확정된 다음 날부터 이행지체책임을 지고, 그 지연손해금의 이율에 관하여는 소송촉진 등에 관한 특례법 제3조 제1항 본문이 정한 이율도 적용되지 아니한다(대법원 2014.9.4. 선고 2012므1656 판결). ③ 당사자가 이혼이 성립하기 전에 이혼소송과 병합하여 재산분할의 청구를 한 경우, 아직 발생하지 아니하였고 구체적 내용이 형성되지 아니한 재산분할청구권을 미리 양도하는 것은 성질상 허용되지 아니하며, 법원이 이혼과 동시에 재산분할로서 금전의 지급을 명하는 판결이 확정된 이후부터 채권양도의 대상이 될 수 있다(대법원 2017.9.21. 선고 2015다61286 판결). ④ 재산분할로 금전의 지급을 명하는 경우에도 판결 또는 심판이 확정되기 전에는 금전지급의무의 이행기가 도래하지 아니할 뿐만 아니라 금전채권의 발생조차 확정되지 아니한 상태에 있다고 할 것이어서, 재산분할의 방법으로 금전의 지급을 명한 부분은 가집행선고의 대상이 될 수 없다. 이는 이혼이 먼저 성립한 후에 재산분할로 금전의 지급을 명하는 경우라고 하더라도 마찬가지이다(대법원 2014.9.4. 선고 2012므1656 판결).

❐ 이혼으로 인한 재산분할청구권은 협의 또는 심판에 의하여 그 구체적 내용이 형성되기까지는 그 범위 및 내용이 불명확·불확정하기 때문에 구체적으로 권리가 발생하였다고 할 수 없으므로 이를 보전하기 위하여 채권자대위권을 행사할 수 없다(대법원 1999.4.9. 선고 98다58016 판결).

→ 재산분할청구권이 행사되어 협의 또는 심판에 의하여 구체화된 경우에는 순수한 재산법적 성격을 가지므로 대위의 대상이 된다.

❐ 이혼으로 인한 재산분할청구권은 이혼을 한 당사자의 일방이 다른 일방에 대하여 재산분할을 청구할 수 있는 권리로서 이혼이 성립한 때에 그 법적 효과로서 비로소 발생하는 것일 뿐만 아니라, 협의 또는 심판에 의하여 구체적 내용이 형성되기까지는 그 범위 및 내용이 불명확·불확정하기 때문에 구체적으로 권리가 발생하였다고 할 수 없으므로 협의 또는 심판에 의하여 구체화되지 않은 재산분할청구권은 채무자의 책임재산에 해당하지 아니하고, 이를 포기하는 행위 또한 채권자취소권의 대상이 될 수 없다(대법원 2013.10.11. 선고 2013다7936 판결).

Ⅲ. 혼인외의 출생자

- ❒ 혼인외 출생자의 경우에 모자관계는 인지를 요하지 아니하고 법률상 친자관계가 인정될 수 있지만, 부자관계는 부의 인지에 의하여서만 발생하는 것이므로, 부가 사망한 경우에는 그 사망을 안 날로부터 2년 이내에 검사를 상대로 인지청구의 소를 제기하여야 하고, 생모나 친족 등 이해관계인이 혼인외 출생자를 상대로 혼인외 출생자와 사망한 부 사이의 친생자관계존재확인을 구하는 소는 허용될 수 없다(대법원 2022.1.27. 선고 2018므11273 판결).
- ❒ 자녀와 그 직계비속 또는 그 법정대리인은 부 또는 모를 상대로 하여 인지청구의 소를 제기할 수 있고, 이 경우에 부 또는 모가 사망한 때에는 그 사망을 안 날로부터 2년 내에 검사를 상대로 인지청구의 소를 제기하여야 한다(민법 제863조, 제864조). 이때 **미성년자인 자녀의 법정대리인이 인지청구의 소를 제기한 경우**에는 그 법정대리인이 부 또는 모의 사망사실을 안 날이 민법 제864조에서 정한 제척기간의 기산일이 된다. 그러나 **자녀가 미성년자인 동안 법정대리인이 인지청구의 소를 제기하지 않은 때**에는 자녀가 성년이 된 뒤로 부 또는 모의 사망을 안 날로부터 2년 내에 인지청구의 소를 제기할 수 있다고 보아야 한다. 인지청구권은 자녀 본인의 일신전속적인 신분관계상의 권리로서 그 의사가 최대한 존중되어야 하고, 법정대리인에게 인지청구의 소를 제기할 수 있도록 한 것은 소송능력이 제한되는 미성년자인 자녀의 이익을 두텁게 보호하기 위한 것일 뿐 그 권리행사를 제한하기 위한 것이 아니기 때문이다(대법원 2024.2.8. 선고 2021므13279 판결).
- ❒ 민법 제860조에 따르면, 인지는 그 자의 출생 시에 소급하여 효력이 생긴다. 따라서 인지판결 확정으로 법률상 부양의무가 현실화되는 것이기는 하지만 부모의 법률상 부양의무는 인지판결이 확정되면 그 자의 출생 시로 소급하여 효력이 생기는 것이므로, 양육자는 인지판결의 확정 전에 발생한 과거의 양육비에 대하여도 상대방이 부담함이 상당한 범위 내에서 그 비용의 상환을 청구할 수 있다(대법원 2023.10.31.자 2023스643 결정).
- ❒ 이혼한 부부 사이에서 어느 일방이 자녀를 양육하게 된 경우, 특별한 사정이 있는 경우를 제외하고 양육하는 일방은 상대방에 대하여 현재 및 장래 양육비 중 적정 금액의 분담을 청구할 수 있음은 물론이고, 부모의 자녀양육의무는 특별한 사정이 없는 한 자녀의 출생과 동시에 발생하므로 과거 양육비에 대하여도 상대방이 분담함이 상당하다고 인정되는 경우에는 그 비용의 상환을 청구할 수 있다. 위와 같이 이혼한 부부 사이에서 어느 일방이 과거에 미성년 자녀를 양육하면서 생긴 비용의 상환을 상대방에게 청구하는 경우, 자녀의 복리

를 위해 실현되어야 하는 과거 양육비에 관한 권리의 성질상 그 권리의 소멸시효는 자녀가 미성년이어서 양육의무가 계속되는 동안에는 진행하지 않고 '자녀가 성년이 되어 양육의무가 종료된 때'부터 진행한다(대법원 2024.7.18. 자 2018스724 결정).

→ 자녀가 아직 미성년인 동안 이혼한 부부 사이에서 자녀에 대한 과거 양육비의 지급을 구할 권리는 당사자의 협의 또는 가정법원의 심판에 의하여 구체적인 청구권의 범위와 내용이 확정되지 않는 이상 그 권리의 성질상 소멸시효가 진행하지 않는다. 자녀가 미성년인 동안 과거 양육비에 관한 권리에 대하여 소멸시효가 진행한다고 보는 것은 자녀의 복리에 부합하지 않는다. 반면에 자녀가 성년에 이르게 되면 이혼한 부부가 공동으로 부담하는 자녀양육의무는 종료하고, 더 이상 자녀에 대한 장래 양육비를 결정하거나 분담하여야 하는 문제가 생기지 않는다. 따라서 자녀가 성년이 되어 양육의무가 종료되면, 당사자의 협의 또는 가정법원의 심판에 의하여 구체적인 청구권의 범위와 내용이 확정되지 않은 이상 자녀에 대한 과거 양육비의 지급을 구할 권리의 소멸시효는 자녀가 성년이 된 때부터 진행한다.

Ⅳ. 양 자

❒ 입양은 출생이 아니라 법에 정한 절차에 따라 원래는 부모·자녀가 아닌 사람 사이에 부모·자녀 관계를 형성하는 제도이다. 조부모와 손자녀 사이에는 이미 혈족관계가 존재하지만 부모·자녀 관계에 있는 것은 아니다. 민법은 입양의 요건으로 동의와 허가 등에 관하여 규정하고 있을 뿐이고 존속을 제외하고는 혈족의 입양을 금지하고 있지 않다(민법 제877조 참조). 따라서 조부모가 손자녀를 입양하여 부모·자녀 관계를 맺는 것이 입양의 의미와 본질에 부합하지 않거나 불가능하다고 볼 이유가 없다. 조부모가 자녀의 입양허가를 청구하는 경우에 입양의 요건을 갖추고 입양이 자녀의 복리에 부합한다면 이를 허가할 수 있다. 다만 조부모가 자녀를 입양하는 경우에는, 양부모가 될 사람과 자녀 사이에 이미 조손(祖孫)관계가 존재하고 있고 입양 후에도 양부모가 여전히 자녀의 친생부 또는 친생모에 대하여 부모의 지위에 있다는 특수성이 있으므로, 이러한 사정이 자녀의 복리에 미칠 영향에 관하여 세심하게 살필 필요가 있다(대법원 2021.12.23.자 2018스5 결정).

V. 부양청구권

❒ 부부간 부양의무(민법 제826조 제1항)는 혼인관계의 본질적 의무로서 부양받을 자의 생활을 부양의무자의 생활과 같은 정도로 보장하여 부부공동생활의 유지를 가능하게 하는 것이다. 따라서 혼인이 사실상 파탄되어 부부가 별거하면서 서로 이혼소송을 제기하는 경우라고 하더라도, 특별한 사정이 없는 한 이혼을 명한 판결의 확정 등으로 법률상 혼인관계가 완전히 해소될 때까지는 부부간 부양의무가 소멸하지 않는다(대법원 2023.3.24.자 2022스771 결정).

→ 배우자 일방이 스스로 정당한 이유 없이 동거를 거부하면서도 상대방에게 부양료의 지급을 청구할 수는 없지만, 그러한 귀책사유 없는 배우자 일방이 상대방에게 부양료의 지급을 청구하는 것은 부양료 지급의 요건 및 필요성이 인정되지 않는 특별한 사정이 없는 한 비록 당사자 쌍방이 이혼소송을 서로 제기한 경우라도 인정되어야 한다.

❒ 민법 제974조, 제975조에 의하여 부양의 의무 있는 사람이 여러 사람인 경우에 그중 부양의무를 이행한 1인이 다른 부양의무자에 대하여 이미 지출한 과거 부양료의 지급을 구하는 권리는 당사자의 협의 또는 가정법원의 심판 확정에 의하여 비로소 구체적이고 독립한 재산적 권리로 성립하게 되지만, 그러한 부양료청구권의 침해를 이유로 채권자취소권을 행사하는 경우의 제척기간은 부양료청구권이 구체적인 권리로서 성립한 시기가 아니라 제406조 제2항이 정한 **취소원인을 안 날** 또는 **법률행위가 있은 날**부터 진행한다(대법원 2015.1.29. 선고 2013다79870 판결).

❒ 민법 제826조 제1항에 규정된 부부 사이의 상호부양의무는 혼인관계의 본질적 의무로서 부양을 받을 자의 생활을 부양의무자의 생활과 같은 정도로 보장하여 부부공동생활의 유지를 가능하게 하는 것을 내용으로 하는 제1차 부양의무이고, 반면 부모와 성년의 자녀·그 배우자 사이에 제974조 제1호, 제975조에 따라 부담하는 부양의무는 부양의무자가 자기의 사회적 지위에 상응하는 생활을 하면서 생활에 여유가 있음을 전제로 하여 부양을 받을 자가 자력 또는 근로에 의하여 생활을 유지할 수 없는 경우에 한하여 그의 생활을 지원하는 것을 내용으로 하는 제2차 부양의무이다. 따라서 ① 성년의 자녀는 요부양상태, 즉 객관적으로 보아 생활비 수요가 자기의 자력 또는 근로에 의하여 충당할 수 없는 곤궁한 상태인 경우에 한하여, 부모를 상대로 그 부모가 부양할 수 있을 한도 내에서 생활부조로서 생활필요비에 해당하는 부양료를 청구할 수 있을 뿐이다. 나아가 이러한 부양료는 부양을 받을 자의 생활정도와 부양의무자의 자력 기타 제반사정을 참작하여 부양을 받을 자의 통상적인 생활에 필요한 비용의 범위로 한정됨이 원칙이므로, 특별한 사정이 없는 한 통상적

인 생활필요비라고 보기 어려운 유학비용의 충당을 위해 성년의 자녀가 부모를 상대로 부양료를 청구할 수는 없다(대법원 2017.8.25.자 2017스5 결정). ② 부부 사이의 부양의무 중 과거의 부양료에 관하여는 특별한 사정이 없는 한 부양을 받을 사람이 부양의무자에게 부양의무의 이행을 청구하였음에도 불구하고 부양의무자가 부양의무를 이행하지 아니함으로써 이행지체에 빠진 후의 것에 관하여만 부양료의 지급을 청구할 수 있을 뿐이므로, 부모와 성년의 자녀·그 배우자 사이의 경우에도 이와 마찬가지로 과거의 부양료에 관하여는 부양의무 이행청구에도 불구하고 그 부양의무자가 부양의무를 이행하지 아니함으로써 이행지체에 빠진 후의 것이거나, 그렇지 않은 경우에는 부양의무의 성질이나 형평의 관념상 이를 허용해야 할 특별한 사정이 있는 경우에 한하여 이행청구 이전의 과거 부양료를 청구할 수 있다(대법원 2013.8.30.자 2013스96 결정).

❐ 제1차 부양의무와 제2차 부양의무는 의무이행의 정도뿐만 아니라 의무이행의 순위도 의미하는 것이므로, 제2차 부양의무자는 제1차 부양의무자보다 후순위로 부양의무를 부담한다. 따라서 제1차 부양의무자와 제2차 부양의무자가 동시에 존재하는 경우에 제1차 부양의무자는 특별한 사정이 없는 한 제2차 부양의무자에 우선하여 부양의무를 부담하므로, 제2차 부양의무자가 부양받을 자를 부양한 경우에는 소요된 비용을 제1차 부양의무자에 대하여 상환청구할 수 있다(대법원 2012.12.27. 선고 2011다96932 판결).

변호사시험 기출문제

문제 甲은 2012. 4. 20. 乙과 혼인하였다. 甲은 2023. 11.경 乙이 혼인 전 자녀 A를 출산한 사실이 있음을 알게 되었다. 乙은 청소년 시절에 성폭력범죄의 피해를 입어 A를 출산하였으나 곧바로 입양 보냈고, A와 관계가 단절되어 양육이나 교류 등은 전혀 없었다. 乙은 甲에게 A를 출산한 사실을 고지한 적이 없다. 甲은 2024. 1. 3. 가정법원에 혼인취소의 소를 제기하며, '乙에게 자녀가 있는지는 혼인의 의사결정에 영향을 미칠 수 있는 사정인데도 乙이 자신의 출산 여부를 고지할 의무를 위반하였으므로, 민법 제816조 제3호의 혼인취소 사유가 존재한다'고 주장하였다. 甲의 주장이 타당한지 1) 결론과 2) 논거를 서술하시오. (10점) (제13회 변호사시험, 2024)

➜ **1. 결론**

乙이 甲에게 단순히 출산의 경력을 고지하지 않은 것은 민법 제816조 3호의 혼인취소사유에 해당하지 않으므로, 甲의 주장은 부당하다.

(2) 논거

사기에 의한 혼인은 취소할 수 있다(민법 제816조 3호). 여기서 '사기'에는 혼인의 당사자 일방 또는 제3자가 적극적으로 허위의 사실을 고지한 경우뿐만 아니라 소극적으로 고지를 하지 않거나 침묵한 경우도 포함된다. 그러나 불고지 또는 침묵의 경우에는 법령, 계약, 관습 또는 조리상 사전에 사정을 고지할 의무가 인정되어야 위법한 기망행위로 볼 수 있다. 설문의 경우처럼 乙이 본인의 의사와 무관하게 청소년 시절에 성폭력범죄의 피해를 입어 A를 출산하였으나 곧바로 입양 보냈고, A와 관계가 단절되어 양육이나 교류 등이 전혀 없는 경우라면, 사회통념상 당사자나 제3자에게 그에 대한 고지를 기대할 수 있다거나 이를 고지하지 않은 것이 신의성실 의무에 비추어 비난받을 정도라고 단정할 수 없다. 따라서 乙이 甲에게 단순히 출산 경력을 고지하지 않은 것이 위법한 기망행위로 볼 수 없다(대판 2016.2.18, 2015므654,661).

제2절 상속법

Ⅰ. 법정상속 — 재산상속

1. 상속재산

❒ 단체협약에서 근로자의 사망으로 지급되는 퇴직금(이하 사망퇴직금이라 한다)을 근로기준법이 정한 유족보상의 범위와 순위에 따라 유족에게 지급하기로 정하였다면, 개별 근로자가 사용자에게 이와 다른 내용의 의사를 표시하지 않는 한 수령권자인 유족은 상속인으로서가 아니라 위 규정에 따라 직접 사망퇴직금을 취득하는 것이므로, 이러한 경우의 사망퇴직금은 상속재산이 아니라 수령권자인 유족의 고유재산이라고 보아야 한다(대법원 2023.11.16. 선고 2018다283049 판결).

→ 사망퇴직금은 사망한 근로자의 생전 근로에 대한 대가로서의 성격 외에 근로자의 사망 당시 그에 의하여 부양되고 있던 유족의 생활보장과 복리향상 등을 위한 급여로서의 성격도 함께 가진다고 볼 수 있기 때문이다.

2. 특별수익자의 상속분

❒ 민법 제1008조는 공동상속인 중 피상속인에게서 재산의 증여 또는 유증을 받은 특별수익

자가 있는 경우 공동상속인들 사이의 공평을 기하기 위하여 수증재산을 상속분의 선급으로 다루어 구체적인 상속분을 산정할 때 이를 참작하도록 하려는 데 취지가 있다. ① **상속결격사유가 발생한 이후에 결격된 자가 피상속인에게서 직접 증여를 받은 경우**, 그 수익은 상속인의 지위에서 받은 것이 아니어서 원칙적으로 상속분의 선급으로 볼 수 없다. 따라서 결격된 자의 수익은 특별한 사정이 없는 한 특별수익에 해당하지 않는다(대법원 2015.7.17. 자 2014스206,207 결정). ② **대습상속인이 대습원인의 발생 이전에 피상속인으로부터 증여를 받은 경우** 이는 상속인의 지위에서 받은 것이 아니므로 상속분의 선급으로 볼 수 없다. 그렇지 않고 이를 상속분의 선급으로 보게 되면, 피대습인이 사망하기 전에 피상속인이 먼저 사망하여 상속이 이루어진 경우에는 특별수익에 해당하지 아니하던 것이 피대습인이 피상속인보다 먼저 사망하였다는 우연한 사정으로 인하여 특별수익으로 되는 불합리한 결과가 발생한다. 따라서 대습상속인의 위와 같은 수익은 특별수익에 해당하지 않는다. 가령 피상속인이 피대습인을 피보험자로 하되 대습상속인을 보험수익자로 지정한 생명보험계약을 체결하고 보험계약자로서 보험료를 납부하다가 피대습인이 사망하여 대습상속인이 생명보험금을 수령한 경우, 대습상속인을 보험수익자로 지정한 때 이미 실질적으로 피상속인의 재산을 감소시키는 증여가 있었다고 봄이 타당하다. 이와 같이 대습상속인이 대습원인 발생 전에 보험수익자로 지정된 이상 그 후에 피대습인의 사망이라는 조건 성취에 따라 생명보험금을 수령하였더라도, 그 보험금은 대습상속인이 상속인의 지위에서 받은 것이 아니므로 상속분의 선급인 특별수익으로 볼 수 없다(대법원 2024.6.13.자 2024스525,526 결정). ③ 대습상속이 개시되었다고 하여 피대습인의 특별수익을 고려하지 않고 대습상속인의 구체적인 상속분을 산정한다면 대습상속인은 피대습인이 취득할 수 있었던 것 이상의 이익을 취득하게 된다. 이는 공동상속인들 사이의 공평을 해칠 뿐만 아니라 대습상속의 취지에도 반한다. 따라서 **피대습인**이 대습원인의 발생 이전에 피상속인으로부터 생전 증여로 특별수익을 받은 경우, 그 생전 증여는 대습상속인의 특별수익에 해당한다(대법원 2022.3.17. 선고 2020다267620 판결).

문제 배우자와 사별한 甲에게는 자녀 乙, 丙이 있으며, 2021. 11. 11. 사망할 당시 甲의 재산으로 예금 3억원이 있었다. 丙은 2016년경 乙을 살해하려다 미수에 그친 사실이 있으며, 丙에게는 배우자 A와 자녀 B, C가 있다. (다음 각 문항은 독립적임)

1. 甲은 2020. 7. 20. 자신의 X토지를 丙에게, Y건물을 B에게 각 증여하고 각 명의로 소유권이전등기를 마쳐주었다. 이 경우 상속분의 산정할 때 丙의 X토지와 B의 Y건물을 특별수익으로 보아야 하는가?

➜ **(1) A·B·C의 대습상속 여부**

공동상속인 가운데 1인 또는 여럿이 피상속인으로부터 재산의 증여 또는 유증을 받은 경우, 이러한 증여나 유증으로 받은 재산을 특별수익이라 한다. 상속인에게 민법 제1004조의 상속결격사유가 발생한 경우, 그 사람은 그때부터 피상속인을 상속하는 자격을 당연히 상실하고, 그 사람의 직계비속 또는 배우자가 결격된 자에 갈음하여 대습상속인이 된다. 설문의 경우, 甲의 직계비속 丙이 동순위의 상속인 乙을 살해하려고 하여 상속결격이 되었다. 따라서 丙의 배우자 A와 자녀 B, C가 丙을 갈음하여 대습상속한다(제1001조).

(2) X토지와 Y건물이 특별수익에 해당하는지 여부

상속결격사유가 발생한 이후에 결격된 자가 피상속인으로부터 직접 증여를 받은 경우, 그 수익은 상속인의 지위에서 받은 것이 아니어서 원칙적으로 상속분의 선급으로 볼 수 없다(대결 2015.7.17, 2014스206,207). 설문에서 丙이 피상속인 甲으로부터 상속결격사유가 발생한 이후인 2020. 7. 20. X토지를 증여받았다. 따라서 丙이 상속인의 지위에서 X토지를 증여받은 것이 아니므로 특별수익에 해당하지 않는다. 반면에 대습상속인 B는 Y건물을 대습원인(丙의 상속결격)이 발생한 이후에 피상속인 甲으로부터 증여받았으므로, 이는 특별수익에 해당한다.

2. 甲이 Y건물을 2014. 10. 10. B에게 증여를 원인으로 소유권이전등기를 마쳐주었고, "예금 3억원을 乙과 C에게 각 1/2씩 준다"는 유효한 유언서를 2021. 6. 10. 작성하였다. 아무런 재산을 상속을 받지 못한 A가 유류분 반환을 청구하고자 하는데, 이 경우 Y건물이 유류분 산정을 위한 기초재산에 포함되는가?

➜ 공동상속인이 상속재산 중에서 이미 증여받은 것에 대해서는 1년 이전의 것도 유류분 산정을 위한 기초재산에 산입된다(제1118조, 제1008조). 한편 대습상속인이 대습원인의 발생 이전에 피상속인으로부터 증여를 받은 경우, 이는 상속인의 지위에서 받은 것이 아니므로 상속분의 선급으로 볼 수 없다(대판 2014.5.29, 2012다31802). 설문의 경우 피상속인 甲이 사망하기 이전에 丙에게 상속결격사유가 발생하였고, 甲이 丙의 상속결격사유 발생 전에 Y건물을 B에게 증여하였다. 따라서 B가 甲으로부터 Y건물을 증여받은 것은 상속인의 지위에서 받은 것이 아니므로, 상속분의 선급으로 볼 수 없어 특별수익에 해당하지 아니하여 유류분 산정을 위한 기초재산에 포함되지 않는다.

3. 상속승인과 포기

(1) 한정승인

❒ 민법 제1028조는 "상속인은 상속으로 인하여 취득할 재산의 한도에서 피상속인의 채무와

유증을 변제할 것을 조건으로 상속을 승인할 수 있다"라고 규정하고 있다. 상속인이 위 규정에 따라 한정승인의 신고를 하게 되면 피상속인의 채무에 대한 한정승인자의 책임은 상속재산으로 한정되고, 그 결과 상속채권자는 특별한 사정이 없는 한 상속인의 고유재산에 대하여 강제집행을 할 수 없으며 상속재산으로부터만 채권의 만족을 받을 수 있다(대법원 2016.5.24. 선고 2015다250574 판결).

- 상속채권자가 아닌 한정승인자의 고유채권자가 상속재산에 관하여 저당권 등의 담보권을 취득한 경우, 담보권을 취득한 채권자와 상속채권자 사이의 우열관계는 민법상 일반원칙에 따라야 하고 상속채권자가 우선적 지위를 주장할 수 없다. 그러나 상속재산에 관하여 담보권을 취득하였다는 등 사정이 없는 이상, 한정승인자의 고유채권자는 상속채권자가 상속재산으로부터 채권의 만족을 받지 못한 상태에서 상속재산을 고유채권에 대한 책임재산으로 삼아 이에 대하여 강제집행을 할 수 없다고 보는 것이 형평의 원칙이나 한정승인제도의 취지에 부합하며, 이는 한정승인자의 고유채무가 조세채무인 경우에도 그것이 상속재산 자체에 대하여 부과된 조세나 가산금, 즉 당해세에 관한 것이 아니라면 마찬가지이다(대법원 2016.5.24. 선고 2015다250574 판결).

문제 A의 단독상속인 甲은 한정승인 신고를 마친 다음 甲은 상속재산인 X부동산에 대하여 자신의 채권자인 乙에게 근저당권설정등기를 마쳐주었다. 그 후 甲의 일반채권자 丙은 X부동산에 대하여 가압류등기를 마쳤다. 그 밖에 A의 일반채권자 丁이 있었다. X부동산에 대한 경매절차에서 배당이 이루어질 경우, 丁과 乙, 丙 사이의 우열관계에 관하여 설명하시오.

→ **1. 丁이 X부동산의 경매절차에서 배당을 받을 수 있는지 여부**

상속인이 민법 제1028조에 따라 한정승인의 신고를 하게 되면, 피상속인의 채무에 대한 한정승인자의 책임은 상속재산으로 한정되고, 그 결과 상속채권자는 상속인의 고유재산에 대하여 강제집행을 할 수 없으며 상속재산으로부터만 채권의 만족을 받을 수 있다(대판 2016.5.24, 2015다250574). 설문의 경우, A의 단독상속인 甲이 한정승인의 신고를 하였으므로, 피상속인 A의 일반채권자 丁은 상속재산인 X부동산에 대한 경매절차에서 배당을 받을 수 있다. 물론 丁이 배당을 받기 위해서는 집행권원에 의해 X부동산을 강제경매하거나 경매절차가 개시된 경우에는 X부동산을 가압류하여 배당요구를 하여야 한다(민사집행법 제148조 1항, 2항, 제88조).

2. 상속채권자 丁과 상속인의 고유채권자인 乙, 丙 사이의 우열관계

(1) 丁과 상속재산인 X부동산에 대하여 근저당권을 취득한 乙 사이의 관계

상속채권자가 아닌 한정승인자의 고유채권자가 상속재산에 관하여 저당권 등의 담보권을

취득한 경우, 담보권을 취득한 채권자와 상속채권자 사이의 우열관계는 민법상 일반원칙에 따라야 하고 상속채권자가 우선적 지위를 주장할 수 없다(대판 2016.5.24, 2015다250574; 대판 2010.3.18, 2007다77781). 설문에서 乙은 상속재산인 X부동산에 관하여 근저당권설정등기를 마쳤고, 丁은 피상속인의 일반채권자이다. 따라서 상속채권자 丁은 乙에 대하여 한정승인의 사유만으로 우선적 지위를 주장할 수 없으므로, X부동산의 경매절차에서 乙이 丁보다 우선하여 배당을 받을 수 있다.

(2) 丁과 상속인의 고유채권자인 丙 사이의 우열관계

상속재산에 관하여 담보권을 취득하였다는 등 사정이 없는 이상, 한정승인자의 고유채권자는 상속채권자가 상속재산으로부터 채권의 만족을 받지 못한 상태에서 상속재산을 고유채권에 대한 책임재산으로 삼아 이에 대하여 강제집행을 할 수 없다고 보는 것이 형평의 원칙이나 한정승인제도의 취지에 부합하다(대판 2016.5.24, 2015다250574). 설문의 경우, 丙은 상속인 甲의 일반채권자이다. 따라서 丙은 상속재산인 X부동산에 대하여 강제집행을 할 수 없다.

3. 결론

상속채권자 丁은 X부동산에 대하여 근저당권자 乙보다 후순위로, 상속인의 고유채권자 丙보다는 선순위로 채권만족을 받을 수 있다.

(2) 상속의 포기

❐ 민법 제1000조부터 제1043조까지 각각의 조문에서 규정하는 '상속인'은 모두 동일한 의미임이 명백하다. 따라서 제1043조의 상속인이 수인인 경우 역시 제1000조 제2항의 상속인이 수인인 때와 동일한 의미로서 같은 항의 공동상속인이 되는 경우에 해당하므로 그 공동상속인에 배우자도 당연히 포함되며, 제1043조에 따라 상속포기자의 상속분이 귀속되는 다른 상속인에도 배우자가 포함된다. 이에 따라 공동상속인인 배우자와 여러 명의 자녀들 중 일부 또는 전부가 상속을 포기한 경우의 법률효과를 살펴보면, ① 공동상속인인 배우자와 자녀들 중 **자녀 일부만 상속을 포기한 경우**에는 제1043조에 따라 상속포기자인 자녀의 상속분이 배우자와 상속을 포기하지 않은 다른 자녀에게 귀속된다. ② **공동상속인인 배우자와 자녀들 중 자녀 전부가 상속을 포기한 경우** 제1043조에 따라 상속을 포기한 자녀의 상속분은 남아 있는 다른 상속인인 배우자에게 귀속되고, 따라서 **배우자가 단독상속인이 된다.** 이에 비하여 피상속인의 배우자와 자녀 모두 상속을 포기한 경우 제1043조는 적용

되지 않는다. 제1043조는 공동상속인 중 일부가 상속을 포기한 경우만 규율하고 있기 때문이다(대법원 2023.3.23.자 2020그42 결정).

❐ 상속인은 상속개시된 때부터 피상속인의 재산에 관한 포괄적 권리의무를 승계한다(민법 제1005조 본문). 다만 상속인은 상속개시 있음을 안 날로부터 3월 내에 단순승인이나 한정승인 또는 포기를 할 수 있고(제1019조 제1항 본문), 상속의 포기는 상속개시된 때에 소급하여 그 효력이 있다(제1042조). 상속인은 상속포기를 할 때까지는 그 고유재산에 대하는 것과 동일한 주의로 상속재산을 관리하여야 한다(제1022조). 상속인이 상속을 포기할 때에는 제1019조 제1항의 기간 내에 가정법원에 포기의 신고를 하여야 하고(제1041조), 상속포기는 가정법원이 상속인의 포기신고를 수리하는 심판을 하여 이를 당사자에게 고지한 때에 효력이 발생하므로, 상속인은 가정법원의 상속포기신고 수리 심판을 고지받을 때까지 제1022조에 따른 상속재산 관리의무를 부담한다.

이와 같이 상속인은 아직 상속 승인, 포기 등으로 상속관계가 확정되지 않은 동안에도 잠정적으로나마 피상속인의 재산을 당연 취득하고 상속재산을 관리할 의무가 있으므로, 상속채권자는 그 기간 동안 상속인을 상대로 상속재산에 관한 가압류결정을 받아 이를 집행할 수 있다. 그 후 상속인이 상속포기로 인하여 상속인의 지위를 소급하여 상실한다고 하더라도 이미 발생한 가압류의 효력에 영향을 미치지 않는다. 따라서 위 상속채권자는 종국적으로 상속인이 된 사람 또는 제1053조에 따라 선임된 상속재산관리인을 채무자로 한 상속재산에 대한 경매절차에서 가압류채권자로서 적법하게 배당을 받을 수 있다(대법원 2021.9.15. 선고 2021다224446 판결).

문제 甲은 2013. 7. 16. 사망하였고, 甲의 1순위 상속인인 乙은 2013. 10. 15. 법원에 甲의 재산에 관한 상속포기를 신고하여 2014. 2. 4. 위 신고를 수리하는 심판을 받았다. 丙은 甲의 사망 후인 2013. 12. 26. 乙을 상대로 甲에 대한 3억원의 채권을 피보전권리로 하여 甲의 상속재산인 X부동산에 관한 부동산가압류 신청을 하여 2014. 1. 28. 가압류결정을 받았고, 그 무렵 가압류 등기가 마쳐졌다. 그 후 甲의 다른 상속인들도 모두 상속을 포기함에 따라 丙은 법원에 甲의 상속재산관리인 선임을 청구하였고, 법원은 2015. 3. 27. 甲의 상속재산관리인으로 변호사 A를 선임하였다.
한편 甲의 다른 채권자 丁의 임의경매신청에 따라 X부동산에 관하여 경매절차가 개시되었고, 경매법원은 상속채권자인 丁과 가압류결정의 채권자인 丙에게 매각대금을 각 배당을 하였다. 경매법원의 丙에 대한 배당은 적법한가?

→ **1. 丙이 상속포기 신고한 乙을 상대로 상속재산인 X부동산에 관하여 가압류결정을 받을 수 있는지 여부**

상속인은 상속개시 있음을 안 날로부터 3개월 내에 포기를 할 수 있다(민법 제1019조 1항 본문), 상속인은 상속포기를 할 때까지는 그 고유재산에 대하는 것과 동일한 주의로 상속재산을 관리하여야 한다(제1022조). 상속인은 포기 등으로 상속관계가 확정되지 않은 동안에 잠정적으로 피상속인의 재산을 당연취득하고 상속재산을 관리할 의무가 있으므로, 상속채권자는 그 기간 동안 상속인을 상대로 상속재산에 관한 가압류결정을 받아 이를 집행할 수 있다(대판 2021.9.15, 2021다224446). 따라서 丙의 상속재산인 X부동산에 관한 가압류결정은 당시 상속인으로서 상속재산 관리의무를 지고 있던 乙을 채무자로 하여 상속재산에 관해서 이루어진 것으로서 유효하다.

2. 상속포기의 효력이 丙의 X부동산에 관한 가압류에 영향을 미치는지 여부

상속의 포기는 상속개시된 때에 소급하여 그 효력이 있다(제1042조). 상속인이 상속포기로 인하여 상속인의 지위를 소급하여 상실하더라도 이미 발생한 가압류의 효력에 영향을 미치지 않는다(대판 2021.9.15, 2021다224446). 설문의 경우 乙의 상속포기신고 수리 심판이 2014. 2. 4. 고지되어 乙이 상속인 지위를 소급하여 상실하였지만, 乙의 상속포기는 이미 2014. 1. 28. 효력이 발생한 丙의 X부동산에 관한 가압류에는 영향이 없다.

3. 결론

상속채권자 丙은 종국적으로 상속인이 된 사람 또는 제1053조에 따라 선임된 상속재산관리인을 채무자로 한 상속재산에 대한 경매절차에서 가압류채권자로서 적법하게 배당을 받을 수 있다(대판 2021.9.15, 2021다224446). 따라서 경매법원의 丙에 대한 배당은 적법하다.

❐ 피상속인의 사망으로 상속이 개시된 후 상속인이 상속을 포기하면 상속이 개시된 때에 소급하여 그 효력이 생긴다(민법 제1042조). 따라서 제1순위 상속권자인 배우자와 자녀들이 상속을 포기하면 제2순위에 있는 사람이 상속인이 된다. 상속포기의 효력은 피상속인의 사망으로 개시된 상속에만 미치고, 그 후 피상속인을 피대습자로 하여 개시된 대습상속에까지 미치지는 않는다. 대습상속은 상속과는 별개의 원인으로 발생하는 것인 데다가 대습상속이 개시되기 전에는 이를 포기하는 것이 허용되지 않기 때문이다. 이는 종전에 상속인의 상속포기로 피대습자의 직계존속이 피대습자를 상속한 경우에도 마찬가지이다. 또한 피대습자의 직계존속이 사망할 당시 피대습자로부터 상속받은 재산 외에 적극재산이든 소극재산이든 고유재산을 소유하고 있었는지에 따라 달리 볼 이유도 없다.

따라서 피상속인의 사망 후 상속채무가 상속재산을 초과하여 상속인인 배우자와 자녀들이 상속포기를 하였는데, 그 후 피상속인의 직계존속이 사망하여 제1001조, 제1003조 제2항에 따라 대습상속이 개시된 경우에 대습상속인이 민법이 정한 절차와 방식에 따라 한정승인이나 상속포기를 하지 않으면 단순승인을 한 것으로 간주된다. 위와 같은 경우에 이미 사망한 피상속인의 배우자와 자녀들에게 피상속인의 직계존속의 사망으로 인한 대습상속도 포기하려는 의사가 있다고 볼 수 있지만, 그들이 상속포기의 절차와 방식에 따라 피상속인의 직계존속에 대한 상속포기를 하지 않으면 효력이 생기지 않는다. 이와 달리 피상속인에 대한 상속포기를 이유로 대습상속 포기의 효력까지 인정한다면 상속포기의 의사를 명확히 하고 법률관계를 획일적으로 처리함으로써 법적 안정성을 꾀하고자 하는 상속포기제도가 잠탈될 우려가 있다(대법원 2017.1.12. 선고 2014다39824 판결).

문제 乙은 甲에게 2억원의 채무를 지고 있었고, 丁은 乙의 채무를 연대보증하였다. 乙이 채무이행을 지체하자, 丁은 1995. 7. 25. 甲에게 위 2억원을 대위변제하였다. 乙은 2000. 11. 24. 사망하였고, 그 유족으로는 배우자인 A, 자녀 B, C가 있었다. A·B·C는 상속포기를 하였고, 乙의 어머니인 D가 乙의 재산을 단독상속하였다. 그 후 D는 2004. 2. 10. 사망하였고, 그 자녀로 乙, 丙가 있다. D가 사망한 후 상속인 丙은 적법하게 상속포기를 하였지만, 대습상속인 A·B·C는 한정승인이나 상속포기를 하지 않았다. 이 경우 丁은 A·B·C에 대해 乙의 구상금채무의 이행을 청구할 수 있는가? (이자 등은 고려하지 말 것)

→ 피상속인의 사망으로 상속이 개시된 후 상속인이 상속을 포기하면 상속이 개시된 때에 소급하여 그 효력이 생긴다(민법 제1042조). 상속포기의 효력은 피상속인의 사망으로 개시된 상속에만 미치고, 그 후 피상속인을 피대습자로 하여 개시된 대습상속에까지 미치지는 않는다. 이는 종전에 상속인의 상속포기로 피대습자의 직계존속이 피대습자를 상속한 경우에도 마찬가지이다(대판 2017.1.12, 2014다39824). 설문의 경우 乙이 부담하는 구상금채무는 乙의 사망 후 제1순위 상속인인 A·B·C의 상속포기에 따라 제2순위 상속인인 D에게 단독상속되었다가, 그 후 D의 사망에 따라 D의 직계비속 丙과 乙의 대습상속인인 A·B·C에게 공동으로 상속되었다. 따라서 乙의 사망 후 A·B·C가 상속포기를 했더라도 이는 乙에 대한 상속포기에 지나지 않아 그 효력이 乙의 어머니인 D의 사망에 따른 대습상속에까지 미치지 않으므로, 丁은 A·B·C에 대해 乙의 구상금채무의 이행을 청구할 수 있다.

4. 상속재산의 분할

❒ 금전채권과 같이 급부의 내용이 가분인 채권은 공동상속되는 경우 상속개시와 동시에 당연히 법정상속분에 따라 공동상속인들에게 분할되어 귀속되므로 상속재산분할의 대상이 될

수 없는 것이 원칙이다. 그러나 가분채권을 일률적으로 상속재산분할의 대상에서 제외하면 부당한 결과가 발생할 수 있다. 가령 ① 공동상속인들 중에 초과특별수익자가 있는 경우, ② 특별수익이 존재하거나 기여분이 인정되어 구체적인 상속분이 법정상속분과 달라질 수 있는 경우에는 상속재산분할을 통하여 공동상속인들 사이에 형평을 기할 필요가 있으므로 가분채권도 예외적으로 상속재산분할의 대상이 될 수 있다(대법원 2025.3.24.자 2024스866867 결정; 대법원 2016.5.4.자 2014스122 결정).

❒ 금전채무와 같이 급부의 내용이 가분인 채무가 공동상속된 경우 이는 상속개시와 동시에 당연히 법정상속분에 따라 공동상속인에게 분할되어 귀속되는 것이므로 상속재산 분할의 대상이 될 여지가 없다(대법원 2014.7.10. 선고 2012다26633 판결).

[비교] 상속재산 분할의 대상이 될 수 없는 상속채무에 관하여 공동상속인들 사이에 분할의 협의가 있는 경우라면 이러한 협의는 민법 제1013조에서 말하는 상속재산의 협의분할에 해당하는 것은 아니지만, 위 분할의 협의에 따라 공동상속인 중의 1인이 법정상속분을 초과하여 채무를 부담하기로 하는 약정은 면책적 채무인수의 실질을 가진다고 할 것이어서, 채권자에 대한 관계에서 위 약정에 의하여 다른 공동상속인이 법정상속분에 따른 채무의 일부 또는 전부를 면하기 위하여는 제454조의 규정에 따른 채권자의 승낙을 필요로 하고, 여기에 상속재산 분할의 소급효를 규정하고 있는 제1015조가 적용될 여지는 전혀 없다(대법원 1997.6.24. 선고 97다8809 판결).

문제 乙은 2021. 10. 10. 지병으로 사망하였다. 乙이 사망할 당시 X토지, Y토지를 소유하고 있었고, 甲에 대하여 2억원의 금전채무를 지고 있었다. 乙이 사망한 직후 그의 자녀 A와 B, 乙의 배우자 C는 乙소유의 X토지와 Y토지를 A가 단독상속하되, 甲에 대한 채무를 A가 단독으로 부담하기로 합의하였다. 이러한 합의에 따라 B와 C는 2022. 3. 5. 법원에 상속포기의 신고를 하였다. A가 甲에 대한 채무의 이행을 하지 않자, 甲은 A·B·C를 상대로 각 2억원의 채무 전액의 이행을 청구하는 소를 제기하였다. 이에 대하여 A·B·C는 위 약정은 상속재산분할 협의에 해당하고 B·C는 상속을 포기하였으므로, 甲의 채무를 부담하지 않는다고 항변하였다. 甲 의 청구는 인용될 수 있는가?

→ **1. 甲에 대한 2억원 상속채무가 공동상속인에게 상속되는지 여부**

공동상속된 가분채무는 상속개시와 동시에 공동상속인 사이에서 각자의 법정상속분에 따라 상속된다(대판 2014.7.10, 2012다26633). 따라서 甲에 대한 2억원의 상속채무를 A와 B는 각 2/7, C는 3/7을 분할상속한다.

2. A가 甲에 대한 채무를 단독으로 부담하기로 하는 약정의 효력

(1) B·C의 상속포기 신고의 효력

상속포기는 상속개시일(2021. 10. 10)부터 3개월 이내에 할 수 있다(민법 1019조 1항). 설문의 경우 B와 C는 상속개시일부터 3개월이 지난 후에 포기신고를 하였으므로, 상속포기 신고의 효력이 생기지 않는다.

(2) 금전채무가 공동상속된 경우, 상속재산 분할의 대상이 될 수 있는지 여부

상속재산을 공동상속인 1인에게 상속시킬 방편으로 나머지 상속인이 한 상속포기 신고가 제1019조 1항의 기간을 경과하여 그 효력이 없더라도, 상속포기 신고를 상속재산의 협의분할로 볼 수 있다(대법원 1996.3.26, 95다45545,45552). 그런데 공동상속된 가분채무는 상속개시와 동시에 각자의 법정상속분에 따라 상속되므로 상속재산 분할의 대상이 될 수 없다(대판 2014.7.10, 2012다26633). 따라서 甲에 대하여 상속재산 분할의 소급효(제1015조)를 주장할 수 없다.

(3) 면책적 채무인수로 볼 수 있는지 여부

공동상속인이 협의로 일부 상속인이 법정상속분을 초과하여 채무를 부담하기로 한 경우, 그 약정은 면책적 채무인수의 성질을 가지므로, 제454조에 따른 채권자의 승낙을 필요로 한다(대판 1997.6.24, 97다8809). 설문의 경우 A·B·C 사이의 약정은 면책적 채무인수에 해당하지만, 甲의 승낙이 존재하지 않는다.

3. 결론

법정상속분에 따라 A·B·C는 甲에 대해 채무를 부담하므로, 법원은 A와 B에 대해서는 각 2억원의 2/7, C에 대해서는 3/7을 지급하도록 하는 甲의 청구를 일부인용해야 한다.

❐ 민법 제860조는 본문에서 "인지는 그 자의 출생 시에 소급하여 효력이 생긴다"고 하면서 단서에서 "그러나 제삼자의 취득한 권리를 해하지 못한다"라고 하여 인지의 소급효를 제한하고 있고, 제1014조는 "상속개시 후의 인지 또는 재판의 확정에 의하여 공동상속인이 된 자가 상속재산의 분할을 청구할 경우에 다른 공동상속인이 이미 분할 기타 처분을 한 때에는 그 상속분에 상당한 가액의 지급을 청구할 권리가 있다"라고 규정하고 있다.
그런데 혼인 외의 출생자와 생모 사이에는 생모의 인지나 출생신고를 기다리지 아니하고 자의 출생으로 당연히 법률상의 친자관계가 생기고, 가족관계등록부의 기재나 법원의 친생자관계존재확인판결이 있어야만 이를 인정할 수 있는 것이 아니다. 따라서 인지를 요하지 아니하는 모자관계에는 인지의 소급효 제한에 관한 제860조 단서가 적용 또는 유추적용되

지 아니하며, 상속개시 후의 인지 또는 재판의 확정에 의하여 공동상속인이 된 자의 가액지급청구권을 규정한 제1014조를 근거로 자가 모의 다른 공동상속인이 한 상속재산에 대한 분할 또는 처분의 효력을 부인하지 못한다고 볼 수도 없다. 이는 비록 다른 공동상속인이 이미 상속재산을 분할 또는 처분한 이후에 모자관계가 친생자관계존재확인판결의 확정 등으로 비로소 명백히 밝혀졌다 하더라도 마찬가지이다(대법원 2018.6.19. 선고 2018다1049 판결).

❐ 상속개시 후 상속재산분할이 완료되기 전까지 상속재산으로부터 발생하는 과실(이하 '상속재산 과실'이라 한다)은 상속개시 당시에는 존재하지 않았던 것이다. 상속재산분할심판에서 이러한 상속재산 과실을 고려하지 않은 채, 분할의 대상이 된 상속재산 중 특정 상속재산을 상속인 중 1인의 단독소유로 하고 그의 구체적 상속분과 그 특정 상속재산의 가액과의 차액을 현금으로 정산하는 방법(이른바 대상분할의 방법)으로 상속재산을 분할한 경우, 그 특정 상속재산을 분할 받은 상속인은 민법 제1015조 본문에 따라 상속개시된 때에 소급하여 이를 단독소유한 것으로 보게 되지만, 그 상속재산 과실까지도 소급하여 그 상속인이 단독으로 차지하게 된다고 볼 수는 없다. 이러한 경우 그 상속재산 과실은 특별한 사정이 없는 한 공동상속인들이, 수증재산과 기여분 등을 참작하여 상속개시 당시를 기준으로 산정되는 **구체적 상속분**의 비율에 따라, 이를 취득한다고 보는 것이 타당하다(대법원 2018.8.30. 선고 2015다27132,27149 판결).

[비교] 인지 전에 공동상속인들에 의해 이미 분할되거나 처분된 상속재산은 이를 분할받은 공동상속인이나 공동상속인들의 처분행위에 의해 이를 양수한 자에게 그 소유권이 확정적으로 귀속되는 것이며, 그 후 그 상속재산으로부터 발생하는 과실은 상속개시 당시 존재하지 않았던 것이어서 이를 상속재산에 해당한다 할 수 없고, 상속재산의 소유권을 취득한 자(분할받은 공동상속인 또는 공동상속인들로부터 양수한 자)가 민법 제102조에 따라 그 과실을 수취할 권능도 보유한다고 할 것이며, 제1014조도 **이미 분할 내지 처분된 상속재산** 중 피인지자의 상속분에 상당한 가액의 지급청구권만을 규정하고 있을 뿐 **이미 분할 내지 처분된 상속재산으로부터 발생한 과실**에 대해서는 별도의 규정을 두지 않고 있으므로, 결국 제1014조에 의한 상속분 상당가액지급청구에 있어 상속재산으로부터 발생한 과실은 그 가액산정 대상에 포함된다고 할 수 없다(대법원 2007.7.26. 선고 2006므2757,2764 판결).

문제 甲(여)은 乙(남)과 혼인하여 A를 출산한 후 이혼하는 한편, 丙과 사실혼 관계를 유지하면서 B와 C를 출산하였다. 甲은 X부동산을 소유하다가 2015. 1. 27. 사망하였다. A는 2015. 6. 8. X부동산에 관하여 상속을 원인으로 한 소유권이전등기를 마친 후, 2015. 6. 25. D에게 X부동산을 매도하고 그 무렵 소유권이전등기를 마쳐주었다.

B와 C는 2016. 2. 12. 甲과 자신들 사이에 친생자관계가 존재한다는 확인을 구하는 소를 제기하였고, 2016. 7. 1. 그 인용판결이 확정되었다. 이후 B와 C는 자신의 상속지분의 범위에서 X부동산에 관한 A, D명의의 소유권이전등기의 말소를 구하는 소를 제기하였다. B와 C의 청구는 인용될 수 있는가?

➜ **1. D가 민법 제860조 단서의 제3자에 해당하는지 여부**

혼인 외의 출생자와 생모 사이에는 생모의 인지나 출생신고를 기다리지 않고 자녀의 출생으로 당연히 법률상의 친자관계가 생긴다. 따라서 인지를 요하지 않는 모자관계에는 인지의 소급효 제한에 관한 제860조 단서가 적용 또는 유추적용되지 않는다(대판 2018.6.19, 2018다1049). 설문의 경우 D는 제860조 단서의 제3자에 포함되지 않기 때문에 이를 근거로 B·C의 청구를 배척할 수 없다.

2. A·D는 제1014조를 근거로 B·C의 청구를 배척할 수 있는지 여부

혼인 외의 출생자와 생모 사이에는 생모의 인지를 요하지 않으므로, 상속개시 후의 '인지 또는 재판의 확정'에 의하여 공동상속인이 된 자의 가액지급청구권을 규정한 제1014조를 근거로 자녀가 모의 다른 공동상속인이 한 상속재산에 대한 분할 또는 처분의 효력을 부인할 수 있다(대판 2018.6.19, 2018다1049). 설문의 경우 B·C는 제1014조의 '상속개시 후의 재판의 확정에 의하여 공동상속인이 된 자'에 해당하지 않는다. 따라서 A·D는 제1014조를 근거로 B·C의 청구를 배척할 수 없다.

3. 결론

B·C는 A와 더불어 피상속인 甲의 직계비속으로 제1순위 상속인이므로 상속재산에 대하여 각 1/3의 상속지분이 있다(제1000조 1항 1호, 제1009조). 따라서 B·C는 A·D를 상대로 자신의 상속지분 범위에서 X부동산에 관한 소유권이전등기말소를 청구할 수 있으므로, 법원은 B·C의 청구를 전부 인용해야 한다.

❐ 상속에 따라 임차건물의 소유권을 취득한 자도 주택임대차보호법 제3조 4항, 상가건물임대차보호법 제3조 2항에서 말하는 임차건물의 양수인에 해당하고, 임대인 지위를 공동으로 승계한 공동임대인들의 임차보증금 반환채무는 성질상 불가분채무에 해당한다(대법원 2021.1.28. 선고 2015다59801 판결). 불가분채무자가 변제 등으로 공동면책을 얻은 때에는 다른 채무자의 부담부분에 대하여 구상할 수 있다. 공동상속인은 각자의 상속분에 응하여 피상속인의 권리·의무를 승계한다는 제1007조에서 '상속분'은 법정상속분을 의미한다. 따라서 임대인 지위를 공동으로 승계한 상속인 중 1인이 변제 등으로 공동면책을 얻은 때

에는 다른 공동상속인들을 상대로 법정상속분에 따라 구상할 수 있다(대법원 2024.8.1. 선고 2023다318857 판결).

- 상속재산분할심판에서 분할대상 상속재산 중 특정 상속재산을 공동상속인 중 1인의 단독소유로 하고 그의 구체적 상속분과 그 특정 상속재산의 가액과의 차액을 현금으로 정산하는 방법(이른바 대상분할의 방법)으로 상속재산을 분할하였는데 그 특정 상속재산이 상가건물 임대차보호법 제3조 제1항이 정한 대항요건을 갖춘 임대차의 목적물인 경우 그 공동상속인은 임대차보증금반환채무를 면책적으로 인수하고 다른 공동상속인들은 임대차관계에서 탈퇴하여 임차인에 대한 임대차보증금반환채무를 면하게 된다. 그런데 상속재산분할심판에서 임대차보증금반환채무가 분할대상에서 제외된 가운데 임대차 목적물을 단독으로 상속받게 된 공동상속인이 그 임대차보증금반환채무를 면책적으로 인수하면서 다른 공동상속인들에게는 이러한 채무인수를 고려하지 않은 방식에 따라 산정된 차액을 지급하게 되면, 그는 본래 상속재산분할에서 의도되었던 것보다 과도한 부담을 안을 수 있어 부당하다. 이러한 경우 다른 공동상속인들이 임대차보증금반환채무를 면하는 것을 정당화할 만한 특별한 사정이 없는 한 공동상속인들 사이에서는 임대차보증금반환채무에 관하여 법정상속분에 따른 내부적 부담부분이 그대로 유지되고, 그 임대차 목적물을 단독소유하게 된 공동상속인이 나중에 임대차보증금을 반환한 때에는 다른 공동상속인들을 상대로 구상할 수 있다(대법원 2024.8.1. 선고 2023다318857 판결).

문제 A는 2014. 8. 23. 사망하였고 상속인으로 원고 甲과 피고 乙 및 소외 丙과 丁이 있었다. A의 상속재산에 대한 원고와 피고 및 소외 丙, 丁 사이의 상속재산분할심판 절차에서 2020. 12. 21. "이 사건 X상가건물을 피고의 단독소유로 분할하되, 피고가 그 구체적 상속분과 X상가건물의 가액과의 차액을 현금으로 정산하여 원고와 소외 丙, 丁에게 지급하라"는 내용의 결정이 내려졌고, 위 결정은 2021. 4. 30. 확정되었다.
한편 A는 2012. 6. 27. 소외 戊에게 X상가건물을 임대차보증금 3,750만원, 차임 월 375만원, 임대기간 2012. 8. 10.부터 2014. 8. 9.까지로 하여 임대하였고, 戊는 위 건물에 사업자등록을 마침으로써 상가건물임대차보호법 제3조의 대항력을 취득하였다. 위 임대차계약은 갱신되어 오다가 2022. 5. 11. 종료되었고, 乙은 그 무렵 戊에게 임대차보증금 3,750만원을 반환하였다.
원고 甲은 피고 乙을 상대로, 乙이 상속개시 이후인 2014. 9. 10.부터 상속재산분할심판 결정 확정일인 2021. 4. 30.까지 위 임대차계약에 따라 수취한 차임 중 甲의 상속분에 해당하는 금액에 관한 부당이득반환을 구하는 이 사건 소를 제기하였다. 甲은 이 사건 임대차계약에 의하여 발생하는 차임은 상속재산의 과실에 해당한다고 주장한다. 이에 대해 ① 乙은 주위적으로 상속재산분할심판 결정에 따라 상속개시 시점부터 소급하여 X상가건물을 단독으로 소유하게 되었고, 그 소유자로서 차임을 취득한 것으로 보아야 한다고 주장한다. ② 예비적으로 가사 乙이 甲에게 반환하여야 할 부당이득이 있더라도, 위 상속재산분할 심판에서 임대차보증금반환채무가 분할대상에서 제외되었으며 임대차보증금 3,750만원을 임차인 戊에게 지급하였으므로 甲의 상속비율에 따라 공제 또는 상계되어야 한다고 주장한다. 乙의 각 주장은 타당한지 설명하시오.

→ **1. 乙의 주위적 주장 타당성 여부**

상속재산의 분할은 상속개시된 때에 소급하여 그 효력이 있다(민법 제1015조 본문). 설문의 경우, X상가건물을 상속인 乙의 단독소유로 하는 상속재산분할심판 결정이 확정되었으므로, 乙이 상속개시된 때에 소급하여 단독으로 X상가건물을 소유한 것으로 된다(제1015조). 그런데 乙이 상속개시 이후인 2014. 9. 10.부터 위 분할심판 결정 확정일인 2021. 4. 30.까지 임대차계약에 따라 수취한 차임은 상속개시 당시에는 존재하지 않았던 법정과실(이하 '상속재산 과실'이라 함)로서, 상속재산 그 자체는 아니다. 상속재산분할심판에서 상속재산 과실을 고려하지 않은 채 상속재산을 분할한 경우, 상속재산 과실까지 소급하여 상속인이 단독으로 차지하게 된다고 볼 수는 없다. 이러한 경우 상속재산 과실은 상속개시 당시를 기준으로 산정되는 '구체적 상속분'의 비율에 따라 이를 취득한다(대판 2018.8.30, 2015다27132,27149). 따라서 乙의 주장은 부당하다.

2. 乙의 예비적 주장 타당성 여부

(1) 상속에 의하여 공동임대인이 된 경우, 임대차보증금반환채무의 귀속

임대인 지위를 공동으로 승계한 공동임대인들의 임차보증금 반환채무는 성질상 불가분채무에 해당한다. 공동상속인은 각자의 상속분에 응하여 피상속인의 권리·의무를 승계하는데(제1007조), 여기서 '상속분'은 법정상속분을 의미한다. 따라서 임대인 지위를 공동으로 승계한 상속인 중 1인이 변제 등으로 공동면책을 얻은 때에는 다른 공동상속인들을 상대로 법정상속분에 따라 구상할 수 있다(대판 2024.8.1, 2023다318857).

(2) 임대차보증금반환채무가 분할대상에서 제외된 경우, 공동상속인 사이에서 보증금반환채무는 법정상속분에 따른 내부적 부담부분이 그대로 유지되는지 여부

(가) 임차건물의 양수인은 임대인의 지위를 승계하므로(상가건물임대차보호법 제3조 2항), 상속에 따라 X상가건물의 소유권을 취득한 乙이 임차건물의 양수인에 해당한다. 따라서 공동상속인 乙은 임대차보증금반환채무를 면책적으로 인수하고 다른 공동상속인은 임대차관계에서 탈퇴하여 임차인에 대한 임대차보증금반환채무를 면하게 된다(대판 2024.8.1, 2023다318857).

(나) 그런데 상속재산분할심판에서 임대차보증금반환채무가 분할대상에서 제외된 가운데

임대차 목적물을 단독으로 상속받게 된 공동상속인이 그 임대차보증금반환채무를 면책적으로 인수하면서 다른 공동상속인들에게는 이러한 채무인수를 고려하지 않은 방식에 따라 산정된 차액을 지급하게 되면, 그는 본래 상속재산분할에서 의도되었던 것보다 과도한 부담을 안을 수 있어 부당하다. 이러한 경우 공동상속인 사이에서는 임대차보증금반환채무에 관하여 법정상속분에 따른 내부적 부담부분이 그대로 유지되고, 그 임대차 목적물을 단독소유하게 된 공동상속인이 나중에 임대차보증금을 반환한 때에는 다른 공동상속인들을 상대로 구상할 수 있다(대판 2024.8.1, 2023다318857).

(다) 설문의 경우, 상속재산분할심판에서 임대차보증금반환채무가 분할대상에서 제외되었고, X상가건물을 상속받은 乙이 임차인 戊에게 임대차보증금 3,750만원을 지급하였다. 따라서 乙은 다른 공동상속인의 상속비율에 따라 구상할 수 있으므로, 甲의 상속비율에 따른 상계를 주장하는 乙의 주장이 타당하다.

- 민법 제1015조는 "상속재산의 분할은 상속개시된 때에 소급하여 그 효력이 있다. 그러나 제삼자의 권리를 해하지 못한다."라고 규정함으로써 상속재산분할의 소급효를 인정하고 있으나, 상속재산분할에 소급효가 인정된다고 하더라도 상속개시 이후 공동상속인들이 상속재산의 공유관계에 있었던 사실 자체가 소급하여 소멸하는 것은 아니다(대법원 2020.7.9. 선고 2020두34841 판결). 따라서 공동상속인들이 각자의 법정상속분에 따라 상속재산을 공유하는 동안 상속재산에 부과된 재산세는 공동상속인들이 연대하여 납부할 의무를 지고(지방세법 제107조, 지방세기본법 제44조), 그중 1인이 위 재산세를 납부함으로써 공동면책을 얻었다면 그 공동상속인은 특별한 사정이 없는 한 다른 공동상속인들을 상대로 각자의 법정상속분에 따라 구상할 수 있다. 그리고 구상을 하지 않은 상태에서 상속재산분할 절차가 진행되는 경우 그 절차에서 위와 같이 납부된 재산세가 고려될 수 있으나, 이에 대한 고려가 이루어지지 않았다면 그 상속재산을 재산세를 납부한 공동상속인의 단독소유로 하는 내용의 상속재산분할이 이루어졌다고 해도 여전히 다른 공동상속인들을 상대로 구상할 수 있다(대법원 2025.3.24.자 2024스866867 결정; 대법원 2024.8.1. 선고 2023다318857 판결).
- 상속재산의 분할은 상속이 개시된 때에 소급하여 그 효력이 있다. 그러나 제3자의 권리를 해하지 못한다(민법 제1015조). 이는 상속재산분할의 소급효를 인정하여 공동상속인이 분할 내용대로 상속재산을 피상속인이 사망한 때에 바로 피상속인으로부터 상속한 것으로 보면서도, 상속재산분할 전에 이와 양립하지 않는 법률상 이해관계를 가진 제3자에게는 상속

재산분할의 소급효를 주장할 수 없도록 함으로써 거래의 안전을 도모하고자 한 것이다. 이때 민법 제1015조 단서에서 말하는 제3자는 일반적으로 상속재산분할의 대상이 된 상속재산에 관하여 **상속재산분할 전**에 새로운 이해관계를 가졌을 뿐만 아니라 등기, 인도 등으로 권리를 취득한 사람을 말한다(대법원 2020.8.13. 선고 2019다249312 판결).

❒ 상속재산인 부동산의 분할 귀속을 내용으로 하는 상속재산분할심판이 확정되면 민법 제187조에 의하여 상속재산분할심판에 따른 등기 없이도 해당 부동산에 관한 물권변동의 효력이 발생한다. 다만 위에서 본 민법 제1015조 단서의 내용과 입법취지 등을 고려하면, **상속재산분할심판에 따른 등기가 이루어지기 전**에 상속재산분할의 효력과 양립하지 않는 법률상 이해관계를 갖고 등기를 마쳤으나 상속재산분할심판이 있었음을 알지 못한 제3자에 대하여는 상속재산분할의 효력을 주장할 수 없다고 보아야 한다. 이 경우 제3자가 상속재산분할심판이 있었음을 알았다는 점에 관한 주장·증명책임은 상속재산분할심판의 효력을 주장하는 자에게 있다고 할 것이다(대법원 2020.8.13. 선고 2019다249312 판결).

[비교]

◈ 민법 제548조 제1항 단서에서 말하는 제3자는 일반적으로 해제된 계약으로부터 생긴 법률효과를 기초로 하여 **해제 전**에 새로운 이해관계를 가졌을 뿐만 아니라 등기, 인도 등으로 권리를 취득한 사람을 말한다(대법원 2014.12.11. 선고 2013다14569 판결).

◈ 계약해제로 인한 **원상회복등기 등이 이루어지기 전**에는 계약의 해제를 주장하는 자와 양립되지 아니하는 법률관계를 가지게 되었고 계약해제 사실을 몰랐던 제3자에 대하여는 계약해제를 주장할 수 없다(대법원 2000.4.21. 선고 2000다584 판결).

문제 甲이 2022. 10. 20. 사망 당시 X부동산을 소유하고 있다. 甲의 상속인으로 乙, 丙, 丁이 있다. 2023. 1. 15. 丁은 X부동산에 대한 자신의 지분을 戊에게 매도하였다. 2023. 3. 10. X부동산을 乙소유로 하고 乙은 나머지 공동상속인에게 3억원을 각 지급하기로 하는 등을 내용으로 하는 상속재산분할심판(이하 '이 사건 상속재산분할심판')을 받았고, 확정되었다. 이 사건 상속재산분할심판이 있었음을 알고 있던 戊는 2023. 5. 13. 丁에 대한 소유권이전등기청구권을 피보전권리로 하여 X부동산 중 丁의 지분에 관하여 처분금지가처분결정을 받았다. 이에 따라 2023. 5. 15. 戊의 적법한 대위신청으로 X부동산 중 각 1/3 지분에 관하여 乙, 丙, 丁 앞으로 상속을 원인으로 한 소유권이전등기가 마쳐졌고, 이어서 丁의 지분에 관하여 위 가처분등기가 이루어졌다. 2023. 5. 24. 戊는 X부동산 중 丁의 지분에 관하여 매매를 원인으로 한 소유권이전등기를 마쳤다. 2023. 6. 2. 乙이 戊를 상대로 丁의 지분이전등기의 말소등기절차

이행을 구하는 청구를 한 경우에 乙의 戊에 대한 청구의 결론[인용, 기각, 일부 인용, 각하]을 구체적 이유와 함께 서술하시오.

➜ 乙이 戊를 상대로 지분이전등기의 말소를 청구할 수 있기 위해서는 X부동산의 소유권이 존재하여야 한다(제214조).

1. X부동산의 소유권 취득 여부 — 상속재산분할의 효력

상속재산의 분할은 상속이 개시된 때에 소급하여 그 효력이 있다(제1015조 본문). 상속재산분할심판이 확정되면 제187조에 의하여 상속재산분할심판에 따른 등기 없이도 해당 부동산에 관한 물권변동의 효력이 발생한다(대판 2020.8.13, 2019다249312). 설문의 경우, X부동산을 乙소유로 하는 상속재산분할심판이 확정되었다. 따라서 X부동산은 상속개시일인 2021. 9. 21.부터 乙의 소유로 된다.

2. 戊가 제1015조 단서의 제3자인지 여부

상속재산의 분할은 제3자의 권리를 해하지 못한다(제1015조 단서). 여기서 제3자는 일반적으로 상속재산분할의 대상이 된 상속재산에 관하여 상속재산분할 전에 새로운 이해관계를 가졌을 뿐만 아니라 등기, 인도 등으로 권리를 취득한 사람을 말한다. 다만 상속재산분할심판에 따른 등기가 이루어지기 전에 상속재산분할의 효력과 양립하지 않는 법률상 이해관계를 갖고 등기를 마쳤으나 상속재산분할심판이 있었음을 알지 못한 제3자에 대하여는 상속재산분할의 효력을 주장할 수 없다(대판 2020.8.13, 2019다249312). 설문의 경우, 戊는 상속재산분할심판에 대해 알고 난 이후에 가처분등기 및 이전등기를 마쳤기 때문에 제1015조 단서의 제3자에 해당하지 않는다.

3. 결론

戊는 상속재산분할심판에 의해 X부동산의 소유권을 취득한 乙에게 대항할 수 없으므로, 법원은 乙의 청구를 인용해야 한다.

5. 상속회복청구권

❒ 상속회복청구는 **자신이 진정한 상속인임을 전제**로 그 상속으로 인한 소유권 또는 지분권 등 재산권의 귀속을 주장하면서 참칭상속인 또는 참칭상속인으로부터 상속재산에 관한 권리를 취득하거나 새로운 이해관계를 맺은 제3자를 상대로 상속재산의 반환을 청구하는 것이고, 여기서 참칭상속인이란 정당한 상속권이 없음에도 **재산상속인**임을 신뢰케 하는 외관을 갖추거나 **상속인**이라고 참칭하면서 상속재산의 전부 또는 일부를 점유함으로써 진정한 상속인의 재산상속권을 침해하는 자를 말한다. 따라서 상속회복을 청구하는 자는 자신이

상속권을 가지는 사실과 청구의 목적물이 상속개시 당시 피상속인의 점유에 속하였던 사실뿐만 아니라, 나아가 참칭상속인에 의하여 그의 재산상속권이 침해되었음을 주장·증명하여야 한다(대법원 2011.7.28. 선고 2009다64635 판결).

→ 참칭상속인인지 여부는 등기부상의 등기원인으로 기재된 것이 '상속'이냐의 여부에 따라 결정된다.

[비교] 공동상속인의 한 사람이 다른 상속인의 상속권을 부정하고 자기만이 상속권이 있다고 참칭하여 상속재산인 부동산에 관하여 단독 명의로 소유권이전등기를 한 경우는 물론이고, 상속을 유효하게 포기한 공동상속인 중 한 사람이 그 사실을 숨기고 여전히 공동상속인의 지위에 남아 있는 것처럼 참칭하여 상속지분에 따른 소유권이전등기를 한 경우에도 참칭상속인에 해당할 수 있으나, 이러한 상속을 원인으로 하는 등기가 명의인의 의사에 기하지 않고 제3자에 의하여 상속 참칭의 의도와 무관하게 이루어진 것일 때에는 위 등기명의인을 상속회복청구의 소에서 말하는 참칭상속인이라고 할 수 없다(대법원 2012.5.24. 선고 2010다33392 판결).

문제 甲은 1994. 9. 21. 사망하였는데, 당시 상속인으로 배우자인 乙, 자녀인 A, B가 있었다. 乙은 2009. 1. 17. 사망하였고, 乙의 상속인으로는 (1) 甲과의 사이에서 태어난 A, B, (2) 甲과 혼인하기 전에 丙과의 사이에서 태어난 자녀 C가 있었다. 한편 사망 당시 甲은 X부동산의 소유자이었다.
甲이 사망한 이후 甲의 상속인 중 A를 제외한 나머지 상속인들은 X부동산을 장남인 A의 단독명의로 해두기 위하여 각 상속포기 신고를 하였고 1994. 11. 1. 가정법원으로부터 이를 수리하는 심판을 받았다. 그런데 1996. 5. 22. 乙이 공유물의 보존행위로서 공동상속인 모두를 위하여 상속등기를 신청하였다. 이에 상속인들의 법정상속분에 따라 A, B명의로 각 지분 2/7, 乙명의로 지분 3/7에 관하여 각 소유권이전등기가 마쳐졌다. 그 후 A는 乙과 B로부터 X부동산의 각 지분을 매수한 사실이 없는데도 보증서와 확인서를 위조하여 2007. 3. 4. 乙과 B의 위 각 지분에 관하여 1995. 5. 31. 매매를 원인으로 하여 부동산소유권이전등기 등에 관한 특별조치법에 의하여 A명의로 소유권이전등기(이하 '이 사건 소유권이전등기'라 한다)를 마쳤다.
2010. 5. 6. C는 A를 상대로 위 부동산에 관한 乙의 지분(X부동산의 지분 3/7) 중 A의 상속분을 제외한 나머지 지분(X부동산의 지분 2/7)의 원인무효를 이유로 이 사건 소유권이전등기말소를 청구하는 소를 제기하였다. C의 A에 대한 청구의 결론(인용, 기각, 일부인용, 각하)을 구체적 이유와 함께 설명하시오.

→ **1. A의 상속지분 2/7 범위 내에서 이 사건 소유권이전등기의 유효 여부**

A는 乙과 B로부터 X부동산을 매수한 사실이 없는데도 문서를 위조하여 매매를 원인으로 이 사건 소유권이전등기를 마쳤으므로, A명의의 이 사건 소유권이전등기는 원칙적으로 무효이다. 하지만 실체적 권리관계에 부합하면 유효한 등기로 인정된다(대판 1985.4.9, 84다카

130,131). 설문의 경우 甲의 사망으로 X부동산에 관하여 상속인 乙이 지분 3/7을, A, B가 각 지분 2/7를 상속하였다(제1000조 1항 2호, 제1003조, 제1009조). 따라서 A명의의 이 사건 소유권이전등기는 A의 상속지분 범위에서는 실체관계에 부합한 등기에 해당하여 유효이다.

2. 乙과 B의 상속지분 5/7 범위 내에서 이 사건 소유권이전등기의 유효 여부

(1) 상속포기

상속의 포기는 상속개시된 때에 소급하여 그 효력이 있다(제1042조). 설문의 경우 乙과 B는 적법하게 상속포기를 하였고, 따라서 乙과 B는 X부동산에 대한 상속권이 없으므로 A명의의 이 사건 소유권이전등기는 특별한 사정이 없는 한 실체적 권리관계에 부합하여 유효한 등기라고 할 수 있다.

(2) 乙과 B가 X부동산에 대한 자신의 상속지분을 상속개시일에 소급하여 취득하는지 여부

(가) 乙이 참칭상속인인지 여부

상속회복청구의 상대방이 되는 참칭상속인은 정당한 상속권이 없음에도 재산상속인인 것을 신뢰케 하는 외관을 갖추고 있는 자나 상속인이라고 참칭하여 상속재산의 전부 또는 일부를 점유하는 자를 가리킨다(대판 2012.5.24, 2010다33392). 설문에서 乙은 상속을 포기하였는데도 공유물의 보존행위로서 공동상속인 모두를 위하여 상속등기를 마쳤으므로, 참칭상속인에 해당한다.

(나) 제999조의 제척기간 경과와 乙과 B의 상속지분 소급 취득 여부

상속회복청구권은 그 침해를 안 날부터 3년, 상속권의 침해행위가 있은 날부터 10년을 경과하면 소멸된다(제999조). 상속회복청구권이 제척기간의 경과로 소멸하게 되면 상속인은 상속인의 지위를 상실하게 되고, 그 반사적 효과로서 상속재산은 상속개시일로 소급하여 참칭상속인의 소유로 된다(대판 1998.3.27, 96다37398). 설문의 경우 A가 乙과 B의 지분에 대하여 이전등기를 마친 시점(2007. 3. 4.)은 침해가 있었던 날(1996. 5. 22.)부터 10년(제척기간)이 경과된 이후에 이루어진 것이다. 따라서 상속개시일에 소급하여 X부동산의 지분 3/7은 乙, 지분 2/7는 B의 소유로 되므로, 그 범위 내에서 A명의의 이 사건 소유권이전등기는 원인무효이다.

3. 상속인 C의 A에 대한 청구의 타당성 여부

상속인이 여럿인 때에는 상속재산은 그 공유로 하며(제1006조), 상속재산의 공유는 본래 의미의 공유에 해당한다(대판 1996.2.9, 94다61649). 공유물의 보존행위는 각자가 할 수 있다(제265조). 설문의 경우 乙의 사망으로 X부동산의 지분 3/7에 관하여 상속인 A, B, C가 각 1/3을 상속하였다(제1000조 1항 2호, 제1009조). 따라서 乙의 X부동산 지분 3/7 중 A의 상속분을 제외한 나머지 지분(X부동산의 지분 2/7)의 원인무효이므로, C의 청구는 타당하다.

4. 결론

법원은 C의 청구를 전부인용해야 한다.

❐ 자신이 진정한 상속인임을 전제로 그 상속으로 인한 소유권 또는 지분권 등 재산권의 귀속을 주장하면서 참칭상속인 또는 참칭상속인으로부터 상속재산에 관한 권리를 취득하거나 새로운 이해관계를 맺은 제3자를 상대로 상속재산인 부동산에 관한 등기의 말소 등을 청구하는 경우, 그 소유권 또는 지분권이 귀속되었다는 주장이 상속을 원인으로 하는 것인 이상 그 청구원인 여하에 관계없이 이는 민법 제999조의 상속회복청구의 소에 해당하고, 상속회복청구권의 제척기간에 관한 제999조 제2항은 이 경우에도 적용된다(대법원 2010.1.14. 선고 2009다41199 판결).

[비교] 민법 제1014조에 의한 피인지자 등의 상속분상당가액지급청구권은 그 성질상 상속회복청구권의 일종이므로 제999조 제2항에 정한 제척기간이 적용되고, 같은 항에서 3년의 제척기간의 기산일로 규정한 **그 침해를 안 날**이라 함은 피인지자가 자신이 진정상속인인 사실과 자신이 상속에서 제외된 사실을 안 때를 가리키는 것으로 혼인외의 자가 법원의 인지판결 확정으로 공동상속인이 된 때에는 그 인지판결이 확정된 날에 상속권이 침해되었음을 알았다고 할 것이다(대법원 2007.7.26. 선고 2006므2757,2764 판결).

문제 乙은 토지 X, Y, Z를 소유하고 있었다. 乙은 2010. 1. 29. 사망하기 직전인 같은 달 8. 공증담당 변호사와 증인 2인을 입회시킨 가운데 "자신의 명의로 등기되어 있는 부동산, 기타 동산 및 재산권을 포함한 일체의 재산을 배우자 甲의 소유로 하며, 권리이전에 관한 일체의 권한을 甲에게 부여한다"는 유언의 취지를 구수하고 공증인이 이를 필기낭독하여 유언자의 증인이 그 정확함을 승인한 후 각자 서명 또는 기명날인하였다. 甲과 乙 사이에는 자녀 丙이 있었는데, 丙은 甲이 유증에 의한 등기를 지체하자 2010. 12. 5. 서류를 위조하여 토지 전부에 관하여 상속을 원인으로 乙로부터 丙명의로 소유권이전등기를 마쳤고, 丁에게 매도하여 2011. 11. 5. 丁명의로 소유권이전등기가 마쳐주었다. 甲은 2020. 4. 5. 토지 X, Y, Z에 대한 등기부를 열람하고, 2021. 1. 5. 丁을 상대로 진정명의 회복을 위한 이전등기를 청구하는 소를 제기하였다.

법원은 어떠한 판단을 하여야 하는지, (1) 결론(소각하/청구기각/청구전부인용/청구일부인용 — 일부인용의 경우 인용범위를 특정할 것)과 (2) 논거를 기재하시오.

→ **1. 결론**

법원은 甲의 청구를 각하해야 한다.

2. 논거

(1) 유언의 효력

유언은 민법이 정한 방식을 준수하여야 비로소 효력이 발생한다(제1060조). 乙의 유언은 제1068조의 요건을 모두 충족하였으므로 공정증서에 의한 유언으로 유효하다.

(2) 甲의 진정명의회복을 위한 소유권이전등기청구

(가) 진정명의회복을 위한 이전등기를 청구할 수 있는지 여부

甲이 민법 제214조에 의하여 丁을 상대로 진정명의회복을 위한 이전등기를 청구할 수 있기 위해서는, 甲에게 토지 X, Y, Z의 소유권이 존재해야 한다. 설문에서 乙은 자신의 일체의 재산을 甲의 소유로 한다는 유언을 하였으므로, 이는 포괄적 유증에 해당한다. 포괄적 유증을 받은 자는 상속인과 동일한 권리의무가 있다(제1078조). 따라서 甲은 토지 X, Y, Z에 관하여 포괄적 유증으로 소유권을 취득하였으므로, 진정명의회복을 위한 소유권이전등기를 청구할 수 있다.

(나) 甲의 진정명의회복을 위한 이전등기청구의 법적 성질

자신이 진정한 상속인임을 전제로 그 상속으로 인한 소유권 또는 지분권 등 재산권의 귀속을 주장하면서 참칭상속인 또는 참칭상속인으로부터 상속재산에 관한 권리를 취득하거나 새로운 이해관계를 맺은 제3자를 상대로 상속재산인 부동산에 관한 등기의 말소 또는 진정명의회복을 위한 등기의 이전 등을 청구하는 경우, 그 청구원인 여하에 불구하고 이는 상속회복청구의 소에 해당한다(대판 2010.1.14, 2009다41199). 설문의 경우 丙이 상속을 원인으로 토지 X, Y, Z에 관하여 자신의 명의로 이전등기를 마친 다음 丁명의로 이전등기를 마쳐 주었고, 甲은 자신이 진정한 포괄적 수유자임을 전제로 제3자인 丁을 상대로 진정명의회복을 위한 이전등기를 청구하는 소를 제기하였으므로, 이는 상속회복청구의 소에 해당한다.

(다) 포괄적 유증에 제999조의 유추적용 여부

상속인의 상속회복청구권 및 그 제척기간에 관하여 규정한 민법 제999조는 포괄적 유증의 경우에도 유추적용된다(대판 2001.10.12, 2000다22942). 상속회복청구권은 그 침해를 안 날부터 3년, 상속권의 침해행위가 있는 날부터 10년을 경과하면 소멸한다(제999조). 설문의 경우, 甲의 재판상 청구(2021. 1. 5)는 최초의 침해행위일인 2010. 12. 5.부터 10년이 경과하였다. 따라서 甲의 상속회복청구권은 소멸하였다.

❒ 민법 제1007조에 따르면 공동상속인은 각자의 상속분에 응하여 피상속인의 권리·의무를 승계한다. 여기서 상속분은 **법정상속분**을 의미하므로 일단 상속이 개시되면 공동상속인은 각자의 법정상속분의 비율에 따라 모든 상속재산을 승계한다. 또한 제1006조는 상속인이

수인인 때에는 상속재산은 그 공유로 한다고 정하므로, 공동상속인들은 상속이 개시되어 상속재산의 분할이 있을 때까지 제1007조에 기하여 각자의 법정상속분에 따라서 이를 잠정적으로 공유하다가 특별수익 등을 고려한 구체적 상속분에 따라 상속재산을 분할함으로써 위와 같은 잠정적 공유상태를 해소하고 최종적으로 개개의 상속재산을 누구에게 귀속시킬 것인지를 확정하게 된다. 그러므로 공동상속인들 사이에서 상속재산의 분할이 마쳐지지 않았음에도 특정 공동상속인에 대하여 특별수익 등을 고려하면 그의 구체적 상속분이 없다는 등의 이유를 들어 그 공동상속인에게는 개개의 상속재산에 관하여 법정상속분에 따른 권리승계가 아예 이루어지지 않았다거나, 부동산인 상속재산에 관하여 법정상속분에 따라 마쳐진 상속을 원인으로 한 소유권이전등기가 원인무효라고 주장하는 것은 허용될 수 없다(대법원 2023.4.27. 선고 2020다292626 판결).

문제 A는 2015. 9. 13. 사망하였다. A의 배우자인 원고 甲의 법정상속분은 3/9, 자녀인 원고 乙, 원고 丙, 피고 丁의 법정상속분은 각 2/9이다. A가 소유하고 있던 X부동산 1/2 지분에 관하여, 2015. 9. 13. 자 상속을 원인으로 하여 원고 甲 앞으로 3/18 지분, 원고 乙과 丙 및 피고 丁 앞으로 각 2/18 지분에 관한 소유권이전등기가 마쳐졌다.
원고들은, 피고는 초과특별수익자이므로, 즉 피고의 상속분 가액에서 특별수익을 공제하면 피고의 구체적 상속분은 0원이므로 A의 적극재산에 대한 상속분이 없음에도 X부동산 지분에 관하여 피고의 법정상속분만큼 상속을 원인으로 한 소유권이전등기가 마쳐져 원고들의 상속권이 침해되었다고 주장하면서, 진정명의 회복을 원인으로 한 소유권이전등기 절차의 이행을 청구하였다. 법원의 판단은?

→ **1. 원고들의 청구는 상속회복청구의 소에 해당하는지 여부**

진정한 상속인임을 전제로 상속으로 인한 재산권의 귀속을 주장하면서 참칭상속인 등을 상대로 상속재산인 부동산에 관한 등기의 말소 등을 청구하는 경우, 그 재산권 귀속 주장이 상속을 원인으로 하는 것인 이상 청구원인에 관계없이 민법 제999조의 상속회복청구의 소에 해당한다(대판 2009.10.15, 2009다42321). 설문에서 원고들은 상속을 원인으로 한 피고 丁명의의 소유권이전등기는 자신들의 상속권이 침해에 해당한다고 주장하므로, 원고들의 청구는 상속회복청구의 소에 해당한다.

2. 피고 丁이 참칭상속인에 해당하는지 여부

(1) 상속권이 참칭상속인에 의해 침해된 때에는 상속인은 상속회복의 소를 제기할 수 있다(민법 제999조). 여기서 참칭상속인은 정당한 상속권이 없음에도 재산상속인임을 신뢰케 하는 외관을 갖추거나 상속인이라고 참칭하면서 상속재산의 전부 또는 일부를 점유함으로써 진정한 상속인의 재산상속권을 침해하는 자를 말한다(대판 2011.7.28, 2009다64635).

(2) 공동상속인은 각자의 상속분에 응하여 피상속인의 권리·의무를 승계한다(제1007조). 여기서 상속분은 '법정상속분'을 의미하므로 일단 상속이 개시되면 공동상속인은 각자의 법정상속분의 비율에 따라 모든 상속재산을 승계한다. 또한 상속인이 여럿인 때에는 상속재산은 공유이므로(제1006조), 공동상속인은 상속이 개시되어 상속재산의 분할이 있을 때까지 제1007조에 기하여 각자의 법정상속분에 따라서 이를 잠정적으로 공유하다가 특별수익 등을 고려한 구체적 상속분에 따라 상속재산을 분할함으로써 위와 같은 잠정적 공유상태를 해소하고 최종적으로 개개의 상속재산을 누구에게 귀속시킬 것인지를 확정하게 된다(대판 2023.4.27, 2020다292626). 설문에서 A의 공동상속인 사이에 상속재산의 분할이 마쳐지지 않은 이상, 법정상속분에 따른 상속에 기한 소유권이전등기가 원인무효라고 볼 수 없다. 따라서 丁은 참칭상속인에 해당하지 않는다.

3. 결론

상속재산분할이 이루어지기 전에 민사소송에서 특별수익에 기한 구체적 상속분을 주장하면서 법정상속분에 따라 마쳐진 공동상속인 명의의 소유권이전등기에 관하여 상속회복청구의 소를 제기할 수 없다(대판 2023.4.27, 2020다292626). 따라서 법원은 원고들의 청구를 기각해야 한다.

- 공동상속인 중 1인이 나머지 공동상속인들을 상대로 제기한 상속재산분할심판 사건에서 공동상속인 일부의 소송대리권이 흠결된 채로 소송대리인 사이에 재판상 화해나 조정이 성립하여 화해조서 또는 조정조서가 작성되고, 그 조서에 기하여 공동상속인 중 1인 명의로 상속재산협의분할을 원인으로 한 소유권이전등기가 경료된 경우, 위와 같은 화해나 조정은 무효라 할 것이나, 그 조서에 확정판결과 같은 효력이 있는 이상 그 조서가 준재심에 의해 취소되기 전에는 당사자들로서는 위 화해나 조정의 무효를 확신할 수 없는 상태에 있다고 할 것이고, 그 후 소송대리권의 흠결 여부가 다투어진 끝에 준재심에 의해 화해조서나 조정조서가 취소되었다면, 나머지 공동상속인들은 그 준재심의 재판이 확정된 때에 비로소 공동상속인 중 1인에 의해 자신들의 상속권이 침해된 사실을 알게 되었다고 봄이 상당하므로, 상속회복청구권의 제척기간은 그때부터 기산된다(대법원 2007.10.25. 선고 2007다36223 판결).
- 진정상속인이 참칭상속인의 최초 침해행위가 있은 날로부터 10년의 제척기간이 경과하기 전에 참칭상속인에 대한 상속회복청구 소송에서 승소의 확정판결을 받았다고 하더라도 위 제척기간이 경과한 후에는 제3자를 상대로 상속회복청구 소송을 제기하여 상속재산에 관한 등기의 말소 등을 구할 수 없다(대법원 2006.9.8. 선고 2006다26694 판결).

Ⅱ. 유 언

1. 유언의 방식

> ❐ 자필증서에 의한 유언은 민법 제1066조 제1항의 규정에 따라 유언자가 그 전문과 연월일, 주소, 성명을 모두 자서하고 날인하여야만 효력이 있다고 할 것이므로 유언자가 주소를 자서하지 않았다면 이는 법정된 요건과 방식에 어긋난 유언으로서 그 효력을 부정하지 않을 수 없고, 유언자의 특정에 아무런 지장이 없다고 하여 달리 볼 수 없다. 여기서 자서가 필요한 주소는 반드시 주민등록법에 의하여 등록된 곳일 필요는 없으나, 적어도 민법 제18조에서 정한 생활의 근거되는 곳으로서 다른 장소와 구별되는 정도의 표시를 갖추어야 한다(대법원 2014.9.26. 선고 2012다71688 판결).

문제 배우자와 사별한 甲에게는 자녀 乙, 丙이 있다. 甲은 "본인은 상속재산으로서 X아파트를 乙에게 물려준다. 사후에 자녀 간에 불협화음을 없애기 위하여 이것을 남긴다"는 내용의 유언장을 자필로 작성하였다. 유언장의 말미에 작성연월일, 주민등록번호, 성명을 자서한 후 날인하였고, 작성연월일 옆에 '상수동에서'라고 기재하였다. 甲은 위 유언장을 공증법인에서 공증을 받았고, 여기에 증인 1인의 참여가 있었다. 乙은 단독으로 상속재산인 X아파트를 월 임대료 100만원에 丁에게 임대하였고 6개월이 지났다.
丙은 乙에게 임료의 1/2에 관하여 부당이득반환을 청구하였고, 丁에게 건물의 명도를 청구하는 소를 제기하였다. 丙의 청구에 관한 법원의 판단(각하, 기각, 전부 인용, 일부 인용)을 근거와 함께 서술하시오(이자는 고려하지 않음).

➜ **1. 유언의 효력**

유언은 일정한 방식으로 행해져야 하며, 그 방식에 따르지 않은 유언은 무효이다(민법 제1065조, 제1060조).

(1) 자필증서에 의한 유언

자필증서에 의한 유언은 유언자가 그 전문과 연월일, 주소, 성명을 자서하고 날인하여야 한다(제1066조 1항). 자필증서에 기재하는 주소는 생활의 근거가 되는 곳으로 다른 장소와 구별되는 정도의 표시를 갖추어야 한다(대판 2014.9.26, 2012다71688). 설문의 경우 주소를 자서하였으나 특정되지 않아서 자필증서로서 유언은 무효이다.

(2) 공정증서에 의한 유언

공정증서에 의한 유언은 유언자가 증인 2인이 참여한 공증인의 면전에서 유언의 취지를 구수하고 공증인이 이를 필기낭독하여 유언자와 증인이 그 정확함을 승인한 후 각자 서명 또는 기명날인하여야 한다(제1068조). 설문의 경우 증인이 1인밖에 참여하지 않아 공정증서에 의한 유언으로서 효력이 없다.

2. X아파트의 공동상속

甲의 상속재산에 대한 유언은 무효이므로, 법정상속이 이루어지게 된다. 甲에게는 1순위 상속인인 직계비속 乙과 丙이 있다(제1000조 1항 1호). 따라서 乙과 丙은 상속재산인 X아파트를 각 1/2의 지분으로 공동상속을 한다.

3. 丙의 청구의 타당성 여부

상속인이 여럿인 때에는 상속재산은 그 공유로 한다(제1006조). 공유물의 관리행위는 지분의 과반수로 결정한다(제265조 본문). 그런데 1/2지분권자인 乙이 丙과 협의없이 공유물을 임대한 행위는 부적법한 관리행위이다. 따라서 丙은 공유물의 보존행위(제265조 단서)로 丁에게 X아파트의 명도를 청구할 수 있고, 乙을 상대로 丙의 지분에 해당하는 임료의 1/2에 대해 부당이득반환을 청구할 수 있다.

4. 결론

법원은 丙의 청구를 모두 인용해야 한다.

2. 유 증

❐ 유증을 받을 자는 유언자의 사망 후에 언제든지 유증을 승인 또는 포기할 수 있고, 그 효력은 유언자가 사망한 때에 소급하여 발생하므로(민법 제1074조), 채무초과 상태에 있는 채무자라도 자유롭게 유증을 받을 것을 포기할 수 있다. 또한 채무자의 유증 포기가 직접적으로 채무자의 일반재산을 감소시켜 채무자의 재산을 유증 이전의 상태보다 악화시킨다고 볼 수도 없다. 따라서 유증을 받을 자가 이를 포기하는 것은 사해행위 취소의 대상이 되지 않는다(대법원 2019.1.17. 선고 2018다260855 판결).

Ⅲ. 유류분

1. 유류분의 산정

❐ 민법 제1008조는 공동상속인 중에 피상속인으로부터 재산의 증여 또는 유증을 받은 특별수익자가 있는 경우에 공동상속인들 사이의 공평을 기하기 위하여 그 수증재산을 상속분의 선급으로 다루어 구체적인 상속분을 산정할 때 이를 참작하도록 하려는 데 그 취지가 있다. 피

대습인이 생전에 피상속인으로부터 특별수익을 받은 경우, 대습상속이 개시되었다고 하여 피대습인의 특별수익을 고려하지 않고 대습상속인의 구체적인 상속분을 산정한다면 대습상속인은 피대습인이 취득할 수 있었던 것 이상의 이익을 취득하게 된다. 이는 공동상속인들 사이의 공평을 해칠 뿐만 아니라 대습상속의 취지에도 반한다. 따라서 **피대습인이 대습원인의 발생 이전**에 피상속인으로부터 생전 증여로 특별수익을 받은 경우, 그 생전 증여는 대습상속인의 특별수익으로 봄이 타당하다(대법원 2022.3.17. 선고 2020다267620 판결).

❒ 유류분에 관한 민법 제1118조는 제1008조를 준용하고 있으므로, 공동상속인 중에 피상속인으로부터 재산의 생전 증여로 제1008조의 특별수익을 받은 사람이 있으면 제1114조가 적용되지 않고, 그 증여가 상속개시 1년 이전의 것인지 여부 또는 당사자 쌍방이 유류분권리자에 손해를 가할 것을 알고서 하였는지 여부와 관계없이 증여를 받은 재산이 유류분 산정을 위한 기초재산에 산입된다.

그러나 피상속인으로부터 특별수익인 생전 증여를 받은 공동상속인이 **상속을 포기한 경우**에는 제1114조가 적용되므로, 그 증여가 상속개시 전 1년간에 행한 것이거나 당사자 쌍방이 유류분권리자에 손해를 가할 것을 알고 한 경우에만 유류분 산정을 위한 기초재산에 산입된다. 제1008조에 따라 구체적인 상속분을 산정하는 것은 상속인이 피상속인으로부터 실제로 특별수익을 받은 경우에 한정되는데, 상속의 포기는 상속이 개시된 때에 소급하여 그 효력이 있고(제1042조), 상속포기자는 처음부터 상속인이 아니었던 것이 되므로, 상속포기자에게는 제1008조가 적용될 여지가 없기 때문이다. 위와 같은 법리는 피대습인이 대습원인의 발생 이전에 피상속인으로부터 생전 증여로 특별수익을 받은 이후 대습상속인이 피상속인에 대한 **대습상속을 포기한 경우**에도 그대로 적용된다(대법원 2022.3.17. 선고 2020다267620 판결).

문제 甲은 乙과 혼인하여 그 사이에 자녀로 丙, 丁을 두었다. 甲은 2013. 5. 25. 乙과 이혼하고, 2015. 10. 29. 사망하였다. 甲은 사망 당시 C에 대하여 2억원의 대여금채무를 지고 있었고, 다른 재산은 없었다. 丙은 2011. 6. 28. 피상속인 甲보다 먼저 사망하였다. 丙의 배우자인 A와 자녀인 B는 2015. 12. 7. 피상속인 甲에 대한 상속포기 신고를 하여 2016. 1. 4. 위 신고를 수리하는 심판을 받았다.
丁은 丙이 2011. 2. 9. 피상속인 甲으로부터 X부동산을 증여받아 자신의 유류분에 부족이 생겼다는 이유로 丙의 대습상속인인 A와 B를 상대로 유류분 반환을 청구하는 소를 제기하였다. 丁의 청구는 타당한가?

➜ **1. 피대습인 丙의 특별수익이 대습상속인의 특별수익인지 여부**

피대습인이 대습원인의 발생 이전에 피상속인으로부터 생전 증여로 특별수익을 받은 경우 그 생전 증여는 대습상속인의 특별수익에 해당한다(대판 2022.3.17, 2020다267620). 설문의 경우 丙이 사망하기 전에 피상속인 甲으로부터 X부동산을 증여받았다. 따라서 이러한 생전 증여는 대습상속인 A, B의 특별수익이다.

2. 대습상속을 포기한 경우에 민법 제1114조가 적용되는지 여부

상속의 포기는 상속이 개시된 때에 소급하여 그 효력이 있고(제1042조), 상속포기자는 처음부터 상속인이 아니었던 것이 된다. 따라서 피상속인으로부터 특별수익인 생전 증여를 받은 공동상속인이 상속을 포기한 경우에는 제1114조가 적용되므로, 그 증여가 상속개시 전 1년간에 행한 것이거나 당사자 쌍방이 유류분권리자에 손해를 가할 것을 알고 한 경우에만 유류분 산정을 위한 기초재산에 산입된다. 이러한 법리는 피대습인이 대습원인의 발생 이전에 피상속인으로부터 생전 증여로 특별수익을 받은 이후 대습상속인이 피상속인에 대한 대습상속을 포기한 경우에도 그대로 적용된다(대판 2022.3.17, 2020다267620). 설문의 경우 피상속인 甲의 피대습인 丙에 대한 증여는 2011. 2. 9. 이루어졌고, 이는 상속개시일 2015. 10. 29.부터 1년 이전에 이루어진 것이다. 따라서 甲과 丙 사이의 증여는 유류분 산정을 위한 기초재산에 산입될 수 없다.

3. 결론

丁의 A, B에 대한 제1115조에 따른 유류분 반환청구는 이유 없다.

- ❒ 피상속인이 상속개시 전에 재산을 증여하여 그 재산이 유류분반환청구의 대상이 된 경우, 수증자가 증여받은 재산을 **상속개시 전**에 처분하였거나 수용되었다면 민법 제1113조 제1항에 따라 유류분을 산정함에 있어서 그 증여재산의 가액은 증여재산의 현실 가치인 처분 당시의 가액을 기준으로 **상속개시까지 사이의 물가변동률을 반영**하는 방법으로 산정하여야 한다(대법원 2023.5.18. 선고 2019다222867 판결).
- ❒ 증여 또는 유증을 받은 재산 등의 가액이 자기 고유의 유류분액을 초과하는 수인의 공동상속인이 유류분권리자에게 반환하여야 할 재산과 범위를 정할 때에, 수인의 공동상속인이 유증받은 재산의 총 가액이 유류분권리자의 유류분 부족액을 초과하는 경우에는 유류분 부족액의 범위 내에서 각자의 수유재산을 반환하면 되는 것이지 이를 놓아두고 수증재산을 반환할 것은 아니다. 이 경우 수인의 공동상속인이 유류분권리자의 유류분 부족액을 각자의 수유재산으로 반환할 때 분담하여야 할 액은 각자 증여 또는 유증을 받은 재산 등의 가액이 자기 고유의 유류분액을 초과하는 가액의 비율에 따라 안분하여 정하되, 그중 어느 공동상속인의 수유재산의 가액이 그의 분담액에 미치지 못하여 분담액 부족분이 발생하더라도 이를 그의 수증재산으로 반환할 것이 아니라, 자신의 수유재산의 가액이 자신의 분담

액을 초과하는 다른 공동상속인들이 위 분담액 부족분을 위 비율에 따라 다시 안분하여 그들의 수유재산으로 반환하여야 한다. 나아가 어느 공동상속인 1인이 수개의 재산을 유증받아 각 수유재산으로 유류분권리자에게 반환하여야 할 분담액을 반환하는 경우, 반환하여야 할 각 수유재산의 범위는 특별한 사정이 없는 한 민법 제1115조 제2항을 유추적용하여 각 수유재산의 가액에 비례하여 안분하는 방법으로 정함이 타당하다(대법원 2013.3.14. 선고 2010다42624,42631 판결).

문제 甲은 2009. 5.경 자신이 거주하던 X아파트를 장남인 乙에게 증여하고, 乙명의의 소유권이전등기를 마쳤다. 또한 甲은 2012. 5.경 현금 2억원을 A자선단체에 익명으로 기부하였고, 2013. 10. 10. Y건물을 B사회복지법인에 기부하는 내용의 유언서를 유효하게 작성하였다. 2015. 2. 5. 甲이 지병으로 사망한 후 甲의 유언이 공개되자, 丙은 자신의 유류분이 침해되었음을 알고 유류분의 반환을 청구하는 소를 제기하고자 한다. 甲의 상속인으로는 자녀인 乙과 丙이 있으며, 甲의 사망 당시 재산으로는 Y건물 이외에 다른 재산이나 채무는 없고, 甲의 사망 당시 X아파트와 Y건물의 가액은 각 4억원이다. 丙은 乙, A, B에게 각각 유류분 반환을 청구할 수 있는 금액을 제시하고, 그 근거를 서술하시오.

→ **1. 丙의 유류분권**

(1) 丙의 유류분

甲이 사망한 후 아무런 재산을 상속받지 못한 丙은 피상속인의 직계비속이다. 따라서 자신의 법정상속분의 1/2에 해당하는 유류분을 받을 권리가 있다(민법 제1112조 1호).

(2) 유류분산정의 기초가 되는 재산과 丙의 유류분액

丙의 유류분은 甲의 사망 당시 가진 재산의 가액에 증여재산의 가액을 가산하고 채무의 전액을 공제하여 산정한다(제1113조). 증여에 관해서는 상속개시가 있기 전의 1년 사이에 행해진 것에 한해서만 그 가액을 산정되지만(제1114조), 공동상속인이 상속재산 중에서 이미 증여받은 것에 대해서는 1년 이전의 것도 모두 산입한다(제1118조, 제1008조). 설문의 경우, 甲이 상속개시 1년 전에 A자선단체에 2억원을 기부하였으므로, 이 금액은 유류분 산정에 산입되는 재산에 포함되지 않는다. 반면에 甲이 공동상속인인 乙에게 X아파트를 증여하였으므로, 이는 유류분 산정의 기초가 되는 재산에 포함된다. 따라서 유류분 산정의 기초가 되는 재산의 가액은 8억원이며, 丙의 유류분액은 2억원(= 상속분 4억원의 1/2)이다.

2. 丙의 유류분반환청구의 순서

丙이 반환을 청구할 수 있는 유류분의 액이 2억원이므로, Y건물을 유증받은 B가 유증받은 범위 내에서 2억원을 반환할 의무가 있다. 공동상속인 상호간의 유류분반환청구의 대상이 되는 것은 증여·유증을 받은 상속인의 유류분액을 초과한 부분만이고, 그 부분 가운데 다른 공동상속인에 대한 유류분 침해의 한도에서만 반환하면 된다(대판 2013.3.14, 2010다42624,42631). 따라서 丙은 乙에 대하여 특별수익으로 취득한 4억원 중 乙의 유류분(2억원)을 공제한 2억원의 반환을 청구할 수 있다.

이처럼 유류분반환청구의 대상인 증여나 유증이 병존하는 경우, 유류분 권리자는 먼저 유증에 대하여 반환을 청구하고, 부족한 부분에 한하여 증여에 대하여 반환을 청구할 수 있다(제1116조). 설문의 경우 甲의 X아파트는 乙에게 증여를 원인으로 이전되었고, Y건물은 B에게 유증되었다. 따라서 丙의 유류분 반환청구는 먼저 유증을 받은 B를 상대로 청구해야 하고, 그것으로 유류분 전부를 반환받을 수 없는 경우에 乙에게 반환을 청구해야 한다.

3. 결론

A가 기부받은 것은 유류분 산정의 기초재산에 포함되지 않아서 반환청구의 상대방이 될 수 없다. 乙과 B는 甲으로부터 각각 증여, 유증을 받음으로써 丙의 유류분을 각각 침해하였지만, 법원은 제1116조에 따라 유증을 받은 丙의 B에 대한 청구를 인용하고, 乙와 A에 대한 청구를 기각해야 한다.

- ❒ 금전채무와 같이 급부의 내용이 가분인 채무가 공동상속된 경우, 이는 상속개시와 동시에 당연히 공동상속인들에게 법정상속분에 따라 상속된 것으로 봄이 타당하므로, 법정상속분 상당의 금전채무는 유류분권리자의 유류분 부족액을 산정할 때 고려하여야 할 것이나, 공동상속인 중 1인이 자신의 법정상속분 상당의 상속채무 분담액을 초과하여 유류분권리자의 상속채무 분담액까지 변제한 경우에는 유류분권리자를 상대로 별도로 구상권을 행사하여 지급받거나 상계를 하는 등의 방법으로 만족을 얻는 것은 별론으로 하고, 그러한 사정을 유류분권리자의 유류분 부족액 산정 시 고려할 것은 아니다(대법원 2013.3.14. 선고 2010다42624,42631 판결).
- ❒ 상속분 양도는 상속재산분할 전에 적극재산과 소극재산을 모두 포함한 상속재산 전부에 관하여 공동상속인이 가지는 포괄적 상속분, 즉 상속인 지위의 양도를 뜻한다. 공동상속인이 다른 공동상속인에게 무상으로 자신의 상속분을 양도하는 것은 특별한 사정이 없는 한 유류분에 관한 민법 제1008조의 증여에 해당하므로, 그 상속분은 **양도인의 사망**으로 인한 상속에서 유류분 산정을 위한 기초재산에 포함된다(제1118조). 위와 같은 법리는 상속재산 분할협의의 실질적 내용이 어느 공동상속인이 다른 공동상속인에게 자신의 상속분을 무상으로 양도하는 것과 같은 때에도 마찬가지로 적용된다. 따라서 상속재산 분할협의에 따라 무상으로 양도된 것으로 볼 수 있는 상속분은 **양도인의 사망**으로 인한 상속에서 유류분 산

정을 위한 기초재산에 포함된다(대법원 2021.8.19. 선고 2017다230338 판결).

→ 민법 제1118조에 따라 준용되는 제1008조는 공동상속인 중에 피상속인으로부터 재산의 증여 또는 유증을 받은 특별수익자가 있는 경우에 공동상속인 사이의 공평을 기하기 위하여 그 수증재산을 상속분의 선급으로 다루어 구체적인 상속분을 산정하는 데 참작하도록 하기 위한 것이다.

문제 甲은 1998. 10. 29. 사망하였고, 그 공동상속인은 배우자인 乙, 자녀인 丙, 丁이다. 甲의 사망 당시 상속재산은 X부동산이다. 丙은 2011. 2. 17. X부동산에 관하여 협의분할에 의한 상속을 원인으로 소유권이전등기를 하였다.

乙은 2013. 12. 20. 丁에게 자신의 Y부동산을 증여하고 丁 앞으로 소유권이전등기를 해주었다. 乙은 2015. 1. 29. 사망하였고, 그 공동상속인은 丙, 丁이다.

丙은 Y부동산이 丁에게 증여됨에 따라 자신의 유류분을 침해하였다는 이유로, 丁을 상대로 Y부동산에 대하여 자신의 유류분 1/4의 반환을 청구하는 소를 제기하였다. 이에 대하여 丁은 "丙이 甲의 재산을 상속받는 대신에 乙의 Y부동산에 대한 권리를 포기하기로 약정하였으므로, 丙은 Y부동산에 대한 권리를 주장할 수 없다. 설령 丙의 주장에 따라 丁의 유류분 반환의무가 인정된다고 하더라도, 유류분 산정의 기초재산에 X부동산 중 乙이 상속한 후 丙에게 증여한 지분도 포함되어야 한다"고 주장한다. 丁의 주장은 타당한가?

→ **1. 유류분반환청구의 허용여부**

유류분을 포함한 상속의 포기는 상속이 개시된 후 일정한 기간 내에만 가능하고 가정법원에 신고하는 등 일정한 절차와 방식을 따라야만 그 효력이 있으므로, 상속개시 전에 한 유류분 포기약정은 그와 같은 절차와 방식에 따르지 아니한 것으로 효력이 없다(대판 2011.4.28, 2010다29409). 설문의 경우 丙이 乙의 사망 이후에 상속포기를 하지 않은 이상 丙의 유류분 반환청구가 신의칙이나 금반언의 원칙에 반한다고 할 수 없다. 따라서 丁의 이 부분 항변은 이유 없다.

2. X부동산에 대한 乙의 상속지분 3/7이 유류분 산정의 기초재산에 포함되는 증여에 해당하는지 여부

공동상속인이 다른 공동상속인에게 무상으로 자신의 상속분을 양도하는 것은 유류분에 관한 민법 제1008조의 증여에 해당하므로, 그 상속분은 양도인의 사망으로 인한 상속에서 유류분 산정을 위한 기초재산에 포함된다(대판 2021.7.15, 2016다210498). 이러한 법리는 상속재산 분할협의의 실질적 내용이 어느 공동상속인이 다른 공동상속인에게 자신의 상속분을 무상으로 양도하는 것과 같은 때에도 마찬가지로 적용된다(대판 2021.8.19, 2017다230338). 설문의 경우 丙은 상속재산 분할협의를 통해 甲의 상속재산인 X부동산을 단독으로 취득하였다. 이러한 상속재산 분할협의는 실질적으로 乙을 포함하여 나머지 공동상속인이 丙에게 자신의 상속분을 무상으로 양도한 것과 같다. 따라서 乙이 상속재산 분할협의에 따라 丙에게 무상으로 양도하였다고 볼 수 있는 X부동산에 관한 상속지분 3/7은 乙의 사망으로 인한 상속에서 유류분 산정을 위한 기초재산에 포함되어야 하므로, 丁의 이 부분에 대한 항변은 타당하다.

❒ 유류분권리자가 반환을 청구할 수 있는 유류분 부족액은 유류분액에서 유류분권리자가 받은 특별수익액과 순상속분액을 공제하는 방법으로 산정하는데, 유류분액에서 공제할 순상속분액은 특별수익을 고려한 구체적인 상속분에서 유류분권리자가 부담하는 상속채무를 공제하여 산정한다(대법원 2021.8.19. 선고 2017다235791 판결). 이처럼 유류분액에서 순상속분액을 공제하는 것은 유류분권리자가 상속개시에 따라 받은 이익을 공제하지 않으면 유류분권리자가 이중의 이득을 얻기 때문이다.
유류분권리자의 구체적인 상속분보다 유류분권리자가 부담하는 상속채무가 더 많다면, 즉 순상속분액이 음수인 경우에는 그 초과분을 유류분액에 가산하여 유류분 부족액을 산정하여야 한다(대법원 2022.1.27. 선고 2017다265884 판결). 이러한 경우에는 그 초과분을 유류분액에 가산해야 단순승인 상황에서 상속채무를 부담해야 하는 유류분권리자의 유류분액 만큼 확보해줄 수 있기 때문이다. 그러나 위와 같이 유류분권리자의 구체적인 상속분보다 유류분권리자가 부담하는 상속채무가 더 많은 경우라도 유류분권리자가 한정승인을 했다면, 그 초과분을 유류분액에 가산해서는 안 되고 순상속분액을 0으로 보아 유류분 부족액을 산정해야 한다. 유류분권리자인 상속인이 한정승인을 하였으면 상속채무에 대한 한정승인자의 책임은 상속재산으로 한정되는데, 상속채무 초과분이 있다고 해서 그 초과분을 유류분액에 가산하게 되면 법정상속을 통해 어떠한 손해도 입지 않은 유류분권리자가 유류분액을 넘는 재산을 반환받게 되는 결과가 되기 때문이다(대법원 2022.8.11. 선고 2020다247428 판결).

❒ 유언자가 자신의 재산 전부 또는 전 재산의 비율적 일부가 아니라 일부 재산을 특정하여 유증한 특정유증의 경우, 유증 목적인 재산은 일단 상속재산으로서 상속인에게 귀속되고 유증을 받은 자는 유증의무자에 대하여 유증을 이행할 것을 청구할 수 있는 채권을 취득하게 된다. 유언자가 임차권 또는 근저당권이 설정된 목적물을 특정유증하면서 유증을 받은 자가 그 임대차보증금반환채무 또는 피담보채무를 인수할 것을 부담으로 정한 경우에도 상속인이 상속개시시에 유증 목적물과 그에 관한 임대차보증금반환채무 또는 피담보채무를 상속하므로 이를 전제로 유류분 산정의 기초가 되는 재산액을 확정하여 유류분액을 산정하

여야 한다. 이 경우 상속인은 유증을 이행할 의무를 부담함과 동시에 유증을 받은 자에게 유증 목적물에 관한 임대차보증금반환채무 등을 인수할 것을 요구할 수 있는 이익 또한 얻었다고 할 수 있으므로, 결국 그 특정유증으로 인해 유류분권리자가 얻은 순상속분액은 없다고 보아 유류분 부족액을 산정하여야 한다. 나아가 위와 같은 경우에 특정유증을 받은 자가 유증 목적물에 관한 임대차보증금반환채무 또는 피담보채무를 임차인 또는 근저당권자에게 변제하였더라도 상속인에 대한 관계에서는 자신의 채무 또는 장차 인수하여야 할 채무를 변제한 것이므로 상속인에 대하여 구상권을 행사할 수 없다. 위와 같은 법리는 유증 목적물에 관한 임대차계약에 대항력이 있는지 여부와 무관하게 적용된다(대법원 2022.1.27. 선고 2017다265884 판결).

2. 유류분의 보전(유류분반환청구권)

❒ 유류분반환청구권의 행사로 인하여 생기는 원물반환의무 또는 가액반환의무는 이행기한의 정함이 없는 채무이므로, 반환의무자는 그 의무에 대한 이행청구를 받은 때에 비로소 지체책임을 진다(대법원 2013.3.14. 선고 2010다42624,42631 판결).

❒ 공동상속인이 아닌 제3자에 대한 증여가 상속개시 1년 전에 한 것이라도 당사자 쌍방이 증여 당시에 유류분권리자에 손해를 가할 것을 알고 증여한 경우에는 그에 대한 유류분반환청구가 허용된다(민법 제1114조). 증여 당시 법정상속분의 2분의 1을 유류분으로 갖는 배우자나 직계비속이 공동상속인으로서 유류분권리자가 되리라고 예상할 수 있는 경우, 제3자에 대한 증여가 유류분권리자에게 손해를 가할 것을 알고 행해진 것이라고 보기 위해서는, 당사자 쌍방이 증여 당시 증여재산의 가액이 증여하고 남은 재산의 가액을 초과한다는 점을 알았던 사정뿐만 아니라, 장래 상속개시일에 이르기까지 피상속인의 재산이 증가하지 않으리라는 점까지 예견하고 증여를 행한 사정이 인정되어야 한다(대법원 2022.8.11. 선고 2020다247428 판결).

유류분반환청구권은 유류분권리자가 상속의 개시와 반환하여야 할 증여 또는 유증을 한 사실을 안 때로부터 1년 내에 하지 아니하면 시효에 의하여 소멸한다(민법 제1117조). 이러한 유류분반환청구권 단기소멸시효의 기산점으로서 반환하여야 할 증여 또는 유증을 한 사실을 안 때는 **증여 또는 유증이 있었다는 사실 및 그것이 반환하여야 할 것임을 안 때**라고 해석하여야 한다(대법원 2023.6.15. 선고 2023다203894 판결).

❒ 민법은 유류분의 반환방법에 관하여 별도의 규정을 두고 있지 않다. 그러나 증여 또는 유

> 증대상 재산 그 자체를 반환하는 것이 통상적인 반환방법이므로, 유류분 권리자가 원물반환의 방법으로 유류분반환을 청구하고 그와 같은 원물반환이 가능하다면 특별한 사정이 없는 한 법원은 유류분권리자가 청구하는 방법에 따라 원물반환을 명하여야 한다. 증여나 유증 후 그 목적물에 관하여 제3자가 저당권이나 지상권 등의 권리를 취득한 경우에는 원물반환이 불가능하거나 현저히 곤란하므로, 반환의무자가 목적물을 저당권 등의 제한이 없는 상태로 회복하여 이전해 줄 수 있다는 등의 예외적인 사정이 없는 한 유류분 권리자는 반환의무자를 상대로 원물반환 대신 그 가액의 반환을 구할 수 있다. 그러나 그렇다고 해서 유류분 권리자가 스스로 위험이나 불이익을 감수하면서 원물반환을 구하는 것까지 허용되지 않는다고 볼 것은 아니므로, 그 경우에도 법원은 유류분 권리자가 청구하는 방법에 따라 원물반환을 명하여야 한다(대법원 2022.2.10. 선고 2020다250783 판결).

문제 A는 1994. 2. 20. 자신의 X부동산에 관하여 배우자 乙에게 같은 날 증여를 원인으로 한 소유권이전등기를 마쳐 주었다. A는 2017. 5. 1. 자신의 유일한 재산인 Y부동산을 乙과 사이에서 출생한 丙에게 증여하는 내용의 유언장을 비밀증서의 방식으로 작성하였다. A는 이때 유언장의 전문과 연월일, 주소, 성명을 자서하고 날인한 다음 이를 엄봉 날인하고 이를 乙과 A의 친구인 C의 면전에 제출하여 자기의 유언서임을 표시한 후 그 봉서표면에 제출연월일을 기재하고 A와 乙, C가 각자 서명날인하였다. A는 다음 날 공증인에게 위 유언봉서를 제출하여 그 봉인상에 확정일자인을 받았다. A는 2017. 7. 30. 사망하였고, 사망 당시 유족으로는 乙과 丙, 전처 B와 사이에서 출생한 甲이 있었다. 丙은 2017. 9. 1. Y부동산에 관하여 자기 앞으로 유증을 원인으로 한 소유권이전등기를 마쳤다.

1. A의 유언은 유효한가?

➜ 유언으로 이익을 받을 사람의 직계혈족은 유언에 참여하는 증인이 되지 못한다(제1072조 1항 3호). 증인 결격사유 있는 자가 증인으로 된 비밀증서에 의한 유언은 그 방식을 갖추지 못하여 효력이 없다(제1069조 1항). 설문의 경우, A가 작성한 유언봉서에 증인으로 서명날인한 乙은 유증을 받는 丙의 모(직계혈족)이다. 따라서 乙은 증인으로서 결격사유가 있고, 위 유언은 비밀증서로서의 방식을 흠결하여 효력이 없다. 하지만 비밀증서에 의한 유언이 그 방식에 흠결이 있는 경우에 그 증서가 자필증서의 방식에 적합한 때에는 자필증서에 의한 유언으로 본다(제1071조). 설문에서 A의 유언은 비밀증서의 방식을 흠결하였지만, 제1066조 1항이 정한 방식에 따라 작성되었으므로 자필증서에 의한 유언으로 효력이 있다. 따라서 A의 유언은 유효하다.

2. 甲은 2017. 10. 1. 乙, 丙을 상대로 X, Y부동산에 관하여 유류분 부족액 상당의 지분 이전을 구하는

소유권이전등기청구의 소를 제기하였다. 이 소장은 2017. 10. 21. 乙, 丙에게 송달되었다. 乙, 丙은 답변서와 준비서면을 통해 원고 청구의 기각을 구하였다. 증거조사 결과 사망 당시 A에게는 적극재산과 소극재산이 없었고, 甲은 A로부터 증여받은 재산이 전혀 없으며, X, Y부동산의 기간별 시가는 다음 표와 같은 사실이 인정되었다.

부동산	1980년~2000년	2000년~2017년	변론종결일(2020년)현재
X	3억원	6억원	14억원
Y	14억원	22억원	28억원

甲의 청구에 대하여 법원은 어떻게 판단해야 하는가?(A의 유언이 유효함을 전제로 한다)

→ **(1) 원고의 유류분 부족액과 그 산정방법**

(가) 유류분권리자의 '유류분 부족액'은 '유류분액'에서 유류분권리자가 받은 특별수익액과 순상속분액을 공제하는 방법으로 산정하는데, 유류분액은 제1113조 1항에 따라 피상속인이 상속개시 시에 가진 재산의 가액에 증여재산의 가액을 가산하고 채무의 전액을 공제하여 '유류분 산정의 기초가 되는 재산액'을 확정한 다음, 거기에 제1112조에서 정한 유류분 비율을 곱하여 산정한다. 유류분액에서 공제할 순상속분액은 특별수익을 고려한 구체적인 상속분에서 유류분권리자가 부담하는 상속채무를 공제하여 산정하고, 이때 유류분권리자의 구체적인 상속분보다 유류분권리자가 부담하는 상속채무가 더 많다면 그 초과분을 유류분액에 가산하여 유류분 부족액을 산정하여야 한다(대판 2022.1.27, 2017다265884). 즉 유류분 부족액=[유류분 산정의 기초가 되는 재산(A)×해당 유류분권자의 유류분 비율(B)]−해당 유류분권자의 특별수익액(C)−해당 유류분권자의 순상속분액(D)

(나) 공동상속인 중에 피상속인으로부터 재산의 생전 증여로 제1008조의 특별수익을 받은 사람이 있으면 제1114조가 적용되지 않으므로, 그 증여가 상속개시 1년 이전의 것인지 여부 또는 당사자 쌍방이 유류분권리자에 손해를 가할 것을 알고서 하였는지 여부와 관계없이 증여를 받은 재산이 유류분 산정을 위한 기초재산에 산입된다(대판 2021.7.15, 2016다210498). 증여받은 재산의 시가는 상속개시 당시를 기준으로 하여 산정해야 한다(대판 2015.11.12, 2010다104768).

(다) 설문의 경우, 유류분 산정의 기초가 되는 재산은 피고들에 대한 상속개시시 기준 가액인 28억원(=6억+22억)이고, 원고의 특별수익액(C)과 순상속분액(D)은 없다. 유류분 산정의 기초가 되는 재산에 원고의 유류분 비율(B)인 1/7(=2/7×1/2)을 곱하면, 원고의 유류분 부족액은 4억원(=28억×1/7)이다.

(2) 유류분을 침해한 공동상속인들이 반환할 상속재산의 범위

유류분권리자가 유류분반환청구를 할 때 증여를 받은 다른 공동상속인이 여럿일 때에는 각자 증여받은 재산의 가액이 자기 고유의 유류분액을 초과하는 상속인에 대하여 그 유류분액을 초과한 가액의 비율에 따라 반환을 청구할 수 있다(대판 2014.8.26, 2012다77594). 설문에서 피고들의 유류분 초과액과 반환비율은 다음 표와 같다.

구 분	乙	丙
수증재산의 가액	6억	22억
유류분액	28억×3/7×1/2=6억	28억×2/7×1/2=4억
유류분 초과액	0	22억－4억=18억

따라서 乙은 그 증여재산의 가액이 유류분액을 초과하지 않으므로 유류분반환의무가 없지만, 丙은 그 증여재산의 가액이 유류분액을 초과하므로 유류분반환의무가 있다.

(3) 유류분 반환방법

유류분 권리자가 원물반환의 방법에 의하여 유류분반환을 청구하고, 그 원물반환이 가능하다면 법원은 원물반환을 명하여야 한다(대판 2014.2.13, 2013다65963). 설문에서 원고 甲이 원물반환에 의한 유류분 반환을 청구하고, 그 원물반환이 가능하다.

(4) 결론

乙은 그 증여재산의 가액이 유류분액을 초과하지 않으므로 유류분반환의무가 없다. 따라서 법원은 乙에 대한 청구를 기각해야 한다. 반면에 丙은 甲에게 Y부동산의 지분 4/22[=4억(반환할 유류분액)/22억(수증액)]에 관하여 2017. 10. 21.(소장송달일) 유류분 반환을 원인으로 한 소유권이전등기절차를 이행하라는 판결을 해야 한다.

변호사시험 기출문제

문제 1 乙은 2009. 2. 1. F가 야기한 교통사고로 사망하였는데, 사망 당시 상속인으로는 배우자인 C와 망인의 父 D, 母 E가 있었고, 상속재산으로는 甲에 대한 1억원의 의류대금채무 및 Z 부동산(가액은 2억원), W 동산(1,000만원 상당)과 F에 대한 5,000만원의 손해배상채권이 있었으며 C, D, E는 이러한 상속재산의 현황을 잘 알고 있었다. (이하 문항은 상호 관련되지 않은 별개임) (제3회 변호사시험, 2014)

1. 乙의 사망 당시 C는 태아(乙의 친자라고 가정한다)를 포태 중이었는데, 남편의 사망으로 정신적 충격으로 고민 끝에 2009. 3. 낙태하였다. 한편 D는 F로부터 위 교통사고로 인한 망인의 손해배상금을 추심하여 변제받아 이를 소비하지 않은 채 E의 예금계좌로 송금한 후, 상속을 포기하기로 마음먹고 2009. 4. 1. 가정법원에 가서 적법요건을 갖춘 상속포기신고를 마쳤다. 甲이 2009. 7. 1. 1억원의 의류대금청구소송을 제기할 때 누구를 상대로 얼마의 금원을 청구하면 전부승소를 받을 수 있는지(혹은

C, D, E 누구에게도 청구할 수 없다면 그 점을) 그 논거와 함께 서술하라(이자, 비용은 고려하지 않는다). (10점)

→ **(1) 甲이 C에게 의류대금의 지급을 청구할 수 있는지 여부**

乙의 사망으로 상속이 개시되는데(민법 제997조), 태아는 상속순위에 관하여는 이미 출생한 것으로 보므로(민법 제1000조 3항) C와 태아는 동순위로 상속인이 된다(민법 제1003조 1항, 제1000조 1항 1호). 하지만 낙태행위는 동순위에 있는 자를 살해한 것으로 상속결격사유에 해당되므로(민법 제1004조 1호), 결국 C는 상속인이 될 수 없다. 따라서 甲은 C에게 대금을 청할 수 없다.

(2) 甲이 D·E에게 의류대금의 지급을 청구할 수 있는지 여부

C의 상속결격으로 D·E가 공동상속인이 된다(민법 제1000조 1항 2호). 상속인이 상속재산에 대한 처분행위한 때에는 단순승인을 한 것으로 본다(민법 제1026조 1호). 설문에서 D는 乙의 F에 대한 손해배상청구권을 추심하여 E의 계좌로 송금한 것은 상속재산으로 처분에 해당하여, 단순승인을 한 것으로 되므로 2009. 4. 1. 상속포기신고는 그 효력이 없다. 따라서 乙의 의류대금채무는 법정상속분에 따라 D·E에게 승계되므로(민법 제1005조), 甲은 D·E를 상대로 각각 5,000만원의 지급을 청구하면 전부승소를 받을 수 있다.

2. D, E는 2009. 6. 1. C에게 'C가 망인의 채무를 포함한 재산 전부를 상속하는 것에 대해 이의를 제기하지 않겠다'는 취지의 각서를 작성해 주었다. 이러한 사실을 알게 된 甲은 2009. 7. 1. C를 상대로 의류대금 1억원 전액의 지급을 구하는 소를 제기하였다. 위 소에 대한 결론[각하, 청구기각, 청구일부인용(일부인용의 경우 그 구체적인 금액과 내용을 기재할 것), 청구전부인용]을 그 논거와 함께 서술하라(이자, 비용은 고려하지 않는다). (10점)

→ **(1) 결론**

법원은 甲의 C에 대한 청구를 인용해야 한다.

(2) 논거

피상속인 乙의 채무는 금전채무로서 가분이 가능하므로, 상속개시와 동시에 C, D, E에게 법정상속분에 따라 당연히 상속되고(민법 제1000조 1항 2호, 제1003조 1항, 제1005조), 상속재산분할의 대상이 될 수 없다(대판 2014.7.10, 2012다26633). 분할의 협의에 따라 공동상속인 중의 1인이 법정상속분을 초과하여 채무를 부담하기로 하는 약정은 면책적 채무인수이며, 채권자의 승낙에 의하여(민법 제454조) 그 효력이 생긴다(대판 1997.6.24, 97다8809). 설문에서 C가 모든 채무를 포함한 재산전부를 상속한다는 공동상속인 C, D, E가 작성한 각서는 상속재산분할의 효력은 없지만, 면책적 채무인수로 볼 수 있다. 또한 채권자 甲이 의류대금 1억원 전부의 이행을 C에게 청구한 것은 묵시적 승낙에 해당한다.

문제 2 X토지를 소유하고 있던 A에게는 세 자녀(B, C, D)가 있다. A는 X토지를 장남인 B에게 준다는 말을 자주 하였으나 2016. 3. 10. 유언 없이 사망하였다. 평소 B의 도움을 많이 받았던 C는 A의 뜻을 존중하여 2016. 5. 7. 상속포기신고를 하였고, 2016. 6. 20. 수리되었다. 그리고 A의 사망 사실을 즉시 알았으나 해외유학 중이던 D는 2016. 8.경 귀국하여 2016. 8. 25. 상속포기신고를 하였고, 2016. 9. 30. 수리되었다.
한편 B는 2016. 4. 초순경 X토지 위에 Y건물을 짓기 시작하여 같은 해 8. 31. 준공검사를 받았다. 공사가 거의 끝날 무렵인 2016. 8. 5. B는 乙과 Y건물에 대한 매매계약을 체결하였고, 2016. 9. 5. 보존등기를 하지 않은 상태에서 乙에게 Y건물을 인도하였다. 그 후 B는 사업자금을 마련할 목적으로 2016. 9. 21. 甲에게 X토지를 매도하고 소유권이전등기를 경료해 주었다. 그런데 X토지 위에 미등기 상태인 Y건물이 있는 것을 알게 된 甲은 Y건물이 자신의 동의 없이 건축되었다고 주장하면서 乙을 상대로 Y건물의 철거를 청구하는 소를 제기하였다.
甲의 청구에 대하여, 乙은 X토지의 전 소유자인 B가 신축한 건물을 정당하게 매수하였다고 항변하였고, 甲은 Y건물을 신축할 당시 X토지가 B, C, D의 공유였다고 반박하였다. 甲의 Y건물에 대한 철거청구는 인용될 수 있는가? (35점) (제7회 변호사시험, 2018)

➜ **1. Y건물 신축할 당시 X토지가 B·C·D의 공유인지 여부**

(1) C·D의 상속포기의 유효성 여부와 포기한 상속재산의 귀속

상속포기가 유효하기 위해서는 상속인이 상속개시가 있음을 안 날로부터 3개월 이내에 가정법원에 상속포기 신고를 하여야 한다(민법 제1019조 1항, 제1041조). 설문에서 C는 상속개시가 있음을 안 날로부터 3개월 이내인 2016. 5. 7. 상속포기 신고를 하였으므로, C의 상속포기는 유효하다. 상속의 포기는 상속개시된 때에 소급하여 효력이 발생하므로(제1042조), C의 상속분 1/3은 다른 상속인 B·C에게 귀속된다(제1043조). 반면에 D는 상속개시가 있음을 안 날인 2016. 3. 10.로부터 3개월이 지난 2016. 8. 25. 상속포기 신고를 하였으므로 그 효력이 없다.

(2) D의 상속포기를 상속재산에 관한 분할협의로 볼 수 있는지 여부

판례는 상속인이 한 상속포기 신고가 민법 제1019조 1항의 기간을 경과한 후에 신고된 것이어서 상속포기의 효력이 없더라도, 공동상속인들 사이에서는 상속재산에 관한 협의분할이 이루어진 것으로 본다(대판 1996.3.26, 95다45545,45552,45569). 설문에서 D의 상속포기 신고는 법정기간의 경과로 인해 그 효력이 없지만, 상속재산분할의 효력이 인정된다. 상속재산의 분할은 상속이 개시된 때에 소급하여 효력이 있으므로(민법 제1015조), X토지에 대한 D의 1/2지분은 2016. 3. 10.로 소급하여 B에게 귀속된다.

2. B의 X토지에 대한 관습상의 법정지상권 취득여부

甲의 주장과 달리 C의 상속포기와 D의 상속재산분할로 인해 X토지는 상속개시일인 2016.

3. 10.부터 B의 단독소유에 속한다. B가 X토지를 甲에게 양도할 당시 X토지와 Y건물은 B의 소유이었고, 매매로 인하여 X토지와 Y건물의 소유자가 다르게 되었으며, B와 甲사이에 Y건물을 철거한다는 특약이 존재하지 않는다. 따라서 Y건물의 소유자 B는 X토지 소유자 甲에 대하여 Y건물을 위한 관습상의 법정지상권을 취득한다.

3. 관습상의 법정지상권이 성립된 Y건물을 지상권등기를 마치기 전에 양도받은 乙의 지위

법정지상권을 취득한 건물소유자가 건물을 양도하는 경우, 특별한 사정이 없는 한 건물과 함께 지상권도 양도하기로 하는 채권적 계약이 존재하며, 따라서 건물양수인은 양도인을 대위하여 토지소유자에 대하여 법정지상권 설정등기를 청구할 수 있다(대판 1995.4.11, 94다39925). 설문에서 乙이 B로부터 Y건물을 양수하면서 그 지상권까지 양도받기로 한 것으로 볼 수 있으므로, 乙은 B를 대위하여 甲을 상대로 지상권설정등기를 청구할 수 있다.

4. 결론

법정지상권을 가진 B로부터 Y건물을 매수하여 점유하고 있는 乙에 대하여 甲이 X토지의 소유권에 기하여 Y건물철거를 구하는 것은 지상권의 부담을 용인하고 그 설정등기절차를 이행할 의무 있는 자의 청구로서 신의성실의 원칙상 허용될 수 없다(대판 1988.9.27, 87다카279). 따라서 甲의 건물철거청구는 인용될 수 없다.

문제 3 〈기초적 사실관계〉

甲은 2015. 8. 31. 甲 명의로 X토지에 관한 소유권이전등기를 적법하게 마치고, 2018. 12. 22. 사망하였다. 甲의 상속인으로는 배우자 乙과 자녀 丙, 丁이 있다.
丙은 2019. 1. 21. 乙과 丁의 동의 없이 丙 단독명의로 X토지에 관한 소유권이전등기를 마친 후, 자신이 대표이사로 재직하고 있는 A주식회사의 B은행에 대한 차용금반환채무를 담보하기 위하여 B은행 앞으로 X토지에 관한 근저당권설정등기를 마쳐 주었다. (제9회 변호사시험, 2020)

1. 乙과 丁이 2019. 5. 20. B은행에 대하여 근저당권설정등기의 말소를 청구하는 것은 타당한가? (10점)

→ 피상속인 甲의 사망으로 상속인 乙·丙·丁이 상속재산인 X토지를 승계하므로(민법 제1005조, 제187조), X토지를 공유한다(제1006조). 공유자는 다른 공유자의 동의 없이 공유물을 처분하거나 변경하지 못한다(제264조). 따라서 공유자 중 1인인 丙이 다른 공유자의 동의 없이 X토지를 자신의 명의로 마친 소유권이전등기는 丙의 공유지분(2/7) 범위 내에서는 실체관계에 부합하는 유효한 등기이다(대판 2008.4.24, 2008다5073). 하지만 丙은 B은행 앞으로 자신의 지분이 아니라 X토지에 관하여 근저당권설정등기를 마쳐주었으므로, 이는 원인무효의 등기이다. 공유물의 보존행위는 공유자 각자가 할 수 있으므로(제265조 단서), 乙과 丁은 공유물인 X토지에 대한 보존행위로서 원인무효등기인 B은행 명의의 근저당권설정등

기 전부의 말소를 청구할 수 있다(대판 1996.2.9, 94다61649). 따라서 乙과 丁의 청구는 타당하다.

〈추가적 사실관계 1〉

이후 2019. 8. 15. 丙과 乙, 丁은 X토지를 丙이 단독으로 상속하기로 하는 내용의 상속재산 분할협의를 하였다.

2. 위의 경우 B은행의 근저당권은 유효한가? (5점)

➜ 상속재산의 분할은 상속개시된 때에 소급하여 그 효력이 있다(제1015조 본문). 따라서 丙과 乙·丁 사이의 상속재산분할협의에 따라 피상속인 甲이 사망한 2018. 12. 22.부터 X토지는 丙의 단독소유로 되므로, B은행의 근저당권설정등기는 실체관계에 부합하는 등기로서 유효하다.

〈추가적 사실관계 2〉

丙과 乙, 丁은 2019. 10. 1. 위 상속재산 분할협의의 내용에 "丙이 2019. 11. 15.까지 상속세를 비롯한 상속 관련 채무를 모두 변제하고, 이를 지키지 않을 경우 이 상속재산 분할협의는 그 효력을 상실한다"라는 조건을 추가하여 새로운 상속재산 분할협의를 하였다. 그러나 丙은 이 조건을 약정한 기한 내에 지키지 못하였다.

3. 위의 경우 2020. 1. 10. 乙과 丁이 B은행에 대하여 근저당권설정등기의 말소를 청구하는 것은 타당한가? (15점)

➜ **(1) 새로운 상속재산 분할협의가 유효한지 여부**

상속재산 분할협의는 공동상속인들 사이에 이루어지는 일종의 계약으로서, 공동상속인들은 이미 이루어진 상속재산 분할협의의 전부 또는 일부를 전원의 합의에 의하여 해제한 다음 다시 새로운 분할협의를 할 수 있다(대판 2004.7.8, 2002다73203). 따라서 공동상속인 乙·丙·丁이 2019. 10. 1. 새로운 조건을 추가한 상속재산분할협의는 유효하다.

(2) 새로운 상속재산 분할협의가 B은행의 근저당권에 효력을 미치는지 여부

상속재산 분할협의가 합의해제되면 그 협의에 따른 이행으로 변동이 생겼던 물권은 당연히 그 분할협의가 없었던 원상태로 복귀하지만, 제3자의 권리를 해하지 못한다(제548조 1항 단서). 설문에서 당초의 상속재산 분할협의의 소급효(제1015조)에 의하여 B은행의 근저당권설정등기는 실체관계에 부합하는 등기가 되었고, 그 후 丙과 乙·丁 사이에 이루어진 새로운 분할협의에 의하여 당초의 분할협의는 적법하게 합의해제되었다. 새로운 분할협의는 그 조건이 성취되지 아니하여 실효되었지만(제147조), 당초의 분할협의에 의하여 X토지에 근저당권을 취득한 B은행은 분할협의로부터 생긴 법률효과를 기초로 하여 합의해제되기 전에 새로운 이해관계를 가진 자에 해당한다(대판 2004.7.8, 2002다73203). 따라서 乙과 丁

은 새로운 분할협의를 내세워 B은행에 대하여 근저당권설정등기의 말소를 청구할 수 없으므로, 乙과 丁의 청구는 부당하다.

문제 4 〈기초적 사실관계〉

A는 별다른 유언 없이 2019. 3. 10. 사망하였고, 상속인으로 A의 자녀 甲과 乙이 있다.

[※ 추가적 사실관계는 각각 별개임] (제11회 변호사시험, 2022)

〈추가적 사실관계 1〉

사망 전 A는 B에 대한 1억원의 대여금 채무를 부담하였다. 甲과 乙은 "A의 생전에 乙이 A로부터 1억원을 증여받은 적이 있으므로, 乙이 A의 B에 대한 1억원의 대여금 채무를 승계한다"라는 내용의 상속재산분할협의를 하였다.

1. B는 甲과 乙 사이의 위 상속재산분할협의의 내용을 듣고 乙을 상대로 1억원의 대여금 지급을 구하는 소를 제기하였다. 이에 관하여 법원은 어떠한 판단을 하여야 하는지, (1) 결론(소 각하/청구 기각/청구 인용/청구 일부 인용 - 일부 인용의 경우에는 인용 범위를 특정할 것)과 함께 (2) 논거를 기술하시오. (15점)

→ (1) 결론

법원은 B의 청구를 인용해야 한다.

(2) 논거

금전채무와 같이 급부의 내용이 가분인 채무가 공동상속된 경우, 상속개시와 동시에 당연히 법정상속분에 따라 공동상속인에게 분할되어 귀속되는 것이므로, 상속재산분할의 대상이 될 여지가 없다(대판 2014.7.10, 2012다26633). 그러나 상속인들의 협의로 공동상속인 중 1인이 법정상속분을 초과하여 채무를 부담할 수 있고, 이러한 약정은 면책적 채무인수의 실질을 가진다. 따라서 다른 공동상속인이 법정상속분에 따른 채무의 일부 또는 전부를 면하기 위하여는 민법 제454조에 따른 채권자의 승낙이 필요하다(대판 1997.6.24, 97다8809). 설문에서 乙이 A의 B에 대한 1억원의 대여금 채무를 승계한다는 甲과 乙 사이의 상속재산분할협의는 면책적 채무인수에 해당하며, B가 이를 알고 乙에 대하여 1억원 전액의 지급을 구하는 소를 제기하였으므로, 이는 묵시적 승낙에 해당한다. 따라서 甲과 乙 사이의 상속재산분할협의는 B에 대한 관계에서 유효하므로, B의 乙에 대한 청구는 타당하다.

〈추가적 사실관계 2〉

A는 X아파트를 소유하고 있었다. A의 사망 후 甲과 乙은 "甲과 乙이 X아파트를 각 1/2씩 공유하고, X아파트를 임대하여 그 임대수익을 절반씩 나누어 가진다"라는 내용의 상속재산분할협의를 하였다. 甲, 乙은 X아파트를 C에게 임대하여 차임 수익으로 총 3,000만원을 얻은 후 각 1,500만원씩 나누어 가졌고, 2020. 1. 20. X아파트를 D에게 9억원에 매도하여 각 4억 5,000만원씩 나누어 가졌다. 이후 망부(亡父)

A의 혼외자임을 주장하는 丙이 인지청구의 소를 제기하여 승소확정판결을 받았다. 甲, 乙은 丙이 인지청구를 하기 전까지는 丙의 존재를 알지 못하였다.

2. 丙은 2022. 1. 15. 현재 자신의 상속재산을 회수하고자 한다. 丙이 회수 가능한 재산의 내역 및 범위를 ① X아파트 또는 그 가액, ② X아파트 차임 수익으로 항목을 나누어 논거와 함께 서술하시오(X아파트의 2019. 3. 10. 당시 시가는 6억원, 2020. 1. 20. 당시 시가는 9억원이고, 2020. 1. 20. 이후 X아파트의 시가 변동은 없는 것으로 가정함. 아파트 매도에 따른 세금, 거래비용 등은 고려하지 말 것). (20점)

➜ **(1) 丙이 회수 가능한 X아파트 또는 그 가액**

(가) 丙이 D에 대하여 X아파트 1/3의 지분 이전을 청구할 수 있는지 여부

인지에 의하여 피인지자는 출생시부터 상속권을 갖는다. 그러나 인지의 소급효는 제3자가 이미 취득한 권리를 해하지 못한다(민법 제860조 단서). 설문에서 A의 공동상속인 甲과 乙이 상속재산인 X아파트를 D에게 양도한 후에 丙이 A의 사후에 인지를 받아 공동상속인이 되었다. 따라서 인지의 소급효에 의하여 丙의 상속분을 넘는 부분에 대한 甲과 乙의 처분행위는 무효로 되지 않으므로(대판 2007.7.26, 2006다83796), 丙은 D에 대하여 X아파트 1/3의 지분 이전을 청구할 수 없다.

(나) 제1014조의 가액지급청구를 할 수 있는지 여부

1) 상속이 개시된 이후에 인지 또는 인지판결을 받은 자녀는 새로운 상속인으로서 상속재산의 분할을 청구할 수 있지만, 다른 공동상속인이 이미 상속재산을 분할하거나 그 밖의 처분을 한 이후이면 자신의 상속분에 상당한 가액의 지급을 청구할 수 있다(제1014조). 설문에서 공동상속인 甲과 乙이 상속재산인 X아파트를 D에게 양도하였다. 따라서 丙은 甲과 乙에게 X아파트에 대하여 자신의 법정상속분 1/3(제1000조 1항 1호, 제1009조 1항)에 상당한 가액의 지급을 청구할 수 있다.

2) 피인지자가 제1014조에 따라 상속분에 상당한 가액의 지급을 소송으로 청구하는 경우, 상속재산의 가액은 사실심 변론종결 당시의 시가를 기준으로 산정해야 한다(대판 2002.11.26, 2002므1398). 설문에서 상속개시 당시 X아파트의 시가는 6억원이고, 甲과 乙의 처분 당시부터 丙의 인지청구의 사실심 변론종결 당시까지 시가는 9억원이다. 따라서 丙은 사실심 변론종결 당시 시가 9억원의 1/3인 3억원에 대하여, 상속재산인 X아파트를 처분한 甲과 乙에게 각 1억 5,000만원의 가액지급을 청구할 수 있다.

(2) 丙이 회수 가능한 X아파트 차임 수익

인지 전에 공동상속인에 의해 이미 분할되거나 처분된 상속재산은 인지의 소급효 제한(제860조 단서)에 따라 이를 분할받은 공동상속인이나 공동상속인의 처분행위에 의해 이를 양수한 자에게 그 소유권이 확정적으로 귀속되는 것이며, 그 후 그 상속재산으로부터 발생하

는 과실은 상속개시 당시 존재하지 않았던 것이어서 상속재산에 해당하지 않는다. 따라서 제1014조에 의한 상속분상당가액지급청구에 있어 상속재산으로부터 발생한 과실은 그 가액산정 대상에 포함된다고 할 수 없다(대판 2007.7.26, 2006므2757,2764). 설문에서 X아파트 차임 3,000만원은 X아파트의 과실이지만, 상속개시 당시 존재하지 않았다. 따라서 차임은 甲과 乙에게 귀속되고, 丙은 이에 대하여 가액지급을 청구할 수 없다.

판례색인

[저자 약력]

양 형 우

연세대학교 법학과 졸업(법학사)
연세대학교 대학원 법학과 석사과정 졸업(법학석사)
연세대학교 대학원 법학과 박사과정 수학
독일 프라이부르크(Freiburg)대학교 법학과 수학(법학박사)
강릉대학교 법학과 조교수, 부교수 역임
사법시험, 행정·입법고시, 외교관후보자선발시험, 7급공무원채용시험, 변리사·공인노무사·세무사·감정평가사·공인중개사·주택관리사 등 각종 국가자격시험위원
현) 홍익대학교 법학과 교수
E-Mail: jurahw@naver.com

주요 저서 및 논문

Rechtsvergleichende Untersuchungen über den Eigentumsvorbehalt im deutschen und koreanischen Recht – Unter besonderer Berücksichtigung des einfachen Eigentumsvorbehalts(Peter Lang, 1999)
Rechtsvergleichende Darstellung der zur Widerspruchsklage legitimierenden Drittrechte im koreanischen und deutschen Recht(ZZPInt 4, 2000)
민법입문 제7판(도서출판 정독, 2025.8)
민법의 세계 제16판(도서출판 정독, 2025.1)
민사법특강 제6판(도서출판 정독, 2025.1)
판례민법강의 제7판(도서출판 정독, 2025.1)
구분소유관계의 종료(해소)에 관한 고찰(비교사법 제19권 3호, 2012.8)
독일법상 주거소유권과 세습지상권(재산법연구 제30권 제2호, 2013.8)
아파트(공동주택)의 층간소음에 대한 분양회사의 법적 책임(재산법연구 제31권 제1호, 2014.5)
구분건물의 구조상 구분이 소멸된 경우의 권리관계와 변경등기(민사법학 제68호, 2014.9)
회생절차에서 소유권유보와 매도인의 지위(인권과 정의 2015년 2월호)
회생절차에서 공동보증인의 구상권과 변제자대위(법조 2016년 10월호)
채권자대위권의 행사에 의한 처분제한과 대위채권자의 제3채무자에 대한 추심권능 내지 변제수령권한에 대한 압류명령 등의 효력(홍익법학 제19권 제2호, 2018.6)
저당권의 효력이 미치는 차임채권 등에 대한 저당권 실행방법(토지법학 제35권 제1호, 2019.6)
처분권한이 없는 임대인이 임대주택의 권리를 취득한 경우의 처분행위 효력(재산법연구 제36권 제2호, 2019.8)
회생절차가 담보권실행을 위한 경매절차에 미치는 영향(홍익법학 제21권 제1호, 2020.2)
수익자에 대하여 회생절차가 개시된 경우 사해행위취소에 따른 가액배상청구권이 공익채권에 해당하는지 여부(홍익법학 제21권 제2호, 2020.6)
일부청구와 소멸시효의 중단(재산법연구 제37권 제2호, 2020.8)
통정허위표시에 따른 가등기의 명의인이 임의로 본등기를 마친 경우와 민법 제108조 제2항의 제3자(홍익법학 제21권 제3호, 2020.9)
누적적 근저당과 물상보증인의 변제자대위 인정여부(홍익법학 제21권 제4호, 2020.12)
금전채권자의 공유물분할청구권 대위행사 허용여부(홍익법학 제22권 제1호, 2021.1)
회생담보권조사확정재판이 계속 중인 채권자의 견련파산절차상 지위(재산법연구 제38권 제1호, 2021.5)
회생절차상 회생채권 등의 조사확정재판(홍익법학 제22권 제2호, 2021.6)
하수급인의 직접지급청구권과 도급인의 상계(홍익법학 제22권 제3호, 2021.9)
전세권과 전세금반환채권에 대한 압류(홍익법학 제23권 제1호, 2022.2)
공동저당 부동산이 양도되어 소유자가 다르게 된 경우 후순위저당권자의 대위와 변제자대위의 관계(홍익법학 제23권 제2호, 2022.6)
부동산 유치권에 관한 민법전 개정안에 대한 평가와 향후 개정방향 – 개정안 제369조의2, 제369조의3을 중심으로(민사법학 제99호, 2022.6)
유치권부존재확인 확정판결과 후행 경매절차에서 유치권의 효력(홍익법학 제24권 제1호, 2023.2)
채권양도와 회생채권의 실권(홍익법학 제24권 제2호, 2023.6) 외 다수

제4판
핵심 민법판례와 사례

초판발행 2022년 8월 15일
제2판발행 2023년 8월 20일
제3판발행 2024년 8월 15일
제4판발행 2025년 8월 20일

지은이 양형우
펴낸이 김중용

편 집 심성보 · 김인숙

펴낸곳 도서출판 정독
경기도 고양시 일산서구 하이파크로 113, 102-204
등록 제406-2014-000093호
전 화 031)924-7203 팩 스 031)935-0345
홈페이지 www.jeongdok.co.kr 이메일 admin@jeongdok.co.kr
ISBN 979-11-6858-392-4 93360

※ 무단복사 및 전재를 금합니다. 파본 및 낙장본은 교환하여 드립니다.

정 가 35,000원